Antropologia

COLEÇÃO ANTROPOLOGIA
– *As estruturas elementares do parentesco*
Claude Lévi-Strauss
– *Os ritos de passagem*
Arnold van Gennep
– *A mente do ser humano primitivo*
Franz Boas
– *Atrás dos fatos – Dois países, quatro décadas, um antropólogo*
Clifford Geertz
– *O mito, o ritual e o oral*
Jack Goody
– *A domesticação da mente selvagem*
Jack Goody
– *O saber local – Novos ensaios em antropologia interpretativa*
Clifford Geertz
– *Estrutura e função na sociedade primitiva*
A.R. Radcliffe-Brown
– *O processo ritual – Estrutura e antiestrutura*
Victor W. Turner
– *Sexo e repressão na sociedade selvagem*
Bronislaw Malinowski
– *Padrões de cultura*
Ruth Benedict
– *O tempo e o outro – Como a antropologia estabelece seu objeto*
Johannes Fabian
– *A antropologia do tempo – Construções culturais de mapas e imagens temporais*
Alfred Gell
– *Antropologia – Prática teórica na cultura e na sociedade*
Michael Herzfeld
– *Arte primitiva*
Franz Boas

Dados Internacionais de Catalogação na Publicação (CIP)
(Câmara Brasileira do Livro, SP, Brasil)

Herzfeld, Michael
Antropologia : prática teórica na cultura e na sociedade / Michael Herzfeld ; tradução de Noéli Correia de Melo Sobrinho – Petrópolis, RJ :
Vozes, 2014. – (Coleção Antropologia)

Título original: Anthropology : theoretical practice in culture and society
Bibliografia
ISBN 978-85-326-4754-2

1. Etnologia – Filosofia 2. Etnologia – Metodologia I. Título. II. Série.

14-01022   CDD-301

Índices para catálogo sistemático:
1. Antropologia   301

Michael Herzfeld

Antropologia

Prática teórica na cultura e na sociedade

Tradução de Noéli Correia de Melo Sobrinho

EDITORA
VOZES

Petrópolis

© 2001 by Unesco

Título do original inglês: *Anthropology – Theoretical Practice in Culture and Society*

Tradução autorizada a partir da edição em inglês publicada pela Blackwell Publishing Limited. A exatidão desta tradução é da responsabilidade exclusiva da Editora Vozes e não da Blackwell Publishing Limited.

Direitos de publicação em língua portuguesa:
2014, Editora Vozes Ltda.
Rua Frei Luís, 100
25689-900 Petrópolis, RJ
Internet: http://www.vozes.com.br
Brasil

Todos os direitos reservados. Nenhuma parte desta obra poderá ser reproduzida ou transmitida por qualquer forma e/ou quaisquer meios (eletrônico ou mecânico, incluindo fotocópia e gravação) ou arquivada em qualquer sistema ou banco de dados sem permissão escrita da editora.

Diretor editorial
Frei Antônio Moser

Editores
Aline dos Santos Carneiro
José Maria da Silva
Lídio Peretti
Marilac Loraine Oleniki

Secretário executivo
João Batista Kreuch

Editoração: Maria da Conceição B. de Sousa
Diagramação: Sheilandre Desenv. Gráfico
Capa: Felipe Souza | Aspectos

ISBN 978-85-326-4754-2 (edição brasileira)
ISBN 978-0-631-20659-0 (edição inglesa)

Editado conforme o novo acordo ortográfico.

Este livro foi composto e impresso pela Editora Vozes Ltda.

Sumário

Prólogo, 7

Prefácio, 9

1 Orientações – Antropologia como uma prática da teoria, 17

2 Epistemologias, 40

3 Histórias, 80

4 Economias, 121

5 Políticas, 155

6 Fronteiras/nódulos/agrupamentos, 172

7 Desenvolvimentismos, 194

8 Ambientalismos, 216

9 Cosmologias, 240

10 Sofrimentos e disciplinas, 269

11 Sentidos, 295

12 Exposições da ordem, 312

13 Estéticas, 340

14 Mídias, 358

Referências, 385

Índice analítico e onomástico, 447

Prólogo

Criado logo depois da Segunda Guerra Mundial com o "propósito de fazer avançar, através das relações educacionais, científicas e culturais dos povos do mundo, os objetivos da paz internacional e do bem comum"[1], a Unesco (Organização das Nações Unidas para a Educação, a Ciência e a Cultura) é a única agência da ONU (Organização das Nações Unidas) encarregada de desenvolver e promover as ciências sociais.

Trabalhando durante mais de cinquenta anos para alcançar esse objetivo em países que se espalham pelo globo, a Organização permanece comprometida com a comunidade de ciência social e para demonstrar como o trabalho da ciência social é um pilar fundamental do desenvolvimento social e econômico. Na concepção deste volume, desejamos enfatizar a importância da disciplina da antropologia e dos métodos antropológicos para a compreensão da dinâmica societária num mundo cada vez mais globalizado. Inicialmente planejado como um livro didático da disciplina, este volume, de fato, ultrapassou largamente a nossa expectativa original. O livro que vocês estão prestes a ler faz com que mergulhem numa viagem instigante do pensamento, que varre a disciplina e investiga as questões principais que desafiam a sociedade atualmente. Ele se dirige não somente a um público acadêmico, embora represente uma imagem abrangente e viva da disciplina. Qualquer não especialista interessado nas questões contemporâneas encontrará uma reflexão agradável e perspicaz sobre um conjunto diversificado de temas. Eu estimulo também a comunidade dos profissionais do desenvolvimento para prestarem uma atenção particular a este volume, na medida em que ele questiona pressupostos globais que cada vez mais dominam as tomadas de decisão políticas e econômicas.

O prefácio deste livro oferece uma visão abrangente do processo que levou à sua confecção, mas eu não vou repetir essa história aqui. Ao contrário, eu gostaria de prestar um tributo especial à refinada equipe internacional de antropólogos que contribuíram com os seus escritos para este livro. Eles generosamente

---

1. Constituição da Unesco. Londres, 16/11/1945.

aceitaram o formato que propusemos da "unidade na diversidade do trabalho de equipe", o que torna esta obra coletiva tão única. As contribuições originais foram publicadas na *International Social Science Journal* da Unesco, números 153 e 154, e fico também agradecido ao Editor, David Makinson, e a seu assistente, Glynis Thomas, por terem assumido a responsabilidade pelo trabalho relacionado com esta publicação.

Finalmente, gostaria de comentar sobre o autor desse projeto. As qualidades acadêmicas do Professor Michael Herzfeld são bem conhecidas. Este livro é também outro testemunho de suas capacidades magistrais para analisar e desafiar, para interagir com aqueles que contribuíram para este livro e com o leitor, através de uma escrita habilidosa e inteligente. Para além da academia, as suas qualidades pessoais de compromisso, perfeccionismo, entusiasmo e generosidade realmente transformaram este projeto num prazer particular.

Oferecendo este livro, nós da Unesco esperamos continuar demonstrando a importância das ciências humanas e sociais pelo mundo afora.

Nadia Auriat, Ph.D.
Project Officer
Division of Social Science Research & Policy
Unesco

Ali Kazancigil
Assistant Director General, p.i.
Sector of Social and Human Sciences
Unesco

Prefácio

Esta é uma visão global da antropologia social e cultural, uma disciplina dentro das ciências sociais que, de um modo geral, abrange a relação entre a sociedade e a cultura. Esta disciplina poderia melhor – e nem um pouco maliciosamente – ser definida como o estudo comparativo do senso comum, tanto nas suas formas culturais quanto nos seus efeitos sociais.

A tática usada no desenvolvimento do presente trabalho deriva de publicações anteriores, mas reflete algumas particularidades tanto do autor quanto da disciplina. Eu construí o texto em torno de um conjunto de ensaios previamente autorizados e publicados na *International Social Science Journal*, de autores que eu vim a admirar e cuja obra se ajusta, na minha visão, a duas exigências principais. A primeira delas é uma distância cética dos extremos solipsistas, Sila e Caríbidis, da moderna teoria sociocultural: o pós-modernismo e o positivismo nos seus excessos mais dogmáticos. Esta é a posição crítica que eu descrevi em outro lugar como sendo o "meio-termo militante" – um espaço que é ao mesmo tempo fortemente resistente ao fechamento e que está verdadeiramente fundamentado numa valorização em aberto do empírico (HERZFELD, 1997a). Este é um espaço no qual os antropólogos podem aprender a se afastar daquilo que Nicolas Thomas tinha afirmado ser o sentido inflado da importância das suas teorias no mundo maior, um espaço definido por aquilo que ele, numa linguagem muito semelhante à minha, chamou de um "ponto de vista intermediário".

A outra exigência principal é um sentido daquilo que eu chamaria de a interpretação pedagógica da antropologia – a insistência no fato de que todos os seus muitos fracassos óbvios oferecem ao estudante uma compreensão pragmática de tudo aquilo de que a epistemologia trata. Aqui, novamente, a modéstia de uma disciplina preocupada mais com a prática do que com a grande teoria pode finalmente ter um efeito mais duradouro no mundo. Esta é uma visão da antropologia como um modelo de compromisso crítico com o mundo, mais do que uma explicação distanciada e autoritária do mundo. Esse compromisso pode assumir muitas formas, desde as críticas da política (p. ex., FERGUSON, 1992) e da prática profissional (BALSHEM, 1993; KLEINMAN, 1995) até a fenomenologia de orientação etnográfica (p. ex., JACKSON, M., 1989), mas a sua característica principal é uma clara compreensão de que mesmo a própria marginalidade de grande parte daquilo que os antropólogos estudam oferece munição para uma fábrica de crítica – e uma consciência humilhante de como grande parte disso ainda permanecerá marginal na perspectiva daqueles que controlam e definem os centros de poder.

Onde está esse meio-termo – entre que polos ele oferece um espaço de reflexão? Ele fica entre os extremos por vezes grosseiros do positivismo e da desconstrução, com as suas deliciosas panóplias semelhantes de autojustificação e retórica autorreferente; entre as abstrações desencarnadas da grande teoria e a encravada autoabsorção de interesses locais e estudos "nacionais"; entre o racionalismo vaidoso e o niilismo também vaidoso. Ele também toma distância de outros binarismos, tornando sem sentido a distinção – que muito se costumou fazer – entre a antropologia cultural e a antropologia social, realocando este debate onde ele propriamente pertence: como uma guerra por procuração, na qual paradigmas supostamente teóricos travaram a mútua (mas às vezes também intencional?) incompreensão das comunidades britânica e americana. Este meio-termo, além disso, não deve ser confundido com o compromisso ou com a complacência. Ao contrário, ele é uma convocação para capitalizar a peculiar capacidade da disciplina para a compreensão crítica das condições humanas e a sua interpretação, e para reconhecer que alguns dos binarismos dominantes da retórica moderna – esta ciência corrosiva contra as humanidades, por exemplo – podem refletir a realidade política, mas oferecem pouca ajuda, por outro lado, para decifrar o mundo vívido, experimentado e socialmente envolvente que habitamos. Ele é, sobretudo, uma convocação para apreender a realidade, rejeitando qualquer representação simples, dominante do que constitui a realidade.

Isto não se faz com respostas fáceis. Quando eu era um estudante em Oxford, há duas décadas, uma pergunta favorita de prova era se um compêndio de antropologia podia ser escrito. Esperava-se, acredito eu, expressar um temor apropriado a respeito do objeto, dizendo que isto era impossível. E realmente assim era – e por razões que eram mais constrangedoras hoje do que foram há um quarto de século. Este livro não pretende, consequentemente, ser um compêndio. No entanto, coerente com o modelo pedagógico que eu acabei de descrever, ele é uma ferramenta de ensino – embora não necessariamente para o uso na sala de aula; somos todos estudantes. E ele foi escrito menos no temor da terrível abrangência da disciplina do que na esperança de participar em reavaliações cuidadosas daquilo que importa no nosso mundo, e para quem. Ele é uma provocação, não uma prescrição: este é o tipo de ensinamento que a antropologia oferece, razão por que ela é tão reprovada pelos normativistas de todos os tipos – ideólogos oficiais, modeladores econométricos, defensores da dominação cultural do Ocidente (ou de qualquer outra dominação).

Esta abordagem está bem servida, eu sugiro, pela gênese peculiar do livro. Os capítulos surgem das refinadas avaliações dos meus colegas, embora tumultuosamente diversas, programáticas, e quanto ao estado da arte. Mais do que simplesmente absorver aqueles capítulos no meu próprio texto, preservei partes diferentes como citações daquelas afirmações originárias, absorvendo somente os elementos mais "mecânicos" – para os quais eu certamente era também dependente da ajuda especializada dos autores dos artigos – na minha própria prosa. Acrescentei e subtraí também muito além dessas operações: os leitores interessados podem consultar os artigos originais para aferir o processo por meio do qual a unidade textual foi tentada, mais para enfatizar do que para suprimir a variedade dos pontos de vista. Dentro do meio-termo, há nuanças e desacordos. Este livro é uma tentativa de fazer estas desarmonias funcionarem para o leitor como provocações para um pensamento posterior – embora, certamente, seja improvável que elas sejam tão radicais quanto aquelas que se encontram nas maiores "guerras culturais".

Então, não se trata realmente de um compêndio, se este termo implicar qualquer grau de abrangência ou normatividade. Existe, é verdade, um elemento de prescrição na própria noção de um meio-termo militante. Mas isto parece inevitável, se é que devemos manter a possibilidade contingente de tratar tanto culturalmente quanto historicamente estes fenômenos tidos como certos, como são a economia capitalista, a lógica da democracia, ou as reivindicações da ciência.

Parte da tática de manter a discussão fora de equilíbrio em todos os momentos afeta os títulos dos capítulos. Assim, vêm à tona estes conhecidos cavalos de batalha, como são o parentesco, a etnia e a religião. Mas eles estão ainda enfaticamente presentes no texto – realmente, eles impregnam virtualmente todos os capítulos, de uma maneira ou de outra. A história de uma disciplina não é tão facilmente descartada; nem as suas preocupações centrais são tão triviais. Em vez disso, elas se tornaram parte do seu próprio "senso comum" peculiar. Ao mesmo tempo, podemos contribuir mais proveitosamente para uma compreensão do mundo conturbado em volta de nós – e a etnia, por exemplo, é muito mais uma dessas "dificuldades" – desafiando a certeza categórica que leva as pessoas a admitirem que estes temas não são intelectualmente problemáticos. A etnia, por exemplo, é tão facilmente admitida como possuindo esta essência irredutível que o próprio ato de desafiar a sua certeza deve parecer tão louco quanto, e esta é a minha esperança, provocadoramente sábio. Se o leitor deste livro seguir conscientemente através de todas as discussões dispersas, mas sistematicamente inter-relacionadas, da etnia ou de outras formas de identidade, aqueles conceitos nunca parecerão mais tão sedutoramente cristalinos – tão conceitualmente isento de ambiguidade, ou de manipulação, ou como uma almofada retórica que mascara uma perigosa vacuidade.

Por razões semelhantes, não dediquei um capítulo especial para o direito ou para a medicina – isto é, não porque estes eram desimportantes, mas porque, ao contrário e num sentido muito real, eles impregnam tudo o que foi escrito até agora. Assim, por exemplo, os interesses da antropologia médica são refratados aqui através das discussões a respeito do sofrimento, do simbolismo, da epistemologia, da sexualidade, do ritual, da política, da estética. Os interesses da antropologia jurídica têm uma história venerável, e novamente as questões da normatividade e da sua aplicação – e subversão – impregnam esta abordagem. Aqui, eu simplesmente assinalo a ubiquidade transcendente das duas áreas. O leitor atento logo descobrirá o quanto mal-aconselhado seria tentar resumi-las em simples capítulos.

Quanto a este velho calo, o parentesco, ele não é menos difundido. A importância persistente do parentesco não é meramente a consequência de uma obsessão profissional agora fora de moda. Antes, a situação atual é aquela em que as suas tramas complexas aparecem em todo lugar. É o horror da Bósnia melhor visto como um conto de civilidade caída? De intolerância religiosa? Ou motim da etnia? Da humilhação e da agonia de mães e filhas, vítimas de um código da vingança masculina, agora além de qualquer mediação pacífica? Ou mesmo do parentesco patrilinear e da inimizade agnatícia desencadeada, finalmente, num fim de jogo mundial, no nível mais destrutivamente inclusivo já conhecido pela espécie humana? São todas estas coisas e muito mais. Mas ignorar a dimensão do sobrenome, aquela do parentesco (hoje acoplado com a dimensão do gênero), seria regressar para o sensacionalismo jornalístico do inexplicável e do atávico, eles mesmos retóricos da alteridade com a qual o Ocidente se consola por aquilo que ele, em parte, forjou; embora isolar o parentesco como uma *Ding an sich* (coisa em si) à maneira dos compêndios de uma época anterior fosse perpetuar o mito ocidental de que o parentesco, como a principal base da sociabilidade, é mais uma particularidade de sociedades exóticas do que uma característica global de todas as cosmologias e especialmente daquela que chamamos de "nacionalismo". Por outro lado, se vão continuar a utilizá-lo como um conceito-chave, então, a atenção recente dirigida para as questões do feminismo e dos *gays* deve necessariamente alterar o seu significado, às vezes de maneira surpreendente. Além disso, durante muito tempo, ele foi tido como dado – e a tarefa da antropologia social é questionar a obviedade daquilo que chamamos de senso comum.

Nos títulos dos capítulos, seguindo a convenção originalmente desenvolvida para os ensaios *ISSJ*, escolhi um formato plural (p. ex., "economias") e um foco nas reivindicações ideológicas como algo oposto aos fatos estabelecidos (p. ex., "ambientalismos"), para enfatizar que os antropólogos geralmente veem criticamente as pretensões exclusivas frequentemente levantadas para as maneiras recebidas de organizar o mundo. A pluralização é uma maneira refinada de desestabilizar a autoridade das categorias recebidas. A eleição presidencial americana de 1992 foi travada em torno do *slogan It's the economy, stupid!* (A economia é burra!) – uma surpreendente rendição de uma nação autoproclamada democrática e pluralista à ideia de que uma simples questão, com uma lógica simples, determinaria a evolução futura dos acontecimentos (e mesmo que "a economia" fosse um fenômeno simples!). Em inglês, o uso do singular com um artigo definido – "*the typical native*" (o nativo típico), por exemplo – é um claro movimento para o fechamento conceitual. O mesmo emprego – "*the Italian (l'italiano) does not respect the law*" (os italianos não respeitam a lei), por exemplo – pode ser usado em pronunciamentos de ambiguidade torturante: são eles autocongratulatórios, autoirônicos, ou um desafio também irônico ao juízo preconcebido de *outsiders* críticos? (Incluindo os antropólogos.) Os antropólogos, tendo escrito livros sobre *the* (os) membros deste ou daquele povo, não obstante, observaram longamente o desejo humano por este fechamento com um olho crítico, e devem especialmente avaliar as suas maiores manifestações autoirônicas. Mas o aparecimento desse padrão, longe de validar as reivindicações de racionalidade da economia ocidental, confirma tanto mais vigorosamente, se somente permanecemos abertos à ideia, o caráter muito bem construído, carregado de significado e contingente desses "fatos" dominantes – que assim seriam mais bem-interpretados como símbolos-chave e que, como tais, não são menos apropriados como objeto do estudo antropológico do que o curioso de qualquer sociedade remota, exótica.

A antropologia é claramente uma disciplina enfadonha, e isto nem sempre a torna popular. Criticada severamente em muitos Estados ex-coloniais como o repositório do imperialismo, ultrajada pelos nacionalistas nos lugares de recentes irredentismos e fascismos que ressurgem, ela colide, talvez inevitavelmente, com qualquer tentativa de modelar o mundo num simples desenho cultural. Os seus interesses radicalmente comparativos a tornam automaticamente suspeita aos olhos totalitários, contudo, a curiosidade implacável dos seus profissionais pode torná-los o objeto das mais profundas dúvidas vindas das pessoas comuns. Eu mesmo fui suspeito de ser um espião de potências estrangeiras e da burocracia local. Às vezes, também as coisas vão mal, como quando um livro muito imprudentemente intitulado *Yanomami*: *The Fierce People* (CHAGNON, 1968) se tornou claramente uma desculpa para a tentativa de extermínio cultural e demográfico dos Yanomami, ou quando os antropólogos se deixam seduzir para servir a algum interesse político repressivo como preço de sua admissão. Mas estes casos também se tornaram, para aqueles de boa-fé e de mente aberta, parte da autoconsciência historicamente fundamentada e da consciência coletiva da disciplina.

Escrever um livro sobre antropologia social e cultural – mesmo um livro que busca provar mais do que resumir – coloca um desafio especial: Por onde então começar? No entanto, o formato de passo duplo da Unesco também sugeriu uma solução viável. Apresentei os capítulos como uma revisão – a minha própria, uma revisão necessariamente idiossincrática – dos pensamentos da equipe internacional de colegas cujos artigos nas duas edições especiais da *International Social Science Journal* formam assim o ponto de partida deste livro, assim como uma oportunidade para estender o espaço para as ideias que achei que eram úteis nas minhas próprias áreas de especialização. Dessa maneira, pude me apoiar na sabedoria e no conhecimento dos meus colegas e deixar as suas posições (acredito eu) claras, embora tentando derivar dessa discussão complexa uma descrição internamente mais ou menos coerente de uma possível visão antropológica. Estou agradecido por sua concordância com este esquema e por consentirem cristalizar a sua perícia nos artigos do *ISSJ* em primeiro lugar, e aceito a total responsabilidade pelas deficiências que a minha intervenção pode inevitavelmente ter introduzido nos temas individuais ou no livro como um todo. Muitos desses colegas responderam a um rascunho inicial deste livro com observações e críticas posteriores, algumas delas várias vezes, e tentei preservar ao máximo o sabor das conversas em curso, como o formato permitiria.

Os leitores (e os autores) podem notar que incorporei partes muito diferentes dos textos originais da equipe do *ISSJ* (embora eu tenha marcado as mais significativas passagens literais como citações); comprometido de diferentes maneiras com as suas respectivas ideias; e em alguns casos reorganizei os materiais de modo que não houvesse mais uma identificação direta e não modificada de cada capítulo com aquela dos artigos. (Quando alguns desses indivíduos são citados textualmente sem uma referência no texto, a citação vem deste artigo pessoal do *ISSJ*, exceto onde indiquei que uma observação particular ocorreu no curso das conversas subsequentes nas quais estávamos diferentemente envolvidos.) Dessa maneira, mais do que simplesmente utilizar cada artigo como um modelo para a minha própria prosa, tentei, através de mudanças substantivas e citação cuidadosa, envolver todo o trabalho dos colaboradores numa forma mais ativa de discussão. Eles fizeram comentários sobre o rascunho final, e eu incorporei também estas reações – para me manter fiel, mas também, o que é mais importante, para chamar o leitor para a comunidade de discussão que este livro representa. Além disso, espero dessa maneira envolver o interesse de uma vasta gama de não especialistas, embora ao mesmo tempo apresentando para a própria disciplina uma versão vívida de sua "conversa" atual.

Realmente, este modo de autoria é coerente com a compreensão atual da etnografia – com o campo prático da antropologia e com o gênero no qual ela é descrita – como o produto de uma colaboração negociada. Os textos originais estão disponíveis a qualquer um que queira ver até onde eu posso ter remodelado os pensamentos, inclusive o meu próprio, que surgiram no primeiro estágio desse projeto. Mas, no texto atual, espero oferecer uma visão que não deve ser completamente unificada ou internamente coerente, mas que pelo menos constitui uma consolidação de tipos. É um trabalho saído de preocupações comuns, um ato que os camponeses franceses chamam de *débrouillardise* (desenvoltura) (REED-DANAHAY, 1996) – um copiar e tatear criativos através do obscurecimento criado por camada sobre camada de "obviedade" cultural. É como uma crítica dos pressupostos desta obviedade – daquilo que é em todo lugar chamado de senso comum, e que é em todo lugar diferente e distinto de sua própria configuração – que a antropologia concebida aqui deveria sempre ser ouvida como a voz crítica da insistente perplexidade (cf. FERNANDEZ, 1986).

Este trabalho é em todos os sentidos o resultado de um esforço coletivo. Nesses dias interativos, parece uma questão pequena na tentativa de reproduzir as formulações acadêmicas do ano passado, mesmo supondo que um autor devia ter provado estar à altura da sua tarefa. Permitam-me ser muito claro sobre isto: eu não podia ter elaborado a maior parte dos capítulos deste livro sem os artigos e as discussões que os precederam. (Eu intencionalmente deixei como estavam algumas citações incorporadas de obras que eu não pude ler por razões linguísticas ou outras.) Assim, escrevendo estes textos anteriores num trabalho individual, tentei imediatamente deixar as ideias originais aparecerem, mas na articulação mais clara possível com o meu próprio sentido de antropologia, um sentido que é, acredito eu, largamente compartilhado em suas articulações mais amplas, embora nem sempre em cada detalhe, por estes colegas em todo o mundo. A sua ajuda foi algo como uma inoculação contra a estreiteza de espírito tentadora dos centros de poder – o etnocentrismo que sempre ameaça seduzir mais uma vez aqueles dentre nós que cresceram nos velhos países colonizadores, que são, não por coincidência, os lugares de nascimento da antropologia social e cultural. Auxiliado por esta internacionalização deliberada, que tem as suas próprias limitações e desafios circunstanciais (a genealogia do conhecimento ainda retorna aos mesmos centros coloniais), a antropologia apresentada nestas páginas é num sentido muito literal, espero eu, uma prática social e cultural. Eu pretendo que ela seja interpretada como uma crítica construtiva e historicamente sensível das instituições sociais e como um irritante produtivo – o seu papel "pedagógico" – na carne das estruturas de conhecimento dominantes atuais. Como tal, ela deve desfrutar de um envolvimento especial com as outras disciplinas da sociedade humana. Os leitores devem também observar que eu faço um uso quase exageradamente frequente de certos textos. Estas coisas servem como um dispositivo de indexação informal: a sua recorrência marca as ligações conceituais em tudo aquilo que de outra maneira se tornaria muito facilmente zonas paroquiais de especialização. Dessa maneira, tentei enfatizar a curiosa capacidade da antropologia para esclarecer paralelos e conexões entre as áreas da vida social geralmente – no modo dominante de "senso comum" – consideradas distintas.

Este trabalho é muito mais um empreendimento coletivo do que a maioria dos livros que aparecem sob o nome de um autor individual. O desenvolvimento de um formato novo, mais interativo, significou muito trabalho duro para todos nós, mas a partir da minha perspectiva, pelo menos, ele valeu todo o esforço e o tempo extras envolvidos. Portanto, quero expressar a minha profunda gratidão, reconhecimento e afeição pelo grupo colegiado de estudiosos cujo trabalho formou os solos férteis para aquilo que para mim foi um tipo muito novo de autoria: Marc Abélès, Nurit Bird-David, John Borneman, Constance Classen, David Coplan, Veena Das, Sara Dickey, Arturo Escobar, Néstor García Canclini, Don Handelman, Ulf Hannerz, Václav Hubinger, Kay Milton, Juan Ossio, Michael Roberts, Don Robotham, David Scott e Nicholas Thomas. Esta foi uma aventura que a sua bem-humorada tolerância e franqueza intelectual tornaram possível e também agradável. Alguns deles continuaram a argumentar e oferecer frequentemente sugestões provocativas e sempre úteis, quase até a conclusão final do manuscrito; eu não poderia querer um estímulo maior. Eu incitei fortemente os leitores a consultar os ensaios originais desses colegas, publicados no número 153 (setembro de 1997) e 154 (dezembro de 1997) da *International Social Science Journal*, para avaliar mais diretamente a admirável energia envolvida na produção total das ideias representadas aqui. Na preparação do manuscrito, eu dependi grandemente do tato eficiente e do envolvimento intelectual de Yu-son Jung, e sou também profundamente devedor a Thomas Malaby e Saipin Suputtamongkol por seu editorial e por sua contribuição substantiva. Na Unesco, Nadia Auriat e David Makinson, completamente assistidos por Glynis Thomas, foram a fonte de suporte inspiradora durante a fase da revista, embora na Blackwell Publishers eu não somente me encontrei mais uma vez trabalhando prazerosamente com a minha velha companheira de armas dos dias da *American Ethnologist*, Jane F. Huber – realmente um prazer especial –, mas também rapidamente vim a avaliar o rigor profissional, assim como a compaixão e a amizade de Tony Grahame e o firme suporte de Simon Eckley: poucos autores podem ter sido os beneficiários de uma tal feliz convergência!

1
Orientações
Antropologia como uma prática da teoria

Antropologia: uma crítica do senso comum

A antropologia social e cultural é "o estudo do senso comum". Contudo, o senso comum é, antropologicamente falando, seriamente chamado de uma maneira errada: ele nem é comum para todas as culturas, nem é qualquer versão disso particularmente sensível a partir da perspectiva de alguém fora do seu contexto cultural particular. Ele é a versão socialmente aceitável de cultura, e assim é tão variável quanto são as formas culturais e também as regras sociais – estes eixos gêmeos que definem os objetos formais da teoria antropológica. Seja ele visto como "autoevidência" (DOUGLAS, 1975: 276-318) ou como "obviedade", o senso comum – a compreensão cotidiana de como o mundo funciona – revela-se extraordinariamente diverso, enlouquecedoramente incoerente e altamente resistente a qualquer tipo de ceticismo. Ele está incorporado tanto na experiência sensível quanto na prática política – realidades poderosas que obrigam e dão acesso ao conhecimento. Como sabemos que os seres humanos realmente pousaram na lua? Estamos (geralmente) convencidos disso – mas como sabemos que a nossa convicção não repousa em qualquer certeza extraviada das fontes de nossa informação? Se tivermos razão de duvidar que os outros sejam totalmente bem-sucedidos em dar sentido ao mundo, como sabemos – dado que não podemos facilmente sair do nosso quadro de referência – que estamos fazendo algo melhor?

Certamente, este desafio ao que deveríamos chamar de credulidade científica e racional não era o que os primeiros antropólogos (em qualquer sentido reconhecido profissionalmente) tinham em mente. Pelo contrário, eles estavam convencidos de sua própria superioridade cultural em relação às pessoas que estudavam, e reagiriam com espanto a qualquer sugestão de que a ciência pudesse ser estudada da mesma maneira como "magia". Eles não viram esta distinção como sendo propriamente simbólica; eles achavam que ela era racional, literal e real. Mas o seu pensamento não estava menos atolado nas estruturas e nas circunstâncias da dominação colonial do que estava o pensamento dos povos colonizados que eles estudavam, embora o seu ângulo de perspectiva fosse necessariamente diferente – de modo que é dificilmente surpreendente que eles chegassem a diferentes conclusões, tivessem ou não estas conclusões qualquer validade empírica. Reconhecendo esta embaraçosa descendência para o nosso campo, eu quero sugerir mais do que um mero exercício intelectual de imaginação e expiação para os pecados coletivos do passado. Quero sugerir que a antropologia aprendeu muito – e pode, portanto, ensinar muito – tanto pela atenção dada a estes erros quanto pela celebração de suas realizações. Isto é, afinal de contas, o que incentivamos os estudantes de antropologia a fazer no campo – de tal modo que as respostas aos erros e julgamentos pobres podem frequentemente ser mais instrutivas do que as respostas ao protocolo de entrevista mais cuidadosamente formulado. As realizações são em grande parte os assuntos de gravações fatuais (e mesmo estes estão frequentemente em disputa); mas o caráter social da teoria mais abstrata começou a ficar muito mais evidente para nós e, paradoxalmente, esta consciência de vinculação nos permitiu ser muito mais rigorosamente comparativos do que jamais fomos – para verificar a nossa própria visão de mundo, com a antropologia como o seu instrumento e a sua expressão, nos mesmos termos como nós vemos aqueles outros distantes, sobre quem temos por tanto tempo fixado o nosso olhar. Então, por que não estudar a ciência como um objeto etnográfico?

O trabalho antropológico mais recente realmente examinou as reivindicações da tecnologia, da política e da ciência modernas. Particularmente, todo o campo da antropologia médica (cf. esp. KLEINMAN, 1995) desafiou as alegações do cientificismo grosseiro que – como Nicholas Thomas observa num contexto um pouco diferente – não conseguiu acompanhar o ritmo dos desenvolvimentos da própria ciência. Houve claramente uma enorme expansão do alcance temático da disciplina, desde a preocupação dos vitorianos com o que eles chamavam de sociedades selvagens. Esta expansão, além disso, ocasionou muito mais do que uma simples ampliação dos horizontes fatuais ou mesmo teóricos. Ela é um rearranjo dos próprios princípios da perspectiva intelectual.

A antropologia, uma disciplina que assim desenvolveu um sentido irônico do seu próprio contexto social e cultural, está particularmente bem equipada para desafiar a separação entre modernidade e tradição e entre racionalidade e superstição – talvez, ironicamente, em parte, porque ela desempenhou um papel enormemente influente na criação desta antinomia. A constante exposição de antropólogos no campo da especificidade cultural dos seus próprios fundamentos indubitavelmente desempenhou um importante papel na geração de um sentido – e desconforto – da vaidade cultural dos centros do poder mundial. Realmente, uma famosa trapaça de Horace Miner (1956), num artigo no qual ele analisava os curiosos rituais do corpo dos "Nacirema" (um grupo tribal bem conhecido, soletrado para trás), zomba do modo formal como os estudiosos teorizam as questões do cotidiano. Contudo, em vez de simplesmente zombar da facilidade com a qual os estudiosos são seduzidos pela vaidade da sua especialidade, Miner levantou uma séria questão de epistemologia: Por que devia a suposta racionalidade dos estilos de vida ocidentais escapar do olhar sarcástico do antropólogo? A questão é séria porque é fundamentalmente política, e a evidência disso confronta os antropólogos de campo todas as vezes. Um estudo (FERREIRA, 1997) das respostas amazônicas para as convenções matemáticas impostas pelo Ocidente, por exemplo, mostra que a negação das capacidades cognitivas dos nativos pode ser parte integrante da sua exploração e mesmo do seu extermínio pelos agentes locais dos interesses comerciais internacionais. A antropologia está frequentemente exposta a incompreensões, incluindo as próprias incompreensões dos antropólogos, porque elas são comumente os resultados da mútua incomensurabilidade de diferentes noções de senso comum – o nosso objeto de estudo.

Contudo, a tarefa se torna proporcionalmente mais difícil à medida que a política e a visão de mundo em estudo se movem para mais perto não somente de casa, mas dos centros do poder efetivo. A antropologia impõe a revelação de práticas íntimas que estão atrás dos protestos retóricos da verdade eterna, variando "daquilo que foi sempre o nosso costume", em quase toda sociedade aldeã e tribal estudada pelos antropólogos no passado, até a evocação da ciência e da lógica por toda a elite política moderna (cf., p. ex., BALSHEM, 1993; ZABUSKY, 1995). Não ficaríamos surpresos se aqueles cuja autoridade pode estar comprometida por estas revelações não admitem tão facilmente se tornarem os objetos da pesquisa antropológica. Chamando a si mesmos de modernos, eles reivindicaram principalmente terem alcançado uma racionalidade capaz de transcender as fronteiras culturais (cf. TAMBIAH, 1990). Eles caracterizaram as outras sociedades como sendo pré-modernas, e atribuíram a estas últimas uma falta de especialização em domínios que exigem atividade mental. Assim, a política foi considerada como estando intimamente incorporada no parentesco e mais geralmente no tecido social destas sociedades. Da mesma maneira, a arte não foi diferenciada do artesanato ou da produção ritual; a vida econômica foi mantida por reciprocidades sociais e sistemas de crenças; e a ciência não podia surgir como um campo autônomo porque os seres humanos não tinham ainda encontrado maneiras eficientes de desembaraçar a prática do religioso (ou do supersticioso, tal como este domínio era às vezes chamado, pressupondo uma constante incapacidade de separar a crença cosmológica da pura filosofia, por um lado, e do conhecimento prático, do outro). Assim, a principal tarefa da antropologia foi vista como sendo o estudo dos domínios do social – política, economia, parentesco, religião, estética e assim por diante – naquelas sociedades cujos membros não tinham aprendido a fazer estas distinções abstratas. Muito depois da morte do evolucionismo como a teoria dominante da sociedade e da cultura, esta hipótese evolucionista sustentava as categorias da Modernidade e da Tradição como sendo a base para ensinar a antropologia, e consequentemente também a ilusão de que as sociedades que tinham se anunciado como sendo modernas e avançadas tinham de algum modo conseguido se elevar acima da incapacidade para conceituar o abstrato e assim tinham alcançado êxito em racionalizar o social através da especialização das tarefas.

Contudo, estas hipóteses não podiam ser sustentadas por muito tempo. Elas rapidamente entraram em confronto com a experiência direta da pesquisa de campo, como Thomas observa: a longa imersão nas populações para as quais esta condescendência estava dirigida solapava o sentido de absoluta superioridade e os pressupostos básicos foram empiricamente desacreditados. De fato, como Stocking (1995: 123, 292) tinha notado, o retorno ao trabalho de campo – mesmo antes de Malinowski – era crucial para solapar as perspectivas evolucionistas, ainda que o seu quadro organizador estivesse a ponto de provar uma persistência perturbadora: conhecer aqueles sobre quem se escreve como vizinhos e amigos torna as ideias elevadas sobre a hierarquia de culturas insustentáveis e também desagradáveis. Cada vez mais, os antropólogos começaram a aplicar em casa o que eles tinham encontrado de útil em sociedades supostamente simples. Mary Douglas (1966), defendendo uma definição cultural e social da sujeira contra uma definição puramente bioquímica, desafiou profundamente as preocupações centradas na higiene das sociedades europeias e norte-americanas, que Miner tão impiedosamente tinha satirizado. Marc Abélès percebe a política na Europa moderna, pelo menos em parte, como uma ressurreição dos valores e das relações em nível local, para cuja interpretação a perspectiva básica dos antropólogos proporciona especialmente imediato acesso.

No entanto, não podemos esperar um papel tão grande para a antropologia no futuro: este "o estranho relativiza o familiar" é menos útil e surpreendente hoje, quando o conhecimento que os antropólogos produzem está imediatamente aberto à crítica por parte daqueles sobre quem ele é produzido, no momento em que chegam a compartilhar conosco uma extensão cada vez mais ampla de tecnologia de comunicação. Não obstante, esta mesma avaliação devia ser causa de otimismo sobre o potencial da antropologia para contribuir proveitosamente para a crítica social e política atual. A inquietação a propósito da crise de representação não deve obscurecer o fato de que algumas das críticas mais respeitadas geraram novas percepções e saídas importantes. Mesmo a desilusão com o trabalho de campo que começou a aparecer nos anos de 1960 – e especialmente com as suas reivindicações de rigor teórico objetivo – teve o efeito de fortalecer esta rejeição da separação radical entre o observador e o observado e assim criou mais, não menos, formas de conhecimento empiricamente fundamentadas.

Isto significa especialmente dizer, como Néstor García Canclini enfatizou, que o crescimento rápido das formas sociais urbanas desferiu um golpe decisivo nesta separação entre observador e observado (e no foco exclusivo de algumas das mais tradicionais e "exóticas" formas de antropologia sobre o trabalho "selvagem"). Tal como ele aponta, os próprios antropólogos estão sujeitos à maioria das forças que afetam as populações urbanas que eles estudam. Contudo, por isso mesmo, a distinção entre o urbano e o rural, que (na forma binária na qual ela é frequentemente articulada) deve em alguma extensão simplificar um artefato da história da própria antropologia, é também agora cada vez mais difícil de sustentar. Estas percepções sublinham a importância de estar completamente consciente das vinculações históricas da disciplina. Esta relação mais fluida com o nosso tema surge como resultado de abordagens cada vez mais reflexivas. Como uma orientação básica na antropologia, ela é tanto mais útil analiticamente quanto historicamente mais responsável do que rejeitar o empreendimento inteiro como fatalmente e irremediavelmente falho ou pela "contaminação" do observador (uma construção simbólica encontrada com surpreendente frequência nos escritos que reivindicaram ser científicos), ou por seu passado hegemônico indiscutível (que ele compartilha com toda a gama das disciplinas acadêmicas). Tanto as respostas pragmáticas quanto as de rejeição podem certamente ser encontradas na literatura etnográfica, às vezes curiosamente juntas num único trabalho. Nesses momentos contraditórios, de fato, podemos às vezes ver os primeiros estremecimentos de uma abordagem mais flexível das confusões categóricas que, como Néstor García Canclini observa, proliferam na complexidade da vida urbana.

Tomem, por exemplo, dois estudos grosseiros contemporâneos da sociedade marroquina, ambos levando a introspecção a extensões que muitos acharam ser excessivas. Contra a inflexível rejeição dos *Moroccan Dialogues* (1982) de Kevin Dwyer, uma obra na qual uma única relação de etnógrafo e informante é feita para realizar o trabalho de desestabilizar totalmente a disciplina, as manifestamente niilistas *Reflections on Fieldwork in Marocco* (1977) de Paul Rabinow colocam uma questão muito diferente: a sua contribuição para o pensamento antropológico atual vem menos através do desprezo do autor pelo método tradicional (ou melhor, pela ausência dele) do que através do seu reconhecimento perceptivo de que o exausto estalajadeiro ex-colonialista francês era pelo menos um objeto tão bom para a investigação etnográfica quanto os românticos habitantes berberes do kasbah e do suq. Estes movimentos ajudam a tornar os portadores "sem designação" da modernidade tão visíveis quanto interessantes e a desmantelar a sua retórica de neutralidade cultural. Assim como alguns críticos europeus, por exemplo, atacam os antropólogos por ousarem estudar os próprios europeus nos mesmos termos com que fazem com os exóticos selvagens, desse modo expondo uma hierarquia cultural que de fato vale a pena estudar no seu próprio contexto cultural e social, também a recente e rápida intensificação deste foco no "Ocidente" ajudou a dissolver muito do resíduo das próprias origens racistas embaraçosas da antropologia. Felizmente, a ausência das assim chamadas sociedades ocidentais no rol dos geralmente admitidos locais etnográficos, uma situação que implicitamente representava estas sociedades como transcendendo a própria cultura, está sendo agora incisivamente remediada.

No livro de Rabinow, além disso, vemos uma das mais perversas forças da antropologia: a sua capacidade de autoexame, inclusive bastante destrutiva, forneceu uma ferramenta pedagógica de considerável valor. Além disso, a nova visão cética do racionalismo da antropologia oferece um saudável antídoto para os pressupostos mais universalistas comuns em outras disciplinas das ciências sociais, embora o seu persistente localismo forneça uma forte vacina contra a universalização de valores particularistas de culturas que ocorrem ser politicamente dominantes. Sempre que o fim da antropologia foi proclamado de dentro, tem havido uma renovação tanto do interesse externo quanto da energia teórica interna. Isto, eu afirmo, é porque a antropologia fornece a única crítica e espaço empírico no qual examinar as pretensões universalistas do senso comum – incluindo o senso comum da teria social ocidental.

Embora eu seja cauteloso em relação ao risco de ideias empoladas sobre o que a disciplina pode fazer para o mundo em geral, eu também afirmo que – pelo menos na sala de aula, dificilmente um lugar sem importância, mas também em todas as outras arenas de formação de opinião às quais os antropólogos têm acesso de tempos em tempos – há um grande valor na desestabilização das ideias recebidas tanto através do exame de alternativas culturais quanto através da exposição da fraqueza que parece ser inerente a todas as nossas tentativas de analisar os vários mundos culturais, incluindo o nosso próprio. Precisamos desse contrapeso diante da homogeneização cada vez mais burocrática das formas de conhecimento.

Eu afirmaria, além disso, que a postura característica desta disciplina tem sempre sido a sua propensão de considerar as comunidades marginais e usar esta marginalidade para fazer perguntas sobre os centros de poder. Realmente, alguns dos mais excitantes estudos etnográficos são aqueles que desafiam a retórica homogeneizadora dos estados-nação. Um recente trabalho sobre a Indonésia – um país de variações turbulentas – toma a questão com uma força especialmente dramática, tanto tematicamente quanto conceitualmente (BOWEN, 1993; GEORGE, 1996; STEEDLY, 1993; TSING, 1993). Mas mesmo no mundo do poder europeu, há espaços marginais que complicam a representação da nacionalidade, da cultura e da sociedade, de maneira que desafia pressupostos há muito acalentados no interior a disciplina (cf. ARGYROU, 1996a, 1997, sobre Chipre; HERZFELD, 1987, sobre a Grécia).

A pesquisa de campo, muitas vezes numa colaboração carregada de tensão com a respeitável grande teoria, foi sempre a pedra angular da antropologia. Ela produz uma intimidade de foco – mudar maneiras de enquadrar o trabalho de campo etnográfico torna a imagem mais espacial de uma comunidade limitada de algum modo desatualizada – que permite o reconhecimento da indeterminação nas relações sociais. Esta é uma preocupação empírica que muito facilmente escapa da visão mais ampla, mas que, não obstante, tem enormes consequências para uma descrição mais extensa (na previsão dos padrões eleitorais, por exemplo, onde comunidades isoladas com muitas tendências podem manter o voto de qualidade numa corrida apertada). A natureza da pesquisa etnográfica, afirmou Nicholas Thomas, pode agora ser mudada, em resposta às novas maneiras de organizar a vida social e cultural. Realmente, há uma mudança pragmaticamente sensível da insistência no foco local da etnografia – uma minúscula unidade frequentemente situada dentro de uma igualmente arbitrária "área cultural" e definida pelas supostas particularidades desta área – e na direção de novos esforços de encontrar a intimidade necessária para um trabalho de campo de sucesso nas cidades maiores, nos encontros eletrônicos, nos escritórios e laboratórios, em ônibus e trens (cf. GUPTA & FERGUSON, 1997; HERZFELD, 1997a).

Contudo, esta mudança não invalida a preferência antropológica pela análise microscópica. Bastante curiosamente, de fato, o enorme aumento na escala da interação global intensificou mais do que atenuou a necessidade desta perspectiva íntima, como observa Thomas, e como veremos particularmente no capítulo sobre a Mídia. Se os antropólogos ainda querem ser "observadores participantes", escondidos em aldeias, enquanto os próprios aldeões estão ativamente trocando (cf. DELTSOU, 1995), rastreando velhos amigos através das autoestradas da comunicação, ou recusando se envolverem com a miríade das agências nacionais e internacionais que assistem e perturbam as vidas cotidianas das pessoas, isto não basta.

História e o mito de origens teóricas

A maioria das sínteses da antropologia começa com uma explicação da sua história, ou pelo menos coloca esta história antes de qualquer discussão destes temas contemporâneos, como aquele da reflexão. Meu pensamento de aqui inverter parcialmente esta convenção deve ressaltar, como um exemplo do que estou descrevendo, a tendência de ver o crescimento da disciplina como um progresso unilinear – em outras palavras, como um exemplo de uma das mais antigas e principais narrativas da disciplina, aquela do evolucionismo (às vezes também conhecido como darwinismo social ou Teoria da Sobrevivência). Isto também torna mais fácil enfatizar uma questão relacionada: longe de serem dispostos numa sequência ordenada, começando em algum ponto de origem mítico, os "estágios" do pensamento antropológico frequentemente sobrepõem, confundem as predições usuais da sua ordem de aparecimento, e reaparecem como anacronismos embaraçosos em meio aos supostos desenvolvimentos teóricos progressivos. Assim, por exemplo, a compreensão aparentemente muito "moderna" e pós-colonial de que as categorias analíticas principais, como o parentesco e o casamento, não podem ser tão universalmente aplicáveis, como uma vez tínhamos imaginado, é antecipado nos escritos de exploradores que tinham praticamente arrancado as inadequações destas categorias no campo há um século, especialmente na Austrália (cf. STOCKING, 1995: 26). Ao contrário, contudo, algumas ideias-chave associadas com o evolucionismo da Inglaterra vitoriana e com os modos funcionalistas de explicação sistematizados por Malinowski nos anos de 1920 frequentemente reaparecem no estruturalismo dos anos de 1960, e mesmo nos seus seguidores, incluindo a historiografia reflexiva sobre o exemplo característico do estruturalismo de Lévi-Strauss.

Entre as suas muitas contribuições para a teoria antropológica, Claude Lévi-Strauss avançou a visão de que o mito era "uma máquina para a supressão do tempo" e que ele tinha o efeito de ocultar as contradições levantadas pela própria existência da vida social (cf. a discussão e as referências posteriores em LEACH, 1970: 57-58, 112-119). Assim, por exemplo, a sociedade proíbe o incesto, mas como explicar a reprodução a não ser através do ato primordial do incesto? (Por extensão, deveríamos dizer que o nascimento de uma nova nação – uma entidade que caracteristicamente reivindica origens puras – deve pressupor um ato de miscigenação cultural ou mesmo genética. E, de fato, as visões do mito de origem de Lévi-Strauss são especialmente opostas às análises das histórias nacionalistas.) Quão diferente é isto da celebrada definição do mito em Malinowski (1948) como sendo um "alvará" para a sociedade? Ou ainda, se os tabus do incesto refletem a importância de manter claras as distinções categóricas entre incluídos e excluídos e assim possibilitar a cada sociedade se reproduzir casando fora (exogamia), então, até onde isto escapa da implicação teleológica – típica da maior parte das formas do funcionalismo – de que este é o objetivo das regras de proibição do incesto?

A evidência preocupante dessa recidiva intelectual tem um importante corolário. Uma vez que vemos as teorias mais como expressões de uma orientação social e política e como dispositivos heurísticos para explorar a realidade social do que como instrumentos do puro intelecto, as teorias se tornaram visíveis em lugares até então insuspeitos. Começamos a perceber, em outras palavras, que os próprios informantes estão envolvidos em práticas teóricas – não, na maioria das vezes, no sentido de um envolvimento profissional, mas através da execução de operações intelectuais diretamente comparáveis. Lévi-Strauss (1966) celebrou a distinção entre sociedades "frias" e sociedades "quentes", que assim se torna uma distinção mais de escala do que de espécie.

Uma coisa é reconhecer informantes como produtores de conhecimento social abstrato, mas, como Thomas observa, uma coisa muito diferente é utilizá-lo como a base da nossa compreensão teórica. Não obstante, a crescente porosidade do mundo contemporâneo significa que, então, seremos cada vez mais dependentes da tolerância intelectual dos nossos informantes e que, portanto, quer queiramos ou não, nos encontraremos fazendo exatamente isso. Pois, cada vez mais, eles "leem o que escrevemos" (BRETTELL, 1993). Além disso, eles também escrevem, e alguns deles escrevem antropologia. Isto torna o seu raciocínio mais perceptível (cf. esp. REED-DANAHAY, 1997), embora isto também talvez signifique que a dominação dos sistemas de escrita "modernos" deviam obstruir outros modos de raciocinar. O surgimento de algumas linguagens dominantes e de modos de representá-las é um desenvolvimento que mais limitaria do que estenderia as nossas possibilidades intelectuais.

A extensão do "sentido" do "senso comum" para "o sensório" e a concomitante rejeição de um compromisso *a priori* com a separação cartesiana de mente e de corpo são vitais para expandir a nossa capacidade de avaliar a teorização prática dos atores sociais (JACKSON, M., 1989). (Tal como ocorre com alguns dos sistemas de parentesco complexos estudados pelos primeiros antropólogos, caso o percebamos ou não, é a nossa incapacidade intelectual que está em questão.) As percepções naquelas áreas do sensório que resistem à redução a uma descrição verbal são desafios à nossa capacidade para remover a descrença, mas, por esta mesma razão, elas pedem uma resposta menos solipsista do que aquele tipo de objetivismo que apenas aceita como significativo o compasso limitado da compreensão já circunscrita pelos valores de uma cultura (cf. CLASSEN, 1993a), ou aquela surpreendente autoindulgência paralela de escrever sobre a cultura a partir da segurança de uma introspecção pura. Este último ato é realmente um retorno à "antropologia de gabinete" vitoriana, em nome de um equivalente "pós-moderno", tal como são os estudos culturais.

A escassez dos estudos mais antigos do sensório é especialmente surpreendente, quando se considera que os evolucionistas propuseram numa data anterior a visão de que os seres humanos se tornaram progressivamente menos dependentes da sensação física, no momento em que a vida da mente ativa assumiu o controle. Contudo, estes vitorianos autossatisfeitos estavam, por exemplo, profundamente interessados no ritual – o ritual daquilo que era mais resistente e perene na disciplina. Como Don Handelman observa, o ritual deve empenhar todos os sentidos numa extensão não comumente imaginada nas [modernas formas do] espetáculo. Contudo, não tem havido até recentemente muita curiosidade antropológica a respeito do papel dos sentidos, a não ser o visual e o auditivo, nas práticas rituais, e somente tentativas muito modestas foram realizadas para analisar estes aspectos como algo mais do que meros apêndices da atividade principal da ação ritual.

Levantar questões sobre estes assuntos revela os limites dos canais puramente verbais da investigação, e consequentemente coloca um desafio produtivo a todas as ciências sociais, especialmente aquelas nas quais há algum reconhecimento das próprias capacidades teóricas dos atores sociais. Don Handelman levantou a questão da teoria que está implícita no ritual, contudo, ele argumenta que, então, construímos um quadro teórico diferente que nos permite desencavar a teoria indígena das suas manifestações como ritual. Muito bem – mas isto exige um aumento drástico da nossa capacidade tanto para gravar quanto para analisar estas semióticas não verbais através das quais os pressupostos conceituais e as percepções são expostos, manipulados e, para empregar a terminologia de Handelman, transformados. Pois é pelo menos concebível que, ao transformar a condição de um grupo ou de um indivíduo, a realização de um ritual pode também transformar a maneira como os seus pressupostos subjacentes são percebidos ou conceituados – algo desse tipo está pressuposto na ideia de que os rituais, frequentemente associados com a reprodução de sistemas de poder, podem também servir como veículos de mudança.

Aqui, isto parece especialmente vital evitar o erro comum de admitir que todo significado pode ser apresentado fielmente na forma linguística. Muito do que passa para a tradução pode mais precisamente ser chamado de exegese. Paradoxalmente, esta consciência dos limites da linguagem requer um comando considerável da linguagem da cultura na qual se está trabalhando. É crucial, para ser capaz de identificar a ironia, reconhecer a alusão (às vezes a mudanças politicamente significativas no uso da linguagem), e ir além das hipóteses simplistas de que uma linguagem que parece fundada na experiência social é "menos" capaz de carregar um significado abstrato do que a própria linguagem (cf. LABOV, 1972).

Assim também, é a boa vontade de reconhecer que as ideias dos informantes sobre o significado não devem corresponder às hipóteses verbocêntricas comumente sustentadas pelos intelectuais ocidentais. No meu próprio trabalho numa comunidade rural cretense, por exemplo, eu achei que a capacidade dos habitantes para decodificar a semiótica do seu próprio discurso, assim como aquela do Estado-nação burocrático envolvente, é abastecida por um agudo sentido do imaginário político. Outros exemplos são dados neste livro. O emprego local em algumas sociedades parece juntar duas variantes do significado linguístico, com observações casuais de que algo "importa" (ou "é significativo", como deveríamos dizer). Mas se estas visões refletem de fato o emprego local, talvez elas possam também fazer algo para afrouxar a influência que o modelo centrado na linguagem tem sobre a nossa imaginação intelectual.

A ideia dos iletrados teóricos da aldeia não é especialmente espantosa quando se considera que estas pessoas devem lidar com enormes complexidades sociais. A sua situação, enredada em lealdades às vezes reciprocamente discordantes a entidades maiores do que a comunidade local, exige habilidades decodificadoras inteligentes, como uma questão de simples sobrevivência política. Como resultado disso, os informantes podem apresentar um virtuosismo exegético e um ecletismo conceitual que poderiam, num antropólogo profissional, parecer como sinais de incoerência, mas que, no contexto local, simplesmente exibe o desdobramento pragmático da teoria nas suas mais variadas formas. Pode-se encontrar um equivalente de funcionalistas, evolucionistas e mesmo estruturalistas entre os informantes: os tipos de explicação respondem às necessidades da situação. Isto se torna uma questão ainda mais complexa, quando lida com populações cuja interpretação, talvez imperceptível para eles, foi inundada com o vocabulário das antropologias do passado – e que inclui uma quota crescente das populações do mundo. As explicações locais dos "costumes", por exemplo, são frequentemente legitimadas com uma pesada dose de evolucionismo "científico" – e, já que a teoria muitas vezes se baseia em noções geralmente populares, é empiricamente insólito, nesses casos, tratar o discurso popular e a teoria antropológica como dois domínios totalmente separados. Somente uma consideração histórica da relação entre eles torna possível desembaraçá-los dos pressupostos analíticos.

É por isso que eu gostaria de dar boas-vindas a uma história disciplinar que desse uma atenção muito maior do que até agora foi aceitável para o papel que os nossos informantes desempenham no desenvolvimento das nossas ideias. Pois há alguma evidência desse papel. Nos anos de 1960, por exemplo, uma grande disputa colocou os estruturalistas (como "teóricos da aliança") contra os funcionalistas estruturais (como "teóricos da descendência") na explicação do parentesco. Verifica-se que – com poucas, mas notáveis exceções – a maioria dos estruturalistas trabalhou na América do Sul e no Sudeste da Ásia, enquanto a maioria dos funcionalistas conduziu as suas pesquisas na África e Oriente Médio. Poderia isto não ser o resultado do impacto das tradições locais de exegese sobre o pensamento dos antropólogos? Os relatos etnográficos estão repletos de indicações da teoria local; um exemplo precoce, mas famoso disso, é aquele da experiência de Evans-Pritchard com os Nuer, que desenhou diagramas no chão para explicar os traços da estrutura de linhagem ideal-típica deles para si (EVANS-PRITCHARD, 1940: 202). Tratar estes exercícios mais como vinhetas etnográficas do que como contribuições teóricas parece mesquinho pelos padrões do *ethos* mais reflexivo atual.

Talvez a antropologia moldada nestes termos seja incomum entre as ciências sociais, na medida em que os seus profissionais admitem o colapso da antiga separação axiomática da teoria erudita e do "objeto" etnográfico. Significa isto que os seus modelos são fatalmente falhos? Pelo contrário, eu afirmo, as suas reivindicações de rigor intelectual são reforçadas por tais reconhecimentos do débito intelectual – reconhecimentos que simultaneamente minam a arbitrariedade da insistência cientificista (como oposta a científica) sobre a perfeita reprodutibilidade e do niilismo igualmente autorreferente na direção do qual algumas formas – mas não todas – de pós-modernismo ameaçam impulsionar a disciplina.

Entre estes últimos, as avaliações da etnografia em *Writing Culture* (CLIFFORD & MARCUS, 1986) foram especialmente e apropriadamente criticadas pelas feministas (MASCIA-LEES; SHARPE & COHEN, 1987-1988; BEHAR & GORDON, 1995). Especialmente à luz destas críticas vindas daqueles que se devia esperar que fossem simpáticos, seria fácil rejeitar a tendência pós-moderna como simplesmente outro discurso explorador. Mas isto seria repetir, mais uma vez, a ofensa que é mais comumente colocada na soleira da sua porta. Contudo, de fato, esses exemplos do que Don Robotham chamou de pós-modernismo "moderado" serviram como provocações para ampliar o espaço da investigação etnográfica, desse modo, eu argumentaria, tornando-o mais e não menos empírico – um julgamento com o qual os extremistas tanto das convicções positivistas quanto das pós-modernas ficariam provavelmente e igualmente insatisfeitos.

Mas pode uma disciplina tão frequentemente forçada a se autoexaminar dessa maneira contribuir com algo para a compreensão humana, ou são as suas querelas internas simplesmente demasiado confusas ou paralisantes? Certamente, algumas delas parecem perigosamente tolas. Mas a evidência disponível sugere que de fato o resultado foi um aumento do trabalho etnográfico, mantido num padrão elevado tanto em relação à responsabilidade científica (no seu sentido mais geral) quanto em relação à responsabilidade moral. Se for assim, há pelo menos dois ganhos principais a serem discutidos: primeiro, na percepção das riquezas intelectuais que a humildade aumentada dos eruditos devia tornar geralmente disponível e, segundo e por extensão, na tarefa pedagógica de lutar contra o racismo e outros essencialismos perniciosos num mundo que parece cada vez mais inclinado a retornar a eles.

Antropologia e a política de identidade

A ênfase na ação levou a uma parcial dissolução das divisões que outrora eram claras entre os temas antropológicos, definidos em termos de significação institucional (parentesco, política, religião, economia e assim por diante). O parentesco, por exemplo, agora goza de uma vinculação mais orgânica em outras áreas de pesquisa. Ou como uma dimensão da relação entre gênero e poder estatal (p. ex., BORNEMAN, 1992; YANAGISAKO & DELANEY, 1995), ou como a metáfora diretora do nacionalismo, perdendo a sua autonomia inicial, ele ganhou uma significação sociocultural universal, muito além do que a sua proeminência de outrora permitira. Atualmente, como veremos, ele pode estar extremamente precisado de reenquadramento; mas permanece surpreendentemente central.

A etnia também alcançou uma nova ubiquidade. O próprio conceito foi alvo de uma boa dose de desconstrução, mas ele dificilmente morre. Embora os antropólogos tenham contribuído maciçamente para a sua análise, eles têm estado especialmente atentos em relação à sua adoção política por um incipiente nacionalismo (p. ex., JACKSON, J., 1995). Ele, portanto, constitui uma ilustração especialmente clara da dificuldade de separar analiticamente o empreendimento antropológico do seu objeto de estudo – uma dificuldade que (como estou afirmando aqui), longe de invalidar a disciplina, corresponde especialmente e rigorosamente às realidades empíricas. Realmente, não é apenas o caso de que os antropólogos cada vez mais se vejam repetindo o conhecimento que os atores locais já possuem, numa forma que os locais não podem achar particularmente reveladora de novas percepções. Este conhecimento pode também – na medida em que esta produção antropológica seja ainda tomada seriamente – servir para legitimar identidades e práticas emergentes.

Esta situação é algo como uma questão de teste para as forças e as fraquezas de uma perspectiva pós-moderna. Por um lado, a consciência de estar no quadro oferece um salutar corretivo à imagem habitual de "culturas" como entidades hermeticamente e inequivocamente limitadas – ou como comunidades tribais fisicamente isoladas, ou como sociedades industriais severamente definidas (e muitas vezes literalmente cercadas) por fronteiras nacionais. Mas ela também sugere que qualquer tentativa de negar a realidade destas fronteiras para os próprios atores é indefensável, e pode, como notou particularmente Jean Jackson (1995), minar as suas tentativas de autodeterminação diante da brutalidade estatal. Isto também obriga os estudiosos a enfrentar o problema inevitável de que a libertação atual de uma população pode trazer na sua sequência o extermínio ou a escravização de outros. No mínimo, os antropólogos podem fazer soar advertências sobre a realidade desse deslizamento.

Em conformidade com esta visão da interconexão das coisas, a discussão da etnia e do nacionalismo filtra numerosos outros temas. Por exemplo, examinamos as conexões entre ritual, burocracia, nacionalismo e a produção de espetáculo em contextos religiosos e nacionalistas – dois domínios que se apresentam revelando semelhanças, particularmente na relação entre o nacionalismo e a produção de mito. Aqui pode ser útil notar a menção breve, porém esclarecedora, de Sara Dickey aos estudos de caráter nacional que contava com a mídia como sendo a sua principal fonte de dados e que, eu acrescentaria, propriamente compartilharam uma longa história com os estudos de folclore nacionalista (cf. COCCHIARA, 1952; CARO BAROJA, 1970). A antropologia esteve outrora poderosamente implicada na construção nacional e em empreendimentos correlatos, em que os seus profissionais atuais estão agora implicados na crítica "construtivista" – para a angústia de muitas comunidades anfitriãs, como observaram Argyrou (1996b),

J. Jackson (1995), Thomas e outros. A posição construtivista não somente questiona as unidades atuais, mas faz isso através da desagregação de um passado nominalmente unificado. Em particular, isto impõe questionar a ideia de um único ponto de partida que encontramos tanto nos mitos de origem quanto nas histórias nacionalistas, e isto pode colocar profundas e graves ameaças para as novas entidades que ainda não protegeram adequadamente os seus traços heterogêneos (talvez incluindo a própria antropologia?): o tempo é geralmente uma fonte de validação – um meio de estabelecer direitos cósmicos de uso, por assim dizer.

A etnia e o nacionalismo são assim temas ubíquos na antropologia: eles circunscrevem tanto a sua agenda intelectual quanto o seu potencial para um significativo engajamento político. Eles exigem de todos os antropólogos uma vontade de considerar com boa-fé as consequências potenciais do que eles escrevem e publicam, colocando o peso moral da responsabilidade – um peso que não pode ser aliviado por prescrições éticas apropriadas – igualmente nos ombros dos antropólogos. Eles são, em muitos sentidos, o próprio fundamento no qual a antropologia como disciplina deve fazer dele o seu argumento principal – ou como objeto do seu estudo, a base da reflexão e da reavaliação históricas, ou como contexto político para a ação.

Portanto, nesse projeto, em conformidade com o tema da antropologia como uma crítica sistemática das noções de senso comum, eu optei pelo nível organizacional para enfatizar, ao contrário, estes domínios menos "óbvios", como são os sentidos, as modernidades e as mídias; mas não há razão para preocupação, pois os temas "óbvios" demonstram a sua robustez reaparecendo sob novas formas dentro do quadro adotado aqui. Estes reajustes não são meramente cosméticos, nem meramente acidentais: eles são intencionalmente projetados para incentivar também a reavaliação teórica.

Uma área importante sobre a qual todo esse projeto está focalizado bastante deliberadamente é aquela da Modernidade – ou melhor, uma pletora de modernidades. Dois temas aqui são centrais. Primeiro, há a questão de se a Modernidade é radicalmente diferente ou se, vista como uma pluralidade de acordo com a formulação de Don Robotham (com a sua rejeição concomitante das antinomias mais velhas e agora claramente simplistas, que colocam os subalternos contra as perspectivas coloniais), se pode vê-"la" como uma entidade absolutamente distinta. Isto é metodologicamente importante, porque disso depende até onde tratamos no mesmo quadro estes pares, como a burocracia estatal e a classificação simbólica dos rituais tribais; os sistemas de divisão da descendência do parentesco e dos regimes de concorrência legal do direito de família e a ideologia política (como em Berlim pré-1989: cf. BORNEMAN, 1992); e também as racionalidades científicas e a prática religiosa. É a mistificação Nacirema de Miner meramente uma pilhéria elegante, ou induz ela a uma reflexão sobre a extensão na qual podemos fazer reivindicações, equiparando a Modernidade com alguma noção universal de racionalidade? O que significa tratar as elites políticas das modernas sociedades industriais em termos de parentesco ou de outros idiomas de identidade direta, como Abélès recomenda? E por que o parentesco retornou tão decisivamente ao centro do palco, em estudos que vão desde o nacionalismo até as tecnologias e as ideologias reprodutivas? (STRATHERN, 1989; GINSBURG & RAPP, 1996; GINSBURG, 1989; KAHN, 2000). Se estes estudos estão baseados numa utilização metafísica do termo "arcaico" em cada par, assim também são as modernidades que eles analisam. As metáforas do parentesco usadas na construção do Estado-nação serão especialmente familiares a muitos leitores deste livro.

A segunda questão diz respeito à pluralidade de possíveis "modernidades". Pois a Modernidade não é uma tendência universal. Assim, se a sua variedade turbulenta permite uma abundância de possibilidades para a ação humana, podemos perguntar se de fato houve algum dia sociedades tão conformistas quanto aquelas retratadas pelas fantasias positivistas e funcionalistas. A evidência sugere não somente que esta uniformidade e contorno limitado são hipersimplificações grosseiras, mas também que a persistência da diversidade social e cultural na assim chamada aldeia global do novo milênio pressagia um importante papel para uma antropologia novamente sensibilizada pela ação e pela prática. Isto seria um antídoto valioso para as análises sociais recentemente cooptadas pelos discursos do poder do Estado e do poder supraestatal.

A virada teórica para conceitos de ação e prática (cf. ORTNER, 1984) assinalou um importante momento na autorrealização da disciplina. Ao mesmo tempo em que alguns observadores – alegremente ou tristemente, de acordo com as suas próprias perspectivas – estavam prevendo que a crise da representação etnográfica e a crítica parcialmente autoinfligida da antropologia destruiriam a sua credibilidade, três importantes desenvolvimentos levaram a uma direção oposta.

Em primeiro lugar, muitos estudiosos interpretaram as críticas como um desafio, mais para aprofundar e ampliar o alcance da etnografia do que para abandonar o navio; o resultado foi um significativo aumento na publicação da etnografia teoricamente engajada. Em segundo lugar, muitos daqueles que concordaram com as críticas, não obstante, perceberam que elas poderiam ser construídas em torno do quadro teórico da disciplina, com isso permitindo maior sensibilidade para questões que, em última análise, ainda tinham de lidar com a profundidade e a riqueza da descrição etnográfica. Em terceiro lugar, achou-se que o surgimento de uma metáfora textual para a etnografia possuía graves limites (cf., p. ex., ASAD, 1993), contudo, pode ser que alguma consciência dessas coisas tivesse sido o que forçou a discussão de volta para os próprios atores sociais – um desenvolvimento que combateu as visões desencarnadas e hipergeneralizadas da sociedade e da cultura geradas pelos extremos do textualismo e do positivismo.

O textualismo estava também associado a uma superdependência debilitante dos modelos de significado baseados na linguagem. Contudo, a própria linguagem fornece uma rota de fuga: a compreensão, ainda demasiado parcial, de que as percepções da linguagem comum – a mudança da referência para a utilização – podem ser aplicadas a todos os outros domínios, tal como o podem para a linguagem. A nova ênfase antropológica na mídia visual e na análise multissensória sublinha a importância de evitar uma visão referencial de significado que reduz tudo a um puro texto – a prática da antropologia incluída.

Não obstante, é importante não jogar fora a criança junto com a água da bacia: a virada textual na antropologia, especialmente aquela inaugurada por Clifford Geertz (1973a), fez muito para forçar a atenção dos antropólogos para o significado como algo oposto a uma forma objetivada, ainda que fizesse isto de uma maneira que devia se mostrar como quase tão determinística quanto o que tinha substituído. A crítica inicial do literalismo de Malcolm Crick (1976), um texto agora esquecido, mas fundamentalmente importante, pode servir como uma introdução útil e bem-feita a estas preocupações. E esta crítica do literalismo impõe reconhecer que um ato (verbal ou outro) pode ser profundamente histórico; contudo, em nenhum sentido, redutível à enumeração de eventos que, então, devíamos esperar. A história pode ser dançada, sentida e mesmo falada; e todo ato e toda experiência sensorial são uma portadora potencial de ligações com o passado mais recente ou mais distante.

Um senso de aplicação

Eu sugeri, a título de provocação, que a antropologia devia ser definida como o estudo comparativo do senso comum. Esta é uma importante ferramenta para se contrapor ao insistente racionalismo de amplo espectro das agências internacionais, que procuram impor a capitulação particular do senso comum em sociedades que não aprovam aquelas ideias, sobre problemas aos quais elas estão mal-adaptadas por causa dos valores e das práticas locais, e sobre pessoas que respondem de maneiras inesperadas. Até certo ponto, naturalmente, isto é simplesmente uma questão prática remediável: não adianta mandar ajuda de alimento para pessoas cuja religião não permitiria a elas tocar nesta doação. Mas, em outro sentido, isto mostra que uma antropologia orientada pela prática pode e deve também ser uma crítica dessa prática. A esse respeito, observaria particularmente o trabalho recente de Arturo Escobar (1995), de James Ferguson (1990) e de Akhil Gupta (1998), entre muitos outros – trabalho que não nega a importância de várias formas de ajuda num mundo que luta para sobreviver à extrema pobreza e à rápida expansão demográfica, mas que busca esclarecer os seus abusos e os seus maus usos. Estas características às vezes promovem um grande sofrimento, como Veena Das observou, em nome da racionalidade.

Na medida em que as ideias do sensível são cada vez mais apresentadas em termos globais, podemos agora também dizer que, assim, a antropologia pode servir como um discurso de resistência crítica à hegemonia conceitual e cosmológica desse senso comum global. Grande parte do que é discutido neste livro ilustra como a antropologia pode proteger criticamente um importante recurso: a própria possibilidade de questionar a lógica universal da "globalização" e expor a sua base historicamente estreita e culturalmente paroquial, ouvindo outras vozes, fica preservada através da investigação crítica da antropologia. Se, por exemplo, a racionalidade econômica pode ser vista como uma força motriz atrás das representações correntes da racionalidade, as concepções locais da sabedoria econômica tornam claro por que muitas pessoas do mundo não estariam convencidas. O que da perspectiva do discurso dominante parece tradicionalismo irracional surge, numa investigação mais incisiva, como uma lógica alternativa. A comparação pode também coincidir com a evidência de que as agências estatais globais não atuam necessariamente em conformidade com a sua própria racionalidade afirmada, uma observação que sublinha a importância de conservar um sentido forte da diversidade conceitual e social que ainda existe no mundo.

Estas reivindicações são práticas, mas também acadêmicas. O isolamento da "torre de marfim" do "mundo real" foi realmente um desenvolvimento político sobremaneira significativo, no qual os antropólogos (entre outros) se permitiram uma representação particular da realidade para marginalizar as suas perspectivas e assim sufocar a sua contribuição crítica. Eles podem agora resistir a esse movimento, historiando e contextualizando os saberes convencionais que ganharam ascendência política na arena global.

Assim, por exemplo, Arturo Escobar abraçou explicitamente uma posição "pós-estruturalista", do tipo que os críticos desinformados particularmente acusam recusando se envolverem com o "mundo real". De fato, Escobar defendeu uma ativa oposição precisamente a esta falta de engajamento – e é improvável que os críticos fiquem felizes com isso, pois, como resultado, é a sua lógica que está sendo atacada. Para aqueles que estão preocupados com o impacto cultural e social do "desenvolvimento", assim como para aqueles que afirmam que os programas ambientalistas devem ser muito mais sensíveis aos valores culturais para terem alguma chance de sucesso, esta é realmente uma mudança necessária para a antropologia. Curiosamente, também encontramos uma perspectiva ativista semelhante afirmada em áreas da antropologia que no passado eram geralmente relegadas à zona dos estudos (especialmente o parentesco) puramente acadêmicos, para as quais John Borneman insiste que deveríamos buscar uma transformação que fosse intelectualmente mais defensável e também mais justa. Mesmo as áreas outrora pensadas como sendo o domínio da estética pura e, assim, socialmente epifenomenais e politicamente insignificantes, como a música, tornaram-se lugares de um engajamento político. Isto torna a separação analítica entre o intelectual e o político cada vez menos convincente.

Todos estes argumentos têm a ver com a distribuição de poder, e todos em algum sentido refletem uma consciência de desconforto com o fato de que a globalização reduziu, ou pelo menos ameaça reduzir, os campos de escolha para todas as sociedades. Assim, a antropologia se torna um recurso precioso, não somente por causa do conhecimento esotérico que ela pode oferecer de diferentes culturas estranhas (embora isto não seja trivial em si mesmo), mas também porque as suas características técnicas de desfamiliarização podem ser ativadas para questionar os pressupostos globalizadores que cada vez mais dominam as tomadas de decisão política.

Esta postura crítica exigia um esforço consciente para livrar a antropologia de algumas de suas associações historicamente acumuladas com o nacionalismo, o colonialismo e com o controle econômico global. Os antropólogos agora admitem livremente que a sua epistemologia é profundamente "ocidental" de origem – este reconhecimento deve ser o primeiro estágio para a criação de uma distância crítica necessária – e, como Escobar indica, o endosso antropológico de alguns esforços iniciais de desenvolvimento nos países do Terceiro Mundo subscreveram formas muito particulares de ordem e racionalidade. Quando Escobar insiste que hoje a distinção entre antropologia aplicada e antropologia acadêmica ficou esgotada e improdutiva, ele desafia uma parte da ordem simbólica atualmente dominante – da qual a lógica de desenvolvimento constitui um outro segmento. Voltando o holofote da análise antropológica para esta cosmologia global, podemos identificar os seus funcionamentos mais claramente e assim voltarmos a tomar decisões mais informadas sobre a extensão na qual estamos preparados para acompanhá-la.

Do senso comum aos múltiplos sensos: praticar teoria em espaços ampliados

Os antropólogos têm boas razões para serem especialmente sensíveis às implicações do visualismo. Aqui se devia ver no argumento de Don Handelman, discutido em algum detalhe aqui e em maiores detalhes no seu *Models and Mirrors* (1990, 1998), que o Estado moderno, burocrático utiliza espetáculos – representações visuais – em vez do ritual, uma ilustração do surgimento dramático do visual na economia de poder moderna. Espetáculos, nesse (admitidamente longe de ser exaustivo) sentido do termo, são um meio através do qual o poder, especialmente o poder burocrático, se perpetua. A incerteza que Handelman vê como sendo um componente essencial do ritual é apagado pelo olho que tudo vê, dramaticamente resumido na metáfora de Foucault (1975) do panóptico de Bentham, do espetáculo que reduz o cidadão ao papel de testemunha passiva. Os cidadãos devem acreditar que eles estão assistindo ao *show*; mas o Big Brother está – ou deve estar – olhando para eles. Isto não é (como na visão dos evolucionistas) a história do surgimento da lógica desencarnada, mas aquela da emergência historicamente contingente de uma capacidade encarnada – a visão – que permitia uma tecnologia excepcionalmente abrangente de controle e, assim também, toda uma tecnologia de poder autorreprodutora. Esta teleologia – às vezes chamada de "visualismo" – permeia a antropologia, tanto quanto fazem as outras ciências sociais (observe a expressão "observação participante", comumente usada para descrever o principal campo metodológico da disciplina); somente fazendo dos sentidos um tema empírico da avaliação antropológica, como num capítulo deste livro, podemos esperar recuperar um senso apropriado da distância crítica. Há algo desproporcional, como Constance Classen e outros observaram, sobre o grau no qual a visão foi privilegiada como o *locus* do conhecimento autorizado. Há também um perigo de que as análises que parecem tratar da burocracia e do espetáculo, como espaços nos quais a ação não pode conseguir qualquer influência, possam inadvertidamente estar fazendo o próprio trabalho do Estado de homogeneização da sociedade. Mas permanece útil – realmente vital – nos lembrarmos de que a realização de espetáculo pode de fato fornecer aos regimes autoritários os meios de decretar uma forma especialmente perniciosa de visualismo – contanto que também nos lembremos de olhar atrás das cenas e captar as piscadelas inteligentes e os olhares de censura cínicos dos espectadores, assim como os sinais não visuais (como a gestão dos gostos alimentares) que podem transmitir mensagens ainda mais sutis e duráveis. E assim, descentrando o visual, podemos também ganhar uma influência mais crítica sobre o verbal – outro beneficiário das tecnologias de informação ocidentais (ou mesmo "globais").

    A primazia do visual no controle social é um fenômeno relativamente recente (século XVIII) e localizado (Europa Ocidental), embora em algumas regiões (como naquelas do sul da Europa e nas culturas do Oriente Médio, nas quais o "mau-olhado" traça os padrões da inveja individual) o simbolismo ocular tenha sido durante muito tempo associado com uma vigilância maligna. A antropologia, ela própria implicada no projeto colonial, não escapou desse preconceito "visualista" (FABIAN, 1983). Realmente, isto aumenta a marginalização de qualquer coisa que seja classificada como sendo "tradicional".

    Na medida em que os idiomas visuais de representação se tornaram muito literalmente o senso comum do moderno mundo industrial, eles se tornaram também relativamente invisíveis – uma metáfora reveladora em si mesma. A semelhança é geralmente construída como uma semelhança de forma visível. Os antropólogos não se mostraram imunes a esta normalização do visual. É digno de nota que apesar de – ou realmente porque – o visualismo ter substituído tão completamente outras preocupações sensórias nas práticas representacionais da antropologia, contudo, a disciplina apenas recentemente produziu um interesse analítico correspondentemente intenso em relação à mídia visual, embora a situação esteja agora começando a mudar.

O atraso desse desenvolvimento não é tão estranho como pode inicialmente parecer. Não somente há o curioso paradoxo da invisibilidade do visual, mas a mídia parecia demasiado "moderna" para se ajustar a uma disciplina supostamente preocupada com as sociedades arcaicas. Visualizar era algo dado mais pelos observadores ativos do que por sujeitos etnográficos passivos. Além disso, havia o problema de como lidar com as implicações manifestas do visual para a recreação e o pensamento, o que significava atribuir ambos aos povos exóticos. Isto também levantou questões difíceis sobre como uma disciplina indisposta para sondar estados psicológicos internos, a não ser como objetos de representação (cf. NEEDHAM, 1972; ROSEN, 1995), podia falar sobre estes fenômenos. Contudo, falar dessas questões é crucial para compreender o papel social da mídia visual, como Sara Dickey enfatizou. É também uma questão sensível, porque ela rompe as defesas da intimidade coletiva nas culturas que estudamos, incluída a nossa própria cultura.

Mas a principal mudança, aquela que é centralmente importante para compreender a relevância da antropologia para o mundo contemporâneo, não pode ser a percepção que ela produz nos espaços secretos das culturas nacionais, por mais importante e interessante que isto seja. A mudança que particularmente distingue as abordagens antropológicas do visual e de outras mídias daquelas das disciplinas mais fundadas textualmente foi um foco fortemente intensificado sobre a prática e a ação. As mídias são agora antropologicamente importantes por duas razões principais, ambas conectadas com a prática e a ação: primeiro, porque as mídias frequentemente retratam mais as ações de diferentes sujeitos do que de membros de uma cultura supostamente "homogênea"; segundo, porque a mesma preocupação com a ação leva à pesquisa etnográfica o modo como os atores sociais relatam o que eles encontram na mídia para as suas próprias vidas e ambientes sociais, assim gerando cada vez mais campos inesperados para novas formas de ação. Ficou claro que a escala na qual as mídias de massa operam não resultou, em qualquer sentido, numa homogeneização da ação; pelo contrário, elas forneceram um meio de aumentar as diferenças em muitos níveis.

Aqui, o novo trabalho etnográfico sobre a mídia, principalmente incluindo os trabalhos de Dickey e Mankekar (1993a), vai particularmente nessa direção. Esse novo conhecimento, como Dickey observa, está comprometido com os papéis dos espectadores, assim como dos produtores, e reúne uma literatura mais ampla e crescente sobre a cultura material, que inclui, mas não está exclusivamente dedicada ao consumo e à cultura material (p. ex., MILLER, 1987). Numa outra dimensão, ele poderia também ser comparado com o trabalho extenso sobre a autoprodução e a sua relação com a produção de objetos artesanais (p. ex., KONDO, 1990). É claro que a produção de massa não significou necessariamente homogeneidade, seja da interpretação seja da forma, não mais do que a persistência de um forte senso de identidade cultural necessariamente impõe a supressão das formas individuais de ação – apesar dos estereótipos ocidentais dos Outros conformistas.

Examinar os meios nos quais os espectadores se relacionam com a representação de papéis sugere também novos métodos de extrair as hipóteses subjacentes que as pessoas fazem a respeito daqueles papéis. Ao admitir uma cultura popular homogênea, estaríamos caindo numa armadilha conceitual. Embora outrora se achasse que somente as sociedades "arcaicas" eram verdadeiramente homogêneas e homeostáticas, essa visão teleológica da sociedade, da cultura e da estética é uma invenção da imaginação industrial moderna sobre os "outros" exóticos – e, como Handelman indicou, ela foi mais plenamente realizada nos programas estéticos dessas ideologias totalitárias modernas, como o nazismo.

O mito do Outro homogêneo está profundamente arraigado, e tem exercido uma influência duradoura na teoria antropológica, mesmo nestas arenas modernistas como o estudo da mídia visual. Ele também gerou, nos anos recentes, fortes reações. Mesmo deixando de lado a simples vastidão da indústria cinematográfica indiana e o seu complexo impacto em outras regiões do Terceiro Mundo, o foco do sul da Ásia nesse trabalho não é provavelmente, assim, por acaso. Os etnógrafos estão lutando com muito afinco para libertar a sua visão desta região das construções longamente dominantes da ciência social sobre a rígida hierarquia e o conformismo ritualístico. A convergência dos estudos midiáticos e de um interesse antropológico na ação dirige assim significativamente a sua atenção para as reabilitadas vozes locais (e também para as maneiras como algumas delas podem ser privadas de direitos).

Esta nova individualização trabalha contra os idiomas mais antigos, nos quais o Outro sempre foi representado como homogêneo. Este processo de homogeneização nem sempre diz respeito apenas à visão colonialista de populações geograficamente distantes, já que pode também ser usado para "camponeses" e para "a classe operária" que vivem próximos, mas, como uma forma de representação, ela parece universalmente servir tanto como instrumento quanto como expressão do poder.

Esta coincidência de instrumentalidade e significado é um aspecto adicional do panorama intelectual atual da antropologia. Debates estéreis colocaram durante muito tempo as abordagens idealistas contra as abordagens materialistas. Nestes confrontos, o senso cartesiano de uma separação radical do mental e do material foi rigidamente mantido, pelo menos até o surgimento de um estruturalismo crítico marxista (cf. esp. GODELIER, 1984, para uma crítica maior). Contudo, já nessa altura, na influência da herança da filosofia da linguagem comum em ambos os lados do Atlântico (p. ex., ARDENER, 1989; BAUMAN, 1977; NEEDHAM, 1972), o reconhecimento dos efeitos semióticos como causas materiais – o impacto da retórica na ação política, por exemplo – colocou um desafio produtivo para aquilo que era, apesar de tudo, a expressão de um quadro conceitual particular dentro de uma tradição cultural reconhecidamente dominante.

Aqui, a significação antropológica da mídia se tornou especialmente clara. É o enorme alcance e poder das mídias que as transformou em algo como um campo de teste para a análise das formações sociais modernas. A visão convencional tem sido que elas eram forças da homogeneidade e da perda de autonomia cultural. De fato, elas ampliaram a força simbólica da ação política, servindo às formas cada vez maiores e mais abrangentes de autoridade.

Mas por isso mesmo, como Abélès deixa claro, elas também ampliam o poder da retórica e do simbolismo até o ponto em que estas podem dificilmente ser ainda consideradas como meros fenômenos. A realização de um ato ritual na televisão pode ser uma peça importante de "ação política". É uma demonstração do que a linguagem comum dos filósofos já afirmou no domínio da interação cotidiana: o poder das palavras para a mudança efetiva, pretendida ou não. Por esta razão, o poder da mídia mostrou especialmente a artificialidade da velha distinção entre o material e o simbólico. Mas, insistindo na enorme variedade das respostas de audiência às mídias e na agora dramática ampliação da ação, assim como da normatividade, os antropólogos foram capazes de ir ainda mais longe: eles traçaram os complexos processos, às vezes culminando em efeitos surpreendentemente radicais nos níveis nacional e internacional, com o que reações extremamente localizadas podem vir a afetar a vida das nações.

A esse respeito, é especialmente útil contrastar a separação radical de Handelman do ritual e do espetáculo com a visão de Marc Abélès de uma modernidade na qual a relação entre o local e o nacional ou supranacional está em constante fluxo, e na qual os "referentes" mais antigos se combinam com "processos" modernos para produzir uma especificidade moderna que é, não obstante, analisável com os instrumentos desenvolvidos numa antropologia mais antiga para o estudo exclusivamente das sociedades de contato. Abélès, tal como Benedict Anderson (1983) e Bruce Kapferer (1988), observou a semelhança entre nacionalismo e comunidade religiosa. Eu acrescentaria que o modelo durkheimiano de religião como sociedade adorando a si própria (DURKHEIM, 1925, 1915) é muito mais oposta ao caso do nacionalismo, como Gellner também reconheceu (1983: 56), como jamais o foi para a religião australiana que Durkheim via como sendo ilustrações elementares da sua tese. Com o nacionalismo, sabemos realmente, em muitos casos, quem eram os demônios de Durkheim. De fato, alguns deles – como Ziya Gökalp, que estabeleceu o quadro da constituição secular da moderna Turquia – eram seus ardentes admiradores. O esforço colonial francês no Marrocos, da mesma maneira, traduziu diretamente a reconstituição teleológica de Durkheim numa prescrição para o governo dos outros exóticos (RABINOW, 1989). Aqui vemos novamente o poder de uma reflexão que é historicamente e etnograficamente fundada.

Somos aquilo que estudamos. Isto está refletido no trabalho de campo da antropologia – um processo aparentado com a resolução de problema na vida social, a *débrouillardise* conceitual mencionado no Prefácio, no qual a aprendizagem da cultura prossegue grandemente através de uma "edificação por perplexidade" (FERNANDEZ, 1986: 172-179). Como uma extensão de explicações mais amplas e mais inclusivas da experiência ao nível do localizado e do particular, isto é também e ao mesmo tempo um questionamento de ordem – e especialmente de pretensões de que uma dada ordem está enraizada na verdade eterna, ou cosmológica ou científica. Numa palavra, isto é a avaliação crítica do senso comum. É assim uma fonte fundamental da compreensão humana, acessível apenas em momentos em que a ordem categórica das coisas não mais parece segura – quando a teoria não fornece muito mais à prática, assim como se revela como uma forma de prática com seu próprio direito.

A teoria como prática: esta percepção e a intimidade da escala observacional na qual ela é ativada grandemente distinguem a antropologia dos seus mais próximos vizinhos quanto ao mapa das ciências sociais. É abundantemente claro que o vasto aumento em tópicos, escala e percepção disponíveis e a total complexidade do tema não parecem estar obrigando a disciplina a uma aposentadoria prematura. Pelo contrário, é precisamente nesse momento que um foco mais intenso da antropologia se torna especialmente valioso. A ampliação das ações simbólicas numa escala global dá a estas ações uma ressonância que talvez possamos sentir somente através da intimidade – agora definida numa série de novas formas – da pesquisa etnográfica.

2
Epistemologias

Conhecimento circunstancial

A antropologia social e cultural – o nome preciso é mais uma indicação de histórias intelectuais locais do que qualquer diferença substancial, apesar do resíduo que pairou em torno da distinção nos anos de 1970 – é acima de tudo uma disciplina empírica. Se ela é também empirista é uma questão muito diferente. A visão apresentada neste livro envolve o primeiro aspecto – a firmeza de princípios da disciplina e a sua dependência da pesquisa e da descrição etnográficas –, mas ela efetivamente rejeita o reducionismo implicado pelo segundo. Ela, por um lado, é uma mediação entre um sério compromisso com a evidência do programático, da pesquisa *in loco*, e, por outro lado, um sério compromisso com as críticas da presunçosa "autoridade etnográfica" frequentemente dirigida contra ela (esp. CLIFFORD, 1988). Historicamente, isto se faz todo o sentido: a maioria daqueles que expressaram desconforto com as implicações colonialistas e etnocêntricas do olhar dos etnógrafos (p. ex., ASAD, 1973; CLIFFORD & MARCUS, 1986) foram eles próprios profissionais aperfeiçoados no ofício – precisamente porque, eu afirmaria, a sua sensibilidade para aquelas implicações os levou a trazer uma sensibilidade produtivamente crítica para o seu trabalho de campo desde o início.

No seu clássico ensaio de 1973, "Thick description: toward an interpretative theory of culture", Clifford Geertz declarou que a análise da cultura – com a qual ele equiparava a antropologia – era "não uma ciência experimental à busca de lei, mas uma ciência interpretativa à busca de significado" (GEERTZ, 1973a: 5). Isto para desdobrar uma das polaridades que tinha assombrado e ainda assombra a disciplina. Num nível mais amplo, talvez, do que qualquer outro, a antropologia tinha oscilado na divisão entre as ciências sociais e as humanidades, e esticada desconfortavelmente entre uma abordagem explicativa amplamente positivista para os fenômenos sociais e culturais, e uma empática exploração da comunicação e da significação. Deve ser muito difícil imaginar uma síntese da ciência "experimental" e da ciência "interpretativa", mas nenhum desses termos nem as "leis" e os "significados" que elas buscaram respectivamente revelar aparecem hoje da mesma maneira. Então, inevitavelmente, a antropologia deve ocupar um meio-termo que desmente aqueles que afirmavam que o conhecimento empírico e a crítica reflexiva são reciprocamente incompatíveis.

Ela ocupa o meio-termo ainda num outro sentido, um sentido que deve ser compreendido em qualquer abordagem das epistemologias antropológicas. Claramente, as nossas ideias estão frequentemente influenciadas pelas pessoas que estudamos – talvez mesmo até o ponto em que se poderia apontar para uma correlação direta, em qualquer fase dada da história da disciplina, entre as áreas que eram especificamente proeminentes na descrição etnográfica e as predileções teóricas correntes dos antropólogos. Realmente, como já notei, muitas questões teóricas aparentemente centrais não são absolutamente de fato questões antropológicas globais, mas antes são problemas que surgem do encontro entre os fios particulares da disciplina e as sociedades particulares; os problemas de tradução resultantes disso introduzem uma medida de circularidade que pode ser muito surpreendente – como, por exemplo, quando a América Latina é reduzida a uma região "mediterrânea" por causa da prevalência aí de algo anotado como um código de "honra" pensado como sendo tipicamente mediterrâneo. Os textos antropológicos são criados, não pelo puro encontro entre uma linguagem teórica e uma experiência sem mediação do trabalho de campo local, mas através das tradições regionais do conhecimento antropológico. Em alguns casos, estas coisas tiveram longas histórias que deram origem a escritos de viagem e ao conhecimento colonial; em outros, a marca de teóricos profissionais eminentes particulares pode ser duradoura. A marca da Índia e Louis Dumont (1970) sobre a Teoria da Hierarquia é um bom exemplo, assim como são o debate sobre a linhagem nos estudos britânicos na África, a honra e a vergonha nos mediterrâneos, o evolucionismo na Polinésia, os camponeses na América Latina, e assim por diante. Há mais, a ausência às vezes fala mais alto do que as presenças. Václav Hubinger, escrevendo a partir do ponto de vista de um país onde os modelos antropológicos apareceram às vezes como fonte de legitimação para a nova dominação capitalista na Europa Central e Oriental, observa que a antropologia nasceu do projeto da própria modernidade (tanto quanto, dever-se-ia acrescentar, foi o conceito de "tradição"), e delineia nesta hegemonia a exclusão daqueles países inicialmente do Bloco Oriental, a partir de idiomas dominantes na antropologia "europeia" de hoje.

Assim, embora as "epistemologias antropológicas" sejam de dois tipos – aqueles da antropologia como um campo profissional e acadêmico e aqueles das pessoas que os antropólogos estudam – a disciplina precisou cada vez mais entrar em confronto com a dificuldade, de fato com o absurdo, de separá-los totalmente uns dos outros. Admitir que a epistemologia antropológica pertença somente aos antropólogos é tão arrogante quanto empiricamente errado. Mas, como veremos, reconhecer as contribuições que os informantes dão para as nossas formulações teóricas é se envolver numa discussão que não é somente epistemológica, mas também ética – e que se opõe às soluções prescritivas, apesar das muitas tentativas de fazê-lo.

A antropologia, como esta observação introdutória deveria deixar claro, é muito mais uma prática da teoria, para inverter a famosa expressão de Bourdieu (1977). Ela deve equilibrar as vantagens tanto da autodistância pragmática quanto do compromisso ético que está também fundado na experiência direta de campo. Coerentemente com esta perspectiva da ambivalência de princípios, os antropólogos se opuseram a desconectar a filosofia da disciplina das reavaliações teóricas e da etnografia: poucas monografias são desprovidas de reflexão sobre a produção do conhecimento antropológico, e há ainda menos tratados teóricos sobre o assunto que estejam desprovidos da etnografia original.

Este capítulo é compatível com o viés da disciplina no sentido de seu próprio fundamento prático, e define o tom para os capítulos mais temáticos que se seguem. Ele reflete, tanto historicamente quanto filosoficamente, a base da disciplina no trabalho de campo. O trabalho de campo e os seus contextos mudaram e continuam a mudar, e o caráter pragmático da antropologia assegura que as suas orientações teóricas constantemente reflitam esta condição de fluxo. A própria intimidade que o encontro etnográfico exige é de uma ordem diferente no Espaço de Ação Europeu dos anos de 1990, do que era apreciado por Malinowski com os seus informantes de Trobriand na segunda década do século XX.

Não se deve presumir que a antropologia não seja mais do que uma etnografia; uma das forças da disciplina nas décadas recentes tem sido a sua capacidade de incorporar a pesquisa histórica e se estender a comentários sobre a literatura e a arte. Mas os antropólogos tendem a trabalhar em relação ao encontro local do trabalho de campo, mesmo quando estão fazendo algo diferente, como quando escrevem etnograficamente a propósito da história (p. ex., DIRKS, 1992; COHN, 1996) e da literatura (p. ex., COHEN, A., 1994; HERZFELD, 1997b; RAPPORT, 1994; HANDLER & SEGAL, 1990). A própria ideia de separar a etnografia da antropologia significa privá-la do seu método característico, remover a fonte de sua única resposta efetiva à acusação comum de que os seus estudos não são representativos de entidades mais extensas: principalmente, aquilo que ela perde numa ampla capacidade de resposta estatística, ela ganha na simples intensidade do encontro etnográfico – como a intimidade, como o acesso privilegiado, como ouvir vozes silenciadas de fora por aqueles que manejam um poder maior. Contra a visão positivista de que somente as enormes amostras e a lógica da racionalidade científica ocidental podem oferecer soluções, a isto os antropólogos opõem a prolongada intensidade da exposição de campo (uma medida estatística com o seu próprio direito) e uma postura analítica que não está solitariamente fundada no seu próprio meio cultural (ou que está fundada no seu próprio objeto de estudo, mas reconhece esta circunstância). A perspectiva resultante disso extrai a sua inspiração dos modos não familiares de construir o mundo social, o mundo natural e o mundo material.

Por estas razões também, os antropólogos são muitas vezes relutantes em desistir de seus interesses tradicionais pelas populações marginais. Com a mesma indicação, no entanto, a capacidade da antropologia para tratar exatamente com os mesmos termos íntimos aqueles que ocupam centralmente os assentos do poder – como Abélès (1989, 1990, 1992) tão efetivamente faz, quando descreve a vida política da França ou do Parlamento Europeu, por exemplo, ou (numa tendência muito diferente) como Marcus (1992) faz em relação às elites familiares de Galveston, Texas – torna a acusação de obsessão com os marginais e com os irrelevantes não somente insustentável, mas também, de uma maneira suspeita, autointeressada. Pois são muitas vezes precisamente estes que exercem o poder e que usam o discurso da marginalização como parte integrante dos seus esforços para conservar o poder, e a antropologia tem sido frequentemente a fonte da sua atenção hostil exatamente por esta razão.

A epistemologia da investigação

David Scott sugeriu que a história da antropologia exige uma abordagem que levante questões de relevância. Em vista dos nossos interesses aqui com a marginalização e a banalização, devemos de fato perguntar: Quem se beneficia com estes discursos? O que reflete a resposta da antropologia? Se concluirmos que a destituição dos interesses antropológicos como marginais reflete uma postura política, não somente aprendemos algo (admitindo que já não o soubéssemos), mas localizamos uma heurística útil: uma fonte de indicadores para questionar a respeito de quem adota esta postura, por que e com que resultados.

Embora Scott esteja principalmente interessado em mostrar como estas questões podem nos ajudar a redirecionar a nossa compreensão da significação do colonialismo para a situação atual nas antigas colônias, eu afirmaria que o princípio pode ser proveitosamente ampliado para uma gama total de questões que os antropólogos colocam – e que os outros põem para eles. Scott começa com *An Autobiography* de R.G. Collingwood (1939), na qual o filósofo delineia o que ele chamou de uma lógica de "pergunta e resposta". Esta lógica, afirmou Collingwood, simplesmente reapresentava um princípio clássico, principalmente: "o princípio de que um corpo de conhecimento consiste não de 'proposições', 'afirmações', 'julgamentos' ou de qualquer nome que os lógicos usem para designar atos de pensamento assertivos (ou o que naqueles atos é afirmado: pois o 'conhecimento' significa tanto a atividade de conhecer quanto o que é conhecido), mas dessas coisas junto com as questões que eles pretendiam responder; e que uma lógica na qual as respostas são contempladas e as perguntas negligenciadas é uma falsa lógica" (COLLINGWOOD, 1939: 30-31). Sobre esta visão, diz Scott: "para compreender qualquer proposição é necessário, em primeiro lugar, identificar a questão para a qual a proposição deve ser vista como uma resposta". E acrescenta: "Este é um importante princípio para qualquer prática de compreensão histórica ou filosófica. Ao contrário da visão racionalista (tal como prevalece entre os pós-modernistas não essencialistas contemporâneos, assim como entre os essencialistas que eles atacam), não se pode simplesmente interpretar o erro de uma proposição sem o trabalho anterior de reconstruir a pergunta que ela pretende responder. Isto porque as proposições nunca são respostas para as questões autoevidentes ou 'perenes' (para Collingwood, estas coisas não existem) e, portanto, não se pode admitir anteriormente que se sabe a pergunta em relação à qual o texto se constitui como uma resposta". Scott sugere que este princípio é de primordial importância para uma antropologia historicamente sensível. Mas ele também a estende ao que ele chama de "uma prática de crítica estratégica", que define como "uma prática de crítica preocupada com determinar, em qualquer conjuntura, quais os movimentos conceituais, entre as muitas opções disponíveis, terão maior vantagem ou efetividade". Em outras palavras, precisamos saber não somente que utilização a resposta terá para outra pessoa, mas que utilização terá para nós. Têm as perguntas que fazemos respostas válidas?

Tomando posições

Realmente, esta é uma visão pragmática. O seu correlato em termos de metodologia deve perguntar o que os antropólogos realmente fazem? A esta pergunta, o ensaio de Geertz fornece uma resposta influente – "escrevem eles" – e foi redigida em termos pragmáticos apropriados: ele focalizou não uma definição formal da disciplina ou das suas teorias, mas o que os seus profissionais fizeram, principalmente a etnografia. Eu sugiro que esta seja uma metonímia adequada sobre o que os antropólogos geralmente fazem, que é focalizar mais as utilizações nas quais as pessoas colocam os elementos das suas culturas, do que a listagem objetivada daqueles próprios elementos. Tal como ocorre com a linguagem, assim ocorre também com os aspectos da cultura: os elementos ganham significado a partir do seu desdobramento social, não num gabinete de curiosidades ou num dicionário. O paralelo com o argumento de Scott sobre a história do colonialismo é que os elementos desta história ganham o seu significado a partir da importância que eles têm para o nosso mundo atual.

Para Geertz, esta postura exigia uma consideração matizada das pessoas que fazem coisas com as formas culturais – o que ele celebremente chamou de "descrição compacta" (*thick description*), sumarizada por Nicholas Thomas como "a inscrição interpretativa do discurso social, principalmente mais nas suas expressões interpessoais e locais do que institucionais e globais". Embora a isto talvez tenha faltado precisão descritiva, a ideia de descrição compacta se mostrou popular e duradoura. Ela oferecia um retrato atraente de um estilo analítico, com uma tendência para um conhecimento localizado que permanece atraente ainda hoje para muitos antropólogos, incluindo aqueles que não se consideram entre os seguidores de Geertz (embora haja agora uma preocupação crescente com o "conhecimento local" de fenômenos mais amplos, como as nações e as formas transnacionais). Contudo, como uma caracterização de etnografia, ela parece agora parar muito abruptamente. A etnografia não é exatamente uma descrição compacta (que, como Geertz admitiu, também caracteriza o romance); ela se refere tanto ao trabalho de campo quanto à escrita, a uma prática e também a um gênero, e ambos têm ramificações na epistemologia antropológica. Isto tem particular ressonância para os vários últimos capítulos deste livro, nos quais a ideia de compreensão local – "teorias indígenas" – é avançada tanto como um objeto necessário do engajamento intelectual quanto como um conceito problemático em si.

A intimidade do encontro etnográfico geralmente instigou os etnógrafos a adotar uma atitude afirmativa em relação às pessoas estudadas, e mesmo a escrever relatos a respeito da sua cultura que eram até certo ponto cúmplices das compreensões locais dominantes. Isto surgiu grandemente da ideia de que o antropólogo deveria "adotar o ponto de vista nativo". Esta foi uma poderosa doutrina desde Malinowski, e Boas inclusive afirmou que a narrativa folclórica era uma própria etnografia do povo – uma visão que ressurgiu hoje no gênero explícito de "etnografia", que permite uma medida de autoexame para o antropólogo que está também querendo ouvir as teorizações locais da sociedade e da cultura e admiti-las como tais. Ela também, contudo, mais raramente, surgiu numa sofisticada justaposição das formas do discurso local com a fala teórica antropológica, num provocativo estudo dos pobres Apalaches de Kathleen Stewart (1996). Aqui, o antropólogo jocosamente justapõe a sua própria "fala teórica" com o modo local de falar sobre os eventos e as experiências, não para zombar, mas, pelo contrário, como um modo de revelar empiricamente os fundamentos intelectuais essenciais compartilhados por aqueles que estudam profissionalmente a sociedade humana e aqueles que a estudam porque esta é a única maneira de dar sentido à sua própria condição de vida.

Thomas, no entanto, argumenta que esta é uma visão muito condescendente da relação entre os antropólogos e os seus informantes – pelo menos no contexto das culturas que estão muito distantes historicamente e linguisticamente das próprias experiências "nativas" dos antropólogos. (Eu acrescento esta ressalva, porque o domínio irônico do estudo de Stewart mostra que é de fato possível trazer o comentário local para sustentar as limitações do discurso profissional, e para encontrar nele também uma crítica das condições opressivas locais.) Contudo, Thomas faz soar uma advertência em duas frentes. Primeiro, por mais lamentável que possa ser, não deve ser uma questão de muito interesse para os informantes locais se as suas ideias constituem ou não uma ajuda conceitual para os antropólogos (ou outros cientistas sociais, nesta questão). (Eu certamente concederia que a minha tentativa de levar conceitos de significado locais e a poética de Jakobson para numa justaposição produtiva (HERZFELD, 1985) é muito mais útil – se é que é útil – para os meus colegas profissionais do que é para os aldeões cujas ideias estamos tentando compreender através desse meio comparativo.) E segundo, na medida em que as ideias dos antropólogos de fato interessam para as pessoas locais, os antropólogos devem se encontrar apanhados, quer queiram ou não, na reformulação dessas ideias que as tornam agudamente desconfortáveis. Vamos, por nossa vez, perseguir esses pontos.

Algumas formas de relativismo metodológico são indispensáveis, e nenhuma pesquisa séria é possível sem um certo grau de fundamento comum e respeito pelas compreensões locais. Mas existem profundas tensões entre o desejo de compreender e compartilhar um "ponto de vista" indígena e a incorporação desta perspectiva num discurso analítico ou teórico definido pela ciência social euro-americana. Os antropólogos estão comprometidos com uma atividade profissional, uma atividade que certamente dá a eles o acesso específico negado à maioria das outras pessoas que deviam estar interessadas nas suas ideias. Digno de nota é a enorme variedade disponível delas para o estudo comparativo: embora os aldeões possam estar interessados em comparar a sua própria cultura com a cultura específica dos outros (as pessoas das aldeias próximas, os colonizadores, a elite urbana, a cultura na qual eles têm trabalhado como trabalhadores migrantes), relativamente poucas pessoas estão interessadas na extraordinária tensão entre o detalhe etnográfico e a busca de percepções globais da condição humana – elas deviam estar interessadas nas duas coisas, mas geralmente não as conectam, a menos que elas próprias sejam antropólogos. A admissão dos informantes como antropólogos (p. ex., CRICK, 1976), embora eticamente atraente e respeitosa, deve levar em consideração esta diferença.

Há também uma simplificação enganosa no pensamento de que as diversas perspectivas dos atores locais podem ser facilmente fundidas num ponto de vista representativo. O jogo de diferentes interesses foi muitas vezes obscurecido por estas avaliações otimistas da tarefa do etnógrafo. Quem são os especialistas que falam para a sociedade inteira? Quem os autoriza? Foi apenas relativamente recente que os antropólogos começaram a considerar os problemas epistemológicos de confrontar este coro muitas vezes discordante.

Se a tensão entre a ciência social intrusa e os conceitos indígenas esteve durante muito tempo subentendida, além do mais, ela só pode ter sido acentuada nas décadas recentes, e isto nos leva ao segundo ponto de Thomas. Os antropólogos primeiramente presumiram que os povos que eles estudavam – fossem eles os camponeses europeus ou os ilhéus do Pacífico – não estariam entre os leitores de suas etnografias publicadas. A sabedoria profissional não é mais compreendida dessa maneira (cf. BRETTELL, 1993), mas tende a alcançar audiências diversas e ser utilizada por elas. Não somente os antropólogos, mas também uma parcela letrada do povo estudado lerá a sua obra. Ela também, com toda probabilidade, alcançará algumas pessoas no governo da nação pesquisada; realmente, é uma condição de muitas pesquisas permitir que as publicações sejam fornecidas a várias instituições e departamentos, talvez para somente serem arquivadas, mas às vezes para receber uma surpreendente atenção. Nos países de origem dos antropólogos, aquelas pessoas ligadas às relações exteriores e ao multiculturalismo oficial utilizam rotineiramente o conhecimento antropológico. Na medida em que a escrita antropológica é arrastada para estes campos, e mesmo para "estudos de área", tais como os estudos asiáticos ou do Oriente Médio, ela será utilizada de uma maneira que está em desacordo com a sua interpretação antropológica, mais pelo que ela acrescenta ao conhecimento de um lugar do que pela reflexão sobre a teoria ou sobre uma questão. Sob estas circunstâncias, a questão de como e para qual efeito uma explicação etnográfica particular conspira contra ou subverte as percepções locais não é uma questão epistemológica abstrata, mas algo sujeito a uma controvérsia aberta.

A questão da postura do etnógrafo se tornou mais aguda no despertar de uma politização total do conhecimento científico social e cultural. Thomas sugere que esta tendência exagerou improdutivamente a significação política do trabalho erudito, mas que, não obstante, isto aponta para uma questão especificamente epistemológica que não era importante para Geertz, pelo menos em 1973. Mesmo naquela época, a antropologia foi acusada de endossar e sustentar tacitamente ou ativamente o colonialismo, e as análises marxistas estavam reunindo discípulos. Embora esta perspectiva particular estivesse muito diluída no final dos anos de 1970, havia uma mudança na direção de um sentido em que o conhecimento social era inevitavelmente político e realmente devia ser uma crítica política.

A compreensão do conhecimento como um projeto conectado e justificado pelos esforços de reformar e transformar a sociedade era reforçada pelo crescimento da antropologia feminista, com os seus abertos compromissos, sem dúvida uma reação desejável contra a afirmação vazia de que a ciência social podia e devia ser livre de valor. Bastante curiosamente, contudo, algo das críticas feministas estava dirigido para os próprios desenvolvimentos na antropologia, que tão otimistamente a reivindicava como uma forma efetiva de crítica cultural (p. ex., MASCIA-LEES, SHARPE & COHEN, 1987-1988). Levou um longo tempo para que a maior lição aí mergulhasse – as lições daquilo que Thomas chama de "as pretensões megalomaníacas do conhecimento e da teoria politizados". Como ele observa: "A economia inconstante do conhecimento significa que nenhum erudito hoje pode ser um Tom Paine, ou ainda suscetível de ser uma Margaret Mead, ainda que os trabalhos antropológicos fossem muitas vezes apropriados localmente de uma maneira significativa ou inesperada. Precisamos definir um ponto de vista intermediário, que não tente recuperar as pretensões da neutralidade livre de valor, mas admita que a pesquisa e a escrita ocorrem em domínios que podem ser conexões importantes para a política cultural, mas que em alguns significa geralmente se retirar dos teatros mais consequentes da ação e da transformação políticas". E isto exige "um sentido mais localizado do lugar do antropólogo como um comentador e um crítico" – uma inversão produtiva da convenção iluminista que trata o antropólogo como possuidor de uma visão universal, ao passo que os "nativos" é que eram "locais".

A visão revista do papel da antropologia no mundo que entrou no novo milênio é uma avaliação realista, tanto politicamente quanto epistemologicamente, e ela exige um compromisso mais pragmático com as estruturas de poder do que a antropologia até então geralmente favoreceu. Não é bom, por exemplo, lamentar o uso equivocado do conceito de cultura pelos não antropólogos; devemos ser capazes de mostrar como e por que a sua utilização equivocada é perigosa. Devemos ser capazes de reconhecer o discurso acadêmico que essencializa as "culturas" e mesmo as "civilizações" (HUNTINGTON, 1996) como insidiosas, não porque ele não tenha nada a ver com a realidade, tal como as pessoas a experimentam, mas porque ele tem um senso comum culturalmente provinciano – poder-se-ia argumentar que o provincianismo ocidental é especialmente pernicioso exatamente porque ele é tão profundamente defendido – e o transforma numa verdade universal que justifica, efetivamente, uma estrutura internacional do *apartheid* político e cultural. Os estudiosos são tão propensos como as outras pessoas a operar na base de "teorias folclóricas" há muito acalentadas, e quando eles aconselham a segurança eficaz e os interesses econômicos, a sua incapacidade para perceber o quanto efetivamente eles estão globalizando as suas próprias formas "locais" de preconceito e desrazão é extraordinariamente perigosa.

Huntington, por exemplo, utiliza as ideias antropológicas a respeito da cultura – mas estas são ideias que eram correntes antes de 1960, quando a própria antropologia estava muito mais criticamente engajada com os projetos da Guerra Fria, e quando a sua habitual utilização de termos como cultura se assemelhava mais rigorosamente com aqueles das ideologias nacionalistas. As culturas eram como coisas com espírito – espíritos reciprocamente incompatíveis, dirigindo coisas rebeldes. Esta é a visão de cultura que é frequentemente reproduzida hoje na mídia, seguindo acadêmicos popularizadores que confiam rigorosamente naqueles rejeitos antropológicos. Aqueles que desacreditam o "nacionalismo balcânico", o "fundamentalismo religioso", e que também não percebem a extraordinária semelhança do seu próprio fundamentalismo cultural com aquilo que eles rejeitam nos exóticos "outros".

Mas o que devem os antropólogos fazer com essa estranha e ameaçadora má utilização de um conceito-chave assim? Como Uff Hannerz indica realisticamente: "Por mais que os antropólogos possam perceber que a cultura é realmente o nosso conceito, parece duvidoso que o mundo prestasse agora muita atenção, se o abandonássemos no discurso profissional". (Eu também acrescentaria que seria também tolo abandonar a antropologia como uma disciplina, simplesmente porque ela tem um passado colonialista e racista: foi precisamente porque os antropólogos reconheceram estas falhas e falaram delas construtivamente que uma antropologia rejuvenescida – sempre consciente dos perigos de utilizar mal os conceitos de cultura e de sociedade – pôde servir como um útil baluarte contra a intolerância academicamente sacralizada.)

Há também alguma urgência neste projeto, mas há também aqueles que ficariam desapontados ao verem as suas esperanças novamente levantadas – de que a antropologia salvaria as suas "próprias" culturas – serem tão firmemente rompidas. Em nenhum lugar, talvez, isto é mais verdadeiro do que naquilo que Václav Hubinger chama de Estados "pós-totalitários". Nas palavras de um eslovaco entusiasta: "A antropologia deveria compreender, antes de tudo, o que está acontecendo, porque até agora o que temos são somente explicações mitológicas... não há qualquer análise verificável e metodologicamente sólida... É nesse sentido que a antropologia está mais bem equipada. Ela tem a capacidade de abordar inclusive um bebedor de cerveja... para penetrar na sua estrutura de pensamento; ela é capaz de descobrir por que ele não acredita que algo possa mudar..." (CHORVÁTHOVÁ, 1991: 85). Talvez a melhor maneira de não desapontar estas esperanças impacientes – fundadas, aparentemente, numa miragem cientificista – seja enfatizar as limitações da antropologia de frente, e chamar atenção para o fato de que estas limitações são elas próprias altamente instrutivas – novamente um exercício da reflexão cultural.

As objeções de Thomas em relação à própria importância que a antropologia às vezes apresenta, às vezes em detrimento da sua importância real no esquema mais amplo das coisas, são principalmente dirigidas para a moralização prescritiva que voltou muitos leitores destas obras, como *Anthropology as Cultural Critique* (MARCUS & FISCHER, 1986), contra a repetição muito séria nesta obra da ideia de que a distinção de outra cultura questiona as ideias recebidas no país – de que o estrangeiro relativiza o familiar. A dificuldade é que as linhas entre a cultura "deles" e a "nossa" não são mais claramente delineadas, se é que um dia realmente o foram. Marshall Sahlins (1993) sugeriu inclusive que estamos testemunhando um processo de larga escala de transformação estrutural: a formação de um Sistema Mundial de culturas, uma Cultura das culturas, tal como as pessoas em todo lugar, da floresta tropical amazônica às ilhas da Melanésia, ao intensificar o contato com o mundo externo, elaboram autoconscientemente sobre os aspectos contrastantes de suas próprias culturas. Mas isto, se é que é verdade, significa que as aspirações culturais das pessoas agora se tornaram homogeneizadas no sentido mais amplo de que todos, em todo lugar, estão comprometidos numa estrutura conceitual, que é uma das maiores consequências do papel global historicamente dominante desempenhado por um relativo punhado de poderes europeus no apogeu da Era Romântica – a era que "descobriu" o nacionalismo tal como o conhecemos hoje – ainda que as utilizações a partir das quais esta estrutura é posta variem de lugar para lugar.

Este compartilhamento da experiência global tem consequências. De fato, poderia agora ser dito que qualquer método que achemos inadequados para o estudo do nosso próprio contexto social e cultural é improvável que satisfaça num nível mais amplamente comparativo – e a antiga ideia de que a antropologia deve ser comparativa não é fácil de destituir. Realmente, a ideia de uma "crítica cultural" logicamente a ressuscita.

Mas existem outros problemas com o comparativismo. Talvez o mais óbvio seja a importação de termos empregados numa cultura para descrever os aspectos em outro lugar. Sejam estes termos nativos, como *mana* ou *tapu* (tabu) (CRICK, 1976), glosas ineficazes baseadas em conceitos fora de moda a partir da própria cultura dos antropólogos (tais como "honra e vergonha": cf. HERZFELD, 1987), ou neologismos imaginativamente descritivos, tais como "culto do cargo", estas tentativas de criar comparações culturais cruzadas podem acabar simplesmente exorcizando – relativizando, isto é, no sentido mais condescendente. Aqui, há uma ilustração útil do dilema. Contra a noção de que houve um momento distinto que podemos caracterizar unicamente como moderno, podemos certamente definir a persistência de certos esquemas, que não estão confinados às chamadas sociedades primitivas nas quais eles foram originalmente identificados pelos antropólogos. O próprio simbolismo é esta propriedade. Václav Hubinger, por exemplo, invoca produtivamente a ideia do "culto do cargo" (originalmente identificado na Melanésia) para explicar o apelo quase messiânico do capitalismo aos países do declinante Bloco Soviético. Lamont Lindstrom, contudo, nos adverte que representações generalizantes da imitação do Ocidente pelos praticantes de culto melanésios para todos os povos do mundo curiosamente reproduzem e reforçam um conto de romance consumista (LINDSTROM, 1995: 56-57). Contudo, é certamente útil lembrar que o simbolismo é tanto um aspecto da modernidade industrial ocidental quanto o é das sociedades tradicionalmente estudadas pelos antropólogos. Hubinger e Lindstrom convergem ao admitirem implicitamente que a discriminação entre os europeus e as outras sociedades (e assim entre a Europa Ocidental e a Oriental) é parte de taxonomia global que serve a diferentes interesses políticos e econômicos. Os antropólogos podem observar os efeitos desta taxonomia no curso do seu trabalho de campo entre os povos classificados como "outros", que muitas vezes ativamente resistem – e certamente ressentem – às suas implicações degradantes. A dificuldade (e esta parece ser a maior lição a ser aprendida da crítica de Lindstrom) é que as nossas próprias fábulas de comunidade global podem também facilmente parecer que jogam com as próprias ideologias e hierarquias que achamos que estamos atacando; contudo, a nossa bem-intencionada rejeição da diferença radical permanece um poderoso antídoto para a intolerância e a dominação.

A ideia de que o exótico relativiza o familiar é assim adequado o bastante como uma interpretação da lógica crítica das principais obras recentes, como *Negara* de Geertz (1980) e *The Gender of the Gift* de Strathern (1988); em ambas a elucidação (ou desfamiliarização) de um senso comum doméstico é uma proposta explícita da análise, ou a minha própria tentativa de tratar da antropologia como um objeto a ser comparado diretamente com o nacionalismo que compartilha a sua gênese como uma expressão da ruptura ideológica entre os colonizadores e os colonizados (HERZFELD, 1987). Mas estas comparações devem ser capazes também de nos preparar para o que Thomas chama de "uma inevitável divisão na voz do etnógrafo". Tal como ele observa: "Na medida em que os povos estudados deixaram meramente de ser objetos eruditos e se tornaram parcialmente incorporados no interior de um campo estendido de discussão, o texto do antropólogo pode ser cada vez mais definido em dois sentidos; por um lado, no sentido de uma discussão profissional global (de fato tipicamente euro-americana), que privilegia as questões da disciplina e o elevado registro de 'teoria', e, por outro lado, no sentido de recepções dentro de estudos da nação, quando não da localidade". E Thomas sugere que as pessoas locais não podem compartilhar dos interesses globais dos eruditos teorizando: "O conhecimento pode ser geograficamente disperso, mas não pode contar como universal em relação aos particulares locais".

Contudo, os locais divididos da escrita antropológica tiveram de fato profundas implicações. O exotismo que estrutura grande parte dos argumentos antropológicos clássicos perde relevância, quando o próprio argumento tem uma circulação "exótica". E a questão da presença do "ponto de vista nativo" num texto específico deixa de ser um floreio literário da parte de um Malinowski, ou um gesto de "eu estava lá", mas se torna uma afirmação que pode ser prontamente testada pelos leitores "nativos" que veem o seu ponto de vista mal-interpretado e ou mal-apropriado. A ideia de que a antropologia produz uma "crítica cultural" de relações e costumes "em casa" nos deixa despreparados para a questão do seu comentário sobre as relações e os costumes realmente estudados. Tenta a disciplina simplesmente apresentar estas coisas, em algum sentido, nos "seus próprios termos"? Ou devem eles igualmente estar sujeitos ao escrutínio politicamente deliberado da ciência social ocidental? A estratégia teórica, além disso, muito frequentemente deixa o lugar doméstico da nossa sociedade não analisado; não é mais do que um estereotípico "Ocidente" (Estudos recentes sobre o "ocidentalismo" – CARRIER, 1995 – servem aqui como um antídoto). Como o discurso antropológico circula numa extensão maior que até então entre as comunidades classicamente estudadas, e volta a sua visão para comunidades domésticas, o paradigma de uma justaposição nós/eles parece cada vez mais inadequada.

Esta é, de fato, uma versão daquele hábito conceitual – diversamente conhecido como reificação, essencialismo, ou objetivação – contra o qual a mesma retórica moralizante tem sido muitas vezes dirigida. Ser capaz de dizer que uma ideologia particular era essencialista fornecia uma cobertura moral conveniente; contudo, isto era como essencializar algo que é contrário. Como Vassos Argyrou (1996b) e Jean Jackson (1995) indicaram, existem limitações éticas a esta postura, que num certo sentido nasceu de uma tradição mais antiga na antropologia, a de tentar formular uma postura ética para a disciplina como um todo. Esta tradição surgiu da aplicação de um relativismo cultural simplista, que foi agora seriamente estorvado pelos desafios aos conceitos ocidentais de direitos humanos. Como resultado disso, não podemos mais nos sentir seguros de que a nossa indignação moral com as implicações repressivas, por exemplo, de alguma ideologia nacionalista, não irá, por sua vez, incentivar uma nova repressão.

Relativismo relativizado

O relativismo é em si mesmo uma questão importante. Na medida em que os antropólogos o defenderam por tanto tempo, eles foram talvez indevidamente relutantes em reconhecer as suas limitações. Ele é, afinal de contas, uma doutrina muito confortável – e reconfortante: deveríamos respeitar todas as culturas como igualmente morais e, portanto, todas as práticas sistêmicas como igualmente válidas. Contudo, obviamente isto não acontece.

Na prática, o reconhecimento de princípios dos valores locais não nos compromete com o relativismo extremo, uma posição na qual o respeito por todas as culturas é reduzido a uma absurda caricatura: isto se torna socialmente impossível e um argumento logicamente autocontraditório, no qual todo julgamento moral e empírico é interrompido. Pois como então lidar com os valores culturais como o etnocentrismo? Como é enfrentar o genocídio? Claramente, o relativismo cultural, se é que ele pode ter absolutamente qualquer significado, deve ser realocado numa visão pragmática. Expresso mais como um *Diktat* ético geral do que como uma posição socialmente responsável, o relativismo cultural acaba derrotando as propostas para as quais ele foi originalmente, e com a melhor das intenções, formulado como um credo epistemológico (cf. tb. FABIAN, 1983). Tal como os liberais nacionalistas que descobriram para seu prejuízo conceitual (RABINOWITZ, 1996), todas as ideologias sociais estão situadas em contextos sociais, e estes contextos inevitavelmente – e às vezes apenas gradualmente – obrigaram a admissão de enormes doses de ambiguidade e contradição na realização desses valores.

O repensar do relativismo exige uma reconsideração especificamente histórica do seu papel. E é a acessibilidade especificamente histórica dos caminhos na direção da configuração atual do poder que torna um "valor" crítico, como David Scott o chama, tão factível quanto desejável. Por isso mesmo, são os efeitos demonstráveis dos processos documentados da intervenção ambiental e social que tornam absurdo – Kay Milton foi especialmente eloquente sobre isto – ver todas as explicações causais como igualmente satisfatórias; mas devemos sempre perguntar a quem eles prejudicam ou beneficiam, situando-os desse modo num ambiente social particular. A relutância comum dos antropólogos em se envolverem é uma abdicação de responsabilidade, mais fácil de sustentar quando permanecemos numa forma universalista de relativismo. Contra esta condição catatônica, um lembrete de que habitamos um momento social e historicamente específico, um momento diferente, é o melhor antídoto.

Aqui, eu sugiro, a questão da responsabilidade é crucial. Nós simplesmente não podemos prever quais serão os efeitos das nossas intervenções, e a prescrição moral é um pobre substituto para aceitar esta responsabilidade. Estamos envolvidos com os nossos informantes no trabalho que fazemos; tentar elaborar uma fórmula oportuna que nos liberte das consequências desta cooperação é simplesmente desonesto. Mas ao mesmo tempo, como Thomas sugere, talvez possamos deixar de pensar que as nossas ações são tão consequentes: é hora de considerar os assuntos na sua própria medida, e isto somente podemos fazer minimizando a importância dos nossos papéis e também enfrentando o envolvimento dos nossos informantes na criação assim como na recepção das nossas explicações etnográficas.

Há uma certa ironia nisso. A questão da responsabilidade é uma questão muito antiga na antropologia; era, por exemplo, central para os primeiros trabalhos de Evans-Pritchard (1937). Mas então ele dizia respeito a como "eles" construíram a culpa e a responsabilidade. Uma antropologia verdadeiramente reflexiva visaria à mesma questão entre os profissionais da disciplina, e em termos igualmente etnográficos. Isto exigiria o compromisso e deveria mesmo reforçar as consequências do que os antropólogos fazem – embora sempre, como Thomas insiste, mais num sentido particularizado, localmente relevante, do que como uma consciência global.

Constituindo culturas

Uma coisa é especialmente aplicável a uma linha de pesquisa que floresceu durante os anos de 1980 e o início dos anos de 1990: a invenção da tradição e da identidade. Uma tendência global de notável importância foi a elaboração de construções explícitas de costume e identidade locais. Embora relacionada com as primeiras ideias de folclore local, distinção nacional, etnia e coisas do gênero, e assim não totalmente sem precedentes como um fenômeno cultural, a objetivação da cultura em níveis nacional, regional e local se tornou singularmente poderosa nos últimos vinte anos. Em todo lugar das margens da Bretanha e da Europa Oriental à Oceania e à Amazônia, as pessoas se tornaram visivelmente orientadas no sentido da elaboração retórica da sua identidade, muitas vezes no sentido da afirmação cultural, da autonomia ou do separatismo. Sem dúvida, estes projetos de identidade são mais heterogêneos do que parecem, mas o vocabulário empregado é frequentemente aquele de uma antropologia popularizada; embora as culturas de todos os povos sejam diferentes, elas parecem estar se tornando a mesma, na medida em que estão preocupadas com afirmar as suas diferentes culturas.

Epistemologicamente, a questão é uma questão extremamente relevante para o analista antropológico, que enfrenta o que, em alguns casos, veio a ser reformulado como construções etnológicas. Como Richard Handler (1985) afirmou, há realmente uma semelhança histórica entre o conceito antropológico de "cultura" e as autoconstituídas identidades nacionais inicialmente postas em relevo acentuado pela ideologia romântica do século XIX. Assim como na minha própria comparação da antropologia com o Estado-nação grego, como sendo dois produtos daquela mesma ideologia da distinção europeia, também na discussão de Handler vemos o que Thomas reconhece como sendo *uma* preocupação cada vez mais urgente: Qual é a resposta adequada ao emprego dos "nossos" conceitos pelos essencialistas e reificadores, a respeito do que tínhamos presumido que eram os "nossos" conceitos? Aquilo que, nos termos de Thomas, "supomos chamar de uma versão "folk" de um conceito antropológico – ou melhor, o conceito antropológico de cultura". A pesquisa etnográfica foi muitas vezes consciente ou inconscientemente cúmplice na codificação das "culturas" locais reificadas desse tipo. As antigas etnografias são frequentemente minadas pelos costumes dos fazedores de cultura; as publicações podem ser mantidas como versões autorizadas de culturas particulares. Mais sutilmente, o processo da pesquisa etnográfica frequentemente traz um novo nível de explicação para as ideias e os comportamentos.

Realmente, a etnografia pode aparecer como uma espécie de repetição ou transcrição, não somente daquilo que os informantes já sabem, mas da forma como eles o sabem: "Cheguei entre os Kwaio anunciando a minha intenção de registrar os seus costumes... Desde [o movimento político] Maasina Rule (1946-1953), eles próprios tinham, em intermináveis encontros com conotações milenaristas, buscado... codificar a sua lei consuetudinária... o objetivo político... era criar um equivalente dos estatutos legais coloniais... Como um cronista profissional do 'costume'... eu pude ser recrutado pela sua causa, tanto para escrever kastom quanto para assegurar a sua legitimação. Até onde eu pude coletar genealogias, registrei histórias de ancestrais, explorei as estruturas de parentesco, festa e troca, registrei tabus ancestralmente controlados... o meu trabalho e as expectativas de líderes tradicionalistas [machos] se enredaram estritamente... Realmente, o seu compromisso politicamente motivado para [a impossível tarefa de] codificar a lei consuetudinária e o meu compromisso teoricamente motivado para [a impossível tarefa de] escrever uma 'gramática cultural' à maneira de Goodenough, Conklin e Frake, sem dúvida, em retrospecto, impôs uma grande cooptação mútua" (KEESING, 1985: 28-29). Nesse caso, há de fato o que Thomas chama de "um profundo conluio entre a explicação antropológica e o 'ponto de vista nativo'". Mas em resposta a estas codificações e afirmações, antropólogos como Roger Keesing mudaram o seu terreno, para se ocuparem na construção da própria cultura, como um objeto analítico (KEESING, 1989). Se isto foi por algum tempo uma fase fértil – havia pelo menos uma proliferação de estudos de invenções e codificações culturais –, isto também temporariamente desviou a antropologia de uma compreensão complacente das aspirações dos povos estudados. Os antropólogos tenderam a identificar as suas perspectivas com as pessoas contra os governos – considere-se o título da crítica intransigente de *Legends of People, Myths of State*, de Bruce Kapferer (1988), uma poderosa demonstração comparativa do Sri Lanka e da Austrália de como ideologias saudáveis podem ostensivamente ser burocratizadas em máquinas para a produção sistemática de violência e de ódio. Mas uma consequência desse desenvolvimento, uma consequência que o estudo de Kapferer parcialmente antecipa, é que os antropólogos às vezes se encontram mal-equipados para lidar com a transformação das sociedades que eles outrora conheceram afetuosamente como vítimas coloniais em Estados que, em nome de "aspirações nacionais" aprendidas muito bem sob os primeiros opressores, agora voltam a sua violência contra os de dentro.

Para Thomas, a poderosa noção de que uma outra cultura devia ser apresentada nos seus próprios termos, num sentido algo indefinido, é moralmente mais do que intelectualmente constrangedor. É uma consequência da lógica maussiana, através da qual os etnógrafos compreendem a profunda dívida contraída em relação ao anfitrião no campo. Por mais que estas mesmas pessoas compreendam a relação, o nosso sentido é que não há absolutamente como retribuir o seu suporte e a sua paciência; contudo, nós sentimos, não obstante, a necessidade de tentar fazer assim através do registro da escrita: os nossos escritos são às vezes moralmente enquadrados como esforços para validar ou auxiliar aqueles outros, contudo, com certeza, ao contrário, mais tipicamente para nos ajudar (cf. FABIAN, 1991: 264). Assim, o projeto antropológico teria geralmente pelo menos a face de Jano, voltada para a "casa" e para as suas tradições intelectuais e as questões da disciplina, mas voltada também para uma suposta segunda casa, para a qual alguém geralmente se convidou.

E alguém se convidou aí como o representante de uma tradição de respeito ao "ponto de vista nativo" – uma tradição que deu alegadamente às pessoas locais algumas ferramentas para expressar este ponto de vista internacionalmente. Quando, portanto, um antropólogo manifesta desconforto com o que foi então absorvido – "a cultura" – como demasiado essencialista, o sentido que resulta disso é frequentemente o sentido da traição. Onde, então, está o respeito pela cultura local para a qual os visitantes fizeram estas reivindicações retumbantes? Nessas condições, e dada a gênese histórica comum da antropologia e do nacionalismo, é difícil ver como os antropólogos poderiam evitar serem acusados de má-fé.

Como resultado disso, trabalhar no gênero da construção da cultura é ser vigorosamente criticado pelos intelectuais locais, de fato por não ser conivente com o "ponto de vista nativo", por insistir e talvez demasiado zelosamente em exagerar o momento em que culturas são refeitas no e para o presente. Os argumentos de Keesing e outros foram contestados por um erudito havaiano (TRASK, 1991); embora a consideração de F. Allan Hanson (1998) do "fazer da cultura Maori" – amplamente reportada e extraída nos jornais da América e da Nova Zelândia – fosse furiosamente rejeitada pelos eruditos Maori e pelos ativistas Maori (cf. discussão em THOMAS, N., 1997). Uma atitude simpática em relação às reafirmações indígenas devia admitir que estas eram propriamente esforços de interpretação e reinterpretação culturais, talvez não radicalmente diferentes do projeto antropológico nos seus primeiros dias; e é certamente verdadeiro, em termos históricos, que alguns dos materiais para esta espécie de "fundamentalismo cultural" indígena vieram da própria antropologia.

Visualismo

Uma dimensão-chave da etnografia tem sido a ideia de "observação participativa". Este conceito foi absolutamente central para virtualmente todas as discussões. Ele representa a tradução na prática de campo de uma tendência que tem suas raízes na história da "cultura ocidental" – ela própria uma generalização problemática, certamente, mas uma generalização que pelo menos tem a virtude de ter sido largamente autoconstituída. Como o equilíbrio de poder muda de modo que o etnógrafo não mais aparece no campo como o representante de uma força colonizadora poderosa, os hábitos individuais da observação podem vir a parecer mais como uma arrogância injustificável em relação a uma sociedade desconhecida do que como o meio lógico do conhecimento.

Para a antropologia, este é um momento inebriante – cheio de perigos, mas também de oportunidades. Robotham observa: "Das teorias dos sistemas mundiais à antropologia interpretativa, à desconstrução, à reflexão e ao construtivismo, ao 'diálogo' e à escrita 'polifônica', à oralidade e à visualidade, ao estudo do consumo como 'a vanguarda da história', através da 'lógica das coisas que exatamente acontecem', de volta ao pleno e simples positivismo através de todas as variedades de pós-modernismo, a antropologia está experimentando uma variedade de gêneros desconcertantes" (MOORE, 1994; MILLER, 1995; DRUMMOND, 1996; D'ANDRADE & FISCHER, 1996). Tão diversos são os estudos que agora caem sob a rubrica de antropologia, que se devia quase simpatizar com a visão de que nesse período pós-colonial o desenvolvimento da antropologia culminou num "processo que leva hoje na direção da sua efetiva dissolução" (GIDDENS, 1984: 97). Mas aderir a esta perspectiva significaria se render a um sentido duramente conquistado do engajamento crítico: são precisamente as tensões que tornam a antropologia energicamente resistente a um fechamento fácil.

O reconhecimento direto dos problemas epistemológicos trazido à luz por estes processos globais oferece um caminho mais produtivo. Assim, por exemplo, a crítica de Johannes Fabian do fracasso antropológico do compromisso com as culturas locais que permanece pesadamente sob a acusação de que o "visualismo" – a redução de toda a experiência dos meios representacionais disponíveis a somente um meio sensório, aquele da visão – criou um forte senso de desigualdade, quando nós as estudamos, que mais objetiva os "nativos" como "espécimes" do que como colegas numa negociação de compreensões potencialmente compartilhadas. Isto, obviamente, não significa que "nós" deveríamos parar de olhar para "eles", mas que deveríamos usar a nossa compreensão de como isto veio a ser visto como uma operação simples, de senso comum, para localizar as suas limitações – uma tática que é empírica num sentido fundamental, estando fundada numa avaliação crítica do que realmente acontece no campo e de onde esta abordagem se originou. Ao seguir o curso da tecnologia atual de gráficos e quadros até os seus começos renascentistas, Fabian sugere que um sério compromisso com uma antropologia não colonial – uma antropologia que é seriamente pós-colonial – deve enfrentar este peso histórico.

Na Europa, a visão veio a se distanciar significativamente dos outros sentidos, em termos de sua importância cultural, somente nos séculos XVIII e XIX, quando a visão veio a estar associada com o florescente campo da ciência. O olhar curioso e penetrante do cientista se transformou na metáfora para a aquisição do conhecimento nessa época (FOUCAULT, 1975; LE BRETON, 1990). As teorias evolucionistas propostas por eminentes figuras, como Charles Darwin e mais tarde por Sigmund Freud, sustentaram a ascensão do olhar, decretando que a visão era o sentido da civilização. Os sentidos "inferiores", "animais" do olfato, do tato e do sabor, ao contrário, perderam supostamente importância no momento em que o "homem" subiu na escala evolucionária. No final do século XIX e no século XX, o papel da visão na sociedade ocidental cresceu mais com o desenvolvimento dessas tecnologias visuais altamente influentes, como são a fotografia e o cinema (JAY, 1993; CLASSEN; HOWES & SYNNOTT, 1994: 88-92).

Como resultado desta ênfase ocidental na visão, a descrição e a interpretação da cultura visual da sociedade (tal como pode ser vista em artefatos e estilos de roupa) é frequentemente até onde vão os antropólogos na busca do significado "sensório". Como veremos no capítulo sobre os sentidos, isto teve historicamente o efeito de relegar as culturas nas quais se deu menos proeminência ao visual a um papel inferior. Alguns antropólogos – basicamente aqueles que estão comprometidos com uma "antropologia dos sentidos" – agora afirmam que devemos tentar compreender os valores dos vários sentidos no interior de um contexto da cultura em questão e não no interior do contexto do modelo sensório da própria cultura dos antropólogos. A própria ideia de um "ponto de vista nativo" é visualista na forma, e sugere que a adoção de um leque mais amplo de compreensão devia pelo menos reduzir as distorções óbvias que surgem de uma relação de desigualdade política. Asad, por motivos semelhantes, recentemente (1993) atacou a metáfora verbocêntrica da "tradição da cultura". Isto pode muito bem significar que não podemos prescindir inteiramente de quaisquer desses modelos, por mais falhos que eles claramente sejam, mas que a solução pragmática está em conservá-los com as suas deficiências numa visão total, de modo que a discussão do que as suas deficiências fazem perder no encontro etnográfico – uma discussão na qual os informantes estão cada vez mais comprometidos, como se notou – forneceu o meio de intensificar a compreensão que a etnografia pretende produzir.

Focalizar o visual, afirma Constance Classen, pode "introduzir uma ruptura no sistema sensório interconectado de uma sociedade". Isto ocorre mais particularmente com os artefatos, que são frequentemente abstraídos de um contexto dinâmico de utilizações e significados multissensórios e transformados em objetos estáticos para serem contemplados dentro das caixas de vidro de museus ou em livros de fotografia – um fato recentemente admitido também na história da arte (NELSON, 1989) – e isto tem ainda implicações éticas. As pinturas de areia dos Navajos, por exemplo, são muito mais do que simples representações visuais para os Navajos. Criadas no contexto das cerimônias de cura, elas são feitas para serem impressas sobre os corpos dos participantes, e não simplesmente vistas. De uma perspectiva ocidental convencional, pegar a areia da pintura de areia e aplicá-la no corpo "destrói" a pintura. Da perspectiva dos Navajos, este ato "completa" a pintura, transferindo o poder de cura contido na representação visual para o corpo do paciente por meio do contato. De acordo com a religião dos Navajos, é de fato sacrílego preservar intocada uma pintura de areia: se diz que este ato de arrogância visual é punido com a cegueira. No entanto, o interesse dos colecionadores de arte e dos eruditos ocidentais nos desenhos visuais das pinturas de areia dos Navajos levou a algumas tentativas de "corrigir" esta forma de arte efêmera, à maneira das pinturas ocidentais. Estas tentativas incluem fotografar as pinturas de areia, colando-as em telas, e preservá-las em caixas de vidro herméticas. O elemento táctil das pinturas de areia é assim suprimido e recebe pouca ou nenhuma atenção nas interpretações eruditas das obras (GILL, 1982; PAREZCO, 1983). Isto também mostra pouco respeito para com as preocupações religiosas dos artistas.

As preocupações visualistas de muitos acadêmicos contemporâneos são evidentes, na medida em que "escrever" ou "ler" e "textos" têm sido empregados como modelos para a cultura e para a análise cultural, principalmente na famosa afirmação de Geertz: "A cultura de um povo é um conjunto de textos... que o antropólogo se esforça para interpretar nas costas daqueles a quem eles propriamente pertencem" (GEERTZ, 1973a: 452). O emprego desta abordagem através das culturas pelos antropólogos significa não somente que as ideologias textuais derivadas dos europeus são aplicadas em sociedades que não compartilham delas, mas também que as dimensões multissensórias dinâmicas da cultura são suprimidas ou transformadas no sentido de tornar a cultura um documento estático, visual, que pode então ser interpretado com a utilização de ferramentas da crítica textual – um ato, nos termos da crítica de Fabian, ao mesmo tempo de "negação da contemporaneidade" e de "visualismo".

Contudo, este ato também pode ser repetido pelos intelectuais locais. O que deve fazer o antropólogo? A folclorização dos camponeses e dos pastores, com a qual o mundo todo representa os usos da "tradição" para glorificar uma entidade cultural ou nacional emergente à custa de suas partes subalternas constitutivas. Mas estes últimos não podem ver com amabilidade a chegada de representantes dos antigos poderes coloniais que informam que eles estão sendo enganados. Nem todas as pessoas minoritárias estão ansiosas para terem o seu estatuto de menoridade defendido. Novamente, a resposta ética – que também é inseparável da questão epistemológica – deve aceitar a responsabilidade pelas consequências das suas próprias avaliações a respeito dos méritos de cada caso.

É também nesse contexto, eu sugiro, que devemos interpretar as reflexões epistemológicas de David Scott sobre o colonialismo. Como ele observa: "Se quisermos que a nossa disciplina seja capaz de reconhecer a extensão na qual ela está implicada na reprodução de uma problemática colonial, então, a desconstrução/reconstrução dos objetos antropológicos... é um exercício indispensável. Mas o seu lucro é em grande parte um lucro disciplinar interno". Até agora, ele está muito de acordo com Thomas. Aqui, contudo, ele realiza uma virada mais ambiciosa e proativa para o campo: "se tomarmos o argumento de Asad seriamente, este exercício de desconstrução/construção deve ele mesmo se entrelaçar com um outro empreendimento, cujo propósito está organizado em torno de um lucro crítico diferente de uma simples reforma interna da disciplina. Para mencionar Asad (1991: 322-323): 'Eu tenho afirmado que nós também precisamos perseguir os nossos interesses históricos, antropologizando o crescimento do poder ocidental, porque, a menos que estendamos as nossas questões a respeito do caráter cultural desta hegemonia, podemos tomar muita coisa como dada na relação entre a antropologia e o colonialismo... É preciso ser salientado, contudo, que não basta para os antropólogos observar que a hegemonia (da Europa) não foi monolítica, ou que o poder ocidental provocou permanentemente resistência. Não é o bastante porque a história política convencional dos tempos e lugares coloniais tem sempre sido um registro de conflito: entre os diferentes interesses europeus, entre os diferentes grupos de não europeus, assim como entre colonizadores e colonizados. Não avançamos muita coisa quando simplesmente repetimos *slogans* sobre o conflito e a resistência em vez de velhos *slogans* sobre a repressão e a dominação. Uma antropologia do poder imperial europeu deve tentar compreender a forma e o terreno radicalmente alterados do conflito inaugurado por ele – novas linguagens políticas, novos poderes, novas subjetividades'. Este é o argumento crucial. E uma maneira de tentar situá-lo e compreender a sua questão é por meio de um contraste com os aspectos do paradigma dominante atual – o que se devia chamar de paradigma anticolonial da pesquisa e da crítica antropológica". Assim, Scott sugere que "o argumento de Asad registra um reconhecimento implícito de uma alteração no espaço do problema cognitivo político que nos ocupa e, portanto, sobre a natureza da demanda da crítica [antropológica]... [e] aquilo que ele fez, de fato, foi alterar a questão estratégica sobre o colonialismo [e assim a descrição do poder colonial] em cuja base uma resposta antropológica é solicitada". A narrativa-chave, exemplificada por *The Wretched of the Earth* (1963) de Franz Fanon, é aquela da repressão e da resistência. E Scott reconhece que, especialmente a partir da Segunda Guerra Mundial, quando os movimentos nacionalistas anticoloniais estavam ganhando ímpeto, esta narrativa principal reuniu uma força moral significativa. De fato, uma dimensão importante da sua presença na antropologia era a defesa da disciplina – talvez ingênua, como sugere Thomas, mas certamente a expressão de uma moral acadêmica poderosa – do "ponto de vista do nativo". Scott, contudo, agora interpreta Asad como "dizendo que estas não são questões para as quais devemos (ou devemos ainda) estar tentando formular respostas. Elas são questões cujo momento passou, ou melhor, cujo momento, na última década e meia, foi firmemente desmantelado. Com o colapso dos projetos de Bandung (Terceiro Mundo/anti-imperialismo) e socialista, e com a nova hegemonia da globalização neoliberal, não é mais claro o que o poder ocidental de 'superação' realmente significa". E, por outro lado, há poucos Estados socialistas a serem defendidos. "Há agora, em suma, uma crise fundamental no Terceiro Mundo, no qual a própria coerência do projeto secular moderno... não pode mais ser tomado como certo. Esta crise conduz a um novo problema de espaço e produz uma nova demanda sobre a crítica antropológica". O desafio para a antropologia reside em reconhecer esta mudança e responder pragmaticamente a ela, investigando as transformações e as reorganizações que foram afetadas pela nova forma de poder que agora, por sua vez, deixou como legado ao mundo o nacionalismo pós-colonial.

A Modernidade em risco

Este exercício requer uma radical reconsideração – talvez mesmo o abandono – do conceito de Modernidade. A antropologia tem uma relação complexa com esta noção maldefinida. Primeiro, na maioria dos sentidos nos quais o termo "modernidade" é utilizado, a antropologia é um dos seus produtos – uma tentativa de colocar mundos desconhecidos dentro de uma classificação claramente defensiva do conhecimento. Segundo, esta visão agora desatualizada (e evolucionista) da antropologia como dizendo respeito apenas às sociedades que representam a condição do passado da humanidade levanta questões sobre a sua capacidade de lidar com um mundo no qual a ilusão de sociedades isoladas que proporcionam condições de laboratório perfeitas não pode mais ser sustentada. E terceiro, a Modernidade é ela mesma uma espécie de identidade – um espaço contestado investido de noções de privilégio, riqueza e conhecimento. Esta é a chave irônica para a observação estranha de Václav Hubinger de que a disciplina está aparentemente bem equipada para lidar com a Modernidade: como ele nos diz, "nada mais foi feito exatamente desde o seu começo – inicialmente, contudo, definindo a Modernidade como aquilo que não era para estudar".

Na medida em que uma antropologia de inspiração "ocidental" se move para novos espaços, ela encontra novos desafios. No sul da Europa tem havido debates sobre se ela representa uma intromissão neocolonialista ou uma oportunidade de reconceituar a subjetividade de modo que transcenda fronteiras nacionais essencializadas (cf. LLOBERA et al., 1986; BAKALAKI, 1993). Mas, nos antigos países do Bloco Oriental, a identificação (especialmente) da antropologia anglofônica com a Modernidade excita, da mesma maneira, tanto a emulação quanto o ressentimento. Hubinger expressa este último dilema sucintamente: "Nas sociedades pós-totalitárias da Europa Oriental, a nossa disciplina está procurando a sua *raison d'être*, e está tentando afincadamente se separar do que foi feito antes. Este é um medo político [não estar conectado com o regime totalitário], mas também temático [estar envolvido na disciplina tal como ela é praticada 'em outros lugares']. Os protagonistas consideram isto como sendo um processo de modernização da disciplina. Claramente, ela não tem nada em comum com os recentes debates sobre o modernismo no mundo ocidental. Mas tem muito a ver com o moderno".

O marxismo sempre teve a sua própria noção de como vencer a Modernidade – uma ideia mais ou menos religiosa de paraíso, com um administrador justo e onisciente. Na prática, os regimes comunistas ficaram frustrados com a sua incapacidade de permanecer intocados pelas influências vindas de fora. O socialismo foi apresentado para as pessoas que viviam nele como uma sociedade de riqueza justamente distribuída, mas era fácil ver que havia uma riqueza maior "lá fora", no mundo da moderna tecnologia. A disciplina nas sociedades pós-totalitárias da Europa se encontrava num estado de hesitação. Há uma tradição muito forte e, à sua própria maneira, extremamente interessante da etnografia clássica (mais ou menos idêntica ao que na Alemanha é chamado de *Volkskunde*), que domina o campo, apesar dos esforços para introduzir a antropologia tal como ela é geralmente compreendida nos países onde as tradições francesas, britânicas e norte-americanas prevalecem. Não é de maneira nenhuma surpreendente que o processo de introduzir a antropologia seja largamente interpretado como um processo de modernização. A Modernidade, de acordo com muitos dos eruditos pós-totalitários, suporta uma maior abertura, formulando opiniões e levantando questões que eram tabus no regime anterior. Inevitavelmente, junto com as novas possibilidades de estudar temas familiares, novos temas entram na jurisdição de profissionais mais ou menos despreparados.

O ponto de partida teórico não mudou profundamente, o que teria sido difícil em pouco tempo desde 1989, mas na Europa Oriental os estudiosos começaram a reivindicar que o que eles realmente praticavam era antropologia social e cultural: "A mágica do conceito de antropologia é tão forte na Europa Oriental", observa Hubinger, "que ela faz alguns colegas acreditarem que, mudando o nome do seu objeto, eles também estariam se libertando da etnografia tradicional (*Volkskunde*), assim como do marxismo-leninismo". Um antropólogo e filósofo romeno observou que aparentemente "a antropologia cultural é capaz de desempenhar, no campo maior das ciências sociais, o papel paradigmático que os físicos desempenham no campo das ciências naturais" (GEANA, 1992: 313). Outros estão mais abruptamente interessados em utilizar a etnografia na busca da política da identidade: "A etnologia croata hoje escreve a sua própria história como a emancipação das redes hegemônicas e ideológicas" (PRICA, 1995: 11). Isto é também dolorosamente claro nos relatos muito difundidos durante os anos de 1990 de um estabelecimento etnológico russo atravessado por um virulento e recidivo antissemitismo. Algo dessa preocupação com a política de identidade espreita atrás de argumentos "nativistas" no sul da Europa (p. ex., MORENO NAVARRO, 1984). E a antropologia tem uma interação complexa com a reconstituição das identidades Maia, em resposta à opressão dos governos nacionais repressivos que tentam impor pela força uma ideologia de *mestizaje* na qual os *indígenas* não têm lugar (cf. esp. WARREN, 1998). Mas a experiência da Europa Oriental talvez seja a mais reveladora, porque o debate produz discussões sobre qual o tipo de antropologia deve ser adotado; em menor escala, os países da Europa Mediterrânea devem enfrentar uma questão semelhante de decidir o que fazer com os seus departamentos de folclore (nacional).

Há, assim, um processo de buscar um lugar num mundo que mudou profundamente. Velhos temas que dominaram a disciplina na Europa Oriental nas últimas poucas décadas são considerados obsoletos, antiquados e pseudocientíficos, principalmente por causa da sua próxima conexão com a ideologia comunista e a anterior sujeição ao controle repressivo. Nessa crise de identidade, qualquer disciplina que possa fornecer estereótipos tranquilizadores é sugada para o vácuo da incerteza. É um esforço difícil e meticuloso (cf. DRAGADZE, 1995), no qual as velhas verdades se desfazem no despertar do regime que deu nascimento a eles. Como exemplo de uma tentativa de mudar tanto quanto seja possível, podemos considerar as etnologias e antropologias mais influentes da Europa Oriental, aquelas da antiga União Soviética: "Por volta da metade dos anos de 1980, a maioria dos eruditos soviéticos de fato recusou as concepções de Morgan/Engels... A propósito, a crítica atual da herança totalitária na antropologia russa representa um interesse complementar. As tentativas de desafiar os remanescentes da etnologia soviética são levadas a cabo de uma maneira tipicamente russa, com os tradicionais extremos. Por exemplo, o atual Diretor do Instituto Etnológico de Moscou afirma que a antropologia russa devia ser radicalmente reformada de acordo com os conceitos ocidentais [alemães, americanos?]. A atual antropologia russa, antes chamada de 'Etnografia', mudou inclusive o seu nome para 'Etnologia'" (ZNAMENSKI, 1955: 186).

Aqui, podemos ver com particular clareza o quão profundamente relativas são as nossas classificações. O que para Znamenski é um objetivo, para os outros é um ponto de partida nas suas tentativas de se situarem em relação ao Ocidente. Para alguns no Ocidente, além disso, o Oriente é que era moderno. Muitos orientais, contudo, acham isto difícil de entender e em desacordo com a sua própria visão da Modernidade. Atualmente, a realidade dos países pós-totalitários é às vezes considerada pós-moderna, no sentido de uma dissolução de sistemas ideológicos claramente definidos, com a Pós-modernidade também se tornando um conceito ideológico. Nesta visão espacial da evolução social, que lembra a primeira antropologia britânica do século XIX, a Modernidade define o centro e o atraso define a periferia.

Hubinger atribui muito desta perspectiva ao centralismo muito forte dos primeiros regimes comunistas e dos seus predecessores; nesta ordem das coisas, além disso, o verdadeiro centro do mundo (e a fonte da sabedoria política e cultural) era necessariamente Moscou. Um bom exemplo é o tratamento da etnia de inspiração soviética dos anos de 1990 em diante (cf. BROMLEY, 1973, 1983), talvez parcialmente inspirado pelo estilo da sociologia norte-americana no final dos anos de 1950 e início dos anos de 1960. O tema, sem precedentes em outros países socialistas, por medo de serem acusados de incentivar os sentimentos nacionalistas, foi muito rapidamente adotado em todo o Bloco Soviético[1]. Esta pesquisa parou quase instantaneamente no turbulento período entre o verão de 1989 e a primavera de 1990, embora algumas obras aparecessem mais tarde. O colapso não ocorreu porque o tema estava esgotado; foi simplesmente porque o idioma da pesquisa estava muito estritamente associado com um agora desacreditado universo político. O colapso dos regimes comunistas também acarretou o colapso do forte laço centro-periferia.

E assim, uma das últimas tradições intelectuais a aceitar um conceito reificado de etnia, que em outros lugares tinha se rendido à lógica empiricamente fundada de críticas, como a celebrada coleção editada por Fredrik Barth (cf. BARTH, 1969), se dissolveu no colapso de outras certezas políticas. Mas não se deve dizer que a antropologia abandonou os seus caros essencialismos da noite para o dia. Pelo contrário, havia uma marcada tendência de pensar em termos de categorias de estudos de área – elas próprias, como Gupta e Ferguson (1997: 13) observaram, largamente geradas por considerações geopolíticas. Somente nos anos recentes é que os antropólogos começaram a criticar as hipóteses subjacentes, e isto teve efeitos radicais também sobre os modos, e especialmente sobre os tipos de lugares, nos quais eles tinham levado a cabo a sua pesquisa etnográfica. Se aquelas considerações geopolíticas estão associadas com o modernismo como uma ideologia, esta é mais uma razão para os antropólogos desafiarem a divisão convencional do mundo em regiões, estados-nação ou "áreas de cultura", organizadas em hierarquias culturais com persistentes conotações de sobrevivência.

Regiões e eus

Com esse espírito, Nicholas Thomas questionou a visão comum da antropologia como uma disciplina definida por uma simples tensão entre etnografia local e teoria global. Contudo, compatível com a perspectiva do meio-termo, embora reconhecendo totalmente que esta visão idealizada é complicada por todas as muitas vinculações políticas e éticas da disciplina, assim como pela evidência de que muitas das suas teorias são mais úteis em algum lugar da faixa intermediária

---

1. Cf. a pletora de artigos publicados nos anos de 1970 e 1980 em periódicos como *Sovietkaya etnografia*, na ex-União Soviética; *Český lid and Slovenský národopis*, na Czechoslovakia; *Traditiones*, na ex-Iugoslávia; *Ethnologische und Archaelogische Zeitschrift*, na República Democrática Alemã.

entre o local e o universal, devíamos desejar manter a ideia desta tensão como um incentivo a estas mesmas sensações. Esta tensão nos oferece não um credo, mas um objetivo em última análise impossível, que nos leva a aprender muito simplesmente no esforço de tentar alcançá-lo. Isto, de fato, é muito parecido com a observação famosa (e talvez apócrifa) de Evans-Pritchard de que a antropologia social não era nada se não comparativa – e esta comparação era, naturalmente, impossível.

Seja como for, Thomas reconhece uma importante dificuldade quando ele observa: "Outro sentido no qual a complementaridade aparente da teoria universal e da etnografia é enganosa surge da marginalização do regional como um quadro para a discussão antropológica" (corrigido numa coleção importante, porém descuidada, FARDON, 1990). Todos os antropólogos trabalham, ainda que em graus variáveis, dentro de ambientes de estudos de área intradisciplinares e transdisciplinares, e isto produz vocabulários especializados, mas também preocupações aparentemente exotéricas que definem os campos políticos do discurso acadêmico sobre "o Mediterrâneo", a "China", ou a "Melanésia". Há alguma ironia nisso: quando se compara o Mediterrâneo com a Melanésia, tal como foram apresentados nos seus respectivos discursos de estudos de área, por exemplo, se era tentado a se fundir com eles, com uma pesada ênfase tanto nas poderosas ideologias e diferenciações de gênero (especialmente a masculinidade agressiva), nos ataques, na feitiçaria, quanto numa profunda preocupação com a exibição e com as instabilidades de *status*, para não falar das formas confusas de nacionalismo que concorrem com as concepções provincianas e ainda fluidas de identidade local. Por que deveria isto ser mais absurdo do que algumas fusões que ocorreram no interior de cada região denominada? Este exercício – talvez um livro intitulado *Mediterranean-Melanesian: A Study in Anthropological Imagination* – seria necessariamente irônico, mas por esta razão também útil. Thomas, talvez, demasiadamente otimista, observa: "Se os debates sobre 'os estudos de área' realmente tendem a ser introvertidos e antiteóricos, eles podem também ser teoricamente marcados pelo compromisso com o lugar da pesquisa, e assim refletir um acordo mais genuíno entre uma disciplina euro-americana e um teatro de pesquisa de campo". No momento em que as pretensões globais dos estudos culturais estão se tornando cada vez mais evidentemente esgotadas, a reciprocidade entre os estudos de área e as disciplinas mais amplas podem de repente fornecer algo de que a antropologia precisa.

Para ser justo, no entanto, muitos daqueles que durante muito tempo defenderam os focos regionais, da mesma maneira reconheceram a armadilha de ver as regiões simplesmente como entidades geográficas naturais que enquadram a pesquisa e a discussão profissional e fizeram esforços de intensidade variável para descrever as suas histórias e as suas implicações particulares (p. ex., DA-

VIS, J., 1977; GILMORE, 1987). Contudo, a circularidade lógica permanece, produzindo cada vez mais conferências e obras eruditas sobre "o Mediterrâneo", a "Cultura chinesa" e assim por diante, e mesmo – numa deprimente ilustração de uma política de citação – levando alguns estudiosos ambiciosos a citar críticas daqueles focos regionais como "evidência" da sua importância!

Aqui, a solução me parece como repousando no fornecimento de uma consideração política do significado dado às regiões em questão. Estes estudos estariam focalizando, não a Melanésia, mas a "Melanésia"; não o Mediterrâneo, mas o "Mediterrâneo". Isto forneceria um meio de contextualizar tanto as culturas estudadas quanto as práticas de antropólogos empenhados neste estudo, e seria novamente totalmente compatível com uma postura de mediação reflexiva. Isto também se envolve produtivamente com o repensar da localização etnográfica, tão eloquentemente defendida por Gupta e Ferguson (orgs., 1977) e seus colaboradores: se redesenharmos os nossos projetos etnográficos para cruzar as fronteiras nas quais a antropologia e a política global têm até recentemente concorrido, alcançaremos uma compreensão mais clara do que significa para as pessoas em "sítios locais" verem-se designadas como "melanésios", "refugiados" (MALKKI, 1989), "ciganos" (OKELY, 1983), "pessoas apátridas", e assim por diante.

Reflexividade e Pós-modernismo

Don Robotham afirma que a postura reflexiva não cumpriu as suas promessas, em parte porque ela permanece presa na lógica de uma autoabsorção ocidental. Este é um desafio que devemos claramente enfrentar. Como podemos aprender com as críticas textuais da antropologia, sem nos envolvermos num completo exercício autorreferencial na crítica textual?

O tema do trabalho que Robotham chama de "pós-modernismo moderado" focaliza o texto antropológico como um documento construído. Em outras palavras, ele desafia as pretensões desse texto de ultrapassar o senso comum – uma verdadeira perspectiva antropológica. Assim, além de representar as pessoas de uma comunidade na etnografia, este trabalho desestabiliza alguns princípios e conceitos, tais como o de cultura e parentesco, todos tirados do universo cultural do antropólogo. Como veremos na discussão sobre o cuidar, estas categorias podem ser desafiadas para um efeito produtivo.

Estas críticas desafiam a autoridade "científica" reivindicada por uma disciplina acadêmica e afinal decorrente da supremacia política e econômica do Ocidente – como Weber reconheceu há tempos (1958, 1904). Robotham, no entanto, também indica que o desejo de criar um "momento experimental" na antropologia (MARCUS & FISCHER, 1986) "opera firmemente dentro do paradigma de uma epistemologia racionalista, que busca de uma forma respeitosa renovar, revigorar e modernizar o velho papel da antropologia da cultura e da sociedade ocidentais... [e] apoiar tanto a antropologia... quanto a ciência, entre as quais não há contradição perceptível, muito pelo contrário – um tema perseguido até agora na obra mais recente de Fischer (D'ANDRADE; FISCHER et al., 1996)". O objetivo é indicar que o que é verdadeiro para a antropologia é também verdadeiro para a ciência, diz Robotham, que então se torna ela mesma outro tipo de discurso, com suas propriedades únicas, mas com a sua "poética" também sujeita a crítica. O que temos aqui então é uma missão de resgate para que a antropologia permaneça como uma "ciência humana", mas não na base dos velhos modelos newtonianos.

O foco esmagador desse "pós-modernismo moderado", como Robotham o chama, está na problemática do texto e das suas possíveis (frequentemente inconscientes) manipulações por seu antropólogo solitário. Para evitar estas armadilhas e dar explicações mais verdadeiras para a sua realidade, são promovidas propostas para uma escrita "dialógica" e "polifônica". A questão eminentemente sensível de Robotham é que esta é ainda uma questão empírica – uma questão, como já disse, mais de intensificar a consideração etnográfica do que substituí-la. Desse ponto de vista, é uma desrazão autoindulgente supor que podemos de alguma maneira ignorar totalmente este compromisso (cf. tb. SCOTT, D., 1992: 384; 1996; CHATTERJEE, 1986: 17).

Mas há um pós-modernismo mais descompromissado, representado especialmente por Stephen Tyler, tal como Donald Moore resume o problema: "A etnografia dialógica defendida, entre outros, por Clifford, como 'tornando realidades negociadas multissubjetivas, carregadas de poder e incongruentes', foi afirmada como sendo, tal como os gêneros realistas que se supunha substituir, 'um monólogo que se mascarava como diálogo'. A etnografia 'polifônica' era naturalmente suscetível a uma crítica semelhante. Da mesma maneira, as análises retóricas das considerações etnográficas se tornariam um nada sob uma crítica pós-estruturalista rigorosamente aplicada, uma vez que as análises retóricas estivessem novamente interessadas, e também as metaconsiderações ficcionais da explicação inicial, elas mesmas suscetíveis a uma análise ainda mais retórica. A análise retórica não tem como fugir da retórica. A reflexão, finalmente, também exigiria um regresso infinito, já que, quando se aceitasse a reflexão em primeiro lugar, se estaria obrigado a admitir que a explicação 'primeira', sobre 'onde eu estou quando escrevo esta ficção admitida', seria ela também uma ficção, e assim por diante..." (MOORE, D., 1994: 349; cf. tb. WATSON, C.D., 1987: 35).

O que distinguia Tyler dos pós-modernistas moderados é que, diferentemente dos moderados, Tyler localizava o problema fundamental fora do texto. Para ele, a questão era aquela da repressão epistemológica. A única saída para isso era abandonar absolutamente qualquer tipo de racionalismo. É preciso se deslocar da representação para a "evocação" (TYLER, 1986: 133-134). Aqui, como Ahmad indicou na sua crítica de Edward Said, a influência antirracionalista de Nietzsche é inequívoca (1992: 159-219). Isto é fácil de ridicularizar do ponto de vista dos racionalismos confortáveis do mundo moderno, como Robotham indica, mas Robotham quer desculpar Tyler no sentido de mostrar que a intransponibilidade que mesmo esta extrema posição não resolve não é o fracasso pessoal de Tyler, mas uma consequência da situação pós-colonial. "Nem mesmo 'evocação', não importa o quanto ela seja terapêutica e celestial, provou ser capaz de atravessar esse abismo pós-moderno, pós-colonial".

David Scott responde a isto se voltando para a política. A solução preferida de Robotham é retornar a uma análise, politicamente informada, da história econômica, para documentar as transformações que hoje produziram não tanto uma "condição pós-moderna", mas "múltiplas modernidades" – o que ele chama de "novas modernidades". Mas há também aqui um perigo: o perigo de conferir a primazia analítica a um racionalismo que, mesmo dentro de modernidades alternativas emergentes (ONG, A., 1996), tem ainda de demonstrar que os seus pontos de partida na racionalidade ocidental são mais do que uma questão de retórica política. Em vez disso, a constante tensão entre modernidades concorrentes e racionalidades pareceria formar um objeto válido para a pesquisa antropológica – um objeto que inclui a própria antropologia como um objeto construído na multiplicidade. Aqui talvez estejamos de volta ao "pós-modernismo moderado". Mas está claro que a boa-fé da disciplina não pode ser resgatada somente pela "evocação", ainda menos pelas explicações autoacusatórias da malversação etnográfica, por mais importantes que possam ser estas tentativas para nos alertar para os fundamentos éticos inconstantes – a definição mutante de responsabilidade – sobre os quais a nossa prática profissional deve ser constantemente repensada.

Reflexividade empírica

Por reflexividade, portanto, não queremos significar a espécie de solipsismo autoindulgente com o qual ela foi frequentemente identificada, e para a qual os seus autoproclamados profissionais ocasionalmente deslizam – embora não tão frequentemente, talvez, como é afirmado (p. ex., SPENCER, 1989). Embora a reflexividade como um termo técnico esteja associada com a virada "pós-moderna" na antropologia, principalmente desde a coleção de Clifford e Marcus (1986) e a coleção de Talal Asad sobre *Anthropology and the Colonial Encounter* (1973), algum grau de reconhecimento dos problemas de introduzir uma individualidade alheia no campo foi, indiscutivelmente, sempre e inevitavelmente um importante aspecto da escrita antropológica.

As autoexplicações logo aparecem – em Malinowski e Evans-Pritchard, por exemplo – e destituir as suas ironias como expressão do luxo do poder confiante (p. ex., ASAD, 1986; CLIFFORD, 1988; ROSALDO, 1989), embora sendo uma percepção verdadeira e útil, não obstante, é talvez também não compreender que toda reflexividade é em algum sentido este luxo. Asad e Clifford mostram como Evans-Pritchard habilmente despeja o seu humor e exposição de autocensura para alimentar uma atitude de confiança no leitor em relação à sua explicação da vida dos Nuer. Num outro ensaio, Clifford inclusive afirma ter descoberto "conotações edênicas" nesse livro e que não é difícil ouvir uma longa tradição política de nostalgia de "uma união igualitária e contratual" (CLIFFORD, 1988: 111). O problema é que esta crítica, que pode ser inteiramente justificada, omite outros aspectos desses textos que, por sua vez, representavam uma tentativa, a partir de dentro dos centros do poder acadêmico, de conseguir algum respeito dos "povos nativos". Mas é útil também interpretar para além desses propósitos bem-intencionados. Além disso, algumas explicações – tal como a descrição de Boehm sobre os seus problemas digestivos em Montenegro (1984) – podem mesmo ser simplesmente dispositivos dissimulados para dar vida a um estudo totalmente científico. Por isso mesmo, contudo, não é menos importante enfatizar que o pós-modernismo não tem um privilégio no autoconhecimento, e as suas devoções podem inclusive interferir nesta virtude.

Mas o foco moralizante sobre a reflexividade – pró e contra – oculta uma importante distinção. No todo, eu concordo com a reflexão suavemente sarcástica de Thomas: "Embora os romancistas e os pintores possam descrever ou falar de maneira interessante sobre a sua própria criatividade, não se olha para eles pela consideração mais crítica e reveladora do seu próprio momento na literatura e na arte. Dado que a antropologia está implicada no potencial revelador do não familiar, sempre deveríamos ter sabido que a crítica mais rica da escrita antropológica não era uma autocrítica. O que pode decorrer da observação de que os textos etnográficos obedeceram a várias convenções e usaram vários dispositivos para evocar um sentido de realidade, e particularmente podiam ter sido um exame histórico da tradição na escrita antropológica e no conhecimento antropológico" – um projeto que Thomas vê como tendo realmente sido retomado por Geertz (1988), Stocking (cf. esp. a sua série publicada *History of Anthropology*, de 1987) e outros.

Mas eu também indicaria o que isto implica num nível mais geral: que a espécie mais vantajosa de reflexividade não é aquela do puro autoexame, mas a espécie que coloca os pressupostos culturais do etnógrafo em questão – que esclarece o encontro etnográfico e as suas limitações como baseados na engrenagem imperfeita de dois diferentes códigos, com sua multiplicidade de identidades e pressupostos divergentes. Esta espécie de reflexividade é genuinamente empírica (mas não empirista), e é estendida a uma proposta específica, aquela da intensificação (talvez um termo melhor do que "melhoramento" progressivo) da análise.

Esta é uma reflexividade que realmente amplifica o impulso empírico da disciplina. Para compreender o que (em termos dos debates atuais) deve parecer ser uma formulação totalmente paradoxal, devemos fazer uma distinção clara entre duas variedades muito diferentes de reflexividade: a pessoal e a sociocultural. As discussões sobre a reflexividade variaram das acusações de má-fé (é um luxo autoindulgente à custa das várias populações ameaçadas que estudamos) até a defesa apaixonada (somente através de autoexame radical pode a antropologia apagar a mancha do seu passado colonial).

As considerações pragmáticas, no entanto, deviam sugerir que este é um debate extraviado e nos leva a perguntar, ao contrário, que espécie de reflexividade está sendo oferecida. Este é o lugar onde a discussão entre o pessoal e o sociocultural se torna especialmente pertinente. Os exercícios reflexivos que parecem ser meramente uma forma pública de psicanálise parecem também oferecer uma percepção muito menor do que aqueles que nos permitem ver as nossas próprias práticas culturais, com a antropologia proeminentemente incluída, num contexto comparativo.

Assim, por exemplo, a crítica do funcionalismo na antropologia social nos ajuda a reconhecer a lógica adotada pelos criadores de rituais, constituições e sistemas burocráticos. De fato, quanto mais "modernos" e contemporâneos estes sistemas são, mais claramente podemos identificar os agentes sociais – os comitês dos demônios durkheimianos, por assim dizer – que tomam decisões conscientes para enquadrá-los. Eles são pessoas reais, atuando em espaços sociais reais, em momentos históricos específicos e que participam mais dos processos do que ficam suspensos em estruturas atemporais. Como tais, eles são etnograficamente – isto é, empiricamente – acessíveis (cf. MOORE, S., 1987).

Além disso, ver as suas ações nesses termos não implica introduzir motivos psicológicos neles. É simplesmente uma questão de perceber que as suas ações dão forma e substância a artefatos culturais nos quais os outros – frequentemente os seus seguidores – são capazes de encontrar o sentido de uma ordem estruturada que incentiva a conformidade e estabelece o padrão contra o qual a rebelião adquire a sua identidade. Há muito a ser ganho analiticamente discutindo as semelhanças entre o funcionalismo antropológico e o funcionalismo estatal, ou entre as teorias antropológicas da etnia e os mitos de origem (incluindo as historiografias nacionalistas), ou entre os conceitos antropológicos de cultura e sociedade e as reificações de identidade patrocinadas pelo Estado (HANDLER, 1985).

A questão da motivação psicológica – o que é frequentemente chamado de "intencionalidade" – é tanto um campo minado quanto uma mina de ouro. Se tentarmos compreender "o que as pessoas estão pensando", estaremos provavelmente caminhando para fracasso, porque a nossa capacidade de "interpretar" as intenções – mesmo admitindo que somos capazes de ultrapassar as opacidades da diferença cultural – é completamente especulativa. Isto não significa que estejamos sempre errados ao fazer essas conjecturas, mas significa que devemos especificar as condições culturais sob as quais nos sentimos autorizados a fazer estas avaliações (cf. NEEDHAM, 1972; LEAVITT, 1996). Por outro lado, aquelas condições podem incluir o acesso extensivo aos idiomas culturais nos quais as emoções são representadas, e estas – a serem encontradas especialmente em algum bom trabalho comparativo sobre as psicologias locais (LUTZ & ABU-LUGHOD, 1990; HEELAS & LOCK, 1981; ROSEN, 1995) – fornecem um útil patamar contra o qual estabelecer as nossas próprias avaliações. Um caminho que tenho experimentado é aquele de escrever a vida de um romancista local, estabelecendo a sua própria visão e a visão dos seus críticos contra o tom mais coletivo do trabalho etnográfico já realizado na sua cidade natal, na sua região ou país (HERZFELD, 1997b). O dispositivo também permite uma visão mais clara dos modos como as várias formas de ação podem desafiar a suposta homogeneidade de "uma cultura".

Realmente, o conceito de culturas distintas está se tornando cada vez mais problemático, não somente porque os antropólogos estão apreensivos em relação às retificações paralelas que eles encontram em várias ideologias etnonacionalistas, mas também, numa inversão irônica do mesmo desenvolvimento, porque a crescente permeabilidade de todos os tipos de fronteiras administrativas torna a própria ideia de uma entidade delimitada não convincente.

Há consequências práticas que derivam dessa mudança. Como Arturo Escobar tão eloquentemente escreve: "As sociedades não são totalidades orgânicas com estruturas e leis que achávamos, até recentemente, que eram somente entidades fluidas espalhadas por todos os lados por migrações, cruzamentos de fronteira e forças econômicas; as culturas não são mais delimitadas, distintas e localizadas, mas estão desterritorializadas e sujeitas a múltiplas hibridações; da mesma maneira, a natureza não pode mais ser vista como um princípio ou uma categoria fundamental, e como um domínio independente de valor e verdade intrínsecos, mas como objeto de constantes reinvenções, especialmente por formas sem precedentes de tecnociência; e finalmente ninguém realmente conhece onde a economia começa e onde ela acaba, mesmo que os economistas, em meio ao delírio neoliberal e a uma globalização aparentemente avassaladora, firmemente aceitem a sua tentativa de reduzir a ela qualquer aspecto da realidade social, assim estendendo a sombra que a economia lança na vida e na história" (cf. tb. GUPTA & FERGUSON, 1997). Claramente, uma antropologia que trabalha contra as reificações perpetuadas pela lógica dos estados-nação – e agora transportadas para a estrutura global das organizações internacionais (GUPTA, 1998) – deve, no mínimo, colocar conceitos, por exemplo, como o de "cultura" sob um exame historicamente fundado e crítico.

A ironia é palpável: "embora", como observa Ulf Hannerz, "o seu velho conceito favorito fosse assim triunfantemente espalhado através das selvas, das ruas e dos centros de conferência do mundo, alguns antropólogos têm tido outros pensamentos sobre a cultura, no sentido de cultura/diferenças culturais". Mas a ironia vai ainda mais fundo. Estimulado pelo seu desejo de boa-fé para resistir ao exotismo de outrora, eles agora temem, observa Hannerz, que "falar de cultura – especialmente de culturas – tende a se tornar um modo de sublinhar, de exagerar mesmo, a diferença" (cf. tb. ABU-LUGHOD, 1991). Entrementes, a produção de manuais de "como fazer" para a "administração" cultural (p. ex., MOLE, 1995) – frequentemente por profissionais do desenvolvimento e do mundo dos negócios – se equipara ao desenvolvimento igualmente destrutivo do conceito de cultura a serviço do *apartheid* cultural, como foi observado acima.

Numa época que ficou cada vez mais consciente das possibilidades dos meios estratégicos nos quais o conceito de cultura pode ser invocado e desdobrado para fins políticos, os antropólogos estão, por conseguinte, muito mais resistentes para tratar as "culturas" acriticamente como entidades definidas. Até certo ponto, talvez, eles estejam reagindo contra a cooptação simplista do "seu" conceito pelos cientistas políticos (esp. HUNTINGTON, S., 1996) para propósitos que parecem destinados mais a perpetuar os estereótipos da política externa do que alcançar uma real compreensão. Sem dúvida, também o repentino florescimento da tecnologia eletrônica gerou uma nova consciência das possibilidades, sempre presentes, mas agora amplamente aumentadas e assim mais visíveis, para a criação da "realidade virtual". Num certo sentido, a identidade é, e para os antropólogos tem sido, se não virtual, pelo menos negociável.

Isto tem tido um efeito galvanizador sobre a teoria. De fato, devemos ser cuidadosos não para subestimar o impacto da tecnologia sobre a teoria ou mesmo a sua capacidade para se ajustar à nova situação. A esse respeito, a obra de Marilyn Strathern é exemplar. Não somente ela mostrou que a Teoria do Parentesco pode esclarecer e deve responder às novas tecnologias reprodutivas de fertilização *in vitro* (STRATHERN, 1992; cf. tb. GINSBURG & RAPP, 1996; e, para uma variante impressionante, KAHN, 2000), mas ela também enfrentou o problema de definir a cultura num mundo que está correndo para suprimir qualquer conhecimento de estratégias alternativas (STRATHERN, 1988; cf. tb. STRATHERN, 1991). Ela remodelou a cultura, como observa Thomas, como algo diferente de um campo ou de um recipiente para atores e relações. Na sua análise, os melanésios deveriam ativamente evocar coletividades através de eventos, tais como mudança cerimonial, ritos e danças, mas estas coisas não eram sistemas sociais, tanto quanto eram artefatos retóricos – "evocações inseguras de ocasiões particulares, entidades imaginadas", observa Thomas, e "mais como as nações em *Imagined Communities* (1983, 1991) de Benedict Anderson do que como as sociedades de referência antropológica ou sociológica convencional". Se as mais antigas noções antropológicas de cultura e sociedade eram, de algum modo, mais parecidas com as formulações oficiais dos nacionalistas, esta visão é muito mais parecida com o que foi deixado depois da desconstrução: mais uma vez, é producente contemplar os paralelos entre as nossas próprias atividades intelectuais e aquelas que desejamos estudar.

Mas os perigos são, por um lado, que esta introspecção pode levar ao desespero autodefensivo dos positivistas com a continuidade entre observador e observado; e, por outro lado, que estas comparações podiam se tornar um fim em si mesmas, validadas pelo moralismo que habitualmente marca a retórica autocongratulatória de alguns daqueles estados-nação que foram especialmente proeminentes no desenvolvimento da antropologia. Sem eles, no entanto, é difícil ver como a antropologia pode sustentar as suas pretensões de ser empírica, pois as próprias comparações são claramente reveladoras de novas percepções.

Esta reflexividade, então, vê mais a cultura do que o ego solitário do etnógrafo, e esta talvez seja a sua maior proteção contra a autoabsorção pouco atraente com a qual alguns a têm acusado. Ao dizer que a reflexividade devia ser mais cultura do que auto-observação, eu não quero regressar às "culturas" modulares simplistas imaginadas pelos antropólogos anteriores e, da mesma maneira, pelos nacionalistas. Dado o caráter internacional da antropologia hoje, como é evidenciado pelo projeto que gerou este livro, devemos mais proveitosamente pensar na cultura profissional híbrida, com suas necessidades e preocupações especializadas, como um objeto de estudo adequado com direito próprio e como uma maneira de se escorar contra a reversão a velhos hábitos de pensamento. Como Marilyn Strathern do mesmo modo indicou em *The Gender of the Gift* (1988: 10), e como eu também afirmei em *Anthropology through the Looking-Glass* (1987: 202-205), este projeto tem a virtude de aprofundar e intensificar a prática do conhecimento que chamamos de teoria antropológica. Realmente, Ulf Hannerz bem expressou as suas implicações práticas ao pensar a respeito do destino do conceito de cultura no discurso público: ele incita "o escrutínio público dos nossos próprios usos, assim como dos usos desta noção por outras pessoas – fossem eles interculturalistas, fundamentalistas culturais, ou apenas cidadãos comuns e pessoas leigas da rua". E ele observa ainda: "Há trabalho etnográfico também nesse escrutínio... Podemos pensar nele não como 'estudar por cima' – para usar uma noção antropológica mais antiga – ou 'estudar por baixo', mas como 'estudar pelos lados', focalizando outros grupos que, tal como os antropólogos, fazem o seu negócio particular cruzar as fronteiras com o propósito de descrever o que existe do outro lado: as indústrias de viagem, os missionários, e não menos os correspondentes estrangeiros das mídias de notícias e também as pessoas que produzem os manuais "práticos" de "sobrevivência" em outras culturas. E, neste estudo, os antropólogos também deveriam ser objeto do escrutínio etnográfico: a sua posição nas sociedades maiores, talvez um pouco como aquela dos bobos da corte medievais ou dos ferreiros somalis, é suficientemente ambivalente para servir como critério para percepções mais gerais.

Nas palavras de Thomas, "a etnografia descritiva pode ser vista como um discurso de nível elevado ou de segunda ordem, que é apenas inteligível em virtude do seu fundamento teórico ou analítico. Mais do que qualquer outra disciplina, a antropologia constantemente lembra a seus profissionais as pretensões das nossas análises, que podem diferir daquelas dos nossos objetos, mas não são obviamente privilegiadas ou autorizadas em relação a eles. Admitir o caráter formativo do 'campo' em relação ao conhecimento antropológico não é somente preferir a teoria prática à prática teórica: é perceber que se trabalha não com informantes, mas com cointérpretes". Todo encontro de campo é assim necessariamente uma renegociação de pressupostos e identidades culturais, e o projeto antropológico é consequentemente apanhado nesse processo. Não podíamos escrever os nossos textos sem os nossos informantes; mas também não podíamos escrevê-los sem nós mesmos – e as nossas práticas, tal como as deles, têm histórias que estão incorporadas nas nossas ações e atitudes, e nas etnografias que escrevemos.

Nesse contexto, a atenção dada a gêneros e formas iniciada pelos autores de *Writing Culture* (e significativamente e necessariamente ampliadas em *Writing Women's Worlds*: Abu-Lughod, 1993a) deixa de ser a autoindulgência solipsista e o jogo literário que alguns encontraram nele, para se tornar, ao contrário, uma parte importante da criação de uma consciência histórica para a disciplina – um tema sobre o qual muitos já trabalharam (cf. a série de obras de Margaret Hodgen (1936, 1964), George Stocking e James Urry (1993), Henrika Kuklick (1991) e muitos outros).

Além disso, esta abordagem expande a perspectiva para incluir outros gêneros, como os boletins de museu, gêneros que estão agora longe dos estilos dominantes, mas permanecem importantes para as suas coletas de dados que ainda daí são extraídos (cf. THOMAS, N., 1989). Em outras palavras, como Thomas observa: "as questões deviam estar autorizadas a falar não sobre nós próprios, o que levaria inevitavelmente a dissimular autojustificações, mas a dar um sentido mais rico da diversidade dos gêneros antropológicos, das forças e limitações dos modos descritivos em momentos diferentes". Esta seria uma séria reflexividade; ela tem já uma longa e variada história de nós mesmos; e ela resgata o projeto etnográfico do solipsismo duplo – ambos como formas de autoadmiração – da vaidade textual e da retidão científica.

Os benefícios desta análise são especialmente substantivos nesse momento da história. A antropologia está firmemente abandonando a visão (empiricamente insustentável) de cultura claramente delimitada e isolada – o "laboratório" da imagem otimista de Lévi-Strauss (1966). Don Robotham, argumentando a partir da posição de um intelectual pós-colonial, sugere que nos movemos para além do positivismo e também do que ele chama de "angústia defensiva" do pós-modernismo, para abraçarmos a rica variedade da experiência social que agora se torna acessível e, ao mesmo tempo, para rejeitar (ou pelo menos contextualizar) a ordem de coisas construídas pelo Ocidente, implícita mesmo nestas cunhagens bem-intencionadas como "pós-colonialismo". Esta é uma mudança significativa. Até agora, o relativismo cultural da antropologia foi sempre referido a um único eu coletivo construído, aquele do "Ocidente" (cf. CARRIER, 1992). Esta visão estendida e matizada da antropologia também nos permite focalizar entidades regionais no sentido crítico que eu resumi acima – não, isto é, no idioma das formulações da velha área de cultura, mas no reconhecimento das realidades políticas que incluem a utilização da identidade regional como um meio para a efetiva mobilização.

A tarefa vital é sustentar o foco do microscópio da pesquisa de campo na mesma intensidade ou numa intensidade ainda maior, mas fazer isso de modo a esclarecer a sobreposição, as entidades maiores parcialmente concêntricas nas quais ela está incorporada. Isto é possível porque o próprio trabalho de campo antropológico produz experiências que coincidem de maneira instrutiva com os processos que são importantes para os informantes (JENKINS, 1994: 445-451). Além disso, a intimidade social da situação de campo – a fonte da reflexividade mais antiga e mais fundamental dos antropólogos – permite uma investigação crítica da intimidade cultural do Estado e das outras entidades supralocais (HERZFELD, 1997a). Quando um pesquisador de campo descobre que as pessoas comuns admitem saber sobre as minorias e os traços culturais cuja própria existência é oficialmente negada; quando o antropólogo desvela a reprodução das práticas coloniais no nível local sob regimes pós-coloniais; quando a retórica oficial da harmonia social e cultural não cega o etnógrafo para a persistência de práticas consideradas como "incivilizadas" (numa retórica que deve muito à antropologia vitoriana!) – exatamente nesses momentos, a pesquisa de campo antropológica pode equilibrar a extensa generalização de disciplinas mais macroscópicas, como a ciência política, a economia e os estudos culturais.

É aqui, especialmente, que a crítica reflexiva da antropologia é conduzida a um novo tipo de análise do papel do Estado (cf. tb. SCOTT, J., 1998). Para alcançar este objetivo, no entanto, a reflexividade deve ver vista não como um fim em si mesmo, mas como um meio para o refinamento da nossa sensibilidade analítica. Isto se torna um comparativo da própria antropologia, não porque ela seja necessariamente de especial interesse para não antropólogos, mas porque a história social e política que ela compartilha com muitas estruturas institucionais abrangentes, impérios coloniais, burocracias religiosas – pode se tornar marcadamente mais acessível através deste procedimento desconcertante. A crítica das teorias antropológicas como excessivamente baseadas no tratamento dos outros exóticos, vivendo numa outra espécie de tempo (cf. FABIAN, 1983), por exemplo, nos leva à dissecação analítica de práticas semelhantes nas políticas estatais sobre as minorias e sobre a preservação da "tradição" nas populações marginalizadas por sua própria associação com as glórias museológicas (p. ex., DANFORTH, 1984). Na mesma linha, a crítica de Asad (1993) da metáfora comum da análise antropológica como tradução, quaisquer que sejam os seus próprios méritos, também sugere uma maneira de olhar as formas através das quais as burocracias estatais reenquadram as tradições locais como cerimonial nacional – um processo pragmático e não linguístico que parece tradução no modo como ela se apropria de um texto para um novo contexto.

Dado que a antropologia, o nacionalismo e o colonialismo têm passados complexos entrelaçados, estas comparações são menos ultrajantes historiograficamente do que podiam parecer a partir da perspectiva de manter mitos de distanciamento e transcendência científicos. Realmente, Robotham indicou como o controle ocidental sobre a história mundial relegou outras "tradições" a um estatuto secundário, um fenômeno também combinado nos colonialismos internos, como aqueles indexados pelos discursos britânicos sobre o "localismo" (NADEL-KLEIN, 1991). A história da antropologia é um espetáculo à parte – embora um espetáculo muito revelador – nesse espetáculo maior. Para tomar outro exemplo do emprego produtivo deste tipo de comparação, a teleologia pode ser inadmissível como pressuposto analítico, mas ele pode também existir como um objeto de observação – como no "funcionalismo estatal" descrito por Malarney (1996) de alguns regimes totalitários, ou como modelagem social intencional para o qual grande parte do espetáculo estatal está dirigido.

Ver a teleologia como concebida e posta em funcionamento por pretensos seres sociais a coloca fora do domínio do senso comum e, ao invés disso, reenquadra como uma forma de ação social – em outras palavras, como ela própria constituindo o próprio fenômeno que ela nega, e, como tal, algo com o que é teoricamente possível argumentar. (O exemplo mais grosseiro disso é a retórica política que nega que ela seja política. Isto pode certamente ser chamado de seu blefe! Mas há muitas vezes um preço a pagar por isso.) Mais particularmente, o que na teoria moderna seria rejeitado como essencialismo crasso aparece na prática social como a forma exterior da bem-sucedida proposta de poder.

A consciência da ação nesse sentido reinscreve a história na análise do social – um dos efeitos mais diretos do crescimento geral do interesse na ação, como Michael Roberts observou. Como Malarney (1996) sabiamente indica, há limites para a eficiência buscada pela maioria dos regimes de controle: a negação da ação não significa que ela foi verdadeiramente eclipsada na prática, não mais do que – ao contrário – a existência de um Estado poderoso significa automaticamente que as transgressões cotidianas de sua autoridade constituam necessariamente atos de resistência deliberada – embora eles possam de fato ser exatamente isto (cf. SCOTT, J., 1985; REED-DANAHAY, 1993). Na medida em que estas perguntas não podem ser genericamente feitas e na medida em que são frequentemente acessíveis apenas através de códigos não verbais (ou pelo menos não referenciais) – a breve menção de Marc Abélès do papel do gesto na ação política é especialmente sugestiva aqui – elas exigem por isso um campo de pesquisa de base cuidadoso. Mesmo assim, eles deixam grandes áreas de dúvida, especialmente dado o nosso lento desenvolvimento nas técnicas de interpretação de modos menos referenciais de significação (sobre os quais, cf. FARNELL, 1995); mas pelo menos reconhecer a sua significação é já um passo na direção certa – longe da visão antiempírica surpreendente de que o que não pode ser medido deveria simplesmente ser deixado fora da descrição. Esta visão está habitualmente associada com uma perspectiva "de cima para baixo", que evita a desordem da realidade social e destitui os dados etnográficos como meras anedotas. Estas posições, sempre em desacordo com a experiência de campo, têm atualmente muito poucos aderentes na antropologia social e cultural, embora a posição minoritária expresse um desdém pelo trabalho de campo que simplesmente serve para reforçar a visão deliberadamente incompreensível tanto da crítica externa do trabalho de campo quanto daquelas outras críticas (muitas vezes pretensamente pós-modernas).

Agentes e práticas

Realmente, foi o enfraquecimento das ideias referenciais sobre a linguagem tanto na antropologia quanto na linguística que provavelmente abriu caminho para o questionamento hesitante, porém, cada vez mais determinado da antropologia, dos modelos derivados da linguagem para a compreensão das culturas. O primeiro movimento nesta direção foi uma aproximação gradual, largamente não proclamada (exceto, cf. ROSSI-LANDI, 1983; ULIN, 1984), mas, não obstante, penetrante, entre a economia política e a semiótica, que expunha a velha oposição entre idealistas (ou "simbólico") e materialistas como um beco ideológico sem saída. Talvez, o clímax desse novo pensamento tenha sido a crítica de Pierre Bourdieu da semiótica mecanicista e a sua afirmação da prática (1977). Hannerz, no entanto, nos lembra que esta "visão de perto" da cultura de fato tem uma história extensa dentro da disciplina, que recua pelo menos até as reflexões de Edward Sapir (1938) sobre a significação de um relato de um antigo etnógrafo americano com o qual os seus informantes indianos Omaha não estavam de acordo: "Two Crows denies this" (Dois corvos negam isso). Embora a discórdia não seja o único indicador da ação, ela certamente é um indicador importante. Mas foi apenas a partir da reação à formalidade do estruturalismo no início dos anos de 1970 que a ação realmente começou a ser reconhecida como uma questão central (cf. KARP, 1986; ORTNER, 1984).

Além disso, esta reação não era um esforço teórico unitário, mas antes um esforço altamente disperso, conduzido em diferentes frentes e em diferentes campos, contra o textualismo e pela efetivação num contexto e contra a comunicação e pela materialidade em outro. Os estudos de personificação, emoção, cultura material e arte, de formas muito diferentes, todos se deslocaram do que era previamente quase axiomático: que nada socialmente consequente ou eficaz era necessariamente significativo e significante no sentido primeiro da linguística. Mesmo quando não compreendida como uma mensagem em relação a um código, ou especificamente como um texto, uma prática ou um artefato era compreendido como para comunicar. Embora, naturalmente, fosse improdutivo negar que a linguagem, a iconografia e o discurso eram tremendamente importantes, tornou-se cada vez mais evidente que as presenças assim como as representações, as substâncias assim como as significações, o fazer assim como o significar são de importância vital e constitutiva na maioria dos domínios dirigidos pela análise cultural. Dos anos de 1960 em diante, parecia excitante quando os teóricos em filosofia, literatura e história, assim como em antropologia, apontavam para a constituição cultural do corpo, como se fez quando Roland Barthes e outros chamaram atenção para a semiótica dos produtos de consumo. Contudo, como Thomas observa, "o trabalho subsequente tende a nos fazer voltar para a questão do senso comum da qual a crítica tinha retoricamente se distanciado: o corpo é sempre mais ou menos como um texto, e os valores e os desejos investidos nos objetos de consumo dependem da sua materialidade, assim como do seu significado atribuído.

Minha própria percepção foi que é útil pensar em termos de uma distinção entre modelos de linguagem baseados na linguagem e derivados da linguagem. Os primeiros reduzem todas as formas semióticas à linguagem: tudo se torna um texto, e é decodificado porque é previsivelmente gramatical. Este é o solo comum de teóricos tão diferentes como são Clifford Geertz e Claude Lévi-Strauss. Nos modelos derivados da linguagem, ao contrário, o acesso relativamente imediato que se pode obter para os significados linguísticos – eles são os significados em última análise reflexivos, nos quais usamos a linguagem para falar sobre a linguagem – permite o desenvolvimento heurístico de modelos originalmente levados a cabo pela linguagem. O objetivo é explorar tanto o que é comum quanto as diferenças entre uma variedade de códigos – arquitetura, música, cozinha, esportes e, realmente, linguagem. Às vezes, enfrentamos questões que atravessam estas várias categorias: a tensão entre a convenção e a invenção é, em grau variado, aplicável a todos eles, e permite a aplicação do que eu chamei de uma "poética social"; as tensões entre as normas oficiais e as normas íntimas podem, da mesma maneira, embasar uma variedade total de domínios semióticos (HERZFELD, 1997a). Estes modelos também permitem a identificação de práticas e principalmente das utilizações que as pessoas fazem dos códigos – eles são mais pragmáticos do que formais, mais heurísticos do que prescritivos e mais sensíveis ao significado do que semanticamente deterministas. Eles jogam com a tensão básica de toda a produção humana: o fato da estrutura cria ilusões de fixidez, mas ela mesma é uma precondição necessária da invenção – pois toda a produção social é necessariamente também uma questão de processo, não de formas estáticas (cf. tb. MOORE, S., 1987). Em consequência, nenhuma forma simbólica está imune à transformação, transmutação ou abuso direto (definido em termos de seus comprometimentos prioritários). É também instrutivo achar que, embora os antropólogos que estudam economia e questões de desenvolvimento tenham abraçado as percepções orientadas pelo discurso do pensamento pós-moderno e pós-estruturalista, são aqueles que lidam com as artes que, num movimento contrário, buscaram redescobrir a estrutura e a ordem. Isto também é uma inversão das nossas expectativas convencionais. Contudo, o que estes antropólogos compartilham é a compreensão empiricamente fundada de que o conhecimento efetivo deve ser buscado no espaço dialético, no qual nem o positivismo nem a desconstrução predominam, mas onde os pragmáticos da experiência de campo abrem a nossa prontidão para aceitar e abraçar concatenações surpreendentes.

O emprego estruturalista dos modelos linguísticos foi afirmado a partir da ideia de que todos os sistemas semióticos, e assim por extensão todas as sociedades e todas as culturas, podiam ser vistos como sistemas totais – *langues* semióticas, por assim dizer. Esta tolerância para com as totalidades estáticas é seriamente minada pelas noções de ação e prática, através das quais o sentido transitório de um sistema ou de uma estrutura permanente é continuamente criado novamente. Isto é, para empregar o jargão comum, "emergente em execução" (BAUMAN, 1977; GIDDENS, 1984). Ela é, em outras palavras, uma realidade virtual; mas não é menos real por tudo isso – toda realidade é, nesse sentido, virtual, visto que toda a realidade é mediada pelos sentidos. Esta é uma percepção que Giambattista Vico foi talvez o primeiro no Ocidente a opor explicitamente à visão de mundo cartesiana. Exatamente até onde o projeto antropológico pode ir explorando as consequências dessa percepção, e quão sérias são as limitações que permanecem, ficará evidente especialmente no capítulo sobre os sentidos, e devia estar já claro no que eu disse aqui a respeito do impacto do viés visualista no próprio pensamento antropológico. Reduzir o olfato à linguagem é claramente ilusório; perguntar quais as semelhanças e diferenças deviam ser reveladas explorando as falhas nesse modelo podia ser revelador; e explorar o papel do olfato, do gosto e dos outros sentidos na criação de um sentido de estrutura é um projeto crucialmente importante que permanece ainda por fazer. Isto não somente complica a nossa compreensão do presente, mas também questiona a nossa frequentemente sumária compreensão do passado: isto nos convida, como eu tornarei mais explícito no próximo capítulo, a substituir as narrativas principais de uma história única e dominante pelo rico jogo de múltiplas histórias.

3
Histórias

Uma história das histórias

A antropologia e a história dançaram como namorados um *pas de deux* durante todo o século passado. Embora os historiadores ou se agitassem com irritação diante daquilo que eles viam como sendo hábitos assistemáticos e anedóticos dos antropólogos, ou abraçassem as teorias antropológicas com uma escassez de caução crítica, os antropólogos flutuaram entre opor as suas "leis científicas" às propensões "idiográficas" da história (RADCLIFFE-BROWN, 1952) e reivindicar a habilidade dos historiadores como se fosse a sua própria transposta para o campo (EVANS-PRITCHARD, 1963). Esta flutuação teve um marcado efeito no lado antropológico, pelo menos, porque a supressão da temporalidade produz na teoria antropológica uma característica não diferente daquilo que Lévi-Strauss reivindicava para o mito – uma atemporalidade da forma estrutural que permite aos investigadores ignorarem o fato de que as pessoas que eles estudam estão realmente vivendo no mesmo período de tempo que eles (FABIAN, 1983).

Debates a respeito do que constitui mito e história, embora às vezes analiticamente útil, na medida em que representam o reconhecimento dos informantes de que algumas histórias falam de acontecimentos reais, enquanto outros são ao contrário verdadeiros num sentido simbólico e genérico (cf. HILL, 1988), sempre correm o risco de um mergulho no nominalismo. Neste capítulo, portanto, vou reformular o objeto de discussão assim como os usos do passado no presente. Isto é propriamente um exercício reflexivo: não podemos examinar como várias populações e grupos de interesse utilizam as suas imagens do passado para constituir e reforçar os interesses no presente, a menos que estejamos preparados para incluir no nosso campo de atuação a questão de até onde os antropólogos e outros estudiosos se tornaram eles mesmos participantes nestes processos. A ideia de que nós, de algum modo, ficamos fora do nosso objeto de estudo é absurda. Assim é a noção, implícita em grande parte da historiografia nacionalista, de que uma simples narrativa histórica basta para apreender o passado de um povo. Realmente, grande parte do compromisso antropológico é, com as múltiplas histórias que se encontram num simples contexto social, frequentemente enunciado pelas mesmas pessoas, no momento em que elas respondem às exigências conflitantes dos impasses sociais, políticos e culturais.

Tudo isso é agora um território relativamente familiar. Além disso, há críticos competentes da arqueologia e da "civilização ocidental", do "orientalismo" e do "ocidentalismo", e das abordagens etnográficas das consequências locais dessas ideologias (notáveis no campo da conservação histórica). O paradigma vichiano da história como uma série de tropos, diversamente ressuscitados por Hayden White (apud *Metahistory*, 1973) e Edward Said (autor de *Orientalism*, 1979), onde o projeto vichiano está realmente explicado em *Beginnings* (1975), tornou-se parte do equipamento; um livro sobre o *Occidentalism* (CARRIER, 1995) ajuda a completar o quadro crítico. O envolvimento peculiar da antropologia com o passado se tornou um tema para uma reflexão cuidadosa.

Ao escrever para o projeto atual, Michael Roberts tenta resolver a questão mais geral de como os antropólogos lidam com a história, enquanto David Scott – no seu extenso comentário, já visitado no capítulo anterior, sobre a obra de Talal Asad – redireciona a discussão, especificamente em relação à história da colonização europeia ao redor do mundo, com base nos critérios de relevância. Como Scott observa: "Um importante aspecto da realidade discursiva do poder europeu diz respeito à relação entre os objetos do discurso colonialista e aqueles da antropologia profissional moderna. O discurso e a prática do poder colonial constituem um elemento crucial do contexto no qual os objetos antropológicos são construídos e o conhecimento antropológico formado. No entanto, apesar da admirável atenção à história que caracteriza grande parte da antropologia contemporânea, é ainda pobremente compreendido que as histórias das realidades sociais, culturais e políticas não europeias nas quais os antropólogos estão interessados têm de ser também histórias dos conceitos através dos quais estas histórias são construídas" (cf. SCOTT, 1994; ASAD et al., 1997).

Uma razão pela qual os antropólogos podem agora estar mais dispostos a contemplar esta mudança é uma enchente de escritos teóricos sobre a significação da etnografia das sociedades ocidentais – e mais estritamente europeias. Alguns deles falam do fluxo inverso dos imigrantes dos antigos países coloniais para a "Fortaleza Europa" (p. ex., CARTER, 1997), cuja reação revela o segredo sórdido que também tem uma vulnerável identidade cultural. Todos esses desenvolvimentos são consequências e exemplos da mudança para a reflexividade mais sistêmica descrita no capítulo anterior. Como resultado disso, a história da antropologia aparece hoje menos como uma simples reflexão sobre o colonialismo do que como um comentário crítico sobre ele. Contudo, como argumenta Scott, devemos ir além mesmo desta perspectiva, por mais moralmente atraente que ela possa ser, pois as realidades atuais são tais que uma simples fábula moral não basta. Ao contrário, devemos desenvolver uma história das condições que criaram os conceitos de dominação, o que significa uma antropologia histórica mais exaustiva do colonialismo (e eu acrescentaria também uma etnografia mais respaldada das relações de raça).

Esta tarefa, no entanto, também se aplica à análise dos usos que as pessoas fazem do passado nas suas vidas cotidianas. Até certo ponto, esta é uma questão de método, mas é também epistemológica: Como respondemos a explicações do passado trabalhadas de acordo com critérios de relevância que não se encaixam nas nossas noções de verdade? Mudar o campo de investigação à maneira que Scott recomenda altera os nossos próprios critérios? Começarei este capítulo tentando resolver algumas dessas questões, antes de retornar à explicação de Roberts a respeito das interpretações locais, das alternativas do passado colonial e também à crítica de Scott a respeito do estado atual da antropologia pós-colonial. Finalmente, numa questão não frequentemente colocada (mas uma questão que eu acho que é uma consequência necessária dessas outras), perguntarei o que os antropólogos podem fazer para esclarecer o processo que ocorre mais nas sombras do colonialismo do que sob os seus pés – em países que nunca foram formalmente colonizados e sociedades cujos membros mais fracos foram arregimentados no projeto colonial e estão hoje enfrentando as suas consequências em casa.

Questões metodológicas

São as canções escocesas que Culloden e Bannockburn fundem historicamente imprecisas? Os camponeses andinos que afirmam que Columbus trouxe a "Lei de 1898", pela qual as suas terras foram reorganizadas e sequestradas, simplesmente não compreendem a cronologia? (cf. RAPPAPORT, 1994). Estão os agricultores andaluzes que reconstroem os eventos de Casas Viejas (MINTZ, 1982), ou os da Galícia que lembram a construção forçada de estradas sob o regime de Franco (ROSEMAN, 1997), simplesmente distorcendo um registro que eles deviam conhecer bem? O relato do passado inca registrado por Guaman Poma (e discutido depois no capítulo sobre as cosmologias) é um texto histórico ou uma ficção religiosa?

Evidentemente, as pessoas podem e de fato deturpam, pelos critérios de suas próprias sociedades, os acontecimentos passados. Julga-se que eles fazem isso por seus pares. Mas tanto o consenso quanto as vozes dissonantes não estão mais afastados da precisão histórica do que estão aqueles que, na sociedade ocidental, debatem a significação e a moralidade de uma guerra ou de uma greve. A tarefa do antropólogo é determinar os critérios pelos quais é atribuída a exatidão (ou a fidelidade a um ideal de representação), e utilizar estes critérios para compreender os modos como os membros de uma sociedade relacionam o passado com o presente.

As questões de verdade estão grandemente implicadas nas relações de poder, como Foucault e outros nos têm ensinado. Assim, o outro lado desta tarefa é definir o contexto político no interior do qual estas avaliações são feitas. Grande parte do que o discurso autorizado representa como "ignorante" devia mais precisamente ser visto como uma forma de resistência – ou pelo menos como recalcitrância deliberada – na qual os termos de uma historiografia dominante são remodelados pela população subalterna, para quem a capacidade de decodificar o discurso dos poderosos pode ser uma questão de vida e morte. Quando os ladrões de ovelhas cretenses indicam que os heróis da revolução nacional grega eram chamados de "ladrões" (*kleftes*), estão eles simplesmente distorcendo a verdade – como as autoridades teriam dito – ou estão eles percebendo uma conexão histórica real, agora obstruída pela cuidadosa administração do Estado das categorias e dos períodos históricos?

Como nesse exemplo, as alegadas distorções surgem das mesmas fontes que a crítica. Assim, num contexto muito diferente explorado por Michael Roberts e outros, o Capitão Cook figura nas histórias relatadas por vários povos aborígenes na Austrália. Em raros casos, ele foi incorporado nas suas fábulas sagradas do mito de origem. Entre os povos aborígenes da região do *Victoria River Downs* (VRD) no Território Norte, ele é uma figura central nas narrativas mais diretas, em que é "compreendido como sendo o primeiro indivíduo branco a invadir a Austrália" e onde os seus pontos de desembarque e ações em localidades específicas ao longo da costa da Austrália são detalhadas (ROSE, 1992: 188-189). Nestas histórias, há frequente referência à "lei do Capitão Cook" – uma representação que Debbie Bird Rose compreende para indicar "o conjunto de regras e relações estruturadas" às quais os aborígenes de VRD foram submetidos desde o final do século XIX. Na sua visão sumária, os Brancos os tratavam como cães; a "lei do Capitão Cook" deve ser interpretada como uma dimensão dentro de uma variedade de "histórias de resistência (que procuram) explicar como algumas coisas vieram a ocorrer, embora ainda sustentando a estrutura moral essencial do universo". Nestes comentários, o Capitão Cook é "um fora da lei, moralmente falando" (ROSE, 1992: 187-188). Para os ladrões de ovelhas cretenses, o governo atual é exercido por turcos virtuais.

Entre os contadores de histórias do VRD, há um homem idoso chamado Hobbles Danayarri, a quem Rose, num reconhecimento convincente de equivalência intelectual, descreve como sendo um "analista político". Numa ocasião, Rose procurou inverter os seus papéis e contou a Hobbles a história da morte de Cook no Havaí. Hobbles não tinha absolutamente qualquer interesse em ouvir esta história. Ele disse que todo o povo aborígene sabia que o Capitão Cook estava morto – ao contrário dos europeus, que recusam admitir que ele tivesse morrido, porque ainda "seguem a sua lei" (ROSE, 1993: 43-44).

Estas análises indígenas não devem ser interpretadas como pretensões a respeito de uma verdade fática, mas como interpretações do mundo cultural e político do Outro dominante. O diário de bordo do Capitão Cook, esta epítome de facticidade objetivista, demonstra que os seus homens nunca colocaram os pés nas praias australianas. Mas Hobbles, podemos supor, tinha outros interesses em mente. Ele claramente compreendeu Cook como uma metonímia adequada para todos os europeus opressivos, assim como os Cumbales metonimicamente representavam Columbus como o opressor espanhol e o líder mestiço Simón Bolívar como o precursor dos seus próprios líderes locais, para quem o confisco da terra das autoridades estatais e dos proprietários de terras mestiços era um ato metonímico de revolução e libertação que ressuscitava o heroísmo de El Liberador. Cada uma dessas ações é instruída pelo sentido de um passado que retira o seu significado do presente. Este é o domínio do que Victor Turner (1974) chamou de "dramas sociais" – a infusão da experiência e da ação atuais pela ressurreição dos principais acontecimentos do passado. Estas reproduções do passado podem não ser autoconscientes. Ou como invocações de cosmologias há muito esquecidas de apologia e de intervenção divina em desculpas, ou como rituais, dança e gesto corporal, as funções sociais podem fornecer atores com a certeza de terem um passado, por mais incipiente que possa parecer para observadores de fora. Este passado pode ser reproduzido em tentativas de chegar a um acordo com o desconcertante presente: o horror da escravidão da África Ocidental revivida como a ruptura catastrófica causada pela ganância consumista desenfreada (SHAW, 1997: 868-869). E pode haver circunstâncias sob as quais a especificidade seja perigosa e o esquecimento uma virtude. Nos espaços controlados dos sistemas estatais totalitários, os "lugares de memória" de Pierre Nora (NORA, 1994) podem ser acompanhados por "zonas de esquecimento" (cf. WATSON, 1994). Os horrores da memória podem esmagar o desejo de comemoração, de modo que as vítimas de outrora de um regime colonial repressivo podem hoje mostrar pouco interesse em lembrar esta fase definidora do seu passado coletivo (COLE, 1998). Dado que todas as narrativas históricas são necessariamente seletivas, aqueles silêncios às vezes ruidosos nos lembram que esquecer pode ser uma estratégia ativa.

Em outro caso, passado e presente necessariamente se comunicam um com o outro: a tarefa do antropólogo é identificar os idiomas nos quais eles esclarecem um ao outro. Assim, por exemplo, Andrew Shryrock, para cuja análise do fazer história no contexto de política segmentária eu retornarei mais completamente depois neste capítulo, mostra o quão bem-sucedido um candidato político jordaniano podia ser ao afirmar a descida do profeta e também ao invocar a história da própria ascensão de Maomé à autoridade, embora invocando "o jargão providencial" (sobre a boa sorte e a vontade de Deus) para proteger o seu sucesso...

da imitação dos outros (SHRYROCK, 1997: 280). Os dramas sociais possuem atores; e os atores são – muitas vezes mutuamente antagônicos – os agentes de um processo que se vale de forma circular da história precedente para legitimar o presente: quando bem-sucedido, este movimento, por sua vez, revalida a interpretação específica do passado que foi invocado.

Eu enfatizo a circularidade desse processo porque ela é a chave para compreender a história, não como um conjunto de dados referenciais, mas como algo que as pessoas utilizam para sustentar a sua identidade contra o fluxo corrosivo do tempo. Pois é claro que a história, embora ostensivamente uma celebração do tempo, muitas vezes serve, ao contrário, para suprimir esta especificidade: quando ela se torna um discurso de algum regime totalizador – seja ele acadêmico ou político – ela adquire precisamente esta capacidade de suprimir o tempo que Lévi-Strauss identificava como sendo a propriedade específica do mito.

Mas isto não torna necessariamente a história estática. Ela pode fornecer uma reconsideração criativa dos passados mitificados de forma muito diferente, através de fontes anteriores de autoridade. Embora os informantes malgaxes de Jennifer Cole largamente evitassem discursos explícitos sobre o passado colonial, outros povos refizeram os fatos expostos, para dar conta dos seus efeitos no presente. Roberts forneceu um refinado exemplo do discurso do ressentimento anticolonial, visto que ele atua exatamente desta forma para reconstituir os fatos da invasão como uma exploração das suas consequências opressivas. O paralelo com as histórias de Cook e de Columbus são instrutivas.

Eis aqui a explicação de Roberts: "Depois que Vasco da Gama navegou em torno do Cabo da Boa Esperança em 1498, uma série de navios portugueses, sob o comando de Lourenço de Almeida, se dirigiu para a baía de Colombo em 1505. O pequeno porto estava a cerca de seis milhas da base do principal reino cingalês, o reino de Kotte. Um Sinhala Jana kata, ou conto folclórico, pretendia descrever como esta vinda de exóticos recém-chegados era recebida e transmitida para o rei cingalês: "Há em nosso porto em Colombo uma raça de pessoas de pele clara e, além disso, graciosas. Eles vestem jaquetas de ferro e chapéus de ferro; eles não ficam um minuto sequer no mesmo lugar; eles andam daqui para lá; eles (devoram) nacos de pedra e bebem sangue; eles dão duas ou três peças de ouro e prata por um peixe ou um limão; o rumor do seu canhão é mais alto do que um trovão quando ele explode na rocha Yugandhara. As balas do seu canhão voam muitas gawwa e despedaça fortalezas de granito"[1].

---

1. Da tradução do inglês em GUNASEKERA (1954: 63), com uma alteração: onde *sapakanava* foi traduzido como "comer" (*eat*), Roberts substituiu por "*gobble*" (devorar) (*devour* seria uma outra alternativa). O autor desse segmento não é conhecido.

"Esta história entrou num livro de folha de palmeira conhecido como o *Alakeshvara Yuddhaya* (cerca de 1592) e foi então incorporado no final do século XVI e início do século XVII nas várias recensões do *Rajavaliya* (*A história dos reis*, uma obra escrita num estilo mais popular do que clássico), a partir das quais ele migrou para textos impressos em inglês e cingalês nos últimos dois séculos. Entre os círculos educados ingleses no Sri Lanka do século XX, ele foi interpretado como uma indicação do caráter rústico dos povos indígenas (DE SILVA, 1983: 14). O foco desta interpretação está menos no português do que no cingalês. O resultado é uma interpretação colonialista não intencional".

Roberts, contudo, recontextualizou esta história em termos de poesia em contos do folclore cingalês conhecidos como *teravili*, e como uma resposta local às brutalidades que acompanham a colonização mercantil portuguesa do Sri Lanka. Nos poemas de Sinhala hatana (guerra) cingaleses da metade e do final do século XVII, os portugueses surgem como "parangi, malfeitores heréticos, cruéis e brutais"[2] – uma caracterização que reflete os seus métodos destrutivos e o seu ataque maciço contra o budismo, através do proselitismo e do confisco das propriedades monásticas. A conversão de massa, principalmente entre os migrantes recentes no litoral da costa, evocou a ira especial dos cingaleses nos anos de 1560 (DE SILVA, 1982: 238-241, 246). E Roberts observa que a história da chegada de Almeida não devia ser, portanto, interpretada como um acontecimento que ocorreu em 1505: "Em vez disso, ela devia ser tratada como uma representação parabólica dos portugueses depois que o povo cingalês experimentou as suas práticas e o seu domínio em partes da ilha. Assim reconfigurada, ela pode ser tratada como uma representação condensada dos primeiros portugueses". A referência aos portugueses como "devoradores de pedra" e "bebedores de sangue" serve, afirma Roberts, como uma representação simbólica do sacramento da comunhão e assim da religião católica, que vincula esta última e seus portadores portugueses ao submundo cingalês – "cujas criaturas, os *yakku* e *peretayo* [demônios e espíritos ancestrais], desejam sangue e carne". Roberts desenvolve uma série de oposições binárias para mostrar que, quanto a esta cosmologia, "pode se dizer que ela associa os portugueses com uma ausência de limitação e com as forças da desordem" (cf. tb. ROBERTS, 1989). Entre parênteses, é válido notar a semelhança desta análise com o tratamento dado por Ossio à crônica de Guaman Poma da Conquista Espanhola dos Andes, não somente por sua evidência do modo como as cosmologias existentes mapeiam as intervenções humanas cataclísmicas em termos das forças de caos e de ordem, mas também porque as duas análises desenvolvem uma metodologia tradicionalmente a-histórica para extrair

---

2. *Culavamsa* (1953, II, 231), uma atualização da história estatal escrita pelos monges feita em torno de 1780. Cf. tb. o comentário extenso nos poemas *hatana* (DE SILVA, 1983).

uma interpretação histórica não atada às fontes ocidentais. Isto, por sua vez, sugere que a moda atual de rejeitar a análise estruturalista como a-histórica pode se transformar numa compreensão culturalmente muito limitada do que a história deveria ser – embora, seja dito, o estruturalismo seja ele próprio assediado com hipóteses sobre a cognição humana que deriva de uma tradição filosófica claramente ocidental. Incluir as nossas próprias perspectivas teóricas no repertório de fenômenos que são comparados fornece uma útil "verificação da realidade" para o antropólogo.

Observe-se também que o conto cingalês examinado não significa que os cingaleses aceitavam o terror com o qual os portugueses tentaram intimidá-los para a submissão. Os "seres demoníacos, inquietos e desejosos de carne", aos quais o conto os assimila devem ter inspirado um medo real nos cingaleses, mas, como Roberts indica, eles eram também vistos como seres que vale a pena tentar controlar: "Eles podem ser enganados e submetidos ao ridículo de modo a reconduzi-los a seu próprio lugar abaixo dos humanos no cosmos hierárquico. Quando confrontada com o conto da chegada dos portugueses como um texto escrito, a cara inocente dos yakku não é fácil de perceber. Exige-se a cadência e a inclinação melódicas das recitações orais para derivar este significado. Em outras palavras, o enigma teria, no passado, transmitido a sua mensagem mais eficientemente na sua forma oral: a execução e a entonação teriam capturado um espírito de resistência ao mesmo tempo que orientavam o público no sentido de jogos ocultos e conexões simbólicas". Assim, a sua incorporação social é o que resgata a análise estrutural da abstração atemporal à qual estas análises tão frequentemente estão presas. Como John McCall (1999) e Johannes Fabian (1990) observam em outros contextos, a execução – não necessariamente de um tipo verbal – restaura temporariamente a consciência histórica, ligando o ritmo da apresentação com a passagem da *longue durée*.

Textualizando representações

Mesmo quando somos obrigados a depender de versões fragmentárias que aparecem no papel como fala registrada (p. ex., GUHA, 1983: 100, 112, 150), a narrativa oral é uma fonte importante de visões alternativas do passado. Além disso, a tradução destas narrativas como texto impresso, por uma enorme variedade de administradores coloniais para antropólogos e intelectuais locais, pode fornecer percepções valiosas da relação entre texto e poder. O processo de "textualização" (SILVERSTEIN & URBAN, 1996) é ele próprio a expressão e também um importante instrumento de formas coloniais e de outras formas de hegemonia. Gloria Raheja (1996), por exemplo, mostrou numa análise excepcionalmente elegante de como o estabelecimento acadêmico colonial britânico textualizou provérbios sobre grupos étnicos particulares na Índia como uma maneira de essencializar desigualdades políticas convenientes como desigualdades culturais necessárias. Mesmo a simples representação de textos tanto "orais" quanto opostos a "literários" é uma forma de contextualização hegemônica, especialmente em sociedades – hoje na sua esmagadora maioria – nas quais o próprio ato de escrever está imbuído de implicações de poder e referencialidade.

Assim, devemos ter cuidado com exagerar o contraste entre culturas literárias e culturas orais (cf. tb. BARBER, 1989: 13). Ele pode se tornar um dispositivo para representar populações subalternas como inferiores ou diminuídas de alguma maneira intrínseca. Além disso, a separação não faz inteiramente sentido também a partir do ponto de vista literário. A narrativa oral nunca é completamente expulsa pela alfabetização, e a relação entre as fontes orais e literárias não é simplesmente aquela do colonizado e do colonizador, ou (nos estudos folclóricos) aquela do camponês e do sábio. Lembrar que a "história" e a "narrativa" são cognatos etimológicos ajuda um pouco, como é o fato de que a raiz grega da "anedota" signifique mais "não publicado" do que "incerto" ou "tolo". Os antropólogos, operando nos espaços íntimos da vida social onde a sabedoria do discurso oficial é frequentemente questionada pela voz da experiência, estão em condições de avaliar em que medida o conhecimento do passado é dependente das vicissitudes do presente. As distinções simplistas entre culturas "orais" e "literárias" – como se culturas inteiras pudessem ser definidas nesses simples termos fracassados – obstruem esta percepção-chave.

Abordagens mais antigas (p. ex., VANSINA, 1965) eram uma extensão do discurso oral da árvore genealógica (*stemmatics*) – a reconstrução dos "textos originais" de fontes manuscritas posteriores. Aqui, a história "objetiva" era mais a explicação dos estudiosos das origens dos manuscritos do que aquilo que as narrativas relatavam. Na medida em que os processos da transmissão oral são normalmente imunes a um exame atento depois do fato e que a transmissão da informação é raramente unilinear, a visão sistemática da relação entre um conjunto de textos contemporâneos – que constituem sobrevivências parciais de um original autêntico e completo – é patentemente enganosa.

Ela é feita muito mais por seu fracasso em dar conta das várias formas de linguagem figurativa através das quais todas as narrativas relatam eventos para uma estrutura de ideias abrangente. Hayden White e Edward Said (ambos seguindo Vico) afirmaram, embora de maneiras diferentes, que as narrativas principais da historiografia ocidental representam uma sucessão de dispositivos dos quais se pode dizer que nenhum oferece uma interpretação literal do passado (embora alguns sejam literalistas – isto é, fazem reivindicações de literalidade). Por isso mesmo, toda narrativa histórica, incluindo as evanescentes fórmulas das manchetes *sound bites* (clipes curtos) da mídia, para não falar das afirmações mais obviamente "simbólicas" das canções folclóricas e do mito etiológico, deve ser interpretada mais em termos desses dispositivos interpretativos do que como um registro completo dos acontecimentos.

Reivindicações de literalidade são muitas vezes ferozmente defendidas contra este agnosticismo antropológico e historiográfico, e elas carregam a autoridade de uma longa tradição imperial. A sua execução tem um contexto – que, como etnógrafos, devemos incluir em qualquer consideração posterior. Michael Roberts registra a sua própria experiência desta hostilidade dada a sua interpretação da chegada dos portugueses (DE SILVA, 1990; ROBERTS, 1994: 28), e comenta: "A força da razão prática no mundo acadêmico do Sri Lanka marca o grau no qual o empirismo britânico e a sua epistemologia dominaram as suas formas de conhecimento". Ele é severamente crítico dos efeitos: "O *corpus* das publicações históricas sobre o Sri Lanka que se produziu nos anos recentes é bastante impressionante, mas mesmo um entendimento aquiescente para com as histórias da África Negra e do Pacífico é suficiente para indicar que, falando de um modo geral, o trabalho sobre o Sri Lanka [incluindo o meu próprio] não corresponde ao grau de sofisticação mostrado nos melhores ensaios sobre as localidades da África e do Pacífico".

Roberts atribui a esta diferença um grau muito maior de inovação metodológica encontrada naquelas áreas onde os registros escritos indígenas não estavam disponíveis para a redução a um modelo europeu de semântica letrada. Sem os registros indígenas escritos anteriormente às intromissões coloniais, ele afirma, os eruditos foram forçados a metodologias e teorias inovadoras. Um dos desbravadores foi Jan Vansina. Embora as críticas subsequentes e outras etnografias o tenham forçado a corrigir as suas decifrações inovadoras das tradições orais (VANSINA, 1985), no entanto, mesmo estas modificações perpetuam a ideia de que há textos orais africanos "cujo objeto [é] reconhecidamente consoante com aquela do historiador europeu" (BARBER, 1989: 14).

Contrastando com esta visão, a análise de Karin Barber exemplifica a abordagem que os antropólogos trazem para o registro histórico. Ao escrever sobre os *oriki*, ela afirma que a sua intenção de realizadores não é fazer uma crônica dos acontecimentos, mas que eles são, não obstante, "intrinsecamente e profundamente históricos", na medida em que "representam 'o passado no presente', o modo como hoje o conhecimento do passado se faz sentir teimosamente e frequentemente contraditório. Eles representam um modo... de reexperimentar o passado e reinterpretá-lo no presente". É em parte por esta razão que os oriki são tão valorizados pelos Yoruba (BARBER, 1989: 14). Certamente parece ser um pressuposto do discurso histórico da Europa Ocidental que a história deva ser textual. Mesmo os historiadores orais dependem de um modelo textual. Contudo, mesmo dentro da Europa, como, por exemplo, Seremetakis (1993) mostrou para a Grécia, a memória histórica pode ser incorporada em marcadores corporais, "sedimentados" no corpo (CONNERTON, 1989), codificados em modos de preparar a comida, nas formas musicais, nas paisagens (BASSO, K. 1996), no imaginário de responsabilidade e culpa (HERZFELD, 1992: 127-157), e, como John McCall (1999) afirmou em detalhe, na dança Ohafia (Nigéria). Pode haver uma série inteira de objetos carregados mnemonicamente, incorporados num lugar complexo de ligação semiótica, relações e história, e coletivamente compreendido por um simples termo – como com *olangch* belauano descrito por Parmentier (1987: 12): "Estas coisas incluem gravuras narrativas esculpidas, chamadas de cerâmica e vidro valiosos, monólitos antropomórficos, padrões prescritos de assentos, nomes e títulos, protocolos cerimoniais, calçadas de lápides de túmulos e narrativas orais". Assim ocorre com os oriki. As suas relações intertextuais com outras formas de poesia oral estão misturadas num contexto mais amplo de interpretação, no qual a referência é menos importante como uma fonte de significado do que são as alusões, a lembrança sensual e as relações com outros gêneros (cf. tb. BAUMAN, 1986; para um modelo dessa abordagem, aplicada ao folclore do Texas).

Roberts criticou a tendência antropológica de impor um modelo textual de coerência às formas do conhecer histórico, e argumenta que uma hermenêutica em aberto se encaixa mais justamente no idioma filosófico das sociedades africanas. T.C. McKaskie (1989: 71), a quem Roberts evoca a esse respeito, evoca explicitamente o idioma de Richard Rorty: "a epistemologia retoma o pressuposto de que todas as contribuições para um dado discurso são comensuráveis. A hermenêutica é em grande parte uma luta contra este pressuposto". O argumento de McKaskie é que, nesse campo de pesquisa, "o contexto histórico e cultural dos Ashanti é ele próprio hermenêutico" e que, a esse respeito, ele difere dos modos de análise estabelecidos pelo Ocidente na história e na antropologia (1989: 72).

No entanto, há também um risco nessa abordagem. O que significa tratar os nossos informantes como teóricos, como hermeneutas, inclusive como intelectuais, dado que todos estes termos estão fundados nas suas próprias histórias particulares no Ocidente? A motivação pode ser gentil, um princípio de respeito mútuo, mas isto somente funciona se o observador ocidental renunciar ao controle do significado desses termos historicamente incorporados como "teoria" ou "filosofia" – uma tarefa que requer esforços hercúleos de distanciamento. Como Hountondji observou (1983; cf. tb. MUDIMBE, 1988) – ele mesmo um defensor da visão que Roberts apoia –, mesmo atribuindo "filosofia" às sociedades africanas, se corre o risco de retratar o seu pensamento em termos europeus. Interesses semelhantes se ligam às implicações redutoras da "literatura oral" e da "teoria indígena", nas quais as atividades profissionais dos intelectuais ocidentais se tornaram o critério de excelência.

Mas este é o dilema clássico de uma antropologia comprometida com respeitar a vida intelectual e artística de todos os povos que os seus profissionais estudam. Mais do que simplesmente tentar fazê-lo desaparecer através de algum neologismo inventivo, devemos estender esta consciência desconfortável para um proveito crítico, em parte lembrando que as nossas supostamente próprias teorias abstratas são uma forma de prática social – um conceito que esteve particularmente presente na teoria social italiana desde Vico através de Gramsci, De Martino e Eco muito antes de ter se tornado parte integrante de uma antropologia orientada pela prática das academias europeias politicamente mais poderosas.

Nesta visão, os próprios antropólogos se tornaram a fonte reflexiva de um comparativismo crítico. Em vez de um narcisismo puramente autoindulgente, a reflexividade se tornou a arte de conservar os pressupostos de uma disciplina necessariamente relativista sempre em questão. É por esta razão também que não podemos nos permitir ignorar a longa e às vezes vergonhosa história do envolvimento antropológico no projeto colonial. Como Vico nos lembra, esquecer as vinculações sociais do nosso conhecimento atual solapa este conhecimento – o descontextualiza, como diríamos hoje – tornando-o assim insignificante e inútil. De fato, muito do que ocorreu com a epistemologia histórica em ambientes pós-coloniais é, assim como a vida política que o cerca (MBEMBE, 1991), propriamente uma reação – e uma reprodução paródica – às formas coloniais anteriores. Se colocarmos os nossos próprios pressupostos sobre o passado numa comparação direta com aqueles dos outros povos, isto não significa que a interpretação "história" deva impor uma redução aos modelos europeus.

No entanto, o risco de interpretar mal é sempre grande. A discussão de Hanson (1983) sobre os modos de pensamento históricos dos Maori, embora tenham ficado acessíveis através de uma comparação direta com os modelos semióticos ocidentais, mostra como devemos manter a força da analogia – entre semelhança e diferença – contra o reducionismo. Mas isto não salva Hanson do considerável vexame quando ele insistiu (1989) que grande parte da renovação cultural dos Maori produziu um tipo de essencialismo estratégico.

Como uma experiência extraordinariamente importante de ampliar a categoria de "história" de forma crítica, devíamos observar a admirável desconstrução de Shryrock do *tarikh* árabe como uma forma de fazer história na qual a verdade é localmente compreendida como estando socialmente incorporada e, portanto, variável. Aqui, a questão não é uma divisão simplista do trabalho entre modos orais e literários. Shryrock mostra que, assim como um homem honesto pode mentir para expor a falsidade de outras pretensões e assim reivindicar acesso a uma verdade mais elevada, os historiadores beduínos reconhecem tão completamente o desaparecimento das alianças políticas atuais – que estão fundadas em interpretações mutáveis das genealogias de clã – que eles absolutamente tinham aversão à ideia da redução das suas narrativas a qualquer forma de registro permanente, em fita ou impresso (SHRYROCK, 1997: 16). Este é o tipo de consideração histórica que funciona numa sociedade segmentária; assim como no meu próprio trabalho de campo a negação de roubo de animais caiu no esquecimento da rivalidade entre os clãs, e cada narrador se tornou consciente do acesso dos seus pares a mim e desejava superá-los nas histórias de bravura, também Shryrock achou que discórdia e história eram muitas vezes virtualmente a mesma coisa. Somente a história oficial de uma estrutura social, tal como o Estado-nação, apresentará o passado como levando inevitavelmente à unidade na época atual.

Este fazer história eventualmente cede à visão unitária do Estado-nação. Realmente, a relutância inicial dos informantes nestas sociedades em admitir que a forma que os acontecimentos assumem em sociedades segmentárias, para adotar a útil expressão de Paul Dresch (1986), sugere que o aspecto estatal está já no lugar adequado, exigindo uma defesa inicial da intimidade cultural de diferenças experimentadas, tanto na opinião quanto na qualidade alegada, antes que a própria familiaridade do antropólogo – adquirida no campo – torne esta dissimulação insustentável. Se a face branda da unidade é considerada como sendo a verdade objetiva, tal como a retórica estatal oficial normalmente exige, a representação segmentária do passado deve logicamente ser tão mendaz quanto é de fato concebida pelos padrões de um cânone positivista ocidental.

Este dilema é especialmente real para aqueles que vivem em sociedades não ainda completamente absorvidas num sistema estatal. O fazer história do tipo que Shryrock descreve apreende precisamente a dificuldade de conhecer com segurança qualquer coisa a respeito de um passado que traz estas graves consequências para aqueles que vivem no presente. O objetivo não é tratá-lo como se ele pertencesse exatamente ao mesmo modo da historiografia ocidental, mas simplesmente comparar os dois idiomas para elucidar as diferenças assim como as semelhanças entre os seus respectivos conjuntos de critérios de confiança e responsabilidade. Isto se torna para ambos uma proposição mais controlável.

O tipo de relativismo reflexivo que estou sugerindo aqui oferece precisamente esta vantagem: em vez de tornar o "nosso próprio" modo o critério inamovível para a avaliação de todos os outros, o tratamos como um objeto cultural interessante com direito próprio. Isto é certamente o que, tomando o comparativismo seriamente e reflexivamente, deve se impor. Este é também o corolário da decisão tática de Shryrock para se comprometer diretamente com os métodos de fazer história dos seus informantes, em vez de tentar se distanciar deles e observá-los de fora. Dessa maneira, ele não somente ganhou uma compreensão etnográfica refinada das ideias beduínas sobre o passado, mas também chegou a ver o seu próprio sentido de história – e de antropologia, para essa questão – tal como são as práticas culturalmente localizadas. Observe-se também que, ao contrário dos historiadores positivistas, ele não separa a sua explicação da coleção de dados da análise propriamente: de fato, é este envolvimento imediato que o leva a perceber que, nas condições de relações sociais e políticas segmentárias, "a retórica binária é real" (SHRYROCK, 1997: 135) – uma questão que também tem relevância para o problema associado com a análise binária (estruturalista) das cosmologias. A história também é refratada através desses princípios cosmológicos. Shryrock estende a situação de campo para alcançar uma medida de distância dos princípios que governaram a história oficial e foi desse modo levado a um sentido total de como os sheiks tribais beduínos estavam fazendo a história deles. Uma vez que esta inevitabilidade o levou a discussões alarmantes (e inteiramente dependentes do contexto) sobre quem estava mentindo e quais narrativas deviam ser descartadas, ele também fornece um retrato vívido das vicissitudes do trabalho de campo necessário para a realização dessa compreensão fundamentada. E dado que algumas atitudes sociais árabes encapsulam a possibilidade de que uma mentira prática possa revelar uma verdade mais profunda – se devia subverter moralmente a verdade para provocar mentiras piores ao se revelarem (GILSENAN, 1976) – é claro que podemos avaliar a historicidade destas genealogias de sheiks, apenas se estivermos preparados para situá-las num universo moralmente maior, no qual a mentira para defender um parente patrilinear pode ser uma postura altamente moral.

Mas a questão de como nos posicionamos na busca do conhecimento a respeito de "outras histórias" (HASTRUP, 1992) não é somente uma questão de metodologia. Ela é também uma questão epistemológica. Um exemplo dramático do que ocorre quando inserimos a nossa própria historiografia num projeto comparativo nos leva de volta ao caso do Capitão Cook. Os aborígenes que insistiram que eles sabiam melhor do que os europeus que Cook tinha verdadeiramente morrido estavam desafiando a sua elevação à divindade, muito embora, contestando a "Lei de Cook", estivessem também apontando para uma forma de autoperpetuação muito diferente da apoteose literal com a qual os europeus pensavam que os taitianos o tinham imbuído. Para eles, Cook era o colonizador emblemático, e eles certamente sabiam que, embora ele tivesse morrido, a opressão que ele representava não tinha. Mas foi entre os havaianos que os antropólogos encontraram mais fortemente a sua própria vinculação na construção do passado.

Foi afinal entre os havaianos que Cook tinha sido supostamente recebido como um deus. Em resposta ao argumento de Marshall Sahlins de que a morte do Capitão Cook pode ser atribuída às consequências das convicções taitianas de que ele era o seu deus Lono retornado, o antropólogo do Sri Lanka Gananath Obeyesekere (1992) acusou Sahlins (1985) de aceitar acriticamente as fábulas europeias que construíram os havaianos como incrédulos primitivos e inseriram ideias automáticas da visão havaiana dos europeus neste retrato. O mito havaiano de que Cook era o deus Lono, um ponto central para a tese de Sahlins, é, diz Obeyesekere, realmente um mito europeu – uma inversão clara e irônica das categorias epistemológicas.

Sahlins, em resposta (1995), acusa Obeyesekere de dois erros lógicos e de procedimento: por um lado, diz ele, Obeyesekere tinha interpretado o nacionalismo europeu moderno (século XVIII) para os havaianos; por outro, ele tinha tomado para si falar de todas as vítimas do imperialismo do Terceiro Mundo. Os dois erros, na visão de Sahlins, são erros categóricos, acarretando decisões ideológicas que violentam tanto o registro etnográfico quanto histórico, tal como faz o eurocentrismo mais notório. Nas palavras de Roberts, os havaianos assim "se tornaram a epítome da 'racionalidade prática'. Através desta ênfase, eles são assimilados aos cingaleses; e juntos constituem o nativo universal, o Outro homogeneizado que combate o precioso Ocidente".

O debate Sahlins-Obeyesekere inspirou numerosos comentários e mesmo uma repetição ficcional. Roberts descreve isto como "não resolvido", mas eu afirmaria que isto é, e permanece sendo, não resolvível: as fissuras podem ser mais bem conservadas quando abertas, de modo que possamos discernir mais completamente as consequências ideológicas e políticas das duas linhas de argumento. Assim, por exemplo, é totalmente claro que uma questão-chave diz respeito à questão de se os eruditos do Primeiro Mundo estão autorizados a se pronunciar sobre os valores culturais e religiosos dos outros; ou, ao contrário, se um erudito proveniente do Terceiro Mundo está, somente por esta razão, autorizado a representar este bloco no seu confronto com o Ocidente. Robert Borofsky (1997) forneceu, com a significativa entrada dos protagonistas, uma explicação extremamente útil e desapaixonada deste debate, no decorrer do qual Sahlins (apud BOROFSKY, 1997: 273), endossando a perspectiva geral de Borofsky, sensivelmente observa: "Admitir o direito de falar para os havaianos seria moralmente repulsivo, assim como epistemologicamente louco. Nem é o problema se eles... podem falar ou não. O problema é se eles podem ser ouvidos e compreendidos". Esta simples afirmação de uma modéstia de princípios, seguida na prática ou não, restaura a responsabilidade para interpretações para aqueles que presumem fazê-las, e longe das pretensões genéricas à representação da qual Obeyesekere, como observa Borofsky (1997: 278), propriamente se distanciou. O debate foi útil, se não por isso, então pelo menos para mostrar os limites da extensão na qual um antropólogo – qualquer antropólogo – pode admitir uma voz autorizada.

Outros debates, da mesma maneira incorporados na política cultural do final do século XIX ocidental, vêm à mente. Proeminente entre eles está a pretensão africocêntrica, escorada pela publicação do magistral, porém controversa, de *Black Athena* (1987), de Martin Bernal, sobre a suposta gênese "africana" da civilização ocidental (cf. tb. LEFKOWITZ, 1996). Este debate, realmente, ilustra como as pretensões de verdade são filtradas através de diferentes interpretações das categorias-chave da cultura. Precisamente querer dizer que os antigos gregos devem grande parte da sua cultura à "África" trilha uma linha perigosamente maldefinida entre definições raciais e culturais de nacionalidade, mergulhando o debate nas águas perigosas do orgulho étnico-nacional.

De fato, a reação hostil evidenciada por *Black Athena* entre os eruditos gregos conservadores – isto é, estudiosos da nacionalidade grega – e o público educado na Grécia mostra que devemos investigar cuidadosamente todas as pretensões dos intelectuais de representar um eleitorado nacional ou mesmo mais amplo ("o Terceiro Mundo"). Afinal, era através da mesma ideologia de elite neoclássica que atualmente rejeita os argumentos de Bernal de improviso que os gregos eram ensinados a rejeitar tudo que era familiar na sua cultura nacional como "estranho" ao Helenismo Clássico inventado pelos estudiosos alemães do século XVIII, que tinham gerado a teoria "autóctone" da etnogênese e também, na linhagem da linguística "ariana", a assim chamada ciência racial dos nazistas. Esta é também a ideologia que atualmente se tornou necessária para especificar quando se quer falar de gregos modernos, como eu exatamente fiz, porque o Ocidente tornou a Antiguidade Clássica o único critério aceitável do seu valor cultural. Tal como ocorreu com o debate Sahlins-Obeyesekere, é menos interessante tomar um partido do que inspecionar as implicações políticas de cada posição. O que quer que queiramos dizer antropologicamente com "a verdade", isto deve estar tanto no próprio debate quanto nos fatos introduzidos por ambos os lados. E ignorar a incorporação social e cultural destes debates dificilmente é um modo convincente de ser empírico.

O exemplo da Grécia moderna fornece uma chave útil para historicizar aquelas coisas que Eric Wolf ironicamente apelidou de "o povo sem história" (WOLF, 1982). Pois os gregos modernos – um povo indiscutivelmente atormentado por um excesso de história, mas de uma espécie inventada para eles por outros mais poderosos – enfrentam os dilemas da vida real da autodescrição (p. ex., "somos europeus?") que residem no mesmo lugar de origem intelectual, como a questão das raízes gregas antigas e como a própria antropologia. Aqueles que apoiam posições extremamente nacionalistas, pretendendo (assim como invocam Alexandre, Felipe e Aristóteles) que o nome da Macedônia é exclusivamente grego e que não há algo como uma minoria macedônica, estão reagindo às experiências de uma situação local talvez genuinamente perigosa, na qual o seu país enfrenta vizinhos potencialmente hostis em várias frentes; mas, para começar, eles estão também ressuscitando a própria lógica que sempre comprometeu a sua suposta independência – a lógica de acordo com a qual todas as pretensões modernas do país devem ser avaliadas pela bitola da história antiga. O recente furor em relação à publicação de uma explicação histórica e etnográfica relativamente moderada da helenização progressiva da província grega da Macedônia (KARAKASIDOU, 1997) exibe tanto o nervosismo da instituição grega quanto a persistência dos estereótipos dos gregos como balcânicos lunáticos, irracionais e histéricos entre os comentadores supostamente sóbrios no Ocidente. Isto também demonstra a nevralgia que a antropologia pode induzir naqueles que estão comprometidos com mitos unitários de origem nacional, como também faz a vinculação às vezes inevitável da antropologia no seu objeto de estudo. E surge novamente a questão de até onde a antropologia poderia ir ao questionar o essencialismo defensivo das nações e de outros grupos mais fracos: uma vez que estes enquadramentos de identidade estão muitas vezes fundados num modelo positivista da história, os argumentos sobre o caráter discutível do passado deve sempre carregar conotações éticas. Embora, por exemplo, se devesse justificar as críticas do nacionalismo balcânico com base em que elas inspiraram a prática simbólica, mas também muita prática material de "limpeza étnica", se devia também observar o papel dos agentes internacionais mais poderosos em promover a lógica que eles estão tão ansiosos de atribuir aos Outros exóticos.

Nesses termos, deveria estar claro que uma clara adjudicação do debate entre Obeyesekere e Sahlins é provavelmente um objetivo irrealista. "A disputa é uma disputa polêmica", observa David Scott. "Mas não é difícil ver que é apenas superficialmente sobre os detalhes, sobre se os havaianos do século XVIII realmente consideravam ou não que Cook era uma manifestação do seu deus Lono. O que dá à disputa o seu valor é que ele ressalta a questão epistemológica mais ampla do que está [ou do que deveria estar] implicado na construção do conhecimento de povos e lugares não europeus". Para Scott, no entanto, a sua maior significação é "que a ansiedade gerada pela crítica do discurso colonialista muitas vezes se transforma em questões malcolocadas, como a seguinte: Quando os estudiosos ocidentais escrevem sobre as sociedades não europeias, eles inevitavelmente perpetuam os mitos do imperialismo europeu? Podem os estudiosos europeus sempre articular os significados e as lógicas dos povos não europeus?" Destituindo estas questões como extraviadas, porque elas essencializam "o observador ocidental [ou colonial]" numa forma particularmente inútil, ele faz eco ao ceticismo de Nicholas Thomas sobre o real impacto das teorias antropológicas: "se elas perpetuam ou não estes mitos, isto não depende nem da sua atitude moral em relação aos colonizados ou ex-colonizados [os nativos], nem das suas simpatias anticoloniais implícitas ou explícitas. E isto certamente não depende de se a hermenêutica antropológica envolvida é marxista, estruturalista ou psicanalítica". Em vez disso, afirma ele, a sua complacência na perpetuação destes mitos depende da sua capacidade de vê-los, não menos do que as identidades essencializadas das nações do Terceiro Mundo que lutam atualmente, como construções, localizadas "em histórias conceituais e ideológicas particulares". O colonialismo é este contexto. E, como Scott observa, "é muito frequentemente o fato de que os objetos que vêm organizar uma pesquisa antropológica profissional [um discurso religioso, uma prática ritual, uma estrutura de parentesco, um padrão de comércio] são primeiro constituídos como objetos visíveis em narrativas, relatos e diários missionários, administrativos ou de viagem". Lembrem a convocação de Nicholas Thomas para olhar para estes gêneros como relatos de museu: estes também são documentos desta história particular, desta construção particular de conhecimento.

Faz também muito pouco sentido, desse ponto de vista, argumentar se Obeyesekere ou Sahlins está correto. Em vez disso, deveríamos tentar descrever as lógicas culturais concorrentes que permitem a produção simultânea de versões muito diferentes do passado, inclusive dentro da própria antropologia – precisamente, de fato, tal como fazemos para as populações que estudamos. Aqui, de fato, uma analogia a partir do estudo da ficção pode ser especialmente útil: os argumentos sobre se uma obra é história, uma crônica, ou um romance tem importantes consequências para os tipos de verdade que estão em jogo, e uma das tarefas que o antropólogo deve empreender é explorar a classificação dos gêneros em relação a conceitos de verdade e falsidade, ou mais geralmente a idiomas e convenções de representação. Isto foi o que Shryrock fez com as narrativas de sheiks jordanianos. Na medida em que examinamos as culturas nas quais os gêneros de narrativa sobre o passado divergem em relação ao conteúdo pretendido daqueles com os quais estamos familiarizados, a questão do que constitui a história se tornou ainda mais obviamente incorporada nas especificidades da cultura, da política e das preocupações pragmáticas que vão desde o interacional até o institucional.

Roberts afirma que a significação do debate Obeyesekere-Sahlins é aumentada pela inovação autoconsciente do trabalho inicial de Sahlins sobre o Havaí. Onde o historiador Braudel busca pôr de lado o histórico dos eventos e onde Lévi-Strauss descarta o tempo sequencial como irrelevante para as estruturas cognitivas perenes que ele busca identificar em todas as culturas, diz Roberts, "Sahlins tenta estabelecer uma ponte entre a antropologia e a história, desenvolvendo uma 'antropologia estrutural, histórica'". Ou, nas palavras de Aletta Biersack, ele tenta "recuperar os eventos, as ações, as mudanças e o mundo para a análise estrutural. Ao contrário, ele [busca] recuperar a análise estrutural para a história" (BIERSACK, 1989: 85). Na obra de Sahlins, excelentemente, vemos quais os significados estruturados "são revalorizados no momento em que são praticamente decretados" (SAHLINS, M. 1985: vii); a contingência e a forma cultural, como a ação e a estrutura, estão mutuamente implicadas e, novamente tal como a ação e a estrutura, não podem existir – isto é, não podemos apreendê-los – isoladas uma da outra.

Enquanto Biersack vê o modelo dialético de Sahlins como uma reconciliação de análises estruturais e culturais e um entrelaçamento de "questões de gênese e significado", outros acusaram Sahlins de determinismo cultural e semiótico (p. ex., FRIEDMAN, 1987: 74; PEEL, 1993: 173). Peel também enfrenta Sahlins no seu próprio solo de eleição, argumentando que "o modelo de história que é promovido é de transições entre ordens culturais dadas". Como resultado, não se deu a devida atenção às representações havaianas do seu passado, com toda a sua potencialidade para a contestação e a reflexividade, na medida em que eram tratadas como um "dom cultural não problemático" (PEEL, 1993: 171). Isto, em outras palavras, é principalmente uma questão de ação. É também um reconhecimento de que a estrutura muitas vez somente se torna evidente quando ela é contestada. São os atores, além disso, que reconhecem analogias entre acontecimentos grandemente separados no tempo e no espaço. Esta é a base da predominância, já observada, dos dramas sociais em tempos de grande tensão social e cultural.

Uma consequência desse reconhecimento da ação é que podemos contextualizar diferentes espécies de texto e compreender que os atores locais os empregam de acordo com as mudanças no contexto, assim como na intenção. Desta natureza é a nossa própria distinção entre história acadêmica e história popular, por exemplo, ou aquela entre história social e história diplomática. Alguns estudiosos utilizaram modelos semióticos formais para expulsar estas discriminações internas importantes. Hanson (1983), por exemplo, usava a noção de estrutura sintagmática (ou sequência estrutural) para identificar as compreensões dos Maori a respeito da experiência histórica em termos de uma relação variável com o presente – que, embora em continuidade com alguns aspectos do passado, não é sempre vista como igualmente resultado do mesmo.

Da mesma maneira metodológica, Valerio Valeri achava que os havaianos utilizavam dois modos de texto histórico muito distintos: as narrativas em prosa e os cânticos genealógicos. Nas narrativas, a ênfase é sobre o conteúdo e a sua história é o argumento. O panegírico genealógico, por outro lado, são "obras de arte totais" com efeitos mágicos e também estéticos. Ele então esclarece a ação combinada e o efeito recíproco dessas formas diferentes de história indígena, através da distinção teórica entre relações sintagmáticas e relações paradigmáticas na representação dos acontecimentos. Nas relações sintagmáticas, a ênfase está nos acontecimentos definidos por sua posição na cadeia temporal, de modo que são signos que apresentam a história como um processo cumulativo. As relações paradigmáticas, por outro lado, estabelecem conexões "entre os acontecimentos como membros de classes de ações"; e, como tais, elas são metafóricas. Elas "exemplificam regras" e são memoráveis por esta razão, possuindo desse modo a capacidade de juntar o passado e o presente (VALERI, 1990: 157, 160). Elas são o próprio material do drama social. Na comparação da história narrativa e da história genealógica, "as dimensões paradigmáticas e sintagmáticas existem em ambas, embora, para propósitos de legitimação, a dimensão paradigmática domine nas narrativas e a dimensão sintagmática nas genealogias" (VALERI, 1990: 174). Nos cânticos genealógicos, "o valor supremo de continuidade é magicamente reproduzido a partir das descontinuidades representadas e justificadas pela história narrativa" (VALERI, 1990: 188). A discussão leva à conclusão que, embora a história precedente possa ser utilizada para legitimar a mudança, "a relação entre o passado e o presente nunca é concebida como uma relação de reprodução mecânica. Ela é, ao contrário, analógica e assim implica a diferença, não somente semelhança, entre o passado e o presente. Ela implica, além disso, uma escolha entre alternativas. Isto é precisamente o que está implicado pelo uso do termo paradigmático para descrever o seu modo dominante" (VALERI, 1990: 190).

Por que o passado legitima?

Esta questão, embora importante, está maldirecionada. Ela deve ser: quem dá ao passado a sua autoridade legitimadora, e por quê? Responder "o que o passado faz" é ignorar as formas concorrentes da ação – o efeito mais sério, nos assuntos humanos, do erro lógico conhecido como a falácia da concretude extraviada.

A imagem das origens como a fonte da unidade política é claramente central: ela é uma tradução da história na pragmática. Este é o sentido do conceito genealógico de Evans-Pritchard (1940) de "tempo estrutural", no qual o grau de distância social entre dois grupos corresponde ao número de gerações que os separa do seu ancestral comum. A historiografia nacionalista torna absoluta esta lógica relativizada: se você não é da nossa linhagem, você é estranho a nós. Esta também carrega o princípio genealógico da "telescópica" ou da "amnésia estrutural" para gerar oficialmente silêncios sancionados sobre as fontes da diferença interna: intervenções e invasões históricas inoportunas por parte de povos "estrangeiros" são decretadas como não existindo. E a historiografia colonialista transforma o processo em torno, admitindo a diferença como uma justificação da hegemonia. De fato, as origens claramente legitimam; Mary Helms (1988) afirmou, além disso, que as origens mais distantes – ou o controle sobre produtos produzidos mais longe – legitimam ainda mais completamente: eles têm a força indizível da inacessibilidade.

Mas as origens também podem ser contestadas. Não somente elas são o foco direto do debate político; os atores muitas vezes as utilizam para administrar disputas cotidianas com pretensões concorrentes de autoridade, e esta invocação repetida é o que cria o respeito habitual por seu significado, quando não concordância quanto à sua correta interpretação. É este reordenamento dos acontecimentos passados no presente que dá esta força ao "drama social" de Turner (1974) – um tipo reconhecível de acontecimento, que corresponde ao modelo metodológico do "acontecimento diagnóstico" (MOORE, S. 1987) no estudo do processo social, mas com autoridade precisamente porque ele analogicamente evoca um passado respeitado.

O drama social, às vezes na forma dos principais eventos (como revoluções nacionais que se jogam fora como versões da *Paixão de Cristo*), podem também subsistir em momentos relativamente cotidianos, recorrentes: é então o seu caráter de lugar comum que os torna persuasivos. Além disso, eles sugerem, como observa Roberts, uma razão importante para rejeitar a visão funcionalista do mito (ou da história) como um alvará para o presente popularizado por Malinowski (1948). Estas explicações pressupõem um propósito interno, um gênio social durkheimiano, que decide previamente que versão do passado deve ser legitimada e para quais interesses ela servirá. Na prática, tudo é sempre para ganhar: a sanção de um drama social é a sanção dos modos nos quais o poder, precariamente obtido, pode ser conservado ou aumentado, ou talvez redirecionado, e invocar uma explicação funcionalista é simplesmente ser conivente com as histórias assim contadas pelos vitoriosos como o instrumento ("alvará") da sua reivindicação. Nesse sentido, de fato, o funcionalismo é um drama social com direito próprio.

Além disso, analisando os dramas sociais efêmeros da vida cotidiana podemos corrigir o desequilíbrio – a junção da perspectiva analítica com os interesses dos poderosos do momento – observando quem utiliza quais alusões para qual passado e para quais propósitos. Michael Roberts, descrevendo lembranças de sua terra natal, o Sri Lanka, ilustra bem o caráter fluido desses momentos: "Um incidente trivial do presente etnográfico do Sri Lanka ilustra a autorização fornecida pelas compreensões históricas. O pequeno drama revelado num jogo de *cricket* em Colombo em 1981. Ele envolveu dois jogadores do Sri Lanka a quem chamarei Laddie e Sinha. Laddie parecia ser um burguês (isto é, um rótulo étnico que descreve os descendentes europeus). Mas ele estava participando numa competição na qual o Sri Lanka estava enfrentando a Austrália. Foi como um patriota do Sri Lanka que ele provocou os jogadores australianos ao alcance da voz, com um gracejo ocasional para os espectadores locais. Quando Sinha ajudou um jogador australiano, ele também ficou sujeito a provocações intermitentes. Amigavelmente defensivo na maioria das vezes, Sinha suportou a brincadeira – até que Laddie questionou o seu patriotismo, momento no qual a sua retaliação foi devastadoramente efetiva: 'Eu sou um cingalês', disse ele, apontando para o próprio peito afirmativamente. Laddie foi silenciado e depois disso deixou Sinha em paz, dirigindo as suas provocações para outro lugar. De uma só vez, Laddie, o agressor, foi desautorizado" (ROBERTS, 1994: 271-275). A provocação de Sinha era um código restrito. Era tão evocativo quanto lúcido, com o seu significado completamente compreendido por todos os espectadores indígenas. Ele transportou Laddie para além do campo de *cricket*, para a arena política circundante do Sri Lanka. Laddie foi lembrado da visão convencional de que o Sri Lanka tinha sido, há séculos, o país cingalês predominante; e que esta reivindicação tinha recebido uma sanção majoritária retumbante nas eleições gerais de 1956, quando o nacionalismo linguístico cingalês assegurou o primeiro plano da política. E Laddie ficou nitidamente consciente da sua própria identidade como um nascido no Sri Lanka descendente de europeus, um recém-chegado com um direito menor no lugar do que um filho da terra. Pois o que Sinha efetivamente disse foi: "Quem é você *lansi puta* [filho de um burguês] para questionar a minha lealdade?"

Da nossa posição hoje, o incidente pode ser considerado como trivial, mas a sua própria trivialidade aumenta a sua significação. Sinha e Laddie eram pessoas comuns de classe média, não ligadas a um partido poderoso. Este era um assunto "cotidiano", um assunto que fornece trigo para aqueles interessados no moinho da cultura popular. O intercâmbio também revela as possibilidades dinâmicas da interação interpessoal: principalmente, que as imagens específicas do passado, com os seus valores e as suas legitimações associados, podem emergir de dentro das minúcias das trocas cotidianas. E estas imagens são então registradas nos bancos de memória daqueles que testemunham e ouvem estas trocas.

E nestas "trivialidades", os antropólogos jogam as suas cartas mais fortes: pois a questão de quem define o que como trivial é propriamente um comentário sobre a política de significação que subjaz o papel das ciências sociais no debate público (HERZFELD, 1997c). A atenção para o supostamente trivial pode perturbar a complacência do dominante, cuja construção do que constitui o senso comum parece de repente muito menos objetivo, e muito mais autointeressado do que antes. O senso comum é a face do poder classificador do mundo; os dramas sociais da vida cotidiana oscilam entre reproduzir e contestar a sua autoridade.

Colonialismo e suas reverberações

Tentar aferir o senso comum local – "o ponto de vista do nativo" (GEERTZ, 1983: 55-70) – é, como vimos, uma abordagem inadequada, quando não é completamente contextualizada em relação a este outro ponto de vista "do nativo", aquele do antropólogo. Este último carrega grande parte da bagagem histórica, e a negociação que leva à produção da etnografia deve refletir os efeitos de ambos os conjuntos de compreensões históricas implicadas no encontro. É aí que a interpretação de Scott sobre Asad se mostrará particularmente útil.

Num Posfácio a um recente volume de *History of Anthropology* de George Stocking, Asad insistiu numa mudança das preocupações "da história da antropologia colonial para uma antropologia da hegemonia ocidental" (ASAD, 1991). Enquanto a primeira estava interessada em descrever o papel do discurso e a prática da antropologia (e dos antropólogos) na carreira do colonialismo, a última, afirma ele, estaria interessada principalmente em explorar as implicações das transformações discursivas e não discursivas produzidas pelo poder europeu (especialmente pelo poder europeu moderno) sobre o mundo não europeu. A história do colonialismo europeu, argumenta Asad, é agora frequentemente contada em termos de uma dialética de expansão e reação, dominação e resistência. Esta é a história em que, quando a Europa conquistou e dominou os povos não europeus, estes povos não foram meras vítimas passivas do poder colonial. Eles próprios responderam aos colonizadores de várias maneiras, o mais importante, com várias formas de resistência (às vezes armados). Asad sugere, no entanto, que a história do colonialismo seria também a história de como as condições de resistência e de resposta em geral eram, como ele coloca, "cada vez mais definidas por um novo esquema das coisas – novas formas de poder, trabalho e conhecimento" (ASAD, 1991: 314). É no sentido de esclarecer esta transformação que Asad quer dirigir a atenção antropológica.

Esta visão difere dos seus antecessores, especialmente na sua insistência sobre a singularidade da expansão colonial europeia. Ela é uma convocação para reconhecer a especificidade histórica, e especialmente a transformação única e irreversível que a expansão europeia produziu no mundo. Nenhuma população humana estava infensa a ela; ninguém pode retornar ao modo como as coisas eram antes.

David Scott quer "interpretar este desafio no decorrer de dois registros separáveis, porém interconectados". Um destes registros tem de lidar com o problema da formação dos objetos antropológicos, com a relação discursiva, em outras palavras, entre os objetos reflexivos da antropologia profissional e aqueles objetos (ideológicos) constituídos como objetos como tais em e através do conhecimento colonialista. O outro desses registros tem de lidar mais diretamente com o que Asad chama de uma antropologia da hegemonia ocidental – o que Scott quer chamar de uma "antropologia histórica do presente pós-colonial". Scott vê esse registro como "interessado nos efeitos transformadores do poder europeu nos espaços não europeus [conceituais, institucionais e sociais], e, em particular, nos efeitos transformadores do moderno poder europeu". E ele indica que é aqui que Asad está especificamente interessado naquela história do poder europeu "não como uma repressão transitória de populações submetidas, mas como um processo irrevogável de transmutação, no qual os velhos desejos e modos de vida foram destruídos e novos apareceram – uma história de mudança sem precedentes na sua rapidez, âmbito global e onipresença" (ASAD, 1991: 314).

Asad, fornecendo um pano de fundo histórico ao esvaziamento feito por Nicholas Thomas das pretensões da disciplina a um importante papel no mundo moderno, indicou que o papel dos antropólogos no projeto colonial era, em geral, um papel relativamente menor. "O papel dos antropólogos em conservar estruturas de dominação imperial", escreve ele, "tem sido, apesar dos *slogans* em contrário, geralmente trivial; o conhecimento que eles produziram era muitas vezes demasiado esotéricos para utilização governamental e, mesmo onde era útil, ele era marginal em comparação com o vasto corpo de informação rotineiramente acumulado pelos comerciantes, missionários e administradores" (ASAD, 1991: 315). Ele avança, contudo, para dizer: "Mas se o papel da antropologia para o colonialismo era relativamente desimportante, a proposição inversa não se sustenta. O processo do poder global europeu tem sido central para a tarefa antropológica de registrar e analisar os modos de vida de populações submetidas, mesmo quando uma séria consideração desse poder fosse teoricamente excluída. Não é simplesmente porque o trabalho de campo antropológico era facilitado pelo poder europeu [embora este ponto bem conhecido mereça ser pensado em outros termos que não moralistas]; mas porque o fato do poder europeu, como discurso e prática, era sempre parte da realidade que os antropólogos buscavam compreender, e do modo como eles buscavam compreendê-la" (ASAD, 1991: 315). A partir disso, Scott argumenta que "apesar da admirável atenção dada à história que caracteriza muito a antropologia contemporânea, é ainda muito pobremente compreendido que as histórias das realidades sociais, culturais e políticas dos não europeus, nas quais os antropólogos estão interessados, devem também ser histórias dos conceitos através dos quais estas histórias são construídas" (cf. tb. SCOTT, D. 1994). Para Scott, o ponto em questão, como ele afirma a partir da sua interpretação de Collingwood, é que devemos sempre fazer perguntas que tragam em si alguma "vantagem" – relevância – para o mundo que habitamos. Questões de resistência e dominação não podem mais ser tão ligadas quanto eram no imediato período da descolonização, e agora o que é preciso, na visão de Asad e Scott, é uma história do presente pós-colonial. A isto eu acrescentaria que esta história deve sempre também levar em consideração a situação dos lugares que nunca foram explicitamente colonizados – ou pelo menos que reivindicam isto para si mesmos – e como estes discursos de independência foram capazes de florescer.

Aqui, a situação do antropólogo deve ser de fato sintoma. A chegada tardia da etnografia europeia como uma ocupação "respeitável" e especialmente como uma fonte de nova percepção teórica é certamente indicativa. O que os antropólogos realmente podem fazer é de pouco interesse para os outros. Por que o que eles estudam e que é tão frequentemente visto como marginal devia ser de grande interesse para aqueles mesmos outros? Esta é uma questão que perturba a sabedoria recebida sobre os critérios de significação. É por esta razão que o projeto de Asad/Scott deve encontrar a sua contraparte na etnografia de sociedades modernas, ocidentais e não ocidentais, pois as consequências vividas da enorme transformação que preocupa estes estudiosos – consequências que estão inscritas na arquitetura, nas linguagens e nos hábitos cotidianos incorporados dos povos do mundo – não se revelam facilmente em fontes impressas.

A convergência da história e da antropologia

A etnografia circunstanciada, então, oferece desafios diários à dominação de algumas estruturas políticas, e a historiografia convencional tem sido largamente impenetrável, resistente mesmo, à sua convocação. No entanto, de fato, alguns historiadores estiveram abertos à possibilidade de uma "história vinda de baixo". É também notável que alguns desses esforços vieram dos antropólogos que trabalham com as sociedades europeias (p. ex., HASTRUP, 1992): o seu interesse não foi reduzir a antropologia ao estatuto de todas as outras disciplinas culturais eurocêntricas, mas, pelo contrário, relativizar a experiência europeia, embora também reconhecendo que os europeus comuns estavam também em algum grau submetidos aos efeitos do projeto da dominação mundial, de um modo que não era de sua própria criação. Um tema relacionado com isso, vindo do outro lado da relação colonial, foi extensivamente explorado por John e Jean Comaroff (1991, 1997).

Os antropólogos rapidamente acolheram a aproximação entre as duas disciplinas[3]. Embora, como deixa clara a réplica afiada de Roger Chartier (1988) ao colega de Geertz de Princeton Robert Darnton, generalizações a respeito de símbolos culturais persistentes podem parecer simplistas para aqueles que reivindicam o conhecimento "nativo", e embora algumas utilizações da teoria antropológica também deem uma impressão de metodologias mais do tipo *kit* de ferramentas do que como investigação mútua, os debates que esta fertilização cruzada gerou serviram apenas para intensificar um diálogo para o qual Evans-

---

3. Estas revistas como *History and Anthropology* (desde 1984), *Ethnohistory*, e *Comparative Studies in Society and History* (*CSSH*), nos anos de 1960, todas ilustram o desenvolvimento desta tendência, como faz a série Culture/Power/History da Princeton University Press (org. por N. Dirks, G. Eley e S. Ortner). Eric Wolf, um antropólogo com experiência em trabalho de campo na América Latina, que devia depois ironizar a categoria de "povos sem história", não somente serviu no comitê editorial da *CSSH*, mas também se tornou um editor conjunto em 1968. Pelo início dos anos de 1960, a aproximação estava verdadeiramente a caminho (COHN, 1981; PEEL, 1993: 162). Empréstimos significativos da teoria antropológica foram legitimados na Inglaterra com o trabalho de Keith Thomas e nos Estados Unidos com os escritos de Natalie Davis, Robert Darnton e Rhys Isaac. Isaac expôs um modo dramatúrgico de análise que foi devedor a Victor Turner e implantou a antropologia simbólica para uso sintomático, assim como episódios ímpares como pistas para sistemas de valor. Mais do que combater a causalidade, tanto Darnton (1984) quanto Davis (1973), explorar o significado em situações especiais. Assim, a partir dos anos de 1970, se testemunhou um número de historiadores trabalhando com o que Roberts chama de "antropólogos de retrospectiva", trazendo à vida a experiência de sujeitos no passado.

-Pritchard, outro devoto do fortemente vichiano R.G. Collingwood, tinha deixado as bases. Na "história cultural" defendida por Lynn Hunt e Chartier se vê uma certa inclinação no sentido de um desconstrucionismo modificado e de teorias narratológicas e também uma plena consciência textual dos padrões complexos da comunicação (NUSSDORFER, 1993; HUNT, 1989; CHARTIER, 1988). A história adquiriu uma sensibilidade etnográfica, principalmente na obra de investigação de Peter Sahlins (1983) sobre os fundamentos segmentários da formação da identidade na França e na Espanha pré-modernas (uma fascinante contrapartida à exploração de Shryrock do nacionalismo jordaniano moderno), e muito diferentemente, na sociologia histórica, como aquela de Charles Tilly e E.P. Thompson.

O explicitamente marxista E.P. Thompson estava intimamente atento à força das ideias religiosas na primeira fase da industrialização na Inglaterra. Roberts escreve: "Dentro dos círculos radicais na Inglaterra e nas suas extensões, a sua obra abriu a porta para a maior significação de estar ligado a valores culturais na análise social. Desde o final dos anos de 1960, a disponibilidade da obra de Gramsci em traduções e a crescente reputação do erudito literário Raymond Williams aumentaram a influência de Thompson nos circuitos da *New Left Review* e em *Past and Present* e promoveram uma crescente atenção dada à dominação cultural e aos modos de resistência" – temas que deviam produzir alternativas radicais nos "estudos culturais" em Birmingham, assim como influenciar a "Teoria da Resistência" de James Scott e do grupo de Estudos Subalternos (lançados na Índia em 1982). O *Elementary Aspects of Peasant Insurgency* (1983) de Ranajit Guha é um exemplo da obra desse último grupo: um estudo das insurreições camponesas na Índia britânica do século XIX retrata "o campesinato como um sujeito da história, dotado, em seus próprios termos, de suas próprias formas distintas de consciência e ação no mundo" (CHATTERJEE, 1993: 160). Roberts observa que "o seu interrogatório detalhado de textos para juntar as práticas camponesas e a semiótica da resistência torna o trabalho eminentemente uma obra de antropologia histórica". Da mesma maneira, outros desenvolvimentos paralelos desafiaram as hegemonias existentes. Historiadores feministas, principalmente Luisa Passerini e a Cooperativa Feminista de Milão na Itália, resgataram principalmente as vozes daqueles oprimidos pelo fascismo, pelo patriarcalismo e pela sociedade consumista do capitalismo tardio.

Roberts observa que "é o foco de Thompson sobre os momentos episódicos e os agentes subjetivos em ações contínuas nessas ocasiões que merece atenção". A "história do povo" resultante disso, que buscou "escrever uma 'história vinda de baixo' baseada em arquivos" e focalizada nas classes inferiores e nos segmentos esquecidos da sociedade em particular (SAMUEL, 1981: xv), uniu-se com as micro-histórias localizadas de escritores como Carlo Ginzburg na Itália. A influência de Ginzburg na antropologia foi, entretanto, considerável, e influiu pelo menos na produção de uma refinada etnografia – um estudo dos efeitos modernos de um processo de "desencantamento cultural" que levou ao colapso do sistema de crença que Ginzburg tinha tão detalhadamente pesquisado na mesma região da Itália (HOLMES, 1989).

A micro-história, um termo particularmente popularizado por Ginzburg (1980), não foi sem críticas. As objeções que ela demonstrou se comparam grandemente com a forte acusação de "anedotário" tão frequentemente levantada contra a antropologia. Assim, por exemplo, Philip Abrams afirmou que é ingênuo apresentar momentos ou pessoas selecionados como uma representação da realidade do passado; e é duplamente ingênuo admitir que indivíduos pudessem "dar ao historiador ou ao sociólogo relatos irrefletidos, porém acurados, do significado das suas próprias vidas – ou mesmo explicações refletidas". Contra estes esforços, ele argumenta que "o passado... somente pode ser conhecido em termos de algum esforço consciente de teorizá-lo, e que qualquer esforço assim envolve um reconhecimento do sentido no qual as realidades sociais são estranhas, relativas e não diretamente acessíveis a nós – um reconhecimento da extensão na qual o conhecimento deve ser um ato de estranhamento" (ABRAMS, 1982: 328-329).

A noção de que o conhecimento é uma forma de "tornar estranho" é inteiramente compreensível à imaginação antropológica, e ressoa também com algumas visões da arte literária. Mas isto não significa que esta "desfamiliarização", para usar o termo literário, nunca seja concedida àqueles que estudamos. Realmente, aqueles que vivem nas margens políticas das sociedades estatais podem ser especialmente sensibilizados pela semiótica do poder. Não é coincidência que formas desestabilizadoras do jogo de palavras, por exemplo, pareçam florescer precisamente naqueles lugares limiares (cf., p. ex., o clássico estudo de Labov (1972) sobre o discurso próprio da cidade nos Estados Unidos). Os pastores com quem eu trabalhei em Creta estavam bastante conscientes não somente da singularidade de sua própria situação marginal, mas também dos processos históricos que os expulsaram para as margens da sociedade grega, embora reivindicando as suas virtudes estereotípicas – coragem, inventividade, hospitalidade e principalmente toda a sua resistência contra a autoridade imposta – para o próprio Estado-nação.

Também Hobbles Danayarri, um comentador perceptivo, se é que existe um, exige ser ouvido por quem quer que reivindique não ouvir somente as vozes dos poderosos. No Yoruba oriki, na recauchutagem da história jurídica nacional dos Cumbales, na produção Ohafia da memória histórica através da dança, e na interpretação dos Cibecue Apaches da paisagem física que eles habitam, podemos ouvir alternativas às histórias contadas por aqueles poderosos. Eles, literalmente, falam a "verdade do poder"; e assim o poder é derrotado.

Estas inversões não somente dizem respeito às primeiras colônias e aos povos do Terceiro Mundo. A rejeição da história vinda de baixo também excluiria partes significativas da população europeia. Assim como a antropologia começa a vida como um pilar do colonialismo, também os estudos de folclore apoiaram os objetivos hegemônicos das elites educadas – precisamente aquelas pessoas cuja "invenção da tradição" foi tratada por Hobsbawm e Ranger (1983). E, contudo, a sua solução – ver a construção da cultura folclórica nacional como uma construção puramente da elite – é também inadequada e, ironicamente, elitista. Ela omite o papel de pessoas comuns nos incessantes processos de reformulação, e, tanto quanto fez a própria obra inicial de Hobsbawm sobre o banditismo social (1959), trata-as mais como joguetes da ideologia dominante do que às vezes fazem agentes bastante deliberados a respeito do seu próprio destino.

Aqui, o trabalho de campo antropológico vem para o resgate. Um exemplo especialmente brilhante é fornecido pelo estudo etnográfico de Casas Viejas de Jerome R. Mintz, lugar de um dos mais sangrentos conflitos da Guerra Civil Espanhola (1982). Concentrando-se nos relatos orais de sobreviventes e situando-os dentro do seu íntimo conhecimento das relações sociais locais, ele foi capaz de mostrar até onde os atores locais foram influenciados por considerações de ideologia e até onde tanto as explicações fascistas quanto as marxistas da sua aceitação dos princípios anarquistas e da liderança carismática omitiram o seu próprio interesse ativo em remodelar a tirania da Igreja e do Estado nos princípios familiares de moralidade. As uniões de "amor livre", por exemplo, implicavam mais uma rejeição do controle da moralidade pela Igreja do que uma revolta contra a moralidade como tal, e o sentido de comunidade moral forneceu uma razão mais convincente para a resistência sustentada do que fizeram os dúbios talentos dos provocadores da ralé local. Estas percepções trazem novos dados para carregar o passado, permitindo uma reinterpretação que é agora amplamente mais atenta à memória local (p. ex., MADDOX, 1995).

Os exemplos podiam ser facilmente multiplicados. O relato de Sharon Roseman sobre a construção de estrada na Galícia (1996), por exemplo, fornece uma percepção especialmente convincente das conexões entre o separatismo cultural e a resistência ao regime franquista. No meu próprio trabalho sobre a conservação histórica em Creta, eu tentei ilustrar as maneiras como as interpretações oficiais da história cultural – particularmente a sua ênfase nos modelos neoclássicos e "ocidentais" – entram em conflito com a economia local, a dinâmica de gênero, as histórias familiares e a afirmação do regional à custa do orgulho nacional (HERZFELD, 1991). E, nos Estados Unidos, Richard Handler e Eric Gable (1997) demonstraram as tensões que jazem sob a superfície risonha do lugar histórico nacional e as narrativas que se espera que o quadro de funcionários – com suas diferentes origens no fazendeiro colonial e nas populações escravas – fazem para os visitantes.

Um instrutivo resultado da glorificação da "tradição" local por ideologias nacionalistas e regionalistas foi colocar num pedestal os portadores da herança gloriosa – e este é um pedestal que nitidamente os confina: eles veem a sua ação seriamente restringida, visto que podem facilmente ser recusados como "atrasados" ou "localistas". Realmente, o discurso do localismo na Inglaterra teve precisamente este efeito (NADEL-KLEIN, 1991). Um resultado disso é que as pessoas locais frequentemente recorrem a fontes "autorizadas" para as "suas tradições", de um modo que indexa uma dinâmica poderosamente desigual (p. ex., COLLIER, 1997). Os antropólogos não estão imunes à vinculação nesta dinâmica: disseram-me uma vez que um jovem numa aldeia próxima era o dono de um "arquivo" pessoal sobre o roubo de animais em Creta, a ser mostrado apenas, com muita cerimônia, no meu *The Poetics of Manhood*! (HERZFELD, 1985). Os antropólogos estão longe de ficarem imunes à cooptação pela tentativa dos grupos locais em cooptá-los como eruditos autorizados para o propósito de legitimar interpretações específicas do passado.

Os antropólogos, no entanto, estão habitualmente comprometidos com formas resistentes de fechamento narrativo que concederiam poder a uma facção ou grupo particular. Um sinal da mudança antropológica distante das fontes formais do conhecimento histórico tem sido o foco atual sobre a memória – e sobre o esquecimento – como a fonte da história. Destas coisas, a memória tem a mais respeitável linhagem na teoria social, à qual foi dada expressão especialmente convincente por Maurice Halbwachs (1980). Mas a sua contrapartida negativa teve também uma história venerável. A análise da genealogia, por exemplo, teve de dar conta dos dispositivos seletivos por meio dos quais uma sociedade nominalmente unilinear mantém a autoridade e o capital social compartilhado de um ancestral épico que permitem gerações intervenientes caducarem – linhagem "telescópica" ou "amnésia estrutural" (LEWIS, 1961). Da mesma maneira, respostas sistemáticas do esquecimento podem ocorrer na retórica da passagem das gerações, como na minha própria cunhagem da "amnésia estrutural" (HERZFELD, 1997a). Realmente, a nostalgia é um termo útil para a cristalização do desejo pessoal como uma representação temporariamente e socialmente incorporada do passado, e isto assume muitas formas e legitima muitas histórias (cf., p. ex., ROSALDO, 1989; STEWART, 1984).

É útil nesse ponto distinguir entre a memória, um processo psicológico, e a lembrança, um processo social; e entre esquecer, por um lado, e formas mais sistemáticas de obliteração ("esquecimento"), por outro (cf. DAKHLIA, 1990). Lembrança e esquecimento podem ser os fins desejados de processos sociais correspondentes, mas o sucesso com o qual eles são induzidos nunca é certo, pois todos os estados psicológicos internos são por definição, em última análise, opacos e, portanto, resistentes às administrações da "polícia do pensamento".

Realmente, vários ensaios numa coleção recente e importante sobre a memória em sociedades socialistas e pós-socialistas (WATSON, R., 1994) mostram claramente que o esquecimento pode ser uma estratégia de dissimulação, que permite a conservação de longo prazo de pensamentos proibidos – a preservação de lembranças, de fato.

A monumentalização é a face oficial de um fenômeno mais geral por meio do qual os arranjos espaciais são impregnados com as associações do passado. As lutas sobre as leis históricas de conservação giram em torno precisamente dessa questão: as disposições particulares de espaço codificam ideias correspondentes sobre o passado cultural, de modo que a resistência à conservação oficial pode encapsular um sentido – nunca verbalmente articulado, de fato frequentemente negado – de que a visão estatal de história não comove os atores locais, exceto, talvez, para sua irritação. Mas esta irritação é o sinal de um envolvimento mais radical, porque as pessoas estão bem conscientes de que a formação do seu espaço realmente pressagia, através da inculcação de uma variedade particularmente insistente, a reformulação do universo social habitual; isto é, por assim dizer, o diagrama do seu hábito reconfigurado (cf. LOW, 1996).

E os arranjos espaciais podem mesmo persistir na memória, provando que são mais duráveis nesse lugar do que tijolos e alvenaria. Assim, o gênio surpreendente da explicação de Joëlle Bahloul das relações entre judeus e muçulmanos na Argélia repousa nas múltiplas fragilidades que ela evoca: uma cortina, levemente movida para o lado, representa na memória – e ela outrora foi na prática – a separação ritual de duas comunidades confessionais compartilhando o mesmo espaço doméstico e as mesmas simples relações, até que os horrores do conflito internacional desfizeram esta simbiose para sempre. Ao reconstruir este espaço a partir das suas próprias explicações dos parentes de refugiados, narrados para ela na França, junto com as suas observações diretas e encontros com os muçulmanos ainda vivendo na composição, duas décadas depois, Bahloul estava apta a esclarecer as relações complexas que permanecem entre o espaço, a memória e a identidade, e fornecer uma explicação da afecção nostálgica com a qual cada lado lembrava do outro, apesar de suas amargas hostilidades que agora os tinha despedaçado. Ela delicadamente explora os processos históricos de divisão e de ação solidária, mostrando como os atores locais espacializam estes processos – nos quais a violência praticada a profundas afecções marca uma trajetória aparentemente indelével através da paisagem de locais de moradia – tanto na prática corrente quanto nas suas lembranças reconstruídas.

Comemoração e esquecimento podem de fato estar mais proximamente relacionados do que parece. As práticas de nomeação comemorativas que têm por objetivo "ressuscitar" as primeiras gerações finalmente tiveram o efeito de apagar as identidades históricas através da repetição, criando uma amnésia estrutural que corresponde, no nível do discurso nacionalista, à eliminação das identidades individuais em nome de uma causa comum (como no Túmulo do Soldado Desconhecido) e a uma atitude de proprietário em relação ao nome nacional como alternativa (ANDERSON, B., 1983); realmente, onde a transmissão dos nomes pessoais equilibra a comemoração no curto prazo com a ideia de absorção final na identidade coletiva do grupo de parentesco, isto pode levar a uma expressão poderosa da possessividade, tanto em relação ao nome regional quanto em relação ao território que ele indica (p. ex., SUTTON, 1997).

Dar nome é um espaço no qual a tensão entre uma unidade externamente exibida e o reconhecimento interno da diferença e do desacordo pode ser expressa. Os símbolos nacionais – uma monarquia, uma bandeira, um conjunto de monumentos – são outros tantos espaços. Na análise etnográfica de Shryrock a respeito do nacionalismo jordaniano, vemos a continuidade do conflito que se agita em torno das questões de comemorações, logo abaixo da superfície suave da retórica da unidade nacional. A análise de Shryrock é também uma excelente ilustração do que eu chamei de reflexividade cultural: ele considera o efeito de suas próprias expectativas culturais sobre os seus dados e, reciprocamente, aquele dos valores sociais locais sobre as práticas acadêmicas e autorais na Jordânia. Esta autocomparação coletiva é especialmente útil para tornar modos diferentes de fazer história explícitos, porque ela desafia o pressuposto de que toda a história deve recuperar a mais detalhada explicação factual possível: a maior parte, descobrimos, não é. A análise de Shryrock levanta, para o nível inclusivo da análise transcultural, uma consciência mais geral de que a história é sempre dependente de pressupostos subjacentes, muitos deles políticos, mas também éticos e sociais (não que estes sejam realmente domínios separados). Estes pressupostos são habitualmente tão autoevidentes, tanto uma questão de "senso comum", que são localmente resistentes ao desafio – ou, às vezes, especialmente – mesmo a partidos cujas disputas de interpretação dependem da sua aceitação comum dos próprios pressupostos. Interpretadas sob essa luz, as acusações de violação da verdade histórica – uma favorita dos líderes nacionalistas e também de herdeiros litigiosos – surgem como claramente dependentes de alguma espécie de acordo sobre que *tipo* de coisa constitui a história "real".

Os princípios envolvidos constituem uma classificação local e cultural dos acontecimentos, e uma hierarquia de significação – daquilo que seria considerado importante. Assim, retornamos aqui a um velho elemento antropológico: a análise da classificação. Nesta época, contudo, o sistema de classificação estudado não é necessariamente aquele dos povos exóticos ou de camponeses iletrados (embora a análise não exclua aqueles que são às vezes assim descritos). As próprias modalidades da história se tornaram objetos etnográficos, num exercício – exemplificado num idioma pela obra de Hanson e Valeri – que se une ao projeto vichiano de Hayden White de identificar o tropo dominante em cada fase da historiografia ocidental, na intenção, quando não sempre em método.

Duas mudanças posteriores distantes da antropologia convencional acompanham este movimento. Primeiro, reconhecemos as capacidades historicizantes das pessoas que podem não falar como os historiadores acadêmicos ocidentais, e realmente podem não historicizar absolutamente pela fala; eles podem ser eloquentes em silêncio, no gesto ou na dança. E, segundo, reconhecemos que a própria classificação não é o agente de pensamento, mas meramente – embora importante – o seu meio imediato. Dessa maneira, reconhecemos a ação individual – aquela de Hobbles Danayarri, por exemplo – e a sua capacidade, através da ironia e de outros meios, de lançar destruição às categorias impostas sobre o passado por aqueles que atualmente seguram as rédeas do poder.

O passado é para o presente o que a tradição é para a Modernidade?

Michael Roberts vê a história antropologizante como "um projeto geral que sustenta que este conhecimento histórico não é nem direto nem facilmente cognoscível; e que busca ressaltar as vozes que são omitidas nas narrativas dominantes da ordem global contemporânea". Eu segui aqui rigorosamente esta prescrição, embora eu vá também logo dificultá-la com a insistência de David Scott para que também examinemos a produção do discurso colonial – uma boa ilustração do que chamei de "reflexividade cultural". O artifício aqui é aquele de estudar as elites como se elas fossem marginais: George Marcus, por exemplo, faz isso com a sua análise do "estranho dinástico" entre as ricas famílias do petróleo de Galveston, Texas – um fenômeno notavelmente semelhante às construções simbólicas "tradicionais" das personalidades hereditárias nas sociedades aldeãs e tribais (1992: 173-187). Exatamente da mesma maneira, podemos tratar os discursos e as práticas dos colonizadores, incluindo a sua história, como objetos etnográficos – como inversão adequada do olhar visualista.

Eu fico menos à vontade, contudo, com a visão de Roberts sobre as vozes dos despossuídos como expressando "aquelas ações e cosmologias que, segundo Valentine Daniel, pode-se chamar de ôntico místico, como algo diferente dos conhecimentos epistêmicos privilegiados atualmente". O meu mal-estar tem menos a ver com o que esses dois autores estão dizendo do que com os usos nos quais esta diferença podia ser colocada. Roberts argumenta que a distinção teórica de Daniel não podia ser confundida com os esforços habituais para separar o mito e a história a que aludi no começo deste capítulo. Certamente, esta é mais a lógica de organizar a discussão em torno de "cosmologias" e "histórias" do que retroceder a mito e história. Mas dizer, como Daniel, que o ôntico místico consiste em modos de ser no mundo em terror participativo – contrastando com os modos epistêmicos de ver o mundo, modos que têm um "assunto" (*aboutness*) para eles

(1990: 227-233, 243) – corre o risco de retroceder à velha discriminação de Lévy-Bruhl entre uma mentalidade primitiva e uma mentalidade racional moderna (cf. tb., para uma formulação mais revisionista, TAMBIAH, 1990). Podemos certamente recuperar a distinção que Daniel está fazendo mantendo-a também para as sociedades industriais – isto é, rejeitando a ortodoxia weberiana de que a modernidade é uma condição de desencantamento. Pode-se desejar seguir, certamente, os processos de desencantamento que foi a perspectiva histórica que Holmes perseguiu na sua etnografia, no acompanhamento das pesquisas de Ginzburg no norte da Itália. Mas não podemos admitir – e Daniel e Roberts claramente não admitem – que estes desenvolvimentos sejam unilineares, logicamente necessários, ou qualitativamente evolucionistas, pois isto pode trazer como resultado reduzir a história às estruturas mitológicas do próprio colonialismo.

Este, em fino disfarce, é o dilema de se é útil ou não falar de sociedades "modernas" e "tradicionais". Estes termos representam uma dificuldade característica para a antropologia, porque fazem parte da nossa própria retórica recebida, mas também se tornaram cada vez mais importantes para muitos povos que estudamos, alguns dos quais estão empenhados em resgatar ativamente a sua herança, as suas tradições, inclusive a sua cultura – termos com os quais os antropólogos anteriores, em tempos mais descomplicados, estiveram outrora à vontade. Exercícios de definição fazem necessariamente pouco mais do que afirmar que a modernidade é "uma atitude ideológica, uma expressão de um modo específico de ver e compreender as coisas no tempo, na continuidade e também na ruptura". Como Olivia Harris (1996: 3) coloca, o "momento modernista é constituído pela ideia de ruptura" – mas se deve perguntar: ruptura de quê? E se deve também perguntar: quem define a ruptura – que para alguns atores, como aqueles que não achavam a repressão soviética diferente da repressão cesarista, podem simplesmente ser "a mesma coisa".

Realmente, as experiências do estilo soviético com o "socialismo realmente existente" eram em alguns aspectos não menos consumista, burocrático e racionalista do que os sistemas ocidentais rotulados de "capitalistas". As direções que estes dois movimentos tomaram nasceram das preocupações intelectuais burguesas, que podem ser livremente resumidas como uma ideologia progressista, que resulta no sentido de uma certa condição "contemporânea" – embora nunca tenha ficado totalmente claro o que esta condição era, além de uma bem-sucedida emulação das realizações industriais ocidentais. Apesar (ou talvez por causa de) sua centralidade para a própria identidade da antropologia como um campo erudito, a "modernidade" somente começou a aparecer recentemente nos títulos de livros de antropologia. Mas é já claro que não podemos razoavelmente falar de uma simples modernidade essencial, pois cada uma delas tem a sua própria história (FAUBION, 1993); mesmo admitindo por ora que o termo é suscetível de definição, ele deve ter algum tipo de especificidade temporal e espacial – modernidades plurais – caso queira ter algum valor analítico.

Na Ásia, por exemplo, a própria ideia de equiparar o "moderno" com o "ocidental" é não somente compreensivelmente insultante, mas é comprovadamente sem sentido (ONG, A. 1996). Aihwa Ong conta como as noções de características especiais do povo chinês foram alimentadas e o prestígio que agora está sendo atribuído ao papel dos chineses ultramarinos, especialmente de Singapura. O "capitalismo com características chinesas" está se redefinindo como uma força global, diferente do capitalismo e da racionalidade ocidentais, derivado de uma ética familiar confuciana e de uma variedade de redes internacionais (*guanxi*). A China, assim avança o argumento, tem a sua própria racionalidade confuciana superior de séculos e não tem necessidade de pedi-la emprestada ao Ocidente. Em outras palavras, os próprios fatores que Weber viu como sendo obstáculos para iniciar o desenvolvimento capitalista na China estão sendo propostos como o segredo do sucesso dos negócios chineses atuais. Mas está também claro que a modernidade "ocidental" está também enraizada em estruturas simbólicas e valores culturais arbitrários – e não tem mais alcançado com sucesso uma transcendência universal. O "globalismo" é propriamente um símbolo e uma ideologia, não uma verdade evidente.

Outros países asiáticos estão desenvolvendo um sentido semelhante de uma modernidade mais ampla, pan-asiática que os inclui também. Estas formulações não são mais nem menos etnocêntricas do que aquelas que elas substituem. Ong discute as obras do historiador revisionista japonês Hamashita, que afirma que é uma distorção conectar a modernização japonesa com o bombardeamento do Comodoro Perry. Em vez disso, diz ela, isto era a inauguração de uma crua interrupção de um desenvolvimento que estava já a caminho na base do sistema tributário do comércio do sul da Ásia controlado pela China, mas no qual os mercadores japoneses e chineses disputavam durante os primeiros anos. Da mesma maneira, Richard Hall afirma que havia uma rede altamente desenvolvida de comércio se estendendo dos Estados do Golfo até a China e que estava centrado na Índia. Foram os portugueses, que chegaram no final do século XV, que deram início à eliminação desse comércio e à sua reorientação em torno dos interesses das nações europeias (HALL, R., 1996a, 1996b; SUBRAHMANYAM, 1990). E esta situação reapareceu atualmente de forma aguda, como Don Robotham, seguindo Aihwa Ong, aponta. Isto está claramente indicado pelos fracassos das primeiras potências coloniais de manter o controle das suas próprias modernidades – como testemunham o pesado investimento japonês na City de Londres, o controle coreano das maiores firmas francesas, e assim por diante. O resultado disso foi uma crise de identidade acompanhada, para os primeiros dominadores, pela crise representada pelo poder local emergente de "novos europeus" que são oriundos das ex-colônias ou de outros países outrora vistos como seguramente distantes e exóticos.

Mas a crise da Modernidade na Europa aparece numa outra forma, também não menos aguda. Costumava ocorrer que alguns países definiram o que a Modernidade era: havia uma hegemonia interna dos Estados europeus, tão poderosa à sua própria maneira quanto a colonial, e largamente delineada nela – afinal de contas, o colonialismo era a maior fonte da extraordinária riqueza daqueles poucos países. Isto gerou dilemas agudos para os países mais pobres da Europa. Por um lado, como vimos, há a questão de se o passado comunista do bloco oriental podia ser tratado como "moderno" ou como "atrasado"; por outro lado, Grécia e Chipre – lugares de um dos mais prolongados debates sobre o significado de identidade "ocidental" ou "europeia", exatamente porque estes países, junto com a Turquia, constituem uma percepção geográfica da fronteira conceitual entre o Ocidente e o Oriente – exploram modelos tanto de emulação quanto de antítese ao que é visto como típico da Europa Ocidental e da América do Norte.

A situação dos gregos é talvez a mais reveladora de todas, porque a sua posição ambivalente – ancestrais da "civilização ocidental", mas também "orientalizado" nas margens – põe a relação entre Modernidade e identidade em relevo acentuado. Pelo menos três recentes estudos da sociedade grega falam da Modernidade como tal: Vassos Argyrou (1996a) documentou o processo de modernização em Chipre como um investimento no capital simbólico "ocidental"; James Faubion (1993) afirmou que a modernidade grega se adapta às exigências de uma compreensão weberiana do termo, mas também possui os seus aspectos culturais distintos, como fazem todas as outras modernidades; e David Sutton (1994) documentou etnograficamente o jogo retórico de "modernidade" e "tradição" para mostrar como estas questões epistemológicas se tornaram politizadas no nível da interação local. (Pode valer a pena observar que o mundo de fala grega, situado num estado de grande ansiedade e ambiguidade a respeito da exata natureza das suas relações com a "Europa", experimenta fontes paralelas de mal-estar, quando confrontado com o igualmente problemático espectro da "modernidade".)

Assim, por exemplo, o argumento de Sutton dá uma inflexão intrigante – talvez uma inflexão que podia apenas ser revelada através da utilização de métodos etnográficos – à afirmação irônica de Hubinger de que "o conceito de modernização assumiu o significado de 'pertencer à civilização ocidental contemporânea'", sendo esta última um objetivo ao qual o mundo supostamente aspirava *en masse*. Quem quer que não pareça compartilhar desta opinião, por qualquer razão que seja, era classificado como "atrasado" ou "distante" – metáforas localmente internalizadas de espaço, reproduzindo aqui as presumidas temporalidades de uma visão evolucionista – e condenado a desaparecer no futuro previsível. Mas a Modernidade assim concebida não é uma exclusiva propriedade do "Ocidente", ou mesmo de países que reivindicam ser industrializados. Não seria preciso muito esforço para encontrar ilustrações disso em muitas ideologias teleológicas, desde as antigas mitologias até as atuais doutrinas religiosas e políticas, incluindo o marxismo-leninismo (cf. FUKUYAMA, 1992).

A esse respeito, um antropólogo devia olhar desconfiadamente para muitas formulações da modernidade de Anthony Giddens, como representando uma ruptura única dirigida pelo Ocidente. Que realmente houve uma tal ruptura está fora de questão, como vemos na avaliação de Talal Asad e David Scott a respeito da consequência do colonialismo, mas chamar isso de "modernidade" é problemático por duas razões: isto convida à fusão de muitas diferentes respostas às causas específicas da ruptura, especialmente o colonialismo e a propagação repentina de algumas tecnologias; e isto também omite a frequência e a quase ambiguidade com as quais estas ideologias de antes e depois ocorreram. "Na maior parte, foram os intelectuais ocidentais que se mostraram como os prisioneiros das concepções tradicionais que sustentam uma rígida e exclusiva distinção entre o 'tradicional' e o 'moderno'... Ficamos presos na lógica das dicotomias recebidas" (SAHLINS, M., 1992: 21).

Mas não fomos somente nós que ficamos presos aí. E Hubinger observa que, numa discussão sobre a ética da observação etnográfica conduzida na conferência de 1992 da Associação Europeia de Antropólogos Sociais (Easa) em Praga, "foi notado, com alguma amargura, que no debate que se seguiu ninguém da Europa Oriental tomou parte e quando o escrito discutido foi posteriormente publicado em Czech (SCHEFFEL, 1992), virtualmente ninguém deu qualquer atenção à questão". Ele acrescenta: "O que era uma ardente questão no Canadá e em outros lugares, encontrou a comunidade antropológica [e etnográfica] de Czech imersa em problemas muito diferentes". A irrelevância política da antropologia para algumas visões da modernidade pode propriamente ser um sinal de como as pessoas estão construindo a modernidade como uma ideologia: como a marcha para o progresso, medido em termos econômicos e tecnológicos, e como tal um restabelecimento surpreendente e incômodo do evolucionismo do século XIX, que a própria antropologia há muito tinha abandonado.

Dicotomias universais

A dicotomização do mundo entre sociedades tradicionais e modernas – entre aquelas atoladas nos primeiros tempos e aquelas que pertencem ao fluxo para frente do presente, como Fabian (1983) observou – faz parte do contexto no qual a antropologia é compreendida pelo público em geral. A luta da disciplina para escapar desta imagem pode ser mesmo pedagogicamente útil como uma maneira de demonstrar o quanto culturalmente específicas são realmente as reivindicações aparentemente não culturais da autoatribuída Modernidade.

Pois enfrentamos aqui um dilema característico. Assim como Lévi-Strauss, ao tentar distinguir entre sociedades "frias" e "quentes" para reconhecer a paridade intelectual entre duas formas de pensamento e sociedade (LÉVI-STRAUSS, 1966), terminamos reproduzindo a própria distinção que estávamos tentando dissolver. O procedimento habitual nesse ponto seria continuar numa outra rodada de desconstrução e reagrupamento. Mas eu afirmaria que o valor destas formulações repousa, paradoxalmente, na sua inadequação. Isto é compatível com um modelo crítico e pedagógico da antropologia, que nos ajuda a vê-las não somente como ferramentas analíticas inadequadas, mas também como uma tensão perturbadoramente persistente no pensamento popular em todo o mundo.

O dilema pode, em todo caso, não ser possível de resolver. Ele conflita beneficamente com os pressupostos cartesianos sobre a natureza do conhecimento; ele certamente se arrisca a momentos difíceis na sala de aula, onde os estudantes às vezes parecem almejar respostas autorizadas. Mas se render a este desejo seria injusto com eles, assim como com as pessoas que estudamos. Pois esta resolução fácil destrói a complexidade da tarefa hermenêutica na qual todos os antropólogos, mesmo os mais inclinados ao positivismo, necessariamente se envolvem. É provavelmente a descoberta constante dos antropólogos dos limites práticos da sua própria compreensão no trabalho de campo, às vezes sob condições sociais mais embaraçosas, que incentiva esta resistência ao fechamento intelectual, mesmo quando os seus próprios modelos se tenham tornado a postura mais conveniente.

Tambiah (1990), tal como Daniel, ressuscitou a noção de participação. Mas nessa consideração – tal como, por extensão, na de Daniel, e muito diferente do que vemos no esquema evolucionista de algumas décadas atrás – não há nada que nos previna contra ver a ciência e a razão como qualidades imanentes de um grupo social que rigorosamente lembra a essência divina (Kwoth) ou a noção de "talento" musical dos Nuer (KINGSBURY, 1988); aqui, o Ocidente não parece diferente das sociedades tradicionalmente estudadas "no campo". Talvez esta seja a mais útil conclusão que podemos tirar dos estudos como o de Shryrock. Eles não vêm profundamente a favor de uma visão que divide o Ocidente do resto. Ao contrário, eles apontam semelhanças inesperadas entre as formas de fazer história – semelhanças que se tornaram possíveis e visíveis somente porque elas envolvem a própria possibilidade da diferença.

A maioria das definições antropológicas do mito pode ser aplicada muito diretamente ao fazer história ocidental, especialmente às diversidades oficiais: como um alvará para o presente (Malinowski), como uma exploração e eliminação da contradição social (Lévi-Strauss, Leach), como uma explicação das origens (Eliade). A historiografia nacionalista é especialmente adequada para uma visão durkheimiana de que a religião é sociedade adorando a si própria (DURKHEIM, 1976): quando um Estado-nação é criado, não somente faz os comitês políticos e os corpos legislativos escreverem leis e constituições com uma intenção claramente teleológica, mas também cursos e disciplinas inteiras aparecem nas universidades e nas faculdades com o propósito de ensinar – e encontrando evidência de sustentação – uma história unitária. O seu objetivo é legitimar o novo *status quo*, explorando as ideias de origem distantes de tempo e espaço, um passado que está, de fato, fora do tempo – que existiu, numa expressão espetacularmente reveladora, "desde o tempo imemorial".

Contudo, como Valeri tão razoavelmente pergunta (1990: 161-162), "por que esta importância atrelada em encontrar as regras do presente encarnadas no passado?" Shryrock (1997: 322) inverte a questão, atribuindo aos antropólogos ocidentais uma relutância generalizada, fundada na sua própria herança ideológica, em conceber um modelo genealógico do passado, afirmando que esta atitude não tem permitido a eles muito espaço no qual assumir seriamente formas genealógicas da história como representações do passado com direito próprio. Nem eles pareceram pensar ser necessário explicar "por que a legitimação [deveria] residir na duração" – por que "o tempo se torna uma medida de valor" (ROBERTS, 1994: 202). E Roberts observa o questionamento explícito de Taussig a propósito do funcionalismo unitário de Malinowski, com a sua ênfase na magia (e, devemos acrescentar, no mito) como uma forma de ação terapêutica: "este modo de interpretação é inaceitável, porque ele pressupõe muito o que precisa ainda ser explicado – os motivos ricamente detalhados e a configuração precisa dos detalhes que constituem as crenças e os ritos em questão" (TAUSSIG, 1980: 14). Roberts, como Taussig e Valeri, rejeita estas explicações como muito grosseiramente teleológicas ("funcionalistas").

Realmente elas são. Mas, em determinados momentos, assim é a noção de valor. Nós ainda não explicamos por que o passado aparece para conferir legitimidade. Para responder esta questão, devemos inverter a etnografia. Somente assim, num processo que resiste às hipóteses fáceis sobre a necessidade psicológica ou econômica, podemos começar a identificar a ação por meio da qual o passado é percebido e também convertido numa fonte de valor contestável. Até agora, o modo dominante tem sido tomar esta conversão como dada e tratá-la como descomplicada e culturalmente invariável – razão por que, como Shryrock e outros agora afirmam, foi tão difícil compreender a enorme variedade de idiomas culturais nos quais a história pode se tornar significativa.

Por isso mesmo, podemos querer tratar as várias explicações teleológicas e instrumentais mais como parte da etnografia do que da teoria. Podemos, em outras palavras, tentar descobrir quem investiu as explicações utilitaristas com a autoridade local. Frequentemente me foi dito pelos aldeões cretenses, por exemplo, que a vingança de sangue é um refinado impedimento ao homicídio, em contraste com a fraca autoridade do Estado. Para quais interesses estas reivindicações funcionalistas servem localmente? Estas são questões a respeito da ação – sobre a ação oculta dos poderosos, assim como sobre a ação rebaixada dos fracos.

Este modo analítico dissidente – que pertence a um projeto histórico mais amplo de reorganizar o quanto a teoria antropológica tem produzido mais com os comentários dos informantes do que solitariamente nas nossas próprias filosofias – pode causar um prejuízo mais efetivo aos preconceitos recebidos. Aqui, o estudo antropológico das sociedades historicamente documentadas se torna particularmente importante, porque nos permite traçar através do tempo aqueles processos por meio dos quais as teleologias envolvidas são inventadas, não como teorias (explicações abstratas do que é o "nosso lá fora"), mas como práticas (justificações pragmáticas do que é o "aqui"). Assim, quando examinamos as sociedades nas quais o processo de fazer história pode ser documentado, podemos buscar as fontes desta teleologia nos motivos expressos de nacionalistas, burocratas e outros: "Devemos colocar esta história no lugar certo, de modo que a nossa autoridade esteja segura". E a história somente estará no lugar certo – se estiver – se ela seguir os idiomas culturais atualmente dominantes da autoridade.

A não permanência do permanente: este é o desafio para a autoridade secular, e é também o ponto de intercessão entre a história e a antropologia. Embora os antropólogos anteriores tentassem estabilizar as suas observações em termos de sistemas, modelos e estruturas estatais, é claro que a vida social é sempre em algum sentido processual (MOORE, S., 1987): mesmo quando nada muda, esta condição é experimentada em termos históricos – como uma falta de capacidade de resposta, como um baluarte contra a imoralidade e a contaminação, como a tragédia das margens deixadas de lado. Contudo, é também nessa condição que os antropólogos, que trabalham no campo, frequentemente compreendem as primeiras agitações da mudança observável.

Quando a mudança maciça de fato chega, ela traz outras tentações, principalmente o desejo de demarcar uma nova era, de colocar uma cerca de "postes" ao longo da paisagem epistemológica e política: pós-modernismo, pós-socialismo, pós-colonialismo. Às vezes, esta linha de postes parece mais como sendo o começo do fim: o colapso dos regimes socialistas, por exemplo, exerceram um efeito mais moderado nos intelectuais do Terceiro Mundo, que viram materialmente expresso neles, ainda que de modo imperfeito, o único meio viável de combater os males do capitalismo e do colonialismo. A condição pós-colonial pareceu mais sombria do que nunca.

Don Robotham e David Scott afirmaram, no entanto, que há agora novas oportunidades, e que estas não são mais bem-entendidas exclusivamente em termos de pós-colonialismo. Robotham, em particular, rejeitou o termo "pós-colonial" (e com ele o termo "pós-moderno"), para reconhecer, como fizeram Aihwa Ong e James Faubion, a possibilidade de definir múltiplas modernidades. Embora a compressão desse argumento aqui vá necessariamente distorcer a sua lógica e ocultar algo da sua complexidade, é importante justapor o seu foco do Terceiro Mundo com a dinâmica de modernidades emergentes em outros lugares, principalmente na Europa Oriental, onde existem incentivos paralelos para separar a "modernidade" de uma formação histórica de um "Ocidente" dominante.

Como ele aponta: "O atual pessimismo pós-colonial também brota de fatores internos conectados com os externos. Hoje, em muitos países em desenvolvimento – México e Índia são óbvios, mas de nenhuma maneira casos isolados – há um forte sentimento de desespero baseado no que é percebido como sendo o fracasso das elites nacionalistas locais em serem fiéis à causa e perceberem os objetivos do movimento nacionalista. Quer se trate da propagação do chauvinismo hinduísta na Índia ou a onda de crime e corrupção no México, na Colômbia ou na Jamaica, um mal-estar gerado internamente parece envolver muitos países em desenvolvimento, sendo a África talvez o caso mais desesperado de todos". Robotham sugere, contudo, que este pessimismo, que é também uma crise de identidade, não pode mais ser justificado: "A verdadeira história global está parecendo não ser a história negativa sobre a queda do socialismo, mas algo muito mais complicado sobre a emergência da Ásia. É este crescimento do que Ong chama de 'modernidades alternativas', e o que eu aqui chamo de 'novas modernidades', que é a marca do novo período" – pois Robotham explica: "Não é que outras formas de conhecimento e produção ética fossem ignoradas. Algumas tradições foram abraçadas como um jardim encantado para que os alienados encontrassem refúgio contra a 'gaiola de ferro' de um mundo racionalizado, num drama de alienação, resignação, força moral e redenção inclusive mais heroicamente ocidental. Muitos (não todos) ocuparam lugares honrados, mas dentro de um panteão enquadrado e dominado pelo Iluminismo racionalista e individualista totalmente subordinado do Ocidente. Não importa o quanto eles foram admirados por sua profundidade, harmonia estética ou força ética, eles se tornaram marginais – na melhor fonte, materiais ou uma lâmina afiada para a grande metanarrativa histórica do Ocidente racionalista conquistador, aumentando a sua supremacia característica" – e os mesmos processos estavam em funcionamento dentro da Europa, marginalizando camponeses e trabalhadores para a maior glória das elites nacionalistas e socialistas, respectivamente. Este aspecto da história, que é também muitas vezes ignorado, não invalida a queixa pós-colonial: pelo contrário, mostrando como as formas localizadas de dominação dentro do Ocidente eram frequentemente os fundamentos práticos do colonialismo em grande escala (p. ex., NADEL-KLEIN, 1991), ele mostra o quão universal era todo o projeto de hierarquizar o mundo de uma vez por todas.

O colapso deste projeto não foi menos radical nos seus efeitos e coloca particularmente interessantes desafios e oportunidades para a antropologia. O colapso do comunismo e a transição para o capitalismo na Europa Oriental e na Ásia

Central, o fim do Movimento dos Não Alinhados, a crise da África, as árduas labutas econômicas, sociais e políticas que a União Europeia enfrenta, a emergência da Ásia Oriental (em particular, o Japão e a China), a luta dos Estados Unidos para se manter o seu *status* único como a única superpotência mundial, a revolução eletrônica e a globalização das finanças e das comunicações, a assim chamada "informatização" da sociedade (CASTELLS, 1995) – todos esses processos levantam novos desafios para todos os campos das ciências sociais, que há muito tomaram como certa a validade do paradigma de "modernização igual a ocidentalização". Se Hubinger está certo de que a antropologia tem sido sempre em algum sentido sobre a modernidade, isto é também um importante momento para um autoexame que é mais cultural e político do que pessoal – novamente, um exercício mais na reflexividade cultural do que na autobiografia.

E assim nos encontramos voltando a crítica diretamente para trás na própria antropologia. "Tradição" e "Modernidade", "o passado" e as várias condições posteriores, "mito" e "história", todas essas coisas surgem como categorias significativas operadas para fins específicos; e assim começamos a fazer a inaptidão das categorias recebidas trabalharem para nós mais como um irritante produtivo para uma posterior percepção, do que destituí-la como ineficiente e inconveniente. Isto restaura o objetivo pedagógico de induzir um desconforto criticamente produtivo que é tão central para o empreendimento antropológico. E isto, paradoxalmente, mas também construtivamente, retira a antropologia do papel de juiz num jogo de verdade no qual não há vencedores.

4
Economias

Economias no contexto

No rescaldo da Guerra Fria, dificilmente surpreende que a economia pudesse significar, para a maioria das pessoas, uma escolha entre as duas ideologias gigantescas do capitalismo e do comunismo. Em consequência, o grande desafio da antropologia – como parte da sua decocção de um "senso comum" universalista – foi se afastar da sua estreita escolha e demonstrar o quanto da sabedoria recebida da economia global é um acidente histórico. Se a economia marxista ortodoxa do tipo apoiado pelos etnologistas soviéticos há muito parecia demasiado determinista à luz dos fracassos óbvios do sistema soviético, a maioria dos antropólogos econômicos ocidentais, como Sahlins e outros alertaram, são membros – nas palavras de Nurit Bird-David – "de uma cultura burguesa, cujas noções ideológicas nucleares estão incorporadas e reproduzidas pela teoria econômica clássica" (cf. SAHLINS, M., 1996b; DUMONT, 1977).

Isto produziu vários efeitos dramáticos, todos ricamente ilustrativos da inconveniência pedagógica produtiva da antropologia. Em primeiro lugar, e mais obviamente, a total dificuldade de compreender os sistemas econômicos que nunca foram propriamente influenciados por qualquer ideologia dominante; estes, historicamente pelo menos, constituem a maioria dos sistemas econômicos do mundo. Em segundo lugar, há a questão de até que ponto podemos falar de sistemas econômicos "puros" (como os "formalistas" afirmam) ou se devemos tratar os assuntos econômicos como incorporados em outras dimensões do social e do cultural (como os "substantivistas" afirmam, e como esperaríamos de uma antropologia propriamente suspeita de universalismo ocidental). Em terceiro lugar, há a questão afim sobre se os presentes e as mercadorias poderiam ser tratados respectivamente como características de uma grande divisão entre "o Ocidente e o Resto", para adotar a expressão de Sahlins (1976b), ou se deveriam, ao contrário, ser vistos como aspectos de ambos. E, em quarto lugar, há uma questão de como calcular o incalculável – por um lado, avaliar o papel desses imponderáveis como o "altruísmo" (ele mesmo mais uma questão psicológica do que uma consequência social, a menos que o tratemos como ideologia, em cujo caso se torna material), e, por outro lado, decidir se "2 + 2 = 7" (FERREIRA, 1997) é mais bem compreendido como um exemplo de má contagem, como prova de uma pobre integração num sistema econômico global, ou como prova da legitimação de uma matemática incorporada ao capitalismo – em outras palavras, para a construção cultural do que tomamos como sendo o maior tipo alicerce do senso comum.

De fato, mesmo esta explicação é uma grande supersimplificação. Pois, como Nurit Bird-David escreve: "nunca foi fácil escrever uma introdução ao estudo das economias, e se tornou ainda mais difícil à medida que o campo se expandia. No limiar do século XXI, as três abordagens comuns previamente implantadas estão chegando ao fim de sua vida inútil. A primeira, ancorada no notório debate de campo entre Formalistas e Substantivistas, teve o seu clímax no final dos anos de 1960. Este debate é agora uma questão de análise da história da antropologia econômica – não menos sobre como o debate abriu caminho para o atual interesse culturalista pelo 'homem racional' – ou mesmo uma questão da própria análise cultural (cf. abaixo). O debate não pode mais ser visto como o eixo do estado da arte da antropologia econômica (como em HALPERIN, 1988); o campo foi muito além disso nas últimas três décadas. A segunda abordagem foi tomada como uma estrutura organizadora da divisão entre as economias capitalista e tribal, e, dentro desta última, das divisões entre 'modos de subsistência' de vários tipos ecológicos (caçadores-coletores, horticultores, pastores e camponeses: como dados parcialmente em SAHLINS, 1972). No complexo estado de coisas atual, as economias estão fortemente entrelaçadas (uma tendência acelerada, cujo começo recua até o século XIV, e talvez até antes ainda) (WOLF, 1982). As comunidades culturais interagem firmemente e se influenciam reciprocamente umas às outras. As pessoas participam simultaneamente em mais de uma economia, e muitas vezes em mais de uma comunidade cultural. Embora os modelos tradicionais sejam importantes – e alguns deles de diferentes maneiras se afirmam e se distinguem em lugar de e dentro da rede de ligações globais (p. ex., MILLER, 1955; POVINELLI, 1993) – eles deviam, não obstante, ser vistos por dentro, não como quadros paradigmáticos. A terceira abordagem se centrou sobre a 'teoria', a 'produção', o 'consumo' e a 'circulação da riqueza' enquanto seus temas separados (p. ex., GREGORY & ALTMAN, 1989). Ela dissecou o mundo com um padrão ocidental, o que torna irreconhecível muitas das peças do quebra-cabeça, incluindo os próprios humanos enquanto agentes culturais".

Neste capítulo, que é rigorosamente modelado no relato de Bird-David, eu adotarei especialmente a sua visão de que grande parte da racionalidade que informa a economia moderna é cosmológica, e isto é analisável como tal. Realmente, a economia fornece talvez o teste mais rico para o tipo de antropologia avançada neste livro, porque, como Marshall Sahlins (1976b) observou especialmente, esta é a arena na qual os pressupostos de um senso comum acima e além da cultura foram mais predominantes. A economia oferece um teste rigoroso da sua própria lógica: se os pressupostos econômicos do pensamento ocidental verdadeiramente derivam de uma lógica universal, por que as previsões econômicas tão frequentemente e às vezes tão espetacularmente fracassam?

Para contextualizar esta questão, eu proponho retroceder por um momento a um tema mais comumente associado a questões de cosmologia (em conexão com a qual ele também aparecerá num capítulo posterior): por que as pessoas parecem acreditar em sistemas conceituais que, por seus próprios critérios, repetidamente fracassam? Além disso, aqueles que apoiam estas noções absolutas de racionalidade – quando não uma premissa de pura razão, então pelo menos a premissa de uma instrumentalidade na qual a "escolha racional" é sempre previsível e transparente – parecem não menos predispostos do que aqueles que eles desprezam como sendo primitivos e irracionais a aceitar esta crença como normal. Eu bem me lembro de um historiador econômico distinto que, desafiado num seminário a explicar por que ele tinha comparado o desenvolvimento econômico de duas cidades americanas em períodos totalmente diferentes, respondeu que ele nunca tinha entendido que contingência histórica tinha de lidar com a modelagem econômica! O racionalismo, parece, pode ser não menos arbitrário do que outras cosmologias.

Um dos famosos debates sobre a cosmologia diz respeito à habilidade dos assim chamados povos primitivos para pensar o abstrato (HALLPIKE, 1979; WINCH, 1977 [1958]) – um debate que devia ecoar, com consequências práticas para as relações raciais britânica e norte-americana, nos argumentos paralelos sobre as capacidades lógicas dos interlocutores de dialetos do gueto nos anos de 1960 (cf. LABOV, 1972). A grande realização de Evans-Pritchard (1937) foi fundamentar toda esta questão no contexto social: a validação de uma reivindicação de que a bruxaria fez que o celeiro apodrecido caísse na cabeça de alguém não era o pressuposto genérico de que deve ser sempre a bruxaria que faz que estas coisas aconteçam, mas de que somente a bruxaria podia explicar o fato extraordinário de que este celeiro caiu naquela pessoa naquele momento. Isto evita totalmente a questão de se as pessoas realmente acreditavam ou não que esta era a causa, embora este aspecto da questão não aparecesse nos debates subsequentes a respeito das epistemologias nativas. A formulação de Evans-Pritchard não depende de qualquer atribuição desta condição psicológica como crença, mas ela sugere que pretensões dessa natureza eram socialmente aceitáveis – o que é uma questão totalmente diferente. E isto ajuda a explicar por que os adivinhos, que se supõe que antecipem os acidentes e encontrem as suas causas, podem se mostrar uma vez ou outra errados, sem nunca perder a sua autoridade coletiva.

Eu afirmaria que a linguagem pública da economia hoje tem um caráter bastante igual. Quaisquer que sejam os méritos eruditos da disciplina, os seus clichês são prontamente absorvidos por um público claramente ansioso por ordem e previsibilidade e disposto a tolerar o repetido fracasso como uma prova somente dos fracassos dos economistas individuais, não de qualquer fraqueza sistêmica na cosmologia que eles oferecem (eu não me atreveria a julgar a sua competência em termos internos à sua vocação). A própria falibilidade dos economistas (e de outros representantes da cosmologia racionalista) não ameaça o seu permanente estatuto enquanto uma coletividade. A força ideológica da cosmologia é muito forte, apoiada como está pela estética da apresentação racionalista – um aspecto que é fácil de apreciar se, ao contrário, nos voltarmos para sociedades não ocidentais, onde pode ser mais fácil reconhecer a importância do estilo, mesmo em cálculos aparentemente racionais (cf., p. ex., RILES, 2000: 118 e passim). Numa situação em que a experiência capitalista é relativamente nova, como na Bolsa de Valores de Xangai (HERTZ, E., 1998), o sentido de uma aura especial associada à excitação da novidade importada é especialmente resistente à clara evidência de falibilidade.

A noção de uma economia totalmente previsível é, naturalmente, uma caricatura, porque não somente muitas previsões econômicas são impressionantemente precisas, mas poucos economistas reivindicariam serem elas, em primeiro lugar, infalíveis. É também injusto julgar uma disciplina por sua imagem na mídia – antropólogos, de todos os povos, podiam ser sensíveis a isto. Mas, mesmo assim, há duas boas razões para termos cuidado com a caricatura. Os seus próprios exageros apontam pelo menos dois aspectos importantes de um fenômeno cultural mais difundido. Primeiro, na medida em que este pensamento econômico ocidental representa a elaboração de uma lógica culturalmente distinta, ele pode utilmente ser colocado num quadro comparativo; fossem as suas premissas verdadeiramente extraculturais, esta comparação realmente seria um teste refinado da pretensão – e, se não fossem, não há nenhuma razão para zombar da ideia desta comparação; somente aqueles que a temem é que desacreditam nela como uma ideia absurda. A segunda razão é mais diretamente empírica. Uma parte significativa da resposta popular para a crise econômica é gerada pelas representações da economia pela mídia, que assim tem uma relação causal com a sua evolução posterior. Então, no mínimo, podemos dizer que a economia está incorporada numa cosmologia que parcialmente determina as suas fantasias. A ideia de economistas como prognosticadores do destino pode ser de fato uma caricatura, mas é uma caricatura que realmente tem uma grande atualidade entre as pessoas que constituem a maioria dos consumidores e especuladores.

Bird-David define a questão-chave como "a incorporação da vida material na cultura, ou a constituição cultural da vida material". Mas é importante aqui esclarecer que as formas culturais são elas próprias materiais, no sentido de possuírem relações causais com aspectos mais convencionalmente vistos como materiais. Ignorar o papel da retórica, da moral ou do simbolismo como um agente causador na vida econômica é tão idiota, da perspectiva do meio-termo, como pretender que os fatos concretos de uma economia monetária não importam no nosso mundo. Termos como "economia política" e "economia moral" não são simplesmente fantasias metafóricas: eles reconhecem que cálculos culturalmente relevantes de valor podem parecer para um observador de fora ser materialmente desvantajosos – mas esta é justamente a questão, já que o observador de fora não sabe o que "importa", um termo revelador nesse contexto. E a cultura aqui significa – afirma Bird-David – não a imputação de fronteiras do Estado do analista (como em HALPERIN, 1988), nem "um código empacotado para comprar ou vender um produto antropológico [feito por e para antropólogos, como em WILK, 1996]", mas o sistema de valor daqueles cujas ações são objetos de discussão, sejam eles camponeses colombianos ou panamenhos (GUDEMAN, 1986), ou economistas ocidentais de Aristóteles a Friedman (SAHLINS, M., 1976b). Resgatar a materialidade destes fatores (ou pelo menos admitir a circularidade solipsista de pretender que eles não são materiais) deve ser uma parte do projeto da antropologia econômica que, como Bird-David afirmou, busca escapar dos dualismos – aqui simbólicos/materiais – da epistemologia cartesiana.

Certamente, é difícil escapar destes termos de referência; John Davis (1992), por exemplo, insiste que a sua abordagem é uma abordagem materialista, mesmo quando ele tenta capitalizar as maneiras de conceituar a vida econômica dos atores sociais, apontando que as pessoas agirão de acordo com o que elas pensam que é o significado normativo de uma situação, ou submissamente ou subversivamente. As ideias, em suma, têm consequências – e elas são materiais. Bird-David também sabiamente não tenta prescindir totalmente desse tipo de terminologia. Ao contrário, reconhecendo que a materialidade é mais um aspecto da vida social do que uma categoria de elementos nela, ela afirma que "uma preocupação subjacente com a constituição cultural da vida material unifica muitos estudos atuais – e não somente algumas obras oferecidas até agora como estudos de economia cultural. Este trabalho atual deve ser reconhecido pelo que ele é, principalmente, como uma escola culturalista emergente, amplamente baseada na antropologia econômica".

Isto é compatível com o argumento geral deste livro, no qual a emergência de uma atenção empiricamente fundada para a incorporação social do senso comum é central para a imagem emergente da antropologia social e cultural. É também compatível com uma crescente boa vontade em reconhecer a significação do conhecimento local como a fonte de grande parte da nossa própria teorização. Isto, naturalmente, carrega os seus próprios riscos, principalmente aquele do determinismo cultural, mas isto pode ser contrabalançado pelo reconhecimento de que estas ideologias devem estar empiricamente documentadas. Na prática, além disso, é geralmente mais fácil mostrar as influências culturais em funcionamento sobre o que até agora foi tratado como "economia pura" do que encontrar um modelo formal capaz de explicar os padrões econômicos numa variedade grande de culturas. E as economias ocidentais, num mundo por outro lado composto de sistemas socialmente incorporados, não são as exceções que elas às vezes pretendem que sejam. Elas de fato ocultam, com graus variados de sucesso, os seus traços sociais e culturais. E isto não torna os seus expoentes particularmente bem dispostos em relação à intenção de antropólogos curiosos de desenterrar precisamente aqueles traços.

Teorias locais da vida material

O ponto de viragem desse estilo de análise parece ter chegado com a percepção de que o capitalismo é propriamente um "sistema local", se isto significa que ele não pode reivindicar um *status* universal, exceto na medida em que os seus portadores coagiram o resto do mundo a aceitá-lo. Assim, Marshall Sahlins argumentou que o capitalismo ocidental é um sistema cultural cuja singularidade "consiste não no fato de que o sistema econômico escapa à determinação simbólica, mas que o simbolismo econômico é estruturalmente determinante" (1976b: 211) – e a influência global desta peculiaridade é um acidente histórico, largamente conduzido pelo imperativo colonialista. Nesse sistema, significados altamente localizados – Louis Dumont descreveu a emergência histórica do pensamento econômico ocidental como uma ideologia de Mandeville a Marx (1977) – assumiram a força de um truísmo por causa da sua ubiquidade apoiada no poder. A história social da produção e do consumo de açúcar de Sidney Mintz (e realmente a produção do consumo) ilustra bem o fenômeno. Mintz descreve a transformação do açúcar de um raro luxo estrangeiro na necessidade comum da vida moderna, desse modo mudando a história do capitalismo e da indústria (1985). A extensão etnográfica de James L. Watson sobre o alcance global dos arcos de ouro de McDonald (WATSON, J., 1997) acrescentou uma importante dimensão: a atenção para os modos nos quais este localismo globalizado pode ser localmente reinterpretado, sendo os hambúrgueres investidos com diferentes avaliações culturais em Seul, Pequim e Tóquio. (Mesmo no interior das sociedades ocidentais, o local pode ultrapassar o global, pelo menos no nível da organização social do gosto: a pesquisa de mercado supostamente forçou as companhias de *ketchup* americanas a tornar os seus produtos mais doces no Meio Oeste, mais apimentados no Texas e mais fortes no Nordeste – quase uma paródia dos estereótipos incorporados e consumidos.) Os pressupostos ocidentais sobre a globalização têm algo como o sabor de uma fé desejosa (*wishful thinking*) ideológica: Berdahl (1999b), no entanto, mostra como a nostalgia pelo produto local fora de moda de uma era soviética passada pode indexar sentimentos poderosos de aversão contra a marcha implacável do capital na antiga Alemanha Oriental, evocando ecos perturbadores do resultado de Compiègne e mostrando a falibilidade do triunfalismo econômico ocidental. Todos esses exemplos sugerem que as populações locais trazem quadros interpretativos distintos para a sua compreensão da lógica econômica intrusiva.

Assim, devemos perguntar, com Bird-David: "se o capitalismo é um sistema cultural, a teoria econômica neoclássica [a teoria atualmente usada pela maioria dos economistas ocidentais academicamente treinados] é um modo cultural ocidental de pensar sobre a economia?" Em caso afirmativo, ele remonta os seus antecedentes ao influente *Wealth of Nations* (1776) de Adam Smith e à sua noção-chave de "mão invisível do mercado". O argumento central de Smith – que a busca de fins privados trabalha para o bem comum – foi central para a "cosmologia nativa ocidental", especialmente desde a época de Smith (SAHLINS, M., 1976b, 1996), e se adapta às noções maiores e também mais antigas dos europeus como "individualistas possessivos" (MacPHERSON, 1962). No começo do século XIX, David Ricardo redesenhou esta imagem como uma imagem mais ou menos racionalista, preparando o caminho para a mudança, mais ou menos um século depois, no sentido de uma representação neoclássica do indivíduo como um ator racional que realiza a melhor maneira de alcançar objetivos, ponderando alternativas umas em relação às outras em termos de sua utilidade relativa a seus custos. Como observa Bird-David, esta visão é radicalmente cartesiana: a mente racional cuida do corpo indispensável. Deve-se acrescentar que esta é a mesma ideologia que levou os primeiros antropólogos a tratar os "nativos" como "corpos" mentalmente empobrecidos, que deviam ser conduzidos pelos intelectos dos colonizadores – uma razão-chave de por que foi tão difícil para a disciplina gerada no Ocidente aceitar a ideia de teorias econômicas locais (ou outras).

Mais uma vez, o truque parecia ser a inversão de papéis por meio da qual as economias ocidentais parecem estranhas no espelho distorcido das comparações antropológicas. Aqui novamente, Bird-David: "A economia neoclássica está profundamente enraizada na epistemologia, na moral e na cosmologia ocidentais, sob cuja influência ela é visível também nos detalhes metodológicos. A ideia de partes egoístas, cada uma delas instruída pela mesma 'racionalidade instrumental', e compondo um todo providencial, tem a implicação metodológica de que múltiplas ações de diversos indivíduos podem ser retiradas dos seus respectivos contextos e agregadas. A teoria neoclássica oferece um corpo de conceitos logicamente relacionados com o qual compreende, explica e prevê tanto uma conduta econômica individual quanto o funcionamento da economia como um todo. A economia é duplamente vista como um agregado de operações individuais e uma entidade com leis próprias. A 'demanda', o 'abastecimento' e o 'preço' são alguns dos conceitos básicos que se referem a agregados de necessidades e disponibilidade de um recurso e seu 'valor', como determinados pela relação entre eles. A noção cosmológica profundamente enraizada do todo providencial que envolve e consiste de suas partes autointeressadas assegurou a viabilidade, de fato, a desejabilidade desta economia".

É por isso que Gudeman, em parte seguindo Marshall Sahlins, pergunta (1986) em que medida é autoderrota tentar e compreender as outras economias utilizando a "cosmologia" econômica ocidental. Ficaríamos muito surpresos, afinal de contas, ao interpretar uma investigação da física ocidental concebida em termos de uma forma de bruxaria não ocidental. E de fato esta questão surgiu na posição "substantivista" dos anos de 1960. Nesta visão, as economias deviam ser investigadas em termos de contextos e valores sociais locais, dos quais o que devíamos agora admitir como teorias locais formavam uma parte importante.

A visão alternativa, uma visão mais antiga, era aquela dos assim chamados "formalistas". Estes antropólogos utilizaram largamente a teoria econômica neoclássica, sem questionar o seu foco no individual e o seu tropo dominante do "homem racional e indispensável" – uma persistência talvez surpreendente do individualismo metodológico na disciplina, por outro lado, tão fortemente marcada pelo legado sociocêntrico de Durkheim e dos seus discípulos. Eles o adaptaram a seus casos, por exemplo, estendendo os objetivos motivados pela necessidade do indivíduo de incluir prestígio e honra; colocando outros na sua conta; e superioridade na representação cerimonial. Mesmo o altruísmo foi remodelado em termos da sua instrumentalidade – um pensamento circular que hoje ressurge também na lógica da sociobiologia (cf. tb. SAHLINS, M., 1976a). Eles também deram um curto-circuito na análise, voltando as metáforas monetárias da sua própria sociedade para aquelas nas quais o dinheiro não era ainda o meio de transação, sendo depois protegidas de uma percepção da circularidade deste movimento pela emergência de modelos transacionistas e de "negociação" para uma hoste de outros tipos de interações epistemológicas. A crítica dessa abordagem não era inicialmente epistemológica – isto é, preocupada com o etnocentrismo do modelo –, mas simplesmente metodológica e prática.

O "substantivismo" (ou o "institucionalismo"), ao contrário, baseou-se na obra do historiador econômico Karl Polanyi (POLANYI et al., 1957), que intensificou a distinção entre assegurar os meios de vida e calcular as escolhas – o primeiro envolvendo a participação corpórea nos processos sociais e políticos (p. ex., indo ao mercado), o segundo envolvendo operações e constructos lógicos (p. ex., o "mercado", como o abastecimento e a demanda agregados de um produto). Nas economias capitalistas, afirmou Polanyi, os dois aspectos colidem, com a resultante ambiguidade do termo "mercado". Em outras sociedades, no entanto, Polanyi – que nesse aspecto seguiu uma convenção bem-estabelecida que separava as sociedades "primitivas" das sociedades "desenvolvidas" – via as ações materiais como sempre "incorporadas" na vida social. O estudo das economias não capitalistas exigia uma teoria alternativa sem a dimensão calculadora e lógica enxertada no econômico na sociedade capitalista. A teoria podia ser aplicada também a economias capitalistas, onde a dimensão institucional assim como a calculadora existiam, mas o sentido residual de que as economias capitalistas eram as únicas capazes de voarem livres das restrições sociais persistiu. Levou muitos anos mais para que os antropólogos compreendessem que esta pretensão à transcendência era, de fato, uma forma culturalmente específica, fundada cada vez mais nas experiências autoconfirmadoras da dominação colonialista e capitalista (cf. esp. GUDEMAN, 1986; SAHLINS, M., 1976b). Polanyi configurou a sua versão desta distinção em termos da noção de troca, cujas formas caracterizavam, ou assim ele pretendia, tipos diferentes de política.

O debate substantivistas-formalistas esquentou ao extremo. Estava em jogo a pretensão ocidental de ter transcendido a contingência cultural e histórica. No ápice do debate, os proponentes inclusive argumentaram sobre se os seres humanos eram por sua natureza indispensáveis e racionais, uma pretensão que, como Bird-David observa, "é somente heuristicamente admitida pelos economistas". E ela observa que a sua extraordinária intensidade devia nos alertar para "sua duplicação como uma rixa nativa sobre convicções culturais nucleares na cosmologia nativa ocidental".

Seria absurdo, de um ponto de vista do meio-termo, negar totalmente a relevância desses modelos ocidentais. A contribuição da antropologia é focalizar a atenção sobre o fato de que todos os modelos estão social e culturalmente incorporados. O debate acadêmico é um contexto social identificável. Mas outra coisa é a teoria econômica. Embora os ocidentalistas possam zombar da estética da representação econômica como uma perversão da racionalidade, por exemplo, a sua própria recusa frequente em envolver o contexto social é certamente uma evidência de uma perspectiva igualmente convencionalmente limitada. Ellen Hertz, no seu estudo sobre o mercado de ações de Xangai (1998: 18), apreende bem a significação social das pretensões racionalistas na vida econômica. Apesar da sua óbvia inabilidade de prever as flutuações do mercado de ações, a indústria de consultoria do mercado de ações continua a florescer em todo mundo, "sugerindo que para os investidores, tanto os peritos quanto os leigos, a ação não é possível sem este representante da racionalidade que os separa das suas decisões" – uma circunstância que traz a racionalização econômica para dentro da esfera da responsabilidade e da cosmologia e que ressalta a importância da forma cultural sobre a lógica abstrata. Há claramente uma estética e um aspecto baseados no desempenho nesta racionalização, uma circunstância depois fortalecida pelo fato de que os fracassos às vezes espetaculares dos economistas como profetas não têm custado a eles a sua autoridade social pessoal mais do que custaram os fracassos, digamos, de alguns dos profetas Nuer estudados por Evans-Pritchard.

Como Hertz (1998: 16) robustamente observa, além disso, "ao ignorar os sistemas econômicos modernos, os estudos antropológicos tradicionais reforçaram a crença de que a cultura é relevante para o estudo da economia somente nas sociedades exóticas; no Ocidente, as instituições econômicas são simplesmente econômicas". Sua justificativa para perseguir uma abordagem etnográfica está no evidente fracasso, por seus próprios padrões, do racionalismo: a lógica do mercado de ações, como ela habilmente demonstra, é mais social do que econômica. Ela, portanto, pode ser aberta à interpretação: "Se as ações da bolsa são signos, então, ganhar dinheiro significa interpretar os signos corretamente, seja em Nova York ou em Jacarta". E isto significa conhecer o código cultural local, assim como a margem de opções aberta aos atores sociais locais – o jogo de ação e estrutura, mais do que o que chegamos a ver como sendo Tatcherite ou Reaganite, isto é, o individualismo metodológico da agora politicamente ascendente economia neoclássica (HERTZ, 1998: 23; DILLEY, 1992).

A distinção entre ação e individualismo é muito importante aqui. Como Carrier (1995: 101) observa, o indivíduo economicamente independente é realmente uma pessoa real – mas, como acontece, "reflete pelo menos o pensar e provavelmente as experiências particularmente daquelas posições sociais, que são tratadas com deferência na sociedade ocidental e tomadas para definir a identidade social e as relações nas compreensões acadêmicas da mudança social". Mais uma razão, então, para "serem estudadas" – para examinar as compreensões culturais peculiares da economia entre aquelas assim estabelecidas.

Estimulado pela obra de Marshall Sahlins e Clifford Geertz, Stephen Gudeman (1986) perseguiu a questão das hipóteses culturais incorporadas em termos mais geralmente teóricos. Ele ofereceu a "hipótese de trabalho" (GUDEMAN, 1986: 37) de que os seres humanos em todo lugar – não somente os economistas profissionais – formulam a sua vida material. Se for assim, argumentou ele, então, em cada caso particular, é através de suas respectivas teorias que deveríamos tentar compreender tanto o raciocínio e a conduta 'individuais' quanto a economia em geral. A "economia cultural" de Gudeman envolve a análise do caso da economia capitalista, com sua teoria neoclássica, ao mesmo tempo em que defende a utilização de teorias culturais locais na análise de outros casos. Embora o substantivismo lide com "a economia" e deixe de lado o "individual", a economia cultural – nesse sentido, uma variante da teoria prática – fala das duas. Isto, como Bird-David nos adverte, é já verdadeiro para a teoria neoclássica. O que torna a economia cultural diferente é o seu fundamento no tipo de atenção rigorosa dada aos valores, às teorias e aos conceitos locais, atenção que caracteriza a pesquisa etnográfica e depende do íntimo conhecimento do analista a respeito das posições às vezes profundamente marginalizadas de oposição às cosmologias globalmente dominantes. Além disso, isto não é necessariamente determinístico: reconhecer os imperativos culturais não significa que os atores sempre os obedeçam.

A avaliação de Bird-David é lúcida e vai ao ponto: "Como uma abordagem relativamente nova, ela tem realizações assim como problemas crescentes. Em *Economics as Cultures*, Stephen Gudeman elucidou uma variedade de modelos locais, alguns ocidentais [os fisiocratas e Ricardo]; alguns indígenas [o Bemba, o Bisa e o Cogo africanos, o Dobu da Nova Guiné e o Iban de Sarawak]; e alguns rurais (os camponeses do Panamá e da Bolívia). Eu dei um sentido desses modelos, resumindo brevemente dois exemplos, que, porém, podem violar a sua riqueza etnográfica. Os fisiocratas sustentaram que a terra é economicamente fértil e faz a riqueza crescer, ao passo que a manufatura e o artesanato são 'estéreis', sendo o trabalho aí uma despesa que não dá nenhum retorno maior do que ele mesmo. O Bemba, em comparação, sustenta que a prosperidade agrícola 'é' uma vontade ancestral, e para assegurar o sustento vindo da terra se tem de agradecer aos ancestrais, fazendo o que eles fizeram e distribuindo parte do rendimento aos chefes, que são vistos [como sendo] a encarnação viva dos ancestrais. Estes exemplos fornecem a evidência de que em diversas culturas há diferentes conceitos da lógica da economia. Além disso, comparando-os uns com os outros – mais do que com a teoria ocidental, explicitamente ou implicitamente – podemos melhor mapear cada um deles, em detalhes cada vez maiores; quanto mais é assim, mais casos são estudados, fornecendo mais modelos diante dos quais podemos 'ver' outros mais".

Num movimento posterior, em *Conversation in Columbia* (1990), Stephen Gudeman e Alberto Rivera demonstram a profundidade da compreensão que pode ser alcançada quando se dá atenção aos modelos locais – eu prefiro evitar o termo "modelos folclóricos", já que ele implicitamente sugere uma distinção hierárquica entre pessoas comuns, intelectuais e profissionais poderosos. Sugerindo que os modelos locais colombianos parecem ser os antecedentes europeus do século XVII, Gudeman e Rivera examinam a mudança conceitual envolvida na emergência da teoria econômica moderna a partir destes últimos. Paralelamente a este estudo e em parte inspirado por seu exemplo, Bird-David (1992) elucidou um modelo "caçador-coletor" Nayaka, centrado na ideia de relações compartilhadas com aspectos (animados) do ambiente natural (cf. tb. SMITH, D., 1998). Este modelo econômico-cultural torna sensível – isto é, razoável em termos de formas culturais específicas de senso comum – uma postura que acharíamos por outro lado desconcertante: ele inclui uma ausência de ganância ou muita preocupação com o futuro, e a satisfação com o que está disponível enquanto está sendo partilhado. Povinelli (1993), novamente, embora não empregando os termos de Gudeman, mostrou de forma análoga como o modelo aborígene australiano se reproduz através da negociação com o modelo capitalístico da administração australiana (cf. GUDEMAN, 1986: 1-28).

Gudeman afirma que todos os modelos econômicos são extensões de uma ou de algumas metáforas de interseção ou esquemas conceituais. Os modelos ocidentais, afirma Gudeman, recorrem a esquemas abstratos, lógicos e matemáticos e também a esquemas extraídos do domínio de objetos materiais. Os modelos gerados em outros lugares, diz ele, recorrem a esquemas extraídos do mundo social e humano. Além disso, os modelos ocidentais são universalistas nas suas pretensões – um resultado, deveríamos acrescentar, mais da relativamente recente dominação colonial do mundo por algumas potências ocidentais e da necessidade prática consequente de teorizar numa escala muito maior do que até agora do que de alguma inerente superioridade dos próprios modelos. Nesse sentido, a antropologia econômica participa da consciência mais geral de que todos os seres humanos são capazes de produzir teoria antropológica e muitas vezes realmente o fazem (CRICK, 1976), mas reconhece que somente a profissionalização dessas percepções, enquanto teoria sistemática de uma disciplina acadêmica, tornou possível uma perspectiva muito mais inclusiva do que provavelmente foi possível, ou mesmo precisado, antes.

Bird-David, no entanto, acha que o argumento de Gudeman é, de uma maneira autocontraditória, reducionista: para ela, ele parece oferecer "também uma outra teoria universal", uma teoria que transforma os casos etnográficos individuais em generalizações e retira grandes teorias "de ideias locais que estão inseparavelmente incorporadas na vida econômica culturalmente constituída". Há um curioso eco aqui da crítica de John Davis (1992) ao tratamento de reciprocidade de Sahlins. Contudo, Gudeman, tal como Sahlins, rejeita o universalismo da teoria econômica neoclássica e as suas várias encarnações ocidentais, e não está claro que ele esperasse generalizar as perspectivas dos camponeses colombianos, exceto no sentido mais genérico de querer que os eruditos reconheçam – certamente, em todo lugar – que os atores locais operam dentro de suas próprias compreensões do processo econômico – precisamente o ponto com o qual de fato todos estes escritores concordam. Por que escolher entre particularismos universalizantes, sejam eles ocidentais ou de alguma outra localidade cultural? Sustentar a tensão entre a especificidade desses conceitos locais e a perspectiva comparativa que eles coletivamente fornecem localiza a análise mais produtivamente numa posição de meio-termo que resiste a ambas as espécies de fechamento – e é imediatamente tanto heurístico quanto, num sentido provisório, teórico.

Esta estratégia resiste à arrogância de resistir à incorporação cultural das nossas próprias perspectivas ou de não reconhecer que as outras se apropriaram de algumas dessas perspectivas para os seus próprios propósitos (como no modelo de arrogância de GUPTA, 1998). Como Bird-David explicitamente reconhece, os próprios Gudeman e Rivera divulgam em outro lugar as imagens orgânicas que subjazem à modelagem capitalista que continua nas corporações (1990: 30) e ao mesmo tempo observam as vinculações derivadas das metáforas locais, como a "casa" colombiana com sua "base", sua "porta" e com "fazer as coisas porta afora" e "mantê-las dentro". Sahlins também indica que a ideia capitalista de uma economia providencial está igualmente incorporada em crenças cosmológicas e religiosas (SAHLINS, M., 1996), e assim não difere significativamente na sua natureza – mas, por isso mesmo, difere radicalmente nas suas especificidades – daqueles modelos locais. Ele é em si mesmo um modelo local – isto é, um modelo cultural específico – e, como a investigação sobre a Bolsa de Valores de Xangai de Ellen Hertz (1998) elegantemente ilustra, ele é refratado em todo o mundo através de uma considerável margem de variedades culturais, históricas e ideológicas.

Bird-David propõe "uma simples correção": "ver as análises pelos modelos locais como um dispositivo heurístico". Isto evita o risco de determinismo cultural: assim como a economia neoclássica (em oposição a alguns dos mais extremos argumentos formalistas dentro da antropologia) adota uma estratégia heurística de positivar a existência de tomadas de decisão racionais individuais, a economia cultural deve também e heuristicamente ousar fazer modelos e conformar agentes operando dentro dos quadros culturais das suas economias, tal como eles as entendem. Um estudo econômico-cultural, sugere ela, devia envolver a abstração heurística preparatória de um modelo saído do processo cultural e, finalmente, a produção de uma explicação etnográfica demonstrando a incorporação do modelo no processo cultural complexo a partir do qual ele foi abstraído: "A implicação dessa abordagem é que os modelos econômicos não devem ser comparados globalmente, somente como possível *kit* de ferramentas de ajuda". Ela indica que Gudeman e Rivera analisam a economia da "casa" colombiana em termos extraídos da teoria econômica moderna: estoque e fluxo, capital circulante e fixo, e assim por diante.

Por mais heuristicamente valiosa que a abordagem possa ser; mas eu também acrescentaria que este foi há muito o método de análise comparativa e que a questão de até que ponto estas metáforas-chave são universais permanece aberta para uma discussão posterior, na base de descobertas que devem ainda ser feitas. A dificuldade é conseguir que os estudiosos, em primeiro lugar, considerem seriamente as teorias e os conceitos locais, e estudem a sua inter-relação com a prática social real *in situ*. A própria Bird-David generaliza o estatuto epistemológico do local. A questão de uma abordagem heurística não é abandonar a busca por afirmações mais gerais – todas as observações, por mais particulares que sejam, pelo menos implicitamente admitem algum grau de seleção e regularidade –, mas fortalecer o permanente caráter provisório de todas as generalizações. De uma maneira semelhante, muitos estudiosos que desconfiam do grande universalismo do estruturalismo de Lévi-Strauss, não obstante, acharam-no útil como método (p. ex., LEACH, 1970: 120-123); contudo, a sua utilidade pode finalmente sugerir a possibilidade de alguma afirmação mais geral que, não obstante, fica aquém da universalidade total. Com a obra de Gudeman, da mesma maneira, o princípio geral de que as ações sociais tanto revelam quanto concordam (em vários graus) com as ideias locais sobre temas materiais parecia oferecer precisamente esta espécie de teoria de nível médio.

Devia ser utilmente difícil alegar a evidência de ligações históricas que expliquem os paralelos que alguns teóricos deviam tentar universalizar. Há nas suas ideias econômicas uma ligação conceitual com Aristóteles, como foi também reivindicado, por exemplo, para as noções bascas de procriação (OTT, 1979) e para a medicina humoral latino-americana? (cf. FOSTER, 1987). Alguma noção de uma etimologia de conceitos deveria ajudar a explicar a persistência que não existe no nível da tradicionalização consciente e que, como Gupta (1998: 159) aponta no contexto da agricultura indiana, necessariamente significa de fato um modo totalmente diferente de fazer as coisas. Ligações desse tipo mostrariam que as teorias econômicas locais se sobrepõem num grau significativo àquelas impostas pelos defensores de lógicas e práticas intrusivas, mas também revelariam muitas das razões por que as agências de desenvolvimento são incapazes de compreender por que as suas recomendações nem sempre são acatadas como o caminho exclusivo da sabedoria.

Uma objeção significativa levantada em relação à abordagem de Gudeman e Rivera é que, embora ela seja intuitivamente atraente, ela repousa em hipóteses subjetivas sobre a "mentalidade" camponesa (WILK, 1996: 128). Esta linha de argumento inclui o interesse de que os camponeses colombianos sejam todos assim representados como pensando a mesma coisa, sem qualquer possibilidade de "responder aos incentivos do mercado... ou outras oportunidades", porque eles estão "emperrados com uma visão de mundo restritiva e estática". Em outras palavras, assim caminha esta objeção, a teoria nega aos camponeses qualquer ação própria.

A acusação seria séria, exceto por um detalhe: ela não foi verificada pelos principais eventos mais do que foi o modelo contra o qual Wilk a desenvolve. Seria um tema de interesse empírico ver se, quando surgem as oportunidades, os camponeses de fato tirarão vantagem delas, ou se – e talvez esta fosse a maior sabedoria, lembrarmos dos "esquemas piramidais" albaneses que destruíram uma economia claudicante exatamente nesse momento de "oportunidade" – eles escolherão ou subvertê-los ou ignorá-los completamente, uma postura que não necessariamente implica a ausência de ação. Qualquer julgamento da ação econômica, que é uma forma de prática social, deve necessariamente ser o que

Wilk chama de "subjetivo", porque, como a sua própria linguagem claramente mostra, está incorporado na ideologia. Mas na medida em que os próprios camponeses colombianos explicam a sua economia de maneira particular, o modelo está mais próximo de um fato empírico do que podemos alcançar – embora, outra vez intuitivamente, eu ache que a sugestão de Gupta (1998) de que estes modelos, longe de serem estáticos, são o resultado de longos séculos de hibridização para ser um refinamento útil do que eu tomo como sendo o argumento de Gudeman. Na medida em que estes modelos são vistos como invariantes e sobredeterminados, eles realmente obscurecem a ação; mas a discussão de Bird-David sobre esta abordagem mostra que a dificuldade é facilmente superada, tal como o próprio Wilk desejaria superá-la – pela prática de uma etnografia cuidadosa focalizada em como os agentes realmente utilizam as ideias que os etnógrafos tentam descrever.

Mercadorias e presentes: a vida social das coisas materiais

Na expressão feliz de Bird-David: "Foi o presente de Marcel Mauss para que a antropologia distinguisse entre 'presente' e 'mercadoria' como formas de fazer as coisas circularem entre as pessoas". Na interpretação ortodoxa, o seu celebrado *Essay on the Gift* (1954) é uma tentativa de distinguir entre mercadorias como coisas alienáveis trocadas entre estranhos e presentes como coisas inalienáveis trocadas entre não estranhos (cf., p. ex., GREGORY, 1982: 43). Mauss, cujo esquema a esse respeito tinha uma considerável dívida intelectual para com os seus predecessores evolucionistas, afirmou uma evolução a partir do presente como caracterizando sociedades "arcaicas" para a mercadoria, que ele via como sendo a marca da modernidade. Diferentemente dos evolucionistas mais otimistas, contudo, ele via isto menos como uma evidência do progresso do que como a consequência da fragmentação inexorável da solidariedade social que marcou tantas nostalgias idealizadas da teoria social evolucionista tardia – o *Gemeinschaft* de Tönnies, o "comunismo primitivo" de Engels, o mundo encantado antes do advento da "gaiola de ferro" da racionalização burocrática de Weber. Como muitos dos seus contemporâneos, Mauss via a Modernidade como um tempo de perda e fragmentação, e principalmente de ruptura do equilíbrio no passado mitológico, edênico do mundo, tal como concebido pelo Ocidente. À luz da discussão anterior sobre as teorias econômicas locais e universais, vale a pena apontar que esta forma de "nostalgia estrutural" – num tempo que está sempre exatamente fora do nosso alcance, o mundo foi outrora um lugar de perfeito equilíbrio e reciprocidade, intocado pela corrosão do tempo – é uma forma que estes cientistas sociais compartilharam com muitos povos estudados pela antropologia, e pode refletir uma reencarnação secular do imaginário bíblico.

Mauss usou a expressão "o espírito do presente", generalizando a noção Maori do *bau* ao estatuto de um modelo, e afirmou que ele estabelecia uma ligação especial entre doador e tomador. Bird-David retrospectivamente interpreta isto como sendo "as ideias-chave culturais que estão incorporadas na coisa". Mas eu argumentaria que isto realmente não esclarece o conceito. Isto o deixa no mesmo limbo místico, tal como outras recentes reformulações, como o "espírito da mercadoria" (APPADURAI, 1986), "o espírito de pedir" e a "moral" do dinheiro (BLOCH & PARRY, 1989). A aplicação da noção semelhante de *bau* padece da mesma deficiência do exótico que Crick (1976) observou na reciclagem destes termos como *mana* e *tapu* (tabu) na circulação antropológica geral.

Por outro lado, há um considerável mérito, se vamos utilizar estas formulações, em mostrar como elas operam nos contextos ocidentais. Então, e somente então, pode-se dizer deles que são verdadeiramente úteis. Não são somente as bolsas de valores chinesa e japonesa que manifestam uma profunda preocupação com o jogo de sorte e azar ou com a estética da previsão. Embora Mauss, como Durkheim, estivesse principalmente preocupado com as sociedades exóticas nas quais ele esperava discernir os princípios "arcaicos" subjacentes à fragmentação da Era Moderna, não deveríamos esquecer que – novamente como Durkheim – ele nunca conduziu a pesquisa de campo por si mesmo, de modo que os primeiros modelos experimentais deviam estar fundados em casa. Mesmo os trabalhadores de campo assíduos não se mostraram imunes à sugestiva fascinação dos modelos populares do processo social e político nas suas próprias sociedades (cf. KUKLICK, 1991). E os antropólogos de gabinete nunca experimentaram o choque desfamiliarizador dos encontros de campo. Assim, por exemplo, a famosa caracterização de Durkheim da religião como a sociedade adorando a si mesma pode assim se mostrar aplicável mais ao nacionalismo (onde os agentes humanos que inventaram as regras são conhecíveis) do que aos rituais aborígenes australianos (onde eles não são).

A invocação de Mauss do *bau* não pode, da mesma maneira, ser interpretada independentemente das ideologias europeias de dar presentes, do altruísmo e da responsabilidade social. Não se deve dizer que ele necessariamente representava equivocadamente o sentido de *bau* Maori – esta é uma questão empírica –, mas deveríamos reconhecer que ele invocou um modelo exótico para resgatar algo que o seu evolucionismo o levou a colocar como um substrato conceitual da ideologia econômica de sua própria sociedade.

Realmente, Mauss entra na sua própria particularidade nesses contextos ocidentais cotidianos, nos quais a venda de objetos pode assumir a aparência de uma troca real. Como John Davis (1992: 25) observa, embora num sentido mais restrito do que fazem Gudeman e Bird-David, deveríamos considerar seriamente as teorias dos atores sociais sobre o que eles estão fazendo. Esta cortesia, como ele deixa claro, podia ser estendida aos atores econômicos das nossas próprias sociedades, assim como daquelas que os nossos antecessores costumavam estudar como sendo "primitivas".

Os antropólogos começaram a fazer justamente isto. Gretchen Herrmann (1997), por exemplo, num estudo sobre "vendas de garagem" nos Estados Unidos, afirmou que o valor efetivo atribuído pelo vendedor para um objeto que tinha já sido tabelado tão baixo de modo a tornar uma barganha indecorosa, assegura que o comprador estaria combinado com o vendedor – uma pessoa que talvez nunca seria vista novamente – num sentido compartilhado de participação num laço afetivo. A trivialidade aparente das vendas de garagem e outras atividades econômicas geralmente ignoradas pela corrente principal dos economistas (p. ex., jogos de azar: OXFELD, 1993; MALABY, 1999), revela os poderosos interesses que marginalizam estas práticas ou buscam submetê-las ao controle do Estado e do mercado. Os jogos de azar, por exemplo, podem fornecer uma importante ligação – diferentemente experimentada em contextos culturais diferentes – entre as incertezas ameaçadoras da vida social e as regulações que governam as práticas do mercado. Isto pode também prosperar como parte da economia "informal"; e, como cada vez mais ocorreu nas comunidades nativas americanas nos Estados Unidos, pode fornecer um meio altamente lucrativo e politicamente visível para os grupos até agora marginalizados para reafirmar a sua presença e desse modo também revelar a economia moral na qual ela está incorporada. Mas acima de tudo esta é uma prática diária, ligada de perto à cosmologia, assim como à economia.

O movimento para repatriar o modelo de reciprocidade de Mauss, além disso, finalmente utiliza o evolucionismo inerente da sua formulação inicial: o modelo "arcaico" andou por todo o Ocidente, embora as mercadorias tivessem circulado em outros lugares por milênios. Isto foi realmente uma das mudanças mais notáveis na recente antropologia econômica; a crítica de James Carrier a Mauss particularmente salientou e contribuiu para a sua importância (1995). Uma vez que as atividades da casa se tornaram um foco para uma análise econômica séria (NETTING; WILK & ARNOULD, 1984), e uma vez que as ações econômicas cotidianas se tornaram aspectos significativos de um quadro maior, o modelo racionalista de um sistema econômico autônomo se tornou empiricamente insustentável, e a distinção hostil entre as economias "primitivas" e "modernas" assim como as dicotomias paralelas em outros domínios da experiência social emergem em seu verdadeiro disfarce como a dimensão discursiva da desigualdade política.

Mas há uma questão posterior a ser observada, uma questão que fica frequentemente perdida nessas discussões. Mauss estava interessado mais na reciprocidade do que somente na troca. Esta é uma distinção entre a potencialidade abstrata e a realização – uma importante distinção que devemos a Edwin Ardener, embora ele usasse uma terminologia de usuário menos amigável (cf. esp.

ARDENER, 1989). Ela é importante no contexto atual, porque a ausência de uma troca real pode significar tanto (tal como uma desconfiança recíproca) quanto a sua presença, e porque a potencialidade – a promessa de uma retribuição que pode nunca realmente ocorrer, ou que pode ser compreendida como tendo ocorrido, ainda que não se tenha nenhuma percepção óbvia no movimento de produtos concretos – ou está na base de grande parte das ações econômicas cotidianas, ou, ao mesmo tempo, obscurece as linhas entre a esfera econômica e as outras esferas da ação humana. Quando um animal é roubado dentro de um sistema de roubo recíproco, uma bênção pronunciada, ou uma cortesia estendida, estes são todos marcadores – assim como os produtos trocados no universo simbólico de Mary Douglas (DOUGLAS & ISHERWOOD, 1979) – de relações sociais que estão elas próprias em fluxo. Foi o fracasso de John Davis em avaliar a distinção reciprocidade/troca que o levou, na minha visão, a compreender mal o reconhecimento de Marshall Sahlins das economias baseadas em diferentes ideologias de reciprocidade. O roubo não é sempre um ato de troca – ele pode realmente ser uma negação da própria possibilidade –, mas nas ideologias de reciprocidade ele excita os sonhos (e às vezes os atos) de retribuição, que é a forma paradigmática daquilo que Sahlins chama de "reciprocidade negativa".

A genialidade da formulação de Mauss não estava no fato de que ele explicava a troca, mas no fato de que ele a mostrou como estando incorporada na própria premissa da existência social – a ideia de reciprocidade. Reduzir a reciprocidade ao estatuto de um conceito puramente econômico – "troca" – é vesti-la na roupagem do capitalismo moderno, que é apenas uma de suas formas possíveis. Isto subverte completamente a contribuição especial da antropologia ao estudo da própria economia, e vai contra o próprio objetivo professado de Davis de não universalizar as ideologias locais como grande teoria (1992: 26). A resposta está em perguntar para a "economia" quais são as ideologias e as práticas sociais que criam o contexto no qual ela aparece, ao contrário da experiência daqueles que perderam tudo em alguma falência financeira maior, para oferecer um modelo tranquilizador da previsão confiável e racional.

Mercadorias não comercializadas

A associação da ideia da mercadoria com "o Ocidente" dificilmente morre, especialmente porque ela desempenhou um papel tão importante para os críticos – particularmente aqueles de convicção marxista – dos modelos ocidentais da economia. É a Arjun Appadurai (1986) que devemos uma nova perspectiva que reconstrói a mercadoria, para citar Bird-David, como "um fenômeno que atravessa as sequências históricas e os tipos econômicos". Ao contrário de admitir (como muitos fizeram) que o valor preexistente de uma coisa é o que a torna um objeto de troca, Appadurai combinou as percepções de Simmel e de Marx para argumentar que o "valor de uma mercadoria" está no ato de troca, um valor real ou simplesmente imaginado. (Observe-se aqui novamente a importância de não tratar o intercâmbio como logicamente equivalente à reciprocidade: a reciprocidade serve como modelo – a estrutura paradigmática, nos termos de Ardener – que permite a um intercâmbio virtual investir objetos com valor.) Appadurai sugere como uma medida heurística que devíamos olhar este valor como se ele estivesse incorporado na própria mercadoria (descrevendo a abordagem como "fetichismo metodológico", APPADURAI, 1986: 5). Nestes termos, uma coisa pode se tornar, mas também não se tornar, uma "mercadoria". O seu estatuto como tal é circunstancial; as suas propriedades físicas exatas são irrelevantes, exceto na medida em que elas são "sobrecodificadas" (ECO, 1976) como possuindo valor. As situações de intercâmbio não necessariamente acarretam o uso do dinheiro. As "mercadorias", assim reconceituadas, não estão confinadas à formação socioeconômica particular do Ocidente industrializado.

Esta abordagem particularmente desloca a análise da categoria para o processo e para a prática. Ela também fornece um contexto útil no qual se pode ver a política de significado mais geral: ela desloca a ênfase das mercadorias como estando pré-constituídas como tais – como sendo "naturalmente" mercadorias, por assim dizer – para as maneiras nas quais a demanda ou o desejo faz das coisas mercadorias. Como um estudo desse processo de naturalização, ela pode ajudar a desenterrar a teoria econômica da matriz cultural na qual ela tão assiduamente repudia qualquer enredamento. Mas esta não é a espécie de dissociação que a maioria dos economistas busca, e certamente não aqueles cujo negócio é promover o mercado, tal como nós geralmente o entendemos.

Como as culturas produzem os valores que tornam as coisas econômicas? Isto é o que Appadurai (1986) chama de "política do valor". Uma das novas avenidas etnográficas que esta abordagem abre é a biografia cultural (ou o ciclo de vida) de uma coisa – a sequência de "situações" através das quais ela progride (cf. KOPYTOFF, 1986). Isto leva o "mundo dos produtos" de Douglas a um patamar de grande especificidade. A análise de Herrmann sobre as vendas de garagens é adequada a este modelo, e isto também nos permite traçar vínculos sociais fora dos estreitos confins de um ambiente convencionalmente frontal pela pesquisa etnográfica.

Outra abordagem é estudar processos e acontecimentos nos quais podemos observar a real criação de valor – o que Appadurai chama de "torneios de valor" (1986: 16-29). O famoso Ciclo de Kula das Ilhas Trobriand é um notável exemplo não ocidental disso, embora a arte dos leilões ocidental constitua uma ilustração capitalista (cf. PLATTNER, 1996). Brian Moeran (1989) recentemente mostrou como a generosidade japonesa para o Museu Britânico instruiu com novos significados uma reprodução dos rituais de coroação antigos, sugerindo os efeitos transformadores do seu envolvimento com uma ideologia econômica voluntarista. Bird-David sugere, como exemplos adicionais, técnicas de associar coisas com pessoas num jogo estratégico sobre os princípios do "presente" – por exemplo, chocolates "feitos em casa" – que devem ser contrastados, talvez, com a celebração do artesanato de escala doméstica, como uma tradição nacional na França (cf. TERRIO, 1996) – e o apelo pessoal utilizado por catálogos de correspondência (cf. CARRIER, 1995: 126-145) e publicidade por telefone.

O estatuto de pertencer às classes abastadas pode ser assinalado através da versão do esnobismo invertido daquilo que Veblen (1965) chamou de "consumo conspícuo", a revalorização e a aquisição pomposas de objetos que não podem ainda possuir qualquer valor utilitário no sentido vulgar do termo; Michel Thompson (1979) elaborou uma completa "Teoria do Lixo" para dar conta desse fenômeno, recorrendo, talvez com a mão um pouco pesada, à "Teoria do Caos" para fornecer uma base profética para a sua tese. Esta espécie de lixo produz excelentes presentes: dever-se-ia admitir que era caro, porque por outro lado o doador podia apenas estar insultando o recebedor – o que sempre permanece uma possibilidade implícita. Os serviços também podem ser assim presenteados, embora a maior imediatidade da interação envolvida – como com comissários ou garçons de bordo que querem de maneira muito inoportuna saber se há algo mais que eles possam fazer para servir você [exceto deixá-lo em paz, o que perturbaria toda a transação de valor] – tenda a revelar os limites do que chamei de "simulacros da sociabilidade" (HERZFELD, 1997a). Realmente, estas metáforas de envolvimento pessoal são provas adicionais, se ainda precisarmos delas (e como os especialistas de mercado há muito compreenderam), de que o que construímos como sendo o literal e o racional não é especialmente relevante para a operação do mercado.

Alguns daqueles que examinam o consumo de mercadorias reivindicam, inclusive, que este tema seja um herdeiro dos estudos de parentesco como área central da antropologia (MILLER, 1995), em que o consumo é visto como identidade constituinte (cf. tb. WILK, 1996). Mas este desenvolvimento, embora extremamente promissor, corre o risco de lançar a ênfase de volta às coisas como contrárias às práticas e aos processos através dos quais as coisas ganham significado e valor, e isto também deixa de lado a centralidade extraordinária que o parentesco parece conservar especificamente entre aqueles – como os norte-americanos (SCHNEIDER, D., 1980) – para quem se alega tão frequentemente que o seu significado diminuiu. Isto também corre o risco de reduzir a análise, outra vez, a uma caricatura onidimensional.

A menção ao parentesco é também sugestiva porque a preocupação americana moderna com a genealogia sugere uma área fértil para estudar a confluência de ambos os temas. O negócio cada vez mais lucrativo do fornecimento de árvores genealógicas para famílias não é menos uma indicação da importância dos focos teóricos mais antigos do que a venda de garagem, especialmente quando acontece num contexto em que os "valores familiares" são apanhados no simbolismo da política de identidade nacional, e não devíamos esquecer que os baronatos e os brasões de armas eram também um capital simbólico importante na emergência do capitalismo burguês, e esta é a razão por que falamos dos "barões das estradas de ferro" e dos "senhores da indústria". O traficante de genealogia computadorizada que oferece os seus serviços a todos os que chegam numa barraca entre os esplendores barrocos da Piazza Navona de Roma é um herdeiro, nesta época supostamente mais democrática, dos especialistas heráldicos das épocas passadas.

Inversamente, contudo, é realmente claro que as mercadorias oferecem uma área para a exploração e afirmação da identidade, ou, em termos de parentesco, de gênero ou nacionalidade. *Slogans* como "quem quer que compre os gregos vence" aproveita os atributos estereotipados do "caráter nacional" (aqui, como o individualista patriota competitivo) para fins econômicos, às vezes em direta oposição à percebida dominação do Ocidente (embora a obrigação de "comprar os Americanos" e a legislação recente para tornar o rótulo "feito nos Estados Unidos" mais restritivo mostrem que isto não é mais uma relação de mão única). Os estudos mostram que as mercadorias são "apropriadas" pelas pessoas para diversos desígnios culturais, diferentes de lugar para lugar, e entre grupos sociais. As mercadorias importadas, incluindo as mercadorias produzidas em massa no Ocidente, frequentemente não destroem as culturas locais, visto que as pessoas as "domesticam" e fazem delas parte de suas próprias culturas. Na América Latina, por exemplo, a circulação de bens de comércio ocidentais e das fantasias de sua imitação local mapeia uma história complexa de empreendedorismo e diferenciação de classe (ORLOVE & BAUER, 1997), enquanto que o *marketing* dos objetos rituais africanos em novos contextos os transforme em "arte" e os invista de valor monetário (STEINER, 1994). As investigações de Berdahl desses processos na antiga Alemanha Oriental mostram que os recém-chegados do capitalismo alemão não estão necessariamente impressionados pelos artifícios e pelo brilho dos produtos ocidentais; eles podem rejeitá-los ou incorporá-los em cenários completamente diferentes (1999a, 1999b). A recuperação do "lixo" como coisas colecionáveis (THOMPSON, 1979) marca o poder crescente das classes abastadas, embora criando uma subclasse internacional muitas vezes espalhada de fornecedores e artesãos. A chegada em massa do McDonald's na Ásia Oriental, novamente, fornece um fórum para expressar respostas altamente diferenciadas ao alegado colonialismo cultural do Ocidente (WATSON, J., 1997). A circulação de áudios e de videocassetes entre as tribos amazônicas podem agora ser tanto um indicador efetivo das suas identidades contrastantes quanto foram outrora a execução estilizada dos cânticos nas aldeias de uns e de outros e a prática da exogamia linguística – embora isto também crie problemas em face do fetichismo do exótico pelos manipuladores não indígenas do poder metropolitano (p. ex., CONKLIN, 1998).

Inclusive o próprio dinheiro moderno, uma superespécie de mercadoria, é "domesticado". Em muitas sociedades, a sua chegada foi saudada com profunda suspeita, porque ele subvertia as reciprocidades existentes e assim ameaçava a ordem social: "o dinheiro em si mesmo tinha um valor moral ambíguo... [razão pela qual Tolai e os ilhéus do Duque de York de Papua Nova Guiné] viam o dinheiro de concha como superior ao dinheiro" – não por causa do desconforto ocidental com a separação entre os usos sociais e os usos egoístas, mas, ao contrário, porque para os grandes homens acumular dinheiro de concha era um ato social e, portanto, reprodutivo (GEWERTZ & ERRINGTON, 1985: 171; cf. tb. DOUGLAS, 1958, sobre a moeda de ráfia e a tensão e a violência que a introdução do dinheiro gerou entre o povo africano). Na Grécia, para dar outro exemplo, a introdução do dinheiro de dote representava uma intrusão nos bem conhecidos processos sociais de forças maiores e potencialmente incontroláveis, com o resultado de que ele sempre carregou implicações de desaprovação e uma saudade do tempo anterior em que estas "necessidades" sobrevinham. No entanto, a tecelagem do dinheiro no sistema de dote também deu ao próprio dinheiro um significado social local, que na época veio a parecer tão dependente que a forma original do dinheiro – os soberanos de ouro britânicos – veio a substituir as velhas moedas turcas usadas para ornamentar os corpos das mulheres. Nesta época também, estes soberanos vieram a ser acumulados, porque pelo menos o ouro era "real", em agudo contraste com o notoriamente instável papel-moeda produzido pelos bancos. Aqui, o próprio dinheiro se tornou uma mercadoria, enquanto se dizia que a moeda cotidiana grega "voa para longe" nas asas do pássaro heráldico numa das moedas. A estranheza aumenta o valor, como Helms (1998) tinha afirmado, e isto, num contexto moderno, significa a direta mercantilização do próprio dinheiro: testemunha disso são as vendas pela companhia aérea *sky mall* das antigas moedas de significação "histórica" (a moeda que Jesus usava, o último retrato do último Czar, e assim por diante).

Em algumas sociedades nas quais a sua chegada foi relativamente recente, o dinheiro é às vezes incorporado nos sistemas simbólicos locais com relativa facilidade. As mulheres da Malásia, por exemplo, "fervem" o dinheiro que os seus maridos pescadores ganham, antes que ele comece a circular dentro da comunidade (CARSTEN, 1989) – o que nos termos de Appadurai podia ser visto, Bird-David indica isso, como um modo mediado pelo gênero que produz e coloca um novo valor no dinheiro. Mas de fato a situação compartilha pelo menos um aspecto-chave com o que Gewertz e Errington descrevem para a Nova Guiné: o dinheiro não "significa" necessariamente o que os seus proponentes europeus e europeus instruídos pretendem que ele seja. Nenhuma explicação de um sistema de valor podia não levar em conta o impacto que estas revalorizações deviam ter na utilização e na importância reais do dinheiro numa economia local.

Menos trabalho foi feito até agora sobre o "presente" como um fenômeno transcultural que habita tanto as sociedades capitalistas quanto as outras, embora o artigo de Herrmann sobre as vendas de garagem – novamente desfamiliarizando uma ocorrência muito comum na sociedade americana – represente uma nova direção interessante. Esta formulação torna claro que o presente continua a desempenhar um importante papel, pelo menos como uma ideia, em sociedades supostamente orientadas pela mercadoria. Jonathan Parry argumentou realmente contra a habitual interpretação de *The Gift* de Mauss como um progresso evolucionista do presente para a mercadoria (cf. PARRY, 1986). Ele propõe, ao contrário, que a evolução da sociedade moderna envolvia uma divisão entre "pessoas" e "coisas" – entidades que na sociedade primitiva estavam juntas. Isto permite a ele ver no ensaio de Mauss uma distinção entre transações interessadas e desinteressadas: no Ocidente, nesse argumento, o presente está separado da mercadoria, porque ele está fora do quadro transacional, assim como o artista estava separado das funções nas quais a arte não moderna está supostamente incorporada. No entanto, este modelo também implica alguma espécie de progressão linear, e junta as sociedades em duas categorias distintas, com a modernidade definida pela clara separação das funções sociais das propriedades "puras", como a generosidade, a estética e a moral.

Na ideologia capitalista ocidental se supõe que o presente é totalmente desinteressado, ou "puro" (cf. CARRIER, 1995: 145-168), e como tal oposta à igualmente pura motivação do comércio – a mercadoria. Carrier (1995) e Thomas (1991b), os dois argumentaram a partir da forte evidência de que isto é muito simplista – realmente, para Carrier em particular, isto brota de uma visão estereotipada do Ocidente ("ocidentalismo"), expressa em termos de uma visão "orientalista" dos melanésios em geral (a talvez primitivos em geral), que Mauss compartilha com os seus contemporâneos e sucessores ocidentais.

A imagem de um puro presente, ou "empréstimo", foi projetada em imagens da sociedade primitiva, eclipsando a dinâmica temporal do empréstimo que de fato envolve cálculos e estratégias (BOURDIEU, 1977: 171). Não é uma coincidência, como Mauss (1954: 127) apontou, que o presente e o veneno sejam denominados com a mesma palavra no alemão; Bailey (1971: 23-24) estende esta percepção para as trocas envolvidas nos mexericos, observando que toda troca – que na sua visão corresponde a toda a vida social – era repleta de ambiguidade e, por esta razão, oferecia um solo fértil para estratégias de muitas espécies. O presente estratégico, como Bird-David observa, é provavelmente uma prática comum nas sociedades capitalistas, tanto quanto é em outros lugares.

Mas a sua afirmação de que, "com muito poucas exceções, as práticas de presente na sociedade capitalista foram pouco estudadas" (cf. tb. CARRIER, 1995: 145) é somente aplicável se retornarmos a uma definição muito materialista da economia – ou se misturarmos "deve" com "é" e deixarmos de lado as numerosas explicações do papel do presente nos sistemas ocidentais de patronagem (p. ex., CAMPBELL, 1964; HOLMES, 1989). Nos sistemas comunistas também, apesar do seu idealismo, as noções "tradicionais" de presente parecem essenciais à coesão social (YAN, 1996; YANG, 1994). As práticas ocidentais proibindo o uso de presentes como adoçantes de acordos de negócio, embora disfarçando o aspecto de presente dessas trocas como "suborno", implicitamente reconhecem a ideia de presente instrumental; realmente, a noção de que eles são "corruptos" aponta somente para o fato de que um presente instrumental representa mais uma violação categórica em termos da ideologia dominante do que o fato de que este fenômeno seja inexistente ou inconcebível para os ocidentais – o que não é claramente o caso, como os repetidos escândalos políticos têm demonstrado.

A hospitalidade, na mesma linha, frequentemente serve para dar ao partido mais fraco a vantagem moral numa transação. Mas é a hospitalidade em si mesma um ato econômico – uma espécie de troca – ou é um dispositivo estratégico que pretende aumentar mais obviamente as intenções materiais, como no café que o lojista oferece antes de uma sessão de barganha em muitas sociedades do Oriente Médio? As conexões reveladas por estes atos aparentemente triviais foram mais obscurecidas do que esclarecidas pela velha divisão do trabalho entre antropologia econômica e antropologia política. A expansão da linguagem da economia para outros domínios – ideias como "economia moral" (SCOTT, J., 1985), "capital simbólico" (BOURDIEU, 1977), e "transação social" (KAPFERER, 1976) – serve para solapar estas separações artificiais em algum grau, embora isto também corra o risco de "capitalizar" fenômenos que podem ter muito pouco a ver absolutamente com as ideias de lucro e perda – Bourdieu, crítico das avaliações "economicistas" das relações econômicas (cf. esp. BOURDIEU, 1977: 172), não obstante, estende a metáfora de capital para áreas, tais como a cultural e a simbólica, nas quais ela devia ser vista como excessivamente reducionista.

Um exemplo clássico das relações sociais nas quais o grau de vinculação econômica pode ser um tema para uma definição mais precisa é o que Sahlins chamou de "reciprocidade negativa" – especialmente (mas não exclusivamente) nas suas formas institucionalmente recíprocas, como a prática cretense e sardenha de roubo recíproco de animal (HERZFELD, 1985; MOSS, 1979) e de passeios de camelo beduínos (MEEKER, 1979). (Nas visões de mundo locais, contudo, o roubo e a vingança de sangue, por exemplo, para não falar das versões mais lúdicas, como os jogos de cartas e as canções de protesto, podem estar intrincadamente interconectados em representações de identidade de gênero, de modo que, aqui novamente, a separação do econômico em relação ao político e ao genealógico se torna, na melhor das hipóteses, artificial.)

John Davis (1992) considera que a ideia de reciprocidade negativa é grotesca, porque ele a vê como uma tentativa desesperada de Sahlins de preservar a aplicabilidade universal do modelo de reciprocidade como a base de toda ação econômica. Mas isto não é justo em relação à visão original de Sahlins, que estava principalmente preocupado com o roubo recíproco como tal, nem faz jus à própria boa advertência de Davis sobre prestar atenção na teorização nativa. Nas sociedades onde os assaltos recíprocos de animais é a norma, por exemplo, tecnicamente os assaltos não recíprocos das famílias ricas ou das instituições estatais são geralmente representados como vingança, pelo "fato" de que esses últimos são os verdadeiros ladrões, já que elas roubaram o patrimônio das pessoas (p. ex., HERZFELD, 1985). E novamente somos facilmente levados de volta para o Ocidente industrial – desta vez pela voz do indiciado criminoso suplicante, "A sociedade me levou a fazer isto", novamente como um ato de restituição. Desculpas são como mentiras: elas podem ofender as sensibilidades morais de alguns observadores, mas, quando utilizadas coerentemente, elas refletem avaliações morais nas quais podemos encontrar explicações para o que nos choca, mas que não choca os nossos informantes, como práticas irracionais (cf. AUSTIN, 1971).

As mentiras, por exemplo, podem ser uma defesa legítima de interesses de um grupo de parentes, e destituir uma tal perspectiva como "familismo amoral" (BANFIELD, 1958) é uma obra de absurdo autocontraditório que alegremente ignora fundamentalmente o seu foco ético. (Se o refundirmos como "valores familiares", o absurdo e o etnocentrismo destas formulações se tornam bastante evidentes!) Da mesma maneira, a maioria das sociedades que pratica assaltos recíprocos utiliza isto criativamente para formular as relações sociais, muitas vezes a ponto de criar alianças entre inimigos de outrora, e trata este processo como a única base viável de amizade fidedigna. Em outros casos – por exemplo, o contrabando na fronteira da Bulgária e da Turquia – o ato ilegal se torna um marcador da identidade diante de um sistema estatal opressivo e a base de negociação da solidariedade social entre indivíduos com experiências largamente divergentes (KONSTANTINOV, 1996). O uso de feitiços e outros pequenos rituais para prevenir a interferência de costumes oficiais, o caráter de encantamento da troca interna no ônibus às escuras permite aos participantes maximizar os seus lucros, e o conluio regrado de costumes oficiais e de contrabandistas – todos esses aspectos sugerem que aqui a reciprocidade é ativada de maneiras muito diferentes e que, assim como as transações kula dos habitantes das Ilhas Trobriand envolviam alguma troca de necessidades práticas, então, aqui também estamos vendo uma concatenação de negociação de identidade com o interesse econômico e a atividade ritual.

"Pessoas" e "coisas" como construtos estão entre as noções culturais importantes, que as práticas do presente e da mercadoria incorporam. Strathern (1988) afirmou, num estudo das culturas da Nova Guiné, que a "pessoa", nesses casos, é geralmente construída como um compósito de relações sociais. Bird-David convincentemente argumenta a partir desta premissa: "Um presente encarna uma relação particular entre o doador e o recebedor e nesse sentido – como Mauss afirmou – ele constitui uma 'parte' inalienável do doador. Outras visões culturais de 'pessoas' e 'coisas' deviam ser exploradas, na sua diversidade, em relação ao presente e à troca de mercadoria". No contexto das sociedades nacionais e globais, onde a comunidade de participantes deve também ser iconicamente "imaginada" (como no nacionalismo: ANDERSON, B., 1983) ou metonimicamente admitida (como em atribuições de comportamento "típico"), estes fenômenos como o mercado de turismo de Roma na fronteira da Bulgária e da Turquia fornecem um contexto no qual podemos ver tanto reciprocidades negativas quanto reciprocidades positivas sendo usadas por atores sociais identificáveis para negociar o significado das identidades e para situar as suas pessoas dentro dessas identidades. A mesma coisa é verdade em relação ao roubo recíproco de animais; realmente, na sua evolução para o que compreendemos agora como sendo a prática mafiosa de violência recíproca – em relação a produtos ou corpos – esta se tornou a marca do "sicilianismo" para aqueles cujos interesses estão em sustentá-la (SCHNEIDER, J. & SCHNEIDER, P., 1994).

Parcialmente Bird-David antecipa esta crítica quando ela aponta que há também múltiplas formas de transação: "Uma diversidade de formas de troca foi reificada pelos antropólogos ou como 'presente' ou como 'mercadoria', embora na concretude da vida social – entre os povos indígenas, assim como entre os ocidentais – haja múltiplas espécies. Estas coisas deveriam ser estudadas também". Entre estas, ela especifica a troca, que, como ela observa (seguindo HUMPHREY & HUGH-JONES, 1992: 5), "não é exatamente uma instituição histórica, ou algo peculiar às economias arcaicas ou 'primitivas' [mas também]... um fenômeno contemporâneo que cobre tanto as transações de larga escala como aquelas de pequena escala e ocorre dentro e entre muitos tipos diferentes de sociedade". Diferentemente de Appadurai, que inclui a troca na "mercadoria" (APPADURAI, 1986: 10), Humphrey e Hugh-Jones afirmam que se trata de "um fenômeno complexo [sic] que, como o presente, inclui ideias, valores e visões do transacionar com os outros" (HUMPHREY & HUGH-JONES, 1992: 3). Enquanto o "presente" implica alguma compulsão – "as pessoas devem obrigar as outras a entrar em dívida... a necessidade do recebedor é forçada a ele pelo doador" (STRATHERN, apud HUMPHREY & HUGH-JONES, 1992: 11), no entanto, na permuta "cada lado decide as suas [sic] próprias necessidades, e o objetivo é finalizar a transação sentindo-se livre de dívida imediata" (HUM-

PHREY & HUGH-JONES, 1992). A troca frequentemente abre caminho para "regimes de valor" diferentes e envolve coisas transacionadas diferentes, assim como negociantes livres e iguais.

Não é talvez algo surpreendente, com a permissão de Bird-David, que "o estudo das economias em termos das coisas que as pessoas utilizam e passam entre si se tornou completamente culturalista". Mas eu argumentaria que não se devia permitir que isto obscurecesse o fato de que as relações econômicas são sociais, e também culturais. Quando se pretende que a semelhança das mercadorias deve reproduzir uma comunidade de interesse, ela serve iconicamente (isto é, em termos de similaridades) para repetir esta identidade – como, particularmente, na partilha das mercadorias padronizadas na (iconicamente) "comunidade imaginada" da nação, e como na procura de simbolismo que tornaria a moeda do reino verdadeiramente nacional. Neste nível de inclusão, na ausência de laços frontais, o solo comum seria largamente mais cultural do que social, razão por que os governos nacionais geralmente tentam reificar a cultura nacional como uma herança comum. Mas a "vida social das coisas" implica que o seu significado primordial reside mais no relacional (ou *indexical*) do que no icônico. A sua semelhança genérica – a sua filiação a classes reconhecíveis de objetos desejáveis – pode ser projetada como uma razão para comprar, trocar ou colecionar, mas os caminhos ao longo dos quais eles viajam mapeiam o nexo instável das relações nas quais todos os negociantes estão de várias maneiras situados. Eles seguem relações de desigualdade, porém transitórias, assim como alianças e inimizades. O que flui dos produtos nos ensina acima de tudo que aos laços sociais permanecem a base do que aqueles produtos significam, não importando o quão estendidas as metáforas da sociabilidade possam parecer. Esta talvez seja a mais importante lição da análise de Herrmann sobre a venda de garagem.

Corporações e casas: a base material da vida social

O estudo das economias em termos de como as pessoas asseguram os seus meios de vida, de acordo com Bird-David, começou a se desenvolver também numa direção culturalista. Em *Stone Age Economics*, Marshall Sahlins (1972) propôs como um "modo de produção doméstico" (MPD) generalizado o que estudiosos anteriores tinham visto somente como sendo "modos de subsistência" de vários tipos ecológicos (caçador-coletor, horticultor, pastor e camponês). Ele caracterizava o MPD – em oposição dicotômica ao modo de produção capitalista, embora em alguns casos, deixando o contraste implícito – como economias organizadas por grupos domésticos e relações de parentesco. Nesses sistemas, as pessoas subutilizam – ao contrário da maximização dos capitalistas – os seus recursos produtivos e a sua capacidade de trabalho. As famílias produzem para uso (como oposto à troca), ou ocasionalmente para a troca dirigida finalmente para o uso. Cada família é um microcosmo da economia em geral, em termos da divisão do trabalho.

Este esquema preservou o sentido desventurado de uma separação radical entre o Resto e o Ocidente. No entanto, ele oferecia várias vantagens. Ele transformou a separação das sociedades não industriais em categorias distintas – "caçadores-coletores", "horticultores" e "camponeses" – virtualmente redundantes, para não dizer enganosas. Na síntese de Bird-David: "Os etnógrafos estudaram comparativamente grupos dentro da mesma categoria, ou exatamente produziram novas etnografias, embora dando atenção às etnografias anteriores da mesma espécie e falando de questões comuns, além daquelas específicas dos seus próprios grupos de estudo... Por exemplo, os etnógrafos de 'caçadores-coletores' discutiram a influência desfrutada por essas pessoas, as suas práticas compartilhadas e o seu *ethos* igualitário e pacífico. Os etnógrafos dos "horticultores" discutiram a guerra culturalmente instituída praticada por muitas dessas pessoas, os seus sistemas de intercâmbio e economias de prestígio. Os estudiosos de "camponeses" falavam de questões, tais como as ligações com os sistemas de mercado, a homogeneidade das famílias e o ciclo de vida determinantes da produção familiar. Em muitos casos (se não em todos eles), um grupo de estudo particular seria visto como um membro desta ou daquela categoria de subsistência, não porque ele perseguia exclusivamente a atividade de subsistência em questão, mas porque esta atividade era vista pelas pessoas locais – ou pelo etnógrafo – como sendo uma atividade "significativa", simbolicamente e também praticamente. Sahlins, em outro lugar, argumentou que a cultura burguesa apenas destaca a economia como "o principal lugar da produção simbólica", ao mesmo tempo em que representa a sua economia como uma instituição separada (1976b: 211). "Com uma medida de cautela se pode dizer que os etnógrafos representaram da mesma forma as economias de subsistência como esferas separadas, ao mesmo tempo em que eles efetivamente as viam como um *"locus* institucional privilegiado do processo simbólico" (para usar as palavras de SAHLINS, 1996).

Se afirmarmos que virtualmente nenhuma sociedade existe em isolamento econômico do resto do mundo, não faz sentido tratar as suas economias separadamente de outras dimensões culturais da vida social. Para Bird-David, há três desafios conexos: como integrar os valores e os significados culturais na análise comparativa das bases materiais da vida social; como dissolver a reificação ortodoxa dos tipos de economia como sistemas totais, cada um deles homogêneo e fixo; e como subverter a dicotomia sobredeterminante e radical entre economias capitalistas e não capitalistas. Para executar este programa intelectual, ela se volta novamente para o estudo de Gudeman e Rivera sobre os camponeses colombianos (1990).

Trabalhando contra o individualismo metodológico da economia ortodoxa, Gudeman e Rivera focalizam as pessoas tal como elas operam no interior dos grupos sociais, distinguindo entre a "casa" e a "corporação" como imagens ideais. Para aguçar a sua distinção, Bird-David sugere: "a casa pode ser conceituada como um grupo socialmente constituído, que se mantendo se compromete em ações materiais. A corporação é vista como um grupo constituído para operações materiais, algumas das quais envolvem compromissos e relações sociais. A casa opera no sentido da autarquia, que às vezes envolve intercâmbio com outras. A corporação existe para e através do intercâmbio [que principalmente pode ser infinitamente estendido], embora as suas transações sejam às vezes contidas no interior da comunidade. Ambas operam economicamente na vida social, embora diametralmente opostas na sua constituição e natureza".

A oposição foi entendida por Gudeman e Rivera como atravessando sequências históricas (1990: 11), mas Bird-David sugere que ela "pode adicionalmente atravessar "tipos de subsistência". Isto desloca o foco para longe dos "modos de produção" para grupos sociais que operam economicamente, nos quais as culturas de construção dos meios de vida estão incorporadas. As economias contemporâneas são constituídas de casas e corporações de várias espécies, desde o extremo capitalista, no qual as corporações ocupam o centro, atraem as casas na constante expansão das suas margens através de domínios políticos e culturais, até o remoto extremo local no qual as casas são centrais para os seus habitantes, mas são afetadas pelas corporações de fora, cujas margens elas representam. Os extremos estão em lados opostos de um contínuo de tipos ideais; eles não são formações econômicas específicas localizadas em lados opostos de uma linha de tempo evolucionista.

Na economia do camponês colombiano descrita por Gudeman e Rivera e proveitosamente resumida por Bird-David, a corporação e a casa são mutuamente dependentes por suas respectivas atividades e capacidades reprodutivas. A corporação predomina cada vez mais quando abordamos o centro político, a casa quando nos afastamos deste. Mas centro e periferia são localizações inconstantes; a corporação se mantém em expansão, empurrando a casa cada vez mais longe para as margens. Quanto à "casa" rural colombiana, o folclore rural fala sobre as suas atividades materiais em metáforas baseadas nas suas casas físicas. A vida econômica, tal como eles a veem, envolve principalmente "sustentar" e "manter" a "base" da casa (que de outra maneira cairia em "ruínas"; GUDEMAN & RIVERA, 1990: 11). A "base" inclui bens materiais, como a terra, os animais e as sementes, assim como tudo mais – material e conceitual – que mantém o grupo social junto. Não menos importante, ela inclui valores e entendimentos compartilhados – por exemplo, a visão da terra como o repositório de "força", criado e sustentado por Deus, uma terra que dá sua "força" às pessoas que participam do seu crescimento pelo trabalho agrícola com suas próprias mãos. Esta "casa" rural colombiana minimiza o gasto de dinheiro e de troca através do mercado (ainda que somente para obter as mercadorias que seus membros utilizam), assim como envolve "movimentos [parcelas arrendadas] através das portas de dentro para fora", reduzindo assim a "base". O envolvimento com o mercado é incorporado apenas como um meio de reproduzir a "base". A casa, por outro lado, evita este envolvimento com o mercado, diversificando a sua produção e negociando trabalho e troca de objetos com os vizinhos, o que equivale a "utilizar estoques das portas para dentro". O trabalho assalariado é também minimizado (exceto ocasionalmente para assegurar dinheiro para as compras inevitáveis no mercado) em favor da produção doméstica que, na visão local, sustenta e mantém a "base". A casa guarda o "restante" da sua produção, e "joga isto para frente", para o abastecimento futuro.

A corporação, diferentemente da casa, é imaginada como um organismo: um "corpo" que deve ter "órgão [organização] interno" para "funcionar" adequadamente. Ela tem "cabeça" como um "auxiliar indispensável" e capitais "circulantes" que sustentam os seus "braços", "órgãos" e "membros". Isto pode ser "saudável" ou "doente" e, quando ela "cresce", ela "emite ações" (GUDEMAN & RIVERA, 1990: 13). Enquanto o projeto da casa é manter a sua "base", o projeto da corporação é lucrar. Enquanto a casa é frugal e se diversifica evitando a participação no mercado, a corporação se especializa para aumentar a sua participação nele. A "base" da casa (em termos econômicos formais) assume grandemente a forma de "estoque", ocasionalmente voltada para "fluxo", apenas para reproduzir o "estoque". O "capital" da corporação, por outro lado, assume grandemente a forma de "fluxo", que é ficticiamente projetado uma vez por ano como "estoque", congelando fluxos de renda e custo uns contra os outros, fazendo circular o lucro e a sua taxa de crescimento (1990: 66-68).

As casas assumem várias formas culturais distintas. Na própria obra etnográfica de Bird-David, o "caçador-coletor" da "casa" Nayaka – atualmente um bando, já que a estrutura física de habitação tem menos a ver com a intimidade da coprodução do que com a unidade social – é um grupo residencial de famílias, que veem a si mesmas como "nós, os parentes". A sua "base", que eles descrevem como sendo o "nosso lugar", inclui a floresta no interior da qual eles vivem, o conhecimento da sua vida e o companheirismo e as relações compartilhadas de uns com os outros e com os aspectos do ambiente natural vistos como "pessoas" outras que não humanas (*devaru*). Manter a "base" é reproduzir relações compartilhadas. Entre os aborígenes australianos em Beluyen, o trabalho não é visto como dispêndio de "força" para manter a "base", mas como socializante em relação ao habitat natural e às suas "pessoas" para manter o companheirismo (POVINELLI, 1993). Sustentando que este companheirismo é alcançado pela coleta e pela caça na floresta, mas também pelo simples passar de tempo lá, xamanisticamente mantendo contato com os devaru da floresta, Bird-David observa com base nos seus próprios dados: "Uma casa Nayaka não tem aversão à participação no mercado – diferentemente da 'casa' camponesa colombiana – até onde as relações compartilhadas são mantidas de outras maneiras entre 'nós, os parentes', e com a terra, o 'nosso lugar'. As atividades de mercado que envolvem gastar o tempo na floresta (p. ex., coleta e venda de produtos secundários da floresta, trabalho assalariado como observadores e guias florestais) fizeram parte constitutiva da operação da 'casa' Nayaka durante um longo tempo. A casa Nayaka nem poupa nem acumula produtos materiais, que somente corroeriam as relações compartilhadas com as outras pessoas, que são constitutivas da sua 'base'. Nem ela superexplora a floresta, que destruiria as relações compartilhadas com os devaru. O contato xamanístico com os devaru continua por toda parte os envolvimentos econômicos flutuantes da 'casa' Nayaka".

Estas relações, que deviam chocar o observador eventual como fracassos em maximizar, são também observáveis nos ambientes urbanos, especialmente naqueles em que a economia é uma mistura de subsistência local e cultura consumista capitalista. Na cidade litorânea cretense, onde trabalhei, por exemplo, um "*ethos* de imprecisão" governa a conduta das relações sociais: é indecoroso para os residentes mais pobres observar muito cuidadosamente a pesagem dos produtos – e é mais provável que eles de fato recebam tratamento preferencial de comerciantes igualmente com falta de dinheiro, se, na rejeição autoconsciente de maneiras pomposas dos *nouveaux riches*, eles não fizerem isso. Não é que eles estejam inconscientes das vantagens materiais de mostrar que eles se sujeitam ao *ethos*, mas é igualmente claro que não fazer isso os torna agudamente desconfortáveis. Como John Davis observa a respeito do altruísmo do presentear, realmente não importa se alguém é ou não verdadeiramente altruísta; assim, aqui, importa pouco se alguém fica genuinamente envergonhado pela excessiva atenção dada aos pesos e preços precisos. Numa sociedade onde a atenção muito grande a virtualmente tudo absolutamente ganha uma reputação de ter um mau-olhado, este aspecto da economia moral é tão material quanto o dinheiro no sentido do qual os seus praticantes afetam tal despreocupação. E tratar atribuições de motivo como parte da economia moral – mais do que real ou falsa – nos alivia de ter de recorrer ao individualismo metodológico que serviu tão parcamente à análise econômica. O *ethos* da imprecisão caracteriza a economia moral de casas que devem socialmente cooperar sob condições de relativa escassez, muitas vezes diante de pressões crescentes do que é percebido como sendo a invasão alienígena das corporações.

Além disso, as economias domésticas subsistem em meio aos governos mais altamente industrializados. Estes são tipos ideais e, tal como ocorre com a venda de garagem, os pressupostos que fluem de teorias sobredeterminadas não nos ajudará a perceber as continuidades que as economias (e as culturas geralmente) ocidentais têm com muitas diferentes formações. Por exemplo, junto com as fazendas industriais, que são realmente "corporações", há, Bird-David nos lembra, fazendas familiares nos Estados Unidos – e em outros países industriais – que funcionam como "casas" de uma maneira mais próxima da "casa" colombiana do que da "corporação" agrícola, embora a extensão na qual a fazenda familiar é mais ideológica do que um constructo econômico comporte uma investigação posterior. (Nos Bálcãs, a bajulação ideológica do *zadruga* ou da família estendida residencial patrilinear como o exemplar local de comunismo primitivo fornece um espelho irônico para o individualismo familiar americano.) O "consumidor" do discurso econômico ocidental é muitas vezes uma pessoa familiar, que está preocupada com preservar a "casa" familiar, a "base" do que deve incluir a casa, as perspectivas de carreira e os vários investimentos – incluindo, para os burgueses em ascensão, o lixo transformado em antiguidades descrito por Thompson e outras formas de "capital cultural" que servem como marcas de "distinção" (BOURDIEU, 1984).

Etnograficamente, as casas são mais fáceis de estudar do que as corporações, embora a privacidade possa também ser um dilema e um obstáculo ético assustador na investigação. Além disso, a arquitetura da forma da casa pode representar uma orientação para as corporações nas fachadas e para a economia "doméstica" no interior, como ocorre quando leis de zoneamento reduzem os exteriores a um conformismo que mascara estratégias altamente individualizadas – estéticas e econômicas – por parte daqueles que vivem neles. Mas os antropólogos estão agora começando a trabalhar dentro de organizações de negócios, no Estado e em outras burocracias e agências internacionais. Aqui, o perigo está em assumir uma visão fácil da "cultura corporativa", que nos restringiria ao sentido reificado de cultura, a partir do qual o atual sobre a cultura como processo se moveu tão decididamente. A ideia de cultura homogênea é muito sedutora para as corporações, e para ninguém mais do que é para o Estado-nação (HANDLER, 1985). Em alguns países, um esforço consciente é feito para inculcar a cultura da empresa coletiva em empregados (p. ex., JANELLI, 1993; KONDO, 1990; MOERAN, 1996). Às vezes, grupos de parentesco ramificados, como as patrilinhagens chinesas, ficam em algum lugar entre a casa e a corporação (WATSON, J., 1975), adquirindo os traços de cada uma delas de acordo com as exigências das circunstâncias – em si mesmo, este é um tema que vale a pena pesquisar posteriormente. Mas esta é a maior razão de evitar estas formulações como ferramentas analíticas. A negociação de cultura dentro de grandes burocracias – como, por exemplo, Stacia Zabusky a descreveu para a Agência Espacial Europeia (1995) – é o objeto de um estudo mais proveitoso, porque ele aponta diretamente para o exercício do poder e para os seus efeitos. É observando o deslizamento entre os tipos ideais de casa e corporação que podemos começar a alcançar a melhor vantagem nas duas vias de relacionamento entre as economias globais e as práticas locais, através das quais elas são refratadas, resistidas e remodeladas.

Economias: sociais, políticas ou culturais?

Concluindo um ensaio sobre *The Spirit of Gift*, Sahlins escreveu: "os princípios básicos de uma economia propriamente antropológica incluem um em particular... que todo intercâmbio, na medida em que ele incorpora algum coeficiente da sociabilidade, não pode ser compreendido em seus termos materiais fora dos seus termos sociais" (SAHLINS, M., 1972: 183). Para Bird-David, este excerto "expressa o 'espírito da antropologia econômica' nas décadas passadas; uma visão totalmente substantivista, que vê a perceptividade do social como a única contribuição da antropologia para o estudo das economias". Ela própria argumenta que "estamos em meio a uma mudança extensa que deve ser realizada no futuro. Iniciada pelo estudo de Sahlins sobre o capitalismo como um sistema cultural, esta mudança envolve uma perceptividade crescente do cultural [ideias, símbolos, visões de mundo], que é a única contribuição da antropologia para o estudo das economias, e uma perspectiva crítica para compreender o econômico".

Palavras corajosas, e também proféticas: a visão que Bird-David articula é compatível com os objetivos da antropologia atual, embora ela tenha sido fortemente contestada. Mas novamente devemos ser cuidadosos para não focalizarmos tão profundamente o cultural e ignorar o social. Bird-David não é certamente culpada de fazer isso na sua própria obra etnográfica. Nem ela torna o seu próprio escrito prescritivo sugerir isso. Mas o debate sobre se a antropologia deve ser "social" ou "cultural", um argumento tolo que parecia mais servir como uma guerra fiduciária para disputas anglo-americanas de uma espécie nacionalista surpreendente, deixou as suas cicatrizes. Além disso, como eu indiquei, o aspecto relacional (ou *indexical*) do social permanece sendo o cerne mesmo da retórica mais resolutamente culturalista, como aquela do Estado-nação ou da grande corporação. Mesmo se aquilo que confrontamos atualmente seja um simulacro baudrillardiano da experiência social, o fato de que estes simulacros persistem é uma evidência bastante em si mesma de que as economias estão incorporadas não somente nos valores culturais, mas também em relações sociais flutuantes que desmentem qualquer visão reificada da cultura. A casa é uma unidade social, mesmo se a corporação possa parecer se inclinar mais para o cultural.

Mas é certamente verdade que a antropologia econômica se tornou cada vez mais substantivista. Nesse processo, ela também se tornou menos reconhecível como um domínio separado de pesquisa. E atualmente este esbatimento das fronteiras começou a afetar a nossa imagem do "Ocidente" (cf. CARRIER, 1992, 1995), exatamente tanto quanto estava já embrionariamente presente nas hipóteses evolucionistas anteriores sobre uma progressiva especialização das esferas das sociedades "arcaicas" para as "nossas próprias sociedades".

O que talvez ainda esteja em falta, e esta pode ser uma curiosa reflexão sobre a dominação da economia como uma categoria na imaginação coletiva ocidental, é uma exploração das ramificações políticas da economia. Embora Robert Ulin (1984) tenha oferecido um importante diálogo entre a economia política e a análise cultural, a sua obra é particularmente mais útil para pensar a respeito da relação entre a política e a cultura do que a respeito das dimensões econômicas como tais. Grande parte do trabalho sobre a economia política foi surpreendentemente morno. Wilk (1996: 94-98) sugere que enquanto os marxistas estruturalistas eram geralmente relutantes para enfrentar questões relativas à ação, alguns aspectos da Teoria dos Sistemas Mundiais paradoxalmente induziram mais reflexão a respeito do jogo de poder nas relações entre ação e estrutura. Esta é uma observação importante e provocadora. No entanto, aqui novamente o perigo reside em atribuir muita autoridade aos principais atores e deixar que as vozes daqueles cujas vidas são mais diretamente afetadas sejam sufocadas mais uma vez. Uma das forças dos desenvolvimentos que eu descrevi neste capítulo é que eles fornecem boas razões para ouvir mais cuidadosamente aquelas vozes – não porque elas são "indígenas", mas porque elas são muito parecidas com as "nossas próprias" vozes – porque, de fato, elas tornam sem sentido a distinção. Elas também deveriam exigir o nosso sério respeito.

5
Políticas

Uma visão crítica do poder

Assim como ocorre com a economia, assim também é com a política: os antropólogos, comprometidos com o estudo das intimidades da vida cotidiana, encontram a política em espaços onde o Estado burocrático nem mesmo procura entrar. As relações de gênero, parentesco, roubo recíproco e vingança, e a dinâmica do laboratório, são todas arenas do político. Focalizar o Estado comparativamente com esses e outros improváveis acompanhantes pode ser a subversão mais promissora da obviedade que a disciplina pode realizar.

Esta visão tem raízes históricas. Assim como a história da antropologia, desde os começos evolucionistas até hoje, é uma história de revolta contra as suas motivações subjacentes e racistas, também no específico campo da análise política o desvendamento sistemático dos pressupostos sobre o Estado como a forma política ideal colocou atualmente a disciplina numa posição singularmente vantajosa – ainda que muitas vezes subvalorizada – para desafiar estritamente os modelos do político baseados no Estado.

As visões evolucionistas da política dificilmente morrem. Assim, embora poucos antropólogos aceitem hoje de bom grado a visão racionalista de um progresso determinado a partir do "selvagem" através do "primitivo" para a sociedade "civilizada", uma imagem nostálgica das sociedades "arcaicas" subsistiu ainda numa disciplina que tinha conseguido "racionalizar" as práticas dos povos exóticos em termos "funcionais". Às sociedades arcaicas, nesta visão, pareceu sempre faltar algo importante: elas eram "tribos sem governantes" (MIDDLETON & TAIT, 1958), praticavam a política sem governo (FORTES & EVANS-PRITCHARD, 1940: 5-6) e afirmavam a lei sem precedente ou codificação (GLUCKMAN, 1963a).

Contudo, atualmente, como Marc Abélès observa (cf. tb. VINCENT, 1990), "a antropologia política precisa levar em consideração a interdependência cada vez mais estrita entre aquelas sociedades e as nossas próprias e as transformações que estão afetando os processos políticos tradicionais". O que outrora foi a incompletude das políticas "arcaicas", tornou-se agora uma obstinação cada vez mais evidente para a arregimentação de todas as sociedades humanas. Como resultado disso, temos "tribos" de políticos nas nações industrializadas (ABÉLÈS, 1990), segmentação no Estado-nação (HERZFELD, 1987, 1992), e simbolismo, exorcismo e princípios de pureza e poluição como marcas definidoras de algumas formas novas e poderosas de políticas de identidade nacional (HAYDEN, 1996; KAPFERER, 1988; MALKKI, 1989; TAMBIAH, 1989). E embora estas atribuições possam ter levado alguns comentadores a ver essas formas como novas irrupções na cena mundial do localismo arcaico, do tribalismo e da sede de sangue, ficou cada vez mais evidente que estas afirmações são elas próprias fábulas de identidade, espalhadas pelos poderosos sobre os fracos na cada vez mais influente mídia internacional.

De uma preocupação comparativista com as taxonomias dos sistemas políticos, a antropologia progressivamente se moveu para um foco sobre as práticas e os códigos de poder, e especialmente sobre o papel dos atores sociais ao criá-los. Esta abordagem, na qual maior atenção é dada às formas expressivas, assim como às conexões próximas entre o poder, o ritual e os símbolos, também significa necessariamente um afastamento do privilégio dos operadores do poder estrutural. Examinando as intimidades do processo político – de políticos, mas também de prisioneiros, de eleitores, mas também de trabalhadores voluntários, de padrinhos da máfia, mas também de fofoqueiros de aldeia – os antropólogos fornecem um antídoto necessário às explicações estruturais do poder, tratando os líderes e os liderados num quadro comum que não quer confundir a retórica ideal típica do moderno Estado-nação, para tomar o exemplo mais óbvio, com as práticas que esta retórica emprega para dissimular.

Isto é especialmente importante para lidar com os sistemas políticos autoritários, onde todos os analistas também facilmente adotam como uma explicação da estabilidade a certeza teleológica que os regimes esperam projetar na sua retórica e criar no fato social. Alguns desses regimes invocam, inclusive, os modelos da ciência social para justificar e perpetuar o seu domínio e a sua visão: Émile Durkheim se tornou a inspiração para o estatismo secular turco, embora as análises de Karl Marx tenham sido arregimentadas a serviço da rigidez pós-revolucionária em todo mundo. Mesmo se estas utilizações dos nomes célebres da ciência social sejam altamente seletivos, e realmente são, foram os componentes teleológicos da obra desses pensadores que se prestaram ao abuso político. Para isto, a única resposta efetiva é sempre buscar os atores sociais envolvidos – os políticos, os ideólogos e os líderes populares que inscrevem a teleologia no governo. Assim, o foco crítico recai agora não sobre os próprios símbolos (como se eles tivessem alguma existência não social, transcendente), mas sobre os usos para os quais eles são colocados – e sobre as pessoas que os empregam (KERTZER, 1988).

O reverso da moeda de uma antropologia tradicionalmente preocupada com o marginal e o exótico é precisamente que toda a política está fundada na experiência local em algum sentido, muitos políticos estão organizados em tribos e dinastias, e o próprio Estado-nação possui muitos dos aspectos da política segmentar – o tipo de sociedade antigamente contrastada com o Estado como ausência de governo (FORTES & EVANS-PRITCHARD, 1940). Que tipo de antropologia é esta que não pode explicar a persistência dos laços de parentesco como um componente básico na sucessão política em alguns dos países mais determinadamente republicanos do mundo? (Como a Grécia – cf. PAPPAS, 1999: 88 – e os Estados Unidos, com os seus Tafts, Roosevelts, Kennedys e Bushes.) O parentesco, de fato, continua a desempenhar o principal papel na sucessão das elites, exatamente onde os pressupostos atuais o substituiriam com critérios objetivos de mérito – em alguns dos setores industriais mais poderosos da economia americana (cf. MARCUS, 1992). Contudo, uma abordagem repensada da política deve também dar conta da viabilidade dos sistemas políticos onde nenhum íntimo controle do poder assim está obviamente presente: a racionalidade "realmente" prevaleceu, ou foram as novas formas de associação, somente acessíveis no nível do olho de verme do etnógrafo, que assumiram o controle? Estas questões vão ao próprio cerne daquilo que os antropólogos podem contribuir para a arena da política moderna. O poder da antropologia de reformular a análise das formas governamentais e de outras formas modernas de autoridade pode bem explicar o nervosismo com o qual as suas atividades são vistas por aqueles cujos interesses – intelectuais ou políticos – coincidem com as maiores estruturas desta autoridade.

Abélès enquadra o deslocamento na direção desses interesses em termos de um afastamento da autoclassificação da antropologia por zonas temáticas, como a economia, a religião, a política e coisas do gênero: longe de pressupor uma divisão clara e virtualmente preestabelecida entre o que é político e o que não é, os antropólogos estão buscando ganhar uma compreensão mais rigorosa do modo como as relações de poder estão entrelaçadas, as suas ramificações e as práticas que elas fazem surgir. Isto exige, sobretudo, muita atenção para o funcionamento do poder – para os modos como os atores sociais diversamente situados o exercem, de modo a responderem ao cultural e ao social, assim como às mais óbvias exigências e expectativas políticas. Este deslocamento faz parte de uma dissolução mais ampla da distinção artificial entre o material e o simbólico. Dever-se-ia acrescentar também que o colapso desta distinção não é em lugar nenhum mais visível do que naquelas áreas convencionalmente admitidas como políticas, onde a influência da retórica e do simbolismo pode ser vista como sendo direta, reconhecível e muitas vezes decisiva, mas onde não há qualquer significado que seja comprovadamente independente dos fatos brutos da riqueza e da força coercitiva.

A visão evolucionista tem sido frequentemente expressa em termos da especialização crescente da atividade humana. As sociedades "arcaicas" não têm arte, como se afirmou; independente da religião, nenhuma política é independente do parentesco. Esta visão articulou um contraste entre as sociedades tradicionais, nas quais a esfera política está incorporada em estruturas sociais básicas (geralmente no parentesco), e o mundo moderno, no qual a autonomia da política é manifestada nas estruturas burocráticas dos Estados. Havia pouca consciência de que a separação da política e do parentesco, por exemplo, produziu no próprio cerne da vida política moderna, e sob o nome de "nepotismo", uma matéria-prima do pensamento antropológico – o político como equivalente do tabu do incesto; nem era o parentesco, no qual virtualmente todo nacionalismo estava fundado (cf., p. ex., BORNEMAN, 1992; YANAGISAKO & DELANEY, 1994), visto como mais do que uma metáfora conveniente. O pressuposto eurocêntrico de que uma espécie muito particular de racionalidade transcendeu as imediatidades do cultural e do social exigia a criação de uma clara demarcação entre sistemas estabelecidos e abstratos, e as perspectivas antropológicas sobre os processos políticos nacionais e internacionais conflitaram com a versão objetivista do senso comum apoiado por muitos, se não todos, os cientistas políticos.

Além disso, a adoção de ideias a respeito da cultura por alguns cientistas políticos nos anos recentes nem sempre refletiu o mais recente pensamento antropológico. Mais notoriamente, a obra de Samuel Huntington (1996) reproduz o nacionalismo romântico do Estado-nação do século XIX: as ideias de que algumas culturas podem ser convenientemente separadas como "civilizações" e que estas são essencial e imutavelmente incapazes de compreensão mútua insultam tudo aquilo que aprendemos sobre a criolização cultural, sobre o processo de diáspora cultural, e mesmo sobre a simples comunicação intercultural. Isto é assim empiricamente indefensável; mas tem algum interesse como um objeto etnográfico, pois ele reproduz de forma esquemática os estereótipos dominantes e as teorias folclóricas através das quais muitos líderes mundiais tentam convencer os eleitores a apoiá-los na busca da divisão de hegemonias no exterior.

Poder e representação

A fronteira entre a antropologia e a ciência política é, exatamente nesse sentido, tanto institucional quanto política. Alguns antropólogos expandiram as suas áreas de investigação para incluir as sociedades industrializadas do Ocidente, enquanto alguns cientistas políticos exploraram dimensões da política, como os ritos e os símbolos, que até agora permaneciam fora dos seus campos de investigação (BARNETT, 1997; BINNS, 1979-1980; EDELMAN, 1971; KERTZER, 1988; SFEZ, 1978). Os antropólogos começaram dando proeminência à diferença, dando mais interesse à periferia do que ao centro e preferindo estudar as sociedades rurais tradicionais ou as minorias urbanas que tinham preservado os seus aspectos específicos. É verdade que o complexo serviço público, a densa fábrica burocrática, e a implantação de hierarquias no moderno Estado-nação apresentam pouca semelhança clara com os trabalhos frequentemente mais difusos a respeito da política observados em outros tipos de formação social. Há uma substantiva disparidade de escala entre o Estado contemporâneo e os outros sistemas geralmente descritos pelos antropólogos, como as sociedades segmentares ou de chefatura. Esta disparidade se torna menos significativa, contudo, quando focalizamos os processos e os sistemas de poder como estes que impregnam as instituições e também as formas nas quais a ação política é representada.

No pensamento antropológico atual, toda política é um fenômeno dinâmico, ou um processo. Num cânone agora bem-estabelecido, Swartz, Turner e Tuden viram a política como consistindo de processos que resultam da escolha e da realização de objetivos públicos e do uso diferencial de poder pelos membros do grupo interessados nesses objetivos (SWARTZ; TURNER & TUDEN, 1966: 7). Isto, como Abélès observa, realça a combinação de três fatores – o poder, a determinação e a realização de objetivos coletivos – e ainda a existência de uma esfera de ação pública. Uma fraqueza desta definição, como ele nota, é que ela ignora a territorialidade. Contudo, se para Weber o Estado detém "o monopólio da violência legítima num dado território", em *The Nuer*, Evans-Pritchard trata as relações políticas como relações que permanecem, dentro dos limites de um sistema territorial, entre grupos vivendo em áreas claramente definidas e conscientes da sua identidade e da sua mútua exclusividade (EVANS-PRITCHARD, 1940: 19). É também possível, no entanto, enfatizar a territorialidade. Isto é em grande parte o resultado do mais recente foco da antropologia, mas também de raízes conceituais compartilhadas, sobre o colonialismo e o nacionalismo – duas forças poderosamente interligadas (STOCKING, 1991). Um trabalho mais recente nestas áreas realçou os arranjos dissolventes do território, tais como aqueles que agora encontramos nas corporações globais e na crescente dominação do ciberespaço sobre os processos econômicos. Convocações recentes para uma reconfiguração da prática etnográfica falam especificamente das mudanças metodológicas que este deslocamento de foco deve acarretar (GUPTA & FERGUSON, 1997).

Abélès coloca três esferas de interesse vitais para uma antropologia da política: um interesse no poder, o modo como ele é adquirido e como ele é exercido; um interesse nas identidades afirmadas num determinado território (e, devemos agora acrescentar, em redes não territoriais) e nas áreas de influência nas quais ele sucumbiu; e um interesse nas representações e nas práticas que formam a esfera pública. Como ele diz, estas diferentes esferas estão rigorosamente interligadas, mas ele afirma que analiticamente pode ser necessário ver estas três dimensões separada e sucessivamente conforme olharmos para as sociedades e o Estado contemporâneos.

Foucault, que na sua obra sobre a loucura, o sexo e a prisão falou da onipresença das normas e dos sistemas, propôs um método de análise com o objetivo de superar esta dificuldade central. "A análise em termos de poder não deveria postular, como fatos iniciais, a soberania do Estado, a forma da lei ou a unidade global de uma dominação; estas coisas são somente formas terminais" (FOUCAULT, 1976: 120). É importante ver além dos fatos mais imediatos representados pela lei e pela instituição e considerar as relações de poder e as estratégias que são forjadas no interior dos sistemas. Os instrumentos tradicionais das teorias políticas se mostram inadequados: "Utilizamos modos de pensar o poder que estão baseados ou nos modelos legais [o que é a legitimidade do poder?], ou nos modelos institucionais [o que é o Estado?]" (DREYFUS & RABINOW, 1984: 298). A resposta está evidentemente na maior atenção dada ao que os mantenedores do poder realmente fazem – como eles dirigem os controles institucionais e as classificações na busca de fins particulares, a cujos interesses eles desse modo servem, e ainda como eles redistribuem a autoridade investida neles sob um sistema que também dá poder aos outros sobre eles.

Mais do que concretizar o poder tratando-o como uma misteriosa substância, cuja natureza real deveríamos procurar incessantemente rastrear, Foucault então pergunta em termos pragmáticos como o poder é exercido. Pensar o poder como um ato, como um "modo de ação sobre ações" (FOUCAULT, 1976: 316), exige dos antropólogos uma exploração empírica tanto das práticas individuais quanto dos padrões que estes rompem ou confirmam. Tentar levar em consideração o exercício do poder e as suas raízes nas complexidades da prática cotidiana nos possibilita compreender melhor a política, não como uma esfera separada, mas como a cristalização de atividades modeladas de acordo com regras culturais, tal como elas são representadas e interpretadas por atores interessados.

Os antropólogos devem, portanto, dar conta das condições sob as quais o poder e a capacidade de governar surgem. Nas políticas democráticas, por exemplo, eles investigam o que a "representatividade" impõe na prática. Aqui, Abélès discorda de Foucault em dois pontos: por um lado, Foucault explicitamente rejeita a questão da representação como um aspecto metafísico de base e da natureza do poder, com duas perguntas indiscretas: "O que é o poder? De onde vem o poder?" (FOUCAULT, 1984: 309); por outro lado, ele rejeita, como refletindo uma atitude legalista, qualquer pergunta sobre a legitimidade do poder.

Contudo, rejeitar a representação como meramente metafísica é ignorar os seus efeitos palpáveis no mundo real; esta atitude afasta o estudo sério do simbolismo como um fator material no processo político e torna toda a questão da função irrelevante. E rejeitar a questão da legitimidade como igualmente epifenomenal é, ironicamente, cair na armadilha de tomar as pretensões de legitimidade num sentido literal – mais como algo que "existe" ou "não existe" do que como algo que é constituído através do exercício de habilidades sociais. Além disso, é numa maior fiscalização daquelas habilidades sociais e dos seus efeitos discerníveis que podemos mais efetivamente prestar atenção à convocação de Foucault para não ver o poder como monolítico e como centrado em mãos de pessoas particulares. Separar o poder do seu exercício é logicamente indefensável (cf. FABIAN, 1990). A representação no sentido de manter o poder em nome dos outros – como no sentido de uma "democracia representativa", por exemplo – emerge assim como um caso particular de representação no sentido de retrato, em que os parlamentares podem apenas reivindicar "falar por" seus constituintes, na medida em que o seu desempenho permaneça socialmente aceitável.

Não podemos separar a aquisição de poder do modo como ele é exercido. Nas democracias ocidentais, onde a ideia de eleição é tanto um meio de possibilitar a representação quanto a expressão simbólica bastante não democrática de um direito de governar, fazer política significa aceitar a eleição para um cargo que torna possível alcançar uma posição de poder sobre os outros. Além disso, uma eleição é muitas vezes vista como um processo misterioso que tem o efeito de transformar os indivíduos em figuras públicas – dificilmente as coisas das quais se supõe que a racionalidade é feita. De um dia para o outro, pessoas que são geralmente cidadãos são convocadas para personificar os interesses de uma comunidade e para falar em seu nome. O caráter da representatividade dá a elas o direito de agir sobre as ações de outras pessoas e exercer o seu poder sobre o grupo. É a semelhança destas atribuições com o *status* dos assim chamados reis divinos em algumas sociedades da África Oriental que nos permite estudar, comparativamente, as diferenças entre estes dois tipos de política.

Bourdieu vê esta "alquimia de representação" como um verdadeiro padrão circular no qual os "representantes formam o grupo que os cria: porta-vozes com plenos poderes para falar e agir em nome do grupo e agir sobre o grupo... se tornaram os substitutos do grupo que então existe somente por procuração" (BOURDIEU, 1982: 101). Bourdieu interpreta o fenômeno da representação em termos de "deixar ir" (*letting go*) – uma transferência de autoridade a um terceiro partido, que então se configura como um poder unificador e como o garantidor da harmonia coletiva.

"Nessa perspectiva teórica", escreve Abélès, "analisar a representação implica desconstruir os mecanismos que resultam em indivíduos que se tornam submetidos ao poder e a seus símbolos. O objetivo é se comprometer com uma crítica dessa transferência trazendo à luz as raízes da ilusão. A antropologia não significa se comprometer com uma crítica da política; ela tem antes como objetivo compreender como o poder surge e é afirmado numa determinada situação". Mas isto, assim me parece, podia facilmente ser expresso como uma crítica (talvez, mais do que uma desaprovação) da política: perguntar como as taxonomias de uma burocracia estatal poderosa apoiam os objetivos de fortalecer as diferenças no acesso aos recursos, como no caso do tratamento dado aos ciganos na Inglaterra, estudados por Okely (1983), por exemplo, ao mesmo tempo questionando também o objetivo dos funcionários de representarem uma clareza legal absoluta e sugerindo subversivamente uma analogia entre esta prática e igualmente a divisão categórica do mundo em não ciganos e ciganos pelos próprios ciganos (ou realmente por qualquer outro grupo de pessoas "exóticas" ou marginalizadas estudadas pelos antropólogos). A própria prática da antropologia é, nesse sentido, uma crítica da práxis e da teoria política.

Instituições e redes políticas

Os antropólogos que trabalham nas sociedades ocidentais focalizaram inicialmente a política em comunidades restritas: a política aldeã, portanto, se tornou um tema básico; e o objeto do poder local – a sua reprodução e as suas ramificações – veio para o primeiro plano. Os antropólogos circunscreveram os seus objetivos a não irem além dos limites da localidade, que eles definiram como o campo ideal para as suas investigações. Havia, portanto, uma separação implícita entre a periferia, o campo escolhido dos etnólogos, e o centro, que estava ligado com a política nacional e estatal – arenas deixadas à atenção de outras disciplinas, como a ciência política e a sociologia. Como resultado disso, o funcionalismo – que no contexto do Estado-nação devia simplesmente ter surgido como política de partido (PAPPAS, 1999: 128-129) – veio a exemplificar os tipos de processo político que os antropólogos estudam nas aldeias exóticas, quer dizer, na Índia (p. ex., BAILEY, 1971). Uma subcategoria da antropologia política lidava com mexericos como sendo micropolítica (p. ex., PAINE, 1967).

Em suma, a antropologia política estava confinada a universos microscópicos; prevaleceu uma imagem de estruturas políticas autenticamente insulares, autóctones e imutáveis no mundo fechado da comunidade aldeã. O foco desse trabalho era sobre os aspectos tradicionais da vida política. Curiosamente, embora alguns africanistas (GLUCKMAN, 1963a; BALANDIER, 1967) tivessem enfatizado a necessidade de pensar em termos de dinâmica e mudança, os antropólogos que trabalhavam sobre a Europa pareciam permanecer às margens da Modernidade, numa extensão da história ancestral. Realmente, como Andrew Lass (apud ASAD et al., 1997: 721-722) observou, assumiu-se uma crítica autoconsciente do conceito de "local" para forçar uma consciência concomitante da elegibilidade de elites para a investigação etnográfica.

Esta tendência, no entanto, deu surgimento a novas perspectivas sobre fenômenos que eram até agora pouco conhecidos – assim testemunham as monografias sobre a patronagem e as relações políticas no mundo mediterrâneo (BOISSEVAIN, 1974; CAMPBELL, 1964; SCHNEIDER, J. & SCHNEIDER, P., 1976; LENCLUD, 1988). Outro tema caro aos antropólogos atraídos pelo exótico, aquele dos modos de restituição e transmissão dos papéis políticos, mobilizou os pesquisadores; pesquisas aprofundadas foram conduzidas sobre a construção de legitimidades e sobre as relações entre poder, parentesco e estratégias matrimoniais (ABÉLÈS, 1989; POURCHER, 1987; cf. tb. MARCUS, 1992). Este trabalho tem a vantagem de mostrar como as dinastias de representantes são estabelecidas e reproduzidas mesmo no interior do *ethos* e da estrutura democráticos, de acordo com uma lógica que nem sempre se coaduna com uma visão superficial de sistemas democráticos como transcendendo o social e o cultural. Ele também revela que a representação política põe em jogo uma totalidade de redes informais, que devem constantemente ser levadas em consideração na elaboração de estratégias individuais.

A etnografia sensível – sempre parcial, porque sempre experimentalmente enredada nas atualidades políticas que ela estuda – acarreta dois passos decisivos. Primeiro, o etnógrafo deve ver a retórica da honestidade, a democracia, os direitos humanos (MOORE, S., 1993) e o resto com um olho crítico, porque esta retórica se tornou ela própria parte do jogo. Segundo, o etnógrafo achará que os objetivos de facções opostas são muitas vezes expressos de modo semelhante, revelando tanto as regras do jogo quanto o grau no qual os atores estão preparados para cometer e tolerar desvios em relação ao conjunto das regras dominantes. Os aldeões que protestam contra um Estado "não existente" podem querer dizer que o Estado não agiu como um árbitro justo, mas eles podem também querer dizer que o Estado falhou ao ser parcial! (Isto é, para os interesses dos interlocutores.) Recriminações mútuas sobre as atrocidades e o desrespeito aos direitos humanos são provas pelo menos de um simbolismo compartilhado (e cada vez mais globalizado), como também o são das reais diferenças nos destinos respectivos de populações preparadas para o combate. Isto fica especialmente claro nas investigações meticulosamente íntimas de etnógrafos, cujo envolvimento com a pragmática da interação social transforma os julgamentos morais abstratos em objetos de investigação crítica, assim como o trabalho de arquivo que revela efeitos de longo prazo das conexões de parentesco e de estratégias matrimoniais em práticas de herança e normas morais.

Mover-se além da aldeia acarreta identificar novos lugares de intimidade social – isto é, etnográfica. A capacidade de criar estas "locações antropológicas" (GUPTA & FERGUSON, 1997) é crucial: por outro lado, os políticos frequentemente têm muito a esconder, de modo que as suas atuações somente se tornarão compreensíveis à luz de um conhecimento bastante íntimo dos seus contextos sociais; por outro lado, na maioria dos casos, o seu alcance se estende muito além da comunidade local e está de qualquer maneira geralmente encarnado em organizações político-partidárias nacionais ou mesmo (como no caso dos países da União Europeia) supranacionais. Ao mesmo tempo, as micropolíticas complexas que sempre envolveram os antropólogos merecem atenção contínua: mexericos e facciosismos dentro das comunidades locais podem ter efeitos de longo alcance, quando os políticos nacionais se revelam como fracassados no próprio país. Considere-se a votação, por exemplo. Os candidatos para um cargo político podem deliberadamente mostrar sinais mais prováveis de evocar a sua habilidade para criar e manter contatos benéficos exteriores para o benefício da comunidade de votantes. Estas conexões podem ser reais ou atribuídas; mas sem elas nenhum candidato pode esperar ganhar a confianças dos "eleitores" por muito tempo. Esta é uma arena na qual as conexões entre o nacional e o local são especialmente acessíveis à observação etnográfica.

Além da conexão local com o nacional, devemos também considerar a ligação entre o aqui e agora e o grande movimento propulsor do passado, tal como ele é representado no discurso oficial. A representação política, observa Abélès, "é um fenômeno que assume o seu significado total no longo prazo". Para ilustrar este ponto, ele usa o exemplo da vida política francesa, marcada pelos grandes eventos fundadores que, além da Revolução Francesa, foram a separação da Igreja e do Estado e a Resistência: "Quando, no final do século passado, as relações entre a Igreja e a Terceira República se tornaram cada vez mais amargas, as redes políticas se organizaram em cada lado da linha. Durante anos, o antagonismo ideológico tinha de se tornar gradualmente menos agudo, mas mesmo agora ele é ainda o fundo de muitos ataques eleitorais; mesmo em situação em que há uma aparência exterior de desprezo da política, qualquer candidato é imediatamente identificado em referência a esta ancestral bipolaridade. O evento fundador deixa a sua marca e o comportamento dos eleitores é muito mais condicionado por esta memória, que é passada de geração a geração".

Cerimônia política: ritos e direitos
"O poder existe somente 'no palco'", de acordo com Balandier (1980). Os antropólogos tiveram êxito em explorar os símbolos e os rituais de poder em sociedades antigas e não lhes veio como uma surpresa que o mundo moderno oferecesse um amplo material para as suas análises. O drama político assume formas mais familiares nesses dias, mas ele ainda não aboliu a lacuna entre o povo e aqueles que governam. Abélès sugere que, ao contrário, este abismo entre o mundo das figuras públicas e a vida cotidiana dos cidadãos comuns está aumentando, "tornando-as inexpugnáveis na própria época em que as mercadorias da mídia nos permitem capturar a sua imagem com uma facilidade inigualável". Mas não está completamente claro que este seja sempre o caso: os ataques do final

dos anos de 1990 à monarquia britânica – não o ataque das estruturas políticas mais acessíveis – mostraram como um ordenamento do poder simbólico pode também abastecer movimentos de deslegitimação. Os processos em operação aqui podem de fato funcionar com a mesma tensão entre o carisma e a rotina, tal como encontramos em sociedades de pequena escala, de modo que o nosso melhor acesso será menos através da especulação a respeito da pragmática de acesso e mais através do que Kertzer tinha chamado de "o ritual de construção da realidade política" (KERTZER, 1988: 77); as "liturgias políticas" (RIVIÈRE, 1988) não são menos cerimoniais do que os espetáculos políticos da Igreja – daí as conversões do religioso no simbolismo, na organização e no espetáculo políticos. O simbolismo católico na representação comunista na Itália do pós-guerra, por exemplo (KERTZER, 1980), exibe muitos dos processos por meio dos quais, numa data muito anterior, o cristianismo tinha cooptado o simbolismo e especialmente os lugares sagrados de seus predecessores pagãos, e representa o reconhecimento de que o simbolismo familiar fornece os mais potentes extratos da unidade social.

Este é um solo familiar. Em muitas sociedades, ritos importantes que cercam a entronização do soberano também assumem a forma de uma excursão pelo território do novo monarca, sendo cada um dos lugares de parada ocasião para um cerimonial e um reforço da ligação entre governantes e governados. Como Geertz (1983) tinha mostrado, as formas cerimoniais nas quais o monarca toma posse dos seus domínios mostram significativas variações, como o cortejo pacífico e honrado através da Inglaterra quando Elizabeth Tudor assumiu o poder em 1539, ou a esplêndida caravana de Hayam Wuruk em Java no século XIV. Demonstrações de rua e reuniões políticas também têm um aspecto ritual, embora reduzi-las somente a esta dimensão violente a ação que elas pretendem frequentemente produzir. Enquanto Abélès observa que as demonstrações de rua "são demonstrações de força ordenadas de acordo com um cenário de conjunto: a improvisação é apenas permitida dentro de um protocolo para a ação que não deve se afastar das regras coletivamente admitidas", este reconhecimento não deve estar imbuído da espécie de determinismo que levou Gluckman (1963a), por exemplo, a afirmar que os rituais de inversão serviam a função teleológica de fornecer uma reafirmação da necessidade de manter a autoridade que era simbolicamente desafiada – uma visão que também informa esta interpretação do mexerico como uma reafirmação da ordem moral prevalecente (GLUCKMAN, 1936b).

A mesma observação podia ser feita a respeito de outro rito de confronto – a reunião política. Abélès observa: "No palanque, há oradores e dignitários escolhidos de acordo com o lugar, as circunstâncias e a sua ordem de classificação no movimento. Na sala de reuniões, há a audiência que era às vezes trazida de uma vasta área em torno. Tudo depende da relação que é estabelecida entre esta comunidade, cuja tarefa é aplaudir e gritar nomes e *slogans*, e aqueles oficiantes, que devem constantemente atiçar as chamas do entusiasmo popular. A sucessão de anúncios, promessas e ameaças que são saudadas com aplausos ou vaias torna a reunião um *show* cuidadosamente produzido. A encenação, a decoração, a música, as posturas, todas essas coisas tomam parte na construção da identidade distintiva do candidato. A reunião deve representar um ponto alto, onde qualquer meio possível é usado para criar tanto um sentido de comunhão em torno do orador quanto a firme determinação de 'enfrentar' e 'bater' em todos os outros candidatos, que são descritos para os participantes como adversários".

O que as reuniões e demonstrações políticas têm em comum com os rituais consensuais, diz Abélès, é que elas requerem uma presença física por parte dos protagonistas. Elas também empregam linguagem, gestos e simbolismo altamente convencionais. A oratória política tem muito da redundância que Tambiah (1968) associa às fórmulas rituais (cf. tb. BLOCH, 1977). Realmente, as reuniões políticas, assim como os encontros burocráticos, possuem um alto grau de previsibilidade, e invocam um grau relativamente íntimo muito maior, envolvendo categorias como a nação, o povo, ou a classe operária, embora eu hesitasse em me juntar a Abélès que via estas entidades como transcendentes, exceto no sentido etnográfico de que isto é o que os seus protagonistas dizem que elas são.

O simbolismo usado é em geral estritamente calibrado com a historiografia nacional ou político-partidária, que, surpreendentemente como o mito descrito por Lévi-Strauss (1955a), reivindica eternidade e alardeia contradições como um meio de neutralizá-las – aqui, suprimindo a evidência da heterogeneidade passada, reprocessando-as como prova da unidade transcendente, do gênio comum, ou das influências corruptoras para as quais os líderes agora forneciam a salvação definitiva. O processo de assimilação novamente emerge mais claramente na etnografia, onde – por exemplo – a disjuntiva entre a "tradição inventada" (HOBSBAWM & RANGER, 1983; cf. HANDLER, 1985) do Estado-nação e a experiência "local" da comunidade (cf. NADEL-KLEIN, 1991) surge precisamente porque isto ocorre atrás, não diante da fachada do consenso e da homogeneidade. Nos aspectos principais, as reivindicações de excepcionalidade da Modernidade não resistem bem ao exame etnográfico da vida cotidiana. E mesmo os efeitos supostamente homogeneizadores dos meios de comunicação de massa têm o efeito mais de intensificar do que de substituir os efeitos ritualísticos da oratória e do simbolismo político.

Do pós-nacional ao multicultural: novas direções

O estudo antropológico das arenas políticas oferece um meio de ver o Estado "por baixo" (ABÉLÈS, 1990: 79). A questão importante a ter em mente aqui é que é ainda frequentemente o Estado, ou alguma outra entidade amplamente baseada, que comanda a nossa atenção. Quer queiram quer não, como já observei noutro lugar (HERZFELD, 1997a), os antropólogos têm sempre trabalhado dentro das estruturas do Estado (ou das estruturas coloniais, que são extensões do Estado); o problema tem sido fornecer etnografias "do" Estado e de outras estruturas institucionais comparáveis. Contudo, não fazer isso é se entregar à percepção daquelas mesmas estruturas; os seus protagonistas raramente perdem a oportunidade de representá-las como o único arranjo e senso comum viáveis.

A importância de revelar alternativas ao Estado e outras formas dominantes de autorrepresentação coletiva não pode ser declarada demasiado fortemente. Os governos reproduzem o colonialismo internamente, muitas vezes com uma violência que eles raramente admitem reconhecer para os seus próprios cidadãos (p. ex., ARETXAGA, 1997; LAVIE, 1990; WARREN, 1998). Às vezes esta violência, na forma de vigilância, não é tão orquestrada como tolerada pelas autoridades estatais (p. ex., WARREN, 1999). Às vezes ela toma a forma de abuso burocrático, como na negação dos direitos da minoria e de outros direitos humanos com fundamentos essencialmente taxonômicos, ou mesmo de reprodução do preconceito inadmissível nas práticas sociais de comunidades locais (p. ex., RABINOWITZ, 1997). E muitas vezes ela aparece mais nas práticas pequenas, mas enfim corrosivas, do envolvimento cotidiano do que em atos de horror espetacular – embora estes também não estejam ausentes. A perspectiva local do etnógrafo subverte esta fraude autoritária e nos lembra que o Estado é um uma espada de dois gumes: embora possa oferecer substanciais benefícios a seus cidadãos, ele não oferece necessariamente iguais benefícios a todos os seus cidadãos, durante todo o tempo.

Além disso, o Estado voltou a ter uma importância que muitos achavam que ele estava a ponto de perder. A União Europeia é exatamente isso – uma união, nesse caso, uma união de estados-nação – e suas disputas internas estão grandemente centradas nas questões de soberania na administração da lei. Gupta (1998) apontou que a linguagem internacionalista do desenvolvimento não pode disfarçar o fato de que afinal de contas a ordem mundial agora emergente permanece, ou é cada vez mais uma ordem de estados-nação. A ruptura da União Soviética e da Iugoslávia criou mais, não menos, estados-nação, e as suas constituições representam um retorno ao *ius sanguinis* – o direito de filiação pelo sangue (descendência) – que as ideologias pluralistas tentaram substituir (cf. HAYDEN, 1996).

Contudo, as relações entre Estados certamente mudaram de maneira importante. A construção europeia é uma boa ilustração da reconfiguração que agora tem lugar em todo o mundo, e a significação emergente da etnografia europeia sugere que esta será uma importante área para observar a evidência de como os estados-nação falam das novas circunstâncias. Estes processos de mudança acelerada, diz Abélès, "estão fadados a dar surgimento a uma reflexão profunda sobre as filiações e as identidades". Eles dão uma nova ressonância a termos como território, nação e grupo étnico (AMSELLE, 1990), nos obrigando a reconsiderar as pretensões de um discurso político que representou o poder emergente das organizações políticas centralizadas como sendo, nas palavras de Abélès, "o triunfo da racionalidade e do progresso".

O princípio do nacionalismo "afirma que a unidade política e a unidade nacional devem ser congruentes" (GELLNER, 1983: 11) – uma congruência que é agora excessivamente problemática. Os antropólogos têm sido poderosamente influenciados, no seu pensamento sobre as identidades nacionais, pelo cientista político Benedict Anderson (1983), que mostra que o governo (o Estado) de uma nação, este último imaginado como a aglomeração soberana de pessoas fundamentalmente semelhantes, se apropria do controle outrora exercido pelos líderes religiosos e dinásticos. Estes pensamentos requerem uma investigação empírica posterior sobre a relação entre filiações políticas e identidades culturais – uma relação que na visão de Gellner diferia somente em detalhes triviais, mas que recompensa a análise etnográfica com uma enorme variedade de trocas significativas. Aqui, os antropólogos e os historiadores encontram um solo comum: a "invenção" das tradições comuns e a construção simbólica da nação foram objeto de pesquisa de longo alcance, dando surgimento a estudos como aquele de M. Agulhon (1979, 1989) sobre a figura de Marianne e o simbolismo da nação republicana na França. Nesse caso, o historiador realça as vicissitudes concomitantes sobre a construção de uma comunidade política e as imagens que foram geradas. Embora a memória patriótica permaneça significativa, ela também revela, na perspectiva etnográfica, divisões internas significativas, como testemunham as controvérsias do memorial dedicado aos combatentes americanos no Vietnã e as controvérsias às quais ele deu surgimento entre os veteranos (BERDAHL, 1994, para a antropologia; cf. BODNAR, 1994: 3-9, para a história social), ou o novo enterro dos líderes húngaros eliminados pelos russos durante os eventos de 1956 (ZEMPLENI, 1996) e o repatriamento dos restos de Bartok depois de 1989 (GAL, 1991). Realmente, se o sucesso de uma nação pode ser aferido pela extensão na qual os seus cidadãos estão querendo morrer por ela, como Anderson sugere, então, a análise etnográfica do papel da morte na guerra e na política deve revelar até onde este consenso era forçado ou falsificado (cf. BORNEMAN, 1997).

George Balandier (1985: 166) escreveu: "O conhecimento de aculturações que vieram de fora parece ser capaz de contribuir para uma melhor compreensão da modernidade autoaculturada". Os processos de globalização, migração e hibridismo sem dúvida afetaram o modo como as instituições e as organizações que administram a economia e a sociedade agora funcionam. Os projetos para harmonizar legislações diferentes dizem respeito ao território, à moral e à distribuição de saúde – todas elas questões vitais, agora talvez mais do que nunca. As disputas e as diferenças aparecem numa escala maior do que nunca, embora as abordagens etnográficas funcionem melhor quando permanecem focalizadas em lugares específicos de acesso íntimo: observe-se, por exemplo, a análise refinada de Zabusky (1995) sobre os usos da retórica da "cooperação" na tensão interna criada na Agência espacial Europeia na Holanda. Outras análises tentam resolver mais diretamente enfrentamentos contínuos entre diferentes identidades (McDONALD, 1996) e entre linguagens e tradições administrativas heterogêneas num empreendimento político comum (BELLIER, 1995). Contudo, outros investigam os efeitos práticos e simbólicos da desterritorialização e das mudanças de escala nos novos lugares de exercício do poder (ABÉLÈS, 1992, 1996). Além disso, todas essas análises mostram que a linha entre burocratas e clientes é uma linha artificial, uma vez que se trata de conhecimento da cultura compartilhada que permite os funcionários funcionarem, apelando para uma "teodiceia secular" para explicar as falhas da democracia, na medida em que estas afetam atores e circunstâncias sociais específicos (HERZFELD, 1992).

Este foco nos atos cotidianos atrai muito facilmente o desdém desses analistas que acreditam que a política trata somente das ações de indivíduos e das instituições proeminentes, operando dentro de estruturas nacionais e internacionais de poder. Mas esta visão é claramente falha. Assim como os fracassos das religiões econômicas de predição mostraram a natureza simbólica de grande parte da sua racionalização, também a construção dos acontecimentos políticos, enquanto largamente não afetados pelos valores e ações de nível local, repetidamente não extraem mais do que estes julgamentos obviamente cosmológicos, como são a "virada eleitoral" e a "volatilidade eleitoral". Estes julgamentos sugerem mais uma autojustificação por parte das análises do que explicações fundadas na observação atenta do processo social.

A questão da "genuinidade" (*mereness*) é ela própria um julgamento político – um exercício na "política de significação" (HERZFELD, 1997c). O papel do roubo de animal na determinação da força eleitoral em comunidades-chave, por exemplo, pode ter influenciado brevemente a seleção de pelo menos um líder político-partidário grego principal nos anos de 1980; contudo, esta possibilidade não tem nenhuma presença em qualquer literatura sobre a política eleitoral nesse país. As questões de estruturas de parentesco, que fornecem modelos para a distribuição de lealdade nos Estados balcânicos em guerra, são ignoradas pelos analistas políticos que preferem, ao contrário, invocar o espectro dos ódios "atávicos" nos quais os seus próprios governos nacionais dominantes não têm qualquer papel organizador – uma bela ilustração de uma cosmologia que propriamente invoca um idioma de parentesco (cf. latim *aves*, "ancestrais") para atribuir a propriedades psicológicas supostamente inatas uma violência que pode grandemente ter sido gerada pelo jogo de interferência exterior sobre as ideias locais a respeito da lealdade de parentesco. Este último é um tema tão "simples" (*mere*) quanto fugir da sua menção em virtualmente todas as análises políticas públicas. (Novamente não se devia esquecer que o "nepotismo" – do latim *nepos*, "sobrinho" ou "neto" – é simbolicamente construído como a versão política do incesto.)

Estes julgamentos são também profundamente modulados pela política dominante de classe, de raça e de gênero. Aqui, a cultura feminista foi especialmente rica como uma fonte de perspectiva crítica. Lynn Stephen (1997), por exemplo, mostrou que focalizar a relação entre política e gênero não obstrui a significação dos valores sociais e morais dominantes; isto mostra, ao contrário, como os atores sociais tanto utilizam quanto se encontram operando dentro desses valores, na medida em que eles resistem e, contudo, também acomodam as suas preocupações urgentes às realidades experimentadas de uma poderosa estrutura autoritária de gênero – a sua própria análise, nesse caso, sendo focalizada sobre o movimento de direitos da mulher em El Salvador. Realmente, destituir esta obra como marginal é participar da mesma política de significação tal como aquela dissecada no estudo incisivo de Stephen. Que as próprias análises sejam muitas vezes perturbadoramente capazes de reproduzir a própria retórica que elas deviam estar tratando criticamente, isto é bem transmitido na observação de Begoña Aretxaga (1997: 6) sobre a política de luta na Irlanda do Norte: "na abundante literatura da ciência social sobre o conflito, as práticas políticas das mulheres nacionalistas ou passaram virtualmente despercebidas, ou foram consideradas anedóticas para a real política do conflito". Realmente, as análises nesse sentido seguem parcialmente os acontecimentos: as contribuições das mulheres para a luta em muitas partes do mundo foram em vários graus colocadas de lado como guerra de retaguarda e os homens assumiram novamente o encargo mais pacífico da liderança política (cf. HART, 1996: 235). E as mulheres, assim como os homossexuais masculinos da mesma maneira alienados pelo agressivo idioma heterossexual de contestação (cf., p. ex., LANCASTER, 1992: 293, sobre a Nicarágua), podem enfrentar os conflitos entre o seu apoio da liberação política genérica e outros papéis sociais que conflitam com as exigências da guerra, desse modo influenciando o resultado das eleições de um modo que devia parecer impensável no rubor da vitória inicial: as mulheres nicaraguenses, por exemplo, desempenharam visivelmente um papel significativo na eleição de uma presidente mulher e conservadora, logo depois da vitória dos sandinistas e em reação ao seu próprio estilo de dominação. As percepções etnográficas de tais processos alteraram substancialmente a nossa perspectiva sobre as razões dos desenvolvimentos eleitorais "inesperados" e de outros desenvolvimentos políticos.

Num sentido importante, como indiquei no início deste capítulo, toda a antropologia é fundamentalmente política; a maioria das relações sociais locais – por exemplo, dentro do grupo parental, ou entre gêneros numa comunidade pequena – foi infundida com argumentos sobre o poder. A convocação para focalizar a política como uma categoria separada reproduz a ideia da especialidade política como a prerrogativa daqueles que já tinham o poder. Dessa maneira, isto corre o risco de impor um "conhecimento local" altamente particularista do mundo – uma forma de conhecimento não menos radicalmente particularista, eu afirmaria, do que aquela que encontramos na etnografia mais estritamente focalizada. Mas este risco pode ser evitado, eu acho, se recusarmos isolar um domínio separado chamado "antropologia política" e, ao invés disso, nos concentrarmos no funcionamento do político em todos os domínios da sociedade e da cultura. (Observe-se que este capítulo é um capítulo relativamente pequeno: a maior parte do trabalho tradicionalmente realizado pela antropologia política informa grandes segmentos do resto do livro, tal como este argumento solicita.) Dessa maneira, também rompemos a barreira do tradicional-moderno, utilizando percepções obtidas nas próprias definições "etnográficas" reconhecidas para repensar as análises de cima para baixo, que é tão fácil de aceitar como um guia seguro para a política do mundo moderno. O olho incômodo do etnógrafo perturba mais do que a complacência dos modelos da ciência social eurocêntrica, conquanto esta seja uma tarefa que está longe de ser trivial. Ele também perturba a branda retórica das instituições de poder nacionais e internacionais, tornando acessíveis as experiências sociais frequentemente violentas e desarmônicas que esta retórica esconde. Tudo na vida social é realmente político; toda negação da intenção ou da significação política é imediatamente profundamente suspeita e, por esta razão, amplamente disposta para a percepção crítica do etnógrafo.

6
Fronteiras/nódulos/agrupamentos

Certezas fraturadas

Quando entramos no século XXI, uma coisa é certa: a tentativa de abolir a incerteza fracassou. Podemos ver o surgimento de organizações e comunidades organizadas como dispositivos para a redução do risco e do perigo, e é verdade que elas proliferaram; mas esta própria proliferação – refletida nos vários títulos deste livro – introduziu novas e maiores áreas de opacidade nos assuntos humanos. Talvez a vítima mais óbvia desse processo seja a ideia de grupo humano limitado – a "sociedade" ou a "cultura" da clássica imaginação antropológica.

Talvez seja significativo que nesse contexto o "grupo étnico", outrora uma matéria-prima desta imaginação, tenha vindo a adquirir uma valência maior entre os políticos do que entre os antropólogos. Desde que Fredrik Barth (1969) e seus colaboradores focalizaram sua atenção mais na criação e na manutenção da fronteira do que em algum supostamente permanente "material cultural" dentro das fronteiras, presumidamente fixas, os antropólogos se tornaram firmemente mais relutantes em falar de "grupos étnicos" como tais. Embora eles tenham também notado que as preocupações estratégicas podem justificar a criação de identidades fixas como uma base de solidariedade para resistir à opressão totalitária, como entre os povos indígenas na América Latina, eles estiveram particularmente inclinados a argumentar contra a consagração dessas identidades nas próprias estruturas totalitárias – como na maioria dos Estados etnonacionalistas genocidas e no "fundamentalismo cultural" praticado pelos líderes políticos e também pelos cientistas políticos. Desde *The Clash of Civilizations and the Remaking of World Order* (1996) de Samuel Huntington até a limpeza étnica conduzida em nome dos alegados imperativos, este não é um passo conceitual grande, pois ambas as perspectivas têm um forte interesse em ignorar a crítica antropológica da "cultura" como um produto de um momento histórico particular.

Se o grupo étnico, assim politizado, parecia mais constante do que as pesquisas de campo acharam que ele era na prática, a cidade frequentemente parece ser uma entidade delimitada, cuja própria materialidade tolera pouco desacordo. As cidades são ambientes construídos; elas são sólidas, e mudam mais devagar na maioria das vezes. Além disso, elas geralmente têm fronteiras bem-definidas, pelo menos no sentido administrativo. Especialmente desde que Robert Redfield explorou a relação entre o camponês e sociedades urbanas (REDFIELD, 1953), e sob a influência desses comentadores culturais, como Raymond Williams (1973), os antropólogos viram a vida urbana e rural como mutuamente dependentes, mas, analiticamente, como formas distintas de existência social.

Alguns comentadores objetaram contra o surgimento resultante de um subcampo específico da "antropologia urbana" com base no fato de que a cidade e o campo estão demasiadamente entrelaçados um com o outro, de modo que estas classificações analíticas não podem fazer mais do que reproduzir uma ideologia social existente (esp. HIRSCHON, 1989). Há outros que ainda afirmariam que a cidade é um lugar radicalmente diferente da aldeia ou do acampamento migratório. Talvez o comentário mais útil sobre esta questão venha de Ulf Hannerz (1980), que sugere que a antropologia urbana – ou, como eu preferiria dizer, a prática da etnografia nos cenários urbanos – pode contribuir significativamente para a compreensão da diversidade humana, prestando atenção às formas de vida que são peculiares às circunstâncias da vida urbana. Hirschon identificou corretamente a falsidade da rígida dicotomia urbano-rural, especialmente nas sociedades – agora a maioria – nas quais a migração do rural para o urbano se acelerou maciçamente nos anos recentes. Mas isto não nos permite ignorar as mudanças na temporalidade, nas relações sociais, e mais ainda aquelas que acompanham a migração para os centros urbanos em rápida expansão. A população da Cidade do México, por exemplo, era de 1.644.921 em 1940 e agora passa dos 17 milhões. Entre os principais fatores responsáveis por esta expansão, estão as numerosas migrações de outras regiões do campo e a incorporação na área metropolitana de 27 municipalidades contíguas. Sob estas condições, como Hannerz nos lembra, algumas das circunstâncias materiais da vida urbana forçam (ou pelo menos incentivam) mudanças no estilo de vida inclusive entre os migrantes tradicionalistas mais fervorosos e autoconscientes. Neste capítulo, eu tento levar esta discussão ainda mais longe, focalizando, como alternativa, o esforço humano para espacializar e incluir, em face da consciência repentina e global da porosidade de todas as fronteiras, por mais fisicamente policiada e por mais vigiada que elas sejam. Dois fatores foram especialmente decisivos. Um é o surgimento de enormes megacidades, com populações diversas e enormes problemas de controle social (incluindo a dificuldade de controlar as autoridades quando, como aconteceu no Brasil e em outros lugares, elas autorizam os esquadrões da morte como um meio de "manter a ordem"). O outro é a lógica por intermédio da qual o policiamento das próprias zonas de fronteira – outrora lugares onde o mundo conhecido parecia chegar a uma abrupta parada (BERDAHL, 1999a) – leva a um questionamento da adequação e da validade das cercas elétricas e dos cães de guarda.

As fronteiras, especialmente quando elas atravessam as cidades, não produzem efeitos totalmente previsíveis. Por um lado, a demolição do Muro de Berlim deixou poucos traços diferentes daqueles, como Ulf Hannerz observa, que "[você] não mais [experimenta] aqueles momentos tensos quando um guarda inspecionava o seu passaporte para ver se seria permitido a você se mover entre as duas metades da cidade. Você caminha para o norte saído da parte boêmia, de Kreuzberg na parte turca, e mal pode decifrar onde o Muro costumava estar; o Muro real, físico. Ultimamente, alguns dizem que o Muro somente existia na mente das pessoas, dividindo os *Ossis* [orientais] dos *Wessis* [ocidentais]". Por outro lado, o "retorno" de Hong-Kong para a China resultou numa determinação de conservar a velha fronteira colonial, como um guarda contra a contaminação ideológica do norte e também contra o enfraquecimento de um empreendimento capitalista facilmente bem-sucedido do sul. Em Chipre, mais uma vez, o visual assim como a retórica verbal da fronteira que corta Nicosia pela metade opõem violentamente duas ideologias uma à outra. Aqueles no lado grego dizem que eles "não esquecerão"; eles esperam retornar às suas casas, e o equipamento físico do lado grego da fronteira é um exercício na retórica do provisório. Aqueles do lado turco, ao contrário, estão trabalhando pela divisão – permanentemente (cf. PAPADAKIS, 1993, 1998).

Manter a ordem é uma questão prática e também conceitual. No nível conceitual se começa com a questão de quem deve definir a ordem – quem estabelece as fronteiras? Esta é uma questão de classificação. As pessoas que se movem em torno e são "sem moradia fixa" são burocraticamente poluentes, no sentido de Mary Douglas (1966) de "matéria fora do lugar", e a nova política de identidade cultural investe cada vez mais estas ideias com toda a virulência da ideologia racista: ela pode ser usada para legitimar uma política de exclusão brutal, inclusive contra os imigrantes estabelecidos. Na Europa Ocidental, como Stolcke (1995) observou, agora ela acompanha muitas vezes uma versão nativista de fundamentalismo cultural – um argumento que tem forte reverberação nas decisões políticas ocidentais e em algumas análises de ciência política das relações internacionais – e a naturalização da xenofobia como uma característica supostamente humana (que então a "justificaria" contra populações particulares, especialmente aquelas "sem residência fixa"). A transigência torna alguns grupos um alvo especialmente fácil para a severidade burocrática (OKELY, 1983), ainda que ela possa também abastecer estas populações, como Roma fez, com alta capacidade de adaptação em tempos e lugares de escassez econômica – um fato que dificilmente as torna agradável para os seus "anfitriões" sedentários, mas que as torna relativamente resistentes ao policiamento (KONSTANTINOV, 1996).

Douglas, em outro lugar, observou (1986) que esta não é uma questão de escala: a taxonomia permanece importante, não importa o quão grande seja a entidade social. Embora eu concorde totalmente com isso, e sugira que isto é precisamente o que torna estes fenômenos, como as burocracias nacionais e as enormes conurbações, objetos apropriados para uma análise especificamente antropológica – como oposto, quer dizer, a uma análise sociológica ou econômica – devemos também reconhecer que a mudança de escala que ocorreu tem causas históricas específicas, que marcaram de fato as formas culturais atuais que estamos investigando; como Talad Asad e David Scott especialmente apontaram, o colonialismo indubitavelmente tem sido a única força mais poderosa a esse respeito – e não há volta. García Canclini é especialmente claro a respeito disso: "O que é compreendido atualmente como cidade e antropologia é muito diferente do que era compreendido por Robert Redfield, pelas Escolas de Chicago e Manchester e inclusive pelos antropólogos mais recentes. Precisamos simplesmente lembrar o quanto a significação e o tamanho das cidades mudaram desde 1900: nesta época somente 4% da população do mundo vivia nas cidades; agora a metade dessa população se tornou urbanizada (GMELCH & ZENNER, 1996: 188). Em algumas regiões periféricas, como a América Latina, que eram o objeto preferido da antropologia anterior, 70% da população vive em conglomerados urbanos. Na medida em que a expansão urbana é devida em grande parte ao influxo de populações rurais e indígenas, esses grupos sociais que foram tradicionalmente estudados por antropólogos agora são encontrados em grandes cidades. É aqui que as suas tradições são transmitidas e transformadas e que as mudanças mais complexas que surgem da multietnia e do multiculturalismo se desenvolvem".

A expansão foi também extraordinariamente rápida e repentina. Como García Canclini observa, somente há um século as megalópoles eram a exceção. Em 1950, Nova York e Londres eram as duas únicas cidades no mundo com mais de 8 milhões de habitantes. Por volta de 1970, havia já onze cidades assim, cinco delas no assim chamado Terceiro Mundo – três na América Latina e duas na Ásia. De acordo com as projeções das Nações Unidas, por volta do ano de 2015 haverá 33 megacidades, 21 delas na Ásia. Essas megalópoles são notáveis tanto por seu crescimento irrestrito quanto por sua complexidade multicultural – desafios tanto para as hipóteses sobre a clareza quanto para as fronteiras étnicas e os limites geográficos.

García Canclini gostaria de reformular a definição convencional de uma megacidade como "uma fase na qual as cidades vizinhas se tornaram parte de uma grande aglomeração urbana, formando uma rede de assentamentos interconectados". Há algumas cidades para as quais esta descrição certamente se aplica, e as circunstâncias de vida nesses lugares reforçam a questão de Hannerz sobre a especificidade da vida urbana. Na Cidade do México, observa García Canclini, durante os 50 anos em que o espaço urbano estava crescendo para 1.500km², tornando a comunicação entre as suas várias partes extremamente difícil e destruindo a imagem física do todo, as mídias de comunicação estavam crescendo rapidamente, disseminando novas imagens que renovaram a conexão entre as partes díspares. "A mesma política econômica de modernização industrial que levou a cidade a transbordar as suas fronteiras, ao mesmo tempo estimulou o desenvolvimento de novas redes audiovisuais que reestruturaram a informação e as práticas de comunicação e reconstruíram o significado da cidade" através da substituição do cinema local pela televisão e pelo rádio onipresentes e, agora, das conexões da internet e do e-mail. "Esta reorganização das práticas urbanas sugere que a definição socioespacial da megalópole", observa García Canclini, "precisa ser complementada pela definição sociocomunicacional que leva em conta o papel de reestruturação desempenhado pela mídia no desenvolvimento urbano".

É esta própria expansão da escala que torna a intervenção antropológica tão urgente: os fenômenos associados nas mentes de muitas pessoas com a operação de pequena escala e as sociedades limitadas vieram a ter um alcance amplamente aumentado no mundo moderno: este alcance é amplificado e acelerado pela tecnologia e pelo conhecimento cada dia mais disseminado do que esta tecnologia pode fazer. Por exemplo, a discriminação que outrora devia ter sido mais facilmente investigada entre os ferreiros itinerantes no Chifre da África agora se tornou um problema para Roma na Europa e para os refugiados em todos os lugares (MALKKI, 1989, da mesma maneira, aplica o modelo de Douglas para a condição dos refugiados de Ruanda), e a pura ampliação da exclusão taxonômica é o que torna isto um tema mais, não menos, dominante para a nossa atenção. Isto não pode ser feito sem levar em conta os fatores econômicos e políticos – realmente, assim descontextualizado, isto não tem significado –, mas este, eu afirmo, é o foco distintivo que nos permite ver como as decisões de larga escala se infiltram, ou às vezes violam inclusive os espaços fechados e vigiados da vida social.

A taxonomia que define a filiação num grupo cultural continua a funcionar hoje em termos de características essencializadas. Hoje, amplificadas por um interesse europeu com noções de posse, você deve "ter" uma cultura, assim como você deve "ter" um endereço fixo; pessoas apátridas são os novos "miseráveis da terra", porque eles foram classificados a partir da existência social. Muitos deles moram em cidades: eles se escondem num anonimato da multidão, criando redes de extraordinária versatilidade e discrição. Eles tipificam o problema de aplicar, para a atual condição da maioria da humanidade, as categorias reificadas de cultura e sociedade, a menos que desejemos reproduzir as práticas excludentes dos governos.

É nas cidades e nos cruzamentos de fronteiras – respectivamente, nódulos de localidade e pontos de interrupção taxonômicos materializados – que talvez mais completamente encontremos esses dilemas. Examinar o processamento desses dilemas pelos burocratas atuais – uma tarefa etnográfica que exige tanto a atenção para a interação oficialmente não reconhecida entre migrantes e funcionários quanto faz para as leis e as quotas oficiais (HEYMAN, 1995) – mostra que a clareza das fronteiras é uma construção ideológica, que tem numerosos empregos, e que a nossa tarefa é mais seguir aqueles usos do que confiar na sua representação oficial.

Os conceitos oficiais de identidade, que aparecem (e são frequentemente utilizados) para representar entidades limitadas, têm assim uma qualidade "virtual" – eles são, por assim dizer, mais adjetivos do que substantivos. É mais fácil falar de "cultural" e "social" do que de sociedades e culturas. O imaginário dominante de muitos mundos pequenos e separados, observa Hannerz, nos quais os Nuer, os Tikopia, os Kwakiutl e todos os outros parecem existir quase como espécies distintas, seguiram uma tradição histórica natural que transformou as culturas em algo como animais e plantas, embora a experiência posterior do trabalho de campo mantivesse os pesquisadores focados em lugares específicos. Contudo, entidades verdadeira e absolutamente delimitadas provavelmente nunca existiram de fato por qualquer grande período de tempo. Há formas anteriores de antropologia nas quais a interconexão de formas culturais e sociais foi reconhecida, ou mesmo (como no caso dos difusionistas que afirmaram que toda cultura teve origem no Egito) exagerada, embora noções de "aculturação" podem ter extraído alguma força dos modelos linguísticos de "empréstimo". Ulf Hannerz enfatiza que "o sentido que estamos utilizando como uma descontinuidade mais relativa e problemática é realçado pelo fato de que, ao mesmo tempo, outras palavras-chave da pesquisa cultural e social no presente enfatizam mais abertura: campos, fluxos, redes". Daí também o título deste capítulo.

Sem dúvida, as inadequações, assim como as possibilidades do conceito de cultura, estão hoje em curso como nunca antes: a crítica está ironicamente no seu lugar mais explícito numa época em que forças poderosas estão invocando o conceito. Num certo grau, então, este capítulo é uma exploração etnográfica do lugar – tanto física quanto conceitualmente – do conceito de cultura na vida moderna. Ele está largamente fundado em dois ensaios já citados aqui, um de Ulf Hannerz, o outro de Néstor García Canclini. Estes dois estudiosos fizeram distintas contribuições para o estudo das cidades, e foram, de maneira diferenciada, propositores da ideia de antropologia urbana (cf. tb. KENNY & KERTZER, 1983; SIGNORELLI, 1996; SOUTHALL, 1973). Contudo, ambos, instrutivamente, vieram a focalizar mais as descontinuidades e aberturas do que o sentido do contorno limitado que a ideia de uma cidade transmite para muitos. García Canclini inclusive sugere que grande parte do trabalho feito sobre as cidades não é real e absolutamente sobre as cidades: "embora muitos estudos sobre as cidades devam ser encontrados na literatura antropológica desde o século XIX, os antropólogos que falam sobre as cidades estão muitas vezes realmente se referindo a algo mais. Embora eles lidem com cidades como Luanshya, Ibadan, Mérida ou São Paulo, a principal proposta de muitos estudos é investigar os contatos culturais numa situação colonial ou nos fluxos migratórios durante os períodos de industrialização, as condições de trabalho e os padrões de consumo, ou que tradições permanecem sob as condições de expansão contemporânea".

Como Hannerz (1980) observou, os antropólogos urbanos se engajaram cada vez mais não tanto na antropologia urbana, mas em praticar a antropologia na cidade. Como resultado dessa compreensão literal, como observa García Canclini, "a cidade se torna mais um lugar de pesquisa do que seu objeto". Esta visão incorpora a tentativa de descobrir o que a ideia de cidade significa para aqueles que dizem viver dentro ou fora dela – em outras palavras, para examinar as construções daquelas fronteiras que parecem assumir esta autoridade rígida no nosso mundo, e que muitas vezes somente grupos marginalizados parecem capazes de desafiar e às vezes pagando o preço de uma terrível exclusão.

Estes estudos podem sugerir modos úteis de enfrentar o enorme desafio prático que as novas megainformações sociais colocam para o antropólogo. Mas eles deixam muito claro, eu afirmaria, que separar uma esfera especial de "antropologia urbana" não é a solução, tanto mais porque, como a formulação original de Robert Redfield do "*continuum* folclórico-urbano" implicitamente admitiu, este rótulo transforma uma distinção ideal-típica numa camisa de força categórica inflexível. Isto seria particularmente irônico no ponto em que nos voltamos para a questão correspondente das fronteiras como limites – a realização "no solo" dos conceitos classificatórios de pureza e corrupção.

Escala e porosidade

Este capítulo está, portanto, focalizado em duas áreas de interseção nas quais o desafio parece estar concentrado: a escala e o que, por falta de um termo mais cotidiano, eu chamarei de "porosidade". Este último termo alude para a facilidade com a qual mesmo – ou especialmente – as fronteiras mais fortemente guardadas podem ser penetradas. Como Heyman (1955; cf. tb. COUTIN, 1995) admiravelmente mostrou, as considerações éticas e pragmáticas desmentiram as pretensões literais dos burocratas que agem como se as fronteiras nacionais pudessem ser completamente defendidas, até mesmo porque eles ajudam os seus próprios clientes a romperem.

Hannerz evoca um contraste que, de acordo com Lévi-Strauss, embasa totalmente a atividade humana: a criação de fronteiras entre a natureza e a cultura. Tal como Hannerz o define, este é o contraste entre o que é inato e o que é adquirido na experiência da vida social. Ele sugere que esta noção está já sendo desafiada, porque a crescente capacidade dos seres humanos de refazer a sua biologia torna a distinção cada vez mais difícil de sustentar. Talvez esta seja demasiado literal: afinal de contas, a questão do modelo de Lévi-Strauss era precisamente realçar a utilização cultural da natureza e especialmente a expressão da identidade humana através da deformação deliberada da cultura. Isto pode ser alcançado através de toda uma gama de artifícios disponíveis aos humanos, desde a própria arte de cozinhar favorita de Lévi-Strauss (ou comidas ou "dados brutos", por exemplo) até os rituais de iniciação que inscrevem a cultura sobre o corpo, e mesmo a "naturalização" patentemente metafórica do serviço de passaportes e os debates sobre que comportamentos sexuais ou outros quaisquer são "naturais". O termo é sempre ambivalente: "outros" tanto "vivem num estado de natureza" quanto "são não naturais", uma visão que certamente influenciou fortemente as respostas das pessoas também às questões ambientais. Nesse sentido, as ambiguidades morais e políticas do termo "natureza" são os precursores lógicos daquelas do termo "tradição" – por falta dessas coisas, diz-se que a cidade é ao mesmo tempo o melhor e o pior!

Principalmente, argumenta Hannerz, as ideias de fronteiras, quando não estamos preocupados com linhas divisórias de Estado para Estado, acompanham o tipo de preocupação com a diferença de cultura para cultura. (E as fronteiras de nação para nação, naturalmente, implicam que as fronteiras de Estado para Estado e de cultura para cultura andam juntas – embora, por exemplo, o caso do Muro de Berlim, tanto como um fenômeno físico quanto um fenômeno mental *Ossi/Wessi* (oriental/ocidental), sugira que a hipótese é questionável.) Mas pelo menos em alguns contextos, um daqueles quase sinônimos, a "fronteira", ressoe com visões em relação à divisória natureza/cultura. Um século ou mais atrás, o historiador norte-americano Frederick Jackson Turner (1961 [1893]) ofereceu uma visão da fronteira ambulante norte-americana como uma região de oportunidade, onde o deserto podia se tornar uma terra livre e onde os pioneiros podiam estar autoconfiantes, mas também se juntarem sem as tradições e as desigualdades constrangedoras que eles tinham deixado para trás, e sem o fardo da herança. O deserto, argumentou Turner, irá dominar o colono, despir as roupagens da civilização, vesti-lo com camisa de caça e mocassim. Observe-se que as formas de vestir da população indígena (o mocassim) – um dos modos como as pessoas transformam a natureza em cultura é a roupa – constituem, para os colonos invasores, uma marca da "natureza". Esta é também uma fronteira negociável. Mas os termos da negociação são desiguais: esta é a lógica da expansão para o oeste, na América do Norte, na América Latina, na África do Sul, na Austrália. Isto foi repetido pela famosa e notória expressão do líder sionista Theodor Herzl, "uma terra sem um povo para um povo sem uma terra", e foi bem apreendida na forma inversa – que aqueles que não pertencem à elite "têm cultura" no sentido serem espécimes interessantes – pelo debate de Renato Rosaldo (1989: 196-204) sobre o que ele chama de "visibilidade e invisibilidade culturais".

Nessas situações, então, a fronteira, como o *apartheid*, se torna um dispositivo de distanciamento, e deve ser estudado como tal. No entanto, Hannerz sustenta, "na maioria dos casos, o pensamento de fronteira envolve um reconhecimento de simetria maior – se reconhece que povo e cultura existem em ambos os lados. Inclusive o termo fronteira certamente permite isso, como na antropologia, quando Leach (1960) analisou as fronteiras de Burma, ou quando Kopytoff (1987) a fronteira africana".

O sentido antropológico do conceito de fronteira, contudo, é geralmente muito mais flexível do que aquele inscrito na cartografia do Estado-nação. Especialmente desde a publicação em 1969 do marco de referência do livro publicado de Fredrik Barth, *Ethnic Groups and Boundaries*, com seu admirável capítulo introdutório (BARTH, 1969), esta diferença foi explícita e significativa. Além de uma certa ênfase nos acoplamentos entre distinções coletivas e distinções étnicas, Barth não viu as fronteiras em termos espaciais. O seu interesse era antes com a relação entre distinções coletivas entre as pessoas, de um lado, e a distribuição do "material cultural" – significados e formas – de outro. As duas necessidades não coincidem. As pessoas de cada lado de uma fronteira deviam sinalizar o seu desejo de identidade com seus respectivos grupos por meio de marcadores diacríticos em roupa, comida, linguagem e coisas semelhantes; a combinação de escolha e circunstância pode realmente às vezes fazer de inimigos étnicos irmãos. As fronteiras étnicas, assim, não dizem nada sobre a enorme quantidade de cultura que podia realmente ser compartilhada através dessas fronteiras, ou sobre a quantidade de variação cultural que devia ser contraída no interior das fronteiras, dentro de grupos.

Quando o aniversário de 25 anos do *Ethnic Groups and Boundaries* de Barth foi recentemente comemorado com uma conferência em Amsterdã, Barth (1994: 12-14) sugeriu que, embora a ele e a seus colaborados dos anos de 1960 "faltasse a opaca terminologia do pós-modernismo atual", eles tinham talvez apresentado uma das primeiras aplicações na antropologia de uma visão da cultura pós-moderna, construcionista. Invulgarmente na época, eles não tinham tomado as fronteiras ou as totalidades culturais como dadas; eles, ao contrário, tinham defendido mais o situacional do que o primordial; e eles tinham focalizado a retórica e as lutas contemporâneas para se apropriarem do passado. Barth também observou que em décadas recentes estivemos mais geralmente inclinados a ver a variação cultural global como contínua, não facilmente dividida na espécie de entidades integradas e separadas que foram geralmente referidas como "culturas". A cultura, ao contrário, é vista como em fluxo, contraditória e incoerente, diferencialmente distribuída entre pessoas posicionadas de várias formas. Como Hannerz tão sucintamente colocou: "Não é, então, que a diversidade esteja desaparecendo. Ela absolutamente não está nitidamente acondicionada".

Tornou-se quase um truísmo que as identidades são negociadas e refletem realidades políticas: por exemplo, dois irmãos devem terminar respectivamente como imigrantes gregos e macedônios na Austrália, porque eles estiveram envolvidos em lados opostos na Guerra Civil Grega (DANFORTH, 1995), ou as alterações no modo de subsistência podem redefinir a identidade étnica de um indivíduo dentro de um período relativamente curto de anos (cf. BURTON, 1980; SCHEIN, 1973; SOUTHALL, 1976), ou ainda as considerações de *status* deviam levar os indivíduos a fazerem o que as ideologias do Estado-nação insistem que é impossível – mudar as suas identidades (SHALINSKY, 1980). Realmente, a evidência de que mesmo a identidade "nacional" é negociável se tornou tão forte que alguns críticos (p. ex., ARGYROU, 1996b) protestaram que ela inclinou a balança da compreensão muito para outra direção.

As fronteiras sociais, então, envolvem filiações em coletividades, mas, a menos que elas sejam simplesmente definidas em termos destas unidades sociais, as fronteiras culturais são muito mais difíceis de conceituar com termos precisos. Pretensões de "autenticidade", geralmente baseadas em listas de compras de traços culturais ou artefatos estilizados (cf. HANDLER, 1986; HANDLER & LINNEKIN, 1984), acarretam a supressão da informação histórica porque a própria ideia de origens autônomas para "uma cultura" se dissolve diante de toda evidência, sugerindo que as identidades sobrevivem, e mesmo vêm a existir, através do jogo de conflitos – de fato, através da negociação e da gênese das fronteiras sociais e culturais. As ideias, as práticas e os artefatos podem se espalhar através de contatos sociais em toda a superfície da terra, de acordo com lógicas muito diferentes, acumulando muitas histórias diferentes. Os difusionistas de velho estilo tinham algum sentido, embora limitado, disso, e há mais de sessenta anos, na sua paródia do que parecia ser "100% americano", Ralph Linton (1936: 326-327) marcou o ponto efetivamente: o sólido "cidadão americano" acorda numa cama de um tipo originário do Oriente Próximo, retira o seu pijama inventado na Índia, lava-se com sabão inventado pelos antigos gauleses". Linton chamou a sua explicação de uma ronda diária como "simplesmente um pedaço de virtuosidade de antiquário", mas exatamente por isso ela nos lembra que a evidência estava sempre lá, tivessem as pessoas desejado acatá-la. Como Hannerz ironicamente observa, o comentário "conserva algum valor como um antídoto a uma celebração estúpida de provincianismo". E ela derrama uma luz devastadora sobre os usos de ideias sobre a "pureza" em ideologias que vão desde o nazismo até a filologia clássica e reproduzidas na hostilidade atual a várias formas de hibridez cultural e casamento. Aqui estamos de volta ao simbolismo da diferença.

Esta preocupação com os espaços nos quais a diferença é produzida – antropologicamente, não podemos dizer que ela "simplesmente existe", porque isto é sempre produto de alguma ação humana – é a linha que conecta a obra de Barth sobre a etnia como processo com as preocupações antropológicas atuais. Estas coisas, embora não deixando a etnia fora da equação, estão agora mais ocupadas com as "terras de fronteira" (*borderlands*) – um termo para um espaço físico que sugere algo no meio, uma zona de contato, uma área onde as descontinuidades se tornam de alguma maneira ofuscadas.

Assim, uma zona de fronteira tem atraído recentemente mais interesse do que qualquer outra coisa; como Alvarez (1995) afirmou, a terra de fronteira entre os Estados Unidos e o México pode inclusive estar se tornando um caso exemplar moderno do que é uma fronteira (cf. ROSALDO, 1988; KEARNEY, 1991). Esses escritores, como observa Hannerz, permite uma interessante comparação: "A fronteira de Kearney é muito mais este fato de geografia política, um Estado/zona estatal onde alguns buscam exercer o controle e outros invadir". É uma região sombria de dominação e terror, e ao mesmo tempo o habitat escolhido dos "coyotes", as pessoas que estão no negócio de contrabando de pessoas; empresários para quem a fronteira é realmente uma posse.

Kearney nos lembra que no México indígena e na América do Norte o *coyote* é também um "trapaceiro extremamente ambíguo e contraditório e um herói cultural", e assim ele aborda as terras de fronteira mais metafóricas de Rosaldo, definidas mais por seus poetas do que por sua polícia, e encontradas talvez onde quer que a América Latina se encontre na América do Norte. Aqui, pode haver uma batalha pela sobrevivência, mas ao mesmo tempo estamos numa zona cultural "entre lugares estáveis", com liberdade, pessoas jogando, uma dança da vida.

Observe-se a centralidade da construção simbólica nas duas considerações. Este é um velho tema da antropologia, e indiscutivelmente é uma das mais distintas contribuições para a ciência social em geral. "Limiar" é outro conceito que vem prontamente à mente aqui, no sentido dado por Victor Turner (p. ex., 1982: 28); "potencialmente e em princípio uma região de cultura livre e experimental, uma região onde não somente novos elementos, mas também novas regras combinatórias podem ser introduzidas". Nessa visão, então, as fronteiras são áreas onde as culturas podem se tornar conspicuamente descompactadas: "mais cultura + cultura do que cultura/cultura", na expressão bem contrastada de Hannerz.

García Canclini, embora não negando a significação dos fatores simbólicos, vira de cabeça para baixo a equação que acabei de descrever aqui. Onde eu procuro a contribuição distintiva da "antropologia", ele parece mais preocupado com mostrar que a "antropologia urbana" goza de um raio de interesses que a leva muito além dos métodos tradicionais da disciplina. Num certo nível, naturalmente, este é mais um argumento sobre a terminologia do que sobre a substância, embora isto também diga respeito à divisão de trabalho entre as disciplinas. E esta é a questão principal: pois, embora eu tenha enfatizado uma abordagem que contrasta marcadamente com a de García Canclini, as minhas razões para fazer assim tem mais a ver com resgatar o foco particular da antropologia do que com um desejo de perpetuar os velhos feudos da disciplina.

Para equilibrar a explicação, contudo (pois os seus argumentos respondem perguntas práticas imediatas sobre as questões de pesquisa, independentemente de quem deve falar delas), eu agora me volto com mais detalhe para a sua rica explicação metodológica na nova antropologia urbana. O seu objetivo é perguntar o que distingue a antropologia das outras disciplinas, e as suas respostas compartilham com outros, não tanto quanto aos métodos reais usados, mas quanto ao seu objetivo – que é recuperar a diversidade que muitos métodos de pesquisa simplesmente apagam. Ele não aceita a premissa de que o contato com pequenos grupos, mesmo no contexto urbano, seja a característica definidora – de que "observações de campo e entrevistas etnográficas sejam ainda os recursos específicos da antropologia". Contudo, ele concede que, "em contraste com a sociologia, que constrói enormes mapas de estruturas e comportamentos urbanos a partir de gráficos e estatísticas, as investigações qualitativas e longas conduzidas pelos antropólogos produzem, em princípio, uma compreensão mais profunda da interação social". Ele acha que a ênfase sobre a cultura que resulta do seu foco localizado é benéfica, visto que ela resgata dimensões nas quais mais estudiosos quantitativos focam, mas ele afirma que "nem a tradição da antropologia como uma disciplina nem a natureza indiscutivelmente econômica e simbólica dos processos urbanos justificam limitar a pesquisa antropológica a fatores culturais. O crescimento das cidades e o reordenamento [ou desordenamento] da vida urbana estão ligados a mudanças econômicas, tecnológicas e simbólicas, cujas relações tornam essencial manter a abordagem antropológica clássica de considerar as várias dimensões de todos os processos sociais ao mesmo tempo".

Esta tem sido a abordagem utilizada nos anos de 1980 e 1990 nas investigações do significado econômico e cultural dos movimentos sociais urbanos e das condições de trabalho, da desindustrialização neoliberal, dos mercados informais e das estratégias de sobrevivência. O Brasil e o México são os dois países da América Latina, na visão de García Canclini, nos quais o trabalho mais coerente tem sido feito sobre como os aspectos econômicos, políticos e culturais são combinados (p. ex., ARIAS, 1996; DAGNINO, 1994; ADLER LOMNITZ, 1994; SEVILLA & AGUIAR DIAZ, 1996; SILVA TELLEZ, 1994; VALENZUELA ARCE, 1988). A abordagem é utilizada por alguns antropólogos urbanos, mas García Canclini acha que estes estudos são "mais antropologia na cidade do que a respeito da cidade", e continua: "O campo como um todo não alcançou ainda o objetivo de levar a cabo os estudos que conectem o microssocial e o macrossocial, assim como o qualitativo e o quantitativo numa teoria urbana abrangente. A única maneira de capturar a complexidade da vida urbana é compreender as experiências das comunidades, das tribos e dos bairros como parte das estruturas e redes organizacionais de cada cidade" (HOLSTON & APPADURAI, 1996; HANNERZ, 1992). Isto significa dar uma maior atenção ao negócio da vida cotidiana – o domínio do etnógrafo. Metodologicamente, a abordagem pode ser mais difícil de administrar numa cidade do que numa aldeia, enquanto a privacidade se torna institucionalizada de maneira que é rara nos conjuntos rurais e, assim, os etnógrafos não podem tão facilmente encontrar espaços para contatos informais. Mas esta é precisamente uma das especificidades da vida urbana; e, como tal, ela se torna um tema para a investigação etnográfica.

"A análise epistemológica do senso comum e da linguagem comum não é em lugar nenhum tão necessária quanto nas grandes cidades", observa García Canclini. Os nossos informantes envolvem uma enorme margem de visões, muitas vezes radicalmente divergentes; contudo, os lugares onde estas diferenças podem ser expressas são tanto mais difusas quanto, em muitos casos, menos dóceis à mudança social direta, interpessoal. García Canclini, assim, objeta ao que ele chama de "uma abordagem etnográfica isolada para a fragmentação da cidade" por razões em que ela ou meramente descreve alguma forma de marginalidade ou, no máximo, somente registra as visões dos "informantes mais vulneráveis" – aqueles, em outras palavras, que mais se aproximam do velho modelo colonialista do informante ideal. Ele de alguma maneira acidamente conclui: "O populismo metodológico de alguns antropólogos se torna assim um populismo político 'científico'". Embora de fato uma obra como o estudo de George Marcus a propósito de uma elite empresarial do Texas (MARCUS, 1992) demonstre que esta necessidade nem sempre seja o caso, o comentário pode ser uma advertência saudável sobre os perigos de um relatório seletivo – sempre uma questão para o método etnográfico, menos por real parcialidade do que pelo fato ele atrai a fácil acusação de anedótico por parte daqueles com uma inclinação mais objetivista.

Cidades e nódulos

Se as zonas de fronteira parecem inevitavelmente lugares de ambiguidade e também de definição, as cidades podem superficialmente parecer possuir uma concretude que pareceria torná-las objetos estáveis de estudo. Contudo, a sua heterogeneidade – que na Europa, onde ela se expressava em oposição à "pureza" da natureza – era há muito a fonte da sua reputação como escoadouro da poluição simbólica (MOSSE, 1958; WILLIAMS, 1973) – realmente concentra e temporaliza muitos dos aspectos que podem ser diretamente observados em pontos de fronteira, dispersando-os de modo a torná-los inicialmente difíceis de seguir etnograficamente. Ao mesmo tempo, eles oferecem novas oportunidades de método e perspectiva.

García Canclini fornece uma perspectiva que pode ser ainda mais importante pelo modo como ajuda a redefinir a empresa, do que pelos ganhos e refinamentos metodológicos imediatos que ele sugere. "A heterogeneidade ou a diversidade sociocultural, que foi sempre um tema básico na antropologia", observa ele, "é hoje um dos elementos mais desestabilizadores para o modelo clássico oferecido pela teoria urbana". É aqui que vemos o quanto irrealista ela é quando vê as cidades como sendo estáveis por sua concretude física: por mais "selvas de pedra" que elas possam ser, contudo, elas não possuem absolutamente concretude conceitual. Alguns teóricos sustentam que a existência paralela de muitas diferentes funções e atividades é, de fato, o aspecto definidor da estrutura urbana atual (CASTELLS, 1995; SIGNORELLI, 1996). Além disso, esta flexibilidade se expande enquanto o deslocamento da produção enfraquece os laços históricos entre algumas cidades e tipos predominantes de produção. Lancashire não é mais um sinônimo internacional da indústria têxtil; Sheffield e Pittsburgh não são mais sinônimos de ferro. Os produtos manufaturados e os mais avançados equipamentos eletrônicos podem ser produzidos tanto nas cidades internacionais do Primeiro Mundo como nas cidades do Brasil, México e sudeste da Ásia (CASTELLS, 1974; SASSEN, 1991).

A diversidade de uma cidade é geralmente o resultado de diferentes estágios no seu desenvolvimento. Milão, Cidade do México e Paris, todas fornecem evidência correspondente, pelo menos dos seguintes períodos: histórico, dotando-as hoje de monumentos que as tornam objetos de interesse artístico e turístico; industrial, acarretando reestruturações localmente específicas do uso da terra; e uma recente arquitetura transnacional e pós-industrial. A coexistência atual de segmentos de ambientes urbanos construídos e que representam estes diferentes períodos dá surgimento a um sentido de heterogeneidade temporal na qual os processos de hibridação, conflito e intensa troca intercultural ocorrem (GARCÍA CANCLINI, 1990, 1995).

Outras cidades podem exibir combinações bastante diferentes de temporalidade espacial e arquitetônica: esta é uma questão para a pesquisa local, mas o valor heurístico do sugestivo comentário de García Canclini é claro. Além disso, como populações imigrantes, em todo mundo elas começam a reestruturar os espaços urbanos e situá-los em novas redes, especialmente quando fundadas em modelos religiosos (p. ex., CARTER, 1997; DELANEY, 1990), ou motivadas pelo mercado para a arte "exótica" (STEINER, 1994) – se tornaram mais importantes. A linguagem se torna uma questão crucial, o seu emprego um marcador de novas identidades enquadradas como etnia, mas experimentadas como classe (cf. URCIOULI, 1996).

García Canclini vê "a 'explosão' das diferenças" não como "exatamente um processo concreto... mas também como uma ideologia urbana". Mas, apesar da emergência do que ele vê como democracia urbana sob novas condições, ele quer conservar uma distinção analítica e também substantiva entre os assim chamados países metropolitanos e periféricos. Esta distinção, afirma ele, é exigida por considerações políticas e econômicas: "Não podemos equiparar o crescimento da autogestão e da pluralidade depois de uma fase de planejamento destinado a regular o crescimento urbano e satisfazer as necessidades básicas [como em quase todas as cidades europeias] com o crescimento caótico de esforços de sobrevivência baseados na escassez, expansão errática e uso predatório da terra, da água e do ar [que são comuns na Ásia, na África e na América Latina]".

A estas diferenças, ele também acrescenta os efeitos muitas vezes catastróficos do rápido crescimento da população nas cidades já empobrecidas do Terceiro Mundo, que adiciona, como ele observa, "uma desordem que está sempre a ponto de explodir". Citando Holston e Appadurai (1996: 252), além disso, ele argumenta que, por causa do poder de concorrência desigual de grupos de interesse e da ausência de efetiva regulação, o exercício popular da democracia pode produzir especialmente resultados antidemocráticos sob tais condições. Os interesses oficiais são também muitas vezes problemáticos, como quando os governos promovem programas maciços de conservação histórica que alguns habitantes veem como invasivos e que distorcem a sua história localmente vivenciada; ou quando, como em Bangkok, os mercados de rua locais são comprimidos para becos, para dar lugar a uma renovação (*gentrification*) das fachadas, um esforço de relevância dúbia e desigualmente distribuída para aqueles que vivem lá. Para aqueles que dispõem disto, a solução pode ser abandonar – as pessoas estão votando com os pés (GARCÍA CANCLINI, 1995). Mas este processo produz desigualdades insistentemente aflitivas.

Vários estudos dos anos de 1990 falam de aberturas para a revitalização da participação e da organização populares. "Quando o Estado-nação perde a capacidade de convocar e administrar o público", observa García Canclini, "as cidades ressurgem como lugares estratégicos para o desenvolvimento de novas formas de cidadania, com referentes mais 'concretos' e manejáveis do que aqueles oferecidos pelas abstrações nacionais. Além disso, os centros urbanos, especialmente as megalópoles, tornaram-se um meio para o fluxo internacional de produtos, ideias, imagens e pessoas. O que é retirado das mãos do povo pelas tomadas de decisão supranacionais parece ser recuperado em algum grau nas arenas locais da casa, do trabalho e do consumo [DAGNINO, 1994; ORTIZ, 1994]. Aqueles que hoje sentem que são 'espectadores votantes' mais do que cidadãos de uma nação estão redescobrindo em novas formas de reconhecimento da diferença 'a compactação e a reterritorialização' das reivindicações que tornam as grandes cidades possíveis, ou seja, modos de realocar a imaginação da nação em movimentos de cidadãos desintegrados comensuráveis" (HOLSTON & APPADURAI, 1996: 192-195).

A diferença que conta: multiculturalistas e interculturalistas

Estas considerações indicam a relação dinâmica entre a vida urbana e a formulação de novas identidades não necessariamente visadas, ou mesmo aprovadas, pelo Estado-nação. É esta ambiguidade que presumivelmente por muito tempo contribuiu para a imagem da cidade como um lugar sujo – isto é, simbolicamente poluidor. Mas ela é também aquilo que cria a possibilidade de explorar as diferenças culturais num sentido pragmático – isto é, como uma dimensão do conviver com um variado conjunto de valores e práticas.

Como uma percepção metodológica, isto sugere a importância das cidades para definir o social e o cultural numa época em que elas ocupam um segmento tão grande da população do mundo. (Eu preveniria, no entanto, que a permanência de aspectos não urbanos pode ser muito mais comum e muito mais crucial para a identidade cultural das pessoas do que o ímpeto de urbanizar a antropologia parece sugerir.) Como um objeto de estudo, a heterogeneidade da cidade pode se tornar uma base para novas formas de mobilização política: as cidades, muitas vezes criadas em parte para monumentalizar a permanência do Estado-nação, pode facilmente se tornar o lugar de desafios para esta visão oficial, como quando a ideia de pureza cultural cede à riqueza da experiência multicultural.

A compreensão específica de cultura no multiculturalismo contemporâneo, a sua metacultura, observa Terence Turner (1993), é que ela fornece uma "fonte de valores que pode ser convertida em ativos políticos, internamente como bases da solidariedade de grupo e da mobilização e externamente como reivindicações sobre o apoio de outros grupos sociais, governos e opinião pública em todo o globo". O multiculturalismo, visto sob essa luz, é principalmente um projeto político, e assim assume o seu lugar central e controverso na "política de identidade" e nas "guerras culturais" – mais notadamente nos Estados Unidos, embora certamente com contrapartidas em outros lugares (que frequentemente emula os exemplos americanos em algum grau). As batalhas são continuamente travadas em muitas arenas. Para as pessoas que vivem apertadas em conurbações abarrotadas, esta pode muito literalmente ser uma questão de vida ou de morte.

O multiculturalismo, observa Turner, tendeu a desapontar os antropólogos. Por que eles, com uma longa experiência assentada em questões culturais, não foram consultados? Por que os multiculturalistas reinventam por si sós o conceito de cultura, mesmo numa forma (ou em muitas variedades) que os antropólogos não podem aprovar? Uma razão principal, afirma Turner, é precisamente porque para a cultura dos multiculturalistas é um meio para um fim, não um fim em si mesmo. Uma grande parte da compreensão antropológica da cultura não é relevante para a agenda política deles – embora algo disso o seja (como a ampla raia relativista), e talvez o multiculturalismo pudesse por sua vez inspirar os antropólogos a pensar mais a respeito destas questões como capacidade e autorização.

Se os multiculturalistas estão preocupados com a política, o nosso segundo grupo mais propenso a considerar as fronteiras e a diferença, os interculturalistas, assume uma postura mais técnica. O que Hannerz em tom de brincadeira, mas com eficácia, apelidou de "indústria de prevenção de choque cultural" cresceu rapidamente nas últimas décadas, particularmente na América do Norte e na Europa Ocidental, como uma profissão emergente dedicada a tornar fácil para as pessoas de diferentes culturas lidarem com as outras. Esta "indústria" coloca os antropólogos diante de um sério dilema: se eles se recusam a participar disso, eles se arriscam a renunciar a seu já limitado papel como comentadores autorizados sobre questões de cultura; mas se eles emprestam a isto a sua autoridade, eles se arriscam a ficar implicados num processo de reificação que conflita com a sua própria compreensão profissional das questões, assim como com os usos adequados às suas ideias.

Os interculturalistas trabalham com diferentes configurações para diferentes pessoas, mas em grande parte eles operam no mercado, oferecendo treinamento e aconselhamento a clientes nos negócios internacionais, trabalho de desenvolvimento ou de educação. Os seus contatos aqui tendem a ser de curto prazo: uma única palestra, uma oficina de meio-dia, um curso prolongado por alguns dias. Além de palestras, os interculturalistas muitas vezes usam videofilmes e jogos de simulação para tratar de questões a respeito de diferenças culturais, e os riscos de choques e mal-entendidos culturais. Uma literatura de manual bastante extensa se desenvolveu e, através de instituições e associações profissionais, foram disseminadas novas ideias e técnicas de instrução. A noção de cultura que é apresentada aqui não é necessariamente aquela dos antropólogos. Realmente, ela pode estar mais próxima das essencializações de Samuel Huntington e de outros, e o perigo é que, na medida em que ela é "aplicada" (aprendemos outra cultura para fazer negócios com ela e talvez dominá-la), e na medida em que – em contextos limitados – estes livros de frases etnológicos podem realmente produzir os seus desejados efeitos de alcance curto, a perspectiva mais ampla que eles incorporam podem vir a ter uma autoridade muito acima do seu valor acadêmico, mas totalmente em harmonia com a filosofia de solução rápida que os embasa.

Hannerz observa, nessa área, "uma forte tendência... para admitir que as culturas podem ser descritas num nível nacional". Há uma certa ironia nisso; pois, embora se possa dizer que a antropologia surgiu do mesmo desejo da cartografia cultural que infunde nacionalismo, ela tem nos últimos anos adotado uma perspectiva orientada muito mais pelo processo e pelo agente, aquela que permite espaço analítico para aqueles que buscam mudar as formas culturais ou simplesmente não se conformam com elas. Os projetos interculturalistas têm um antecedente antropológico, e de fato, especialmente na obra de E.T. Hall (1959; cf. 1983, 1987), pode reivindicar descendência direta dele. Este é o gênero de estudos de "cultura nacional" vomitados pela Guerra Fria e que se alimenta hoje na expansão dos negócios internacionais; ele não é muito diferente na sua propensão para caricaturar e demonizar a partir das literaturas nacionalistas folclóricas do século XIX, com seus ecos perturbadores na sabedoria política da nossa própria época (sobre a qual, cf. criticamente VERDERY, 1994: 51ss.). Se as corporações multinacionais representam a nova elite do poder, os sucessores dos impérios coloniais e dos estados-nação, deveríamos talvez considerar estes manuais de cultura mais seriamente do que geralmente o fazemos – não como fontes úteis de informação (embora o melhor deles possa conter algumas análises sérias), mas como diagnóstico de novas tecnologias de controle que exploram o imperativo categórico nos seres humanos (e especialmente a inclinação para categorização própria e outras).

Estes pensamentos (talvez indevidamente alarmistas) brotam de uma preocupação maior na antropologia recente: que a nossa preocupação com as "culturas" nos leva a exotizar e dar ênfase inadequada à diferença. Embora o desejo de compensação de buscar comunidades – desejo implicado, por exemplo, na ênfase nos atributos simbólicos básicos como sendo sistemas de limiar e categóricos – tenha sido também historicamente pelo menos tão importante quanto o sensacionalismo que a disciplina atraiu, a acusação é uma coisa que deveria ser tomada seriamente. Mais uma vez, as reflexões de Rosaldo sobre a "visibilidade" cultural vão nos colocar aqui numa boa posição, enquanto buscamos relacionar um problema ético e epistemológico central ao negócio prático de remodelar a prática etnográfica em espaços mais porosos e populosos da nossa época.

Não é provavelmente coincidência, como Hannerz observa, que a dispepsia de Samuel Huntington com "outras civilizações" seja acompanhada por seu cruel desacordo em relação ao multiculturalismo no seu país: como os nacionalistas que a um só e mesmo tempo reivindicam territórios de fronteira como culturalmente "deles" e ridicularizam os habitantes destas zonas de disputa como etnicamente "impuros", aqueles que adaptaram o conceito de cultura à defesa da "civilização ocidental", internamente e no exterior, não veem contradição entre os modelos de incompatibilidade cultural, por um lado, e clamam por assimilação, por outro. Contudo, a experiência da etnografia nas zonas de fronteira – onde o conluio dos funcionários locais com imigrantes ilegais e outros suspeitos de violarem a lei da fronteira ilustra as complexidades da identidade cultural, de tal maneira que estas fórmulas simplistas simplesmente não podem capturar e devem realmente distorcer.

Revisões metodológicas

O trabalho de estudar as fronteiras e nódulos apresenta um formidável desafio para a prática etnográfica. Quando os antropólogos eram capazes de focalizar uma pequena comunidade local – ou mesmo admitir que as pessoas que eles conheciam eram representativas de uma comunidade mais ou menos homogênea, uma comunidade maior – eles podiam definir o projeto de pesquisa como uma questão de passar o "ano ritual" no campo. Alguns certamente ficaram muito mais longe; e muitos voltaram, alguns repetidas vezes. Mas o conjunto da empresa estava convenientemente circunscrito por uma economia de escala que se entrosava relativamente bem com o aparato acadêmico das licenças sabáticas e com a preocupação antropológica com o ciclo do calendário ritual.

Até certo ponto, o que foi outrora uma conveniência se tornou algo como um problema. Realmente se conhece, quer dizer, Tóquio, depois de um ano? Obviamente num certo sentido Malinowski realmente não "conhecia" os habitantes de Trobriand, até mesmo para a sua própria satisfação depois de sua estadia temporária, mas as dificuldades eram indiscutivelmente menores em comparação àquelas do etnógrafo atual diante da necessidade de compromissos, da formalidade de entrevistas gravadas em *tape*, e da pura pressa da vida moderna em muitos lugares.

Contudo, mais uma vez, a questão não é uma questão de espécie, mas de grau. O que Georg Simmel – invocado por Hannerz para comentar sobre a complexidade das zonas de fronteiras modernas – disse sobre campos de interseção da ação social se aplica tanto aos Nuer quanto aos habitantes de Nova York: a individualidade cresce enquanto as pessoas vêm a ser colocadas nas interseções entre diferentes grupos; cada filiação pode ser compartilhada com numerosas outras pessoas; contudo, o indivíduo particular não pode ter uma combinação de filiações compartilhadas com ninguém (SIMMEL, 1964: 127ss.). Com o crescimento em escala, as pessoas tendem a invocar padrões de cultura comuns (que se baseiam na repercussão e, portanto, podem ser reconhecidos em alguém que jamais se viu antes), substituindo a ênfase direta nas relações sociais (que é relacional e, portanto, geralmente requer um grau de intimidade). No entanto, eu acredito que a ideia de um espaço íntimo, a ser defendido dos estranhos (às vezes incluindo os antropólogos!) e desfrutado na companhia dos de dentro, persiste naquelas esferas mais amplas, tornando a etnografia não somente possível, mas um tema de urgência maior do que já foi antes.

Assim, a complexidade não é uma questão de condições objetivas, mas o produto de conhecimento interno: quando um pastor Nuer ou um aldeão grego reivindica "conhecer" o outro, esta é uma afirmação sobre a intimidade que é estendida ao conhecimento cultural admitido, por exemplo, pelo nova-iorquino, que sempre pretende conhecer" outros nova-iorquinos – para ser capaz de "lidar" com eles, para prever as suas reações, para compreender as suas esperanças e medos, e em geral para fazer tudo que compreendemos pelo termo "identificação". O que queremos dizer com "sociedades complexas", ou mesmo com a própria expressão de Ulf Hannerz "complexidade cultural", representa uma diferença, mas é uma diferença que talvez somente o foco particularizado da pesquisa etnográfica possa tornar inteligível. A alternativa é recorrer ao "como fazer" dos manuais – não uma feliz recomendação.

Costuma ocorrer, como García Canclini ironicamente observa, que as ciências sociais muitas vezes se apiedaram dessas pessoas que se encontram localizadas nas fronteiras sociais e culturais. O "homem marginal" identificado há uns setenta anos por Robert Park (1964: 345), fundador da sociologia urbana de Chicago, mas também um precursor no estudo de relações raciais e migração humana, foi uma figura trágica. Hoje não tanto. Agora o estado de espírito é celebrar a hibridez – embora isto seja sem dúvida mais uma tendência na antropologia do que é naqueles que manejam os assuntos mundiais.

Os últimos, como exemplificado no caso da zona de fronteira dos Estados Unidos com o México (HEYMAN, 1995), muitas vezes também geram estruturas de poder coercitivas e desigualdade. Além disso, cruzar as fronteiras pode também levar a más compreensões e mal-estar, porque as fronteiras podem continuar mudando, complicando tanto o nosso sentido de fechamento categórico e os nossos pressupostos sobre a ação (ou mesmo a "vontade livre"). Em parte, talvez, seja porque o Estado-nação realizou o seu trabalho de inculcação muito bem.

A etnografia destes fenômenos, portanto, requer sensibilidade para as desigualdades políticas, uma boa vontade de prescindir de pressupostos sobre as "culturas" herméticas, e um grau de facilidade com os sistemas de transportes e outras espécies de tecnologia. Se os seus informantes migram, então, pelo princípio de observação participante, por que você não está migrando com eles? (DELTSOU, 1995).

Hannerz evoca três ilustrações dramáticas das zonas de fronteira modernas: a mudança no cenário humano no portão de Damasco em Jerusalém, aqueles traços evanescentes do Muro no meio de Berlim, e o posto de inspeção 5 na Interestadual da Califórnia do Sul. Todas elas, como ele diz, envolvem alguma ideia de uma divisão político-geográfica, ou existente no presente, lembrada do passado, ou mesmo imaginada no futuro. Contudo, o que torna estes três exemplos particularmente dramáticos é que eles envolvem lugares físicos onde não somente Estados, mas religiões mundiais, grandes blocos de poder militar, ideologias internacionais, onde inclusive o "Primeiro Mundo" e o "Terceiro Mundo", e o "Primeiro Mundo" e o "Segundo Mundo" se enfrentaram de alguma maneira uns com os outros – algumas vezes implicando riscos de confronto armado, em outras épocas, esperança de escapar para outra espécie de vida. Naturalmente, nem todas as fronteiras compartilham este tom dramático. Mas alguns adquirem uma aura de terror e ainda também de aventura, porque aqueles que as atravessam jogam por participações especiais ao fazê-lo.

A descrição evocativa do antropólogo e semiólogo búlgaro Yulian Konstantinov (1996) dos turistas comerciantes de Roma, que atravessam a fronteira da Bulgária com a Turquia, pode representar paradigmaticamente esta experiência. A pesquisa de campo que ele descreve é também uma demonstração exemplar de que a observação participante não está confinada a trabalhar em comunidades estabelecidas ou lugares únicos: ele e seus companheiros de pesquisa compartilham dos desconfortos da viagem de ônibus que cruza a fronteira, com todos os riscos inerentes da perseguição, prisão e estresse físico agudo. (Cf. tb. KONSTANTINOV; KESSEL & THUEN, 1998 – uma adequada colaboração no cruzamento das fronteiras vinda de um búlgaro, um israelense e um norueguês!) Como Hannerz nos lembra, estamos talvez enfrentando questões metodológicas particulares envolvidas em estudos "multilocalizados", eles mesmos uma fronteira da antropologia recente (cf. MARCUS, 1995; HANNERZ, 1988).

Nódulos, fronteiras e reagrupamentos

O que devia ficar claro desta discussão é que a urbanização do mundo, embora desigual na sua intensidade e nos seus efeitos práticos, alterou drasticamente o objeto da antropologia durante o tempo de vida da disciplina. Ao mesmo tempo, esta disciplina, que numa fase inicial deu um grau talvez desproporcional de atenção à "classificação simbólica", conserva uma perspectiva que permite a ela resistir às fáceis generalizações que um foco menos intenso no processo social tende a gerar.

Não é provavelmente coincidência que os antropólogos começaram a apreciar a porosidade das fronteiras e a negociação de identidades, quando esta maciça urbanização estava começando a se acelerar cada vez mais dramaticamente. Especialmente depois da Segunda Guerra Mundial, cada vez mais os antropólogos situaram o seu trabalho dentro de lugares de pesquisa urbanos ou dominados pelo urbano. Estes lugares eram pequenos "nódulos" através dos quais os processos que ocorriam na cidade eram transmitidos, mas também transformados: "civilização" no seu sentido literal de cultura urbana se tornou um padrão, e em alguns países o foi por muitos séculos (cf. SILVERMAN, 1975). Os grandes nódulos, que estavam se tornando cada vez maiores (e fazendo isso com alarmante rapidez), pareciam apresentar uma proposta totalmente mais resistente.

Além disso, aqueles nódulos estavam localizados nos centros de redes que, por sua vez, definiam espaços com fronteiras; e aquelas fronteiras, apesar da sua formalidade cartográfica, acabaram por ser não menos porosas do que as identidades interativas que as pessoas experimentavam no interior das cidades. Uma disciplina definida somente como o estudo de sociedades de pequena escala teria morrido nesse momento.

Ao invés disso, havia várias novas adaptações e, como a discussão neste capítulo podia ilustrar, estas adaptações estão continuando a se desenvolver. "O campo" se tornou um "lugar" totalmente diferente. Na sua virtualidade, de fato, isto sugere que o foco específico da antropologia na negociação simbólica das formas sociais e culturais pode tê-la equipado extraordinária e efetivamente para sobreviver nesse novo ambiente supercarregado.

7
Desenvolvimentismos

Intervenção como uma prática cultural

"Poucos processos históricos", observa Arturo Escobar, "abasteceram tanto o paradoxo da antropologia – imediata e intrinsecamente unido com a dominação histórica e epistemológica ocidental e com um princípio de crítica radical da mesma experiência – quanto o processo de desenvolvimento". Esta é uma prática em larga escala – mas uma prática que disfarçou um programa de controle com o vestido bondoso da "ajuda". Mesmo quando esta ajuda pretendia induzir a autoconfiança, ela era preparada em termos de uma ideologia social ocidental, pois as suas agências – o Banco Mundial, o Fundo Monetário Internacional etc. – estavam largamente dominadas por um punhado de poderes ocidentais com preocupações de segurança em jogo. Realmente, para muitos atores ela era uma extensão da Guerra Fria. Mas ela toma a forma específica de impor uma visão tecnologicamente eficiente e única da Modernidade em grande parte do Terceiro Mundo – que foi definido por sua sujeição a esta visão. Em suma, o desenvolvimento era tanto um símbolo quanto um dos mais poderosos instrumentos da hegemonia ocidental, aparentemente definida como assimilação, mas praticamente pretendida como dominação. Embora possamos reconhecer o disfarce bondoso em muitos dos programas levados a cabo em seu nome, estes não podem disfarçar a falta de escolha com a qual as nações tecnologicamente poderosas enfrentaram aqueles outros países obrigados a dependerem deles na arena internacional. E os efeitos destas intervenções não foram frequentemente bondosos absolutamente. Realmente, como Akhil Gupta (1998) apontou, mesmo o reconhecimento das formas locais de conhecimento como dignas de respeito serviu mais para cooptar os seus portadores nos esquemas do capital internacional do que para atender as vozes locais que condenavam a espoliação do seu ambiente e a ruptura de suas vidas.

Ao mesmo tempo em que avaliamos a força destas críticas, devemos estar conscientes de duas armadilhas potenciais. Primeiro, rejeitar a essencialização das outras culturas não legitima encontrar fora o mesmo tratamento para "o Ocidente", um termo historicamente complexo e muitas vezes ambíguo que funciona neste livro como uma conveniência a ser usada com extrema cautela. Tratar o Ocidente como um espantalho genérico é frequentemente enganador na melhor das hipóteses. A segunda advertência diz respeito às intenções e aos efeitos das políticas desenvolvimentistas. Ambos, naturalmente, podem ser perniciosos; mas não se segue daí que eles necessária ou invariavelmente sirvam a fins maus, e em qualquer caso estes julgamentos podem somente ser feitos no contexto de conhecer a que interesses eles servem. Às vezes, realmente, os julgamentos deste tipo são pouco mais do que partidaristas, e podem tomar o lado de uma facção contra a outra dentro de uma comunidade local. O foco atual na ação e na prática exige que sempre coloquemos esta questão, mais para abrir as questões morais para o debate do que para fechá-las com parcialidade peremptória.

Neste capítulo, eu tomo o desenvolvimento como um caso paradigmático do que pode acontecer quando a antropologia é "aplicada". Eu não pretendo qualquer rejeição da ideia de tornar a disciplina útil – a principal preocupação de muitos profissionais dos países mais pobres –, mas eu insisto novamente em que devemos sempre perguntar: Útil para quem? Quem está aplicando a antropologia, e para que fins e com que efeitos? As respostas, repito, não são sempre honestas: num livro corajosamente multivocal sobre o Narmada Dam na Índia, por exemplo, William Fisher (1995) buscou amplificar todas as vozes conflitantes nos debates sobre os benefícios imediatos e de longo prazo para vários segmentos da população, efeitos sobre o meio ambiente e sobre a sociedade, e a compensação para a ruptura experimentada por grupos frequentemente marginalizados. Este livro é realmente exemplar na sua apresentação aberta de perspectivas muitas vezes discordantes, enriquecendo a nossa compreensão das complexidades envolvidas, deixando atores sociais diferentemente posicionados falarem por si mesmos e num acordo às vezes rouco uns com os outros.

Dessa maneira, podemos utilizar o paradigma do desenvolvimento para explorar os compromissos e os dilemas éticos da disciplina. Fazendo isso, eu me inclino fortemente para o trabalho de um punhado de estudiosos principalmente jovens que foram capazes de mostrar que uma crítica "pós-estruturalista" – uma investigação do discurso sobre o desenvolvimento – pode ter consequências práticas importantes. Mas devia ser reconhecido que mesmo aqueles antropólogos que estão menos interessados em questões de discurso ainda acolhem profundas reservas em relação aos efeitos de muita coisa que passa sob o nome de desenvolvimento.

O desenvolvimento no sentido descrito aqui perpetua a imagem colonial de povos trancados numa infância tecnológica – uma ideia que foi entusiasticamente promovida pelos evolucionistas sociais do século XIX e que continua a infundir grande parte do discurso sobre as nações "subdesenvolvidas". Quando os antropólogos se voltaram contra os fundamentos colonialistas da sua disciplina, eles não surpreendentemente se tornaram também cada vez mais críticos dos pressupostos desenvolvimentistas. Alguns estavam preocupados com a sobrevivência de culturas específicas ameaçadas pela doença, pelo genocídio e pela perda das suas terras diante das formas particularmente predatórias de exploração (como a corrida do ouro na Amazônia, por exemplo). Mesmo aqueles que estavam menos convencidos da premissa das identidades culturais integrais foram críticos do impacto do desenvolvimento nas questões de autodeterminação.

O ideal da sociedade civil, embora ela mesma indiscutivelmente um conceito ocidental que se transferiu para outros contextos com alguma dificuldade, serve pelo menos para apontar o duplo padrão tão frequentemente funcional nos projetos desenvolvimentistas. Como Fisher indica na sua discussão do Projeto Narmada (FISHER, 1995: 40), isto impõe liberdade de escolha – o jogo da ação humana que a antropologia, tal como apresentada neste livro, examina em relação ao que Fisher chama de "outras estruturas determinantes". Como Fisher observa, esta concepção da sociedade civil é internacional e também nacional, e realmente as atividades das ONGs podem colocar os pressupostos dos governos do Estado-nação em questão. A noção de sociedade civil também tem limitações, e a ordem internacional representada pelas ONGs muitas vezes, como Gupta (1998) afirma, desempenha e depende da permanência das entidades nacionais. A escolha é ela própria dificilmente uma noção culturalmente livre e ideologicamente neutra; por exemplo, ela é um fator-chave da economia neoliberal e é frequentemente reivindicada como a marca do individualismo ocidental. Assim, é extremamente importante examinar como a ideia é realmente utilizada na prática: a ação pode consistir, em algumas situações, em aquiescer – e mesmo conspirar – na dominação de alguns por outros mais poderosos, como Gramsci reconheceu na sua concepção de "hegemonia".

Às vezes, então, a premissa de que o desenvolvimento dá às comunidades locais a liberdade de colocar as suas próprias agendas pode realmente ser um meio de assegurar este conluio, pelo menos de uma elite local ansiosa de cooperar em qualquer coisa que alimente os seus interesses de curto prazo. Não se pode considerar o impacto do desenvolvimento sem considerar também os seus envolvimentos com as realidades políticas locais. E o único caminho viável para qualquer compreensão desta interação repousa na etnografia cuidadosa *in loco*.

Por outro lado, liberdade de escolha – o direito de autodeterminação – é agora largamente aceito em todo mundo como a antítese lógica da repressão. É questionando o grau no qual a retórica da escolha corresponde às percepções e desejos locais que podemos começar a obter alguma vantagem sobre as implicações de vários esquemas desenvolvimentistas. Frequentemente a pretensão de que o desenvolvimento surgiria acima das considerações políticas, por exemplo, fornece um meio para os regimes repressivos locais subordinarem a liberdade política ao fascínio da Modernidade; no processo, eles frequentemente também, e concomitantemente, subordinam os seus próprios países à administração das organizações internacionais, que não fazem necessariamente dos interesses locais a sua principal preocupação. A obra de James Ferguson (1990) sobre Lesotho é uma excelente análise de como o discurso do desenvolvimento serve a estas estruturas externas de poder. Às vezes, também, as comunidades locais simplesmente perderam os meios de lutarem efetivamente – uma situação que está agora rapidamente mudando, quando coalizões políticas de base camponesa e outras atacam as depredações do capital internacional e desafiam as suas expressões piedosas de boa vontade. O etnólogo criticamente envolvido deve sempre perguntar quem se beneficiará com qualquer intervenção, seja pelas agências de desenvolvimento ou pelas fontes locais de oposição.

Devíamos também observar que as intenções das agências desenvolvimentistas são menos importantes do que os efeitos da sua obra. Como já observei na discussão da epistemologia, as emoções e os desejos são somente conhecíveis através da sua representação. Não podemos saber se a intenção de trazer a liberdade e a modernidade é genuína ou não num determinado caso, especialmente porque há geralmente muitos, isto é, diversos atores sociais envolvidos. Como já indiquei ao discutir os usos antropológicos da ficção, contudo, podemos ouvir as muitas vozes envolvidas nos debates sobre como convencer uma novela ou um drama se dá em termos culturais locais. Estes são argumentos reveladores sobre a representação da intenção, da sinceridade, e assim por diante. Uma coleção como o livro *Narmada*, de Fisher (1995), é especialmente esclarecedora a esse respeito: ele contém a absorção de uma enorme variedade de pessoas localizadas em áreas-chave do conflito, todas testemunhando as suas respectivas perspectivas com grande eloquência.

Este livro representa um novo tipo de etnografia, aquele no qual as vozes instruídas podem estar influenciando os acontecimentos. Mas mesmo num sentido mais convencional, a insistência dos antropólogos sobre a sondagem etnográfica das realidades sociais e experimentais criadas pelos projetos desenvolvimentistas, um exemplo em seu próprio direito da sondagem etnográfica das burocracias, realmente levou ao que Escobar chama de "uma compreensão mais matizada da natureza do desenvolvimento e dos seus modos de funcionamento". Sem dúvida, os antropólogos são muitas vezes profundamente ambivalentes em relação ao seu envolvimento no desenvolvimento, mas no mínimo as suas vozes críticas podem sugerir caminhos alternativos não diretamente dependentes do capital internacional. Escobar distingue "duas amplas escolas de pensamento, aquelas que favorecem um engajamento ativo nas instituições desenvolvimentistas em nome dos pobres, com o objetivo de transformar a prática desenvolvimentista a partir de dentro; e aquelas que prescrevem uma crítica radical e distante da instituição desenvolvimentista". Mas Fisher, que divide os comentadores pró-desenvolvimento naqueles cujas objeções são "táticas" e aqueles cujas preocupações são mais profundamente "programáticas", contrastando ambos com o campo de rejeição que ele rotula de "ideológico" (FISHER, 1995: 17-18), sugere que a saída pode estar mais construtivamente com um exame cuidadoso dos interesses de todos os atores envolvidos – uma posição compatível com a posição baseada no agente e no meio-termo adotada neste livro, visto que ele reconhece que alguns processos do envolvimento internacional simplesmente não estão sendo revertidos e que, portanto, é mais útil tentar compreendê-los a partir de dentro. Mais uma vez, esta abordagem exemplifica que um novo trabalho está sendo feito sobre a antropologia das burocracias e outros tipos de organização formal, no qual uma etnografia meticulosa costumava desagregar forças demasiadamente fáceis e frequentemente agrupadas para desfigurar caricaturas.

Na minha visão global da história destas questões especificamente dentro da antropologia, vou me apoiar muito fortemente na visão global crítica de Escobar (cf. tb. ESCOBAR, 1995), passando daqueles que optaram em trabalhar dentro das instituições desenvolvimentistas para a mais recente crítica do desenvolvimentismo que surgiu a partir do final dos anos de 1980. Esta última posição representa o que Escobar chama de "a antropologia do desenvolvimento", desse modo focando a nossa atenção na ideia de que os etnógrafos deveriam olhar mais de perto os cientistas e planejadores naquilo que eles fazem aos supostos beneficiários – mais uma vez, no espírito da burocracia "etnografizante" e submetendo a sua racionalidade supostamente universal ao escrutínio crítico. Isto abre espaço para considerar a obra de vários antropólogos que experimentam os seus caminhos criativos de articular a teoria e a prática antropológicas no campo desenvolvimentista. Escobar vê estes autores como articulando uma teoria da prática poderosa para a antropologia como um todo; dever-se-ia dizer que eles estão desenvolvendo uma prática da teoria. As suas várias visões de formas possíveis de engajamento com o trabalho desenvolvimentista abre uma visão das perspectivas futuras. Embora achemos que o dilema básico – está a antropologia desesperadamente compromissada pelo seu envolvimento na corrente desenvolvimentista principal ou podem os antropólogos oferecer um desafio efetivo aos paradigmas dominantes do desenvolvimento?" (GARDNER & LEWIS, 1996: 49) – permanece de alguma maneira não resolvido, um giro construtivo que podemos assumir é capitalizar o desconforto produtivo que ele gera. Isto pode, por sua vez, nos levar a perguntar quais foram outrora as questões impensadas sobre a validade das divisões entre a antropologia aplicada e a antropologia acadêmica, divisões que vieram a parecer, na melhor das hipóteses, estranhas – e desesperadamente incoerentes no pior dos casos – numa antropologia voltada para compreender todas as formas da prática e da ação.

Cultura e economia na antropologia desenvolvimentista

A teoria e a prática do desenvolvimento foram largamente formadas, nos seus estágios iniciais, pelos economistas neoclássicos. Isto significava que as vozes locais eram raramente ouvidas com qualquer clareza. No seu olhar retrospectivo à antropologia desenvolvimentista no Banco Mundial, Michael Cernea chamou as tendências conceituais centradas na economia e na tecnologia das estratégias desenvolvimentistas de "profundamente nocivas" (CERNEA, 1995: 15), mas argumentou que os antropólogos desenvolvimentistas fizeram muito para corrigir estas tendências. Nesse processo, diz Cernea, eles também, e contra os precedentes, esculpiram um nicho para si em instituições prestigiosas e poderosas, como o Banco Mundial. Nessa visão, o reconhecimento da "cultura" como algo mais do que simplesmente epifenomenal era o passo principal no sentido de fazer as agências do desenvolvimento levarem seriamente em conta a antropologia (BENNETT & BOWEN, 1988; CERNEA, 1985, 1995; HOBEN, 1982; HOROWITZ, 1994; cf. tb. GARDNER & LEWIS, 1996).

Os antropólogos desenvolvimentistas afirmam que na metade dos anos de 1970, quando os pobres resultados das intervenções de cima para baixo, da tecnologia e do capital intensivo se tornaram amplamente aparentes, uma nova sensação surgiu[1]. Esta reformulação era mais evidente na mudança da política do Banco Mundial dirigida a programas "orientados para a pobreza" – anunciados pelo seu presidente, Robert McNamara, em 1973 –, mas estava sendo adiantada em muitos outros lugares da instituição desenvolvimentista, incluindo a Agência Norte-americana para o Desenvolvimento Internacional (Usaid) e várias agências técnicas das Nações Unidas. Os especialistas começaram a aceitar que os próprios pobres – particularmente os pobres do campo – tinham de participar ativamente nos programas, se estes quisessem ter uma margem razoável de sucesso. Era uma questão de "colocar primeiro as pessoas" (CERNEA, 1985). Os projetos tinham de ser socialmente relevantes e culturalmente

---

1. Para começar, a antropologia desenvolvimentista construiu uma importante base institucional numa boa quantidade de países na América do Norte e na Europa. Um "Development Anthropology Committee", por exemplo, foi criado em 1977 no Reino Unido "para promover o envolvimento da antropologia no desenvolvimento do Terceiro Mundo" (GRILLO, 1985: 2). (Para uma pesquisa de antropologia desenvolvimentista na Europa, cf. a edição especial de *Development Anthropology Network* (10 (1), 1992), dedicado a este tópico.) Em 1976, três antropólogos criaram o Institute for Development Anthropology em Binghampton, Nova York; desde o seu início, o instituto foi um lugar de liderança para a teoria e o trabalho aplicado da antropologia desenvolvimentista. Da mesma maneira, a formação de graduação na antropologia desenvolvimentista é agora oferecida num número crescente de universidades, especialmente nos Estados Unidos e na Grã-Bretanha. Mas a reavaliação mais importante da posição de Hoben veio dos principais profissionais nos anos de 1990, como Cernea (1995) e Horowitz (1994), que consideraram que, embora o número de antropólogos do desenvolvimento seja ainda pequeno em relação à tarefa, a antropologia desenvolvimentista, não obstante, está a caminho de se tornar consolidada tanto como disciplina quanto como prática.

adequados, uma visão que criou uma demanda sem precedentes para as habilidades antropológicas. Mesmo no Banco Mundial, o bastião do economicismo, o pessoal da ciência social cresceu a partir do primeiro e único antropólogo contratado em 1974 para 60 no final do milênio; além disso, centenas de antropólogos e outros cientistas sociais são empregados a cada ano como consultores de curto prazo (CERNEA, 1995).

Assim, a partir do início dos anos de 1980, quando os antropólogos que trabalhavam no desenvolvimento não tinham criado uma subdisciplina acadêmica de antropologia desenvolvimentista com "um corpo coerente e distinto de teoria, conceitos e métodos" (HOBEN, 1982: 349), eles se moveram para um papel muito mais institucionalizado administrativa, educacional e conceitualmente. Escrevendo na metade dos anos de 1980, um grupo de antropólogos profissionais do desenvolvimento deu a sua avaliação: "A diferença antropológica é visível em cada estágio do processo de resolução dos problemas: os antropólogos desenham programas que funcionam porque eles são culturalmente adequados; eles corrigem intervenções que estão a caminho, mas que seriam economicamente infactíveis por causa da oposição da comunidade; eles conduzem as avaliações que contêm indicações válidas dos resultados programáticos. Eles fornecem as únicas habilidades necessárias para a intermediação intercultural; eles coletam os dados primários e "êmicos" [*emic*] para planejar e formular políticas; e eles projetam e avaliam os efeitos culturais e sociais da intervenção" (WULFF & FISKE, 1987: 10). Servindo como intermediários culturais (agentes) entre os mundos do desenvolvimento e a comunidade; coletando o conhecimento e o ponto de vista locais; colocando as comunidades e os projetos locais em contextos mais amplos da economia política; e vendo a cultura holisticamente – todas estas coisas surgem como contribuições antropológicas importantes, quando não essenciais, para o processo desenvolvimentista.

O resultado disso é supostamente um desenvolvimento "com maiores ganhos e menores dores" (CERNEA, 1995: 9). Este efeito percebido foi particularmente importante em algumas áreas, como nos esquemas de reassentamentos, no sistema de cultivos, no desenvolvimento das bacias dos rios, na administração dos recursos naturais e nas economias do setor informal. Mas os antropólogos desenvolvimentistas da época foram mais longe, reivindicando serem capazes de fornecer análises sofisticadas da organização social que circunscreviam os projetos que sustentavam as ações das pessoas locais. Eles assim, de alguma maneira, anteciparam um aspecto-chave dos projetos, uma perspectiva mais crítica do desenvolvimento, visto que eles tentaram superar a dicotomia entre a pesquisa teórica e a pesquisa aplicada. Em alguns casos, eles eram inclusive capazes de convencer os seus empregadores a sustentarem a pesquisa que ia além das necessidades imediatas de projetos particulares, e eles chegaram a se ver como parceiros cada vez mais acolhidos no desenho e na implementação do projeto (CERNEA, 1995; HOROWITZ, 1994).

Contudo, este acolhimento chegou com um preço, quando os antropólogos às vezes chegaram a adotar as perspectivas patronais dos seus patrocinadores institucionais. Por exemplo, como Escobar observa, Cernea "credita os cientistas sociais no Banco Mundial com mudanças nas suas políticas de reassentamento destas instituições". Em lugar nenhum ele menciona o papel desempenhado nestas mudanças pela oposição muito difundida e pela mobilização local contra os esquemas de reassentamento em muitas partes do mundo. Esta perspectiva começou a mudar em parte como resultado de uma legitimação mais geral dentro da antropologia do "estudo ampliado" (*studying up*) (NADER, 1972) – isto é, de tratar todos os agentes humanos, incluindo os antropólogos, como igualmente participantes interessantes e significativos nos fenômenos sociais em exame.

O outro fator limitador da boa vontade dos antropólogos desenvolvimentistas de avaliar o seu engajamento contextualmente repousa nas suas preferências epistemológicas. Engajados como estavam em questões práticas determinadas tanto pela orientação positivista da maior parte da antropologia de antes dos anos de 1980 quanto pelo cartesianismo dos estilos de administração governamentais e internacionais, e assediados pelo ceticismo dos seus empregadores sobre o valor prático mesmo do pensamento antropológico mais positivista, eles raramente conseguiram levar a crítica muito além de defender o que Escobar, seguindo Gow (1993), chama de "um compromisso firme de falar a verdade para o poder" (GOW, 1993) e da enunciação de uma variedade de respostas vindas do intervencionismo ativo para as posições de rejeição (GRILLO, 1985; SWANTZ, 1985). Aderia ou não aderir: esta era a questão, mais do que uma consideração mais matizada do que o desenvolvimento estava realmente fazendo no mundo.

Escobar chama o paradigma dominante da época de "realista". Isto é exato, mas no sentido de que o realismo consiste de formas altamente convencionais de discurso, que funcionam para disfarçar o seu próprio caráter convencional. (Colocando isto de outra maneira: os antropólogos desta época estavam relutantes para submeterem o seu pensamento próprio, supostamente racional ao tipo de crítica simbólica que eles estavam então exatamente desenvolvendo para a análise dos "sistemas de pensamento" supostamente exóticos.) O modelo dominante do senso comum relegou para as margens preocupações com a retórica e o discurso, desse modo insulando a antropologia do desenvolvimento de uma crítica autêntica de seus caros pressupostos.

A retórica e a antropologia do desenvolvimento

Uma fonte da resistência dos antropólogos desenvolvimentistas à crítica do seu discurso e dos seus pressupostos subjacentes certamente repousa na sua visão, que era característica da sua orientação teórica conservadora, de que a retórica tinha pouco ou nada a ver com as realidades do trabalho no qual eles estavam envolvidos. Embora eles se envolvessem com questões de linguagem, isto na maioria das vezes tomou a forma de explorar as taxonomias folclóricas indígenas para colocar o conhecimento local sob o controle dos seus empregadores (ou, mais geralmente, das nações ocidentais e industrializadas – p. ex., MORAN, 1981; cf. GUPTA, 1998). A sua própria linguagem não tinha interesse, e eles geralmente participavam em ataques frequentemente estridentes ao pós-modernismo como sendo autoindulgente e irrelevante.

Contudo, independentemente do rótulo que se prende à sua análise, a retórica erudita desempenha um enorme papel na produção do conhecimento, e é especialmente consequente quando está submetida às ações das poderosas agências desenvolvimentistas. Eu não posso melhorar a eloquência de William Fisher (1995: 446): "A retórica não é um subproduto irrelevante e facilmente destituído processo de desenvolvimento. A retórica importa num número de meios fundamentais: a retórica pode ou fechar ou abrir novas possibilidades; ela pode mistificar o que está realmente acontecendo; e ela tem um efeito sobre o que acontece. A retórica mistifica quando ela sugere consenso onde não há nenhum, dirige a atenção para fora do conflito e obscurece as relações de desigualdade e poder. Ela oculta os seres humanos atrás de rótulos impessoais como os PAPs [*Project-affected Persons*: pessoas afetadas pelo projeto] CAPs [*Canal-affected Persons*: pessoas afetadas pela saída], '*oustees*' [expropriados] e '*encroachers*' [usurpados], incentivando-nos a medir e pesar comparativamente 'coisas' abstratas, como o número de PAPs contra o volume de água, embora deixando de lado, pelo menos por um momento, a humanidade atrás de algumas dessas 'coisas'". A análise de Fisher do projeto de barragem de Narmada e as controvérsias que isto desencadeou, por outro lado, aponta a materialidade do simbolismo utilizado pelos desenvolvimentistas na busca de seus objetivos – e isto se faz muito especialmente, deixando todos os vários atores, incluindo muitos daqueles que estavam comprometidos com o projeto, falarem por si próprios.

Mais geralmente, o "desenvolvimento" foi tomado como sendo uma "realidade real" e a sua retórica, nas palavras de Escobar, "uma linguagem neutra que pode ser utilizada inofensivamente e colocar diferentes finalidades de acordo com a orientação política e epistemológica daqueles que o promovem". Antropologicamente, isto faz pouco sentido, especialmente quando a evidência sugere que o próprio termo tem muitos significados para os seus inumeráveis usuários. Citando Escobar novamente: "Da Teoria da Modernização à Teoria da Dependência e aos sistemas mundiais; do "desenvolvimento do mercado amigável" ao ecodesenvolvimento autodirigido, sustentável, os qualificadores do termo se multiplicaram sem que o próprio termo tenha se tornado radicalmente problemático" (cf. tb. CRUSH, 1995: 2). Qualquer nova crítica do que Escobar e outros chamam de "antropologia do desenvolvimento" (como algo oposto a "antropologia desenvolvimentista") devia começar questionando a própria noção de desenvolvimento, defendendo uma avaliação crítica dos contextos históricos e culturais nos quais ela apareceu. Como Crush coloca, "o discurso do desenvolvimento, a forma na qual ele constrói os seus argumentos e estabelece a sua autoridade, a maneira como ela constrói o mundo, são geralmente vistos como autoevidentes e não merecedores de atenção. A principal intenção [da análise discursiva] é tentar e tornar a autoevidência problemática" (CRUSH, 1995: 3). Outro conjunto de autores, mais unidos a esta tarefa desfamiliarizadora, procurou tornar a linguagem do desenvolvimento indizível, transformar os constructos básicos do discurso desenvolvimentista – mercados, necessidades, população, participação, meio ambiente, planejamento e coisas do gênero – em "palavras tóxicas" que os especialistas não podiam utilizar impunemente, tal como eles tinham feito até agora (SACHS, 1992). Outros mostraram por que estes discursos eram problemáticos para grupos específicos de pessoas; especialmente Chandra Mohanty (1991) encontrou, nos rapidamente multiplicados textos de "mulheres em desenvolvimento" dos anos de 1970 e 1980, evidência de diferenciais de poder na sua descrição das mulheres do Terceiro Mundo como implicitamente pessoas que não têm o que as suas contrapartes do Primeiro Mundo tinham alcançado. Escobar, Ferguson, Gupta e, de uma maneira um pouco diferente, Fisher tinham todos questionado a retórica do desenvolvimento.

Ferguson se tornou o caso mais geral: "Como a 'civilização' no século XIX, o 'desenvolvimento' é um nome não somente para um valor, mas também para uma problemática dominante ou grade interpretativa através do qual as regiões empobrecidas do mundo são conhecidas de nós. Dentro desta grade interpretativa, uma hoste de observações cotidianas se tornou inteligível e significativa" (FERGUSON, 1990: xiii). Em termos da contextualização empírica que enquadra a visão global da antropologia apresentada aqui, Ferguson mostrou como o círculo evolucionista do termo "desenvolvimento" reforçou, de várias maneiras práticas, a visão de países "subdesenvolvidos" como necessitados de direção na sua busca da Modernidade. Isto, ao contrário, levou Escobar, entre outros, a questionar a construção do "Terceiro Mundo" como uma categoria que tanto expressa quanto serve os interesses dos administradores de poder do "Primeiro Mundo". "O olhar fixo do analista", observa Escobar, "desse modo se moveu dos assim chamados beneficiários ou alvos do desenvolvimento para os alegadamente técnicos sociais neutros do aparato desenvolvimentista. O que estão eles realmente fazendo? Estão eles produzindo cultura, modos de ver, transformando relações sociais?" Particularmente, eles introduzem nos ambientes do Terceiro Mundo práticas baseadas em noções de individualidade, racionalidade, economia e coisas do gênero (FERGUSON, 1990; RIBEIRO, 1994a); nesse contexto, pode ser salutar lembrar as ambiguidades inclusive destes valores chamativos como são "escolha" e "sociedade civil" enquanto objetivos valorativamente neutros. Isto não significa, ao contrário das visões de alguns críticos, afirmar que estes são objetivos inadequados ou que os países do Primeiro Mundo estariam impedidos de gozar os seus benefícios. Isto significa, contudo, que deveríamos questionar os usos para os quais estes conceitos são colocados por tipos específicos de atores sociais e políticos. O discurso nunca é inerte; as instituições desenvolvimentistas, afinal de contas, muito reveladoramente, chamam muitas vezes a si próprias de "agências", um termo cujas mais amplas implicações frequentemente permanecem incontestáveis.

Entre os efeitos desta intervenção pode haver mudanças radicais na percepção da identidade. A hibridação cultural é um caso em foco (GARCÍA CANCLINI, 1990); como Gupta (1998) sugere, o hibridismo cultural tanto na identidade quanto nas suas práticas associadas pode ser especialmente característico das sociedades pós-coloniais, nas quais os atores locais – no seu exemplo, os pequenos lavradores – tentam remodelar o conhecimento científico tornado disponível para eles em termos de sua própria experiência, grande parte dela podendo revelar graves falhas na lógica e na retórica favorável dos desenvolvimentistas. Além disso, a circulação de conceitos de desenvolvimento e modernidade nas definições do Terceiro Mundo são usadas e transformadas no processo de identidades negociadas (DAHL & RABO, 1992; PIGG, 1992). Este é um caso especial, mas também um caso importante, de essencialismo estratégico, e – como o *Postcolonial Developments* de Gupta (1998) mostra com particular clareza – fornece um quadro tanto para canalizar quanto para desafiar as visões dominantes sobre a locação e a atribuição de responsabilidade. São os camponeses do "Terceiro Mundo" realmente "responsáveis" pela desertificação de enormes extensões de terra? Ou este é o resultado da sua incapacidade de resistir às políticas que, em última análise, pretendiam alimentar o Primeiro Mundo e realocar o dano ecológico para o Terceiro? Até onde a acusação de irresponsabilidade simplesmente reforça as desigualdades já criadas pelo desenvolvimento, e até onde uma identidade do Terceiro Mundo torna países inteiros vulneráveis a esta acusação ou, alternativamente, fornece a eles uma identidade focal em torno da qual conceituar e organizar a sua resistência? Nitidamente, a retórica da responsabilidade e da culpa desempenha um papel material no equilíbrio de poder internacional: ele induz efeitos políticos específicos, como mostram os efeitos desiguais da Cúpula Mundial do Rio (GUPTA, 1998: 326-329).

Escobar argumenta que a análise do desenvolvimento como discurso "foi bem-sucedido em criar um subcampo, a antropologia do desenvolvimento" que está "produzindo uma visão mais matizada da natureza e dos modos de operação dos discursos desenvolvimentistas do que as análises dos anos de 1980 e do início dos anos de 1990 primeiramente sugeridas". Ele também argumenta que "a noção de 'pós-desenvolvimento' se tornou uma heurística para reaprender a ver a realidade das comunidades da Ásia e na América Latina". O que acontece, ele pergunta, quando não olhamos para esta realidade através das agendas desenvolvimentistas? Ou podíamos perguntar se pode existir "uma maneira de escrever [falar e pensar] além da linguagem do desenvolvimento" (CRUSH, 1995: 18).

Contudo, este foco em três grandes áreas do mundo também exige alguma modificação. Os problemas do "desenvolvimento" e da "sociedade civil" na Europa Oriental, por exemplo, deviam derramar uma luz valiosa sobre os imperativos ideológicos, para não falar da *Realpolitik*, que subjaz os esforços de "reconstrução" (cf. DUNN & HANN, 1996; VERDERY, 1996; CREED & WEDEL, 1997; WEDEL, 1998). O tratamento da pobreza no Primeiro Mundo sob uma rubrica separada é também altamente problemática. Uma perspectiva verdadeiramente pós-desenvolvimentista exige a investigação etnográfica dos centros de tomada de decisão, assim como o seu impacto sobre áreas não normalmente incluídas nos títulos das "nações em desenvolvimento". Esta é uma perspectiva que o trabalho esboçado aqui efetivamente já iniciou.

Antropologia e desenvolvimento: para uma nova teoria da prática e uma nova prática da teoria

A antropologia desenvolvimentista e a antropologia do desenvolvimento mostram uma à outra as suas próprias falhas e limitações; poder-se-ia dizer que elas zombam uma da outra. Para os antropólogos desenvolvimentistas, as críticas que emanam da nova antropologia do desenvolvimento estão moralmente erradas, porque elas são vistas como levando ao não engajamento num mundo que desesperadamente necessita da contribuição antropológica (HOROWITZ, 1994). O foco sobre o discurso é visto como deixando de lado as questões de poder, já que a pobreza, o subdesenvolvimento e a opressão não são questões de linguagem, mas questões históricas, políticas e econômicas. De uma maneira semelhante, os antropólogos desenvolvimentistas afirmam que estas críticas são uma presunção intelectual de intelectuais privilegiados do Norte e são irrelevantes para as preocupações urgentes do Terceiro Mundo (LITTLE & PAINTER, 1995); o fato de que os ativistas e os intelectuais do Terceiro Mundo estavam no primeiro plano destas críticas e que um número crescente de movimentos sociais acham que isto os autoriza para as suas próprias lutas, é convenientemente deixado de lado. Para os críticos, ao contrário, a antropologia desenvolvimentista é profundamente problemática: o próprio quadro do "desenvolvimento", não menos eurocêntrico do que os seus antecedentes evolucionistas do século XIX, como o termo "civilização", tornou possível uma política cultural de dominação sobre o Terceiro Mundo, que indiscutivelmente reproduz os padrões da expansão colonial no século anterior. Mesmo sem estas formas externas de intervenção, os programas desenvolvimentistas orientados pelo Estado são muitas vezes responsáveis pelo progressivo empobrecimento de populações que não aceitam as formas oficiais de administração econômica. Um efeito da intervenção internacional é ampliar o fosso entre os ricos e os pobres, abrindo enormes espaços para o funcionamento de atividades econômicas clandestinas e estruturas semelhantes à máfia (cf., p. ex., WEDEL, 1998, para uma excelente ilustração numa área normalmente não considerada sob o título de "nações desenvolvidas"). Nos países do Terceiro Mundo, o discurso do desenvolvimento é um instrumento, não meramente um efeito posterior, desta hegemonia – uma questão que se articula com o argumento teórico maior adotado neste livro sobre a materialidade das formas discursivas e simbólicas.

O quadro convencional dos estudos e relatos desenvolvimentistas invoca essencialmente os mesmos estereótipos dos nativos preguiçosos, ineficientes e corruptos que devem ser trazidos para a autossuficiência, estereótipos que são encontrados no discurso colonial do século XIX. Ou através da dependência aumentada das forças do mercado, ou através da supressão da crítica política, a benevolência ostensiva e mesmo as intenções libertadoras das agências de desenvolvimento na prática, mais frequentemente, induzem a uma forma finamente disfarçada de clientela de massa que, por sua vez, alimenta os sistemas locais de relações patrão-cliente já estabelecidas. Os antropólogos desenvolvimentistas – muitas vezes, talvez, inadvertidamente – estão comprometidos com estender para a Ásia, a África e a América Latina um projeto de transformação cultural dimensionado, de um modo geral, pela experiência da modernidade capitalista, mas eles são muitas vezes instigados nesse processo por atores sociais locais que, da mesma maneira, expressam intenções favoráveis – por exemplo, na forma de projetos paternalistas de auxílio aos menos afortunados – embora efetivamente tornando a segurança dos seus próprios interesses a sua principal preocupação. O estudo de Ferguson do desenvolvimento rural em Lesotho, por exemplo, torna abundantemente claro que o quadro do Estado-nação adotado com entusiasmo consistente pelas agências de desenvolvimento serve tanto ao *establishment* político quanto àqueles que têm um interesse investido em ocultar a dependência do país em relação aos vizinhos maiores e às forças poderosas do mercado. Em Lesotho, este discurso obscureceu a emergência histórica da dependência numa região outrora de agricultura autossuficiente e mesmo capaz de produzir um impressionante excedente, desse modo protegendo os interesses do *establishment* político nacional e consistentemente reproduzindo a pobreza que se supunha que o desenvolvimento iria "curar".

Trabalhar para instituições como o Banco Mundial, e para processos de "desenvolvimento induzido" em geral, é assim parte do problema, não parte da solução (ESCOBAR, 1991). A antropologia do desenvolvimento torna visível a violência silenciosa incorporada no discurso desenvolvimentista; os antropólogos desenvolvimentistas, aos olhos dos seus críticos, não são absolvidos da responsabilidade por esta violência. Novamente, vemos que esta atribuição de responsabilidade é uma questão muito material.

O debate entre antropólogos desenvolvimentistas e antropólogos do desenvolvimento é tanto epistemológico quanto ético. Realmente, ele indiscutivelmente põe os compromissos e os dilemas éticos da moderna antropologia social e cultural mais nitidamente em foco do que qualquer outro campo. Embora os antropólogos desenvolvimentistas focalizem o ciclo do projeto, o uso de conhecimento para costurar projetos para as culturas e a situação dos beneficiários, e a possibilidade de contribuir para as necessidades dos pobres, os antropólogos do desenvolvimento centram a sua análise no aparelho institucional, nas ligações com o poder estabelecido por causa do conhecimento especializado, na análise e na crítica etnográficas dos constructos modernistas, e na possibilidade de contribuir para os projetos políticos dos subalternos.

Estes debates recapitulam um argumento anterior dentro da antropologia teórica: pois embora funcionalistas como Malinowski – um antigo defensor da antropologia desenvolvimentista (1940) – procurem produzir respeito pelas pessoas que eles estudaram, expandindo as práticas e os conceitos que a administração colonial destituiu como tolos e irracionais, eles eventualmente se viram atacados como preconceituosos por causa do seu fracasso em dar conta do processo e da ação históricos; os estruturalistas também inicialmente elogiados por ajudarem a demonstrar a unidade mental da humanidade, são agora mais frequentemente criticados por terem reproduzido o determinismo inerente às estruturas de poder e por negarem às pessoas iletradas do mundo uma contemporaneidade autêntica consigo próprias (cf., p. ex., FABIAN, 1983). Estes debates ilustram o compromisso da antropologia com a sua própria história, e sugerem talvez a hipótese mais forte para uma antropologia do desenvolvimento – que, apesar das objeções daqueles que tratam a análise da retórica como um luxo imperdoável, este é um prelúdio necessário para identificar os objetivos que motivam intervenções desenvolvimentistas específicas e desse modo também para prever pelo menos alguns dos efeitos destas intervenções. Escobar argumenta que o compromisso político da antropologia do desenvolvimento é focalizar construtivamente as lutas locais pelo direito de serem diferentes e identificar as fontes e os objetivos daqueles que se opõem a estas mudanças? Uma visão etnográfica destes debates também exige que vejamos o que os próprios antropólogos deviam ganhar. As apostas em jogo nas duas abordagens são realmente significativamente diferentes. Para os antropólogos desenvolvimentistas, elas variam desde os altos honorários e salários de consulta até o seu desejo de contribuir para um mundo melhor; para os antropólogos do desenvolvimento, as apostas incluem posições e prestígio acadêmicos, assim como o objetivo político de contribuir para transformar o mundo, às vezes talvez em conjunção com os movimentos sociais locais. Estes são fatos sobre as circunstâncias nas quais os antropólogos fazem as suas escolhas profissionais e determinam as suas preferências intelectuais. Mas a especulação a respeito dos motivos de atores particulares é uma abordagem afirmada não para dar uma séria contribuição ao debate moral no qual ambos os lados estão seriamente envolvidos e, em todo caso, volta-se contra o método antropológico.

Seria mais construtivo, ao contrário, focalizar as áreas de convergência que surgem de um ultraje moral compartilhado em condições frequentemente apavorantes sob as quais a maioria dos seres humanos ainda vive. Esta é uma mudança difícil, e uma mudança que exige superar uma história de recriminação e desconfiança mútuas. Há, no entanto, várias tendências que apontam nessa direção, e Arturo Escobar sugeriu modos de explorar estas tendências como um primeiro passo no sentido de imaginar uma nova prática.

Uma coleção a respeito das linguagens do desenvolvimento (CRUSH, 1995), por exemplo, assume o desafio de analisar "textos e palavras" do desenvolvimento, embora rejeitando a proposição "esta linguagem é tudo que há" (CRUSH, 1995: 5). "Muitos autores deste livro" – escreve o editor na sua introdução – "saíram de uma tradição da economia política que afirma que a política e a economia têm uma existência real que não é redutível ao texto que as descrevem e as representam" (CRUSH, 1995: 6). Ele acha, não obstante, que a virada textual, as teorias pós-coloniais e feministas e as críticas da dominação dos sistemas de conhecimento ocidentais fornecem modos cruciais de compreender o desenvolvimento, ou seja, "novos modos de compreender o que o desenvolvimento é e faz e por que parece tão difícil pensar para além dele" (CRUSH, 1995: 4). A maioria dos geógrafos e antropólogos que contribuíram para o livro está envolvida, numa extensão maior ou menor, com a análise discursiva, ainda que a maioria deles também permaneça dentro de uma tradição da economia política acadêmica. Um excelente exemplo posterior dessa abertura à análise retórica, no contexto prático de tratar os dilemas urgentes, é fornecido pelo livro publicado de Fisher (1995), já mencionado, sobre o projeto da Barragem Narmada. Aqui, o compromisso autoral ativo de muitos daqueles que estão diretamente envolvidos funciona efetivamente para prevenir o sequestro do conhecimento pelos partidários de um ponto de vista particular.

Um argumento importante para uma convergência da antropologia desenvolvimentista e da antropologia do desenvolvimento foi elaborado por Gardner e Lewis (1996). O seu ponto de partida é que tanto a antropologia quanto o desenvolvimento estão enfrentando uma crise pós-moderna, e que esta crise pode ser a base de uma relação diferente entre eles. Embora aceitando a crítica discursiva como válida e essencial a esta nova relação, eles, não obstante, insistem sobre a possibilidade de subverter a corrente principal do desenvolvimento, "seja sustentando uma resistência ao desenvolvimento, seja trabalhando dentro do discurso para desafiar e desfazer os seus pressupostos" (1996: 49). O pressuposto deles, tal como o de Fisher, é assim um esforço para construir pontes entre a crítica discursiva e as práticas de política e planejamento concretas, particularmente em dois cenários que eles acham esperançosos: a pobreza e o gênero. Eles concluem que "a utilização da antropologia aplicada, tanto dentro quanto fora da indústria desenvolvimentista, deve continuar a ter um papel, mas de uma maneira diferente e utilizando paradigmas conceituais diferentes de como era feito antes" (GARDNER & LEWIS, 1996: 153).

Esta mudança impõe, entre outras mudanças, a percepção de que as tentativas de reduzir a incerteza e criar previsibilidade na vida social estão destinadas ao fracasso. A questão de Fisher de que as mudanças podem estar realmente ocorrendo, inclusive para além da consciência daqueles mais diretamente envolvidos (1995: 40), pode ser especialmente relevante para estes cenários, como os papéis de gênero. Um efeito dos modelos de desenvolvimento dominantes em sociedades com fortes valores androcêntricos, como Gupta (1998: 97) observa, pode estar reforçando estes valores. Em outros momentos, contudo, os programas de desenvolvimento com objetivo específico de reforçar os valores familiares – no sentido mais conservador e eurocêntrico – podem, simplesmente envolvendo as mulheres na administração ativa em nível local dos projetos e na ação política de vários tipos, desafiar aqueles valores de maneira muito radical, como Lynn Stephen (1997: 182-183) relata para o México. Dar atenção à prática significa reconhecer que há muito na vida humana que é imprevisível e incerto. Embora os projetos de desenvolvimento habitualmente tenham como objetivo, em certo sentido, reduzir esta indeterminação, as consequências não intencionais nunca podem ser excluídas, e o melhor trabalho sobre o desenvolvimento admite isto como um componente-chave do quadro empírico.

Isto pode ficar mais claro na obra de antropólogos que têm lidado com questões desenvolvimentistas em longos períodos de tempo, e que assim experimentaram diretamente a dificuldade de prever resultados. Com um corpo de trabalho que se estendeu por quase quatro décadas na região dos Chiapas do sul do México, por exemplo, June Nash (1970, 1993a, 1993b, 1995, 1997) seguiu as mudanças dramáticas que ocorreram desde a época da primeira experiência de trabalho de campo no final dos anos de 1950. O capitalismo e o desenvolvimento, tanto quanto a resistência cultural, foram fatores constantes durante esse período, e assim foram também a preocupação e o envolvimento crescentes da antropóloga com o destino das comunidades dos Chiapas. Suas análises foram não somente essenciais para a compreensão da transformação histórica desta região desde os tempos pré-conquista até o presente, mas extremamente importante para explicar a gênese da reafirmação da identidade indígena durante as últimas duas décadas, da qual a revolta zapatista de alguns anos passados representa somente a manifestação mais visível e dramática (cf. tb. STEPHEN, 1997: 13-15). Através de seus estudos, como observa Escobar, Nash desvela uma série de tensões fundamentais para a compreensão da situação atual: "entre a mudança e a preservação da integridade cultural; entre a resistência ao desenvolvimento e a adoção seletiva de inovações para manter um grau de cultura e equilíbrio ecológico; entre as práticas culturais compartilhadas e a heterogeneidade significativa e as hierarquias internas de classe e gênero; entre as fronteiras locais e a necessidade crescente de alianças regionais e nacionais; e entre a comercialização da produção artesanal tradicional e o seu impacto na reprodução cultural".

Já no seu primeiro trabalho principal, Nash redefiniu o trabalho de campo como "observação participante combinada com dedução extensiva" (NASH, 1970: xxiii). Esta abordagem cresceu em complexidade quando ela retornou ao Chiapas no começo dos anos de 1990 – depois dos projetos de trabalho de campo na Bolívia e Massachusetts – pressagiando de várias maneiras a mobilização zapatista de 1994, na qual ela também serviu como uma testemunha internacional e como uma observadora das negociações entre o governo e os zapatistas (cf. tb. NASH, 1995). A sua interpretação da situação contemporânea dos Chiapas, observa Escobar, "sugere um significado alternativo de desenvolvimento em formação enquanto os movimentos sociais da região pressionam por uma combinação de autonomia cultural e democracia, de um lado, e a construção de infraestrutura material e institucional para melhorar as condições de vida local, de outro".

Estas preocupações com os contextos mais amplos nos quais as comunidades locais defendem as suas culturas e repensam o desenvolvimento, igualadas e ampliadas no trabalho de Lynn Stephen (1997) e de Kay Warren (1998), são também fundamentais para o antropólogo brasileiro Gustavo Lins Ribeiro. Entre as suas primeiras obras, estava o estudo sobre o desenvolvimento clássico do objeto da antropologia, talvez a mais sofisticada etnografia deste tipo até agora. Antecipando a incorporação das múltiplas vozes de Fisher, além disso, Ribeiro examinou todos os grupos de interesse envolvidos, incluindo – além das comunidades locais – os desenvolvimentistas, as elites e as agências governamentais, e ainda os processos regionais e transnacionais que os ligavam. Acreditando que "para compreender o que é o drama do desenvolvimento" se precisa explicar as estruturas complexas estabelecidas pela interação de quadros locais e supralocais (RIBEIRO, 1994a: xviii), ele se voltou para examinar a emergente "condição da transnacionalidade" e o seu impacto nos movimentos sociais e na arena ambiental como um todo (RIBEIRO, 1994b; RIBEIRO & LITTLE, 1996). Na sua visão, as novas tecnologias são fundamentais para o surgimento da sociedade transnacional, que é mais bem-visualizada em megaeventos midiáticos como os concertos de *rock* e as conferências mundiais das Nações Unidas, como a Cúpula Mundial celebrada no Rio de Janeiro em 1992, que para Ribeiro marcou o rito de passagem para o Estado transnacional. Ao longo do caminho, Ribeiro mostra como o neoliberalismo e a globalização – embora criando um campo político complexo – não têm efeitos e resultados uniformes (e, portanto, previsíveis), mas são negociados significativamente pelos atores locais. Focalizando a região amazônica, ele examina em detalhe os tipos de ação fomentados entre os grupos locais pelos novos discursos sobre o ambientalismo e a globalização (RIBEIRO & LITTLE, 1996).

A etnografia de Ribeiro a respeito do setor ambiental brasileiro – desde o governamental e militar até para internacional e setor das ONGs locais e dos movimentos sociais – está centrada nas luta de poder nas quais a ação local e as forças globais ficaram atreladas umas nas outras de uma maneira que desafia qualquer simples explicação. Ele está preocupado em mostrar por que as estratégias de desenvolvimento prevalecentes e os cálculos econômicos não funcionam e também, ao contrário, como os povos amazônicos e outros da América Latina podem emergir como atores sociais poderosos que podem construir o seu destino se eles são capazes de criar e utilizar novas oportunidades na dinâmica dupla local/global alimentada pela condição de transnacionalidade que paira sobre eles. Em muitos aspectos, esta é também a mensagem da obra pioneira de Akhil Gupta, mas talvez mais pessimista, na qual o hibridismo das sociedades pós-coloniais surge como uma das causas da sua marginalização – outra demonstração de que os modelos antropológicos clássicos para a análise da retórica e do simbolismo, aqui o simbolismo da exclusão e da "questão fora do lugar", porque o hibridismo desafia as classificações dominantes (DOUGLAS, 1966), podem ser especialmente avessos a pensar de uma forma crítica sobre as formas nas quais modos diferenciais de acesso a fontes são administradas numa escala global.

O papel dos discursos e das práticas desenvolvimentistas de mediação entre a transnacionalidade e os processos culturais locais está no cerne da obra de Stacy Pigg no Nepal, que utiliza a etnografia para perguntar o que dá conta da existência contínua da diferença e da especificidade cultural hoje. A explicação da diferença, nas mãos de Pigg, assume a forma de uma consideração original na qual os processos de desenvolvimento, globalização e modernidade estão interligados de forma complexa. Por exemplo, as noções contestadas de saúde – shamânicas e ocidentais – são mostradas como constitutivas da diferença social e das identidades locais. As "crenças" não são opostas ao "conhecimento moderno", mas ambos são fragmentados e contestados quando as pessoas retrabalham uma variedade de noções de saúde e recursos – novamente um tema retomado por Gupta na sua explicação das formas mistas de conhecimento e prática agrícolas. Da mesma maneira, embora as noções de desenvolvimento se tornem efetivas na cultura local, Pigg está também interessada em mostrar como as pessoas locais desdobram estas ideias para fins bastante não intencionais por parte dos seus criadores e especialmente como eles desenvolvem idiomas distintos e localmente adaptáveis de cura (cf. PIGG, 1996, 1995a, 1995b, 1992).

A ecologia política – de um modo geral, o estudo das inter-relações entre cultura, ambiente, desenvolvimento e movimentos sociais – é um dos cenários principais no qual o desenvolvimento está sendo definido. A obra de Søren Hvalkof com os Ashéninka da área do Gran Pajonal da Amazônia peruana é exemplar a esse respeito. Talvez mais bem-conhecido por sua análise crítica do trabalho do Summer Institute of Linguistics (HVALKOF & AABY, 1981), no qual o relativismo subjacente à busca de modos "indígenas" de classificar o meio ambiente foi mostrado para incorporar uma visão completamente eurocêntrica e condescendente das responsabilidades tutelares sustentadas pelos colonizadores europeus em relação aos nativos intelectualmente inertes, Hvalkof também conduziu uma pesquisa que ia da etnografia histórica (HVALKOF, 1989) às construções locais da natureza e do desenvolvimento, para teorizar a ecologia política como uma prática antropológica (HVALKOF, 1999). Também relevante, as intervenções de Hvalkof, em coordenação com os Ashéninka, foram muito importantes em colocar pressão sobre o Banco Mundial para interromper o seu suporte dos projetos desenvolvimentistas no Gran Pajonal e patrocinar, em vez disso, a titulação coletiva das terras indígenas (HVALKOF, 1989) e assegurar o suporte da Agência Dinamarquesa para o Desenvolvimento Internacional para a titulação coletiva nas comunidades vizinhas no final dos anos de 1980. Estes projetos de titulação eram instrumentais para reverter a situação do escravismo virtual dos povos indígenas pelas elites locais durante séculos; eles puseram em marcha processos de afirmação cultural indígena e de controle econômico e político, como observa Escobar, quase sem precedentes na América Latina. A ênfase de Hvalkof foi sobre as visões contrastantes e interativas do desenvolvimento em níveis locais e regionais dos povos indígenas, dos colonos mestiços e de atores institucionais; conceituando a titulação da terra coletiva num contexto regional como um pré-requisito para reverter as políticas genocidas e as estratégias desenvolvimentistas convencionais; documentando as muito antigas estratégias Ashéninka para lidar com exploradores de fora – dos colonizadores do passado aos militares de hoje, chefes da coca, guerrilhas e especialistas de desenvolvimento; e fornecendo uma interface para o diálogo de mundos diferentes (povos indígenas, instituições desenvolvimentistas, ONGs) a partir da perspectiva das comunidades indígenas. Não é coincidência que Hvalkof também tenha trabalhado com a linguística missionária: em ambos os campos, o trabalho mostra como atores poderosos constroem cenários da passividade indígena para justificar o controle sobre as vidas material, cultural e espiritual das comunidades locais. No seu alcance mais abrangente, estas práticas constituem o que devíamos chamar de totalitarismo paternalista.

Assim, a obra de Hvalkof representa a antropologia no seu aspecto mais crítico. Ela conclama um reconhecimento das vozes locais, não meramente como objetos interessantes de estudo, mas, pelo contrário, como participantes na tarefa de análise. Realmente, na obra de vários antropólogos cujo trabalho foi discutido aqui, três elementos – um quadro teórico complexo, uma etnografia significativa e um compromisso político – refocalizam a antropologia do desenvolvimento como uma prática política engajada. Ela reconhece as formas múltiplas da ação impostas em todas as situações de desenvolvimento. Algo desta obra pode parecer comparativamente julgamento, mas isto pode ser inevitável em situações em que muito dano já ocorreu. Por outro lado, a boa vontade de Hvalkof de dar conta das vozes de todos os atores sociais, no mínimo, é mais generosa do que as abordagens mais antigas que se identificavam somente com os dominantes à custa dos subalternos. E embora atribuições de motivo possam frequentemente ser feitas (e podem realmente, pouco menos frequentemente, ser plausíveis!), registrar estas acusações e as respostas que elas extraem torna possível uma análise e uma avaliação mais matizadas, mais justas e menos predeterminadas. Escobar sugere que isto também permitirá uma reavaliação da relação perturbada entre a teoria acadêmica e a prática política, uma distinção que repousa naquelas velhas dualidades que a teoria prática pretende dissolver. Este pode, contudo, ser o resultado de uma virada mais geral no sentido de uma autoconsciência epistemológica mais ampla e no sentido de uma crítica concomitante da herança colonialista da antropologia – uma mudança na qual, não obstante, os debates que atormentaram as abordagens antropológicas do desenvolvimento desempenham um papel cada vez mais visível.

Para uma antropologia da globalização e pós-desenvolvimentista

A pesquisa etnográfica foi importante para esclarecer sobre a diferença cultural, social e econômica entre o Terceiro Mundo e as outras comunidades nos contextos da globalização e do desenvolvimento. Esta pesquisa já sugere os meios nos quais os discursos e as práticas da diferença podiam ser usados como base para projetos sociais e econômicos alternativos. É verdade, contudo, como Escobar observa, que nem a antropologia do desenvolvimento transformada nem os movimentos sociais do Terceiro Mundo implicadas numa política da diferença trarão um fim para o desenvolvimento. A questão que permanece, contudo, é se eles podem levar as boas intenções de alguma prática desenvolvimentista à sua conclusão lógica – uma reconstrução radical do alcance total das práticas desenvolvimentistas, que resistiria à imposição global de uma estrutura simples, industrial e militarmente controlada, reconstrução para o benefício de muitos sobre poucos e dos fracos sobre os fortes. Colocando de outro modo: serão eles capazes de criar uma autossuficiência autêntica – uma autodeterminação que não confia no controle tutelar, mas é genuinamente participativa e aberta? Os fracassos do desenvolvimento oferecem muitas lições, mas permanece a questão quanto a quem estará em condições de aprendê-las e qual será a sua consequência.

O que esta mudança na avaliação da natureza, alcance e modos de operação do desenvolvimento acarreta para os estudos do desenvolvimento antropológico, isto não está ainda claro. Aqueles que trabalham na interface do conhecimento e da conservação locais ou programas de desenvolvimento sustentável, por exemplo, estão se tornando cada vez mais competentes para induzir uma reavaliação significativa da prática desenvolvimentista; eles insistem que a conservação de sucesso e sustentável pode somente ser alcançada com base numa consideração cuidadosa do conhecimento local e das práticas da natureza, talvez em combinação com certas formas (refeitas) de conhecimento especialista (ESCOBAR, 1996; BROSIUS, 1999; exceto GUPTA, 1998). Este poderia ser o caso em que no processo os antropólogos e ativistas locais "se tornam coparticipantes num projeto de resistência, representando e resistindo" e que tanto a cultura quanto a teoria "se tornam, em alguma medida, o nosso projeto conjunto". Como as pessoas locais se tornam competentes em usar símbolos e discursos cosmopolitas, incluindo o conhecimento antropológico, a dimensão política deste conhecimento se torna inescapável (CONKLIN & GRAHAM, 1995). Mas talvez a lição mais clara de todas seja que qualquer tentativa de impor uma globalidade "ou a sujeição das populações locais está destinada ao fracasso". A persistência dos impulsos locais diante dos "globais" é uma clara ilustração desta imprevisibilidade (cf. WATSON, J., 1997). A expropriação do conhecimento local, embora ele devesse realmente "enriquecer a tradição intelectual ocidental [mais do que] destituir populações a partir das quais este conhecimento era apropriado" (KARIM, 1996: 120), não resulta necessariamente na "monocultura" homogeneizadora que o romântico Lévi-Strauss pregava para a humanidade (1955b); mas ela pode fornecer uma base para formas localizadas de resistência que subvertem tanto as intenções quanto os interesses dos desenvolvimentistas.

Isto significa o fim do desenvolvimento? No contexto deste livro, mais do que especular sobre o que esta questão devia significar, devia ser mais proveitoso pensar a respeito do que os destinos cambiantes do desenvolvimento dentro da disciplina da antropologia pode nos dizer sobre os compromissos políticos e epistemológicos da própria disciplina. Se, como eu argumentei, o nosso objetivo é incomodar os modelos hegemônicos do senso comum, isto não significa que podemos prescindir de todos eles, ou mesmo que tentaríamos prescindir da maioria deles. Em vez disso, no espírito de uma epistemologia que considera a ação e a prática, perguntaríamos: "A quem beneficia? E desejamos ser identificados com esta escolha?" Então, se não o fizermos, temos uma boa razão para ressaltar em que o acadêmico e o político pelo menos se tornaram inseparáveis, porque não se pode mais dizer que à busca de conhecimento faltam os efeitos materiais sobre as vidas de quem este conhecimento é compilado.

A responsabilidade é um velho tema na antropologia. Desde as famosas investigações de Evans-Pritchard (1937) a respeito da feitiçaria e da culpa dos Zande, até os estudos mais recentes a respeito da bisbilhotice e da vingança de sangue e sobre as investigações ainda mais recentes sobre a burocracia e a retórica política, a organização social da responsabilidade tem sido fundamental para a nossa compreensão de como os seres humanos dão conta de seus impasses e encargos. Na mudança reflexiva que a antropologia agora sofreu, qualquer recusa de voltar o seu olhar buscador – o seu olhar etnográfico – sobre as nossas próprias compreensões e administrações das questões de desenvolvimento seria, numa palavra, irresponsável. Isto se mantém como verdade para a administração do meio ambiente material assim como para o tratamento das populações subalternas. Que os objetivos respectivos envolvidos nestas duas áreas às vezes entram em sério conflito, este é um tema-chave do próximo capítulo.

8
Ambientalismos

Uma prática paradigmática?

Os antropólogos são assaltados principalmente por dois dualismos: cultura e sociedade, por um lado; cultura e natureza, por outro. O primeiro par representa as dimensões duplas daquilo que os antropólogos estudam; embora a ênfase tenha mudado entre os dois termos, é claro que eles são mutuamente dependentes em grande parte no mesmo grau tal como são "estrutura" e "ação". As formações sociais de larga escala, como os estados-nação, substituem a identidade cultural pelas relações sociais como a base da solidariedade, mas a relação entre eles permanece um fato inescapável da análise.

O par natureza e cultura oferece desafios de outro tipo. Os antropólogos são herdeiros de uma antiga tradição europeia de ver o "nobre selvagem" numa definição "natural" que resiste à corrupção da urbanidade e da Modernidade. Mesmo os antropólogos de uma tendência cientificista reconheceram também o caráter cultural fundamental do que consideramos como sendo "natural", desde as convenções sociais (RAPPAPORT, R., 1979: 238) até o "caráter nacional" – dois conceitos cuja tarefa central da disciplina foi dissecar criticamente. Mas a própria distinção da antropologia entre natureza e cultura, celebrada no estruturalismo de Lévi-Strauss (LÉVI-STRAUSS, 1963) e focalizado pelos debates feministas sobre "natureza e natureza" (p. ex., ORTNER & WHITEHEAD, 1981), tem uma história cultural própria e distinta. Pelo menos alguns antropólogos argumentariam que ela não existe em algumas sociedades (p. ex., DWYER, P., 1996; INGOLD, 1996)[1]. Para outros, conscientes da utilidade do conceito

---

[1]. Assim, por exemplo, Holy (1977) queria compreender por que os Toka tinham escolhido um modo de herança patrilinear, pelo menos durante algum tempo, em favor da forma matrilinear tradicional. Ele mostrou que os indivíduos perseguiam estratégias pessoais na busca de poder e prestígio: prometendo uma herança, alguns homens induzem os seus filhos a cooperar mais integralmente, mas a habilidade para controlar a situação está longe do absoluto e pode depender em parte das próprias estratégias e necessidades próprias dos filhos. Contudo, o filho não está obrigado a agir

para promover as suas próprias agendas de autodeterminação e capazes de enquadrar a sua própria cultura como não obstante mais próxima e mais respeitosa da "natureza" (cf. TWEEDIE, a ser publicado), a autoavaliação cultural resiste às demandas de um ambientalismo frequente e fortemente dirigido pelo Ocidente.

Há uma ironia nisso, no fato de que a dualidade de natureza e cultura pode propriamente ser em grande parte uma invenção ocidental. No entanto, como Kay Milton indica, esta não é mesmo sempre uma representação acurada das visões ocidentais – nas quais, como Roy Ellen (1996) enfatizou, a natureza pode tanto incluir como excluir o que é humano. Um exemplo de inclusão é a reivindicação feita por alguns ativistas ambientalistas de que a humanidade é parte da natureza e as atividades humanas e as suas consequências estão sujeitas às leis naturais. Um exemplo de exclusão é a visão, popular entre alguns outros ambientalistas, de que a atividade humana penetra numa natureza intocada (ou pelo menos "limpa"), e que estas obras "artificiais" são geralmente prejudiciais ao seu grandioso desígnio. Esta segunda perspectiva tem um primo mal: o abandono de toda a cultura urbana e seus defensores ao *status* de corrupção e imundície, uma visão que levou ao enquadramento dos povos indígenas como "nobres selvagens" no primeiro encontro, para serem finalmente condenados por seus conquistadores pelos efeitos corruptores daquela mesma presença dos conquistadores, e eventualmente à condenação de algumas populações urbanas – especialmente os judeus sob a dominação nazista (cf. MOSSE, 1985) – como estando além da redenção, corrompidas por sua "natureza" num sentido totalmente diferente.

O caso do nobre selvagem corrompido é especialmente interessante no contexto atual. Pensava-se que aqueles que exemplificaram a pura selvageria viviam tão próximos da natureza que eram efetivamente parte dela. Eles eram selvagens e rudes, mas não fundamentalmente maus: eles eram mais informes do que irreformáveis. Outrora foram hibridizados pelo contato, contudo, eles se tornaram uma fonte de profundo mal-estar. Como veremos no final deste capítulo, a atitude resultante trouxe a marginalização muito difundida da pobreza indigente dos povos do Terceiro Mundo na nossa época: sua recusa em ficar no gueto dos "nativos", junto com a sua suposta recusa perniciosa de adotar o conhecimento "científico" numa também suposta pura forma, os torna uma ameaça aos modos dominantes de classificação.

A classificação foi durante muito tempo uma questão de profundo interesse para os antropólogos (p. ex., DURKHEIM & MAUSS, 1963). A sua centralidade para compreender a atividade humana e a compreensão culturalmente específica do "senso comum" está no cerne da revolução estruturalista. Ela também

---

dessa maneira, e faz isso somente se isto se adapta à sua própria estratégia. A descrição de Holy é assim incompatível com todas as formas do determinismo ambiental.

informa muitas tentativas, brevemente discutidas neste capítulo, para compreender o mundo – natural e cultural – a partir de perspectivas locais. Ela é a base conceitual da retórica, ou do simbolismo, por meio do que as pessoas lidam em solos comuns com as realidades vivenciadas das suas vidas cotidianas.

A antropologia, certamente, tem as suas próprias classificações. Contudo, os antropólogos não têm estado sempre muito dispostos a serem analisados do mesmo modo como eles analisam os outros. Realmente, grande parte do trabalho feito pelos antropólogos sobre as questões ecológicas, em concordância com um modelo realista do mundo material, trataram as questões da retórica e da política como secundárias. Condizente com o quadro maior deste livro, ao contrário, aqui eu sigo a direção de Kay Milton, focalizando mais estas questões mais conceituais e retóricas (incluindo a política do ambientalismo) do que avaliando os métodos das abordagens antropológicas da ecologia como tal. Há várias razões para isto: a importância de interpretar vários programas de reforma (e o papel dos antropólogos cuja obra informa estas coisas) nos seus contextos cultural e social; o fato de que grande parte do trabalho sobre "o meio ambiente" não dá conta destas preocupações contextuais; e a relação entre a política do ambientalismo e a política do desenvolvimento. Esta estratégia tornará possível uma interpretação mais crítica das abordagens culturais do meio ambiente, e deverá levar a um questionamento produtivo das preocupações contínuas da antropologia nesta área.

Em suma, esta abordagem é uma tentativa de situar o ambientalismo e a antropologia dentro de um quadro comum, para examinar as maiores implicações do seu envolvimento mútuo. Num aspecto principal, o ambientalismo moderno parte radicalmente da antropologia. Embora ambos finalmente surjam da filosofia universalista do Iluminismo, a antropologia está baseada numa consideração mais particularista dos mundos locais e é hoje profundamente suspeitosa de quaisquer pretensões de validade universal. Por outro lado, a retórica benéfica, mas universalizante do ambientalismo pode disfarçar tanto os seus aspectos mais exploradores quanto pode também não ter consideração pelos imperativos vistos por seus defensores como não menos exigentes ou moralmente constrangedores do que aqueles da sobrevivência planetária.

Para os Makah da Costa Nordeste dos Estados Unidos, por exemplo, que recentemente ganharam de volta o direito de caçar baleias no contexto de atividades rituais tradicionais, a questão fundamental se resume a uma escolha: Fazer as baleias sobreviverem, ou nós? E se caçarmos baleias dentro das restrições de nossas práticas existentes e tradicionais, isto realmente levaria à sua extinção? Para os próprios Makah, estas questões são também inseparáveis da política de repatriação cultural (TWEEDIE, a ser publicado); então, parece no mínimo injusto por parte daqueles que despojaram a cultura deles usar argumentos sobre o meio ambiente para restringir novamente esta cultura hoje – uma questão que ecoou na avaliação de Gupta (1998) das reações camponesas ao desenvolvimento na Índia. Dado também que a caça entre muitos povos nativos da América do Norte está imbuída de profundo respeito pela presa (cf. SMITH, D., 1998), a contabilidade economicista dos ambientalismos derivados da Europa pode ser profundamente ofensiva, assim como inadequadamente calibrada para as realidades da prática social local e para o efeito real sobre o meio ambiente. Realmente, estes conflitos levantam questões sobre o que queremos dizer com "o ambientalismo" numa forma obrigatoriamente atravessada pela cultura.

Assim, isto ainda é mais importante tanto para explorar a relação entre sociedades particulares quanto os seus ambientes e para tratar o ambientalismo hoje como o produto de um momento particular num raio de diferentes definições culturais e sociais. Isto nos permitiria evitar a implicação evolucionista de que estaríamos finalmente chegando a uma formulação das necessidades ambientalistas do planeta que é supracultural e que responde racionalmente às necessidades materiais de todos os seus povos.

A história das formas de compreender a relação entre sociedade e meio ambiente descreve as vicissitudes do determinismo mais geralmente na teoria antropológica. As tentativas anteriores de estabelecer correlações radicais entre condições ecológicas e arranjos sociais não se mantêm por muito tempo; o "possibilismo" (que focalizava os constrangimentos mais do que as causas) deixou muita coisa sem explicação; e a tentativa de Marvin Harris (1974) de explicar todas as instituições sociais como racionalmente adaptáveis também não fala adequadamente da questão insistente da teleologia e fornece clara evidência de que outros modos de explicação causal seriam considerados inferiores. Realmente, a sua racionalização dos tabus alimentares, para tomar um exemplo, aprendeu satisfatoriamente a retórica cientificista de grande parte da moderna epistemologia *folk* nas sociedades ocidentais, mas não respondeu efetivamente às explicações mais "simbólicas", tais como aquelas de Mary Douglas (1996) – explicações que podiam de fato também explicar o seu próprio modelo, tratando das ideias "científicas" sobre a poluição como construções simbólicas. Claramente também, estas explicações podem ainda ser aplicadas à administração burocrática dos interesses ambientais, assim como à linguagem na qual estes interesses são enquadrados.

Uma razão central para o último fracasso é sintomática de questões maiores dentro da disciplina. A tentativa de explicar a proibição hindu do consumo de carne exemplifica esta dificuldade. De uma perspectiva ocidental, economicista, é sem dúvida verdade que a conservação dos recursos fornecidos por um arado animal pareceria racional. Mas isto somente não dá conta da inclinação maior de algumas culturas do que de outras para praticar esta útil abnegação. Devemos deduzir que algumas culturas são objetivamente mais racionais do que outras?

Esta hipótese é necessariamente circular, porque ela concede aos analistas o direito de assento no julgamento sobre as culturas do mundo, classificando-as numa hierarquia de aderência aos princípios da razão pura, embora eles próprios permaneçam isentos deste julgamento.

A abordagem da ecologia cultural de fato falhou por causa dos pressupostos do funcionalismo, assim como do etnocentrismo. Ela repousa num pressuposto teleológico não diferente do pressuposto de Malinowski de que as instituições sociais servem aos propósitos de satisfazer as necessidades psicológicas coletivas de uma população: que as práticas institucionais de disponibilidade de alimentos e de outras necessidades da vida devem servir para a adaptação racional da população a seus recursos ambientais. Esta posição reproduz a fraqueza teleológica do funcionalismo anterior, ao pressupor um propósito onde de fato somente o efeito pode ser identificado. Roy Rappaport (1979: 48-58) robustamente defende tanto isto quanto as abordagens relacionadas contra a acusação de reproduzir os preconceitos do funcionalismo, mas o resíduo da sua defesa pareceria ser que estas abordagens somente explicam algumas dimensões da vida social, algumas da época e sempre depois do fato.

Não coincidentemente, eu sugiro, estas abordagens são também largamente compatíveis com algumas das mais poderosas formas de intervenção desenvolvimentista. Da perspectiva de uma lógica universalista, a racionalidade da adaptação ecológica se harmonizava perfeitamente com os desígnios das agências de desenvolvimento aparentemente bem-intencionadas – tanto quanto os argumentos funcionalistas de Malinowski, pois toda a sua teleologia circular tinha pelo menos a virtude de contrariar as ideias coloniais sobre a irracionalidade fundamental dos nativos.

Mas estas formulações permanecem falhas por uma simples razão: elas continuam a localizar a capacidade de raciocínio universal nas mentes de interpretadores oficiais, desse modo reforçando o poder das agências internacionais de exercerem controle sobre atores sociais locais dizendo a eles onde os seus interesses estão, e tolerando pouco ou nenhum desacordo (cf. FERGUSON, 1990). Elas efetivamente transformam num gueto o conhecimento local, recusando admitir a base experimental sobre a qual se fundem as ideias preexistentes sobre o mundo natural com os conceitos e as práticas importados, científicos (GUPTA, 1998: 213). Este *apartheid* intelectual sai da separação conceitual das "suas" ideias e das "nossas". Pelo menos, o modelo de Rappaport de "mundos conhecidos", embora separando os nativos do conhecimento científico invasor, também reconheceu a possibilidade de uma considerável sobreposição entre eles (1979: 97). E deveríamos também reconhecer, como Kay Milton me lembrou no curso de nossa discussão deste capítulo, que seria irresponsável agir como se não houvesse um meio ambiente a ser protegido – uma questão óbvia, talvez, mas uma questão que é capaz de se perder no furor do debate político. Podemos perguntar qual versão do meio ambiente devia ser protegida de quem e de quê, e em nome de quê – estas são, afinal de contas, questões fundamentalmente antropológicas. Mas, no final, um planeta que enfrenta uma destruição potencialmente devastadora pode ser um freguês mais exigente e imediato do que aqueles que o habitam; pois estes não podem fazer sem ele. Assim, embora as questões de desenvolvimento frequentemente afetem distribuições de riqueza potencialmente negociáveis, a terra pode não oferecer a nós este luxo. Ao mesmo tempo, contudo, devemos também lembrar que alguns desenvolvimentistas invocarão a retórica da administração ambiental como uma justificação para o que podemos achar que sejam intervenções condenáveis. (Entre parênteses, é válido observar que nos países ricos os políticos ficam felizes em descobrir o meio ambiente como um tema quando ele está na moda, mas tendem a recuar desanimados ao primeiro sinal de que as políticas resultantes podiam reduzir os confortos habituais dos votantes.)

As discussões sobre o meio ambiente frequentemente acabam como debates sobre a administração, e especialmente sobre quem tem a capacidade ou o direito de exercer esta administração. Compreender esta dimensão política não é necessariamente desprezar as boas intenções de muitos daqueles de quem eu vou discordar nas páginas que se seguem, mas é para reconhecer que toda intervenção erudita acontece num contexto político – em condições, habitualmente, de poder desigual. Nesse contexto, a classificação de diferentes formas de conhecimento se torna muito mais do que um exercício reflexivo na etnografia do conhecimento, embora seja isto também; este é um exame crítico dos modos como este conhecimento contribui ou solapa a ordem política de tempos e lugares específicos.

Marionetes ecológicas: a história do determinismo ambiental

Durante a maior parte da sua história centenária, como Milton observa, a antropologia ecológica foi dominada por uma única ideia: de que os aspectos da sociedade e da cultura humanas podem ser explicados em termos dos ambientes nos quais eles se desenvolveram. Esta noção, que cede pouco ou nada para a possibilidade de ação e informou a tomada de decisão na maioria dos povos do mundo, tem as suas contrapartidas nas ideias populares espalhadas sobre a relação entre a personalidade e o clima, por exemplo, e se harmoniza, junto com as ideias sobre sangue e hereditariedade, com a lógica da teoria de Darwin (GREENWOOD, 1984). Ela recebe frequentemente validação "científica" em várias ideologias nacionalistas, onde a sua inicial articulação por Hipócrates (GREENWOOD, 1984: 74) ajudou a assegurar a noção difundida de que o "caráter nacional" é em parte uma consequência do clima. Há alguma evidência para sugerir que a persistência destas ideias no imaginário popular estava ligada àquela da teoria humoral – o modelo das propriedades corporais às quais as interpretações de nível local indianas da mudança ambiental são ainda atribuídas pela ansiedade dos eruditos de distinguir as formas de conhecimento "indígenas" das "científicas" (cf. GUPTA, 1998: 20). Estas ideias dificilmente morrem: os povos do sul da Europa, por exemplo, frequentemente acusam os seus vizinhos do norte de serem "frios" e defendem o seu próprio "calor" como um substituto aceitável para a eficiência; a economia moral dos estereótipos demonstra a facilidade com o qual estas classificações da humanidade se apoderam e duram.

Outro fator que sustenta a popularidade deste tipo de determinismo ambiental está na possibilidade que ele permitiu de evitar debates altamente tensos, como eram no século XIX, sobre a veracidade da consideração bíblica da gênese humana. Mesmo uma interpretação literal do Gênesis podia acomodar a visão de que as diferenças climáticas precediam a chegada dos seres humanos na terra, e isto prestou às explicações climáticas da diferença humana um enorme recurso. Como no início do século XVI, por exemplo, Jean Bodin elaborou uma teoria do determinismo ambiental que era em muitos aspectos o precursor de discursos posteriores sobre o "caráter nacional". Mesmo antes do fim do século XVI, além disso, isto inclusive veio a servir como a base para as reivindicações do Norte – especificamente da Inglaterra – de preeminência acadêmica, visto que se achava que um clima frio era especialmente condutor à reflexão inteligente (cf. HODGEN, 1964: 276-290); isto parece ecoar no pressuposto, nunca inteiramente erradicado, de que os "nativos" não podiam alcançar a objetividade e o distanciamento necessários para estudar as suas próprias culturas. Em vista da intensificação de debates sobre a origem da raça humana no século XIX e do apelo do difusionismo do início do século XX para calibrar a difusão das influências culturais com mudanças no seu estilo e conteúdo, esta variedade de determinismo ambiental se mostrou espetacularmente ousado.

O determinismo ambiental anterior, ou a "antropogeografia" (GEERTZ, 1963: 1-2), nasceu assim de uma matriz popular, ela mesma formalizada e elaborada pelos filósofos e viajantes do Renascimento e do Iluminismo. Na sua forma acadêmica, na qual ele surgiu aproximadamente na mesma época do difusionismo, foi uma tentativa de avaliar o tipo e a distribuição dos aspectos culturais dos mapas que apresentam informação ambiental. Entre os seus principais expoentes, O.T. Mason (1896) buscou correlações entre aspectos naturais e tecnologias humanas, enquanto Ellsworth Huntington (1924) via o clima como a principal influência no desenvolvimento de civilizações inteiras, incluindo características tais como crenças e rituais religiosos, assim como cultura material.

A emergência de etnografia sustentada, especialmente na obra de Boas e Malinowski, tornou este determinismo genérico empiricamente indefensável. Milton observa que muitos aspectos da vida social – sistemas de troca, regras de casamento, terminologias de parentesco, instituições políticas e muito mais – variavam imprevisivelmente dentro de áreas cuja topografia e clima eram relativamente uniformes. "Qualquer que seja o papel que os fatores ambientais desempenhem na formação das culturas humanas", ela observa, "isto claramente não era francamente tão determinante como os teóricos anteriores imaginavam". Apesar do desejo de colocar a antropologia numa base de construção de modelo científica, além disso, os encontros íntimos da etnografia significava que a variação individual começava a desmentir as reivindicações de homogeneidade cultural local. Embora os conceitos de ação e prática demorassem a surgir, *A diary in the strict sense of the term*, de Malinowski (1967) mostra que ele estava agudamente consciente das diferenças pessoais de temperamento e de estilo. Mesmo a notória piada sobre a "Neurose", de Evans-Pritchard (1940) – os efeitos que ele atribuía ao viver entre um povo que ele achava que estava totalmente comprometido com a prevaricação ao responder as suas perguntas – não podia ultrapassar a evidência de diferenças importantes entre os Nuer que ele conhecia, embora a sua consideração da "ecologia" na mesma obra seja somente determinística no sentido que ele sugere de que um povo transumante tinha de se adaptar às exigências de clima por razões práticas de pura sobrevivência – uma perspectiva que tinha já ganho larga aceitação através do influente ensaio de Marcel Mauss sobre as formas Inuit de sociabilidade e migração sazonal (1979).

Esta perspectiva, que ligava formas sociais particulares às necessidades impostas pelos constrangimentos ambientais, solicitou muito menos questões, e parecia muito mais compatível com a evidência dos novos estilos da observação etnográfica cuidadosa e de longo prazo. Como resultado disso, o determinismo ambiental tomou uma forma mais fraca. O novo idioma, frequentemente chamado de "possibilismo", estava mais preocupado com os modos como as condições ambientais restringiam o alcance da mudança cultural e social do que com a argumentação improvável de que o clima realmente determinava esta mudança. Parecia razoável apontar, por exemplo, que as condições climáticas ditavam a distribuição das economias de cultivo de milho na América do Norte (KROEBER, 1939), e que a presença das moscas tsé-tsé limitavam os padrões de distribuição e de migração dos pastores de gado na África (STENNING, 1957). Contudo, esta própria razoabilidade é também a fraqueza da abordagem: ela somente fornece explicações após o fato, e assim reproduz a qualidade anêmica do funcionalismo tardio – as expectativas científicas de que as teorias provariam ter um olhar altamente preditivo parecem gastas quando se verifica que elas podiam somente instruir por retrospectiva. As formas específicas da cultura, como observa Milton, todas permanecem largamente intocadas pelo possibilismo. A esse respeito, eu acrescentaria, ele compartilhava uma limitação impressionante com a arqueologia experimental (a metodologia de reproduzir artefatos como um meio de descobrir as técnicas através das quais os originais foram feitos): os seus proponentes podiam sugerir o que podia ter acontecido, mas eles também não podiam demonstrar precisamente o que tinha de fato ocorrido, nem podiam eles jamais estar certos de que os mesmos constrangimentos produziriam sempre os mesmos ou semelhantes efeitos. Defender o possibilismo podia assim apontar para o seu potencial heurístico para sugerir – "descobrir" devia ser uma palavra demasiado ambiciosa – espécies específicas de adaptação aos ambientes locais. Tendo-se afastado do determinismo plenamente desenvolvido, contudo, eles não estavam em posição de oferecer uma explicação abrangente da sociedade e da cultura – o "objetivo nomotético" da antropologia, tal como concebido por Radcliffe-Brown e seus admiradores.

Ecologia cultural e materialismo cultural

Uma tentativa mais rigorosa de perseguir este objetivo não estava longe de chegar à cena, na forma de uma "ecologia cultural". Julian Steward (1955), o pioneiro desta abordagem, criticou o possibilismo por atribuir ao ambiente um papel muito passivo nos assuntos humanos, e buscou uma análise ecológica mais detalhada e sensível do que as abordagens anteriores tinham fornecido. Steward admitiu que os aspectos culturais se desenvolveram como adaptações a seus ambientes locais e que, dentro de uma cultura, havia um complexo de aspectos mais diretamente influenciados pelos fatores ambientais do que outros, o conjunto que ele chamava de "núcleo cultural" (STEWARD, 1955: 37). Reciprocamente, no resumo sucinto de Milton, Steward "se moveu da crua fórmula antropológica de 'os ambientes formam as culturas' para uma fórmula mais refinada de 'fatores ambientais específicos formam aspectos culturais particulares'". O modelo mais matizado e menos fortemente determinístico de Steward exigiu uma observação empírica rigorosa, e assim também se harmonizou melhor com a centralidade agora bem-estabelecida do método etnográfico. Isto exigia uma observação específica do uso da tecnologia na exploração das fontes ambientais como ponto de partida para uma análise abrangente dos padrões associados de comportamento e a influência desses padrões em outros aspectos culturais (STEWARD, 1955: 40-41).

Milton sugere uma ilustração etnográfica que revela tanto a lógica quanto a fraqueza dessa abordagem. Isto é fornecido pela análise de Holy dos padrões mutantes de herança entre os Toka de Zâmbia (HOLY, 1977, 1979). Os Toka vivem em comunidades agrícolas estabelecidas, cultivando painço, milho e outras culturas e, naquelas partes do seu território onde a mosca tsé-tsé não é um problema, eles também criam gado. Isto permite a eles cultivar os seus campos usando um arado puxado por bois, uma forma de tecnologia introduzida nos anos de 1920 e 1930. Esta observação corresponde ao primeiro estágio da metodologia de Steward: um fator ambiental específico, a ausência da mosca tsé-tsé, permite o uso de um tipo particular de tecnologia, o arado puxado por bois.

O uso do arado exige um grupo de pessoas, no qual cada uma delas está habilitada numa tarefa diferente. Uma pessoa dirige os bois por trás, outra os leva pela frente e uma terceira o próprio arado. Uma quarta pessoa, sempre uma mulher na tradição Toka, anda atrás do arado jogando as sementes. Além disso, os próprios bois precisam ser treinados, uma tarefa para a qual os aldeões emprestam os bois uns aos outros e que leva três anos. A eficiência em arar exige assim um acesso a vários recursos escassos: um arado, um grupo de indivíduos hábeis e um grupo de bois treinados. Uma família maior e comparativamente mais rica é capaz de fornecer estes recursos para si e é, portanto, capaz de manter um grau de independência dos parentes e dos vizinhos. Mais geralmente, contudo, as famílias cooperam umas com as outras, criando grupos para arar, cuja composição é mais ou menos estável de uma estação para outra. A observação corresponde ao segundo passo de Steward: o uso de um tipo particular de tecnologia, o arado puxado por bois, gerou um padrão específico de comportamento e cooperação entre as famílias na formação de grupos de aradores.

O terceiro elemento na história dos Toka é um afastamento da sua norma matrilinear tradicional de herança (na qual a riqueza é passada do irmão da mãe para o filho da irmã), para uma situação na qual a herança patrilinear (do pai para o filho) se tornou aceitável. Isto resultou de uma cooperação de pais e filhos no ato de arar. Um filho se tornou um membro do grupo de arar do seu pai numa idade muito jovem, começando com tarefas mais simples. Na época em que ele se casa e estabelece uma família independente (geralmente próximo da família do seu pai), ele pode ser competente para a tarefa mais difícil de operar o arado. Esta é uma habilidade vendável, e ele pode preferir arar os campos de outras pessoas por dinheiro a continuar como parte do grupo de seu pai. Para ter os seus próprios campos arados pelo menor custo possível, está no interesse de um pai manter a cooperação do seu filho; uma maneira de fazer isto é prometer que ele eventualmente herdará o arado e os bois necessários para dirigi-lo. Esta promessa, embora conflite com a norma tradicional da herança matrilinear, está em conformidade com outro princípio diretor na cultura Toka: o princípio de que aqueles que contribuem para a produção de riqueza econômica deverão compartilhar dos seus benefícios. Assim, o terceiro passo na metodologia de Steward é a observação de que os padrões de comportamento exigidos para operar uma forma particular de tecnologia afetaram outro aspecto cultural – nesse caso, o padrão de herança.

Examinando este estudo de caso, encontramos o principal problema com o conceito de Steward de núcleo cultural. Ele aparentemente desejava negar que as linhas de determinismo ambiental atravessavam culturas inteiras. Para Steward, somente aqueles aspectos culturais que são determinados pelos fatores ambientais tinham um significado primordial. Mas no caso dos Toka é difícil ver onde o núcleo cultural acabava e aquilo que Steward chamava de "aspectos secundários" (STEWARD, 1955: 37) começava. Parece, como Milton admite, que o uso do arado, a formação dos grupos de arar, o desafio de relações entre pais e filhos e os padrões mutantes de herança podem todos ser remetidos à ausência da mosca tsé-tsé. Como ela continua a argumentar, contudo, as normas mutantes de herança quase certamente tiveram impactos posteriores nas relações entre os irmãos e as irmãs das mães, por exemplo, e consequentemente nas relações entre irmãos. Estes aspectos, também aparentemente remissíveis à mesma influência ambiental, pertencem ao núcleo cultural? É fácil ver, uma vez que as inter-relações dos aspectos culturais são levadas em consideração, que o núcleo está sempre em risco de se dissolver no todo (ELLEN, 1982: 61).

O "materialismo cultural" de Marvin Harris reteve o conceito de adaptação como a explicação central, mas fez isto de uma forma reducionista: para Harris, todas as práticas culturais servem a esta teleologia fundamentalmente funcionalista (HARRIS, M., 1968). O argumento de Harris pode certamente ajudar a explicar por que algumas práticas e profissões de crença eram mantidas: por exemplo, na sua famosa análise do tabu hindu contra comer carne (HARRIS, M., 1974), o seu argumento de que ele conserva recursos vitais para a sobrevivência coletiva – o gado é importante para fornecer leite, como o trabalho de arar e carregar cargas, e para fornecer esterco para fertilizar, combustível e revestimentos de chão – pode realmente sugerir uma razão principal para a sua durabilidade. Aqui novamente, contudo, este tipo de explicação nunca pode ser mais do que uma racionalização depois do fato. Nesse sentido, a abordagem de Harris pertence a uma categoria de explicação folclórica que está disseminada no Ocidente, onde a sua legitimação como "ciência" ganhou considerável atualidade. Esta é a visão, que também tem suas raízes no darwinismo social (a sobrevivência do adaptativamente mais apto), de que somente aquelas sociedades que praticam a administração racional dos seus recursos seriam capazes de sobreviver nos seus ambientes locais.

Certamente, é inteiramente possível que algumas sociedades possam ter observado os benefícios de conservar um recurso-chave, assim como podem ter notado os efeitos maléficos de consumir comidas proibidas. O paralelo com explicações pseudomédicas é revelador, pois estas análises fragmentárias de casos específicos não servirão para explicar por que, por exemplo, o porco é proibido para os judeus e muçulmanos, mas não para outros povos que habitam climas igualmente quentes e às vezes mais úmidos e que parecem não terem sofrido efeitos maléficos. Da mesma maneira, eles não dão conta das práticas supostamente "irracionais" que esgotam os recursos ambientais. Ponting, por exemplo, argumenta que os habitantes da Ilha de Páscoa puseram em perigo a sua própria sobrevivência quando utilizaram os seus recursos madeireiros para a construção de estátuas de pedra com fins rituais. Esta atividade ritual aparentemente se intensificou enquanto um perigo aumentava – desse modo, assim prossegue o argumento, apressando a sua morte (PONTING, 1991: 1-7). Esta pode realmente ter sido a conexão nesse caso específico, mas isto solapa a reivindicação mais extrema de Harris de que todos os fenômenos culturais podem ser explicados em termos de escolhas racionais.

Para tomar um exemplo que estabelece satisfatoriamente uma ponte entre os exemplos dietéticos e ecológicos já discutidos, os Fore da Nova Guiné estavam sendo seriamente esgotados por uma forma de doença encefálica (*kuru*), que se espalhou através de práticas rituais de comer os cérebros de parentes mortos. Os Fore não se adaptaram à ameaça, abandonando esta tradição; eles somente faziam isso quando a autoridade central obrigava o seu cumprimento (cf. KEESING, 1981). Para que isto não seja tomado como evidência de que estas pessoas eram de fato irracionais, vamos também notar os graves efeitos médicos das preferências alimentícias americanas da metade do século XX por carne gordurosa, as consequências ecológicas da demanda industrial de fluorocarbonetos e os altos riscos associados com o poder nuclear "seguro" – todos os casos nos quais grandes segmentos da população, informados dos riscos, escolhem manter a continuidade das mesmas práticas. Esta é uma estranha reivindicação de racionalidade universal que explicaria estes casos como um "risco aceitável".

Qualquer tentativa de levar o modo de análise de Harris para além de uma explicação *ad hoc* de casos específicos deve por definição ser determinístico num sentido que, como Milton observa, ultrapassa o papel explicativo mais modesto proposto para a ecologia por Steward. Ele também padece de fraqueza – como a discussão anterior da epistemologia sugere que deva ser – de colocar uma racionalidade universal, acessível a antropólogos sábios, mesmo quando as pessoas que eles estavam estudando não podiam percebê-lo. Estas objeções solaparam as pretensões da ecologia cultural, e levaram a abordagens mais matizadas. Milton explica esta mudança em termos do crescente interesse na escolha individual ou coletiva, uma mudança iniciada, entre outros, por Edmund Leach, e largamente explícita no *transactionalism* (p. ex., KAPFERER, 1976) de alguns outros pesquisadores e na mudança da busca de leis universais e na direção de uma avaliação do processo histórico. O surgimento gradual de uma orientação no sentido da prática – no sentido do surgimento da estrutura na representação real das relações sociais e das formas culturais – levou os antropólogos a perceberem (como vemos nos capítulos sobre políticas e cosmologias) que o determinismo era mais frequentemente um fato de política autoritária do que de outras relações sociais ou ambiente físico. Isto se torna especialmente ligado quando examinamos as pretensões de "desenvolvimentistas" e de ambientalistas de representar a marcha do progresso, uma vez que os antropólogos estão numa posição especialmente crítica para perguntar quem fica para se beneficiar destas teleologias inerentes.

Na fase seguinte da antropologia ecológica, os estudiosos pareceram prestar mais atenção nos corações e mentes dos atores locais. Na verdade, como Milton diz, o foco agora se moveu para compreender os sistemas conceituais locais. Aqui, de fato, o perigo reside numa forma mais oculta de determinismo: era como se o desejo de compreender as formas locais de conhecimento fornecesse aos analistas um acesso direto ao que os atores locais estavam realmente pensando. Mas note-se que esta é uma confusão de pensamento (uma atividade psicológica interna) com a sua representação exterior (um ato público, ou social). Os atores sociais não eram reconhecidos como indivíduos, mas eram tratados como se o seu pensamento fosse inteiramente determinado por modos de pensamento preexistentes. A antropologia ecológica convergiu para este ponto com o estudo rapidamente desenvolvido de sistemas de classificação por antropólogos linguistas (cf. FABIAN, 1983: 98). Não foi por acaso que um dos críticos principais desta abordagem da classificação, Søren Hvalkof, mostrou ser não menos mordaz na sua visão dos programas desenvolvimentistas e sua apropriação do ambiente natural.

Reações e divergências

Por outro lado, alguns estudiosos – especialmente Emilio Moran (1981, 1990) – argumentaram apaixonadamente pelo reconhecimento de que as sociedades locais estão envolvidas em processos contínuos de adaptação mútua com o ambiente. A sua abordagem tem a virtude de enfatizar a especificidade dos mundos locais e de mostrar sério respeito pelo conhecimento local, e ela nasce do compromisso de integrar os resultados da pesquisa etnográfica com as análises de larga escala conduzidas por agrônomos e cientistas ambientais. Assim, por exemplo, Moran foi capaz de demonstrar estas projeções de cima para baixo, de orientação governamental, para o desenvolvimento da agricultura ao longo da Estrada Transamazônica eram às vezes desastrosamente otimistas, mas discerniu no nível local "várias histórias de sucesso de indivíduos que, com meios limitados, alcançaram resultados extraordinários, e que forneceram uma compreensão das estratégias que podem funcionar, criando sistemas ambientais produtivos" que não exigem desflorestamento contínuo e perigoso ou a destruição genocida dos povos indígenas (MORAN, 1981: 229).

De particular importância aqui é a admissão de que a maioria das questões ambientais é afetada por muitas atividades e acontecimentos naturais de pequena escala. Para Moran (1981: 227), muitas das falhas de conservação ao longo da Amazônia surgiram como resultado da supergeneralização – uma falha em reconhecer a inaplicabilidade de conhecimento localmente gerado para a proteção ambiental em larga escala. Numa irônica antecipação do recente trabalho antropológico que ataca os modelos mais antigos de sociedades remotas e isoladas, Moran sugere que as análises de macroescala podem capturar alguns dos maiores efeitos da mudança ambiental, sem reduzi-la a uma soma de todos os processos locais ou reduzir as circunstâncias locais a uma mera reflexão de um quadro mais amplo (MORAN, 1981: 228). Moran também corretamente identifica a resistência das burocracias autoritárias aos tipos de preocupação de nível local, que uma etnografia cuidadosa pode mais efetivamente representar (MORAN, 1981: 226).

A abordagem de Moran é uma extensão do "modelo ecossistêmico", tal como foi desenvolvido por Roy Rappaport (1971: 238), que preferiu ver a relação do homem com o meio ambiente não como um determinismo unidirecional, mas como um sistema de mudanças materiais que levam, como alguns tentaram mostrar, a uma situação de "homeostase" – isto é, de equilíbrio ambiental (cf. ELLEN, 1982: 74). Isto exigiu que os antropólogos ecológicos medissem e comparassem estas coisas, como os valores dietéticos de diferentes alimentos, o impacto na fertilidade do solo de diferentes modos de cultivo, a energia gasta em tipos de atividade humana, os impactos ambientais dos animais domésticos, e assim por diante. Infelizmente, contudo, a abordagem de Rappaport significava que esta cultura perdia grandemente o seu significado distintivo: a morte de um veado por um leão e sua morte nas mãos de caçadores humanos se tornam virtualmente idênticas porque os seus efeitos são idênticos. "Não importa, do ponto de vista ecossistêmico, que o comportamento dos homens seja cultural e o comportamento do leão não o seja", observa Rappaport (1971: 242). Embora ele depois venha a admitir a importância das estratégias no desempenho de papéis culturalmente definidos – "Quem me dera!", como ele de alguma maneira comentou com irritação, "para evitar argumentos infrutíferos" –, as suas explicações especificamente ecológicas dos fenômenos culturais largamente se preocupavam com questões quantitativas, como o tamanho do rebanho suíno que os seus informantes Tsembaga Maring consideravam suficientes para realizar um ritual que envolvia sacrifício e distribuição de alimento (1979: 51). Embora ele fosse rápido em rejeitar o rótulo de funcionalista e estivesse profundamente interessado nos aspectos semióticos do ritual, o seu estudo clássico do ritual e da guerra nesse povo das terras altas da Nova Guiné era fortemente orientado por preocupações materiais e quantitativas.

Na medida em que explora as relações entre a atividade ritual, a produção e o consumo de alimento e ainda as obrigações e as possibilidades de uma ecologia local, a sua obra (RAPPAPORT, R., 1968) é a maior demonstração – talvez a mais abrangente que foi tentada – da abordagem ecossistêmica dos valores culturais e especialmente das práticas políticas ritualizadas associadas com a guerra e a paz. As comunidades Tsembaga experimentaram períodos alternados de paz e hostilidade com os seus vizinhos. Durante as hostilidades, cada comunidade era assistida por seus aliados da área circundante. Quando as hostilidades acabavam, os porcos eram sacrificados e a sua carne distribuída aos aliados em agradecimento pela sua ajuda. Cerimônias maiores de agradecimento precediam o recomeço das hostilidades poucos anos mais tarde. O que desencadeava estas cerimônias era o tamanho dos rebanhos de porcos. Fortemente reduzidos pelo sacrifício que encerrava as hostilidades, os rebanhos aumentavam novamente durante a subsequente paz. Eventualmente eles se tornariam tão numerosos que as mulheres encontravam dificuldade para tomar conta deles ou impedi-los de danificarem as hortas dos vizinhos e comerem culturas destinadas ao consumo humano. A comunidade então decidiria manter a sua festa final de agradecimento, desencadeando o próximo período de hostilidade. Este ciclo de períodos alternados de hostilidade e trégua, com transições marcadas por festas de porcos, facilitava a distribuição de recursos, incluindo a energia proveniente do alimento das plantas e também dos animais, entre a população humana e entre homens e porcos.

Na abordagem ecossistêmica, Rappaport e seus seguidores tratavam os humanos como organismos envolvidos em trocas materiais com outros componentes dos seus ecossistemas. Isto exige novas habilidades: "uma geração de antropólogos, treinados em ecologia e Teoria dos Sistemas, foram [agora] para o campo para medir o fluxo da energia através dos níveis tróficos dos ecossistemas dos quais os humanos eram apenas uma parte" (MORAN, 1990: 13). Ao mesmo tempo, ambos, Rappaport e Moran, reconheceram a relevância de compreender como os atores locais tomavam decisões que afetavam consequências reais. O conceitual e o material surgem numa relação dialética – o que devemos mais adequadamente chamar de *feedback* dinâmico – que prenuncia a vinculação mútua de ação e estrutura nas teorias da prática contemporâneas. Na obra de Moran, especialmente, isto se torna o fundamento para tentar desenvolver futuros sustentáveis através do esclarecimento etnográfico daqueles encarregados desta tarefa (MORAN, 1981: 213-230; cf. tb. RAPPAPORT, R., 1971: 264).

Embora Milton esteja inclinado a vê-los como desenvolvimentos separados e divergentes, a abordagem de ecossistemas compartilhou um considerável solo comum com o estudo dos sistemas locais de conhecimento ("etnoecologia"), que surgiu aproximadamente no mesmo momento. Este solo comum, no qual eu já me insinuo, é ideológico e político tanto quanto é epistemológico: o estudo das categorias "êmicas" – também conhecidas como "antropologia cognitiva" (TYLER, 1969) – criou uma distinção desagradável entre "ecologia" universalista e científica e um conjunto de "etnoecologias" que pertencem a tradições culturais particulares e são válidas somente no contexto destas tradições.

Milton levanta uma objeção metodológica importante a esta distinção: "perguntar como uma categoria particular de coisas é classificada é admitir que ela está classificada". Mesmo que esta última focalizasse mais os usos reais desses termos do que a sua dedução formal, contudo, o pressuposto de que a organização do conhecimento local pode ser mapeada na sua inteireza a partir de pistas linguísticas é enganoso. Alguns antropólogos, reveladoramente todos eruditos com um poderoso compromisso com o conceito de ecossistemas (p. ex., BOEHM, 1984), o rotularam como a "dedução" do uso "natural", desse modo denunciando o seu enredamento duradouro com a lógica das teorias iluministas sobre o nobre selvagem e o seu igualmente duradouro compromisso com um modo científico de análise antropológica.

Além disso, o conhecimento etnolinguístico anterior também pressupunha uma população passiva que precisava dos ocidentais esclarecedores para levá-la a uma compreensão completa. Esta visão, que tinha discernido pontos de origem na ideologia e na prática missionária, era de fato especialmente notável na obra de linguistas que exploravam as linguagens nativas para traduzir os evangelhos nelas – uma atividade rigorosamente ligada, na América Latina, com os programas desenvolvimentistas hegemônicos (HVALKOF & AABY, 1981; cf. tb. FABIAN, 1983: 97-104; HERZFELD, 1987: 87). A separação das abordagens "materiais" e "simbólicas", assim, camuflou o seu propósito às vezes comum. Alguns dos estudiosos mais sensíveis reconheceram que esta separação era artificial e intelectualmente suspeita (p. ex., RAPPAPORT, 1979: 45). Mas isto não evitou que outros a perpetuassem na defesa de uma visão cientificista da antropologia – uma visão que na prática, ainda que talvez nem sempre na intenção, estava fundada nas políticas de dominação religiosa e econômica.

Relativismo cultural e suas implicações

A investigação dos princípios êmicos era um subproduto de um dos princípios-chave que dirigem o pensamento antropológico desde que ele começou a se voltar contra o racismo dos evolucionistas de gabinete no início do século XX. Este princípio era um relativismo cultural, a respeito do qual Kay Milton escreve: "Como muitas ideias-chave, ele tinha vários significados, dois dos quais tinham tido um significado teórico particular. Primeiro, o relativismo cultural foi tomado como significando que as culturas podem somente ser entendidas 'nos seus próprios termos' (HOLY & STUCHLIK, 1981: 29), em outras palavras, que uma cultura não pode ser propriamente compreendida em termos de ideias importadas de outras culturas. Segundo, o relativismo cultural foi tomado como significando que todas as culturas são igualmente interpretações válidas da realidade, que elas são todas igualmente verdadeiras". A última perspectiva, que nas suas formas extremas também significa aceitar estes horrores como o genocídio como aceitáveis, se eles podem ser mostrados como sendo culturalmente fundados, é no máximo problemático. Pareceria, como Milton mostra, ser uma interpretação errada da ideia de que todas as visões do mundo são socialmente construídas; a ideia de que mesmo os fatos são representações, um conceito enraizado nos escritos de Vico, não necessariamente leva à conclusão de que todos os fatos correspondem à nossa experiência perceptiva do mundo em volta de nós no mesmo grau.

Milton aponta que a antropologia – com o seu compromisso na análise comparativa – não pode permitir aceitar esta extrema capitulação do relativismo cultural. Como ela diz, "se a antropologia deve ser capaz de estudar o mundo contemporâneo, ela deve ser capaz de tratar das questões globais, mas teria pouca chance de fazer isso se estivesse ligada à ideia de que as culturas são entidades separadas (cf. APPADURAI, 1990; HANNERZ, 1990)". Este é o mesmo raciocínio que, na antropologia linguística, destruiu as formas mais extremas da assim chamada hipótese Sapir-Whorf, a visão de que a linguagem fornece as formas que permitem e obrigam o pensamento: se estendermos este argumento para a visão de que (a) não podemos compreender outra cultura a menos que cresçamos falando a sua linguagem, de modo que (b) somente o "nativo" da cultura pode sempre compreendê-la, então todo o empreendimento antropológico cai, e a própria possibilidade de compreensão intercultural com ela. Contudo, é claro que isto não ocorreu.

É central para o argumento deste livro que todos os aspectos observáveis da vida humana sejam materiais. Embora seja verdade que somente conhecemos a realidade através da mediação de signos, isto não significa que não haja nenhuma realidade aí. Uma abordagem pragmática exige rejeitar como irrelevante a possibilidade hipotética de que as realidades que experimentamos não deviam ser "realidade lá". Aí é onde a antropologia talvez mais dramaticamente parte da filosofia, com suas generalizações amplas – e muitas vezes culturalmente estreitas. Ingold (1982) argumenta que a lógica do construtivismo social fracassou porque as construções exigem material bruto. Para fazer este argumento funcionar, contudo, devemos também reconhecer a materialidade desta questão supostamente epifenomenal, como o discurso, o ritual e o simbolismo. A Teoria dos Atos da Fala, estendida a toda variedade da expressão humana, evita esta falsa dicotomia entre o real e o ideal, ou entre o material e o simbólico. E produz comprovadamente um bom sentido: a retórica claramente tem efeitos no mundo da política, como já observamos.

Assim, a doutrina construtivista extrema, diz Milton, "não reconhece qualquer mecanismo através do qual o ambiente externo pode entrar no conhecimento das pessoas". Ingold (1992) sugeriu que podemos resolver este problema distinguindo entre percepção e interpretação. As pessoas percebem o seu ambiente diretamente, enquanto se envolvem nele de várias maneiras (andando através de uma floresta na busca de plantas alimentícias, fazendo uma colheita, olhando para a lua). Elas então refletem sobre esta informação, e compartilham dela – ou se recusam a compartilhá-la – com os outros. A variação no grau de efetividade com a qual a informação é transmitida devia, então, por sua vez, explicar como alguns estudiosos vieram a desistir da possibilidade de um conhecimento genuinamente empírico.

O desafio ao relativismo cultural extremo é particularmente importante para a aplicação prática do conhecimento antropológico. Mesmo o relativismo cultural extremo, como os idealistas que duvidam da existência de um mundo material, atua como se a sua visão do mundo particular fosse verdadeira; eles devem fazer isto para absolutamente agirem. O reconhecimento desta condição irônica, Milton nos lembra, equipa os antropólogos para darem uma séria contribuição na compreensão dos problemas práticos do ambiente social e material – e para fazerem isto, devíamos acrescentar, de modo que não obstante resista ao reducionismo idiota do tipo que os políticos tão frequentemente favorecem como sendo uma "solução rápida".

Este ponto pode ser ilustrado com referência a uma questão ambiental contemporânea. Nas palavras de Milton: "Os cientistas dizem que o mundo está ficando mais quente e que as atividades humanas, especialmente aquelas que liberam certos gases na atmosfera, estão fazendo que isto aconteça. Mas, como sabemos, a visão científica é somente uma dentre as muitas perspectivas culturais sobre o mundo. Outras perspectivas culturais podem negar que o aquecimento global esteja acontecendo, ou, se aceitam que sim, podem atribuir isto às ações dos espíritos, ou a um criador divino. Ora, aceitando algum grau da responsabilidade humana, eles podem olhá-la como castigo, imposto por alguma autoridade mais elevada, pelo fracasso da sua sociedade de manter as suas antigas tradições. Cada interpretação sugere uma solução diferente: reduzir as emissões de carvão, apaziguar os espíritos ou ressuscitar as antigas tradições. Uma abordagem que trata todas as perspectivas culturais como igualmente verdadeiras não tem base para escolher entre elas e, portanto, não pode eleger uma solução. Diante do aquecimento global, assim como diante de qualquer problema, um relativista cultural extremo é paralisado pela lógica. Assumindo uma abordagem e uma escolha diferentes, para propósitos práticos, para aceitar os argumentos científicos, os antropólogos deviam desempenhar um papel na realização de uma solução".

Ao mesmo tempo, a sua abordagem seria empírica em outro sentido: ela observará as consequências da degradação ambiental, tal como elas são diferentemente filtradas através das enormes desigualdades econômicas e sociais. Gupta (1998) chamou convenientemente a nossa atenção, por exemplo, para os modos como a declaração que resultou da Cúpula Mundial do Rio de Janeiro não tratou de uma preocupação central: enquanto o efeito das emissões de fluorocarboneto na atmosfera (e especialmente na camada de ozônio) não era suficientemente reduzido, porque as nações capitalistas e consumistas estavam relutantes em diminuir os seus luxos na extensão que um real controle exigia, outras formas de degradação ambiental, como a desertificação, estavam sendo atribuídas a práticas culturais na agricultura e na pesca, para as quais os povos mais pobres do Terceiro Mundo tinham poucas alternativas. Mesmo dentro das nações industrializadas, como os Estados Unidos, as populações locais reivindicam que a sua herança cultural os autoriza a atividades sobre as quais os ambientalistas – por razões frequentemente não menos incorporadas num conjunto particular de valores culturais – franzem as sobrancelhas, e a ética do ambientalismo se choca com a ética da autodeterminação cultural, como no caso das baleias dos Makah. Este grupo recentemente ganhou o direito de caçar um número restrito de baleias no contexto de uma renovação que é também alimentada pelo recente estabelecimento de um regime legal (Nagpra) para a repatriação dos patrimônios culturais (TWEEDIE, a ser publicado).

Mas talvez a questão maior do desflorestamento e da desertificação seja a mais ameaçadora para as populações mais pobres do mundo. No Oriente Médio, por exemplo, é claro que a principal base do conflito permanente – muitas vezes obscurecido pela retórica do nacionalismo e do renascimento religioso – diz respeito ao decrescente e já escasso suprimento de água. É fácil para os países ricos criticarem as práticas e proibições religiosas, dietéticas, agrícolas e outras que exacerbaram a situação, ou argumentarem contra as proibições religiosas de controle da natalidade. Uma economia moral de responsabilidade está em funcionamento aqui, um produto de processos culturais e políticos específicos que os antropólogos podem esclarecer. O problema seria convencer aqueles que têm um interesse investido em ignorar esta mensagem, em vez de prestar atenção a ela.

O que é "natural"?

Os antropólogos parecem concordar que a maneira como as pessoas compreendem o seu meio ambiente deriva do modo como elas usam este meio ambiente e vivem nele. P.D. Dwyer sugeriu que uma visão totalmente integrada do meio ambiente, no qual nenhuma ruptura é reconhecida entre os mundos humano e não humano, é coerente com um padrão extensivo de uso de recursos no qual as pessoas se tornam íntimas de qualquer parte do meio ambiente. Ao contrário, uma perspectiva que separa os mundos humano e não humano é coerente com um padrão mais intensivo de uso de recursos que espacialmente concentra a atividade humana e assim cria espaços que não são usados e que portanto permanecem não familiares (DWYER, 1996).

Outros sugeriram que os modos de cultivo de plantas e os meios de interação com animais não humanos são importantes para formar as perspectivas ambientais das pessoas. Coursey, por exemplo, argumentou que o cultivo de vegetais, a propagação por raízes, tubérculos e cortes, gera uma atitude não intervencionista em relação ao meio ambiente, no qual as atividades humanas são vistas como parte do mesmo sistema que os processos não humanos. O cultivo de sementes, por outro lado, exige uma abordagem mais intervencionista, que separa as atividades humanas dos processos nos quais eles intervêm (COURSEY, 1978). Mais recentemente, Ingold deu atenção a uma diferença fundamental na maneira como os caçadores e os pastores de subsistência se envolvem e avaliam os animais não humanos (INGOLD, 1994). Os caçadores de subsistência interagem com as suas presas com base numa confiança mútua, enquanto que os pastores controlam as vidas dos seus animais, retirando a autonomia da qual a confiança depende. Assim, embora os caçadores de subsistência pensem os animais como seres da mesma espécie que eles próprios, os pastores provavelmente veem os animais como objetos da dominação humana[2].

Embora aumentem novamente o risco de determinismo, teorias como estas sugerem que o tipo de subsistência no qual um grupo se envolve pelo menos influenciará a sua visão do meio ambiente. Milton usa este conhecimento para estender a perspectiva antropológica até as modernas sociedades industriais. Tendo múltiplos meios de interação com o meio ambiente, ela sugere, estas sociedades mantêm múltiplas e complexas perspectivas sobre ele: "Por exemplo, a agricultura intensiva nas sociedades industriais levou a intervenção nos processos naturais a distâncias espetaculares. Culturas cresceram em vastas monoculturas. As pestes que devem destruí-las são varridas com químicos. Mais químicos são utilizados para reabastecer o solo privado de fertilidade, através destas práticas. Em vista das ideias descritas acima, não surpreende que estas atividades sejam encontradas ao lado de visões de mundo que opõem natureza e cultura e veem o progresso humano como a dominação da primeira pela segunda. Mas as sociedades in-

---

2. Ingold sugere que as comunidades caçadoras-coletoras não têm um conceito de natureza, porque "o mundo pode somente ser 'natureza' para um ser que não pertença a ele" (INGOLD, 1996: 117). Peter Dwyer (1996) argumentou que a capacidade de desenvolver um conceito de natureza depende de se as pessoas veem o seu meio ambiente como um todo integrado ou o dividem em espaços familiares e não familiares, e isto por sua vez depende de como eles vivem e utilizam o seu meio ambiente. Ele demonstrou isto comparando as comunidades da Nova Guiné, nas quais ele conduziu um trabalho de campo. Os residentes de fala Kubo da aldeia Gwaimasi aproveitavam extensivamente os recursos do seu meio ambiente, combinando o cultivo com a caça, colhendo e pescando. O modo como eles usam a sua paisagem a torna totalmente familiar a eles; não há nenhuma parte que não se dote com lembranças de algum tipo. Os residentes de fala Siane da aldeia de Leu, várias centenas de quilômetros para o leste, usam o seu meio ambiente de uma maneira diferente. Eles vivem principalmente dos produtos de quintais intensamente cultivados e têm pouca necessidade de entrar em áreas desocupadas. Dwyer sugere que, no mundo totalmente integrado dos Kubo, não há qualquer esfera suficientemente distinta do mundo humano para merecer o rótulo de "natureza", embora o meio ambiente Siane contenha espaços não utilizados e não familiares que deviam ser assim rotulados. Mas já que o próprio termo "cultura" e palavras usadas para traduzi-la são frequentemente uma resposta a modelos invasores ocidentais, não está claro o quão útil estas distinções realmente são. Na afirmação de Signe Howell de que os Chewong da floresta tropical da Malásia tratam a selva como "espaço cultural, não natural" (1996: 132), a distinção é um enquadramento acadêmico mais do que um dispositivo local.

dustriais envolvem muitos outros meios de se envolver com o meio ambiente. Modos menos intensivos de culturas agrícolas e animais são muito difundidos. Muitas pessoas produzem o seu próprio alimento e plantas ornamentais em jardins domésticos. Caçar, pescar, observar animais selvagens, conservar animais domésticos, visitar zoológicos e andar nas paisagens rurais, todas essas coisas fornecem diferentes experiências do meio ambiente e se pode esperar produzir diferentes perspectivas sobre ele. Então, também não surpreende que os conceitos de natureza nas sociedades industriais sejam complexos e ambíguos, como seriam, em vários graus, em qualquer sociedade cujos membros se comprometam com o meio ambiente de diversas maneiras". As comunicações largamente intensificadas às quais algumas pessoas agora têm acesso são certamente um importante fator que permite às pessoas desenvolverem estas perspectivas de modo convergente: não é que o tipo de subsistência necessariamente determine a atitude de um grupo específico em relação ao meio ambiente, mas que o intercâmbio de informação pode globalizar ideias outrora mantidas somente em partes muito restritas do mundo. Isto não as torna mais acuradas, mas aumenta a autoridade de uma versão industrial e economicamente orientada do senso comum.

O enfraquecimento do relativismo cultural extremo pode também estar tornando mais fácil para os antropólogos ficarem ativamente envolvidos com questões ambientais (cf. PAINE, 1986; MILTON, 1993b). Onde os antropólogos fornecem uma única especialidade, argumenta Milton, é na sua compreensão do papel da cultura nas relações do homem com o meio ambiente. Ela sugere, por exemplo, porque nos Estados Unidos a percepção de que os automóveis estão abafando o meio ambiente parece ter tido muito pouco efeito. As razões disso, argumenta ela, são culturais – os carros são mais do que ferramentas práticas; eles simbolizam *status* e liberdade pessoal; eles oferecem proteção e privacidade; e eles produzem afirmações sobre a fidelidade subcultural e a preferência pessoal. Na Itália, as considerações de desempenho pessoal parecem simplesmente fortalecer as resistências (ou pelo menos a indiferença) em relação à carona.

Contra este fundo, torna-se mais fácil compreender por que as aldeias gregas despejam o seu lixo nos rios (numa sociedade agonística é aceitável deixar a natureza despejar o lixo na aldeia próxima abaixo, especialmente quando as campanhas antilixo parecem servir mais aos interesses das elites do Ocidente do que aos próprios aldeões) (cf. ARGYROU, 1997); por que os beneficiários de ajuda desesperadamente famintos nas partes muçulmanas da África rejeitaram o alimento que eles achavam que seriam poluidores? Por que os aldeões da Sardenha olham a criação de um "parque nacional" como uma afronta à sua identidade local e uma ameaça a seu sustento? (HEATHERINGTON, 1999). E por que os aldeões indianos preferem uma indiferença socialmente atraente para a medição precisa da camada superficial do solo que possa servir melhor as suas colheitas no curto prazo? (GUPTA, 1998: 237-246). Se estas posturas ofendem os ambientalistas, assim como faz a defesa americana do automóvel privado, talvez a resposta seja substituir o relativismo cultural por um novo idioma – o relativismo ambiental – que reconhece que a injustiça pode poluir o mundo tanto quanto o fluorocarboneto e a poluição.

Discurso ambiental e a perspectiva antropológica

Estes conhecimentos claramente acarretam uma crítica da maior parte da ajuda e da política ambiental das nações industrializadas. A antropologia pode ajudar na busca de modos sustentáveis de vida, mas os antropólogos – mesmo quando rejeitam os extremos do relativismo cultural (que podem em todo caso ser uma condescendência) – preferem fazer isto de modo a remediar as sérias injustiças muitas vezes perpetradas em nome da proteção ambiental. Mais ainda, o antiquado relativismo cultural não podia resolver a questão de como tratar as injustiças sistematicamente perpetradas por alguns contra outros membros da mesma sociedade. A discussão de Gupta (1998) a respeito dos efeitos diferenciais das políticas desenvolvimentistas e ambientalistas numa aldeia indiana, por exemplo, mostra como o poder – como Foucault nos ensinou – está muito difusamente distribuído. Os aldeões da alta casta podem ser capazes de colher algumas vantagens a partir do seu *status*, e os homens nesta comunidade parecem sempre exercer um poder total sobre as mulheres; mas todos eles, por sua vez, são forçados a responder incessantemente aos apelos concorrentes de políticos que podem ser capazes de aliviar o seu destino, mas que provavelmente devem explorá-los ao máximo se tiverem sucesso nisso.

Milton argumenta que "o papel da antropologia no discurso ambiental é um discurso técnico; ele diz respeito mais aos meios do que aos fins". Os problemas – como viver sustentavelmente, como reduzir as emissões de carvão, como conservar a biodiversidade – são definidos fora da disciplina. Os antropólogos, contudo, devem adquirir este conhecimento com um suficiente grau de competência, se eles quiserem oferecer uma perspectiva informada sobre os aspectos sociais e políticos. Então, realmente, eles devem levantar questões espinhosas sobre quem são os reais beneficiários, ou quem toma as decisões e por quê. É então este último componente que serve como a definição da "dúvida sistemática" dos antropólogos (MORGAN, 1991) – ou o que eu chamei de "desconforto produtivo" – aplicada, através de práticas autoalienantes de pesquisa de campo, "aos modos como os problemas e as soluções são identificados, e aos pressupostos fundamentais sobre cujas bases eles são vistos como problemas e soluções".

Fazendo isso, eles podem perturbar pressupostos cotidianos tanto quanto desafiam a grande política. Devíamos, por exemplo, ser tentados a aplaudir muitas das declarações que emanaram da Cúpula Mundial do Rio. Mas, como Gupta mostra, conectando habilmente esta retórica com a experiência real dos aldeões do Terceiro Mundo, elas falaram dos cânceres de pele dos ricos do Primeiro Mundo já bem conectados a estabelecimentos médicos muito mais generosamente – se não generosos o suficiente – do que ofereceram soluções à fome que ocorre em regiões pobres em toda a Ásia e África (1998: 312, 327). A bruta justaposição da retórica oficial com a vida diária é uma arena na qual o acesso íntimo da etnografia, reunindo antropólogos com uma abordagem e uma postura ética diferentes, como são Gupta e Moran, cria o espaço para uma avaliação crítica.

"Embora não seja uma proposição prática de admitir que todas as perspectivas culturais são igualmente verdadeiras", escreve Milton, "é uma exigência da antropologia tratá-las todas como igualmente abertas ao questionamento. Talvez este seja o ponto de partida mais construtivo para qualquer relativista cultural 'sensível'; não para buscar compreender cada cultura inteiramente nos seus próprios termos, mas para tentar compreender todas as culturas nos mesmos termos, como modos de ver o mundo e não como o modo como as coisas são [ainda que algumas culturas possam corresponder muito rigorosamente aos modos como as coisas são]". Equipados também com o requisito do conhecimento técnico, necessário a qualquer crítico genuinamente informado, os antropólogos podem enquadrar os debates sobre o meio ambiente em termos dos efeitos locais complexos, assim como dos efeitos globais. Gupta, por exemplo, estava claramente qualificado para utilizar este conhecimento de agronomia e de economia ambiental para complicar o "senso comum" ambiental promulgado por interesses políticos poderosos em nome do progresso científico e social. Tal como Gupta, Milton – que enfatiza a importância do conhecimento técnico na avaliação das questões ambientais – advoga "perguntar que tipos de atividades e relações – estratégias econômicas, estruturas políticas e assim por diante – sustentam e são sustentadas" por escolhas particulares feitas pelos ambientalistas hoje.

Há uma fenda maior, no debate ambiental público, entre aqueles que argumentam que os recursos da terra deviam ser controlados num nível global, através de acordos internacionais, e aqueles que argumentam que as comunidades locais deviam ter o controle dos seus próprios recursos (cf. MILTON, 1996). Os antropólogos não estão, em qualquer sentido, obrigados a entrar nesse debate ou adotar uma postura particular, mas eles fazem isso, como Milton mostra, através de seus ataques contra as dicotomias cartesianas e os quadros universalistas da ciência ocidental. Ela vê o papel técnico dos antropólogos como derivando dos seus compromissos morais tanto com os povos que eles estudam quanto com o meio ambiente em geral, e, diferentemente de alguns antropólogos, ela rejeita as formas de relativismo cultural que permitiriam aos povos indígenas continuarem atividades como a caça da baleia em nome de valores tradicionais. Certamente, o envolvimento destes grupos nos discursos públicos que reificam as suas identidades culturais também confere a eles o respeito que está implicado no seu engajamento num sério debate sobre as divergências éticas que estes argumentos revelam. Mas estes debates podem também não resultar em acordo ou compromisso, e permanecem difíceis questões sobre quem toma as decisões finais e sob quais condições. As distinções feitas na cultura ocidental não são universais no pensamento humano. Diferentes modos de envolvimento com o meio ambiente geram e são sustentados por visões de mundo particulares. Estas, combinadas com um respeito por todas as culturas, que não depende de qualquer critério de valor de verdade nas suas reivindicações sobre o mundo, trazem à tona vozes que deviam, por outro lado, estar perdidas no debate ambiental – as vozes daqueles cujas preocupações são por outro lado mais facilmente suprimidas. Mas, ao serem ouvidas, elas podem também ser contestadas.

Não está claro, contudo, como antropólogos eficazes fariam que estas vozes fossem ouvidas. A disciplina trabalha contra a visão do senso comum dominante do mundo, que repousa realmente em alguns interesses muito poderosos – como a Cúpula Mundial do Rio tornou bastante claro. Aqueles interesses, envolvidos na política de significação a partir de uma posição de indisputável força política e econômica, podem todos muito facilmente zombar dos conhecimentos antropológicos como um retorno romântico ao "primitivismo", ou podem cooptar definições antropológicas mais antigas de cultura para "provar" que o mundo científico e racional do Ocidente é fundamentalmente incompatível com o Resto supersticioso. Eles podem se servir de uma caricatura dos extremos do relativismo cultural em defesa de uma visão cultural específica que reivindica ter alcançado a transcendência, a validade universal.

No reino das políticas práticas, então, os antropólogos deviam cuidar de se distanciarem das versões mais extremas do relativismo cultural. Ele pode somente se tornar uma fonte de ridículo, e não mais representa onde a maioria deles está. Admitir o direito de fazer julgamentos morais não significa que se tem o direito de impô-los, enquanto recusar discuti-los absolutamente com os dos informantes é certamente condescendente. Os interlocutores locais também são participantes integrais no diálogo que os antropólogos estão interessados em promover. O desacordo, além disso, é a base sobre a qual construímos possibilidades de escolha – e o futuro do meio ambiente global afeta integralmente a população do mundo. A sensibilidade cultural, mais do que complacência cultural acrítica e fática com os valores do Ocidente e do Resto, pareceria ser a ordem do dia.

9
Cosmologias

Vivendo no cosmos

A cosmologia diz respeito ao nosso lugar no universo. Assim, ela está crucialmente preocupada com definir as fronteiras, criticamente visitadas no último capítulo, entre natureza e cultura. Quando os antropólogos estavam mais preocupados com os modos supostamente simples ou primitivos de pensamento, isto significava tudo aquilo que estava incluído no domínio da religião e nesta categoria depreciativa, a "superstição". Contudo, tecnicamente o termo envolve tanto a religião quanto a ciência, e assim serve mais utilmente aos objetivos de uma antropologia abrangente – como o estudo de todas as sociedades humanas – do que fazem aquelas categorias tratadas separadamente. Quando Malinowski escreveu o seu famoso ensaio *Magic, Science and Religion* (1948), o seu próprio endosso desta divisão do trabalho conceitual abriu caminho para a sua eventual dissolução: reconhecendo a funcionalidade e a integridade intelectual de mágica e religião, tratando estes domínios como as dimensões práticas e teóricas de uma específica visão de mundo, ele implicitamente levantou questões críticas sobre as pretensões de racionalidade como sendo uma virtude transcendente – o senso comum tornado científico, por assim dizer. Pois a própria racionalidade era muito mais o produto de um momento cultural particular e, como tal, mostrou-se inadequada como a descrição de alguma lógica universal (cf. tb. TAMBIAH, 1990). Assim, o termo "cosmologia" surge como um termo e uma ferramenta mais útil e abrangente para o projeto comparativo da antropologia.

Vamos começar com a ciência. Para os físicos, o cosmos ou o universo representa a totalidade das coisas físicas – não somente a matéria, mas também o espaço e o tempo e, em geral, tudo aquilo que é fisicamente relevante. Além disso, os físicos desempenham um papel no mundo moderno que os investe com um *status* especial: "A vocação dos físicos é impressionante: lembranças e biografias frequentemente apresentam este corpo de elite como único, os heróis de Prometeu na busca pela verdade. Tradicionalmente, os mistérios do universo foram a província de teólogos e sacerdotes. Os físicos naturalmente não se veem como escrevendo a cosmologia de alguma religião secular: para eles, a religião diz mais respeito à crença do que ao conhecimento. Mas eles de fato veem a sua própria profissão como a revelação e a custódia da verdade fundamental, e num grau surpreendente a cultura ocidental os confirma no seu papel privilegiado" (TRAWEEK, 1988: 2).

Uma vez que a ênfase muda da estrutura das ideias para os papéis dos agentes sociais culturalmente definidos dessa maneira, as distinções entre diferentes espécies de raciocínio surgem não como avaliações objetivas, mas como expressões da cosmologia cartesiana particular que nos dá o conceito de objetividade – o objetivismo de Bourdieu (1977) – em primeiro lugar. Os físicos também "acreditam" que, embora a distribuição da racionalidade entre os humanos seja desigual, a natureza obedece a leis imutáveis às quais os humanos podem adaptar as suas ideias, na medida em que eles possuem esta capacidade de serem racionais (TRAWEEK, 1988: 123-124). Esta busca pela perfeição intelectual heroica, na qual o conhecimento puro e desinteressado transcende o aqui e agora da vida social, contrasta agora com o que soubemos realmente por algum tempo sobre a produção social da ciência (p. ex., LATOUR & WOOLGAR, 1986). Esta é uma visão do universo, uma cosmologia, que não necessariamente comanda a crença, mas comanda a aceitação pragmática do processo pelo qual os cientistas isolam o seu trabalho de qualquer preocupação com o "significado" ou com as consequências sociais e políticas do que eles fazem (cf. RABINOW, 1996a: 22-23). Aqueles que estão empregados nesses domínios como a indústria de defesa devem recalibrar não somente o seu alegado distanciamento científico, mas também as suas crenças religiosas a respeito das dimensões morais da "verdade" – um ajuste com o qual os ministros religiosos fizeram uma surpreendente paz, talvez acalmados pelo caráter ritualístico da própria autorrepresentação da indústria armamentista (cf. GUSTERSON, 1996). Mesmo aqueles que vivem perto de sítios nucleares potencialmente perigosos desenvolvem novas maneiras, fundadas em velhos idiomas, de lidar com a ameaça (ZONABEND, 1993).

Mas se isto parece indevidamente cínico, é também verdade que os antropólogos que no passado reivindicaram estar falando sobre "crença" em sociedades de pequena escala estavam realmente descrevendo representações coletivas – pois, na tradição durkheimiana no interior da qual eles trabalhavam, estas questões psicológicas, como as crenças, eram consideradas como sendo finalmente insondáveis (NEEDHAM, 1972). Não era tanto que os antropólogos questionassem a sinceridade da crença, como aquela que eles se declaravam incapacitados de julgar, ou pelo menos não inclinados a fazê-lo. E uma vez que aceitemos que os etnógrafos de sociedades "exóticas" de pequena escala e de laboratórios de ciência semelhantes estão preocupados com a organização de ideias sobre o universo, a distinção entre estados racionais e "pré-racionais" da mente coletiva –

um conceito-chave desde os escritos de Lévi-Bruhl (1927) e agora largamente disseminados no despertar da marcha global de uma cosmologia racionalista – desconcertantemente desaparece. Além disso, uma vez que reconheçamos o papel da escolha e da ação, a cosmologia não serve mais como determinante da ação, mas, ao contrário, como uma rica fonte do imaginário e da argumentação que os indivíduos e os grupos podem criativamente solapar quando procuram uma explicação e uma justificação para as suas atividades.

Afora os físicos, a cosmologia na ciência é alimentada por diferentes especialidades que caem dentro do termo genérico das ciências naturais, incluindo a astronomia, a geologia e a paleontologia. Nas palavras de Juan Ossio, "o seu objeto é o universo como uma totalidade sistemática e, paralelamente, o seu objetivo é construir uma imagem abrangente da sua estrutura e da sua evolução. [...] Embora a cosmologia como um campo científico seja geralmente vista como pertencente a um domínio secular, a sua abordagem holística e a sua preocupação com a ordem não estão longe das visões sobre o cosmos mais rigorosamente associadas com as considerações religiosas". Como Rabinow (1996: 25) adverte, contudo, o desenvolvimento da ciência assim como das suas tecnologias e contextos organizadores podem estar nos levando na direção de novas formulações também do mundo social. Sem dúvida, as dimensões religiosas, científicas e sociais da compreensão não podem facilmente ser desenredadas umas das outras, e os esforços de fazer isto frequentemente parecem mais como sendo expressões de uma cosmologia do que sérias tentativas de interpretar esta cosmologia de uma forma analítica.

Crucial para a nossa compreensão do que a cosmologia científica devia ter em comum com a doutrina religiosa é o conceito central de ordem, que é fundamentalmente um construto social. Através da cosmologia, as pessoas tratam do universo como sendo organizado: mais do que uma coleção de componentes físicos aleatórios, ele é uma disposição altamente ordenada de matéria e energia estruturadas em diferentes níveis de tamanho e complexidade. Isto, especialmente como um contexto para pensar sobre a relação entre o aqui e agora e o que fica além do túmulo e do horizonte da nossa compreensão, é o que se entende como "a ordem do mundo". Questões centrais, então, dizem respeito à origem desta ordem, como ela é mantida e se eventualmente ela está destinada – observe-se as implicações quase religiosas desta fraseologia – a desaparecer. Ela incorpora compreensões de tempo, acaso e probabilidade, e entre as suas mais mundanas realizações estão as previsões do tempo, os quadros atuariais, o Dow Jones, os arranha-céus orientados de acordo com os princípios do *feng shui* (geomancia) em Hong-Kong ou a falta de um décimo terceiro andar nos Estados Unidos, e os cassinos em todo mundo. Em todas estas arenas, a tentativa de reduzir o caráter aleatório aparente do universo a um sentido de ordem está fundada em pressupostos sobre a natureza. E se a poluição – tanto a religiosa como a sanitária – deve utilmente ser vista como "questão fora do lugar" (DOUGLAS, 1996), então as pretensões de que "natureza abomina o vácuo" ou que "temos uns 70% de possibilidade de chuva" devem, da mesma maneira, ser vistas como demonstrações da propensão humana (ou da necessidade?) de derivar a ordem do aparente caos da existência. Num nível intermediário podemos também dizer que o nacionalismo e as suas burocracias auxiliares representam da mesma maneira uma tentativa coletiva de impor uma ordem política, ao fundá-la em mitos de origem etiológicos e em práticas ritualísticas que exigem a conformidade disciplinada.

Ordem, então, é a principal preocupação dos sistemas cosmológicos desde os esquemas religiosos de temporalidade e de pessoas geograficamente distantes até a argumentação da física e da química modernas. Que as práticas científicas estão elas próprias sujeitas aos constrangimentos sociais e políticos, isto foi objeto da investigação etnográfica sancionada. No nosso mundo, estas questões cosmológicas permanecem centrais: não escapamos da dialética central entre natureza e cultura que Lévi-Strauss identificou como sendo a característica definidora da autorrealização humana. A partir de uma perspectiva, os debates ambientais e outros políticos são disputas sobre a predominância de um ou de outro tipo de ordem, de modo que, como Kay Milton apontou com astúcia, os argumentos sobre a relação de natureza e cultura – que cada vez mais toma conhecimento de várias maneiras indígenas de enquadrar esta relação – estendem este interesse direto para o coração da teoria antropológica. Quase a mesma coisa se pode dizer sobre o significado dos modelos econômicos derivados das populações nas quais eles são aplicados. Um mundo privado destas "outras" visões seria um mundo verdadeiramente empobrecido – e devemos perguntar que interesses são servidos pelo esgotamento dos seus recursos conceituais. Mesmo (e especialmente) a redução de todo parentesco à "família" reduz o espaço para arranjos alternativos que tornariam possível a compaixão e o cuidado para com aqueles que não se encaixam – para com aqueles a quem a cosmologia prevalecente define como "poluentes" – e universaliza um conjunto de valores que foi até então talvez mais peculiar em termos comparativos globais nos quais os antropólogos trabalham. Falamos a respeito da necessidade de reconhecer e preservar a diversidade cultural no mundo; a diversidade intelectual é certamente uma dimensão crítica disso, no que ele deve nos ajudar a evitar a armadilha de soluções "autosservidas", para as quais não se permite que existam quaisquer alternativas, e aqui a antropologia talvez tenha o seu próprio papel mais importante "aplicado" e também ela seja a mais adequadamente equipada das disciplinas para tratar disso.

Para colocar isto de outra maneira, devíamos dizer que a própria possibilidade de comparação, essencial para qualquer noção de escolha ética, é crítica. Há uma analogia óbvia com a condição da biodiversidade no mundo. Uma versão economicista da sobrevivência (*survivalism*) não oferece muita esperança de futuros alternativos. Este modelo, tal como a perspectiva sociobiológica a ele relacionada, deriva do meio burguês e ocidental que informa a maior parte da cultura global de hoje (cf. esp. as críticas em SAHLINS, 1976a, 1976b). Ironicamente, isto faz o alardeado universalismo destas "racionalidades" parecer perigosamente provinciano.

A mudança radical para a antropologia agora – e aquela que é um pré-requisito para obter o respeito para as "racionalidades" não ocidentais e não industriais – é ir além do que Juan Ossio, seguindo a tradição dominante, separa como "cosmologias e religião pré-modernas e não ocidentais" que "tendem a ser estudadas juntas e de algum modo exclusivamente", com o resultado de que a cosmologia é geralmente tratada em textos antropológicos introdutórios ou naqueles da história, da fenomenologia, ou da sociologia da religião num capítulo intitulado "Religião". Neste livro, ao contrário, eu tentei superar esta distinção. A tática é tomar um sistema andino supostamente "pré-moderno", tal como ele foi exposto por Ossio (e alguns materiais comparáveis dos Bálcãs) e justapor estes materiais com um conjunto de projetos científicos atuais que levantam questões cruciais a respeito do parentesco, assim como da ordem divina e, portanto, incorporadas em processos sociopolíticos observáveis de reinterpretação (STRATHERN, 1989; KAHN, 2000; GINSBURG & RAPP, 1995; RABINOW, 1996).

John Middleton (1967: ix-x) há muito tempo admitiu uma já venerável história dos estudos cosmológicos, alguns deles de considerável alcance e sensibilidade. Os antropólogos, de acordo com Middleton, abordaram a cosmologia como um fenômeno cultural – ou, nas palavras de Durkheim, como "representações coletivas" ou "fatos sociais". Foi realmente com Durkheim e seus colaboradores que o estudo comparativo e abrangente das cosmologias como uma área específica da pesquisa propriamente começou nos primeiros anos do século XX – embora, atados como estavam a uma visão da ciência como um triunfo da racionalidade, eles não parecem ter realizado o total significado comparativo dos seus conhecimentos. O ponto de partida é a afirmação de que "não há religiões que sejam falsas", porque "todas respondem, ainda que de diferentes maneiras, às condições dadas da existência humana". Em outras palavras, Durkheim insinua que "uma instituição humana não pode repousar num erro ou numa mentira". O seu raciocínio estava fundado num pressuposto de poderes de raciocínio humanos comuns, universais, desse modo antecipando o tratamento abrangente da cosmologia que está surgindo hoje: "se ela não estivesse fundada na natureza das coisas, ela teria encontrado nos fatos uma resistência que ela jamais poderia ter vencido". Durkheim, assim, empreendeu o estudo das religiões primitivas "com a segurança de que elas se prendem à realidade e a exprimem" (DURKHEIM, 1964: 2-3; 1960: 3). Além disso, "o primeiro sistema de representações com o qual os homens retrataram para si mesmos o mundo e eles próprios era de origem religiosa". Isto levou Durkheim a observar: "Não há religião que não seja uma cosmologia e ao mesmo tempo uma especulação sobre as coisas divinas" (1976: 9; 1960: 12).

De acordo com Durkheim (1976: 9-10; 1960: 12-13), algumas ideias-chave dominam a nossa vida intelectual; elas são o que os filósofos desde Aristóteles tinham chamado de categorias do entendimento – as ideias de tempo, espaço, classe, número, causa, substância, personalidade, e assim por diante. Aquelas categorias, Durkheim admitia, eram o produto do pensamento religioso; e isto significava que elas eram fundamentalmente sociais (DURKHEIM, 1976 (1964): 10). Durkheim e seus seguidores também rejeitaram a ideia de que a religião e as categorias do pensamento pudessem ser reduzidas a ontologias, tais como a natureza ou a psicologia, mais do que sociais. De acordo com as "regras do método sociológico" de Durkheim, a causa determinante de um fato social devia ser buscada entre os fatos sociais que o precederam e não entre os estados da consciência individual (DURKHEIM, 1964).

De acordo com Steven Lukes, a pretensão de Durkheim de que "os conceitos são representações coletivas... pode ser vista como equivalente da ideia simples, mas fértil, redescoberta um século mais tarde por Wittgenstein, de que os conceitos operam dentro de formas da vida social, de acordo com regras" (LUKES, 1973: 436-437). Esta perspectiva não somente contribuiu para uma visão da sociedade como um sistema de relações sociais, mas para ver a própria sociedade como o que Mary Douglas chamaria de um "protótipo para as relações lógicas entre as coisas" (DOUGLAS, 1973: 11). Esta perspectiva minou a visão evolucionista do mito e do ritual, já que tornou possível ver ambos como produtos de cada pedaço de uma ordem social, tão lógico quanto aquele dos grupos humanos modernos.

Permaneceu, contudo, a dificuldade crucial de que esta exegese não era uma exegese consciente. Realmente, a sugestão agora notória de Lévi-Strauss de que os modelos conscientes dos informantes são menos úteis do que os modelos inconscientes desnudados pelas análises puras e desinteressadas do erudito sai de uma relutância permanente, que a esse respeito pode ser remetida aos durkheimianos e a seus antecessores evolucionistas, de admitir as fontes locais dos "nossos" conhecimentos teóricos. O formalismo das abordagens durkheimianas da cosmologia impediu, na sua forma não modificada, o reconhecimento destas fontes e a sua semelhança com os próprios quadros conceituais dos cientistas sociais – as próprias condições, como devemos agora admitir, que tornaram a compreensão mútua, a essência da pesquisa de campo, absolutamente factível. Esta condescendência somente começou a cair com o sério desafio levantado contra o uso acrítico desses conceitos eurocêntricos, como são os conceitos de "religião" e "tradução" (ASAD, 1993).

Mas uma séria atenção à exegese local pressupõe uma virada para o significado, em vez de função. Ossio, seguindo Pocock (1961: 72), atribui o surgimento eventual deste interesse a Evans-Pritchard na Grã-Bretanha e a Lévi-Strauss na França. De acordo com Evans-Pritchard, "a antropologia social estuda a sociedade como sistemas morais, ou simbólicos, e não como sistemas naturais, [então] ela está menos interessada nos processos do que no desenho e, portanto, ela procura padrões e não leis, e interpreta mais do que explica" (EVANS-PRITCHARD, 1963: 62). Esta era uma importante afirmação antecipada do foco comparativista da antropologia, e um foco que abre espaço para a exploração dos usos e da interpretação da cosmologia tanto quanto das suas propriedades formais.

Ossio também defende o reconhecimento do longo atraso da antropologia holandesa da Escola de Leiden, que começou a incorporar esta perspectiva algum tempo antes, e argumenta que a perspectiva de Leiden "era promovida pela política colonial, que, ao invés de ser influenciada pelas considerações funcionais, enfatizou a aprendizagem das regras de etiqueta dos dominados para obter uma interação mais fluida com eles, assim como um sistema mais exitoso de domínio indireto". Dado que a própria etiqueta significa "rótulo", por conseguinte, uma categoria num sistema de classificação, Ossio acha que "não é estranho que algumas das maiores descrições das cosmologias de diferentes povos do mundo derivem desses três países europeus, assim como as questões teóricas mais relevantes nos campos da antropologia e da história da religião. No caso da Holanda, basta lembrar pessoas como Henri Frankfort e o seu notável estudo sobre o parentesco divino, ou Johan Huizinga e a sua análise da baixa Idade Média, ou Van der Leeuw, no campo da fenomenologia da religião, sem mesmo mencionar antropólogos célebres como Van Wouden ou Josselin de Jong". Ossio enfatiza estas contribuições para a descrição de sistemas cosmológicos totais; eu também, contudo, sublinharia, mais uma vez, os seus elementos interacionais e interpretativos, um aspecto que tende a se perder numa excitação do reconhecimento de regularidades sistêmicas.

Esta perspectiva mais matizada, contudo, não surgiu rapidamente. Realmente, estudos anteriores de cosmologia por antropólogos eram muito mais notáveis para a sua exploração engenhosa das propriedades sistêmicas. A sua realização está, antes, em levar esta agenda além dos limites da "sociedade primitiva", e em reconhecer princípios análogos em sociedades consideradas como sendo "altas culturas" ou mesmo ancestrais para o próprio Ocidente. Na França, o ensaio de Marcel Granet sobre o pensamento chinês (1934) é uma clássica tentativa de compreender o pensamento e a cosmologia de uma alta civilização não enraizada na tradição ocidental. Mais recentemente, Jean-Pierre Vernant e Marcel Détienne desenvolveram uma abordagem semelhante para a antiga Grécia. Para as sociedades de pequena escala, a lista é extensa, mas particularmente relevantes são antropólogos como Maurice Léenhardt, reconhecido por seu livro *Do Kamo* (1947); Marcel Griaule, por seus estudos dos Dogon; Lévi-Strauss por suas contribuições à etnografia amazônica e ao desenvolvimento do estruturalismo (1949). Na Grã-Bretanha, Oxford, sob a influência de Evans-Pritchard, e Cambridge, sob a influência de Edmund Leach, Jack Goody, e os classicistas como Moses Finley, promovendo o estudo dos níveis conceituais das sociedades, ofereceram importantes contribuições para a compreensão das cosmologias de diferentes grupos humanos. Um exemplo anterior dos seus esforços pode ser visto em *African Worlds* (1954) de Darryl Forde, que juntou um número de interessantes ensaios sobre as cosmologias de diferentes culturas africanas. Nos Estados Unidos, esta influência talvez seja mais fortemente representada na obra de Thomas O. Beidelman (1993) e, especialmente, Ivan Karp (1980) – que também a trouxe para controlar a produção pós-moderna da própria cultura empacotada (p. ex., KARP & LEVINE, 1991), mas cuja obra é também notavelmente viva para as questões da ação social e da prática cotidiana que informam os usos da cosmologia.

Mas aqui, de fato, reside a grande separação da tradição durkheimiana, que a esse respeito permaneceu enraizada nos pressupostos evolucionistas dos quais os seus propositores tentaram fortemente se distanciar. Para Durkheim e Mauss, a perda da diferenciação dos papéis nas assim chamadas "sociedades primitivas" – a "solidariedade mecânica" através da arte, da política e da crença estavam todas incorporadas numa única estrutura social que determinava completamente os modos como se davam a estes domínios da experiência de expressão coletiva – não deu espaço para o papel da ação individual.

Para a cosmologia do Ocidente pós-iluminista, em contraste, o exercício da ação individual exigia a liberação do intelecto, e os pensadores ocidentais geralmente admitiram que isto era uma realização de relativamente poucos povos. O discurso da ciência social, assim, tornou-se um veículo de discriminação entre a atividade intelectual do colonizador e a suposta passividade do colonizado – como todas as cosmologias, uma profecia autorrealizável, e uma profecia que era também reproduzida em outras hierarquias como aquelas de gênero, casta, classe, burocracia e sistemas educacionais.

Isto seguiu um caminho percorrido muitas vezes. Durkheim e Mauss, embora apontando para as semelhanças entre os sistemas de conhecimento religioso e científico e as classificações, realçaram as diferenças entre eles. Para Durkheim, numa situação de solidariedade mecânica, a religião "impregna a totalidade da vida social, mas isto porque a vida social consiste quase exclusivamente em crenças e práticas comuns que derivam da aderência unânime de uma intensidade muito especial" (LUKES, 1973: 152). A especialização dos papéis e dos domínios da atividade cultural era, em contraste, o produto da modernidade, uma fase do desenvolvimento humano no qual a criação de domínios separados como a arte, a economia, a atividade política e a prática religiosa supostamente refletia uma diversificação correspondente das estruturas sociais para além da estrutura fundamental do parentesco. Não é difícil ver refletido nesse esquema a cosmologia evolucionista que apresentou a emergência da figura romântica do gênio como o florescimento mais puro do individualismo ocidental.

Mas isto não nos deveria cegar para o fato de que o ensaio de Durkheim e de Mauss sobre a classificação primitiva, junto com o ensaio de Robert Hertz sobre a mão direita (1960), *The Rites of Passage* (1965) de Van Gennep e a investigação sobre o sacrifício (1964) de Hubert e Mauss se mostraram seminais para o estudo antropológico das cosmologias. Em vez disso, deveríamos interpretar estes textos como um estágio anterior no processo, documentado em vários outros capítulos deste livro, por intermédio do qual a antropologia começou a documentar as fontes da sua própria vinculação no grande esquema cosmológico que sustentou e legitimou a dominação colonial ocidental sobre grande parte do mundo. Especialmente na obra de Mary Douglas, uma suposta durkheimiana cuja obra também abraça a poluição ritual (1966) e o risco econômico e industrial (1982, 1992, 1995), a análise antropológica pode sempre retornar às suas fontes. Tratar as burocracias internacionais como sistemas simbólicos que mascaram vários exercícios de poder, como recentemente foi empreendido em vários contextos (cf. BARNETT, 1977; HERZFELD, 1992; MALKKI, 1989; ZABUSKY, 1995), é liberar a perspectiva analítica dos constrangimentos de uma noção reificada de cultura; embora mostrar como os princípios do próprio parentesco são ainda operacionais dentro das complexidades da tecnologia reprodutiva moderna e dos pretensos estados-nação racionais (cf. DELANEY & YANAGISAKO, 1995) é desmentir a separação durkheimiana de folclore ou sociedade primitiva daqueles dos modernos estados-nação. Sem dúvida, há diferenças significativas entre as sociedades, e algumas dessas diferenças podem estar diretamente relacionadas a diferenças de especialidades tecnológicas, mas está também igualmente claro hoje que estas diferenças não podem ser creditadas a uma evolução unilinear da sociedade – ou a uma rejeição progressiva da cosmologia.

Realmente, as sementes do enfraquecimento desta discriminação foram semeadas pelos próprios durkheimianos. Argumentando que a sociedade tomou precedência sobre a escolha e a ação individuais, eles abalaram as próprias fundações do conceito romântico do gênio individualista. Mas esta lógica eventualmente veio a expor o seu argumento para o seu próprio conhecimento crítico. Na ausência de qualquer reconhecimento da ação, a imagem teleológica da "sociedade" assim construída veio a parecer impossivelmente mística – realmente, cosmológica. Veja-se, por exemplo, a explicação célebre da religião como sociedade que se adora (DURKHEIM, 1976 (1964). Este modelo impunha tanto o reconhecimento místico de algo maior do que a soma total dos indivíduos que compõem uma sociedade, como Durkheim argumentou com base na psicologia da multidão (1964), quanto significava que, como uma audiência assistindo a um desempenho de marionete, os observadores teriam de postular os comitês durkheimianos de demônios ocultos – que, de fato, no caso de alguns nacionalismos modernos, assim como de alguns cultos religiosos bem planejados (cf. BINNS, 1979-1980), está bem documentado para o mundo secular da política. Os estudiosos se tornaram criticamente interessados na relação entre poder e conhecimento, e assim a epistemologia e a cosmologia surgiram como inseparáveis uma da outra.

Em relação aos métodos adequados para a identificação e a análise das cosmologias, Ossio assume uma visão que denuncia a sua filiação com a separação anterior (mas isto podia facilmente ser estendido à ciência e à política modernas): "No estudo de uma cosmologia se deu preeminência a três espécies de informação. Primeiro, as narrativas orais ou escritas, que são consideradas como mitos; segundo, os rituais, que são geralmente percebidos como decretos daqueles mitos; e terceiro, as representações visuais daqueles mitos ou na arquitetura ou na iconografia". Alguns estudiosos – especialmente James W. Fernandez no seu monumental *Bwiti* (1982) – perseguiram analogias entre estas zonas de organização cultural, mostrando que elas são imediatamente conceituais e espaciais, e que elas permeiam todos os aspectos da existência de uma sociedade. Nada impede sua aplicação ao estudo de formas sociais supostamente "modernas". Renée Hirschon (1989: 233) mostrou como os moradores urbanos gregos predominantemente comunistas organizam os seus espaços de vida de acordo com princípios estabelecidos pela cosmologia dos cristãos ortodoxos; enquanto Fernandez também demonstrou (1986) como a arquitetura da igreja das seitas sul-africanas reproduz a organização espacial das danças carregadas de implicações cosmológicas. Sem dúvida, mesmo a compreensão mais conservadora do que se entendia por cosmologia ainda nos permite localizá-la nos contextos da Modernidade – que é ela mesma uma noção cosmológica que expressa as compreensões atuais ocidentais do significado do tempo.

As teodiceias populares e doutrinárias

Talvez a explicação para esta permanência esteja no fato de que os seres humanos devem sempre repartir responsabilidade e culpa. Isto não é simplesmente uma questão de legalidade, embora a antropologia jurídica tenha se preocupado grandemente com a questão. Este é também um importante ponto de vista para tornar o mundo habitável para nós: se devemos sempre aceitar a culpa pela condição horrenda do nosso mundo, ou se somos incapazes de explicar as pequenas e grandes tragédias que nos acometem, mas de uma maneira que não impede a esperança por um futuro melhor, acharíamos a vida intolerável. Ainda que a culpa não seja invocada, a desgraça exige explicação: os homens aparentemente buscam uma reafirmação diante do caos. As tentativas de prever a probabilidade de desastres aéreos, de furacões e de doença desempenham este papel intelectualmente reducionista, mas socialmente criativo. As pessoas em muitas sociedades constroem este ponto de vista exegético da cosmologia conhecido como "teodiceia" – literalmente, "justiça divina", porém, mais especificamente, a explicação do que nos choca como a injustiça invasiva do mundo que habitamos.

Outra maneira de ver este tópico é em termos de responsabilidade. Esta é uma questão fundamentalmente política. Construída parcialmente sobre o reconhecimento de Talal Asad (1993: 7) de que o controle da incerteza reside no cerne do que quer que compreendamos por poder, Thomas Malaby (1999) articulou uma "política de contingência" que encapsula as repercussões e o significado sociais do acaso a partir do jogo mesquinho de eventos cataclísmicos. Que o poder está centralmente em jogo em todas as avaliações de probabilidade, isto se torna especialmente claro quando consideramos o papel das desculpas. Como o filósofo linguista J.L. Austin (1971) apontou, as desculpas pressupõem um conjunto de ideias sobre as causas que permitem a um indivíduo escapar da responsabilidade direta pelos efeitos das ações (ou inação) por parte da pessoa; em termos mais antropológicos, devíamos dizer que o direito de atribuir ou escapar da responsabilidade é um fenômeno fundamentalmente político.

Muitos dos dispositivos explicativos para escapar da culpa veem sob o título de "feitiçaria", que, na sua clássica definição, permite às pessoas culpar outros não determinados: a feitiçaria, diferente de magia, não implica uma vontade má (LIENHARDT, 1964: 122), e em muitas sociedades pretensões genéricas de que ela foi exercida – na forma de mau-olhado, por exemplo – não são sempre acompanhadas de acusações contra pessoas específicas. Isto permite às pessoas escapar da culpa por suas várias desventuras, embora geralmente evitando romper a harmonia social, se assim o desejarem; elas podem sempre recorrer também a acusações específicas de magia. Argyrou (1993) apontou que estas acusações também, apelando para uma convenção social, servem como uma estratégia social, independentemente do fato de desejarmos ou não reivindicar que atores individuais realmente "acreditam" na ideia de magia negra. Como já foi observado, a culpa não perfaz toda a história: a ideia de que "estas coisas foram mandadas para nos testar", embora talvez provocando o ultraje de alguns contra um cruel destino, e oferecendo conforto frio para o momento imediato, não obstante, oferece uma reafirmação sobre a previsibilidade geral do mundo. Nesse sentido social, a promessa de ordem é a forma mais inclusiva de esperança.

As acusações de feitiçaria repousam num fundamento da teodiceia: há um mal geral no mundo, e alguns indivíduos são bastante desafortunados para serem os seus portadores. Aqueles que deliberadamente enfeitiçam os outros devem naturalmente ser condenados, mas aqueles assim acusados geralmente reivindicarão, ao contrário, que eles eram inocentes dessas intenções. Em muitas versões do cristianismo também, alguma versão da doutrina do pecado original fornece uma teodiceia genérica para explicar a permanência destas presenças más na vida social, como a inveja, a bisbilhotice e a feitiçaria (p. ex., CAMPBELL, 1964): precisamente porque os reais motivos dos outros são afinal insondáveis, uma teoria genérica que explique a presença do acaso, o mal inerente nesse mundo, é uma forma apelativa de evitar a profunda culpa, embora não colocando também os outros inteiramente fora da comunidade moral. Embora a noção formal de teodiceia esteja geralmente associada com formas doutrinárias religiosas, Obeyesekere (1968) mostrou para o budismo que ele também aparece nas formas populares de adoração, realmente, como um fenômeno social específico, que é precisamente onde se esperaria encontrá-lo mais abrangentemente elaborado, em estratégias sociais de autoexoneração individual e coletiva. Nesse sentido, ele também tem uma contrapartida mais secular em sociedades que claramente não se unem a seus próprios ideais, como, por exemplo, quando os burocratas que juraram servir a cidadania exibem tendências desagradavelmente ditatoriais, de modo que a fraqueza humana pode ser culpada pelas falhas manifestas da "democracia" e coisas semelhantes.

Mas cada um é um caso específico de desordem, e é tanto para a imprevisibilidade do mundo vivido quanto para alguma falha moral específica, que a teodiceia é mais diretamente dirigida. Por que as coisas – boas ou más – realmente acontecem? Como explicamos aquelas coisas que tão frequentemente "justamente acontecem"? (DRUMMOND, 1996: 267). Mesmo esta expressão representa uma teodiceia minimalista: a ontologia implicada por palavras como "justamente" – e de fato "simplesmente" – é uma maneira de reduzir a experiência rebelde a uma dimensão controlável, o que Kathleen Stewart (1996: 31) chama de "epistemologia local". Podemos fazer as coisas agradáveis que justamente acontecem voltarem atrás? Podemos evitar as desagradáveis?

Uma resposta prontamente disponível é que as pessoas simplesmente evitam a questão: elas são fatalistas. Isto pode ser verdade num nível individual. Este pode também ser o caso em que alguns religiosos ensinam uma maior resignação para o sobrenatural do que fazem os outros. Mas estas questões são mais complexas do que parecem. Embora o mundo seja abundante de convenções para atribuir fracassos pessoais ao destino, estas atribuições são geralmente retrospectivas – elas são feitas depois do desastre que já ocorreu. Em muitos casos, elas são de fato altamente tentativas proativas de evitar as consequências sociais da falha. As pessoas da Roma moderna, por exemplo, descrevem a si próprias como conformadas com as dificuldades de viver numa metrópole complexa, contudo, o seu registro de ativismo, assim como de protesto vocal às indignidades cotidianas que eles sentem que têm de padecer, é impressionante. Os burocratas gregos e seus clientes, da mesma forma, na mesma linha, culpam "o sistema", porém, isto não os impede de lutar com ele a cada centímetro do caminho; depois do fato, contudo, é útil ter algo a culpar pela falha, especialmente quando burocrata e cliente são vizinhos. A cosmologia de predestinação nesses casos é um instrumento, não uma camisa de força, da ação pessoal. Uma vez que mudamos o foco do conteúdo narrativo e da estrutura de ideias para os usos para os quais estes são colocados, a cosmologia aparece muito mais profundamente incorporada nos aspectos práticos das vidas cotidianas das pessoas.

Mitologia e cosmologia

Da mesma maneira, é útil perguntar não somente como os mitos são organizados, mas quem os utiliza e para que fins. O conceito de mito é um conceito profundamente perturbador para a moderna antropologia. Na medida em que o termo é frequentemente associado com noções de ficção e crença falsa, a distinção entre narrativas históricas e míticas se volta, como já vimos, tanto para escolhas ideológicas quanto para definições operacionais. A história oficial de um Estado-nação é mais bem-tratada como história ou como mito? Que narrativas afirmam a superioridade racial ou o gênio individual? Na medida em que tendemos a destituir como mítico aquilo que não desejamos aceitar, a terminologia – pelo menos a inglesa – vem carregada de pressupostos preconceituosos. Hill (1988) e outros levantaram proveitosamente a questão de até onde é útil distinguir entre mito e história, sugerindo que as tentativas de tratar o mito como representando uma verdade "simbólica" mais do que "histórica" podem ser menos favoráveis do que parecem.

O interesse europeu no mito cresceu a partir da preocupação renascentista com o passado clássico grego e romano, no qual a categoria do mito era um corpo respeitado de saber sobre a cosmologia – a respeito da criação do mundo e da humanidade, e a respeito das causas (muitas vezes altamente personalizadas) dos fenômenos naturais. Para Vico, a ideia de mito estava associada com as imagens que ele pretendeu que tinham existido antes que os humanos aprendessem o uso da linguagem. Realmente, ele derivou o *mythos* grego da mesma raiz do *mutus* latino, "mudo", argumentando que desde os primeiros dias, quando o conhecimento tomou a forma de mito, os humanos se esforçaram no sentido de uma precisão ainda maior – mas que, se eles não reconhecessem o quão condicional o seu conhecimento recentemente adquirido era, eles retornariam a um estado de ignorância. Esta perspectiva, camuflada como era numa ideia aparentemente incompreensível de que a mitologia podia ser expressa em algo diferente das palavras, tinha apenas recentemente começado a fazer sentido novamente, quando os antropólogos exploraram a expressão da cosmologia em arranjos espaciais e na experiência sensível organizada – o que Classen (1998: 2), pensando na combinação do olfativo (incensar), do musical e do oral na maior parte do ritual cristão, chama de "iconologia multissensória".

A perspectiva de Vico estava fundada em ideias sobre o progresso humano, embora de um modo muito diferente daquele dos seus contemporâneos. No século XIX, os primeiros antropólogos também viram o mito em termos evolucionistas. Este, contudo, foi um evolucionismo especificamente colonialista: eles viram o mito primordialmente como encapsulamento da "superstição" – um termo depreciativo que, no século seguinte, ficou gradualmente em desuso quando o funcionalismo exigiu maior respeito intelectual para com as instituições nativas. A partir da tradição estabelecida por Durkheim e por seus seguidores associados com a revista *Année Sociologique*, surgem duas principais abordagens para o estudo do mito. Uma desenvolvida por Bronislaw Malinowski e ampliada pelo historiador das religiões Mircea Eliade, que, além de repetir a ideia de que os mitos eram sagrados e histórias verdadeiras, enfatiza que eles são alvarás sociais, e desse modo agem como modelos para o comportamento dos indivíduos. Os outros, concordando em vários pontos com os primeiros (particularmente como um dispositivo para distinguir entre sociedades tradicionais e modernas), focaliza os procedimentos intelectuais atrás dos mitos.

A visão funcionalista do mito como alvará para as realidades sociais e políticas produziu um lugar de destaque para uma série de afirmações não menos funcionalistas – por exemplo, a argumentação de Lévi-Strauss de que os mitos eram "máquinas para a supressão do tempo" (1964: 24), ou as elaborações de Leach sobre a ideia inversa de que os mitos ostentavam as contradições internas da sociedade a ponto de torná-las imunes à dissecação crítica (1961). Observe-se que estas definições, precisamente como a caracterização genérica de Durkheim a respeito da religião, fornecem uma consideração muito mais convincente das historiografias modernas (especialmente nacionalistas), onde, mais uma vez, o papel de um funcionalismo embutido e institucionalizado – às vezes mesmo como a pragmática autosservida da arte de governar (como MALARNEY, 1996, demonstrou para as práticas rituais no Vietnã) – pode ser traçado para a ação específica de atores conhecidos e identificáveis. Eu sugeriria que muitas dessas teorias apelaram para os antropólogos, exatamente porque eles reproduziram a *Realpolitik* das modernas sociedades estatais ocidentais. Nesse sentido, a própria distinção entre o sagrado e o profano assume o caráter de um dispositivo de legitimação, de modo que os mitos chegaram a "descrever os vários e às vezes dramáticos avanços do sagrado [ou do 'sobrenatural'] no mundo" (ELIADE, 1963: 5-6).

A separação do sagrado e do profano é muito mais uma herança da tradição durkheimiana. Ela se tornou virtualmente irrelevante nas abordagens mais formais do mito que começam com Vladimir Propp, cuja data de publicação de *Morphology of the Folktale* é exatamente limítrofe (1909) à publicação original de *The Rites of Passage* de Arnold Van Gennep (1965). A análise formalista estava preocupada com estas dicotomias somente na medida em que elas pertenciam – e revelavam – o arranjo maior de formas conceituais naquilo que Claude Lévi-Strauss, especialmente, veio a argumentar que estava fundamentalmente baseado na estrutura binária da cognição humana.

Eliade dedica algumas páginas para explicar como alguns nativos distinguem o mito da fábula em termos de verdadeiro *versus* falso. Isto era irrelevante para Lévi-Strauss, porque isto distraía a atenção do que ele via como sendo o problema intelectual mais interessante, isto é, como a narrativa era estruturada. Embora Eliade estivesse mais preocupado com as atribuições indígenas de verdade e falsidade do que com impor a sua própria avaliação, a própria distinção é altamente problemática também no modo como ela ainda reproduz a divisão mito-história. A obra de Juan Ossio sobre o cronista Guaman Poma (1977), à qual logo retornaremos, ilustra como estas distinções rompem o estudo da cosmologia, reproduzindo um binarismo cosmológico (verdade/falsidade), mais como uma ferramenta do que como um objeto de análise.

Para Lévi-Strauss (1978: 17), "dizer que uma maneira de pensar é desinteressada e que é um modo intelectual de pensar não significa absolutamente que seja igual ao pensamento científico. Naturalmente, ele permanece diferente de uma maneira e inferior de outra. Ele permanece diferente porque o seu objetivo é alcançar pelo caminho mais curto possível uma compreensão geral do universo – e não somente uma compreensão geral, mas uma compreensão total. Isto é, ele é um modo de pensar que deve implicar que, se você não compreende tudo, você não explica nada. Isto está completamente em contradição com o que o pensamento científico faz, que é prosseguir passo a passo, tentando dar explicações para fenômenos muito limitados, e somente então continuar para outros tipos de fenômenos, e assim por diante".

"Concordando com Eliade", observa Ossio, "Lévi-Strauss argumenta que uma das principais características dos mitos é sua atemporalidade. Em contraste com a história, ambos reivindicam que o mito lida com eventos reversíveis, enquanto que a história lida com eventos irreversíveis. De acordo com Lévi-Strauss, 'a mitologia é estática, pois encontramos os mesmos eventos míticos combinados sempre repetidas vezes, mas eles estão num sistema fechado, digamos, em contradição com a história, que é, naturalmente, um sistema aberto'" (cf. LÉVI-STRAUSS, 1978: 40). Para Eliade, esta distinção se expressa numa imagem geométrica: o mito é cíclico enquanto que a história é linear. Porém, isto não funciona: desde Vico através de Spengler e Toynbee, para não falar de Hegel e de Marx, vários comentadores ocidentais "descobriram" uma ciclicidade no passado. E o que dá à linearidade maior valor de verdade do que outros esquemas possuem? Aqui, esta é uma perfeita ilustração da especificidade cultural do senso comum.

Tanto para Lévi-Strauss quanto para Eliade, a distinção mito-história reproduz uma distinção social maior entre as sociedades "primitivas" e "arcaicas" e as sociedades modernas, por um lado, e sociedades industriais e sobretudo letradas, por outro. Tal como era também verdadeiro para Durkheim, esta perspectiva eurocêntrica limitava a utilidade das suas análises (cf. esp. FABIAN, 1983: 53; HILL, 1988: 4). Porém – novamente como em Durkheim – podemos utilizar as suas perspectivas para obter conhecimento da cosmologia do próprio Ocidente, e por esta razão talvez também dos sistemas cosmológicos de algumas das sociedades que estes autores viam como sendo tão alienígenas. No debate sobre o Capitão Cook, por exemplo, Sahlins pretendeu estar elucidando as estruturas míticas havaianas em ação, enquanto Obeyesekere via no argumento de Sahlins especificamente um mito ocidental, de acordo com o qual os conquistadores europeus eram sempre recebidos como deuses pelos nativos impressionáveis. Há pelo menos uma confirmação irônica no argumento de Obeyesekere da reivindicação de Lévi-Strauss (1955a) de que qualquer interpretação do mito, incluindo as interpretações acadêmicas, é outra variante daquele mito – embora ele estivesse particularmente falando sobre a interpretação de Freud do Édipo.

Qualquer que seja a fraqueza dos argumentos funcionalistas, ele pelo menos tem a virtude de afastar narrativas classificadas como mitos do domínio do irracional e da superstição. Eliade, partindo da visão essencialmente de Malinowski de que os mitos fornecem modelos para o comportamento humano (1963: 2), argumenta que nas sociedades primitivas há um tal medo da história, que leva as pessoas a lidarem com o sofrimento desenvolvendo explicações que situam a causa deste sofrimento num reino sagrado. Em outras palavras, eles tornam o tormento suportável, argumentando que ele não é arbitrário. Este é o princípio da teodiceia, expresso como um problema de ordem. Nesta visão, o tormento tem um significado, acessível através de arquétipos que perduram apesar das influências corrosivas – porque imprevisíveis – do tempo e da ação individual (ELIADE, 1949: 143). As falhas da ordem exigem explicação, especialmente quando elas fazem os outros sofrerem – um ponto que fornecerá a base da reavaliação de algumas prioridades na própria antropologia no capítulo sobre os sofrimentos.

Mas observe-se: esta maneira de pensar não está restrita às sociedades "arcaicas" em qualquer sentido, embora aqueles que veem a racionalidade como supracultural possam estar menos dispostos a confrontá-la perto de casa. Podemos reconhecer isto em apelos à ciência como uma legitimação para um universo aparentemente desordenado, ao nacionalismo como um reordenamento de identidades ameaçadas e confusas, e à burocracia, como sendo ao mesmo tempo a explicação e o instrumento falhado da ordem civil. Retornaremos ao tema da teodiceia ao examinar as questões do sofrimento e do cuidado. Aí vamos nos preocupar com o lugar da ação humana num mundo que as nossas cosmologias – religiosas, políticas e outras – nos mostram serem falhas de uma maneira que exige uma explicação imediata, assim como abstrata.

Por agora, vamos simplesmente observar que as cosmologias devem sempre dar conta das falhas nos sistemas que elas descrevem, e que isto leva a ambiguidades muito mais complexas do que podem ser descritas por simples esquemas estruturais. Veena Das, citando o grande poeta bengali Rabindranath Tagore (que escreveu que o tremendo poder da deusa Kali, a deusa do tempo e da morte na mitologia hindu, move-se não somente através das veias da vida, mas também na presença da morte), observou: "A imagem de Kali com seu corpo de quatro braços, olhos enormes e língua vermelha pendurada com uma guirlanda de crânios em volta dela, segurando um cutelo numa mão e uma cabeça decepada na outra, frequentemente foi identificada com os terrores do sagrado. Porém, os seus devotos a vivenciam como cheia de graça e aquela que os protegia contra os terrores da vida". Um oráculo local, ao se tornar a encarnação da deusa, é capaz de enfrentar os terrores daqueles que foram submetidos a violência brutal e às incertezas de viver num mundo de guerra, insurgência, desaparecimentos e tortura (LAWRENCE, P., 1955). A teóloga e erudita de religiões comparativas, Diana Eck (1993), em reflexões mutantes sobre o significado da deusa para os seus devotos, diz que havia algo na sua imagem aparentemente violenta que era profundamente verdadeiro. Ela pretende que era a verdade do poder divino reivindicando o terreno da vida e da morte, pois, embora possa ser fácil lembrar o divino na tranquilidade da vida, não é tão fácil evocar a presença do divino quando se está olhando para a face da morte. Eck continua a descrever uma tragédia pessoal relacionada à morte violenta do seu irmão, e como no momento de ver o seu corpo jazendo no necrotério, ela pôde compreender os hindus que buscavam a deusa no crematório. Vemos novamente as profundas contradições em falar da questão do que significa ver significado no sofrimento, um tópico que alguns antropólogos acharam mais adequado tratar autobiograficamente (esp. ROSALDO, 1989).

Além disso, a distinção entre sociedades "tradicionais" e sociedades "modernas" não fica bem aqui. As primeiras não menos do que as segundas apelam para o que Eliade vê como sendo o imperativo de voltar às origens, frequentemente através de atos rituais: "há em todo lugar uma concepção do fim e do começo de um período temporal, baseada na observação dos ritmos biocósmicos e da parte formadora de um sistema maior – o sistema das purificações periódicas... e da regeneração periódica da vida. [...] [e] uma regeneração periódica do tempo pressupõe, de uma forma mais ou menos explícita – e especialmente nas civilizações históricas – uma nova criação, isto é, a repetição do ato cosmológico. E esta concepção de uma criação periódica, isto é, da regeneração cíclica do tempo, coloca o problema da abolição da 'história'" (ELIADE, 1954: 52-53). Porém, exatamente por esta razão, devemos agora também reconhecer que o que é apresentado como história, às vezes em contraste explícito com uma categoria chamada "mito", é frequentemente não menos um exercício na supressão do tempo em nome do tempo, produzindo estas temporalidades atemporais, como são as origens nacionais e a "antiga tradição".

Tempo e temporalidades

Ossio vê nesse padrão de regeneração temporal a base racional dos sistemas de idades que podem ser encontrados em muitas mitologias – especialmente quando, talvez como um resultado da autoconsciência letrada e assistida que ela acarreta, a história da própria instrução se torna uma questão. (Mais uma vez, o padrão é reproduzido nos escritos do humanismo ocidental, de Vico a ONG e mesmo Derrida.) Sem dúvida, a questão da própria temporalidade – agora objeto de uma autoinvestigação filosófica e histórica no Ocidente (p. ex., HAWKING, 1988) – sublinha grande parte do que as pessoas consideram como sendo o senso comum.

Ossio escreve: "Embora a divisão do tempo em idades não seja universal, muitas sociedades, particularmente aquelas vistas como 'altas' civilizações, desenvolveram este padrão. Elas podem variar em número de idades, no conteúdo de cada idade, na sua sequência, e em outros aspectos, mas o que todas têm em comum é que elas são atemporais e consequentemente míticas. Um exemplo interessante destas variações e das maneiras como estas idades se organizaram para se opor à história pode ser visto nos contrastes entre aqueles sistemas que pertencem à tradição indo-europeia e aqueles da cultura andina". Até mesmo para que possamos propriamente estar suspeitosos da divisão de Lévi-Strauss do mundo em sociedades "frias" e "quentes", as diferenças culturais sem dúvida afetam de fato as formas específicas, em contextos iletrados e também letrados, tomadas por esta narrativa evolucionista – um importante subconjunto que inclui os vários evolucionismos antropológicos do século XIX, de Tylor a Marx.

De acordo com Hesíodo, observa Ossio, "os gregos acreditavam que antes da sua época atual quatro idades tinham decorrido. A primeira era de ouro e foi descrita como um período em que a humanidade era perfeita. A segunda era simbolizada pela prata, e a terceira pelo cobre. A quarta era aquela dos heróis e não estava associada a qualquer metal, e a última, que corresponde a seu período contemporâneo, era simbolizada pelo ferro. A sequência completa era caracterizada como um processo de decadência de um estado inicial de perfeição. Correspondentemente, a última, aquela a que a humanidade viva pertencia, era concebida como um período no qual a humanidade estava condenada ao sofrimento". E ele faz uma comparação com a antiga Índia, onde o ciclo completo, ou *Mahayuga*, inclui quatro idades, cada uma delas precedida por uma ascensão e seguida por um ocaso. Cada idade sucessiva era mais curta; para os seres humanos cada uma também acarretava uma redução do tempo de vida, um relaxamento do comportamento e um declínio da inteligência. Este processo de decadência acabava no *Kali-yuga*, o nome que carrega a conotação de "sombras", porque nesta idade as sombras se tornaram mais densas. O ciclo completo acabava numa total dissolução, depois da qual um novo ciclo começava.

Nas culturas da pré-conquista histórica das Américas, o passado era da mesma maneira esquematizado como uma sequência de idades (ou "sóis"), cada uma associada com um nível específico de evolução humana. Em vez de colocar a sequência em termos de declínio, como no esquema registrado por Hesíodo, estes sistemas representavam toda humanidade como atingida, e então sem o sofrimento atribuído a ela nas teodiceias indo-europeias, somente na última idade (variadamente a quarta e a quinta). A ruptura que encerrava os períodos anteriores era representada como especialmente assustadora, na medida em que ela sugeria paralelos ameaçadores prováveis de serem realizados no presente. Entre as culturas mesoamericanas, tais como aquelas dos astecas e dos maias, estas rupturas eram vistas como o produto de cataclismos causados pela intervenção de cada um dos elementos naturais: uma idade era superada pela água, a próxima pelo fogo, outra pelo ar e ainda outra pelos terremotos. Para evitar algo semelhante, como a cessação do movimento do sol, os astecas recorriam em larga escala ao sacrifício humano.

Na área andina, embora a informação venha das fontes já fortemente influenciadas pelo pensamento ocidental, é possível reconhecer que uma concepção semelhante a esta das culturas mesoamericanas também existiu. A humanidade viva estava localizada no último dos cinco "sóis". Dizia-se que cada um desses "sóis" tinha durado mil anos, subdivididos em duas metades iguais. Os pontos de ruptura de cada divisão eram chamados de *pachacuti*, que significava "transformação mundial" ou cataclismo. Nove dessas rupturas tinham já precedido o tempo dos cronistas, que não obstante sustentaram que ainda outra estava para acontecer.

A respeito da natureza das forças que produziram a ruptura entre um período e outro, há infelizmente poucas referências. Ossio observa, contudo, que algumas fontes, como crônica de Pai de Murua (1964), também menciona os quatro elementos naturais e observa que o dilúvio cristão era traduzido na língua quéchua como *uno yaku pachacuti* ou "pachacuti de água". As populações andinas atuais ainda falam a respeito de humanidades anteriores que foram destruídas pela água e pelo fogo.

Os incas e outros grupos andinos buscaram refúgio para evitar esta consequência catastrófica, não por meio do sacrifício humano, como faziam os astecas, mas construindo, ao contrário, um elaborado parentesco divino, que incluía como seu principal atributo a restauração e a manutenção da ordem; o conceito de *pachacuti* estava associado não somente com o cataclismo que produzia a ruptura entre períodos, mas também com o rei divino (Inca) que sozinho era capaz de restaurar a ordem. Para aumentar a divindade do Inca e o papel da condição como um princípio unificador, ele era representado como o mediador de opostos complementares derivados de uma concepção dual do mundo e da sociedade.

Aqui, temos Ossio novamente: "Por causa desta capacidade de ordenar o mundo, não somente os reis, mas também os seus grupos étnicos eram vistos como um paradigma de sociedade organizada. Antes deles, os grupos sociais existentes eram vistos como bárbaros, envolvidos em guerras endêmicas. Alguns cronistas, como Guaman Poma de Ayala, reelaborando esta concepção e aquela das idades do mundo, organizaram a última numa sequência evolucionária, uma sequência que começou com uma primeira idade, onde os seres humanos se vestiam com folhas de árvores e habitavam cavernas, e acabou com uma quinta idade, aquela dos incas, onde eles eram vistos como paradigmas de uma civilização total".

Este papel do parentesco inca como um dispositivo para desafiar a história através de sua capacidade de introduzir a ordem, argumenta Ossio, mais tarde se tornou um importante quadro para a incorporação do cristianismo entre as populações indígenas. Visto também como um rei divino, Cristo era assimilado na figura do Inca. Consequentemente, a atração que o cristianismo exerceu sobre as populações indígenas era muito devido à sua associação com uma ideia de ordem e também com as ideias escatológicas que ele proclamava. Esta seletividade explica parcialmente por que a linearidade temporal do cristianismo era diferentemente compreendida como tal, já que estava encapsulada no interior de uma concepção estática de tempo. A importância ligada ao parentesco divino, a sua associação com uma visão cíclica do tempo, e as suas orientações monogâmicas numa organização social hierárquica, pensa Ossio, também explica em parte a importância concedida ao messianismo como um fenômeno religioso recorrente nesta parte do mundo, com sua ênfase no retorno do Inca. Estes arranjos são realmente "máquinas para a supressão do tempo". De acordo com Tom Zuidema (1989), o fato de que cada um dos nomes atribuídos aos reis incas, assim como aos grupos sociais ligados a eles, ocupe posições fixas dentro de um sistema fechado – como no sistema *ceque* de Cuzco, que integrava o tempo, o espaço, a organização social, a religião e, em geral, toda a sociedade – constitui uma forte evidência da sua a-historicidade. Porém, eles estão ostensivamente fundados num conceito de tempo, e a esse respeito, pelo menos, eles fornecem ainda outro exemplo da relação entre poder e tempo – uma relação na qual qualquer sugestão de uma única e irrepetível temporalidade, sempre corrosiva da estabilidade social assim como da própria vida humana, coloca uma ameaça perpétua. Esta ameaça devia reaparecer na América Central e na América do Sul como um desafio à história escrita pelos conquistadores em relações significativas de nível local (cf. RAPPAPORT, J., 1994).

A mortalidade, este aspecto inescapável da vida individual, é o fulcro sobre o qual grande parte da cosmologia se volta. Já um escritor como Frazer observou que o parentesco divino foi estabelecido de modo que a figura do monarca simbólico morria, mas era substituído por um simulacro. Realmente, a individuação e a diferença foram compradas ao preço da mortalidade: a história de Adão e Eva, por exemplo, é num grau significativo, um conto moral sobre a corrosão que resulta da introdução da temporalidade. Mas a mortalidade também significa que há pessoas mortas – os ancestrais – cujo acesso pode significar um aumento do poder. Helms (1998) argumentou que aqueles que estão fora da casa – afins (pelas leis) – podem estar associados com as práticas funerárias exatamente porque, vindos de fora, eles representam a autoridade que é derivada da distância temporal, que é, por sua vez, análoga à distância geográfica que empresta uma aura especial aos bens comercializados de longe. Sendo a morte a última distância, o controle sobre o acesso aos mortos pode conferir um poder simbólico enorme. Devemos notar também que os mausoléus dos líderes do passado desempenharam um papel central na consolidação simbólica do poder totalitário no século XX.

O ritual e a ordem cosmológica

Os rituais podem ser vistos como uma maneira de resistir a esta corrosão por meio da rotina. A repetição e a redundância, assim como a simplificação da linguagem e um grau muito baixo de referência às coisas do mundo social caracterizam a maioria das formas daquilo que veríamos como ritual (TAMBIAH, 1979). Embora alguns rituais tenham como objetivo mudar situações específicas – os rituais de cura são um caso óbvio em foco – eles dizem respeito, no sentido cosmológico, à reafirmação da ordem. As curas gregas para o mau-olhado, por exemplo, envolvem restaurar um equilíbrio ideal, simbolizado pelo exercício do controle simbólico sobre os orifícios do corpo – os pontos nos quais a desordem, entrando nas vidas do indivíduo, filtra também no corpo político (HERZFELD, 1986).

Os ritos são assim um domínio de firmeza cosmológica: as mudanças que eles envolvem são uma recalibragem do detalhe local para a grande ordem das coisas. Isto os torna um veículo ideal para o conhecimento mitológico. Mais do que isso, contudo, "o ritual é um momento especial com um começo, um meio e um fim, uma história completa ou um capítulo no livro sem fim que é a sociedade. Esta possibilidade permite nos livrar, ainda que brevemente, da terrível indiferença encapsulada na linha contínua que salta das rotinas societárias sem começo nem fim" (DA MATTA, 1991: 23). Ele fornece, assim, um meio de manter sob algum tipo de controle coletivo a tentativa humana de adiar a mortalidade, de criar momentos únicos nas extensões mortas da experiência – rotina, tédio, arregimentação – que servem os interesses do poder. Ele fornece – como ao nomear práticas, por exemplo – um espaço onde se pode individuar a vida de alguém, mas, em muitas sociedades, somente em termos que são já autorizados pela hierarquia religiosa ou secular. É difícil evitar as explicações funcionalistas do ritual, dado que o ritual é geralmente investido por seus executantes com objetivos específicos – às vezes altamente pessoais, às vezes genéricos, mas sempre impondo algum grau de instrumentalidade. Mesmo as explicações de ritual que focalizam a produção de significado podem ter este matiz funcionalista, a partir do qual podemos somente resgatá-los – como, por exemplo, Argyrou (1993) faz na sua discussão das práticas mágicas – examinando a ação daqueles envolvidos.

O ritual é também inevitavelmente sobre o tempo – a sua passagem, o seu significado e a sua inexorável associação com a decadência e a morte, assim como com as imagens do renascimento, da reencarnação, ou do reagrupamento. Num certo sentido, portanto, todos os rituais dizem respeito à passagem. Eu me lembro do último Edwin Ardener uma vez perguntando: "Quando é que um rito não é um rito 'de passagem'?" A famosa (e muito aristotélica) divisão tripartite dos rituais de Arnold Van Gennep (1965) em começo ("separação" de uma fase precedente), meio ("transição") e fim ("incorporação" numa nova fase) coloca o cenário para as análises narratológicas e dramatúrgicas do ritual, mas talvez também tinha uma influência bastante sobredeterminante. Realmente, embora Victor Turner (1974) tenha transformado o esquema de Van Gennep num modo social de análise, mostrando como a fase de transição correspondia a condições de ambiguidade de definição ("liminaridade", "antiestrutura" e *communitas*") e aos perigos simbólicos da incerteza e falta de ajuste categórico (cf. DOUGLAS, 1966), o esquema básico permaneceu largamente inconteste. Somente a obra de Goffman (p. ex., 1959), no entanto, minou as barreiras durkheimianas entre o sagrado e o profano e entre o social e o individual.

Os rituais podem expor as fraquezas ou as contradições da sociedade. Realmente, Max Gluckman e seus seguidores frequentemente escreveram, como se esta fosse a função teleológica do ritual – que, expondo a autoridade à insubordinação rebelde dentro do quadro ritual, os rituais realmente serviam para manter o *status quo*: o equivalente interacional era a bisbilhotice, na qual a moral era mantida por uma alusão constante, realmente ritualística às suas infrações inevitavelmente frequentes (GLUCKMAN, 1993a, 1963b). Esta visão do ritual como um mecanismo de estabilidade dificilmente morre, embora o tratamento dado por Lévi-Strauss do mito reproduza fielmente a teleologia destes velhos argumentos funcionalistas. Esta lógica pode realmente ser discernida nos rituais criados pelas agências dos sistemas estatais totalitários, que desse modo tentam inculcar um sentido de objetivo inevitável no populacho em geral. Como uma consideração analítica de outras formas rituais, ele permanece – na melhor das hipóteses – não provado.

Por razões semelhantes devemos ter cuidado com a tentação de ver os carnavais e outras extravagâncias rituais como simplesmente uma variedade do "mecanismo de libertação". A observação de Bakhtin de que o riso oferece libertação "de qualquer dogmatismo religioso e eclesiástico, de qualquer misticismo e piedade" (BAKHTIN, 1984: 7) é uma descrição refinada do que muitas vezes realmente acontece, mas esta não é uma explicação da gênese inicial dos ritos de rebelião. O argumento de Victor Turner (1974) de que os rituais fornecem um espaço para vivenciar a *communitas* – o domínio da antiestrutura e do nivelamento das diferenças – fornece uma explicação mais socialmente fundada que não impede, e realmente envolve, as inversões rituais que intrigaram tanto Bakhtin. O carnaval, por exemplo, rompe a formalidade de muita coisa da vida cotidiana. Ele é um momento em que as normas sociais ficam suspensas para permitir aos indivíduos expressarem a sua humanidade espontânea, mas ainda como parte de uma entidade coletiva: "As pessoas não se excluem da totalidade do mundo... Esta é uma das diferenças essenciais do riso festivo das pessoas a partir da pura sátira dos tempos modernos. O satírico cujo riso é negativo se coloca acima do objeto da sua zombaria, ele é o oposto disso. A totalidade do aspecto cômico do mundo é destruída, e aquilo que parece cômico se torna uma reação privada. O riso ambivalente das pessoas, por outro lado, expressa o ponto de vista de todo mundo; aquele que está rindo também pertence a ele" (BAKHTIN, 1984: 12).

Aqui, a questão crucial é que no carnaval, e em outros ritos de inversão simbólica, há amplo espaço para jogar. É aqui que as pessoas podem explorar as tensões inerentes ao fato de que elas pertencem a uma comunidade, porém, não compartilham igualmente nos seus benefícios. Nestes rituais, a cosmologia vem a incorporar os mundos experienciais das pessoas comuns, de modo que as suas maneiras de compreender e lidar com ele ocupam o centro do palco. Estes são momentos não somente para a afirmação da ordem, mas também para a exploração das possibilidades alternativas. Retornaremos a este aspecto do ritual no capítulo sobre Monitores da Ordem.

Cosmologia e representação

A cosmologia pode às vezes ser acessível através de uma análise da iconografia. Esta iconografia pode ser verbal, como na invocação blasfema de imagens indecentes, ou pode ser mais diretamente pictórica. A divisibilidade das noções Nuer de divindade, por exemplo, nunca aparece assumir uma forma visual – realmente, é difícil imaginar como se poderia pictoricamente representar um conceito de divindade infinitamente divisível. A sua significação social é que a ideia de um ser divino transcendente é fraturado pelas divisões reais da vida social: o *Kwoth* (ser sobrenatural supremo) de todos os Nuer é refratado em numerosos *kuth* (plural), cada um deles associado com uma subdivisão do mundo social e natural. Ao contrário, embora a refração da essência divina não se tenha tornado visível na iconografia ortodoxa oriental, tornou-se palpável na prática social – através da reverência dada a itens particulares, preferidos. A lógica aqui repousa numa teoria estética, ela própria fundada na teologia ortodoxa, de que todos os ícones são versões sociais e localizadas de uma imagem pictórica original; mesmo as cópias fotográficas de ícones famosos estão imbuídas com refrações da mesma graça. Esta lógica também toma a forma verbal num sentido negativo: se pode amaldiçoar as figuras divinas "de" inimigos como se eles fossem, nesse momento, figuras diferentes da Virgem Maria, por exemplo.

Ao estudar a iconografia, os estruturalistas às vezes imaginam o seu sonho de um universo organizado binariamente. Nas culturas mesoamericanas pré-conquista, como aquelas dos astecas e dos maias, por exemplo, o mundo era dividido em quatro partes e um centro, e cada uma delas por sua vez estava associada a divindades específicas e símbolos diferentes (FLORESCANO, 1987). O fato de que aquelas divindades e símbolos ocuparam uma posição fixa dentro de um sistema inter-relacionado fechado emprestou especificidade a seu significado e permitiu a reconstrução de complexos estruturados mais amplos, finalmente revelando as premissas básicas do sistema cosmológico.

Para o mundo andino, Ossio (1977) empreendeu uma análise semelhante, utilizando estes textos ilustrados, como a crônica de Guaman Poma, que data do final do século XVI e início do século XVII. No mapa do reino indígena de Guaman Poma, o espaço é dividido pela interseção de duas diagonais que delimitam as quatro partes do mundo com Cuzco no centro. A partir de diferentes representações do Inca cercado pelos reis das quatro partes do mundo, a partir da representação do tempo como dividido em cinco idades com aquela dos incas como a última, e a partir de outra evidência interna. Ossio sugeriu que – embora superficialmente espanholado – Guaman Poma era sem a menor dúvida uma parte da sua sociedade indígena, na qual, como entre os astecas e os maias, o cosmos e a sociedade eram juntamente conceituados como um todo integrado e organizado de acordo com princípios dualísticos. A análise estruturalista de Ossio também revelava que o Inca, tal como o Tao chinês ou o Faraó egípcio, era representado como um princípio unificador que mediava entre opostos complementares e que, dentro de uma concepção cíclica do tempo, ele era concebido como o restaurador e o sustentáculo da ordem. Dessa maneira, o mundano e o divino eram integrados numa única cosmologia.

A dificuldade com estas representações é, mais uma vez, o seu pesado foco no sistema em detrimento da ação. É importante saber como as pessoas realmente usam as cosmologias e as suas representações. Estas últimas podem ser bastante subversivas, e de maneiras tão cotidianas quanto universais: considere-se, por exemplo, a reestruturação das ideias sobre a divindade que está necessariamente implicada nas formas da blasfêmia. Ambos os lados do debate sobre o aborto nos Estados Unidos reivindicam estar comprometidos com a proteção da vida humana; eles discordam, contudo, sobre como defini-la. O seu solo comum ressalta as diferenças que os dividem (cf. GINSBURG, 1989). Num clássico, no sentido de Evans-Pritchard, estas interpretações representam refrações através do universo social dos valores comuns produzidos, para fins de debate, para parecer irrevogavelmente irreconciliáveis. É naturalmente difícil saber o que Guaman Poma estava tentando realizar: a distância teórica nega para nós o luxo da entrevista etnográfica, ou a observação contextual. Mas certamente, numa época de ajuste doloroso às novas realidades do domínio espanhol, as consistências tão delicadamente desenterradas do texto por Ossio eram desenvolvidas para fins políticos muito específicos? Gostaríamos de termos sido capazes de testemunhar os argumentos que o próprio texto pode ter provocado.

Cognição e cosmologia

Por outro lado, é verdade, a crônica de Guaman Poma oferece um rico material para a consideração da visão estruturalista de Lévi-Strauss a respeito da humanidade. Esta posição sustenta que toda cultura está baseada numa lógica binária, cujas raízes parecem estar localizadas na fisiologia do cérebro humano. Ela era, de fato, a última versão de uma teoria que tinha já adquirido ampla atualidade na linguística e nos estudos literários. Como Ossio observa, o dualismo "há muito atrai a atenção dos cientistas sociais. Uma ênfase particular foi dada à sua materialização no espaço em divisões que vieram a ser conhecidas como metades e sua associação com uma espécie de aliança de casamento prescritiva chamada de troca restrita ou direta. De uma perspectiva simbólica, outro aspecto que provocou o interesse de estudiosos foi o uso deste dispositivo classificatório para sublinhar uma imagem de totalidade e para aumentar as qualidades unificadoras de uma entidade pensada como divina". Além disso, estas observações podem ser estendidas para além do alcance imediato dos estudos de campo convencionais: assim, John Borneman (1992) fala da simbiose de longo prazo de dois regimes políticos e filosóficos mutuamente opostos, tratando as duas Berlins da era da Guerra Fria de antes de 1989 como metades, envolvidas num *pas de deux* estrutural que leva à sua eventual assimilação mútua no exato momento da queda do muro que as separava. Há também alguma evidência para sugerir que alguns sistemas previamente pensados como evidência dessa tendência universal podem em parte representar importações das fontes coloniais, como, por exemplo, na sugestão de que alguns dos aspectos mais impressionantes do dualismo simbólico andino podem ter originado nas ideias espanholas sobre a hierarquia social (GELLES, 1995). O surgimento destas visões historicamente críticas marca a reação contra o a-historicismo das abordagens estruturalistas, sugerindo que empréstimo e imitação podem estar tão engajados na estruturação das supostas cosmologias indígenas ou locais quanto estão as supostas comunidades da cognição humana.

Ainda que nos confinássemos às sociedades de pequena escala dos tipos mais geralmente estudados pelos antropólogos no passado, a ideia de que o dualismo pode assumir formas específicas – e pode ele mesmo ser um fenômeno cultural e historicamente específico, que não é encontrado em todo lugar no mesmo grau – tem importantes repercussões. Na sociedade andina, pelo menos, o dualismo é um dispositivo classificatório recorrente, desde o período pré-hispânico; a mitologia enfatiza a ideia da reciprocidade e da oposição entre os sexos. Um mito que explica a origem das metades da comunidade de Sarhua (Ayacucho, Peru) menciona que no começo, porque eles estavam indivisos, eles não estavam motivados para cumprir a tarefa de carregar o sino de Maria Angola. Para superar esta situação, eles decidiram organizar uma competição. Para este propósito, eles desenvolveram as metades Qollana e Sawqa nas quais eles estão agora organizados (PALOMINO FLORES, 1984: 60). É esta narrativa simplesmente uma tentativa etiológica *post facto* de dar conta da organização social dual, ou ela encapsula as lembranças de um real processo histórico? São estas explicações necessariamente mutuamente excludentes? A tendência de ver a organização social dualista tanto como área específica quanto uma instanciação dos princípios universais de binarismo pode ser enganosa. A sugestão de Gelles (1995) de que a sua permanência até agora pode também dever muito à superimposição de sistemas de pensamento dualistas semelhantes, presentes na cultura hispânica invasora, torna o dualismo mais geral (ele é encontrado tanto no Velho Mundo quanto no Novo Mundo) e também mais historicamente específico (a sua importância é explicada por uma particular confluência dos esquemas culturais). Pode não ser mais particularmente proveitoso especular sobre a questão da universalidade. Ao contrário, a frequência do dualismo – uma reivindicação menor, porém, mais demonstrável – pode ser invocada como parte da explicação do sincretismo, um fenômeno mais uma vez de interesse para antropólogos, quando eles historicizam os seus dados grandemente contemporâneos e sincrônicos e exploram os modos como os vários povos têm tentado assimilar às suas próprias visões do mundo as cosmologias de forasteiros conquistadores e missionários invasivos (cf. SHAW & STEWART, 1994).

Contudo, pode haver pouca dúvida sobre a frequência das representações dualistas do universo. Elas são muitas vezes codificadas em formas de organização arquitetônicas e outras formas espaciais. Não surpreendentemente, talvez, elas mais geralmente jogam com estes pares fundamentais como natureza-cultura e feminino-masculino (um paralelismo que provocou enormes debates sobre a universalidade; cf. ORTNER & WHITEHEAD, 1981; ARDENER, 1989; ROGERS, 1985). Assim, culturas tão distantes como o Purum de Borneo e o Kabyle da Argélia (NEEDHAM, 1962; BOURDIEU, 1977) arranjam o espaço doméstico de acordo com princípios que, seguindo a última análise de Bourdieu (1977), reciprocamente estruturam as percepções dos indivíduos a respeito do direito e do lugar adequado dos corpos humanos no espaço arquitetônico – a roupa, por assim dizer, do corpo político. Nem estão estes arranjos confinados às sociedades de pequena escala ou modernas. A proeminência de princípios geomânticos no desenho arquitetural entre os urbanos chineses em Hong-Kong e na Califórnia sugere, por outro lado, como fazem as intensas diferenciações entre desenho externo e interno – grosseiramente correspondente aos motivos neoclássicos ou ocidentais e rurais ou turcos, respectivamente – através dos quais os gregos modernos e outras populações europeias do sul calibram os seus espaços de vida com uma hierarquia política de estilos culturais (Ocidente *versus* Oriente), e como fazem os afro-brasileiros no seu estilo de decoração na gestão da casa (VLACH, 1984).

Várias explicações foram oferecidas para a aparente onipresença dos princípios dualísticos. Eliade sugeriu que o dualismo era uma expressão da união de contrários, ou do que Nicolau de Cusa chamou de *coincidentia oppositorum* – que "era a definição menos imperfeita de Deus" (ELIADE, 1965: 80-81; 1962: 98). Ele representava o mistério da totalidade e era considerado como sendo "a melhor maneira de apreender Deus ou a realidade final" para além dos termos da experiência imediata, que somente tem a capacidade de perceber "fragmentos e tensões" (1965: 82; 1962: 100). Eliade conclui (1965: 12; 1962: 141): "Finalmente, é o desejo de recuperar esta unidade perdida que levou o homem a pensar sobre os opostos como aspectos complementares de uma única realidade. É como um resultado destas experiências existenciais, causadas pela necessidade de transcender os opostos, que as primeiras especulações teológicas e filosóficas foram elaboradas. Antes que se tornassem os principais conceitos filosóficos, o Uno, a Unidade, a Totalidade eram desejos revelados nos mitos e nas crenças e expressados nos ritos e nas técnicas místicas". Mas se esta explicação pode ou não ser aplicada universalmente aos sistemas cosmológicos, isto é duvidoso: parece uma ilustração bastante óbvia da crítica que Talal Asad (1993) dirigiu mais geralmente à categoria antropológica de "religião" – o fato de ele impor uma visão de mundo cristã em outros modos de apreender o mundo.

Mais elegante é o argumento de David Maybury-Lewis, que sugere um paralelo entre equilíbrio conceitual e paz social e política (1989: 14). Um argumento semelhante é proposto por James W. Fernandez (1982, 1986), que achou para o Fang do Gabão, assim como para as igrejas sionistas na África do Sul, que os princípios de oposição numa área da cosmologia deviam ser reproduzidos como um detalhe arquitetônico ou outros detalhes estéticos em outras arenas da vida cotidiana, embora o igualitarismo do projeto da igreja ecoasse princípios semelhantes a serem encontrados em danças circulares. Novamente estes contrastes não estão confinados ao domínio do sagrado: um folclorista, Gerald Pocius (1979), achava que o agudo contraste entre a formalidade hierárquica das salas de estar dos habitantes de Terra Nova e a informalidade das suas cozinhas, respectivamente, ecoou, nestes espaços contrastantes, nos projetos de tapetes enganchados pendurados nas paredes.

Estes arranjos podem ser altamente duráveis, particularmente porque eles são codificados nos espaços da vida cotidiana e assim se tornam uma questão de hábito. Realmente, Ossio acha que os imperativos da estrutura dualística devem ser potencialmente um forte determinante da identidade, notando, por exemplo, que em algumas sociedades andinas o fato de que alguns conjuntos de metades (*ayllu*) conservam uma continuidade estrutural ao longo do tempo sugere que os indivíduos podem mudar a filiação de grupo para não perturbar o equilíbrio necessário à competição. Embora esta visão devesse sugerir uma falta de ação por parte dos membros da comunidade, não há dúvida de que em muitas sociedades as pessoas se acomodam para se adaptarem às obrigações estruturais dominantes. A extensão na qual a cosmologia parece determinar a ação deve de fato se mostrar como uma valiosa fonte de conhecimento dos processos hegemônicos por meio dos quais a consciência pode ser arregimentada para servir aos regimes de verdade colonizados – processos que foram frequentemente recorrentes na história humana (cf. COMAROFF, Jean & COMAROFF, John, 1991, 1997).

A cosmologia e a história podem ser interpretadas como versões duráveis de estrutura e ação, respectivamente. Em algum momento dado, a cosmologia fornece uma visão da interpretação corrente da verdade absoluta. Ela é representada como estática. Quando ela incorpora o tempo, ela pode desenvolver um modelo cíclico ou teleológico – como aconteceu na historiografia ocidental com Spengler e Marx, respectivamente; foi este futuro que emprestou para estas visões da história o seu apelo aos regimes políticos autoritários. A cosmologia coloca o tempo a serviço da estrutura social; uma das mais dramáticas ilustrações disso está na representação de eventos nas assim chamadas sociedades segmentárias, onde a verdade se torna relativizada pela instabilidade das relações políticas (DRESCH, 1986; SHRYROCK, 1997) – não é coincidência que as ditaduras, ao contrário, promovem verdades históricas unitárias, enquanto as democracias parecem incentivar o desenvolvimento de interpretações múltiplas, alternativas, embora a distinção seja ela mesma parte da cosmologia e da ideologia de sistemas que existem sob ambas as rubricas. Cada um desses arranjos também corresponde a uma compreensão diferente e adequada do lugar da ação em relação ao corpo social como um todo. Os atores sociais dentro desses sistemas, então, refazem as cosmologias de novas maneiras; o idioma cosmológico fornece material para a negociação da mudança social.

Quando vamos da cosmologia para a história e do ritual para o espetáculo, podemos resistir à tentação de ver estas transições como mudanças das formações modernas para as pós-modernas. Além disso, elas representam mudanças no grau no qual tratamos de questões da ação em relação às estruturas duráveis da vida social – estruturas cuja própria existência está, não obstante, implicada naquelas ações que dão a elas significado e presença. Os processos daquilo que Weber chamou de "desencantamento" são reversíveis, ou podem estar no olho nostálgico do espectador mais do que na experiência das comunidades locais. A Modernidade não está desprovida de cosmologia, e os cientistas admitem limites do conhecimento mais incríveis agora que conhecemos a tecnologia, não como sendo uma panaceia para todos os males, incluindo a nossa própria ignorância. Este é o desafio que manda o antropólogo de hoje para o laboratório e para o escritório administrativo, para as salas de emergência médicas e para as redes de e-mail (cf. ANDERSON, J. & EICKELMAN, 1999; LOZADA, 1998). Aqui também, as questões de vida e morte são exploradas de maneira que deviam ser proveitosamente comparadas com o parentesco divino que fascinou tanto Frazer no século XIX. Ou, como poderíamos dizer em termos que ele certamente teria reconhecido: a cosmologia morreu; viva a cosmologia!

10
Sofrimentos e disciplinas

Disciplinas, normas e proteção

A visão de cosmologias apresentada no capítulo anterior é uma consideração de sistemas de pensamento. Ela diz muito pouco a respeito daqueles que produzem o pensamento e a ação que constituem o espaço próprio da pesquisa antropológica no campo. Neste capítulo, eu vou recorrer a dois ensaios admiráveis, o de John Borneman e o de Veena Das, respectivamente. A partir de perspectivas diferentes, juntos eles desafiam a visão da antropologia como um estudo de sistemas – de regras formais e práticas normativas – e mostram como o estabelecimento de regras sobre corpos e pessoas demandam uma resposta crítica da antropologia. Assim, eu proponho, junto com eles, fazer a seguinte pergunta: Como pode a antropologia contribuir para uma reavaliação do social que realizará isto, não o espaço de regulação, punição e culpa, mas antes aquele da assistência, da proteção e da aceitação? Eu também quero ligar este capítulo à discussão do desenvolvimento, na qual, como eu tentei mostrar, uma intenção declarada de ajudar populações a alcançar a autossuficiência muitas vezes levou a formas de sofrimento de uma intensidade até agora vivenciada somente nos momentos de guerra e de peste.

Finalmente, para aqueles que podem ter se surpreendido com onde, neste livro, dois dos mais antigos e mais familiares temas da antropologia social – o parentesco e o gênero – finalmente aparecerão, este é o momento estrategicamente retardado do seu aparecimento. Em parte, seguindo a crítica de Borneman sobre a representação do parentesco e, em parte, focalizando as recentes discussões a respeito do papel do parentesco na constituição de entidades maiores, como os estados-nação, eu tentarei aqui sugerir importantes correspondências entre o corpo pessoal e o corpo político. Eu especialmente observarei o lugar do corpo na disciplina, associado com a modernidade burocrática, incluindo o Estado, a mídia e a biomedicina ocidental. E é aqui, finalmente, que esboçarei uma possível posição ética para uma antropologia que deve evitar dois extremos insustentáveis: o racismo e outras formas de intolerância essencializada, e uma espécie do chamado relativismo cultural que daria desculpas para o genocídio. Pois aqui também habitaremos um meio-termo militante: ficou evidente que é a conexão com a ação local e pessoal que torna o social e o cultural, mesmo na escala internacional maior, um quadro aceitável para a própria vida.

Pode parecer curioso que uma disciplina que por muito tempo se jactou do seu compromisso com a tolerância cultural achasse necessário enfrentar esta tarefa. No entanto, como Borneman apontou (cf. tb. BORNEMAN, 1996), a antropologia teve um desenvolvimento notavelmente paralelo com aquele da lei, e seus profissionais sempre tenderam a buscar as normas de uma sociedade como a base para compreender estas categorias-chave, como são o parentesco e "a família". Este discurso deve também ser interpretado no contexto da globalização de uma ideologia que torna a família heterossexual (e, eu acrescentaria, a casa comandada pelo macho) o padrão, diante do qual todos os outros arranjos são tratados como aberrações. Isto pode ser algo exagerado, mas como tal isto pelo menos perturba a complacência de grande parte da teoria atual. Pois, como Borneman observa: "Mesmo as Nações Unidas abordaram este direito com um tipo especial de reverência, ao designar o ano de 1975 como 'O Ano Internacional das Mulheres', 1979 como 'O Ano Internacional da Criança' e 1994 como 'O Ano da Família'. Realmente, 'o sacramento do casamento', definido em termos de heterossexualidade de procriação institucionalizada, é um dos poucos direitos positivos que alcançou quase um consenso universal. Por causa desta ideologia mundial, as conexões do casamento e da família – os princípios da descendência e da afinidade – com a afirmação do privilégio, da infâmia e da exclusão são raramente vistas e, portanto, raramente examinadas". Realmente, na medida em que o casamento se tornou um símbolo-chave de estabilidade internacionalmente reconhecido, ele parecia justificar o argumento mais genérico de Talal Asad (1993) de que o termo "religião" foi apresentado no discurso antropológico e em outros discursos como um sucedâneo de uma religião particular, o cristianismo. Mas a adoção acrítica dos modelos de família, autoridade patriarcal e coisas semelhantes pode também reproduzir o senso comum repressivo de outros sistemas religiosos e suas consequências sociais – como, por exemplo, Gupta (1998: 100-101) mostra para casta e gênero numa comunidade hindu da Índia.

Eu interpretaria a posição de Borneman, no entanto, em termos de uma problemática ainda maior, na qual a sua centralidade para as tarefas da antropologia – o que quer que se pense de suas conclusões – se torna visível. Isto tem a ver com a produção social da indiferença (HERZFELD, 1992) – a utilização de sistemas burocráticos de classificação para justificar a exclusão, a rejeição e alguns dos mais insensíveis desprezos do sofrimento de larga escala que o mundo já conheceu. O problema não é necessariamente de intenções: muitas das burocracias do mundo foram criadas e podem mesmo funcionar para proteger os interesses de todos os seus cidadãos. Mas burocracias são estruturas e estruturas são operadas por alguns agentes que podem não ser tão benéficos como foram os fundadores daquelas estruturas. Exatamente porque as intenções são finalmente apenas adivinháveis na melhor das hipóteses, elas fornecem um discurso ético que os atores podem explorar para uma enorme variedade de fins, desde a compaixão até a repressão. A tarefa particular de uma antropologia compromissada é questionar os meios através dos quais aquelas estruturas são convocadas a serviço de interesses altamente localizados.

Veena Das admite as dificuldades que surgem do engajamento histórico da antropologia nos processos que agora ela é convocada para examinar: "Como tornar o sofrimento significativo permanece uma tarefa formidável para a antropologia social e para a sociologia. Isto deriva em parte do fato de que uma sociedade deve, até certo ponto, ocultar de si mesma quanto sofrimento é imposto aos indivíduos como um preço por pertencer a ela, e as ciências sociais podem estar correndo o risco de imitar o silêncio da sociedade em relação ao sofrimento". Ela também sugere que a questão foi até agora posta em termos de uma noção racionalista de cálculo, na qual "maximizar" pode ser o conceito operativo, quando não geralmente tácito. Enquanto ela corretamente observa que o foco antropológico na vida cotidiana – como oposto a uma metafísica abstrata – é o que permite aos antropólogos tratarem da questão do que significam o sofrimento e a proteção para os membros de uma dada sociedade, a problemática de Borneman mostra que esta orientação não é uma garantia da imunidade da disciplina ao tipo de cumplicidade que Das descreve. Aqui é necessária uma reflexão historicamente fundada do tipo discutido nos capítulos anteriores: uma compreensão dos arranjos por meio dos quais as pessoas vivem juntas, não como baseados numa organização voluntária de afeto e proteção, mas como respostas aos poderes reguladores da "sociedade". Devia ser acrescentado que este foco na ação individual corre o risco de reproduzir um outro tipo de normatividade, a autoestereotipia do "Ocidente" como individualista; mas aqui novamente, como já vimos na breve discussão a respeito do nacionalismo nos capítulos anteriores, explorar a história desta construção também deveria torná-la mais visível para nós.

Ao escrever sobre a proteção, Borneman está também tratando das realidades estruturais que as pessoas enfrentam nas suas vidas. Ele acolhe a possibilidade de que, mesmo na burocracia aparentemente mais repressiva, alguns atores sociais podem estar prestes a romper com (ou através) o emaranhado do atordoamento classificatório com o qual indivíduos menos afáveis tentam servi-los às custas dos outros. Nas nossas conversas sobre o presente livro, ele argumentou que este é um equilíbrio necessário contra o cinismo que um foco muito estreito sobre o sofrimento deve induzir; e é aqui que a sua contribuição especialmente complementa aquela de Das, que, embora cuidadosa com evitar acrescentar mais outra base para a exploração do sofrimento dirigida pela academia e pela mídia que tão frequentemente observamos, recusa especular sobre uma possível política de proteção alternativa – um termo (*care*) que em inglês também requer um peso considerável de bagagem ideológica e política.

Devemos também observar que proteção tem diferentes significados para diferentes grupos de pessoas. Ao escrever sobre os esforços para fazer cessar a disseminação da Aids na comunidade cristã de Botswana, identificando os doentes, Frederick Klaits (1998: 114) observa: "Dar uma boa morte... surge como uma preocupação mais urgente do que prevenir a disseminação da doença" para os membros da comunidade e o seu bispo. Há muita ambiguidade nestas situações: adotamos uma postura de relativismo cultural em surdina, ou condenamos as práticas religiosas hegemônicas que permitem a um bispo preferir manter uma "comunidade de fé" a identificar pacientes de Aids e assim ajudar a combater a disseminação da doença? Como Klaits desesperadamente observa, ao escrever que ele estava "celebrando estes esforços para manter e regenerar a comunidade, e ainda assim, enquanto assisto meus amigos ficarem doentes e morrerem, me aflige que pode ser somente uma questão de tempo antes que as coisas desmoronem".

Mas mesmo deixando estas decisões éticas agonizantes de lado, a questão de como tratar do papel daqueles que detêm o poder nos leva para águas traiçoeiras. Era o bispo um salvador da sua comunidade ou o agente de uma ideologia repressiva? O sistema determina a ética daqueles que trabalham dentro dele? É muito fácil confundir o meio com a mensagem – admitir que examinar os males potenciais de um sistema de classificação significa rejeitar o papel potencialmente benéfico de alguns atores. Isto erra o alvo: é a existência de uma superfície que pode ser interpretada de várias maneiras o que permite aos atores sociais de intenção igualmente diversa perseguir os seus objetivos. Mas o erro é extremamente revelador: nenhum de nós – nem mesmo os antropólogos! – está imune à tentação de aceitar a segurança conceitual de um sistema de classificação que parece dividir o mundo em bom e mau, ação e estrutura, sofredores e opressores – uma divisão que mostra que o dualismo está a salvo e bem agora. Rechaçando esta tentação, o desafio para a antropologia é trazer para o foco mais brilhante possível a processualidade agitada da vida social. Na tensão, mas também na complementaridade que me leva a justapor o pensamento de Borneman e de Das nesta discussão, podemos ver exemplificadas muitas das questões vexatórias que esperam uma antropologia que tenta dar sentido a seus compromissos e dilemas éticos.

Os legados clássicos: teodiceia revisitada

O *locus classicus* para explicar o problema do sofrimento pode ser localizado nas teorias da teodiceia, esta pedra angular do acoplamento entre ideias sobre os universos e as experiências sociais do aqui e agora. Para Weber (1963), a concepção racionalizada da ordem divina exigia uma explicação da distribuição injusta do sofrimento no mundo. Embora Weber forneça uma revisão majestosa das soluções desse problema nas religiões mundiais, variando de soluções escatológicas às soluções através dos dualismos espirituais e ontológicos, ele estava também interessado nas consequências destas teorias para a ação prática no mundo, e isto sem dúvida tinha consequências para uma antropologia orientada para a prática. Por exemplo, ele argumentou que a tradução das ideias escatológicas num interesse em relação ao destino de alguém depois da morte geralmente surgiu quando as necessidades terrenas mais essenciais tinham sido satisfeitas, e era geralmente limitada à elite; na medida em que, no sistema protestante, o sucesso terreno era também evidência de uma aprovação divina predestinada, além disso, isto tinha reais consequências para o manejo da reputação e do *status* na vida terrena. Isto também significa que os grandes conceitos da teodiceia podem ser traduzidos em idiomas cotidianos de autojustificação, tanto por aqueles que infringem sofrimentos nos outros quanto por aqueles que se encontram compelidos a explicar por que eles foram aparentemente destacados para o desastre. É esta flexibilidade do quadro weberiano para a análise de situações particulares que o recomenda especialmente para os antropólogos.

A continuidade e a estabilidade do quadro fornecido por Weber para definir o problema do sofrimento podem ser vistos em numerosos estudos. Por exemplo, num bem conhecido ensaio sobre religião, Geertz (1973) afirmou que o problema do sofrimento é um desafio experimental em cuja face o significado de um padrão particular de vida ameaça se dissolver. Portanto, ele sentiu que o desafio para a religião era, paradoxalmente, não como evitar o sofrimento, mas como sofrer. Na presença da dor física, da perda pessoal e do desamparo da agonia dos outros, como poderiam os indivíduos ser favorecidos pelos sistemas religiosos de significado e padrões de sociabilidade?

Nessa interpretação da visão weberiana, o sofrimento parece necessário para uma teleologia da vida da comunidade. Esta é uma noção cristã distinta, como poderíamos antecipar (cf. ASAD, 1993), e não está claro o quão facilmente isto devia ser estendido a outras sociedades; mas, como Borneman nos lembra, o quadro da própria antropologia está tão fundado na moral cristã que esta própria se torna um objeto ainda obrigatório de pensamento – um exemplo da reflexão cultural construtiva que eu defendo aqui. Os símbolos religiosos permitem que a dor do sofrimento assuma um significado que é digno de esperança pela recompensa e converte a dor pessoal de uma consciência isolada em algo que é coletivamente compartilhado. Dor e sofrimento, contudo, não surgem simplesmente das contingências da vida. Elas podem também ser experiências que são ativamente criadas e distribuídas em nome da própria ordem social – realmente, importantes estudos na antropologia da prática médica e das respostas locais a ela indicam que o estabelecimento médico é frequentemente tido como tendo intenções malignas, aliado aos poderes coercitivos do Estado (BADONE, 1991; BALSHEM, 1993). Os argumentos relacionados aos "usos sociais" do sofrimento admitem que ele é necessário para a função pedagógica do poder na educação, no valor da razão e no refinamento espiritual. Mas em toda sociedade a falha arbitrária da justiça – muitas vezes em nome da democracia ou de alguma outra moral secular – exige explicações: num mundo "desencantado" no qual o divino não é mais uma fonte de autoridade inquestionável (se é que realmente algum dia o foi), as novas imanências da "humanidade", da "democracia", do "socialismo", da "decência comum" e da "racionalidade" devem da mesma maneira responder a pergunta: "Por que você nos abandonou?" Às vezes, parece, a única solução é desenvolver uma versão controlada e democratizada das ideologias de vingança há muito suprimidas, especialmente no confronto legal destes horrores como o genocídio e outros crimes de guerra (BORNEMAN, 1997).

Num nível menos grandioso também, os fracassos cotidianos do processo democrático, da eficiência burocrática e da educação têm as suas teodiceias seculares. "Isto me fere mais do que a você" era a hipocrisia tradicional do professor inglês que infligia punição corporal –, mas estas formulações são repetidamente questionadas por aqueles que têm de se submeter a ela, embora nem sempre em formas verbalmente explícitas. (O ressentimento sentido por aprendizes de artesanato com quem eu trabalhei em Creta, meninos adolescentes que eram fisicamente punidos por suas infrações, por exemplo, podia se revelar mais através de pequenos atos de sabotagem e desobediência do que através do desafio ativo. Este ressentimento incorporado – a "resistência" provavelmente implica uma resposta demasiadamente ativa – exige atenção etnográfica para as relações artesãos-aprendizes sob condições de intimidade considerável, já que nada se tornou explícito.) O que Das chama de "este caráter dual do sofrimento – uma capacidade de moldar os seres humanos em membros morais de uma sociedade e ao mesmo tempo uma malignidade revelada na dor infringida a indivíduos em nome dos grandes projetos da sociedade" – exige que focalizemos, como Weber não fez, exatamente estas minúcias da etnografia, para ver como as pessoas invocam o grande desígnio da teodiceia de lidar com problemas altamente localizados; isto também nos convida a considerar a possibilidade de formas de "resistência" (cf. SCOTT, J., 1985); e finalmente, e num sentido muito importante, isto levanta a importante questão do que acontece quando a teodiceia não fornece absolutamente nenhuma resposta aceitável.

Ir além das limitações de uma ciência social normativista, que simplesmente recapitula os princípios de "ordem", não é suficiente para invocar a "prática". Como Michel de Certeau (1984) observou na sua crítica incisiva de Bourdieu, a própria ideia de uma "estratégia" já implica uma medida de autoridade estruturada. A sua solução é recomendar que prestemos atenção, ao contrário, nas "táticas" – nas ações no tiro e improvisadas que verdadeiramente subvertem a interação padronizada. Contudo, dada a capacidade de estruturas formais de prevalecer sobre o poder de excomungar aqueles que não se conformam, parece mais útil adotar uma postura de "contraestratégia": extrair aqueles princípios da ordem dominante que lançam as contradições da punição como benefício no alívio crítico agudo. É aqui que a substituição de Borneman do "proteger" pela "estrutura família" tem importantes significações para a teoria social, como veremos abaixo, e onde a proposta de Das pela criação de comunidades morais fornece o "dispositivo de tradução" para tornar esta substituição mais geralmente acessível.

Observe-se que há implicações práticas nisso tudo. É quase como se tivéssemos fundido a discussão das cosmologias com a "antropologia aplicada" discutida sob o título de Desenvolvimentismos. Tal como naquele capítulo, contudo, eu estimulei uma posição mediadora que fez da discussão crítica um projeto aplicado em si mesmo, também no capítulo atual – e em concordância com a minha compreensão de Das e de Borneman – estou menos interessado em gerar um conjunto de prescrições do que em propor uma antropologia pedagógica que possa verdadeiramente instruir o público a respeito tanto da significação quanto dos perigos das reivindicações de "ordem". Dentro deste quadro, há muito espaço para a discordância, como demonstra, por exemplo, o recente intercâmbio de Borneman com duas colegas feministas, Jane Collier e Sylvia Yanagisako (BORNEMAN, 1996). A própria discussão é instrutiva; e ela está longe de ser trivial. Este intercâmbio é um exemplo marcante do valor pedagógico do engajamento da antropologia com os problemas da vida cotidiana.

Sofrimento como pedagogia

Contudo, este é um tipo bastante diferente de pedagogia, desde a variedade mais punitiva tratada por Veena Das, que traça a genealogia da sua própria perspectiva atual sobre o sofrimento, até Durkheim e Weber. Nesses escritores, especificamente, ela identifica a teleologia de um argumento que vê a mutilação como um meio de criar identificação societária. Ela se baseou na cabeça desses escritores, apontando que os agentes do Estado ou da indústria podem infligir excessos de dor que eles, enquanto agentes, podem então usar para aumentar o seu poder. A sua capacidade de rotinizar o sofrimento cresce à medida que se forma, especialmente na época atual de rápida e intensiva reprodução da mídia, e é apoiada por um aparato exegético elaborado – aquele da teodiceia – oferecendo salvação como o bálsamo para as agonias atuais e uma explicação cosmológica da permanência do sofrimento no mundo.

Ela introduz este importante argumento – que reconhece o processo de traduzir a classificação na ação – com uma crítica muito mais recente do poder do Estado. Nesse estudo, Pierre Clastres (1974) examinou a prática do que ele chamou de "tortura" nas chamadas sociedades primitivas – os ritos de passagem que definem a entrada de um jovem na idade adulta. Ele conclui que todos eles nos ensinam que a tortura é a essência desses rituais. Pois, enquanto muitos estudiosos viram os ritos como testando a coragem pessoal dos iniciados, Clastres argumenta que, além disso, depois que os ritos são completados e todo sofrimento encerrado, permanece um resíduo – as cicatrizes que foram deixadas no corpo. Um homem iniciado se torna um homem marcado. A marca se torna um obstáculo ao esquecimento: o corpo se torna memória através da inscrição da dor. O que ela lembra é a lei, a normatividade, a coerção. Das recomenda que comparemos esta explicação que aquela de Durkheim (1976 [1964]) sobre a questão de como a dor se torna um meio através do qual a memória é criada e através do qual a sociedade estabelece a sua ascendência sobre os membros individuais. Surgem dois importantes pontos de diferença entre a explicação weberiana e aquela de Durkheim: o lugar dado ao corpo na interiorização da lei da sociedade através da inscrição da dor no indivíduo; e a administração da dor pela sociedade como um meio de criar legitimidade para si mesma.

Nas suas reflexões sobre como a pessoa vem a ser definida através de crenças totêmicas, Durkheim observa que as imagens totêmicas não são somente representadas nas coisas externas, como nos muros das casas ou nos flancos dos barcos, elas também são encontradas nos corpos humanos – a inscrição de sinais físicos – e, como tais, tornam-se um componente integrante da personalidade. Ele continua a descrever como os membros de cada clã busca dar a si mesmos o aspecto externo do seu totem: o corpo e a sua violenta transformação como o testemunho mais duradouro para a consubstanciação entre o social e o individual. Na tese de Durkheim, a melhor maneira de provar para si mesmo e para os outros que se é um membro de uma específica comunidade social (e, portanto, moral) é, assim, colocar uma marca distintiva no corpo. (Clastres vai além, afirmando que esta uniformidade da marca de dor sancionada e acima de tudo coletiva antecipa a emergência de formas mais repressivas de controle, como aquelas encontradas nos sistemas estatais.) Para Durkheim, a dor é uma condição necessária para a existência da sociedade, pois é somente através da dor que a sociedade pode ser objetivada como um objeto de reverência – isto é, reconstituída como objeto de adoração. Das, não obstante, quer saber que relação sustenta este infligir dor ritualizado com os sofrimentos suportados na vida cotidiana. Mas é certamente aqui que a noção weberiana de desencantamento vem para o resgate: a burocracia toma o lugar da *intelligentsia* e a política se torna o objeto de tentativas de explicar a permanência do infortúnio. Isto é o que eu chamei de "teodiceia secular", numa tentativa deliberada de enfatizar através deste oximoro as continuidades com o passado encantado – muitas vezes marcado pela linguística e por outros traços destas formas anteriores de autoridade, como são o destino e a divindade – de um presente racionalizado (HERZFELD, 1992). Outros estudiosos aceitaram o modelo durkheimiano da conexão entre dor e controle social numa forma menos mediatizada (cf., p. ex., DESJARLAIS, 1992).

Um exemplo impressionante de como a dor pode ser utilizada na vida cotidiana para criar vontades obedientes pode ser encontrado na investigação de Talal Asad (1987, 1993) a respeito das práticas disciplinares do cristianismo. Asad discute as técnicas pedagógicas usadas na cristandade latina medieval para mostrar como os desejos religiosos foram formados a partir das práticas da pobreza e da humilhação. Se o trabalho manual era para assegurar a humildade, diz Asad, ele tinha de ser transformado num programa disciplinar, e, embora esta extrema avaliação da humildade na forma de autorrebaixamento obviamente tenha caído no descrédito, ela coloriu ideias posteriores sobre o disciplinamento do trabalho manual secular, em algum lugar entre o atelier profissional e o chão da fábrica, de maneira que podem ainda ser exploradas. Asad, fiel à sua recusa da categoria abrangente de "religião" como sendo cristocêntrica e circular, argumenta que há uma continuidade conceitual e pragmática entre a ação ritual e o comportamento cotidiano, aqui tornada visível ao traçar as vicissitudes históricas das atitudes europeias para com o trabalho (ASAD, 1987: 194). Mas certamente, num sistema religioso hegemônico, a autoridade dos especialistas rituais parece legitimar a pena de sofrimento corporal agudo em nome de uma ordem social sancionada divinamente.

Se de fato fizermos uma distinção entre as ocasiões especiais de rituais e a prática disciplinar cotidiana – e Asad reconhece que isto pode ser apropriado para situações históricas específicas, incluindo aquela da cristandade europeia medieval – acharemos também que aqueles que estão no poder usam largamente variados procedimentos para infligir dor e humilhação como um modo de criar sujeitos morais e sociais. Contudo, nenhum teórico social, argumenta Das, poderia demonstrar que a definição social da pessoa assimila completamente o individual. A administração da dor sustenta os sinais não somente da legitimidade da sociedade, mas também da sua ilegitimidade – a opressão que Clastres identifica com o Estado, mas que devíamos ver sempre como uma violação da identidade individual no interesse de algum tipo de conformidade. Esta ilegitimidade, observa Das, "pode ser vista melhor nos recônditos da vida cotidiana quando o corpo é desdobrado no trabalho de se reproduzir e também a ordem social da qual ele faz parte". E a questão de se isto é realmente uma ilegitimidade deve também ser relativa às compreensões dos atores sociais: entre os polos de cumplicidade e resistência existem muitas acomodações e formas de "fazer ver" (REED-DANAHAY, 1993) que as pessoas desenvolveram para criar um compromisso sustentável entre o eu e a coletividade.

No argumento de Borneman, a ilegitimidade é captada pela teoria social quando os seus expoentes veem a reprodução de pessoas como a lógica central da organização social. Em outras palavras, ele diz, que nesta visão as pessoas desenvolvem relações, não para cuidar uns dos outros, mas para reproduzir. (Um exemplo especialmente dramático disso – repleto de um sistema de punições e recompensas e um alegre desrespeito pelas consequências nas pessoas – é a política coercitiva pró-natalidade aplicada pela ditadura de Çeauşescu na Romênia (KLINGMAN, 1989).) A possibilidade de que a esterilidade – liberdade da necessidade de reproduzir – pudesse ser um direito reprodutivo mais benéfico do que a liberdade de reproduzir à vontade simplesmente não é acolhida: a teoria social aqui reproduz os pressupostos dominantes. Para Borneman, o maior culpado antropológico é a Teoria do Parentesco, em todas as suas variadas manifestações. Contudo, ele não destitui a Teoria do Parentesco – pelo contrário, ele a tornou central para sua análise da lei e da identidade cívica em Berlim, como vimos. Ao contrário, ele busca destacá-la dos pressupostos preferenciais a respeito da primazia da reprodução na definição da sua área fundamental das inter-relações humanas.

Sua ênfase na "proteção" e na natureza "voluntária" das relações pode chocar alguns como utópica ou como inaplicável fora do âmbito ocidental. (Realmente, a introdução de um debate público sobre o "proteger" (*caring*) – emprega-se a terminologia da língua inglesa – na Itália levantou uma tal tempestade de protestos cínicos que se devia razoavelmente imaginar se a ideia de um conjunto de valores comuns ocidentais tinha absolutamente qualquer aplicabilidade; mas não devíamos esquecer que isto era, afinal de contas, uma iniciativa italiana que, talvez mal-informada, usava uma linguagem mais frequentemente associada com a dominação colonial, o moralismo complacente e o anticomunismo virulento para muitos italianos.) Por isso mesmo, contudo, seria etnocêntrico pressupor que esta bondade era exclusivamente uma prerrogativa das culturas ocidentais. Em vez disso, no contexto global que a antropologia agora habita e especialmente em vista do argumento de que o modelo ocidental da "família" tinha já de fato sido globalizado, o seu desdobramento destas ideias devia incitar alguma discussão proveitosa – como, de fato, fez. Empregado heuristicamente, no sentido que eu usei este termo neste livro, a refocalização da Teoria do Parentesco (e mais geralmente da teoria social) para tratar de questões da proteção solaparia os pressupostos simplistas sobre um monopólio ocidental do bem-estar social – ele mesmo muito em dúvida depois das inversões generalizadas da política de bem-estar europeia –, mas também permitiria a consideração de uma margem mais ampla de compreensões sobre a natureza do próprio parentesco.

No último século, como Borneman aponta, a tradição durkheimiana produziu duas teorias dominantes do parentesco: a Teoria da Descendência e a Teoria da Aliança. A descendência era organizada em torno de princípios de consanguinidade ou de essência compartilhada, a aliança em torno dos princípios da afinidade ou do casamento. A teoria também não provou o campo autônomo que os seus criadores tinham esperado dela, e o parentesco como um tópico foi redondamente criticado – por sua não universalidade (p. ex., NEEDHAM, 1971), por sua hiperformalização (SCHNEIDER, D., 1980), por sua falta de coerência como um domínio – e no início dos anos de 1970, alguns antropólogos se voltaram para o gênero, muitas vezes no contexto de uma grande crítica política feminista. Borneman argumenta: "Não se deve dizer que cada objeto de conhecimento substituiu por sua vez o anterior", ou que "o casamento já perdeu a sua centralidade na análise. Em vez disso, cada geração sucessiva de antropólogos subsumiu o objeto anterior num novo objeto, fazendo dele algo secundário ou derivado de outras unidades de análise, sem de fato colocar em questão o objeto inicial da pesquisa. Em outras palavras, a sexualidade se tornou derivada do casamento, o casamento do parentesco, o parentesco do gênero e o gênero do prestígio e do poder".

Aqui também, vemos o quão facilmente a perspectiva durkheimiana é compatível com o exercício normativista do poder – uma questão que foi de fato já colocada, talvez bastante injustamente, pelos primeiros críticos do potencial da Teoria Durkheimiana para sustentar as medidas repressivas do fascismo da metade do último século. Argumentar, como alguns fizeram, que a crítica de Borneman insiste demasiadamente no reaparelhamento da teoria da corrente principal para os interesses de minorias sexuais (ou aqueles que voluntariamente decidiram não ter filhos) é reproduzir o mesmo argumento normativista novamente. Qualquer que seja a validade histórica ou estatística desta reivindicação, ela se mostra reveladoramente como objeções nacionalistas à discussão de direitos das minorias, com base na insignificância numérica das minorias em questão. É também um pobre argumento para um antropólogo cuja habilidade de produzir uma crítica dos pressupostos dominantes repousa no seu engajamento com as vozes marginais e na observação minuciosa.

Vamos nos voltar primeiro para a reprodução dos objetos, para depois retornar à reprodução das pessoas. Uma pesquisa recente sobre o artesanato sugere que estas coisas são interesses rigorosamente relacionados (KONDO, 1990). Talvez por causa do interesse de Marx no controle capitalista do corpo humano para propósitos de reprodução e acumulação, esta relação foi um foco da análise mais explícito do que foram as implicações paralelas da Teoria do Parentesco.

Objetos e pessoas

Em contraste com a centralidade do tempo sagrado da Teoria da Sociedade de Durkheim, a experiência do tempo que mais interessou a Karl Marx (1961) foi o dia de trabalho do trabalhador. Foi na regulação do dia de trabalho e na taxa paga pelo corpo do trabalhador que ele achou que as lutas entre capital e trabalho eram mais instrutivas. Para Marx, a proposta da administração racional da dor era criar corpos dóceis para o capital. Assim, a contribuição de Marx para a compreensão do sofrimento está na maneira como o corpo é colocado dentro da economia política, determinando as condições sob as quais o sofrimento é produzido e distribuído. Há vários deslocamentos aqui – da religião para a economia política; do sagrado para o mundano; e das dúvidas intelectuais profundas a respeito das questões metafísicas para aquelas da sobrevivência. Além disso, no conceito gramsciano de "hegemonia", começamos a ver como e por que as pessoas são levadas a concordar com a sua própria sujeição a estes regimes, embora a compreensão das técnicas reais de inculcação – como as pessoas podiam ser produzidas para aquiescer – tivesse de esperar o desenvolvimento do interesse etnográfico nos espaços precisos do treinamento dos locais de trabalho (COY, 1989; KONDO, 1990; cf. tb. LAVE, 1977). Estes estudos estão agora proliferando e podem mesmo revelar as conexões históricas entre as formas de disciplina monástica e secular – uma democratização do privilégio de sofrer através de meios racionais, nos quais o que é racional é determinado por aqueles que detêm o poder real.

As perspectivas etnográficas nos permitem vislumbrar, pelo menos, as consequências das políticas decretadas por e para o corpo político para o corpo pessoal. Sob o brutal regime do *apartheid* sul-africano, por exemplo, a subjugação forçada de grande número de pessoas em áreas superpovoadas e mal equipadas tinha um impacto devastador na saúde e na mortalidade (RAMPHELE, 1992). Estas perspectivas demonstram, como Das argumenta, que "o sofrimento não pode ser visto simplesmente como surgindo das contingências da vida, mas tem de ser definido como ativamente produzido e mesmo racionalmente administrado pelas instituições do Estado". Como ela também nota, esta brutalidade deliberada aparece tanto nas rotinas diárias quanto nos eventos impressionantes, como quando a polícia atirava numa multidão de crianças. Os recursos fundamentais da família e do parentesco, tão ciumentamente alimentados pela minoria opressora nas suas próprias vidas, não podiam resistir às pressões destrutivas do *apartheid*. Ramphele (1996b) aponta que os arquitetos do *apartheid* selecionavam a instituição da família para destruição deliberada, com desastrosas consequências no nível da comunidade local: um alto prevalecimento do abuso sexual, a emergência de senhores da guerra locais e os jovens forçados a lutar com os "pais" que controlavam os acampamentos com a ajuda da polícia sul-africana. Ramphele mostra como as instituições políticas permeiam as biografias dos jovens.

A permeação, na visão de Ramphele, torna difícil identificar recursos para tratar do sofrimento ainda experimentado por estas testemunhas do impacto horrendo do *apartheid*. Contudo, as pessoas são admiravelmente elásticas e às vezes encontram estes recursos nos seus sofrimentos atuais, ou na memória daqueles sofrimentos. Escrevendo sobre as consequências da Revolução Cultural na China, Arthur e Joan Kleinman (1994: 714-715) observaram que "a lembrança das queixas corporais se estenderam em histórias mais gerais do sofrimento que integravam as lembranças de ameaça e perda com seus traumáticos efeitos (sessões de censura, espancamentos, prisão, exílio). A memória corporal, a biografia e a história social se misturam". E eles continuam a observar: "A memória das queixas corporais evocavam as queixas sociais que não eram tão representadas quanto vividas e revividas [lembradas] no corpo". Esta renovação da experiência não pode oferecer muito alívio prático, e isto é onde uma reavaliação das instituições devia realmente estar à disposição – e parece de fato estar, como na África do Sul e na Europa Oriental, por exemplo. Mas o engajamento etnográfico com narrativas sobre o sofrimento corporal pelo menos nos permite recuperar conexões cruciais entre o corpo pessoal e o corpo político.

Parentesco e teodiceia

Ironicamente, é o foco de Ramphele sobre a família como um recurso – como a própria antítese do trabalho maciço que produz a máquina que o regime do *apartheid* utiliza – que nos permite nos afastar da compreensão tradicional do parentesco e da família como sistemas normativos. Admitido isto, o objeto de destruição era um sistema de relações que resistia a uma normatividade alternativa – a normatividade do Estado terrorista, desse modo desafiando a sua autoridade na base. Mas há outras circunstâncias nas quais o parentesco e o casamento se tornam, ao contrário, os instrumentos de uma política estatal repressiva e expansionista, como nos regimes pronatalistas, por exemplo, na Romênia antes de 1989 (KLINGMAN, 1998). Mesmo nas sociedades democráticas, uma maioria intolerante pode produzir efeitos semelhantes, como na oposição maciça à legitimação das uniões homossexuais nos Estados Unidos e em outros lugares. As capacidades regulatórias dos sistemas de parentesco podem também empregar a violência com uma terrível lógica: estendendo os princípios de um feudo patrilinear para a etnia bósnia, pelo menos duas das três maiores partes do conflito neste país eram capazes de aprovar o estupro das mulheres "inimigas" ou a sua preservação como máquinas reprodutoras de filhos dos estupradores (tal como eles eram definidos, de acordo com a lógica do parentesco patrilinear); o fato de as mulheres reconhecerem isto é atestado por suas numerosas tentativas de matar aquelas mesmas crianças, de modo a não gerar uma quinta coluna muito literalmente dentro do corpo político do seu próprio grupo. Relatos do Kosovo, onde os maridos das mulheres albanesas estupradas pelas forças sérvias as repudiaram como profanadas, sugerem que esta lógica cruel – que somente a forma mais intensa de relativismo cultural defenderia incondicionalmente – se espalhará através da sociedade balcânica por muitos anos ainda. A questão não é relativizá-la a partir da consciência moral, mas compreendê-la para tratar dela.

Mas o que dizer daqueles que rejeitam as normas dominantes do parentesco e do casamento nas suas próprias sociedades? Borneman sugere que este é o real teste não somente dos sistemas que fazem cumprir estas normas, mas também das teorias com as quais tentamos analisá-los. Argumentando que "a busca da antropologia por um ideal regulador para a humanidade envolveu a repressão da proteção e o privilegiamento de formas de reprodução comunal" e que "a antropologia devia focalizar, ao contrário, os processos de filiação voluntária: processos de proteger e ser protegido", ele explora a relação entre as categorias antropológicas e jurídicas, respectivamente, de sexo, casamento, parentesco e gênero, explorando "alternativas para definir a filiação humana fora das ideologias e práticas reprodutoras". Os dois conjuntos de categorias estão rigorosamente relacionados, e no sentido de que o seu projeto é destacá-los por tempo suficiente para que vejamos o quão perigosamente próximo o nosso próprio quadro chegou daquilo que se supõe analisar: "Como sendo o estudo da humanidade, a disciplina da antropologia se orgulha de fornecer quadros discursivos para conceituar, demarcar ou compreender as filiações e as identificações humanas através das formações sociais e no tempo. A lei se orgulha da regulação moral, através da prescrição e da proibição, das práticas e das formas discursivas destas filiações e identificações".

Sua demonstração é retumbantemente etnográfica: os casos legais de adoção e de casamento na Alemanha contemporânea. Não repetirei aqui as suas explicações detalhadas, mas seletivamente indicarei aqueles aspectos ou apenas um caso que ele descreve e que fala mais diretamente dos aspectos autorreferentes da lei incorporados também nos pressupostos da teoria antropológica. E resumirei os elementos da resposta que eles sugerem para o problema de localizar a teodiceia numa sociedade alegadamente pós-religiosa – especificamente, para observar que o problema estrutural construído num sistema legal pode constranger a ação individual de maneira que realmente engendre sofrimento, de modo que a teodiceia pode de fato ter alguma base na experiência social.

Um homem peticionou para adotar um filho, que era também seu amante *gay*. A questão-chave colocada pelo tribunal civil alemão na adoção dizia respeito à natureza da relação entre os dois homens – uma pergunta que o tribunal não tinha permissão de fazer: Esta relação era semelhante àquela que há entre um pai biológico e seu filho? A mãe do jovem homem, concordando com o arranjo (uma precondição da lei), no entanto, escreveu que a relação era "como um casamento". Isto desencadeou um intenso questionamento judicial, que se estendeu numa segunda audiência diante de um novo juiz. Este funcionário declarou que ele "não tinha problemas" com a homossexualidade e então ele perguntou ao filho em perspectiva sobre o comentário de sua mãe. Este último respondeu que ela não tinha conhecimento da questão, que o mais velho tinha "sempre cuidado" dele, e que a sua própria preferência por jovens meninos – ele tinha uma condenação anterior por abusar de menores – impediu a sua aceitação do papel sexual passivo no relacionamento. Além disso, tinha sido diagnosticado que o mais velho tinha uma doença terminal, como ele próprio então declarou: ele cuidou do mais novo como se fosse um filho ou um amigo e, por isso, queria deixar a sua casa e a sua riqueza para ele. A adoção era o único meio legal pelo qual ele podia fazer isso. Tudo isso era verdade. Então, com grande dificuldade, ele mentiu, como tinha feito para alcançar seu objetivo, e ele negou algum dia ter feito sexo com o mais novo, alegando que ele tinha por quase uma década estado envolvido num relacionamento sexual com outro homem. Apesar do interrogatório demorado, os dois homens se aferraram à sua história, e finalmente o juiz concedeu a adoção.

Borneman argumenta que "a lógica da adoção foi de fato estabelecida pelas categorias legais do parentesco – que são também consagradas nas teorias antropológicas – às quais qualquer petição deve apelar. Mas, uma vez que a petição foi concedida e a adoção aprovada, esta primeira lógica legal de parentesco tinha sido efetivamente estendida de forma reconhecível". Ao contrário, o que estava agora em jogo era o direito legalmente reconhecido de proteger – ser protegido – redigida em termos de herança como uma continuação daquela relação de proteção, com todas as reciprocidades que ela impunha. Esta mudança foi explicitamente admitida pelo juiz.

Tradicionalmente, a adoção na lei alemã e na tradição jurídica ocidental estabelece uma relação legal de parentesco por descendência. Direitos parentais permeiam rodos os domínios legais como relações entre categorias específicas de parentes (como marido e mulher, ou pai e filho) e relações análogas a estas são protegidas, apoiadas ou proibidas. Porém, nesse caso, o juiz não começou aplicando um princípio abstrato de descendência para permitir que Harald transmitisse a sua herança para Dieter, mas agiu, diz Borneman, como se ele tivesse acabado de ler *The Elementary Structures of Kinship* de Lévi-Strauss (1949), "onde a reprodução das sociedades está ligada ao respeito pelo tabu do incesto como sendo a precondição social para os princípios da descendência e da afinidade heterossexuais". Ele perguntou se os dois homens tinham respeitado o tabu fundamental do incesto – não o sexo entre pai e filho. Como Lévi-Strauss (1963: 50) argumentou, o tabu do incesto, ou a proibição de sexo entre pessoas da mesma descendência, cria a possibilidade e a necessidade da afinidade (relações através do casamento – "parentes por afinidade"). Assim, os dois homens – e o juiz – foram pegos em várias confusões categoriais. Se os dois homens viviam juntos numa relação "como um casamento", então, por analogia com as relações parentais heterossexuais, o sexo entre eles era um efeito necessário, quando não compulsório, independentemente do que eles veem como sendo as suas mútuas obrigações. Por analogia, o juiz estava sendo perguntado se devia ser possível transformar uma relação de afinidade ("como um casamento") numa relação de descendência legal, uma transformação expressamente proibida pelo tabu do incesto. "A teoria antropológica e a lei estão de pleno acordo em que a natureza concede a nós o princípio da descendência, embora a cultura especifique as regras de afinidade. Na teoria, os adultos devem gozar dos dois princípios simultaneamente, como relações privilegiadas com categorias de pessoas culturalmente especificadas [por gênero, por sexo e por idade] – contanto que não seja com a mesma pessoa". Era isso que os dois homens tentaram, com sucesso como ocorreu, ao buscar "a subordinação do princípio de uma descendência a uma relação de proteção". A conclusão de Borneman é brusca: "O colapso da capacidade das categorias de sexo, casamento, parentesco e gênero para representar uma filiação baseada numa necessidade fundamental de proteger presenteia os antropólogos com a tarefa de encontrar um meio de representar a relação" em questão. Pois, em vez de aceitar as regras tal como eles as encontraram, estes dois homens "estavam afirmando um princípio particular de filiação voluntária: a necessidade de proteger e de ser protegido".

O exemplo de Borneman ilustra dramaticamente os pressupostos culturais arraigados na construção de um padrão de antropologias de parentesco e de gênero. Eu reinscrevi a sua discussão no contexto de uma explicação dos sofrimentos e das disciplinas, porque ela mostra como as normas podem colidir com a experiência humana, deixando a resolução última a um arbitrário equívoco do destino – a um arbítrio humano, de fato, que é como pego nos ganchos da lei, como foram os dois queixosos. Realmente, tivesse o primeiro juiz também presidido o segundo julgamento, parece que a questão deveria acabar provavelmente de forma muito diferente. O meu ponto é que em qualquer caso a decisão teria sido proferida numa forma extremamente resistente ao apelo, porque teria sido redigida numa terminologia da lei ostensivamente ambígua: o equívoco do destino, mais ou menos, determina o que "a verdade" vai ser. Todo mundo sabe, ou assim os advogados e antropólogos geralmente admitem, o que é "a família".

Sua resposta aos pedidos de casamento *gay* não está em questão aqui. Realmente, Borneman provavelmente argumentaria que as recentes mudanças nos Estados Unidos no sentido de legitimar as uniões *gay* como casamento são carentes do mesmo tipo de lógica, que coloca a conformidade com compreensões categoriais diante do reconhecimento legal de arranjos do proteger. Nisso, a negação da proteção é uma imposição do sofrimento, além disso, ela impõe uma teodiceia: o que está em jogo aqui não é se os queixosos falaram ou não a verdade (um deles realmente mentiu), mas, como é sempre socialmente mais relevante, com que sucesso eles calibraram a sua enunciação do relacionamento para o quadro formal exigido deles, e se o juiz era capaz – ou quis – aceitar (mais do que acreditar) o que foi dito a ele. Tivessem eles falhado, eles e também o juiz teriam apelado para uma teodiceia secular comum, mantendo a sociedade responsável pelas regras do parentesco e por suas consequências. As adaptações da normatividade geralmente ocorrem do lado dos sofredores e dos fracos: por exemplo, temos uma evidência cada vez maior de que as mulheres prisioneiras constroem famílias fictícias em torno de relacionamentos homossexuais que permitem a elas, em múltiplos níveis, criar oásis de afeição e proteção mútuos em face de uma burocracia prisional severa e de uma sociedade indiferente fora dos muros da prisão (p. ex., CUNHA, 1995; SUPUTTAMONGKOL, 2000). Estas são avaliações de formas oficialmente legitimadas; elas revelam num grau impressionante como uma reavaliação do parentesco em termos diferentes daqueles de autoridade e independência pode também servir para separar a teoria antropológica da visão do Estado.

Uma economia política do sofrimento

No caso alemão de adoção que acabamos de descrever, qualquer que fosse o risco de prestação de cuidado que pudesse ter existido, ele era afinal até certo ponto protegido pela possibilidade de reformular a lei para se adaptar ao caso – de reinventar a unidade doméstica, de fato. Obrigar através da lei, isto pelo menos permitia a possibilidade de negociar o caso específico até o ponto em que satisfazia as necessidades e as intenções imediatas dos queixosos, embora a explicação de Borneman transmita algo da angústia que estas acrobacias semânticas devem ter custado a eles. Na medida em que estes eventos ocorreram num Estado-nação relativamente pacífico e estável, a mão de ferro da lei estava pelo menos usando luvas de pelica. Mas o argumento de Borneman tinha uma aplicação mais ampla: que um foco nas normas pode impedir uma atenção com a proteção, substituindo a teodiceia (explicação depois do fato) pela prestação do cuidado (prevenir o sofrimento). Como ele observa: "Carol Gilligan dá início a este foco na 'ética da proteção' antes em 1982, embora ela ligasse isso a uma voz feminina e opusesse isso a uma 'ética do direito' masculina. Agora sabemos que a articulação da proteção e da admissão do direito não é essencialmente oposta nem de gênero, mas pertence a qualquer voz humana. Não somente as explicações etnográficas de fato fornecem ampla documentação para a diversidade de relações nas quais a proteção é expressa e da matriz do poder na qual se atribui valor a elas, mas o pessoal jurídico está cada vez mais interpretando a lei de parentesco à luz dessas diversas relações e não em termos de identidades de sexualidade, casamento, parentesco e gênero putativamente fixadas e inocentes".

Trazer este único caso de insensibilidade legal para as necessidades humanas, em justaposição com as mais óbvias instâncias de sofrimento material acarretado pela pobreza, pela brutalidade policial e pelas condições miseráveis de trabalho, também não é trivializar. Sofrimentos de todos os tipos pedem explicações, e a tarefa do antropólogo é encontrar um caminho de resistência à identificação do quadro analítico com a teodiceia daqueles concernidos. Eu me volto agora para alguns dos exemplos mais sensacionais de sofrimento com este objetivo em mente.

As políticas devastadoras do *apartheid*, brevemente discutidas aqui, nos obriga a ver como os fatores políticos e econômicos moldam a distribuição do sofrimento no mundo contemporâneo. Mas estes fatores podem facilmente ser interpretados a partir dos idiomas locais de justificação e também da teodiceia: é importante resistir à tentação de fazer isso. A lógica do espaço social para compreender o sofrimento é vital, porque este é o espaço no qual a responsabilidade é formulada. Embora o caso da África do Sul se destaque por sua brutalidade sistemática e planejada, degradações comparáveis da experiência humana também aparecem em muitos contextos de pobreza esmagadora. Nancy Scheper-Hughes (1992), por exemplo, mostrou o impacto da fome nas vidas das mulheres numa cidade mercantil brasileira, questionando as noções de emoções humanas popularmente defendidas, tal como o amor maternal. Scheper-Hughes dá descrições devastadoras de como as mães, enlouquecidas pela fome, acham difícil aproveitar recursos materiais e emocionais para assegurar a sobrevivência dos seus filhos; às crianças, vistas por suas mães como condenadas por causa da sua fraqueza, se permite que morram por negligência. Como Arthur Kleinman (1995: 237-239) observa ao comentar esse livro, estas mães não são rebeldes, e elas são realmente céticas em relação às soluções radicais. Elas nos falam sobre um aspecto da ontologia do sofrimento ainda mais terrível do que o seu pragmatismo: a capacidade de suportar, sobreviver e mesmo se adaptar às condições mais desumanas. A etnografia impressionante de Scheper-Hughes devia levar alguém muito facilmente a condenar as ações destas mães com termos facilitadores, como "negligência maternal". Kleinman efetivamente nos acautela que não devíamos ser atraídos pela ideia de que o sofrimento sempre transforma a pessoa e a sociedade no sentido de um maior refinamento – a justificação para a sua imposição, o apelo à teodiceia, que é geralmente fornecida por aqueles que possuem autoridade. Esta é a teleologia cristã que Asad tão corretamente identificou em grande parte do pensamento europeu a respeito destas questões. Entre o potencial de sofrimento para a criação de eus e comunidades morais e o seu potencial para a destruição de qualquer cosmologia dentro da qual o sofrimento podia fazer sentido, encontramos um espaço que é especialmente fértil para o exercício criativo e mesmo a invenção de teodiceias calibradas para a experiência cotidiana.

O século XX foi descrito como o século dos genocídios. Para os filósofos e os cientistas sociais, assim como para muitos outros, os acontecimentos do século XX estão encapsulados na ideia de "sofrimento inútil". Na magnitude e selvageria infligidas aos judeus, o Holocausto, acima de todos os outros acontecimentos e também como um sinal da violência deste século, como Das (invocando especialmente o filósofo Emmanuel Lévinas) enfatiza, significava o fim das teorias tradicionais da teodiceia.

A visão pessimista nos leva para longe da noção de Weber a respeito do problema da teodiceia, pois oferecer esperanças de salvação para aqueles que sofreram dessa maneira extrema podia hoje, nessa interpretação, somente ser interpretado como um caso de má-fé. Além disso, encontrar teorias da teodiceia ou esperanças de salvação nas instituições responsáveis por criar aquelas condições é, pensa Das, "um exercício de poder sutil que tranca as vítimas da violência e da injustiça em posições congeladas". Certamente, eu acrescentaria, isto derrama um nova luz nestes incontáveis atos que os governos e outras instituições perpetram todos os dias, buscando refúgio na sua própria teodiceia – "o sistema" – como um álibi ético para formulações autorrealizáveis, como, por exemplo, brometos sobre a "cultura da pobreza", afirmações colonialistas e pós-coloniais sobre a "preguiça" ou o "fatalismo" dos "nativos", e a invocação dos ditadores dos traços nacionais que exigem "correção" (isto frequentemente sendo reforçado por metáforas cirúrgicas assustadoras). Mesmo a história oferece uma teodiceia desse tipo: o legado prévio do governo, os efeitos do colonialismo e assim por diante. Estas causas podem ser bastante reais, mas o efeito de invocá-las pode também ser distrair a crítica construtiva – num sentido parcial, isto é aquilo que é tratado pela crítica dos estudos pós-coloniais oferecida por Talal Asad e David Scott (cf. tb. MBEMBE, 1992).

Estas são todas negações, instrumentais e também simbólicas, da ação. Elas são também discutíveis dentro de quadros morais junto dos quais eles aparecem, pois elas são perversões daqueles quadros; mas a questão é sempre aquela de encontrar tanto a vontade quanto os meios de resistir ao fascínio do poder para se opor a elas. Por outro lado, e este é um ponto mais próximo da posição de Borneman, se abandonarmos qualquer intenção de intervir para fazer as estruturas de autoridade funcionarem para um benefício maior, isto não reconhece a ação daqueles que empunham o poder burocrático – não produzem, por assim dizer, ação para os agentes?

Certamente, como Das sabiamente observa, o sofrimento das vítimas foi muitas vezes apropriado para legitimar o controle oficial ou corporativo do espaço dos pronunciamentos éticos públicos. Como as corporações alcançaram um poder que se igualava ou talvez mesmo ultrapassava aquele do Estado, e como o alcance da mídia permite a reinterpretação sistemática dos acontecimentos para propósitos que não podiam sempre ser facilmente determinados, as possibilidades desta apropriação aumenta mais do que enfraquece – outra consequência do aumento de escala no nosso mundo experimental, e assim outro importante desafio para a prática etnográfica.

Devemos, então, admitir que não podemos trabalhar absolutamente com as estruturas do Estado para melhorar as condições de vida? Esta não pode ser a real intenção da crítica de Das, visto que ela reconhece a extraordinária realização da África do Sul ao mudar dos horrores da violência repressiva para um compromisso estatal, de maneira já tangível, com o domínio da justiça. Nem pode ser dito que os próprios Estados são incapazes de punir os seus antecessores repressivos; realmente, Borneman argumenta que os líderes democráticos que não fizeram isso assumem riscos maiores em relação às vidas dos seus cidadãos: "Onde houve pouca ou nenhuma tentativa de processar as autoridades anteriores por transgressão nos Estados do bloco oriental, estas sociedades foram marcadas por um ciclo de violência e contraviolência" (BORNEMAN, 1997: 4). No seu comentário a respeito das minhas observações sobre a burocracia, Don Handelman enfatizou que se pode exagerar a distinção entre regimes democráticos e totalitários; realmente, eu argumentaria primeiro que uma abordagem baseada na ação deve reconhecer a enorme margem de possibilidades para a ação, boas e más, em todas as formas de governo e administração. Mas a questão, que Borneman aponta como a chave definidora do processo democrático (BORNEMAN, 1997: 3), é a questão da responsabilidade – este tema-chave novamente – e dos meios que imaginamos para tornar todos os políticos e administradores responsáveis por suas ações. Permanece ainda, sempre e em todo lugar esta outra questão: responsáveis para quem? Aqui novamente, as perspectivas etnográficas pelo menos fornecem alguma compreensão no real funcionamento da responsabilidade no nível local – precisamente onde Evans-Pritchard a examinou quando ele explorou a feitiçaria entre os Azande do Sudão. Não podemos simplesmente admitir que a responsabilidade é um conceito claramente definido, culturalmente livre. Mas quando sabemos mais sobre onde os atores em qualquer tragédia social – as vítimas e os autores da mesma maneira – deviam concordar em localizar a responsabilidade na teoria, temos de fato uma referência inicial para avaliar a sua prática.

Apropriação judicial e burocrática do sofrimento

Das está, não obstante, certa quando diz que aqueles que controlam a burocracia e a mídia estão em posição de manipular o sofrimento para fins que não beneficiam os sofredores. O desastre da Union Carbide de Bophal, que se disse ser o pior desastre industrial da história, exemplifica a apropriação judicial e burocrática do sofrimento (cf. DAS, 1995). (O modo como a evidência científica foi trazida aos tribunais de justiça no caso de Bophal era semelhante àquele ocorrido no caso do Agente Laranja nos Estados Unidos.) Em muitos casos deste tipo, a questão dominante nos tribunais de justiça ou nas comissões instituídas pelo Estado é a legitimidade do próprio Estado – uma teodiceia secular orquestrada pelo Estado com propósitos ligados à sua própria autopreservação – mais do que uma busca de um meio de reparação do sofrimento.

O caso do Agente Laranja é especialmente importante, sugere Das, para a nossa compreensão do que precisamente a teodiceia secular poderia utilmente significar nesse nível. Este caso representou as tentativas de milhares de veteranos do Vietnã de buscarem reparação legal por doenças graves e debilitadoras que eles creditavam terem sido causadas por sua exposição ao Agente Laranja, um herbicida usado pelo Exército dos Estados Unidos para desfolhar a cobertura da selva do Vietnã. Este herbicida era inicialmente considerado inofensivo para humanos e animais. Porém, como os veteranos espalhados em diferentes partes dos Estados Unidos começaram a sofrer de sintomas semelhantes, incluindo o aparecimento tardio de câncer, alguns começaram a suspeitar que o impacto do Agente Laranja na saúde humana tinha sido severamente subestimado. Uma evidência facilmente compreendida era difícil de encontrar, em parte porque a indústria química não liberou toda a informação à sua disposição. Depois que o juiz tinha feito um acordo fora dos tribunais, visto que ele sentiu que as incertezas legais criariam dificuldades posteriores às vítimas, mais de mil veteranos vieram testemunhar nas audiências de justiça. Inclusive as palavras do juiz presidente capturaram o enorme sentido da dor e do sofrimento das vítimas, quando ele falou das "viúvas de coração partido que viram os seus robustos jovens maridos morrerem de câncer, esposas que deviam viver com seus maridos destruídos de dor e em profunda depressão, mães cujos filhos sofrem de múltiplos defeitos de nascença e exigem cuidado diário quase como um santo" (apud SCHUCK, 1987). Contudo, ele também sentiu que a evidência científica não era conclusiva e assim esperava que os advogados compreendessem os poderes limitados do tribunal na questão de prova estabelecida. Das (1995: 129) comentou: "foi admitido por ambos os lados da disputa que os tribunais de justiça são espaços nos quais uma vítima se torna queixosa ao adquirir os meios de provar que um dano tinha sido feito a ela. Mas a própria certeza exigida pelos juízes, dentro de um contexto em que os riscos tóxicos de químicos eram ou não conhecidos ou não revelados pela indústria química, roubaram das vítimas os meios pelos quais o dano feito a elas podia ser *provado*. Dizia-se de fato às vítimas para aprenderem como transformar o seu sofrimento numa linguagem da ciência para que ele fosse judicialmente reconhecido. Mas, se tanto os queixosos quanto os defensores eram obrigados a falar *somente* na linguagem da ciência, então, certamente devia ser concedido que os procedimentos do tribunal estavam sendo conduzidos em dois diferentes registros: um, o registro do discurso científico; o outro, uma expressão angustiada de vítimas numa enumeração caso a caso. Se a segunda espécie de evidência devia finalmente não se transformar absolutamente em evidência, então, por que era esse sofrimento exibido como espetáculo?"

No caso do desastre de Bophal, não se permitiu que as vítimas aparecessem individualmente no tribunal, embora a resolução extrajudicial estivesse sendo negociada entre a Union Carbide e o Governo da Índia, com a mediação da Suprema Corte. A Corte raciocinou que o motivo primordial atrás da resolução, que muitos consideravam grandemente inadequada, era abreviar os atrasos legais e reparar mais rapidamente os sofrimentos das vítimas. Por que os tribunais de justiça evocam o sofrimento das vítimas dessa maneira? O argumento de Das era que a exposição dos sofrimentos das vítimas desempenhou uma função ornamental para o texto legal que podia agora parecer apropriado para a ocasião. O emprego de metáforas, distinções estilísticas e analogias efetivamente agiram como tesouras com as quais as vítimas eram cortadas do seu próprio sofrimento, que aparecia agora como exposição ornamental em outro discurso. Embora a ação dos tribunais realmente intensificasse o sofrimento das vítimas, a retórica da consideração e da restituição, e sua elaborada defesa da suposta necessidade de proteger os interesses da corporação para assegurar o benefício de longo prazo do corpo político (o argumento do maior bem para o maior número), reproduz a própria pretensão do Estado do direito de ação punitiva –, mas, nesse caso, mais como um meio de reforçar a própria autoridade dos tribunais do que de encontrar modos práticos de aliviar, tanto quanto possível, os horríveis sofrimentos das vítimas do desastre.

Como Das observa: "As teodiceias seculares do Estado acrescentam uma nova dimensão à visão do futuro. No caso dos riscos químicos, os tribunais repetidamente argumentaram, em muitos países diferentes, que alguns riscos para a população tinham de ser tolerados como uma condição da futura produção de riqueza. No caso das tecnologias biomédicas, tecnologias novas e experimentais são frequentemente testadas nestas populações, como os doentes terminais, as populações de prisioneiros, as prostitutas – em outras palavras, aqueles que são definidos como um desperdício social – na esperança de que as tecnologias aumentariam o bem-estar das pessoas no futuro. Estas práticas, que resultam daquilo que Margaret Lock (1996) chama de uma violência do zelo, admite que um dano menor pode ser infligido para o maior benefício do futuro. Ao dar uma precisa definição do dano e do benefício, contudo, a ciência e o Estado podem acabar fazendo uma aliança na qual o sofrimento daqueles definidos como um desperdício social é apropriado para projetos de uma boa sociedade no futuro".

As autoridades podem depois renegar, por exemplo, como aconteceu no caso dos experimentos do Instituto Tuskegee, nos quais os pacientes afro-americanos foram submetidos a "tratamentos experimentais" que os submetiam a intensas – e muitas vezes fatais – doses de radiação. Mas estas reversões geralmente vêm somente no despertar de uma mobilização política, que exige uma revisão das histórias autocongratulatórias que as instituições, deixadas sem controle, tendem a escrever sobre si mesmas. O Estado é naturalmente não a única dentre estas instituições; nem, como Das admite, "pode se dizer dele que estas apropriações pela causa da comunidade sempre violem o indivíduo". Mas os próprios movimentos sociais muito facilmente reduzem os atores a imagens estereotipadas. Vamos considerar dois exemplos vindos da mesma sociedade. Reynolds (1996) mostra como jovens ativistas negros em Cape Town, que foram submetidos à tortura, disparos da polícia e confinamento solitário, foram capazes de incorporar este passado para encontrar recursos para a transformação política de um dos regimes mais brutais na história. No seu relato autobiográfico, por outro lado, Ramphele (1996a) mostra como a viuvez política leva a uma transposição das viúvas do papel de perda pessoal para aquele de perda social. As lutas na África do Sul nos funerais de ativistas políticos eram ocasiões para reinterpretar, reencenar e formar a memória social; nesse mesmo relato, contudo, eles estavam também profundamente perturbados pelos enlutados. Deveríamos também lembrar que os sofredores, assim como os lutadores pela liberdade de uma época, podem muito bem ser os dominadores – repressivos ou benéficos – da próxima.

Oferecendo testemunho

A tragédia pessoal pode assim ser transmitida e às vezes sobrecarregada pela representação coletiva. Muito mais espalhados nas vidas de muitas pessoas são os relatos sensacionalistas da mídia a propósito das terríveis tragédias humanas. Que estas são manipulações dos sofrimentos dos outros é muitas vezes mascarado pela retórica do "direito de saber" do público, certamente uma postura moral com direito próprio (e, como todas as posturas morais, devastadora nas mãos de cínicos habilidosos). Não é sempre claro, além disso, precisamente por que estas apropriações deveriam ser objetáveis: as pessoas se acostumaram tanto com elas que, mesmo aquelas que se pensava que deviam mais provavelmente senti-las, frequentemente parecem dificilmente notá-las em meio à sua tristeza. A mercantilização do sofrimento na mídia hoje – "como se estivesse passando do cenário para a visão", como Das observa – torna este sofrimento menos autêntico? Eu sugiro que esta não é uma pergunta útil: ela se rende muito à fantasia realista ou objetivista de uma verdade conhecível em termos não culturais. Das sabiamente trata, ao contrário, dos efeitos sociais desta mercantilização pela mídia, concluindo, com Arthur e Joan Kleinman (1996), que ela tem o efeito de neutralizar o horror que ela retrata. A mídia, por mais bondosas que sejam as suas intenções (e o mesmo se aplica à burocracia), muito facilmente rotiniza o que, para aqueles que devem suportá-lo, é dor e degradação assustadoras. Estas consequências são etnograficamente observáveis – uma razão a mais, além daquelas discutidas depois em conexão com a mídia, para insistir na observação de perto dos reais envolvimentos dos públicos com estas formas de representação.

Os efeitos da visualização da mídia não são previsíveis, embora possamos sentir que os conhecemos muito bem. As convenções realistas da televisão, não obstante, emprestam considerável força à conclusão de Das de que o acondicionamento efetivamente se torna conhecimento e que, no processo, a sua capacidade de agitar a consciência diminui catastroficamente. Estas convenções realistas, que estão ligadas ao poder espetacular da tecnologia industrial de alcançar qualquer casa, são aumentadas além de qualquer coisa que tenhamos visto acontecer com a objetividade paralela das reportagens dos jornais. Porém, as pessoas de fato resistem, e nem sempre bondosamente: alguns espectadores gregos de televisão, relatando as atrocidades cometidas por seus correligionários sérvios no Kosovo, destituíram estas como mera propaganda, desse modo refratando os acontecimentos – observe-se a força desta metáfora mais uma vez – através das divisões partidárias da política regional. Afinal de contas, se os pousos na lua podem ser vistos como fabricações americanas, por que também não a justificação dos ataques aéreos maciços? Envolvendo-se com este aspecto da luta, além disso, estes espectadores foram capazes de manter a sua própria hostilidade inflexível em relação ao "outro lado", que consiste de católicos, muçulmanos e americanos. Estes são os atores sociais que compreendem exatamente como é o realismo convencional, e estão preparados para lutar contra ele com os seus próprios critérios de prova.

Mas principalmente o objetivismo e o realismo realizam o seu trabalho muito bem: eles são a contrapartida estética daquilo que significamos conceitualmente por "senso comum" no Ocidente industrializado, e assumem a forma visual e também textual na televisão. Em outras palavras, eles são um conjunto historicamente e culturalmente específico de convenções. Na medida em que eles são apoiados por esse maciço poder comunicativo, além disso, eles fornecem a base "lógica" para destituir as pretensões feitas em outros modos. Uma ilustração dramática disso é o ataque à veracidade da ativista maia guatemalteca Rigoberta Menchú, que foi expressa inteiramente em termos objetivistas (STOLL, 1999). Num certo nível, isto devia parecer ser uma repetição do debate Sahlins-Obeyesekere sobre o Capitão Cook. Nesta disputa, contudo, apesar de Obeyesekere ter pretendido falar pelos povos do Terceiro Mundo, o seu discurso era muito mais aquele de um acadêmico dos Estados Unidos. Os cronistas jordanianos tribais de Shryrock, da mesma maneira, trocaram acusações de mendacidade dentro de um discurso comum que eles todos compreendem da mesma maneira. No caso de Menchú, ao contrário, estamos lidando – como Kay Warren (2000) argumentou poderosamente – com uma diferença de gênero, incorporado em estilos culturais contrastantes, que torna sem sentido as tentativas objetivistas de destituir as explicações de Menchú como mentirosas. Mas eles são, como Warren sugere, *testimónios* – atos de testemunhar que "tentam tornar as abstrações da violência, da pobreza e das condições de vida degradantes decididamente imediatas".

Na medida em que o sofrimento é socialmente produzido (KLEINMAN & LOCK, 1996), ele deve assumir uma forma cultural, e isto pode resultar no seu confronto com as versões hegemônicas do senso comum. No interior de uma comunidade, é provável que o idioma seja compreendido: os indígenas guatemaltecos que sofreram sob o regime repressivo não tinham dificuldade em compreender os testemunhos de Menchú como uma resposta adequada; mas as mídias estrangeiras estavam escandalizadas. Este não é um cenário desconhecido dos antropólogos, que frequentemente se viam convidados a explicar o que os observadores desinformados da greve viam como práticas exóticas, bizarras. Mais exatamente, os antropólogos – sem necessariamente atribuir a estas práticas as motivações teleológicas tão prezadas pelos funcionalistas de outrora – veem estas práticas como um recurso essencial para aqueles culturalmente preparados para empregá-las.

Das enfatiza a natureza coletiva das maneiras como "os indivíduos procuram compreender as suas experiências e trabalhar para a cura. Isto é evidente num grande número de cultos de cura que podem ser encontrados em toda sociedade. Mas também encontramos transformações extraordinárias das instituições de cura de uma sociedade, quando ela é confrontada com um desastre coletivo". Como evidência de como "os recursos para a regeneração podem ser encontrados em tradições espirituais diferentes de comunidades locais", ela cita o caso de Saktirani, um mulher vidente do Sri Lanka oriental (LAWRENCE, P., 1995). As mulheres vêm a Saktirani, que ordena o Estado encarnado da deusa Kali, e buscam conselho, reparação ou simplesmente consolo. Como mães de filhos que desapareceram, ou esposas que acham que os seus maridos foram torturados, visitam Saktirani, ela apresenta sua dor a elas seja através da fala seja através do seu corpo e assim "diviniza" o destino dos perdidos. Quando possuída pela deusa, ela fala "verdades ásperas" (por exemplo, ela pode dizer a uma mulher que o seu marido ou o seu filho está morto, ou que ele foi severamente torturado). O âmbito de emoções que ela atravessa num único dia ou numa hora, enquanto decreta o destino dos desaparecidos, é indicativo das condições desesperadoras nesta região, mas também aponta para uma extraordinária capacidade humana de gerar recursos espirituais em face de uma dor espantosa (cf. tb. TRAWICK, 1988).

Das argumenta que "o texto antropológico pode servir como um corpo de escrever que permite que a dor dos outros aconteça a ele". Com isso ela claramente pretende que compreendamos que o antropólogo deve, a qualquer custo, evitar se apropriar da dor dos outros para qualquer propósito, incluindo aquele do conhecimento, e devia permitir que o sofredor falasse através do texto antropológico. Aqui eu acho que ela é muito otimista: o significado de um texto é parcialmente constituído por sua audiência, e o público dos antropólogos deve muitas vezes ser aquele que interpreta o trabalho dos antropólogos como uma apropriação. Realmente, para o antropólogo argumentar efetivamente que "os outros não podem se apropriar do meu texto" é propriamente uma apropriação desse tipo. É o etnógrafo completamente desinteressado mais plausível do que o observador objetivo?

Eu me preocupo com o fato de que nós muito facilmente vemos a produção do "conhecimento desinteressado" como uma espécie de teodiceia em si mesma, temendo um papel mais proativo por causa da responsabilidade pelas consequências que isto pode impor. Esta responsabilidade não pode ser evitada totalmente. A crítica de Tambiah (1992) do nacionalismo extremista cingalês, por exemplo, tem atraído uma grande quantidade de fogo; ter permanecido silencioso à luz dos seus próprios comentadores, teria sido muito menos responsável – e consequentemente muito menos ético – do que arriscar a sua própria reputação assumindo uma postura clara e inequívoca. O relativismo cultural também oferece uma teodiceia própria e esta discussão expõe os limites destes refúgios.

Mas o que esta discussão revelou é que a autocrítica da antropologia, compatível com o modelo pedagógico delineado no capítulo introdutório, pode ser desenvolvido exatamente dessa maneira, para abrir novas avenidas de investigação. É no momento em que a epistemologia aparece na sua maior fragilidade que novas percepções são geradas. Se aceitarmos ou não a crítica que Borneman traz para o parentesco e para a família, por exemplo, a discussão que ela gera torna a antropologia o tipo de *comparandum* que esclarece o seu próprio objeto de estudo. Em lugar nenhum é isto mais importante do que na análise do sofrimento humano, pois é aqui que a "sociedade" – o objeto favorito da antropologia – falhou com os seus membros, por quase qualquer padrão que se possa invocar. E é aqui que a marca categórica do pensamento reflexivo pode oferecer vislumbres, quando não soluções, pelo menos para a compreensão das fontes deste sofrimento.

11
Sentidos

Senso comum, sentido corporal

A antropologia, como todas as disciplinas acadêmicas, é principalmente uma atividade verbal. Mesmo o estudo da mídia visual deve sempre ser expresso em palavras. As tentativas recentes de introduzir representações pictóricas do movimento humano (esp. WILLIAMS, D., 1991, 1997; FARNELL, 1995) sugerem a inadequação desse compromisso cartesiano. Vimos já que as práticas representacionais modernas são fortemente dependentes dos formatos visuais, mas mesmo esta restrição parece surgir mais comumente como uma extensão dos textos verbais. Um diagrama sem um título não seria facilmente compreendido. Em consequência dessa tendência construída em modos preferidos de representação, o papel do cheiro e da audição, para não falar do tato, foi grosseiramente malrepresentado. Pode o sofrimento, o tema do capítulo anterior, ser compreendido sem referência à sensação? Especialmente neste capítulo e no capítulo sobre a estética, tentarei sugerir caminhos através dos quais os antropólogos estiveram tentando durante alguns anos até agora retificar esta ausência universal.

As dificuldades técnicas de registrar o cheiro e o sabor são formidáveis, e certamente inibiu o progresso. Grande parte do trabalho inclusive sobre o significado do gesto deve proceder através de respostas verbais às sugestões visuais (p. ex., COWAN, 1990). A possibilidade de conhecer "o que algo parece cheirar" para um membro de uma dada cultura é remota; quando acrescentamos ainda o problema da tradução transcultural, as dificuldades podem parecer que são intransponíveis, especialmente dada a intratabilidade da análise dos estados psicológicos internos. Não obstante, é encorajador que alguns estudiosos tenham começado a abordar uma "antropologia dos sentidos" – embora eu deva advertir que este rótulo corre o risco de marginalizar, como uma preocupação ainda mais especialista, o que realmente deve ser uma preocupação central para o estudo comparativo de culturas e sociedades.

A premissa fundamental que subjaz o conceito de uma "antropologia dos sentidos" é que a percepção sensória é um ato cultural e também físico: visão, audição, tato, gosto e cheiro não são somente meios de apreender os fenômenos físicos, mas também são avenidas para a transmissão de valores culturais. Embora os mais óbvios domínios desse processo possam ser as artes performativas, isto é também uma parte integrante das relações sociais: o cheiro, por exemplo, cria fronteiras sociais, não porque alguns cheiros são naturalmente ruins, mas porque eles são culturalmente constituídos como tais. (Quando se considera a diferença radical entre a resposta entusiástica da maioria dos asiáticos do sudeste ao cheiro da fruta durio em contraste com a aversão que ele evoca na maioria dos europeus, por exemplo, fica imediatamente evidente que o cheiro é um julgamento culturalmente relativo e também estético.) Esta percepção é uma extensão, raramente reconhecida como tal, da famosa compreensão de Mary Douglas de que a "sujeira" é uma questão de categorias culturais mais do que de fato biológico (DOUGLAS, 1966), como é realmente sugerido pela associação dos sentidos menos registráveis com os conceitos de poluição e limpeza – um mau cheiro, um som repugnante, um toque viscoso.

Tal como a noção de ordem que define a sujeira, a experiência dos sentidos é calibrada pelo "senso comum" – pelo alcance aceito do que é autoevidente (DOUGLAS, 1975) – em qualquer sociedade dada. A esse respeito, o estudo dos sentidos é extraordinariamente como aquele, digamos, das economias: ele é resistente a esta relativização antropológica porque esta relativização ameaça a segurança das nossas próprias percepções inconscientemente caras e assim – especialmente – da ideia de um "senso comum" transcendente. Realmente, a divisão epistemológica dos termos como "sentido" e "gosto" em duas correntes – a cerebral e a sensual – é um diagnóstico, na medida em que os pressupostos cartesianos e mesmo ocidentais anteriores sobre a separação do corpo e da mente se apoderaram da nossa consciência.

Este capítulo deve ser lido em estrita associação com o capítulo sobre a estética. O próprio termo "estética" é derivado de uma raiz grega, que significa a percepção subjetiva da impressão. No Ocidente, esta categoria é livremente estendida ao domínio auditivo: a música é especialmente proeminente aqui. Contudo, este termo também está restrito nas suas aplicações por definições culturais particulares do sensório. A adição do gosto e do cheiro é rara, quase humorística (chamar um *chef* de "artista" tem toda a ressonância metafórica do artifício), e está confinada a relativamente poucos domínios. Talvez a mercantilização da arte visual ofereça uma pista aqui: dado o significado econômico de cobrar assim como o pesado investimento na monumentalidade feito pelos estados-nação, a dificuldade de registrar o cheiro e o gosto em algum ambiente reprodutível e razoavelmente durável marginalizou estes sentidos mais do que qualquer outro, exceto o tato – que, na medida em que ele é principalmente diádico, e assim relativamente privado, geralmente escapa à toda análise social.

Uma antropologia dos sentidos?

Nos anos recentes, os antropólogos preocupados com a compreensão restritiva do mundo fenomênico, que é possível usando os instrumentos descritivos convencionais de uma disciplina acadêmica, começaram a explorar novas abordagens. Algumas dessas abordagens são inspiradas pela fenomenologia (p. ex., JACKSON, M., 1989), algumas aumentando a consciência dos paradigmas médicos dominantes da personificação (DESJARLAIS, 1992; KLEINMAN & KLEINMAN, 1994). Algumas pela percepção de que o conhecimento histórico pode facilmente ser incorporado e também objetivado (CONNERTON, 1989; SEREMETAKIS, 1991, 1993), algumas por um foco sobre a inculcação do conhecimento social por meios não verbais (COY, 1989; KONDO, 1990; JENKINS, 1994). A contribuição da antropologia médica é potencialmente talvez a mais radical, porque este campo tenta resolver o paradigma cartesiano na fonte – no próprio corpo.

Alguns antropólogos, além disso, corajosamente tentam resolver toda a escala dos "sentidos" como uma questão-chave para a disciplina. Entre estes, C.N. Seremetakis (1994) e Paul Stoller (1989) nos ofereceram exercícios na exploração reflexiva. Outros, especialmente um grupo de estudiosos canadenses, incluindo Constance Classen (cuja obra é central para este capítulo), tentaram sintetizar uma "antropologia dos sentidos" comparativa. Este é um importante ponto de partida. Ele coloca o sensual num foco analítico sistemático virtualmente pela primeira vez, e substitui os desafios metodológicos por afirmações vagas.

Contudo, ele também inevitavelmente levanta a dificuldade habitual associada com a invenção de uma nova formulação de "antropologia de". O pequeno número de estudiosos até agora engajados nesse empreendimento sugere, sobretudo, o risco de que os sentidos – exceto aqueles já dominantes – permanecerão marginais à descrição etnográfica, a menos que, de alguma forma prática, tudo da antropologia possa ser reconhecido como necessariamente atingido pelo estado de alerta para a gama inteira da semiótica sensória. Eu aqui emprego mais o termo "semiótica" do que "percepção" mais deliberadamente, pois desejo assinalar a importância de reconhecer que o que este novo desenvolvimento oferece é uma afirmação especificamente social, como oposto de psicológica, de como os vários sentidos são usados.

Finalmente, eu sugiro que outro risco é aquele de simplesmente desenvolver um catálogo de casos. Como surge uma nova consciência da centralidade do sensório, algo disso é indubitavelmente inevitável, e realmente pode constituir uma precondição necessária de "ressensibilizar" a disciplina. Dito isto, contudo, uma ligeira indicação de tensão pode aparecer enquanto este capítulo evolui, pois a minha própria intenção – que certamente não está finalmente em desacordo com a de Classen – não é tanto listar todas as novas áreas excitantes nas quais podemos explorar a semiótica sensória, mas pensar sobre como isto podia afetar outros domínios da investigação antropológica. Podemos perguntar, por exemplo, como considerações de cheiro podiam afetar as relações econômicas (um presente que cheira mal pode estar envenenado metaforicamente ou de outra maneira); como o nariz muitas vezes fornece um meio de classificação étnica, de classe e mesmo profissional, de um modo que subverte a explícita ideologia social de uma cultura; ou como a disciplina física do corpo através de uma postura intensamente aborrecida e desconfortável pode não somente inculcar conformidade artesanal e obediência, mas abrir espaço para uma revolta silenciosa e uma realocação de lealdades. Aqui novamente, eu enfatizaria a provável contribuição futura do que já foi feito na antropologia médica, onde a questão não é mais simplesmente aquela de reconhecer que a cultura medeia a experiência, mas se tornou um foco sobre como esta mediação é negociada e modulada através de mudanças reais na esfera social. Um foco excessivo sobre as "culturas" estáticas resiste a essa compreensão; neste capítulo, eu tentarei inverter este fluxo, e assim sugerir algumas conexões que não necessariamente resultaria numa antropologia dos sentidos estreitamente concebida.

Os sentidos são arenas da ação. Assim, a visão de que a percepção é condicionada pela cultura, embora irrepreensível em si, não é suficiente. Não somente as maneiras como as pessoas percebem o mundo variam, assim como as culturas variam, mas realmente elas também variam dentro das culturas; elas são negociadas. Porém, é certamente útil começar com a compreensão local do que realmente pode ser sentido e como. Como Classen mostrou, talvez a percepção mais surpreendente seja o fato de que mesmo a enumeração dos sentidos pode variar. Na história ocidental, encontramos, além do costumeiro agrupamento nos cinco sentidos, enumerações de quatro, seis ou sete sentidos descritos em diferentes períodos por diferentes pessoas. Assim, por exemplo, o gosto e o tato são às vezes agrupados juntos como sendo um só sentido, e o tato é às vezes dividido em vários sentidos (CLASSEN, 1993a: 2-3). Variações semelhantes na enumeração dos sentidos podem ser encontradas em culturas não ocidentais. Ian Ritchie escreveu que os Hausa da Nigéria, por exemplo, reconhecem dois sentidos gerais: a percepção visual e a percepção não visual (RITCHIE, 1991: 195). Estas diferenças básicas nas divisões do sensório reconhecidas em diferentes culturas sugerem a extensão na qual a sensação é cultural tanto quanto é fisiológica.

Os estudiosos que estão interessados na padronização cultural da sensação relatam uma ampla variedade de tipos de significado atribuídos a várias espécies de experiência sensória. Os próprios sentidos podem ser conectados com diferentes sucessões de associações, e alguns sentidos são classificados com valor mais elevado do que outros. A elaborada atenção dada tanto à visão quanto ao tato na cozinha chinesa, por exemplo, pode contrastar com a preferência balcânica por gostos descomplicados e frequente indiferença em relação à aparência visual da comida. A predominância de sentidos particulares no simbolismo também varia bastante: o cheiro, por exemplo, é atualmente ou neutro ou levemente negativo na cultura norte-americana, a menos que o inverso seja especificado – como deve ser em qualquer tentativa de generalizar a respeito do "sensório ocidental", porque na mais antiga tradição ocidental o "odor da santidade", frequentemente marcado pelo cheiro atraente do cadáver de uma pessoa sagrada, era tida em alta estima. A tradição mística cristã, por exemplo, é caracterizada por um estrito ascetismo do corpo acoplado com uma rica sensualidade do espírito, por meio do que o divino é concebido e misticamente vivenciado através da riqueza dos símbolos sensórios. No entanto, hoje é mais provável que digamos de uma ideia que ela cheira mal, ou que um esquema cheira duvidoso, do que elogiá-lo como "cheiro de rosas" (embora isto também possa acontecer). E um norte-americano pode considerar como excêntrico o comportamento de um grego forte em idade de serviço militar que arranca uma flor para saborear o seu cheiro, e então rola ao redor uma única palavra na sua boca com óbvio prazer sensual, não porque o seu significado referencial seja extraordinário, mas porque ele deseja compartilhar o seu prazer no seu puro som – uma inversão reveladora do que nós tão frequentemente consideramos ser o "real" valor do discurso. (Pode também ser significativo nesta conexão que o termo grego *noïma*, literalmente uma "significação", seja geralmente compreendido para significar um gesto um pouco encoberto que realmente seria denunciado pelo ato de falar, especialmente, na espécie de modo pretensioso com que este gesto pode ser usado para zombar: o significado real, social é inerente à ação, não o palavreado grandioso.)

Todos esses exemplos sugerem que a sensação corporal e o valor cultural estão mutuamente envolvidos em todas as situações. A nossa tarefa é explorar não somente a variedade dessas associações, mas também as suas consequências para toda a variedade das relações e das ações sociais. Os códigos sociais determinam o que constitui o comportamento sensório aceitável e indicam o que as experiências sensórias diferentes significam. Olhar para alguém pode significar rudeza, curiosidade, lisonja ou dominação, dependendo das circunstâncias e da cultura. Olhos baixos, por sua vez, podem sugerir modéstia, medo, contemplação ou desatenção. E estas são simplesmente possibilidades da codificação cultural, dentro da qual as idiossincrasias pessoais podem produzir mais variações no significado pretendido – e atribuído a uma postura particular. Porém, relativamente pouco disso transforma o seu modo em escrito etnográfico. Quando faz, isto é frequentemente porque a exegese explícita dos informantes bem-informados o legitimou – e o tornou "real".

Classen aponta que a associação entre as faculdades sensórias e os tipos de significado é surpreendentemente variada. A visão pode estar ligada à razão ou à bruxaria, o gosto pode ser usado como uma metáfora para a discriminação estética ou para a experiência sexual, um odor pode significar santidade ou pecado, poder político ou exclusão social. Juntos, estes significados e valores sensórios formam o modelo sensório adotado – mais ou menos coerentemente – pelos membros de uma sociedade. É isto que significa dizer que as pessoas "dão sentido" ao mundo. Classen admite a probabilidade dos desafios a este modelo a partir de dentro da sociedade – a partir de "pessoas e grupos que diferem sobre certos valores sensórios" – mas, de acordo com o respeito pelas teorias indígenas ordenadas neste livro, concordaríamos com insistir que há geralmente um paradigma central a ser debatido, negociado ou simplesmente – ainda que diferencialmente – experimentado.

Três pressupostos desafiados

Classen observa três pressupostos prevalecentes que impediram a nossa compreensão da construção cultural do sentido. (Ela própria descreve esta compreensão como "uma abordagem alternativa ao estudo da cultura", que sugere que se devia ainda ser capaz de conceber que uma antropologia não totalmente suscetível ao papel dos sentidos podia ainda oferecer uma interpretação de alguns aspectos da vida social.) Estes pressupostos são: que os sentidos são "janelas para o mundo", ou, em outras palavras, evidentes na natureza e, portanto, são pré-culturais; que o sentido mais importante é o visual; e que uma alternativa mais aceitável a este "visualismo" é a reformulação do conhecimento – especialmente sobre as sociedades não letradas – como verbal, e especificamente como oral/auditivo.

Vivenciamos os nossos corpos – e o mundo – através dos nossos sentidos, que percebemos com base nos códigos que aprendemos. Assim, o modelo sensório normativo de uma sociedade revela as expectativas colocadas na compreensão individual, e aponta importantes aspectos da sua organização interna. Por exemplo, o gradual abandono europeu do cheiro e a ênfase crescente na visão estão diretamente ligados às tecnologias da instrução e à expansão das relações sociais além do contato que estas tornam possível.

Então, tratar brevemente do primeiro pressuposto, a visão dos sentidos como "janelas para o mundo", é uma metáfora enganosa. Diferentemente das janelas, os sentidos não são transparentes. Eles são, antes, fortemente instrumentos codificados que traduzem a experiência corporal em formas culturalmente reconhecíveis. Assim, eles enquadram e intermediam a experiência perceptiva de acordo com um equilíbrio de idiossincrasia pessoal e normas socialmente prescritas. E mesmo as dimensões idiossincráticas são variações sobre temas culturais. Dois indivíduos numa determinada cultura podem não gostar das mesmas comidas, contudo, eles expressarão as suas respectivas preferências em termos de um conjunto de categorias preconcebidas. Por exemplo, ao contrário dos estereótipos ocidentais, nem todos os tailandeses adoram comida picante (embora alguns possam "justificar" os seus gostos mais brandos, que são também uma pretensão a um *status* social mais elevado, ironicamente atribuindo isto a seus antepassados chineses!), porém, a "qualidade" da comida será debatida em termos de concordância sobre noções de equilíbrio, frescor e assim por diante. Um dono de restaurante grego que conheço acusava um frequentador *habitué* distinto do seu restaurante por pedir que o espaguete fosse cozido macio; o cavalheiro em questão, um sofisticado viajante, reclamou da pasta "dura" que ele tinha encontrado na Itália, onde os habitantes locais geralmente insistem que ela não devia ser cozida além da dureza que eles chamavam de *al dente* (literalmente, "ao dente"). Onde culturas mutuamente hostis confinam uma com a outra, podemos mesmo encontrar uma discordância sistemática dentro de um código comum maior. Nos Bálcãs, por exemplo, os gregos veem com profunda ambivalência alguns pratos turcos que combinam frutados doces de passas com carne ou iogurte ou adicionam mais pimenta do que os gregos geralmente apreciam; a ambivalência expressa tanto a consciência histórica de um débito cultural quanto a ideologia da sua própria superioridade cultural. E indivíduos gregos se posicionarão muito diferentemente entre os dois extremos, às vezes variando a sua postura de acordo com o contexto cultural (preferindo, por exemplo, afetar uma preferência "europeia" para a suavidade num restaurante, mas pedindo mais pimenta em casa). Observe-se aqui como a experiência sensória cruza com o desempenho e o contexto.

O segundo pressuposto que impediu o desenvolvimento de uma antropologia dos sentidos foi a ideia de que, em termos de significação cultural, a visão é o único sentido de maior importância. Este pressuposto reflete um preconceito ocidental que associa a visão com a razão. Aristóteles, por exemplo, considerava que a visão era o mais altamente desenvolvido dos sentidos. Contudo, embora a visão geralmente fosse considerada o primeiro e o mais importante dos sentidos, ela era ainda o "primeiro entre iguais" (CLASSEN, 1993a: 3-4; SYNNOTT, 1991). Mais do que isso, Classen enfatizou, a visão se tornou "algo como um déspota sensório", deixando pouco jogo para os outros sentidos na imaginação. Como já vimos também nos outros capítulos, este preconceito visualista influenciou dramaticamente o modo como a própria antropologia evoluiu. Assim, uma ajuda emergente e potencialmente muito importante para a refocalização da disciplina reside em tratar dos tipos de conhecimento que se mostraram resistentes a serem codificados de maneira gráfica ou visual.

Ironicamente, o terceiro problema surge precisamente da obra de alguns estudiosos que desafiaram a hegemonia da visão nos estudos culturais. Estes acadêmicos sugeriram substituir ou suplementar os modelos visuais de interpretação com modelos baseados no discurso ou na audição. Marshall McLuhan (1962) e Walter Ong (1967), especialmente, argumentaram que o modelo sensório de uma sociedade é determinado por suas tecnologias de comunicação. De acordo com esta teoria, as sociedades letradas – particularmente baseadas na impressão – enfatizam a audição, por causa da natureza auditiva do discurso. Para estas últimas, consequentemente, a noção de uma "harmonia mundial" é mais adequada do que aquela de uma "visão de mundo" (ONG, W., 1969).

Classen objeta, corretamente, que "embora estas abordagens tivessem ajudado a preparar o solo para uma antropologia dos sentidos, propondo paradigmas sensórios alternativos para o estudo da cultura, elas têm uma desvantagem principal da perspectiva da antropologia sensória. Esta desvantagem é que elas não permitem uma variação suficiente nos modelos sensórios através das culturas". Como não podemos distribuir os papéis de uma sociedade por um modo de parentesco particular (SALZMAN, 1978: 66) ou por um modo particular de subsistência (NETTING, 1982: 286), então, "as combinatórias sensórias de cultura são muito mais complexas para serem estereotipadas também como auditiva ou visual, de acordo com o modo dominante de comunicação". A cultura oral dos Hopi do Arizona, por exemplo, coloca uma ênfase nas sensações de vibração, enquanto que a cultura dos Desana da Colômbia ressalta a importância simbólica da cor (CLASSEN, 1993a: 11, 131-134). Além disso, o modelo oral-letrado admite que as sociedades que dão prioridade à visão (preeminentemente o Ocidente) seriam analíticas, enquanto que aquelas que enfatizam a audição seriam sintéticas. Classen corretamente se opõe a esta visão – "A visão que é considerada racional e analítica no Ocidente... pode estar associada com a irracionalidade em outra sociedade, ou com a fluidez dinâmica da cor" – e exige, ao contrário, "investigações culturalmente específicas de ordens sensórias particulares". De fato, como Derrida (1976) maliciosamente observou na sua famosa crítica de Lévi-Strauss, a ausência do que os ocidentais significam escrevendo não significa necessariamente, e empiricamente não significa, a ausência de representação "grafológica" – e consequentemente de uma orientação visual. Realmente, devíamos acrescentar que a total distinção entre culturas orais e letradas é altamente prejudicial, pois ela muito facilmente cria uma hierarquia estética na qual a "literatura oral" e a "poesia oral" são absorvidas no cânone das formas escritas ocidentais como versões inferiores ou "arcaicas". Isto, realmente, foi o que aconteceu na história dos estudos folclóricos europeus.

Estes preconceitos refletem a permanência extraordinária do evolucionismo tanto no pensamento popular quanto no pensamento erudito do Ocidente. A relutância dos antropólogos atuais em examinar ou reconhecer a importância cultural do cheiro, do gosto e do tato é devida não somente à reletiva marginalização destes sentidos no Ocidente moderno, mas também às tendências racistas de uma antropologia anterior de associar os sentidos "inferiores" com as raças "inferiores". Como a visão e, numa extensão menor, a audição eram consideradas os sentidos predominantes dos ocidentais, admitia-se que o cheiro, o gosto e o tato predominavam entre os não ocidentais "primitivos".

Muitos estudiosos anteriores estavam interessados em descrever a importância "animalesca" do cheiro, do gosto e do tato em culturas não ocidentais. Esta tendência é já evidente e disseminada na estética do século XVIII: "enquanto o homem é ainda um selvagem, ele goza mais por meio dos sentidos tácteis [isto é, tato, gosto e cheiro]" do que através dos sentidos "superiores" da visão e da audição (SCHILLER, 1982: 195). Onde Lineu no século XVII tinha associado populações humanas diferentes com diferentes formas de vestir, desse modo juntando supostos níveis de governabilidade com níveis equivalentes de limitações corporais que eram estilisticamente expressas (HODGEN, 1964), uma autoridade do século XVIII sobre os escravos africanos afirmou que as suas "faculdades de cheiro são verdadeiramente animalescas, não menos o seu comércio com os outros sexos; nesses atos eles são tão libidinosos e desavergonhados como os macacos" (LONG, apud PIETERSE, 1992: 41). No início do século XIX, o historiador natural Lorenz Oken postulou uma hierarquia sensória das raças humanas, com o "homem da visão" europeu no topo, seguido pelo "homem da audição" asiático, o "homem do olfato" dos nativos americanos, o "homem da língua" australiano, e o "homem da pele" africano (GOULD, 1985: 204-205). Nessa definição, o antropólogo Charles Myers se surpreendeu ao encontrar, quando ele saiu para explorar a importância do cheiro entre os habitantes dos Estreitos de Torres na virada do século XX, que "as pessoas dos Estreitos de Torres têm quase o mesmo gostar e não gostar para vários odores como entre nós" (MYERS, 1903: 185). Não obstante, Myers sugeriu que o forte poder de evocação que os odores mantinham para os ilhéus fornecia "ainda outra expressão do alto grau no qual o lado sensório da vida mental [como oposto ao lado racional] é elaborado entre os povos primitivos" (MYERS, 1903: 184).

Sentidos e conhecimento sistemático

Na sua busca do meio-termo, como vimos, a antropologia conduziu um percurso entre vários pares de extremos. Entre estes está a oposição entre a generalização e o particularismo – respectivamente, os métodos "nomotético" e "idiográfico" de Radcliffe-Brown. A posição centrista aqui é aquela da abordagem heurística – uma sondagem não toma nada como dado, mas permanece firmemente comprometida com a análise etnográfica. No estudo dos sentidos, contudo, a disciplina foi talvez relativamente lenta em se mover da generalização grosseira, tanto por causa do peso da sua própria origem filosófica cartesiana e também porque os limites tecnológicos da investigação pareceram muito assustadores. Embora poucos vocalizassem sentimentos como aqueles de Edward Long ou mesmo de Charles Myers hoje, houve pouco campo de investigação sistemático a respeito dos modos como os significados são investidos e transmitidos através de cada um dos sentidos. Mas alguns pioneiros abriram o caminho. Uma vez livres do preconceito intelectualista contra o cheiro, o gosto e o tato como sentidos "animais", o fato de que os Sereer Ndut do Senegal têm um complexo vocabulário olfativo (DUPIRE, 1987) ou que os Tzotzil do México descrevem o cosmos em termos termais (GOSSEN, 1974) não mais parece uma marca denunciadora de "selvageria", mas evidencia uma elaboração cultural sofisticada de um domínio sensório específico. Por outro lado, isto também chama atenção para o papel destes sentidos relegados nas sociedades, como aqueles dos próprios antropólogos, nos quais eles retrocederam para o fundo – pois eles não desapareceram totalmente. Realmente, o reconhecimento proeminente dos poderes evocativos de um momento "proustiano" de gosto ou cheiro aguarda somente a emergência do que é já um conhecimento nascente da importância da própria evocação. Um "horizonte de cheiro" (*smellscape*) pode encapsular histórias locais coletivas assim como passados pessoais. Mas há uma relutância prática por parte dos estudiosos de se envolverem com aquilo que o seu equipamento de registro não pode fixar no tempo e no espaço. Uma antropologia que recusa admitir o significado de que a ela faltam os meios técnicos para medir ou descrever, não obstante, seria realmente uma pobre disciplina empírica.

Entre parênteses, vale a pena assinalar que tanto a visão quanto a escrita estão diretamente associadas com o poder – e muitas vezes com um poder perigoso, estranho e invasor – em muitas sociedades, incluindo aquelas já mencionadas. O papel do antropólogo como um registrador de fatos e o frequente pressuposto de que o antropólogo está envolvido com a espionagem e com a vigilância policial saem largamente desta percepção. A dominação sempre crescente do mundo por algumas nações industriais geralmente intensifica esta associação. Assim, é uma questão de urgência política e também epistemológica para a disciplina se tornar muito mais sensível às mensagens formuladas em códigos sensórios alternativos.

Base no campo

Uma série de pessoas diferentes foi influente no desenvolvimento da antropologia dos sentidos (para uma explicação completa, cf. CLASSEN, 1993a). Aqueles que se veem como desenvolvendo uma "antropologia dos sentidos" admitem um débito ao especialista da mídia Marshall McLuhan (1962, 1964) e a seu aluno Walter J. Ong (1969, 1982), que, como vimos, foram importantes prototeóricos da antropologia dos sentidos. A visão grandemente não documentada de Ong de que, "dado o suficiente conhecimento do sensório explorado dentro da cultura, se devia provavelmente definir a cultura como um todo em virtualmente todos os seus aspectos" (1967: 6), encorajou outros estudiosos (CARPENTER, 1972, 1973) a explorar a totalidade do sensório cultural, apesar da própria preocupação restritiva de Ong com a distinção oral-letrado.

Dentro da antropologia, Claude Lévi-Strauss estava inspirado pelos ideais sinestésicos dos simbolistas do século XIX para a exploração pioneira dos códigos sensórios dos mitos. No primeiro volume de *Mythologiques*, numa seção intitulada "Fuga dos cinco sentidos" (LÉVI-STRAUSS, 1969), ele descreve como as oposições entre as sensações numa dada modalidade, como a audição, pode ser transposta para aquelas de outra modalidade, como o gosto, e por sua vez relacionada a várias oposições conceituais – vida/morte ou natureza-cultura – e à tentativa de sua resolução no pensamento mítico.

Lévi-Strauss, contudo, não fez a transição da análise dos códigos sensórios para a análise dos códigos sensórios da cultura como um todo. O seu interesse, como Classen perceptivamente observa, "está mais em descrever as operações da mente do que em analisar a vida social dos sentidos". Além disso, na ausência de uma analítica adequada e de uma tecnologia registradora, a inclinação estruturalista de desmembrar o gosto em "*gustemes*" – unidades culturalmente significativas do gosto – não levou a qualquer nova compreensão, ao passo que a análise baseada na classe de Goody (1982), a respeito do surgimento das cozinhas de elite, pelo menos se mostrou sugestiva e constituiu uma evidência *prima facie* para a necessidade de uma pesquisa posterior.

Influenciado tanto por McLuhan quanto por Lévi-Strauss, Anthony Seeger (1975, 1981) examinou como os Suyá da região de Mato Grosso no Brasil classificam os humanos, os animais e as plantas de acordo com os seus presumidos traços sensórios. Ele achou, por exemplo, que os Suyá caracterizavam os homens como agradavelmente de cheiro bom, enquanto as mulheres e as crianças eram consideradas como desagradavelmente de cheiro forte. Esta caracterização é devida à associação dos homens com o valorizado domínio da cultura e à associação das mulheres e das crianças com o suspeito domínio da natureza. Seeger depois achou que os Suyá enfatizavam a importância social de falar e ouvir, embora ligando a visão com um comportamento antissocial, como a bruxaria – uma associação também feita em algumas sociedades europeias, especialmente aquelas dos mediterrâneos orientais e do norte (o "mau-olhado"), e uma boa ilustração de porque o visualismo da antropologia pode ser metodologicamente autoderrotado. Seeger argumentou, ao contrário, que a importância da audição era evidente nos discos de lábio e de ouvido usados pelos homens Suyá, uma instância da decoração do corpo que serve para lembrar os indivíduos da própria hierarquia sensória (cf. tb. TURNER, T., 1995).

A influência de Lévi-Strauss e de McLuhan pode também ser distinguida também na obra do etnomusicólogo Steven Feld (1982, 1986, 1991; KELL & FELD, 1994), que examinou o papel do som no pensamento classificatório e na arte performática dos Kaluli da Papua Nova Guiné. Como com Seeger sobre os Suyá, Feld determinou que a audição, mais do que visão, é o sentido de maior importância cultural para os Kaluli, fornecendo um modelo para a expressão estética, as relações sociais e a orquestração das emoções. Nem Seeger nem Feld, contudo, segue a imputação de Ong-McLuhan sobre a importância da audição para o fato de que as pessoas que eles estudaram pertencem a culturas não letradas. Em cada caso, a explicação da primazia da audição é encontrada dentro da sociedade em questão na forma das teorias indígenas do significado. Isto não sai de um paradigma geral das "culturas orais" (cf. tb. LADERMAN, 1991; ROSEMAN, 1991; PEEK, 1994).

A expressão "a antropologia cultural dos sentidos" foi cunhada pelo historiador Roy Porter no seu prefácio a *The Foul and the Fragrant: Odor and the French Social Imagination*, de Alain Corbin (PORTER, 1986). A antropologia dos sentidos, contudo, não surgiu com um campo distinto até o final dos anos de 1980. Em 1989, Paul Stoller, argumentando que "os antropólogos deviam abrir os seus sentidos para os mundos dos outros", exigia a produção de etnografias "de bom gosto" com vívidas descrições literárias dos "cheiros, gostos e texturas da terra, das pessoas e da comida" (1989: 29). Para que os antropólogos alcançassem isto, ele advertia que eles deviam reorientar os seus sentidos para longe do visualismo do Ocidente e para os panoramas sensórios de outras culturas (cf. tb. FABIAN, 1983; TYLER, 1987). Na sua própria obra entre os Songhay da Nigéria, Paul Stoller explorou a importância desses aspectos da cultura Songhay, como o perfume, os molhos e a música (STOLLER & OLKES, 1987; STOLLER, 1989, 1995). Em relação ao perfume, por exemplo, Stoller descreve com ricos detalhes uma cerimônia por intermédio da qual uma mulher Songhay oferece fragrância aos espíritos (1989: 128-129). Esta descrição dá ao leitor o gosto da vida sensória dos Songhay.

Uma semelhante abordagem descritiva e evocativa da antropologia dos sentidos foi assumida por C.N. Seremetakis (1991, 1994) na sua obra sobre a Grécia. Seremetakis empregou a imagem multissensória – o gosto e a sensação de um pêssego, o cheiro e a textura da roupa da avó – para trazer para a vida sensória as suas lembranças de infância na Grécia: "A avó senta num banquinho de madeira. [...] O seu rosto escuro, o seu cabelo amarrado num coque, as suas mãos sardentas e ásperas. A criança desliza no seu colo. É a hora dos contos de fadas. Deslizar no seu colo é deslizar nas cercanias de diferentes cheiros e texturas, sedimentos do seu trabalho nos campos, na cozinha e com os animais" (SEREMETAKIS, 1994: 30). Seremetakis afirma que seu objetivo de empreender uma antropologia dos sentidos é recuperar as "disposições sensório-perceptivas muitas vezes escondidas" das sociedades tradicionais, e desse modo recuperar a memória da cultura incorporada nas recordações e nos artefatos materiais pessoais (1994: x, 9-12).

Na minha própria obra na Grécia, eu sugeri que a evocação do cheiro tem a capacidade de reproduzir sequências históricas de uma duração muito maior. Ao descrever o "horizonte de cheiro" (*smellscape*) (1991: 3-4) de um dia na vida de uma cidade litorânea cretense, eu tentei mostrar como as fases dessa sucessão sensória aludia a momentos muito diferentes na história cultural da cidade. Embora estes paralelos possam não ser exagerados, eles também oferecem a possibilidade de tornar explícitas as fontes que parecem muitas vezes intangíveis da evocação. Eles não falam para, ou levantam, questões irrespondíveis de intenção e motivo – não podemos nunca saber se estas associações olfativas são sempre localmente definidas como tais –, mas elas começam a sugerir como e porque os usos atuais de substâncias particulares podem adquirir o "cheiro do passado" e podem consequentemente gerar associações afetivas entre as imagens do passado e as experiências do presente. Nesse sentido, a sequência diária dos cheiros pode recapitular, embora não necessariamente na sua ordem original, uma sucessão de cheiros associada hoje com diferentes períodos, de um passado agrícola (óleo de oliva quente), através da industrialização (a fumaça das motocicletas e dos carros), e para o turismo e os luxos da vida (colônias e cremes de bronzear). Estes cheiros podem também se tornar um domínio para agências concorrentes, como quando, nesta mesma cidade cretense, uma dona de casa tenta calcular a condição econômica dos seus vizinhos a partir dos cheiros da cozinha que vêm de suas casas.

Ao mesmo tempo, tal como Stoller, Seremetakis e outros estavam desenvolvendo uma antropologia evocativa dos sentidos nos Estados Unidos; no Canadá um grupo de estudiosos estava explorando como a antropologia dos sentidos podia ajudar a revelar os códigos simbólicos pelos quais as sociedades ordenam e integram o mundo. Os membros deste grupo, baseados em Concordia University em Montreal, inclui David Howes (1988; HOWES, 1991), Anthony Synnott (um sociólogo) (1991, 1993), Ian Ritchie (1991) e Constance Classen (1993a, 1993b). David Howes descreve a abordagem deste grupo: "A antropologia dos sentidos está principalmente preocupada com a padronização da experiência sensorial que varia de uma cultura para outra, de acordo com o significado e a ênfase ligados a cada um dos sentidos. Ele está também preocupado com descrever a influência que estas variações têm sobre as formas da organização social, as concepções do eu e do cosmos, a regulação das emoções e outros domínios da expressão cultural... [Ele] está somente desenvolvendo uma consciência rigorosa dos preconceitos visuais e textuais da episteme ocidental, a partir da qual podemos esperar dar sentido a como a vida é vivida em outros conjuntos culturais" (apud HOWES, 1991: 4). Howes empregou esta abordagem para examinar e comparar os modelos sensórios da sociedade Dobu e Kwoma em Papua Nova Guiné (HOWES, 1992) e para explorar a elaboração dos símbolos e dos ritos olfativos através das culturas (HOWES, 1991: 128-147; CLASSEN; HOWES & SINNOTT, 1994). Na primeira obra, Howes analisa o significado social das diversas práticas sensórias melanésias, como o uso do óleo para dar ao corpo uma cor brilhante, o emprego de perfumes de menta e gengibre na magia do amor, os movimentos de balanço da dança e o poder auricular dos nomes. Em todos os seus escritos, a ênfase está em traçar a interface cultural dos sentidos, como oposto a tratar de um determinado sentido isoladamente.

Classen da mesma maneira examina os modelos sensórios através das culturas e na história ocidental. Em *Inca Cosmology and the Human Body* (1993b), ela explora o modo como os Incas ordenavam o cosmos e a sociedade através de símbolos sensórios, e como esta ordem foi rompida e reconfigurada na época da conquista espanhola. Em *Worlds of Senses* (1993b), uma obra-chave de referência nesse campo, ela esboçou o espaço potencial de uma abordagem sensória para a cultura, aplicando-a a uma variedade de objetos, desde as mudanças nos valores sensórios que ocorreram em diferentes períodos da história ocidental até as diversas prioridades sensórias de várias sociedades não ocidentais. Mais recentemente, ela examinou a incorporação histórica das ideologias de gênero através dos códigos sensórios, como o olhar masculino e o toque feminino (CLASSEN, 1998).

Aqueles que situam a sua obra explicitamente dentro de uma autoproclamada antropologia dos sentidos esclareceram uma grande parte do campo. O teste real de sua contribuição, contudo, não será uma simples proliferação de estudos semelhantes, mas o engajamento etnográfico sistemático com as questões sensórias como uma matéria de curso. Algumas sugestões de coisas a vir já apareceram. Nos seus estudos da política de violência na Irlanda do Norte, na Iugoslávia e nos Estados Unidos, Feldman (1991, 1994) poderosamente ilustrou como os sentidos podem ser empregados como meio para o terrorismo político e para a "anestesia cultural" – o uso das técnicas e das tecnologias sensórias para distorcer e apagar as instâncias da violência política. Desjarlais (1992) explorou a estética sensória da dor e da cura entre os Yolmo Sherpa tibetanos para apresentar uma análise "encarnada" do sofrimento emocional e físico e as curas rituais usadas para tratá-los. E Taussig põe o foco em "compreender a mimese tanto como a faculdade da imitação e também como o desdobramento desta faculdade no conhecimento sensório, uma Alterização sensória" na história europeia e na cultura latino-americana colonial e pós-colonial (1993: 68). Estas três avenidas da pesquisa ilustram o alcance do assunto acessível a uma investigação baseada no sentido. Pode ser também que a atenção crescente dos antropólogos dada à política de dominação tenha começado a exigir esta sensibilidade intensificada para codificações da experiência não verbais e não visuais. A própria hipótese de que estes outros domínios sensórios estão de algum modo mais perto da natureza sugere que realmente o seu uso como avenidas de doutrinação, repressão e incitamento nas culturas ocidentais, assim como de alienação, podem ter sido "naturalizadas" até o ponto em que a sua carga ideológica tenha se tornado quase "invisível" – uma metáfora impressionante nesse contexto!

Sentindo o futuro

A antropologia dos sentidos tem paralelos em muitos campos das ciências sociais e das humanidades[1]. Os dados históricos podem se mostrar especialmente importantes: imaginar que o "nosso próprio" sensório mudou é um importante primeiro passo no sentido da descentralização daquilo que tomamos como sendo, por assim dizer, o sensório comum. Na Europa, por exemplo, o declínio da importância dos sentidos não visuais a partir da Idade Média até a Modernidade (CLASSEN, 1993a) foi especialmente acelerado pelo desenvolvimento da tecnologia fotográfica – uma tecnologia na qual "qualquer coisa pode ser separada, pode se tornar descontínua em relação a qualquer outra coisa", como Susan Sontag (1978: 22) observa. Podemos assim ver a predominância crescente do visual no mundo europeu e dominado pela Europa como aumentando o que Don Handelman argumentou que é a base do Estado burocrático: o poder de apresentar, repetidas vezes na forma de desempenhos uniformes espetaculares, a classificação do mundo que melhor se adapta aos interesses daqueles que estão no poder. Reciprocamente, o efeito pretendido da vigilância visual – a supervisão (literal) dos espectadores – é para abafar a consciência de mensagens codificadas nas mídias e nos sentidos menos controlados. Embora este desenvolvimento represente a sofisticação crescente da tecnologia visual, ocorreu com um grande custo conceitual e também político, de modo que agora estamos obrigados a fazer esforços extraordinários simplesmente para apreender toda a informação que flui em torno de nós, mas não é codificada na mídia impressa, ou o assalto sempre mais exigente das imagens teledifundidas.

A ampla gama de aplicações para uma análise sensória da cultura indica que a antropologia dos sentidos não precisa somente de um "subcampo" dentro da antropologia, mas pode fornecer uma perspectiva frutífera a partir da qual exa-

---

1. Dentro da sociologia, Anthony Synnott, entre outros, esteve preocupado com examinar os códigos sensórios do Ocidente contemporâneo, desde o simbolismo dos perfumes até as complexidades tácteis do cuidado com as crianças (SYNNOTT, 1993; CLASSEN; HOWES & SYNNOTT, 1994). Uma geografia sensória foi elaborada por Yi-Fu Tuan (1995) e Paul Rodaway (1994). Historiadores como Alain Corbin e Roy Porter mergulharam nas mudanças culturais dos valores sensórios que aconteceram em diferentes períodos da história ocidental (CORBIN, 1986; PORTER, 1993). Estas investigações paralelas ajudam a complementar e informar a antropologia dos sentidos, colocando-a dentro de um movimento multidisciplinar para explorar a vida dos sentidos na sociedade.

minar muitos e diferentes interesses antropológicos. Assim como a antropologia dos sentidos não é a-histórica, ela não é também apolítica. Realmente, o estudo do simbolismo sensório forçosamente revela as hierarquias e os estereótipos através dos quais alguns grupos sociais são investidos de autoridade moral e política e outros grupos desautorizados e condenados. O uso da cor da pele como uma marca de discriminação é bem conhecido em muitas sociedades. No Ocidente, os códigos olfativos serviram para sustentar a elite "perfumada" e "inodora" e estigmatizar estes grupos marginais como os judeus e os negros. Entre os Dassanetch da Etiópia, códigos semelhantes servem para distinguir os pastores de gado "superiores" dos pescadores "inferiores" (CLASSEN, 1993a: 79-105). E os cheiros da culinária exótica podem incitar fortes reações nas vizinhanças, que tentam permanecer etnicamente exclusivas.

Os códigos sensórios são igualmente empregados através das culturas para expressar e reforçar divisões e hierarquias de gênero. Anthony Seeger, como observado acima, por exemplo, mostrou como os Suyá caracterizam negativamente as mulheres como "cheirando forte" em relação ao "cheiro brando" dos homens. As mulheres são, além disso, associadas com um toque perturbador pelos Suyá, enquanto os homens são considerados como possuindo poderes superiores de ouvir (SEEGER, 1981). No Ocidente, as mulheres foram tradicionalmente associadas com os reinos "sensuais" "inferiores" do tato, do gosto e do cheiro, os reinos do quarto, do berçário e da cozinha. Os homens, por outro lado, foram ligados aos reinos "intelectuais" "superiores" da visão e da audição, os domínios sensórios da erudição, da exploração e do governo (CLASSEN, 1997).

Questões de política e gênero são atravessadas por valores sensórios, como são todas as questões de importância para uma cultura, desde as crenças e práticas religiosas até a produção e a troca de produtos. Em relação a esta última, exemplos incluem as precauções tomadas por alguns povos da Nova Guiné para evitar ofender "o sentido do olfato" dos seus cultivadores de inhame (HOWES, 1992: 289-290), a troca ritual de formigas de diferentes sabores (representando diferentes metades) pelos Tukano da Colômbia (REICHEL-DOLMATOFF, 1985), e a preocupação dos feirantes ocidentais para embeber os seus produtos exatamente com a mesma aparência, tato e gosto para apelar (e manipular) a imaginação sensória dos consumidores (HOWES, 1996).

Classen exige "um aumento no número de estudiosos para perseguir uma abordagem sensória da cultura" e ela deduz da influência crescente da antropologia sensória que este aumento deve provavelmente ocorrer. Embora eu compartilhe com seu entusiasmo pela questão, eu estaria mais tranquilizado com uma impregnação da escrita etnográfica por estes interesses. No último capítulo, que lida com a Estética, descobriremos que isto de fato tem ocorrido. Mas o estudo do cheiro e do gosto em particular está ainda muito subdesenvolvido. Para isto, o conhecimento cuidadoso do grupo de Concordia e de outros seria essencial, tanto mais quanto isto crescentemente cruza com uma antropologia médica não mais ligada aos modelos cartesianos da causa, mas é sensível às necessidades de uma antropologia que está sintonizada imediatamente, como Michael Jackson (1989) e Timothy Jenkins (1994) especialmente mostrou, tanto com as preocupações empíricas quanto fenomenológicas. O modo mais antigo de descrição insensível realmente agora começa a cheirar mais suspeita.

12
Exposições da ordem

Instrumentos da ordem

A nossa passagem deliberada do sistema para a ação agora nos permite definir o sistema. Pois a ordem não é somente o meio de organizar a ação; ela é também produzida através desta. Assim, a virada para a prática realmente levanta novas questões sobre o surgimento da ordem: quem é responsável por ela? Por que ela assume formas particulares? Como ela se torna efetiva? Como ela muda? E quão durável ela é? Não coincidentemente, regressamos aqui por enquanto para o visual, agora para inspecionar mais criticamente a sua vinculação no real jogo de poder.

O principal desafio para a antropologia moderna é se deslocar da análise do ritual local – embora isto também possa ser acessível nas celebrações nacionais, como as coroações e os desfiles militares – para a execução de mensagens sobre a cultura na qual é simplesmente inimaginável que todos os participantes conhecessem cada um socialmente. A capacidade dos governos dos estados-nação e mesmo das administrações imperiais para envolver a cidadania na atividade coletiva está apoiada fortemente nesta expansão do papel do ritual, no qual a passividade do público e a conformidade da massa são alcançadas numa escala que se tornou possível somente pelo desenvolvimento explosivo das tecnologias de representação. Se as sociedades de pequena escala funcionavam com base em representações coletivas que podiam ser aplicadas através da interação social, a tecnologia coercitiva do Estado moderno enfrenta uma tarefa muito maior. Contudo, as lições que aprendemos nas sociedades tradicionalmente estudadas pelos antropólogos sociais nos servem bem nesses contextos enormemente expandidos. Se interpretarmos a "burocracia" como "classificação folclórica" e "desempenhos culturais" ou "espetáculos" como "ritual", tanto as semelhanças quanto as diferenças se tornam visíveis, e enriquecem o alcance comparativo da imaginação antropológica.

As representações culturais, nas palavras de John MacAloon, são "ocasiões nas quais, como uma cultura ou sociedade sobre as quais nós próprios refletimos e definimos, dramatizamos os nossos mitos e histórias coletivos, apresentamos para nós alternativas, e eventualmente mudamos de alguma maneira, embora permanecendo o mesmo em outras" (MacALOON, 1984: 1); elas variam desde rituais até filmes de esportes. A obra de MacAloon (1981) sobre os Jogos Olímpicos exemplifica os modos como estas produções espetaculares fornecem os fundamentos para explorar às vezes entendimentos conflitantes da identidade coletiva. Começando com a obra de Milton Singe, que descreveu as representações como elementos "exibidores" da cultura (cf. SINGER, 1972), e continuando com a obra de estudiosos que focalizaram o uso de museus e de folclore encenado (p. ex., BAUMAN; SAWIN & CARPENTER, 1992), "a abordagem da representação cultural encorajou ver a 'representação' como um todo – observando o público, artistas e criadores, assim como o lugar, o estilo e o texto da representação", observa Sara Dickey. Ela continua: "Isto também contempla rigorosamente os modos como os consumidores e produtores comunicam imagens de si mesmos para eles próprios e para os outros – processos que, como Victor Turner (1986) e Clifford Geertz (1973) demonstraram, não podem sempre ser interpretados tão diretamente como Singer inicialmente acreditou. Deveria ser notado, contudo, que a maioria desses estudos, para empregar as palavras familiares de Geertz, geralmente vê as representações como histórias que as pessoas 'contam elas mesmas sobre elas mesmas' (GEERTZ, 1973: 448), e admitem que os produtores e consumidores sejam, se não idênticos, pelo menos membros do mesmo grupo relativamente homogêneo".

Uma vantagem em interpretar as realizações culturais modernas através do prisma dos escritos antropológicos sobre o ritual e a classificação é que isto nos permite recuperar a ligação, em contextos nacionais e globais, entre realizações culturais ou representações midiáticas e os imperativos da burocracia. O autor do artigo no qual o presente capítulo esta fundado, Don Handelman, trabalhou longamente e duramente para estabelecer que a burocracia, como um exercício taxonômico e uma expressão de uma visão cosmológica, é um objeto adequado da análise antropológica, que pode realmente oferecer um corretivo válido para as formulações "totalmente" mecanicistas que durante muito tempo caracterizaram o seu estudo. Ele mudou o fundamento da antropologia de uma maneira proveitosa e reveladora: e é revelador que ele também foi mais atento do que muitos etnógrafos das formações sociais do Estado-nação para as formas e os efeitos de realizações padronizadas, desde as inculcações íntimas das brincadeiras do jardim de infância até as flexões blindadas do poder militar nacional. Na versão compartimentada de muita coisa que é conhecida sob a rubrica de estudos culturais ou de ciência política, estas conexões são ou ignoradas ou destituídas. A obra de Handelman é especialmente útil para mostrar por que isto é enganoso.

Mas o seu discernimento também mina o aspecto significativo da sua posição. Pois, enquanto Handelman vê uma mudança entre tipos historicamente diferenciados de formação social, o pré-moderno e o moderno, eu prefiro tratar a distinção arcaico-moderno mais como uma questão de grau do que de tipo[1]. O argumento é assim mais metodológico do que fundamentalmente teórico, pois estamos ambos interessados em ver o que a antropologia pode oferecer ao estudo das sociedades estatais no mundo de hoje. Por outro lado, onde eu tendi a tratar a interação burocrática como ritualística com seu foco na repetição e na disciplina, a visão de Handelman a respeito da "lógica burocrática" que informa virtualmente todas as práticas organizacionais modernas, assim como os rituais de um tipo religioso mais convencionalmente, oferece possibilidades generosas para desenvolver perspectivas comparativas mais amplas. Handelman também revelou muitos dos aspectos sistêmicos peculiares das burocracias estatais insistindo na distinção. Da sua própria perspectiva, ele não obstante também enfatiza semelhanças estruturais, um ponto de vista que ao contrário revela o jogo da ação através uma ampla variedade de situações sociais. Onde ele enfatiza propriedades estruturais, eu estive mais interessado nos interesses e nas praticas dos agentes; mas está claro que nós dois empregamos abordagens que requerem um reconhecimento completo de ambas as coisas.

Handelman argumenta que há uma ruptura radical entre o ritual – a prática religiosa das sociedades "tradicionais" – e os espetáculos montados pelas políticas burocráticas. Aqui está o seu próprio resumo: "O ritual e o espetáculo são informados por metalógicas radicalmente diferentes, chamadas aqui respectivamente transformação e apresentação. O ritual nas ordens sociais tradicionais talvez seja a única forma cultural projetada deliberadamente para produzir mudança profética, dirigida e controlada através de suas próprias operações internas. Estas mudanças têm efeitos diretos nas ordens sociais que circunscrevem estes rituais. A metalógica da transformação através do ritual que é empregada aqui é aquela da organização sistêmica que controla a produção dos seus efeitos". O ritual manipula as taxonomias, na sua visão, mas estas são imutáveis e integrantes da ordem "natural" das coisas. Ao contrário dos rituais, os espetáculos modernos, tal como Handelman usa o termo, são máscaras públicas do *ethos* burocrático. A burocracia talvez seja a forma paradigmática de organização no Estado moderno: Handelman recentemente apontou que nenhum Estado – realmente, nenhum sistema político – pode existir sem ela, e que a sua lógica afeta inclusive as ló-

---

[1]. Handelman recentemente e energicamente respondeu às várias críticas da sua obra, tal como ela está resumida em *Models and Mirrors*, numa longa introdução à nova edição desta obra (1998). Algumas das discussões em que ele se envolve nesta peça depois esclarecerão os argumentos que informam este capítulo, especialmente sobre o tipo de lógica peculiar às burocracias modernas e as suas relações com a distinção entre o ritual e o espetáculo.

gicas dos discursos de oposição (como as práticas da Nova Era), ainda que por inversão ou distorção (HANDELMAN, 1998). Os burocratas deliberadamente inventam taxonomias e as operam sistemicamente. "Estas taxonomias estão sob o controle da volição humana. A burocracia produz mudanças planejadas, proféticas e tenta controlar os seus efeitos nas ordens sociais modernas. No Estado moderno, os espetáculos se desenvolveram em profusão junto com o crescimento das infraestruturas burocráticas. Os espetáculos são espelhos que apresentam e refletem visões estatais impressionantes da ordem social. Estas visões mascaram o poder formativo das burocracias estatais de formar, disciplinar e controlar a ordem social."

O nosso debate está no cerne de grande parte do que está sendo discutido na antropologia atual. Handelman deseja manter uma distinção entre dois tipos de sociedade, mais ou menos aqueles descritos pela famosa distinção de Tönnies entre *Gemeinschaft* (comunidade) e *Gessellschaft* (sociedade). Na primeira, temos os rituais (e sua permanência na última pode ser tratada como uma espécie de arcaísmo); na última, os espetáculos midiáticos. Porém, Handelman é capaz de produzir uma mudança antropológica crucial através dessa fronteira, encontrando nas taxonomias estatais modernas um objeto tão exótico e surpreendente na sua arbitrariedade quanto qualquer determinação não europeia de que "a ave casuar não é um pássaro" (BULMER, 1967), ou que o camarão não é um peixe (DOUGLAS, 1966). Outros notaram que a modernidade tem os seus rituais: um cientista político antropologicamente orientado, por exemplo, analisou o "ritual" do Estado soviético, enquanto outro abordou a burocracia de manutenção da paz das Nações Unidas (BINNS, 1979: 80; BARNETT, 1997) – embora isto esteja revelando que ambos tinham de publicar o seu trabalho em revistas de antropologia, e que também ele estava notavelmente ausente das bibliografias daqueles cientistas políticos que continuam a desempenhar um ativo papel na tomada de decisão. Dever-se-ia também concluir que a resistência (especialmente "ocidental") dos especialistas políticos a qualquer análise que os trate num quadro comum com os "nativos" tem as suas próprias motivações políticas.

Há mais um aspecto correlato que a obra de Handelman firmemente coloca dentro da visão antropológica deste livro, que é a sua insistência sobre respeitar o quadro conceitual dos atores sociais em questão. Ele está interessado no papel das lógicas particulares ao relacionar os efeitos da ação (de indivíduos ou de grupos) com as formas de regulação, e no papel daquilo que chamei aqui de "exposições da ordem" – como um modo de evitar a dicotomia ritual-espetáculo – ao articular esta mudança. Exposições da ordem tanto refletem quanto servem, no sentido da sua capacidade performativa, para produzir transformações sociais. Como Handelman sucintamente observa: "Os rituais, eles próprios formados por ordens culturais, formam as próprias ordens que os produzem. Para abranger os efeitos que se pensou que os rituais tinham no interior das ordens culturais, deve-se estar aberto às teorias indígenas que formam estes contextos de ação altamente especializados. Se as pessoas dizem, por exemplo, que através dos rituais eles estão curando uma doença ou fazendo chover, então, aceitamos estes objetivos para nos aproximarmos de como eles são postos em prática. Estas são as lógicas internas, culturais dos rituais, cuja avaliação deveria preceder qualquer análise erudita, digamos, das funções sociais do ritual". Esta é uma perspectiva muito diferente seja do último funcionalismo de Gluckman, seja da análise dos sistemas ecológicos de Rappaport; ela está mais próxima da antropologia simbólica de Victor Turner (1974 etc.), ao reconhecer a sempre tensa relação entre ação e forma, mas ela toma o interesse intermitente de Turner nos modernos estados-nação num nível muito mais abrangente. Realmente, embora admitindo a sua dívida com Turner, Handelman (1998) observa uma certa aridez na tentativa de Turner de subordinar todos os rituais a um esquema preexistente, que é especialmente bruto quando lida com os acontecimentos maciços encenados pelos Estados burocráticos modernos.

Onde nos separamos é sobre a aparente relutância de Handelman de ver os praticantes de rituais como agentes desejosos de mudança e fantasia numa extensão comparável com a manipulação das formas oficiais levadas a cabo pelo Estado ou por outros funcionários dos sistemas "modernos". (Críticas semelhantes foram feitas a respeito do pensamento de Pierre Bourdieu, para quem os atores sociais estão muitas vezes bastante inconscientes dos modos como eles igualmente respondem a uma reformulação dos seus meios culturais. Cf., p. ex., REED-DANAHAY, 1995; HERZFELD, 1987: 83-86.) Handelman parece localizar a ação mais nos rituais do que nos seus praticantes: "Os rituais... formam as próprias ordens que os produzem". Além disso, ele também argumenta que eles são, por sua vez, governados por uma "metalógica" que pode não ser acessível aos atores sociais que realizam ou testemunham os rituais. Até certo ponto, esta visão restritiva da ação dos atores sociais se encaixa na representação do ritual de Handelman como uma atividade altamente formalizada, uma visão que está também muito de acordo com a celebrada definição de ritual de Tambiah como marcado por aspectos de extremo formalismo assim como de redundância e ambiguidade. Mas Handelman vê estes aspectos como oferecendo oportunidades especiais de reinterpretações criativas. E isto é um grande avanço em relação à velha confusão de conformidade superficial com a suposta conformidade social dos atores, pois reconhece a possibilidade de redefinição criativa a partir de dentro das representações mais rigidamente prescritivas e ignora os argumentos improdutivos sobre se os povos "primitivos" são capazes ou não de pensar através das consequências da ação ritual no abstrato – a mudança que ocorre como um resultado da ação ritual é acessível aos poderes descritivos do observador, incluindo aqueles dos membros da comunidade local que trazem as teorias locais da causalidade ritual para suportar aquilo que ocorre. Mas não ver as mesmas possibilidades nos espetáculos estatais, por exemplo, é conceder ao oficialismo o poder coercitivo que o analista exatamente negou ao praticante de ritual numa sociedade local ou "tribal".

Eu concedo que possa ser útil reservar o termo "ritual" para as atividades altamente formalizadas. Mas o meu argumento, que também trata dos sistemas morais no sentido mais geral, é, como o de Handelman, que quanto mais formal é um sistema, mais os seus praticantes especializados são capazes de adotar a sua própria formalidade como uma máscara para todo tipo de subversões e subornos. Eu sugeriria então que a maior escala do espetáculo moderno simplesmente aumenta o âmbito para a dissimulação, e que algo desse tipo pode ser deliberado. Contudo, se isto realmente é deliberado ou não em situações específicas, pode estar além da nossa capacidade de conhecer, pois não somos leitores de mente e não estamos também inclinados a oferecer generalizações sobre "mentalidades" – um elemento do vocabulário de estereótipos (como em: "Você deve conhecer a mentalidade deles para conviver com eles").

O desacordo parcial que eu acabei de esboçar pode ser instrutivo para o leitor deste livro por boas razões. Primeiro, como eu disse, ele fala de uma questão-chave na antropologia atual: até onde as velhas formulações negam a ação para os povos não europeus – aqueles que nos escritos anteriores eram chamados muitas vezes de "primitivos" ou "arcaicos"? E até onde a evidência justifica a manutenção destas formulações? Segundo, isto mostra que há ainda muito espaço para refinar os nossos termos de referência: isto fala da missão pedagógica deste projeto, e eu destaco o argumento de Handelman como particularmente bem-adequado a este objetivo e também por causa do meu desacordo parcial com ele, de iniciar ao contrário por uma igualmente forte concordância como o resto dele. Terceiro, não importa onde o leitor acaba no debate, ele projeta a teoria antropológica numa consideração da Modernidade de uma maneira particularmente construtiva – algo que há muito caracterizou a obra de Handelman. Finalmente, isto representa um raro envolvimento dos antropólogos tanto com o exótico quanto com o familiar no contexto de uma única análise. Apesar da famosa brincadeira de Horace Miner a respeito dos "Nacirema", com os seus rituais de banho muito exóticos que conduziam cada um para frente de um espelho toda manhã, este tipo de justaposição entrou em conflito com um medo universal entre os antropólogos de emprestar demasiado suporte ao escárnio popular da sua disciplina. Talvez eles devessem relaxar: um recente estudo antropológico do McDonald's na Ásia Oriental teve um notável sucesso (WATSON, 1997). E o que podia ser mais sério do que o ritual e a burocracia: esta justaposição tem real urgência.

O tema da antropologia da Modernidade também nos permitirá retornar, nos parágrafos finais do capítulo, a um tema centralmente importante, que é também retomado nos capítulos Economias e Cosmologias. Trata-se do problema das origens. Quem criou as várias manifestações culturais com as quais estamos envolvidos? Como elas começaram? Podemos certamente dar um boa tacada ao marcar a fonte da invenção do hambúrguer, da escova de dente e do discurso médico da higiene pessoal. Mas o que dizer dos fenômenos culturais que precedem a instrução? (Pois isto parece ser a base da divisão.) Os primeiros folcloristas foram consumidos pela curiosidade sobre estas questões, ou porque isto servia às tentativas nacionalistas de encontrar as fontes históricas de legitimidade na antiguidade da nação, ou porque servia para a legitimação abrangente do evolucionismo – a doutrina que deixou os europeus encarregados conceitualmente do mundo, no momento em que as suas expansões militares faziam isto politicamente. Mas, mesmo depois que estas questões saíram de moda, elas espreitavam no fundo inclusive das teorias mais socialmente fundamentadas. Durkheim, por exemplo, pensava que o ritual era o meio através do qual as sociedades prestavam homenagem a si próprias enquanto sociedades. Lévi-Strauss pensava que eles expressavam uma capacidade gerativa fundamental da mente humana, filtrada através de enormes redes de transmissão cultural. Mas a dificuldade foi sempre determinar que mão sábia estava atrás destas invenções de religião, se realmente ela era projetada para estes propósitos teleológicos. E Durkheim expressamente negou a possibilidade da ação individual como uma primeira causa. Eu endosso totalmente o comentário de Handelman: "a pretensão durkheimiana de que o ritual geralmente gera 'solidariedade social' é completamente aberta à questão", porque esta visão retira os atores sociais de qualquer papel na constituição das suas próprias realidades sociais (cf. GIDDENS, 1984). Como resultado destes pressupostos, a teoria social permaneceu por muito tempo atolada em imagens de um mundo primitivo guiado pelo poder do (indiferenciado) social, em oposição a uma modernidade na qual tudo podia falar com vozes individuais e agir com vontades individuais.

Há certamente uma sugestão deste tipo de evolucionismo no próprio argumento de Handelman:

> Historicamente, os mundos culturais do ritual se transformaram naqueles do espetáculo. A prática do ritual é parte integrante dos mundos culturais que são organizados holisticamente, mundos nos quais a "religião" constitui a totalidade através de classificações abrangentes, taxonômicas do cosmos, e das quais derivam as premissas organizadoras da ordem moral e social. Estas taxonomias são percebidas como "naturais", no sentido de que não podem ser mudadas através da volição humana. Quando uma categoria numa taxonomia holística falha, outra a substitui, contanto que os horizontes que permitem o secularismo devam ainda ocorrer. Quando as pessoas perderam a fé na eficácia

dos seus deuses tradicionais na antiga Roma, eles deificaram os seus imperadores (MOMIGLIANO, 1986). Uma mudança na classificação possibilitou a continuação do ritual da totalidade cósmica. No início na Europa moderna, contudo, quando as pessoas perderam a fé na eficácia do ritual (BURKE, 1987), elas estavam a caminho de fragmentar o holismo cósmico e de organizar ordens sociais seculares. Mas, eu contradiria, elas produziram novas totalidades – totalidades políticas que exigiam uma adoração não menos absoluta do que os cultos religiosos de outrora.

A fragmentação histórica do holismo cosmológico possibilitou o surgimento de uma hoste de domínios seculares separados – político, econômico, científico, burocrático – cada um deles com os seus horizontes (DUMONT, 1977). Os acontecimentos públicos do espetáculo moderno surgem destas formações, refletindo as suas divisões. Nos dias de hoje, as lógicas do espetáculo perdem a sua capacidade de atuar sobre estas rupturas de uma maneira unificada.

Ao contrário, através de suas lógicas, os rituais praticam tanto a fragmentação quanto a reconstituição do holismo. Assim, os processos internos dos rituais frequentemente se movem das condições do holismo – do eu, da comunidade, da saúde, do humano e do transcendente – para o seu estilhaçamento, para regenerar um eu curado, um novo ser social, uma comunidade rejuvenescida, e assim por diante. Os processos do ritual manipulam categorias culturais, taxonômicas. Taxonomicamente, o ritual faz infinitas distinções, dando valor às diferenças menores. Mas o ritual faz isto para produzir mudança controlada através das lógicas de operação que fazem parte do evento ritual. É para estes fins que a manipulação das distinções taxonômicas é colocada.

Este é o propósito atrás da reavaliação de Handelman do ritual *chisungu* dos Bemba da Zâmbia, originalmente estudados por Audrey Richards, para o qual retornaremos depois. Handelman procura, por intermédio disso, ilustrar a sua tese: "Nos mundos tradicionais, o ritual pode ser o único meio de deliberadamente produzir as mudanças controladas que impactam a ordem social". Ele vê o moderno espetáculo, ao contrário, como um meio de reafirmar o *status quo* mantido por aqueles que estão no poder – um espelho para o tipo de realidade que eles desejam preservar. Como ele sucintamente descreve a diferença: "As lógicas internas do espetáculo taxonomizam e apresentam; aquelas do ritual taxonomizam e transformam".

Mas o evolucionismo na reavaliação de Handelman não é a velha metáfora progressista. Ele é antes o pessimismo da "gaiola de ferro" de Weber, de uma burocracia cada vez mais opressiva no mundo moderno. Em vez de uma marcha no sentido da emancipação através de uma crescente ação autoconsciente, a diferença de Handelman parece conceder à humanidade moderna um poder decrescente sobre as transformações potenciais da sociedade. Ele pode muito bem estar certo em certos casos – talvez em muitos. Mas este argumento ignora a possibilidade de que a resistência (SCOTT, J., 1985) possa ocorrer dentro das arenas modernas da exposição estatal. Handelman observou para mim, coerentemente com a crítica do conceito de resistência que aparece em outros lugares deste livro, que ele não lida com o maior espetáculo burocrático de todos: as guerras altamente divulgadas, como aquelas do Iraque e da Sérvia, nas quais matar é reduzido a uma exposição da virtuosidade estatística e tecnológica. Como ele observa: "Este não é um mundo desencantado... mas antes um mundo no qual "os ricos" se encantaram numa aproximação virtual com os que não têm de uma maneira que restringiu relações a qualquer realidade". Por outro lado, não podemos ignorar os esforços, o que quer que sejam os seus resultados (se este for o caso), daqueles que trabalham de dentro nas exposições formais de poder nos rituais estatais, repensando os seus significados e talvez eventualmente subvertendo as intenções dos seus organizadores – uma pergunta que também me fiz em conexão com a mídia mais geralmente. Estas exposições são realmente cuidadosamente enredadas, e se supõe que os organizadores geralmente não querem ver quaisquer transformações diferentes daquelas que ordenam a obediência e a conformidade. Mas estes induzimentos à conformidade são eles próprios transformações das condições do passado, dado que a maioria dos estados-nação se originou em lutas de libertação – um dilema para o estabelecimento da autoridade, em que o modelo das lutas originárias sempre espreita no fundo e pode às vezes irromper inesperadamente na cena (cf. RAPPAPORT, J., 1994).

A distinção analítica de Handelman entre o ritual e o espetáculo reside especialmente numa diferença entre duas metalógicas que ele identifica nela: "transformação" no ritual tradicional e "apresentação" no espetáculo moderno, estando o último rigorosamente associado no seu uso com o Estado-nação burocrático de hoje. Realmente, esta discriminação categorial leva Handelman a excluir da análise algumas formas intermediárias, como a ópera e o teatro, por um lado, e os "eventos midiáticos" (KATZ & DAYAN, 1992) – aqueles eventos únicos que são televisionados ao vivo para enormes públicos, como a primeira visita do papa à Polônia e o primeiro pouso na lua. O gênero de circo ocidental talvez seja o mais independente da relação entre burocracia e estatismo, em que o circo marginaliza a apropriação do corpo performativo para propósitos estatais (HANDELMAN, 1991: 222), e em que historicamente o circo frequentemente foge dos poderes institucionalizados e burocráticos do Estado (cf. CARMELI, 1988).

Pode ser, contudo, que a decisão metodológica de excluir estas outras formas da sua análise tenha dado um molde demasiado rígido à oposição ideal típica de Handelman entre os rituais e os espetáculos (mas cf. 1990: 55-56, para um exemplo do ritual que se envolveu com a emergência das relações de classe na Zâmbia). Tome-se, por exemplo, a ópera, um gênero pouco investigado pelos antropólogos. As apresentações das óperas de Verdi foram o lugar de resistência popular ao domínio estrangeiro na Itália; embora Verdi fosse forçado a se submeter à mão pesada da censura, tanto a sua música quanto os libretos que ele usou investiram de ironia e ambiguidade estes ataques à autoridade estatal como o regicídio e a corrupção do poder. De outro modo, gêneros de representação ainda mais convencionais oferecem possibilidades semelhantes: Beeman (para o Irã, 1981) e Danforth (para a Grécia, 1983), ambos documentaram o potencial subversivo das formas populares de teatro de fantoches. Também excluídas da análise de Handelman são as às vezes espetaculares mídias do cinema e da televisão que existem somente através das tecnologias modernas, e cuja metalógica é frequentemente aquela das histórias intermináveis, continuamente recicladas que utilizam formas quase burocráticas de classificação. Exatamente porque, como ele insiste, a classificação das exposições públicas refletiria as circunstâncias históricas da sua emergência e as lógicas peculiares que estas circunstâncias favoreceram, eu prefiro enquadrar a distinção como aquela que particularmente reflete a convicção intelectual ocidental comum de que a lógica moderna é puramente racional e científica, como oposta à suposta religiosidade dos anos passados (e de outra parte).

Certamente, alguns estados-nação desenvolveram extraordinariamente efetivas tecnologias de controle, seja exibindo e às vezes brutalmente utilizando – literalmente – a sua espetacular virtuose tecnológica. Mesmo dentro de idiomas sancionados por um Estado repressivo, contudo, é possível para os atores e os seus públicos investir representações particulares com força subversiva, às vezes precisamente se apropriando das regras de uma maneira impassível. Isto pode ser feito inclusive com a literatura: durante a ditadura militar na Grécia (1967-1974), a única peça efetiva de literatura de resistência – *Eighteen Texts* – podia ser abertamente publicada em Atenas, porque os seus autores tinham obedecido com assombrosa precisão a lei antissubversiva dos censores que exigiam de todos os títulos de livro que descrevessem literalmente os conteúdos de cada livro! (VAN DYCK, 1997: 19-20). Entretanto, naturalmente, os coronéis esperavam mudar toda a ordem social exatamente por meio da produção de espetáculos.

Handelman, que tinha escrito habilmente a respeito desses outros gêneros em outro lugar (1992), não os considera pertinentes a seu argumento que diferencia o ritual e o espetáculo. Realmente, o seu argumento funciona melhor, quando tratamos estas duas categorias como tipos ideais weberianos, do mesmo modo como Bird-David propôs para as categorias econômicas da casa e da corporação (cf. cap. Economias). É sobre este pressuposto provisório que podemos agora prosseguir.

Transformação: uma metalógica do ritual

Os rituais são num certo sentido autoperpetuadores: o seu caráter repetitivo significa que um ritual que não é realizado com algum grau de previsibilidade e pontualidade simplesmente morre. (O exemplo de Greenwood de um ritual basco, cuja estrutura temporal foi rompida por sua mercantilização pela indústria turística na época franquista (1989), ilustra bem o quão bruscamente isto pode de fato ocorrer.) Mas se a operação do ritual não é inteiramente tratada pela teoria indígena, como Gerholm sugere (1988: 197-198), de modo que as próprias explicações locais exigem explicações posteriores, Handelman argumenta que a metalógica da transformação desempenha um importante papel. Ele não atribui isto a todos os rituais, mas propõe reconhecê-lo em "todos os rituais que mudam uma espécie de existência ou condição em outros, criando micromundos temporários que são afirmados sobre o potencial de mudança, embora cada micromundo desta espécie responda a seus próprios horizontes de possibilidade cultural". E ele acrescenta: "No interior desses micromundos temporários do ritual, os participantes são reincorporados em todos os seus sentidos, com os seus corpos se tornando lugares da transformação do ser. O sentido visual, a contemplação, não tem necessariamente a primazia nas incorporações de ritual, tal como ele tão frequentemente faz no espetáculo". Vimos, no capítulo Sentidos, que a predominância atual do visual é largamente um resultado da extensão na qual a tecnologia ocidental impôs a sua própria perspectiva sobre o resto do mundo. Eu sugiro que a verdade do que Handelman pretende aqui está na necessidade das modernas organizações globais, estendida muito além da possibilidade da interação direta como a base de todas as identidades, de se voltar para a base mais capturavelmente icônica no sentido de representar a homogeneidade de uma execução como um modelo icônico de esperança de unidade. Esta base é visual – talvez a "naturalização" mais implacável de todos os sentidos, e aumentada hoje por uma tecnologia na qual a reprodutibilidade da imagem visual ultrapassa demasiadamente o que para muitos seriam os sentidos muito mais evocativos do cheiro e do gosto.

É no seu *Models and Mirrors* (HANDELMAN, 1990: 23-24) que Handelman esquematicamente estabelece sete premissas que podem nos informar sobre como pelo menos alguns rituais funcionam. Eu reproduzo o seu resumo extremamente útil aqui por completo:

"Primeiro, um ritual de transformação é intencional e propositado. Ele é organizado de acordo com uma relação posta de meios para fins. O ritual é teleológico. Segundo, em si o ritual de transformação produz uma mudança que tem resultados específicos. Terceiro, este tipo de ritual é antecipatório: ele prevê uma condição hipotética e fornece procedimentos que realizarão este ato da imaginação cultural. Como tal, este tipo de ritual tem capacidades proféticas: ele contém aspectos particulares em si. Portanto, quarto, o ritual de transformação estipulou controles sobre processos de causalidade (contudo, estes são definidos em teorias indígenas). Quinto, o ritual de transformação se autorregula, num certo grau: O ritual monitora a sua própria progressão, enquanto está sendo realizado. Isto diz aos participantes, por exemplo, ou para repetir alguns procedimentos, ou quando cessar passos particulares e iniciar outros. Sexto, este tipo de ritual foi construído em suas próprias condições contraditórias ou conflitantes de ser, que no curso do seu trabalho o ritual deve resolver. Assim, um exorcismo cingalês começa com uma pessoa que está doente, cuja consciência é possuída e obstruída pelo demoníaco, e que no curso do ritual ficou boa (KAPFERER, 1983). O ritual *Isoma* dos povos Ndembu da Zâmbia torna uma pessoa incompleta (uma mulher infértil) numa pessoa completa (um mulher fértil) (TURNER, V., 1969). Doente/sadio, infértil/fértil – os termos de cada um desses conjuntos são mutuamente excludentes – estas são qualidades que não coexistiriam numa mesma pessoa. Pressupõe-se que os desígnios culturais destes rituais transformam um termo de cada conjunto no outro. Portanto, sétimo, a transformação requer a introdução da incerteza [muitas vezes percebida indigenamente como uma qualidade perigosa] numa presumida estabilidade do fenômeno que deve se submeter a esta radical transmutação. A incerteza dissolve esta estabilidade, desse modo abrindo o caminho para reformar as práticas da transformação".

Esta é uma afirmação extremamente importante e também sucinta. Se adotarmos a tipologia de Handelman como uma ordem de tipos ideais, isto nos permitirá avaliar as formas intermediárias. Assim, por exemplo, os ritos de funerais, agora oficialmente aprovados pelos governantes comunistas do Vietnã e brevemente mencionados em outros lugares neste livro, apenas parcialmente se ajustam ao modelo. Os rituais foram investidos com uma nova teleologia – não aquela da observância religiosa, mas aquela do Estado burocrático. Por outro lado, a causalidade do ritual está explicitamente em desacordo com o ateísmo oficial do Estado, que, portanto, deve investi-lo ao contrário com um papel mais psicológico, coerente com a sua própria visão funcionalista destas representações. O efeito do fechamento, que parece ter sido uma motivação para a decisão de o Estado tolerar estas forças persistentes da "superstição", pode assim ser justificado como se prestando aos fins utilitários do Estado –, mas os funcionários que sancionam e mesmo assistem a estas representações não têm como conhecer se esta é a interpretação que os partidos envolvidos realmente subscrevem. Em face disso, isto pareceria improvável – e assim a incerteza (aquela dos efeitos da morte sobre os enlutados) visada pelo Estado pode de fato escapar aos constrangimentos da intenção ritual.

Em suma, a oposição entre o ritual e o espetáculo tem considerável valor heurístico. Ele é especialmente útil como um meio de examinar os rituais que foram recontextualizados – por exemplo, as práticas religiosas que se transformaram no "folclore" do cerimonial do Estado (p. ex., KLIGMAN, 1981; os rituais Căluş da Romênia). Mas para avaliar todo o âmbito de aplicação, devíamos seguir a análise de Handelman do *chisungu* – supostamente um ritual de iniciação da menina – dos Bemba, tal como Richards (1982) descreveu a sua ocorrência em 1931 (cf. tb. HANDELMAN, 1990: 31-38). O propósito do *chisungu*, na teoria Bemba, era transformar uma menina imatura numa mulher madura, uma mulher que estaria pronta para casar e capaz de realizar as tarefas perigosas de purificar o seu marido e ela mesma, resultante da contaminação das relações sexuais e da menstruação. Os contatos com os espíritos ancestrais eram vitais para o bem-estar da casa, mas o contato podia se dar somente sob condições de pureza. O *chisungu* era realizado pouco antes do casamento de uma jovem mulher. Do seu sucesso dependia a viabilidade de famílias futuras, e também aquela das pessoas Bemba.

Handelman descreve o ritual, resumindo Richards, e então oferece a sua demonstração: "As mulheres mais velhas que supervisionavam o ritual diziam que o seu propósito era 'fazer crescer' as meninas, e desse modo torná-las mulheres. Uma menina que não tinha tido o seu *chisungu* permanecia 'lixo', um 'pote cru', em outras palavras, menos do que um mulher completa. As mulheres mais velhas estavam certas de que na prática do ritual elas estavam produzindo mudanças a serem feitas nas meninas, transformando-as de uma condição alarmante de imaturidade numa condição de feminilidade fértil".

Nos termos de Handelman, o *chisungu* é propositado e diretamente objetivo, e estes atributos fazem parte do próprio ritual, tornando o processo ritual teleológico. Além disso, ele acrescenta, "o ritual circunscreve categorias contraditórias no mundo das mulheres Bemba, mas uma se transforma na outra: uma mulher imatura entra, e uma mulher madura sai. Mas a mudança que é deliberadamente feita para ocorrer nesse ínterim é mais profunda do que aquela que resulta meramente da reclassificação de meninas imaturas para mulheres maduras, e a validação social desta mudança. A mudança que o ritual realiza é uma mudança essencial, no ser de cada uma e de todas as meninas. O ritual transforma as meninas. Para fazer isto, o processo ritual deve resolver as contradições taxonômicas que ele põe como incompatíveis: a candidata à mudança não pode abandonar o ritual como um conglomerado amórfico de imaturidade e maturidade".

No primeiro dia do *chisungu*, as meninas eram cobertas com cobertores e mandadas rastejar para trás de quatro para a cabana do ritual – a ação de passar através do túnel escuro, escondida dos outros, abandonando o seu velho modo de vida. Durante os dias seguintes, a irritação destacava a imaturidade categórica das meninas, enquanto o seu choro supostamente demonstrava a sua aceitação desta classificação e a fraqueza que ela implicava: "Os graus do choro pelas meninas incorporavam a sua relativa abertura para serem reformadas e então reclassificadas como mulheres maduras. A relação entre irritação e choro [isto é, o esquecimento] é teleológica e ajustável. A irritação levava as meninas às lágrimas, embora este pranto fosse propriamente um monitor do sucesso da irritação. As mulheres mais velhas podiam aumentar ou diminuir a irritação, para alcançar os resultados desejados". Ou, como devíamos dizer hoje, este era um sistema de inculcação de atitude, reforçado como era (muito parecido com as práticas de aprendizagem na Europa) por provações estilizadas e acompanhado pela aprendizagem do conhecimento adulto, e isto estava destinado a incorporar as iniciantes na sociedade adulta como membros conformes – muito literalmente, visto que as aflições do corpo carregavam associações duradouras da desobediência com a humilhação e a dor. Uma mulher afirmou que através das provações, "Elas [as velhas mulheres] tentavam descobrir se as meninas tinham crescido" (RICHARDS, 1982: 76). A passagem com sucesso pelas provações mostrava, observa Handelman, "que o ser das meninas estava sendo formado, mudado essencialmente, e corporificado mais uma vez". Isto é, na sua visão, uma operação teleológica, "aquela da autorregulação integrante do ritual". Se uma menina falhava na provação, então, o processo ritual era abrandado até que ela passasse. Dentro do quadro do ritual, então, alguma medida de criatividade de estimulação – o que Bourdieu chama de tempo de interação social (1977: 6) – relacionava propensões individuais a um sentido de determinação abrangente. Mas aqui, como Handelman aponta, as mulheres Bemba têm as suas próprias teorias a respeito da ignorância da imaturidade e do saber da maioridade, e calibravam adequadamente o ritmo do ritual para as respostas das iniciantes. Não seríamos, por outro lado, capazes de dar sentido ao ritmo ritual, no qual a ignorância das velhas certezas – ridículas como um meio de demolir o sentido de autoconfiança das iniciantes – gradualmente abre espaço para aprender novas certezas. E é com base nisso que Handelman observa, "A lógica do *chisungu* é aquela de um esquema causal, profético que realiza uma mudança direta. A profecia da transformação – fazer crescer as meninas – e a sua direção e realização são feitas dentro do próprio ritual. Até certo grau, o *chisungu* é autorregulador na sua processualidade: ele monitora a sua própria progressão, para verificar se esta está trazendo os efeitos desejados".

Para Handelman, então, o ritual, através da operação das suas relações, produz transformações controladas que realizam o mundo fora do ritual. Outros exemplos sustentam a sua descrição da metalógica ritual. Lincoln (1981: 101, 103), ao discutir um ritual que é feito na menstruação para meninas entre os Tukuna do Nordeste da Amazônia, observa o uso metafórico da metamorfose do inseto. Os Tukuna comparam o candidato a um lagarto que entra no casulo e sai uma borboleta. A transformação se fez dentro do ritual/casulo. Lincoln enfatiza que os rituais deste tipo assumem questões ontológicas, mudando o ser fundamental das mulheres. Tal como a iniciante *chisungu*, a menina Tukuna é refeita de dentro para fora, em termos dos potenciais para a maturidade que estavam adormecidos e escondidos dentro dela. Em algumas sociedades ocidentais, o trote dos cadetes militares e dos irmãos da fraternidade, assim como os rituais degradantes de nascimentos simbólicos entre os estudantes que cruzam o International Dateline de navio (BRAIN, 1981), oferecem uma oportunidade semelhante para o ajustamento aos casos individuais, embora as cerimônias de indução do grêmio e da aprendizagem em muitos lugares e da mesma forma indivíduos sujeitos à disciplina coletiva possam também ser ajustados dessa maneira.

Os rituais domésticos de pequena escala participam também dessa lógica. Assim, por exemplo, os exorcismos do Sul da Europa contra a feitiçaria e o mau-olhado compensam um equilíbrio que foi perturbado, levando um membro marginalizado da comunidade de volta para o rebanho – às vezes por analogias diretas com o controle de partes do corpo por medição e contagem (HERZFELD, 1986). Estes não são rituais de crise de vida como o *chisungu*. Mas eles compartilham algo do poder transformador dos rituais mais previsíveis, levando o paciente a aceitar uma sanção simbólica do controle corporal como preço da reintegração. Eu argumentarei abaixo que estes rituais têm a sua contraparte no Estado burocrático moderno, e que eles têm uma relação com espetáculos não diferente daquela que existe entre os pequenos rituais domésticos e os grandes rituais do ciclo da vida, que Handelman atribui às sociedades "tradicionais".

Handelman, ao contrário, cuidadosamente distingue os rituais de transformação, com suas lógicas internas de mudança, dos outros "eventos públicos" (HANDELMAN, 1990), cujas lógicas internas estão mais próximas do que ele entende como "espetáculos". Estes últimos são "organizados como imagens especulares para refletir especialmente visões compósitas da ordem social". E ele acrescenta: "O espetáculo simboliza a virada para a ordem social moderna – o surgimento do Estado, a sua infraestrutura burocrática, e a virada para o totalitarismo". Mesmo aquelas respostas que se desenvolvem ostensivamente em oposição à lógica burocrática se encontram obrigadas a se envolver com esta lógica; muitos desses movimentos – exércitos de libertação são uma dramática ilustração disso – acabam produzindo com estranha precisão as formas e a lógica dos seus opressores de antigamente.

Ordem burocrática e o espetáculo

De acordo com Handelman, "O surgimento do espetáculo ocorre junto com o surgimento da poder da taxonomia, esta última libertada da sua inserção imutável, 'natural' na cosmologia religiosa". Há, ele argumenta (seguindo FOUCAULT, 1973b: 54-55), uma relação íntima entre o desenvolvimento da ciência moderna e aquele do *ethos* burocrático como uma estrutura hegemônica da consciência e especialmente da vigilância visual (cf. tb. HANDELMAN, 1995). Nesse desenvolvimento, as premissas da taxonomia eram usadas para tornar visível tudo do mundo fenomênico. Nos termos de Foucault, o olho estava conectado com o discurso através do catálogo – a discriminação e a preservação de todos os itens do conhecimento, através da comparação e do contraste. A linguagem da ciência (de Lineu) não podia mais ser "malconstruída" (FOUCAULT, 1973b: 158), em que a taxonomia preenchia, ordenava e controlava todo o espaço dos discursos de classificação, que eram estendidos além da ciência em compreensões da sociedade e do governo. Assim, as visões políticas radicais da sociedade perfeitamente governada dependiam de esquemas inventados de classificação (ELIAV-FELDON, 1982: 45).

Handelman coloca dois pontos de partida com o surgimento do Estado-nação. Primeiro, ele diz, o Estado assumiu o controle do sistema de classificação; não mais o tratando como uma reflexão passiva da ordem "natural" das coisas, a burocracia a utilizava como um sistema de controle cada vez mais flexível, no qual os significados das unidades taxonômicas eram determinados com fins utilitários em vista: "os esquemas taxonômicos devem se tornar autônomos da ordem natural das coisas – então, as estruturas da consciência não somente se tornam conscientes da estrutura, mas as inventam, desse modo organizando os seus mundos outra vez" e o próprio ato de classificação "se torna independente do cosmos 'natural', imutável, e, por conseguinte, independente da prática do ritual como a recriação contínua deste cosmos". Isto é o que Handelman tinha chamado de "os meios burocráticos de produção". E o segundo ponto de Handelman é que "o trabalho taxonômico é organizado como um sistema burocrático, no sentido de autocorreção". A classificação burocrática é teleológica – "a burocracia coloca relações entre objetivos e meios para realizar estes fins" – a ponto também de se tornar, na maioria das formas autogeradoras, tautológica (cf. tb. HERZFELD, 1992). Os burocratas esperam controlar os efeitos que eles produzem, então eles devem constantemente estar preparados para reinterpretar adequadamente a classificação. A burocracia, observa Handelman, "continuamente realiza mudanças alterando as categorias taxonômicas ou criando novas" – embora, devíamos acrescentar, esta dimensão processual seja muitas vezes mascarada pela constante reafirmação da oniciência burocrática, como é o papel de agentes individuais na sua insistência em invocar um *ethos* coletivo.

Mas este mascaramento é precisamente o que a adoção de idiomas formais de classificação torna possível, levantando uma questão comparativa intrigante: se as garantias loquazes de coerência e imutabilidade são o que permite aos burocratas remodelar os significados pragmáticos das categorias para adequar as suas próprias ou a sua conveniência de senhores, por que deveríamos admitir que os adeptos dos rituais como o *chisungu* não são capazes de serem também criativos? Aqui, eu suspeito que haja uma confusão de forma e de conteúdo. Pois eu não discordo da visão de Handelman de que o surgimento da burocracia moderna introduza algo original. Eu não acho, contudo, que esta nova dimensão necessariamente represente uma mudança dos princípios subjacentes. Antes, eu suspeito que sempre e em todo lugar foi possível usar a taxonomia como um meio de implementar objetivos individuais, e que é precisamente a homogeneidade superficial do sistema de classificação – a certeza que eles parecem oferecer de que o mundo "natural" é um lugar estável – que permite aos burocratas "naturalizar" as decisões e as alocações mais arbitrárias. É numa lógica semelhante, afinal de contas, que uma ampla variedade de feitos reais seria encoberta como moralmente correta – como exemplos de virtude na defesa da família rural italiana ou grega, por exemplo; o sucesso ou o fracasso em assegurar esta interpretação do público maior é sempre uma questão complexa que abrange a capacidade individual e as circunstâncias particulares locais. Isto, como veremos, tem importantes consequências para a relação entre os espetáculos e o poder estatal.

Não há dúvida, exceto que a burocracia é acima de tudo mais uma estrutura classificatória. A maior parte do seu trabalho reside em classificar – às vezes, pareceria, por amor da classificação; por conseguinte, o sentido permanente da tautologia. Porém, grande parte da burocracia está também dirigida ao serviço da cidadania, de cujas fileiras o seu pessoal é realmente tirado, e seria tanto empiricamente doentio quanto moralmente mesquinho focalizar somente os seus fracassos e excessos. A ambivalência de Weber em relação a ela pressagiou, eu acredito, a sua verdadeira capacidade para o bem e para o mal: o seu tamanho, nos atuais estados-nação, amplifica os usos que funcionários específicos fazem dos seus códigos esotéricos.

Acima de tudo, o terror real reside na sua arbitrariedade. Todos os sinais, linguísticos e outros, são arbitrários, pelo fato de que eles não têm relação necessária com a natureza. Eles podem adquirir um sentido de ser "naturais", como Bourdieu, Foucault e outros observaram. A "naturalização" de um cidadão é, de fato, um ato tão puramente cultural como é possível imaginar. Mas é acima de tudo a uniformidade dos símbolos burocráticos que muda o *locus* da "arbitrariedade do signo [burocrático]" do próprio signo para o seu operador – o burocrata. É no burocrata que a ação está situada, mesmo quando esta pessoa invoca "o sistema" como parte do que eu chamei de "teodiceia secular" que os burocratas, assim como os próprios cidadãos, compartilham com os seus clientes – o sistema de explicar as deficiências experimentadas do que é idealmente uma instituição benéfica, democrática, de uma maneira que tanto compreenderá quanto achará conveniente aceitar.

Com isto em mente, eu agora retorno à análise de Handelman da relação entre o Estado burocrático e os espetáculos que ele promove. Ele certamente admite o solo comum do ritual e do espetáculo e o papel da taxonomia em ambos, como já observei, mas prefere tratá-los como relacionados mais pela analogia do que como pontos finais de um *continuum*. Ele escreve: "Em termos das suas metalógicas de possibilidade, os rituais e os espetáculos não têm virtualmente nada em comum. [Para uma visão contrária, cf. BEN-AMOS & BEN-ARI, 1995.] Os rituais [tal como a burocracia] criam realidades que são consequentes nos seus efeitos. Mas os espetáculos são a outra face da burocracia, paralisada por uma canetada [ou hoje, pelo comando do computador], escondendo o seu semblante congelado atrás de espetáculos coloridos que refletem ficções espetaculares. Estas ficções mascaram a face da burocracia".

A base desta associação do espetáculo com a burocracia é a ênfase visual que ambos compartilham. A classificação visual – quadros, gráficos e arranjos espaciais, como o Panóptico de Bentham – é especialmente popular no Ocidente, onde ela obedece a uma ideologia cartesiana que relegaria outros sentidos a um papel intelectual muito secundário. Handelman, assim como Foucault, toma o Panóptico como paradigmático: "Passadas são as redes sociais e as múltiplas trocas entre pessoas. Presente é o ser humano como redução, como resíduo: separado, numerado, supervisionado e colocado para tarefas produtivas com intencionalidade racional. Quem exerce o poder e com que motivo não é relevante: quem quer que ocupe a torre, o centro, o escritório, o ápice da hierarquia controla o olhar taxonômico do controle sistêmico. Realmente, o desenho do Panóptico foi chamado de 'classificação materializada' (MILLER, J.-A., apud BOZOVIC, 1995: 24)". Desta perspectiva do século XVIII para as pretensões burocráticas do século XX de oniciência é um passo curto: é no interior do Estado moderno, burocrático que taxonomias inventadas proliferaram e floresceram como nunca antes, fragmentando, dividindo e classificando a humanidade dos seres humanos e a remodelando a partir de fragmentos parciais (SHAMGAR-HANDELMAN, 1981). O tipo de burocracia encontrado nos estados-nação industrializados de hoje é certamente único na sua simples escala, assim como os modos como ela adaptou princípios taxonômicos fundamentais para as necessidades criadas pela tecnologia moderna, a institucionalização do comércio e algumas formas de ação política, e pela velocidade e abrangência grandemente aumentadas que estas condições impõem em qualquer sistema de classificação.

Handelman, contudo, também argumenta que os espetáculos fornecidos pelos governos dos Estados e por organizações semelhantes são de um tipo radicalmente diferente – não somente de escala – daquilo que é representado pelo *chisungu*. Obviamente, num certo sentido, isto é simplesmente uma questão de definição: a escala pode ser tanto um determinante da diferença quanto qualquer outra coisa. E não pode haver dúvida sobre a enorme diferença que há na escala de virtualmente qualquer atividade humana que a tecnologia moderna tornou possível.

Mas é significativo que os exemplos de Handelman sejam retirados principalmente de fins extremos – as mais brutais das "gaiolas de ferro" – criados pelas sociedades estatais burocráticas modernas, as ditaduras nazista e stalinista.

Se alguma vez as burocracias prestaram serviços às necessidades dos cidadãos, nenhuma burocracia jamais seria acusada por aqueles mesmos cidadãos de violar os termos das relações civis. Handelman argumenta que "o outro lado desta furiosa invenção de taxonomias é a busca estatal de uma estética que reflita e aumente a precisão e a exatidão da divisão e da combinação taxonômicas, e assim da sua inclusão ou exclusão social do Estado". Aqui, realmente, as observações são incisivas, e os casos diferentes da Alemanha nazista e da União Soviética stalinista são verdadeiramente instrutivos. Eu cito novamente a sua discussão por completo:

"Por exemplo, os líderes dos Estados nazista e soviético exigiram que houvesse propósito ideológico na estética pública. Não obstante, eles fizeram isto em direções inversas. Hitler trovejou que 'a arte é uma missão poderosa e fanática', insistindo que a estética tem uma clareza de cor e forma, e deve ser acessível, abrangente, lógica, verdadeira e criada para o povo, cujo árbitro era ele (WISTRICH, 1996: 78-80). A feiura e a dor eram banidas das produções estéticas publicamente visíveis. A estética era caracterizada pelas relações utilitárias entre fins e meios. No local de trabalho, a racionalidade técnica era glorificada através da estética que transformava a utilidade em 'religião', na qual 'O trabalhador, como todos os sujeitos do Nacional Socialismo, se torna um ornamento de ambientes tecnicamente preconcebidos e construídos' (RABINBACH, 1976: 55, 68). Realmente, o regime nazista pretendia que os verdadeiros alemães se transformassem nesses uniformes estéticos, tornando a vida cotidiana um espetáculo contínuo e totalizado da ordem social nazista.

"A reformulação da estética na União Soviética estava incorporada no projeto stalinista de fazer todas as disciplinas humanísticas servirem às práticas de construção do socialismo. Stalin, o chefe político-ideológico do partido, totalizava a filosofia marxista, tornando-a completamente subserviente à ideologia; e ele estava instalado como o primeiro filósofo do comunismo, o sucessor de Marx, Engels e Lenin. A história prosseguia, enquanto Stalin fazia de si mesmo o primeiro historiador do partido (TUCKER, 1979: 350-356). Então, também a estética era totalizada e padronizada em termos do Realismo Socialista, que explicitamente rejeitava o conceito de beleza. Ao contrário, a estética era reclassificada como um ramo da ciência e da engenharia [social], que operava sob estrito controle ideológico. Completamente sem autonomia, os domínios estéticos eram tornados totalmente didáticos, sustentando visões de como a sociedade soviética devia ser realizada (BLASKO, 1999). Tanto na Alemanha nazista quanto na União Soviética stalinista, o espetáculo implementava estas visões numa escala de massa; embora tanto a visão quanto a implementação fossem atravessadas pela lógica de um *ethos* taxonômico, burocrático".

Apresentação: uma metalógica do espetáculo

Acima de tudo, o espetáculo é visual, o movimento e o jogo de imagens que atraem e apelam para o olho. A esse respeito, o espetáculo concretiza a insistência ocidental sobre o visual e devia ser lido como o triunfo cartesiano sobre todo o resto descrito no capítulo Sentidos. Para o espectador, realmente, o espetáculo se tornou distante do eu, visto que a cor e a imagem são objetivadas "lá" pelo olho que vê. No sentido de que esta iconicidade – a relação de semelhança – é a relação semiótica que parece mais "natural", e a visão muitas vezes o seu registro mais acessível, o espetáculo de fato serve aos objetivos da homogeneização nacional e política.

Este é o aspecto que Handelman (1990: 41-48) chama de metalógica da "apresentação". Nas suas palavras, os espetáculos "são declarativos, às vezes imperativos, mas raramente interrogativos". Eles reproduzem a preocupação burocrática com a replicação exterior da ordem: na sua extrema precisão e atenção ao detalhe, na sua evocação de uniformidade e no seu excesso [mas lembre-se que a redundância é também um aspecto do ritual no sentido mais convencional], eles são representações de exatidão burocrática. Mesmo "na ordem da sua desordem, como por exemplo, em muitos carnavais, há novamente uma plenitude de sobressignificação, mas agora de contrastes impressionantes, chocantes e com precisão das inversões. As semelhanças da apresentação nestes extremos do espetáculo estatal e do carnaval marcam a presença poderosa escondida do olhar do espectador. Esta é a presença do *ethos* burocrático, o fulcro no qual o espetáculo se exibe".

De acordo com Handelman, os espetáculos "são os feriados da burocracia que mascaram este *ethos* da ordem social, celebrando este *ethos*, embora fingindo fazer algo totalmente diferente. Os espetáculos reproduzem a lógica burocrática na forma de produções estéticas de larga escala que aparentemente negam o poder taxonômico e processual desta lógica. Os espetáculos negam a sua formação no *ethos* burocrático, preenchendo o espaço/tempo com as suas superfícies frequentemente sedutoras, coloridas, intrincadas e complicadas. Realmente, os espetáculos pretendem convencer os espectadores de que estas visões superficiais são refrações importantes e significativas – sérias, profundas, divertidas, fantásticas – da ordem social. Em outras palavras, os espetáculos pretendem que os espectadores relacionem a superfície com a profundidade, desse modo ignorando o poder mais profundo das premissas burocráticas que riscam e informam estas ocasiões". Em outras palavras, eles são ideologia concretizada – uma mistificação do poder político e um opiáceo para aqueles que sofrem sob uma cruel hegemonia.

Novamente, eu me encontro concordando com esta caracterização, na medida em que ela é aplicada a regimes totalitários. Sob estes regimes, o poder nu e o engano substituem a patronagem e a *débouillardise*, e a necessidade de uma teodiceia secular é pequena – ninguém espera que os ditadores se comportem razoavelmente ou benevolentemente (exceto os seus admiradores, para quem as suas ações são em todo caso axiomaticamente razoáveis e também benevolentes). Mas isto funciona bem menos para as democracias, onde a imperfeição é admitida, enfrentada e negociada dia a dia. Isto não é argumentar por uma absoluta diferença entre ditaduras e democracias; mas a retórica dos Estados que tentaram se lançar como democracias é tal, que permitem uma contestação mais aberta da rigidez subjacente, na maioria das vezes. Alguns rituais nacionais – por exemplo, o discurso vindo do trono da monarquia britânica – são afirmações das intenções de um governo, não um ato de fechamento, e o monarca não tem outro papel a desempenhar naquilo que acontece às ideias colocadas nesta declaração inicial, programática. Esta diferença tem consequências materiais para os modos como os cidadãos comuns experimentam a burocracia: por exemplo, espera-se um tratamento diferente numa prisão militar de um Estado totalitário, do que é provável que se receba num sistema que permite acesso a advogados e a um julgamento público com direito de apelação.

A excelente explicação de Handelman da condição totalitária ajuda a tornar esta questão clara. Nos Ralis de Nuremberg (o Dia do Partido Nazista), por exemplo, "centenas de milhares de manifestantes participavam em estrita concordância com o planejamento taxonômico consciente, com as divisões entre suas unidades claramente visíveis. A diretivas para um Rali, a respeito da ordem na qual as formações do vários grupos do partido deviam entrar no desfile, mostravam a extensão da simetria e da sincronização na coreografia que entrou no seu planejamento. Tempo, espaço, lugar, corpo e posição eram totalmente coordenados de acordo com as categorias funcionais da participação. As formações requeridas tinham de ser formadas na rota de aproximação para a praça principal, onde Hitler passava em revista o desfile. No momento em que as fileiras passavam pela sua vista, elas deviam ter doze homens de profundidade, com uma distância entre os manifestantes de 114cm (30 polegadas). (Diagramas das distâncias a serem mantidas entre os indivíduos, entre as fileiras de homens e entre as centenas de porta-estandartes eram anexadas ao documento.) A mão esquerda do manifestante devia ser colocada na fivela do cinto; o polegar devia estar dentro, atrás da fivela, e os outros dedos levemente dobrados, com as pontas dos dedos na borda direita da fivela. O documento dá a exata cronometragem dos sinais para centenas de bandas começarem a tocar – quando eles chegavam a uma certa distância de Hitler. A ordem exata na qual o enorme desfile devia dispersar, depois que cada formação tinha passado por Hitler, era também cuidadosamente preestabelecida" (BURDEN, 1967: 119).

Um cuidado semelhante era tomado na parada soviética da Grande Revolução Socialista de Outubro da União Soviética na Praça Vermelha em Moscou.

"Ao receber a parada, as elites políticas e militares do Estado ficavam no topo da tumba de Lenin embalsamado, acima dos manifestantes, centradas e enraizadas, por assim dizer, no espaço e durante o tempo. O desenho do espetáculo era estratificado com clareza, as elites no ponto médio da parada – as colunas e os ícones do Estado, sustentados pelo ancestral fundador da Revolução – e no vértice da hierarquia existente". E neste cuidadoso "artifício" da estética política soviética, as identidades nacionais, estatais e do partido estavam "catexizadas" de uma maneira desenhada para naturalizar a sua internamente desconfortável fusão para a população. Não há espaço para a conversa pública a respeito daqueles aspectos confusos que, numa sociedade organizada mais democraticamente, deviam se tornar espaços para a reavaliação dos direitos e dos deveres dos cidadãos. E é perigoso admitir que a diferença é desimportante; o que não é a mesma coisa que dizer que ela é parcial ou frágil.

Handelman enfatiza o aspecto modular destas exposições de poder: "Todas as categorias de presença apontam para a coerência esmagadora da supremacia taxonômica; e assim, cada módulo e cada componente dentro de cada módulo refletem e replicam uns aos outros". Esta é a comunidade imaginada tornada manifesta. Contudo, novamente devemos perguntar: Está este fenômeno confinado às sociedades totalitárias, ou é uma versão mais frouxa dele, disponível também em sociedades com fontes menos cegamente implacáveis de controle político? A capitulação soviética e nazista simplesmente não leva ao seu extremo (e vicioso) absurdo a lógica da organização burocrática, e não é a maior uniformidade dos espetáculos resultante simplesmente de um reflexo dos meios de controle mais implacáveis do Estado? Handelman argumenta que "as apresentações dependem da burocracia para a sua existência [como faz a existência do próprio Estado]" e sugere ainda que "os rituais da realeza britânicos atuais, com a sua estética polida de beleza, emoção e sincronização [incluindo naturalmente o casamento de conto de fadas de Charles e Diana] são todos produtos da lógica burocrática que transformou os seus predecessores desleixados em exemplos de disciplina e dignidade". Contudo, este exemplo parece realmente subverter o modelo de Handelman, por duas razões. Primeiro, a maior eficiência do modelo moderno acompanhou uma restituição progressiva da autoridade monárquica. E segundo, a retrospectiva agora nos permite avaliar que os caprichos das desventuras da família real, culminando nos extraordinários eventos da morte e do funeral de Diana, mostram o quão fraco o real controle pode ser: a intervenção pessoal e a hábil administração de Tony Blair parecem ter salvaguardado a monarquia por enquanto – e ao mesmo tempo ele realizou uma transformação do papel da monarquia. Há realmente uma agradável ironia no fato de que este específico primeiro-ministro muitas vezes confia no conselho daquele teórico da prática social, o sociólogo Anthony Giddens; embora os cidadãos tenham já efetivamente forçado a sua mão, a sua habilidade política está em se apresentar como um mediador que podia convencê-los a voltar eventualmente a suas profissões de afeto pela monarquia, embora admirando a sua capacidade de assim perpetuá-las.

Mesmo os espetáculos mais roteirizados trazem consigo a possibilidade de regressar para o ritual típico ideal de Handelman, com as suas capacidades transformadoras esperando ativação por um operador hábil. Na verdade, Blair era o chefe da máquina burocrática atrás da orquestração do casamento e também do funeral, mas o que é impressionante é que ele tinha de interpretar o significado do espetáculo para realizar as mudanças que a população parecia desejar. O resultado disso foi uma súbita restauração da posição popular da monarquia, mas indiscutivelmente não é a mesma monarquia de antes. Além disso, a própria posição de Blair ficou palpavelmente aumentada. Handelman reconhece estas mudanças de modalidade; a sua visão de estrutura não impede – de fato ela exige – um ator social interpretador cujas ações transformam esta estrutura em realidade social.

Especialmente interessante na análise de Handelman é o seu tratamento dos espetáculos de inversão – o carnaval e coisas semelhantes. Há uma longa tradição na antropologia – iniciada por um dos primeiros mentores de Handelman, o antropólogo de Manchester Max Gluckman – de tratar alguns rituais nos quais a autoridade era zombada ou ameaçada como dispositivos teleológicos, como pretendendo manter o poder da liderança e as suas instituições em face do descontentamento popular (p. ex., GLUCKMAN, 1963a). Este argumento, o chamado "modelo do equilíbrio", tem uma longa história, embora Handelman ache "duvidoso" que o seu próprio pensamento participe disso em qualquer grau significativo. Como com muitos dos argumentos nesta linhagem durkheimiana, ele funciona mais efetivamente quando podemos identificar agentes poderosos capazes de decidir isto, na verdade, isto por que eles querem ter estas práticas instituídas – como uma válvula de escape, para usar uma metáfora comum (embora não aquela, com suas conotações funcionalistas, que Handelman privilegia). A análise de Malarney (1996) do ritual funerário no Vietnã oferece um exemplo fascinante deste "funcionalismo estatal", no qual um governo manifestamente nacional antirreligioso controla a expressão da piedade como um meio de satisfazer a população – permitindo a ela, por assim dizer, produzir o seu opiáceo em casa, embora sob cuidadosa supervisão. O próprio Handelman, enfatizando mais explicitamente a ação do que Gluckman e o seu círculo próximo, particularmente não favorece a ideia de um equilíbrio autossustentado, que realmente teve uma carreira muito mais animada (e também modificada) no trabalho de antropólogos ecológicos preocupados com o lugar do gênero humano no sistema "natural" (p. ex., RAPPAPORT, R., 1979: 67).

Handelman está menos preocupado com os rituais nas chamadas sociedades "tradicionais" do que com os tipos de espetáculo algo semelhantes que as sociedades estatais parecem dispostas a tolerar, e mesmo incentivar. O seu exemplo é o carnaval do Rio: "A inversão é uma forma de representação que oferece visões alternativas da ordem social, e assim talvez de mudança (HANDELMAN, 1990: 49-57). O carnaval, como um caso limite de espetáculo, pode ser menos penetrado pela lógica burocrática. Realmente, nos países com tradições de carnaval, os carnavais urbanos eram frequentemente percebidos pelas autoridades como viveiros de sedição, subversão e rebelião potencial, e muitas vezes eram postos fora da lei". Mas ele acrescenta que "a inversão é um caso altamente limitado de mudança, e... o carnaval no Estado moderno é retaxonomizado, reorganizado e disciplinado através da lógica burocrática". Este, ele argumenta, é o caso do carnaval do Rio, onde "a inversão revalida e reforça a ordem [e]... conserva o molde, a base da forma da inversão, o que quer que ela inverta. Portanto, a inversão torna a sua base relevante e é um discurso sobre a validade desta última. Por exemplo, a inversão de uma ordem social estratificada é ainda um discurso sobre esta própria ordem de estratificação. A inversão de gênero permanece um discurso sobre o gênero, e assim por diante. A inversão conserva o modo do discurso, e a ordem que é invertida permanece o molde normativo para a inversão. Desde que haja consenso sobre o valor maior da base da forma, a ordem invertida não é autossustentada. A inversão é invalidada como uma versão inautêntica que regressa para a base normativa a partir da qual ela deriva". Isto soa suspeitosamente como o modelo de equilíbrio.

No carnaval do Rio, é dado às formas de existência social que são normativamente subvalorizada o orgulho do lugar: o espaço público sobre o espaço privado, a abertura do corpo sobre a modéstia e a limitação, a igualdade sobre a hierarquia, e assim por diante (DA MATTA, 1991: 61-115). O ponto alto do carnaval são os desfiles dançantes das escolas de samba (uma forma de associação voluntária), especialmente o desfile das escolas do primeiro grupo que acontece no centro da cidade, desde a tarde até o meio-dia do dia seguinte. Estas competições entre as escolas que em princípio são iguais umas às outras são propriamente uma inversão da preocupação mundana com a moral e a hierarquia social (DA MATTA, 1991: 112). Embora a maioria dos membros das escolas seja pobre, estes pobres são o foco do desfile-espetáculo, do olhar dos espectadores mais ricos que pagam a entrada para ver o *show* das arquibancadas altas de cada lado da passarela. Na sua apresentação, cada escola usa fantasia, música e dança para elaborar o seu tema escolhido.

Tudo isso parece longe do *ethos* burocrático. Não obstante, Handelman argumenta, o Estado de fato "domesticou" as escolas através de um sistema de classificação aplicado: "No passado, o município legalizava a participação das escolas no carnaval, em troca de uma ordem de regulações que salienta o nacionalismo, a unidade e o controle sobre os desfiles e seus caminhos. Os temas para o grande desfile devem ser tirados da história brasileira; não se permite nenhuma sátira, paródia ou crítica da política e dos acontecimentos atuais. Nos desfiles, as escolas são penalizadas, se elas excederem o tempo dado para a sua apresentação, ou se a disciplina dos seus ritmos musicais e passos de dança forem menos perfeitos (QUEIROZ, 1985: 5, 16). Assim também, a mudança para um espetáculo de grande escala produziu vastos contingentes de dançarinos mais uniformes, vestidos com roupas semelhantes; fazendo passos de dança altamente sincronizados, simples e mais cerceados, que destroem a arte do samba como uma forma de dança das classes mais baixas, inovadoras (TAYLOR, 1982: 306). Nos desfiles, a ordem é o fundamento subjacente da imaginação da celebração do carnaval (QUEIROZ, 1985: 31). Através da classificação burocrática, os desfiles foram separados e isolados do resto do carnaval, regulados e controlados. A ordem desordenada desapareceu dentro do espetáculo. A alma do carnaval se tornou uma entidade parcial que depende para sua existência das premissas estatais da ordem. Apesar da sua fascinação colorida, excitante, a distância entre o carnaval e os espetáculos totalitários discutidos antes foi estreitada severamente".

Esta avaliação sóbria leva Handelman a ponderar sobre os efeitos constrangedores da burocracia moderna sobre a realização do ritual. A sua conversão em espetáculo, ele observa, obedece aos imperativos visuais do Estado burocrático, e estes estão agora acentuados pela televisão com o seu alcance global: "Ao fazer do espetáculo um ritual, nós o matamos". (Isto talvez forneça parte da resposta da preocupação de Constance Classen com as razões pelas quais o visual veio a dominar tão completamente.) Mas o ritual realmente se tornou algo tão diferente? Além disso, como Jerome Mintz (1997) mostrou para o carnaval na Espanha pós-franquista, o processo do controle governamental pode também ser invertido: o colapso do regime foi indiretamente previsto por mudanças nas práticas de carnaval – mudanças que restauraram modos de celebração mais antigos e menos formais de volta ao jogo num ritmo mais acelerado depois da restauração da democracia, somente para mais recentemente sucumbir às conformidades que esta época largamente fez surgir da mercantilização do turismo. Poder-se-ia argumentar, naturalmente, que o carnaval nunca foi principalmente uma celebração estatal, mas o regime de Franco deu o melhor de si para transformá-lo nisso. E se agora ele mostra sinais de novamente se tornar espetáculo, isto tem pouco a ver com o controle estatal.

Locais de resistência, locais de conformidade

Numa interessante inversão da mais antiga tradição antropológica, na qual as sociedades exóticas eram representadas como obrigadas pelo costume, Handelman sugere que os rituais naquilo que ele chama de sociedades "tradicionais" servem mais provavelmente como locais de resistência à autoridade do que são espetáculos organizados dos estados-nação burocráticos. Esta inversão salva o seu argumento da acusação com a qual eu comecei a discussão: que a sua abordagem priva da ação os membros das sociedades não industrializadas. Pelo contrário, isto atribui a elas um grau maior de poder sobre os acontecimentos do que os governos burocráticos modernos concedem a seus cidadãos.

Mas acaba sendo um tipo limitado de ação: "Se uma metalógica do ritual é transformadora, mobilizando a incerteza para questionar a validade da forma cultural, isto pareceria um provável meio para a mobilização da oposição. Contudo, esta metalógica também sistemicamente elimina as questões levantadas pela incerteza. Então, o ritual pareceria relativamente impenetrável ao redirecionamento da sua causalidade. Para ser mais acessível à mobilização da resistência, um ritual particular devia ser organizado em primeira instância como uma arma de ataque, como são, por exemplo, os rituais de feitiçaria. Por outro lado, um novo ritual deveria ser inventado, talvez de acordo com a forma que se esperaria que a resistência assumisse [como era o caso, por exemplo, em Kikuyu, nos rituais de iniciação Mau Mau no Quênia colonial]". Isto implicitamente padece da mesma fraqueza que os argumentos estabelecidos por Eric Hobsbawm, para quem os "rebeldes primitivos" (1959) são incapazes de criar as suas próprias ideologias, assim exigindo liderança, tal como os camponeses, cujas tradições são fretadas pelas elites nacionalistas, parecem, na sua visão, ser os tolos desses últimos (HOBSBAWM & RANGER, 1983).

Dever-se-ia razoavelmente responder a isto afirmando que a falha no argumento está no rótulo de sociedades "tradicionais", pois elas não são todas parecidas – e particularmente em relação ao grau e à direção da ação atribuídos a indivíduos e grupos. (Handelman de fato reconhece isto quando ele responde que a minha interpretação acarreta "juntar as lógicas da forma, da organização, com instâncias particulares que são propriamente produtos emergentes de possíveis variações" que resultam de condições históricas particulares.) Isto é pelo menos também verdadeiro para as modernas sociedades, pois elas não são todas parecidas, apesar das pretensões superficiais de globalização e "monocultura". Se todas as burocracias serviram aos regimes totalitários, então, o argumento de Handelman seria totalmente convincente, especialmente quando ele argumenta que os espetáculos oferecem uma forma de certeza que é muito menos acessível à mobilização da resistência. Toda a questão dos Ralis de Nuremberg e dos desfiles da Praça Vermelha está voltada – no sentido transitivo de uma exposição que não permite qualquer concordância – para a impossibilidade de dissenso dentro da sociedade de pessoas uniformes. E naturalmente ele está correto em insinuar que a distinção entre os regimes totalitários e as democracias é simplista, mesmo porque muitos Estados exercem o que devíamos chamar de "democracia preferencial" – maltratando um corpo de cidadania (imigrantes, refugiados, nômades, minorias étnicas) em nome de uma visão pervertida de domínio da maioria.

Talvez a visão sombria de Handelman, a inconveniência da compreensão mais ambivalente de Weber da marcha da modernidade numa gaiola de ferro, seja uma profecia válida. Até que ela seja mostrada como sendo assim, contudo, eu preferiria enquadrá-la mais como Bird-David sugeriu para as formas da economia – como um jogo de tipos ideais. Realmente, a imagem da monstruosidade burocrática já produziu uma presença literária respeitável no Ocidente, em Joseph Haller, Franz Kafka, George Orwell e Aldous Huxley, embora os escritores que sofrem nas sombras dos regimes pós-coloniais (p. ex., MBEMBE, 1992) apontassem para as suas falhas em termos de uma ideologia mais ampla do governo democrático. O tipo de classificação repressiva que encontramos nos Estados totalitários representa apenas uma versão – próxima talvez do modelo do tipo ideal – de uma rígida burocracia em funcionamento.

Fechando, eu gostaria de mencionar uma outra dificuldade acarretada em exagerar a oposição ritual-espetáculo. Isto diz respeito à onipresença do ritual de pequena escala na prática burocrática. Ainda que confinássemos o argumento às burocracias nacionais, como Handelman e eu largamente fizemos, achamos que funcionários e clientes se envolvem juntos numa variedade de ações rituais pequenas que satisfazem a maioria das definições do gênero: formalismo, redundância, e assim por diante. Eu argumentei que podemos ver o próprio nacionalismo como uma forma de religião, cujas origens teleológicas têm historicamente autores e fontes de inspiração identificáveis; os atos de tomar juramento, assinatura e carimbo que acompanham, digamos, a aquisição de um passaporte, confirmam a adesão do cidadão às regras do jogo, embora o cidadão possa de fato estar resistindo (como quando este cidadão usa o passaporte para ir a um Estado amigo para prosseguir para um país proibido, tendo jurado qualquer intenção disso). Grande parte do ritual, tal como o *chisungu*, impõe a inculcação de normas, mas este mesmo fato implica um potencial sempre à espreita de subversão e desobediência criativa.

Embora eu esteja menos convencido de que uma simples oposição entre rituais nas sociedades "tradicionais" e espetáculos nas sociedades "modernas" sempre comece adequadamente a descrever o alcance de possíveis formações, como um modelo de tipo ideal isto tem um considerável valor heurístico. Seria estranho, neste estágio da evolução da antropologia, quando estas formulações de então e agora, como presente *versus* mercadoria (cf. cap. Economias), estão perdendo a preferência como uma base adequada para a divisão dos sistemas econômicos mundiais, que devêssemos restaurar o mesmo modelo básico na arena do ritual. Na formulação de Handelman, há algo de uma nostalgia weberiana: os espetáculos, na sua formulação, são a autorrepresentação de um mundo desencantado. Em muitos casos, eu temo, ele está certo. Os antropólogos, no entanto, fazem bem em tratar cada caso nos seus próprios méritos. Como eu apontei no capítulo Epistemologias, seguindo mais Nicholas Thomas do que Don Handelman a esse respeito, deveríamos agora preferir os esquemas heurísticos aos grandiosos esquemas proféticos. Isto não significa que deveríamos necessariamente evitar proposições de uma natureza teórica, mas isto significa de fato que a nossa abordagem deve necessariamente refletir o caráter provisório da nossa própria compreensão. Vico advertiu no século XVIII que, quando perdemos a visão desse caráter provisório, caímos na armadilha da autorreferência dos nossos próprios sistemas de conhecimento – uma postura que pode servir admiravelmente para os tipos mais repressivos de burocracia estatal, mas que descarta a desfamiliarização essencial autoinfligida para o pensamento antropológico criativo. Leach (1962) há muitos anos denunciou os perigos inerentes aos antropólogos naquilo que ele via como sendo "colecionar borboleta" conceitual. Devia parecer que isto é para onde uma orientação fundamentalmente heurística nos levaria – como Handelman me advertiu ao ler uma versão inicial deste capítulo, "um recuo direto para trás no sentido do que os antropólogos destacaram por décadas – empilhando caso sobre caso, insistindo que cada um tem uma pepita de significação teórica", com nenhuma acumulação palpável de uma nova percepção. (Este é também o peso de uma de suas maiores críticas à obra de Victor Turner.) Mas a teoria é um dispositivo explicativo, mesmo quando as suas explicações são claramente provisórias, e chamar isto de heurístico não é negar a esperança de um nível mais inclusivo de generalização. Muitos estudiosos tentaram apanhar numa armadilha toda a atividade ritual num único quadro inflexível – ironicamente, exatamente a qualidade da ação que tanto Handelman quanto eu tratamos como um tipo de ação característico dos burocratas que dominavam a lógica prática (quando não a ideologia cívica) do seu comércio. Isto se torna especialmente perigoso quando aplicamos estas percepções às atividades rituais dos estados-nação, pois aí, mais do que em qualquer outro domínio social, corremos o risco de cairmos exatamente na armadilha da fantasmagoria da rigidez burocrática que os Estados totalitários alegremente impingiriam sobre todos nós.

13
Estéticas

O som da arte

Talvez a região mais opaca da investigação antropológica diga respeito às questões do gosto. Não somente carecemos de uma compreensão suficiente das questões sensórias, como vimos no último capítulo, mas o viés do observador muito amiúde parece tão mais natural do que cultural que a discussão é praticamente impedida. Realmente, os antropólogos de uma época mais antiga questionaram a própria existência da "arte" como uma categoria separada nas "sociedades primitivas", embora – paradoxalmente – insistindo que os "povos primitivos", na sua maior dependência da sensação corporal, eram "mais musicais". Este é um estereótipo que frequentemente ainda nivela como uma expressão superficialmente "boa" do preconceito racial, e as tentativas dos antropólogos de refutar estas ideias muitas vezes foram malconstruídas ao oferecer apoio para elas.

Parece útil perseguir o tópico da arte em geral através do domínio da música. O estudo antropológico da música está relativamente bem desenvolvido, com as suas próprias revistas (como *Ethnomusicology*) e uma significativa presença nas universidades em todo o mundo e uma história bem documentada e complexa. Além disso, o paradoxo que eu acabei de esboçar servirá como um útil incentivo para pensar a respeito da natureza da estética nas sociedades ocidentais e não ocidentais. Se a música é "arte" no sentido ocidental, mas as pessoas mais musicais supostamente "carecem de arte", vemos a perniciosa influência dos discursos naturalizantes em grande parte do pensamento ocidental sobre estas questões. Assim, embora eu vá retornar à questão da arte visual no final deste capítulo, grande parte desta discussão será retomada com a música como um caso paradigmático e também provocativo, e um caso que também funciona contra o idioma prevalecente do visualismo – já criticamente discutido nestas páginas – no pensamento e na prática representacional da antropologia.

Talvez porque a música seja algo que se move rapidamente, ela muda, e é difícil "medir", os etnomusicólogos lideraram o caminho para o exame dos princípios daquilo que Silver (1982) chamou de etnoestética – os princípios indígenas do valor estético. As questões a respeito da constituição da "arte" como uma categoria vieram, não obstante, a desempenhar um importante papel (cf. STEINER, 1994). Eles são especialmente úteis pelo fato de que nos obrigam a ver o valor atribuído ao "Ocidente" com um olho crítico, e ver o gênio individual, não como alguém que merece um respeito especial em qualquer sentido universal, mas como a expressão de um sistema de valor compartilhado, mas historicamente específico, que pode agora estar mudando – uma mudança para a qual, realmente, o escrutínio crítico da antropologia pode ter contribuído com força decisiva.

Então, primeiro a música. A música – que David Coplan define como a prática cultural de arranjar campos sonoros estabilizados para propósitos expressos – sempre atraiu o interesse dos cientistas sociais. Os primeiros folcloristas e mitólogos comparativos tiveram um especial interesse na música, mais especificamente pelos aspectos verbais da canção e do canto, porque este modo de expressão, inseparável do drama, apareceu ligado às origens pré-históricas e ao desenvolvimento da religião, um foco dos evolucionistas na metade e no final do século XIX (e persistindo no preconceito de que alguns grupos raciais são "mais musicais" do que outros). A música e a dança, tão antigas e universais quanto a própria linguagem, apareceram na sua função e desenvolvimento como expressões profundas do funcionamento dos princípios evolucionários na vida cultural. A tradição permaneceu mais forte na etnomusicologia do que em outros lugares na antropologia, talvez porque a "musicologia comparativa" na Europa estava sempre ancorada no estudo da "arte musical" e assim servia como o primeiro capítulo de uma persistente narrativa evolucionária. A etnologia organológica de Percifal Kirby (1934), por exemplo, ainda insuperável para a absoluta variedade e detalhe na etnomusicologia do sul da África, é obscurecida desta maneira por seu compromisso com os conceitos evolucionários de desenvolvimento musical.

O contexto social da música revela uma variedade imperativa de usos. A organização da cura, da guerra, do trabalho do processo político, das ideologias de identidade, do registro da história, da relação dos seres humanos entre si, com a natureza e com o sobrenatural, são todos domínios nos quais a música, em vários tempos e lugares, desempenhou um papel central. Assim, por exemplo, os Nuer – tornados famosos na antropologia pelas pesquisas etnográficas de Evans-Pritchard (1940) – escolheram como seu comandante de guerra o mais inspirador cantor de hinos marciais. O discurso da chefia no Havaí do século XIX era ininteligível sem a hula. Às vezes, estes fenômenos têm aspectos diacrônicos: podemos seguir as mudanças no seu significado e formas através do tempo. Ralph Austen, um historiador da épica real africana, demonstrou como a forma e o foco das canções narrativas heroicas mudaram com o tempo na África, em resposta ao poder estatal crescente e minguante (AUSTEN, 1995) – embora isto sugira que as palavras não eram menos importantes do que a música. Cantores de louvação não somente acrescentaram isto ao dever de ofício cerimonial, performativo; eles também forneceram um registro histórico e uma mediação social das relações de poder, e um necessário canal vertical de comunicação dentro das estruturas de desigualdade política. E às vezes as práticas musicais e outras práticas estéticas se tornaram um marcador diacrítico da diferença; no sul da África, onde Coplan conduziu a maior parte da sua pesquisa, as pessoas de origem europeia geralmente expressavam perplexidade quanto a por que os africanos locais aparentemente não podiam se engajar no protesto civil sem a execução de canções e danças "ameaçadoras".

Além disso, os conceitos estéticos, as definições de gênero e as categorias de representação ocidentais são naturalisticamente impostos nas músicas não ocidentais. Contudo, uma das primeiras coisas que a pesquisa de campo em domínios expressivos revela é que outras culturas não as classifica em categorias familiares de artes performativas e visuais, ou a representação em dança, música, drama, recitação verbal, e assim por diante. Mesmo entre as sociedades europeias, há enormes diferenças. Quaisquer dessas categorias podem ser classificadas juntas; ou separadamente uma da outra, mas juntamente com as formas de espetáculo, retórica, jogos, relatos históricos e trabalho.

Embora a experiência pessoal e a consciência popular estejam impregnadas de associações musicais e imagens como aquelas lembradas acima, muitos antropólogos foram resistentes em considerar a articulação possivelmente pessoal da música com outros domínios da prática, porque eles carecem de treinamento na análise musical formal. Os etnomusicólogos, como o musicólogo Joseph Kerman uma vez observou, devem "lutar para se fazerem ouvir nos conclaves e enclaves aparentemente de surdos da antropologia" (KERMAN, 1985: 181). (Um problema semelhante diz respeito ao registro do gesto (WILLIAMS, 1997; FARNELL, 1995).) Devia ser difícil imaginar antropólogos operando hoje sem algum conhecimento das linguagens locais; é certamente uma marca do etnocentrismo persistente que este padrão não seja mantido em outros domínios expressivos que podem ser mais importantes – como vimos no capítulo Sentidos – para a população local do que para o visitante.

Esta relutância foi reforçada pelos musicólogos profissionais que, tendo estudado música não ocidental, convincentemente argumentaram que a busca do significado musical deve necessariamente envolver análises sonoras. Para a musicologia, as músicas são antes de tudo sistemas autorreferenciais de organização tonal equivalentes à sintaxe na linguagem, e somente secundariamente uma expressão de influências socialmente semânticas ou pragmáticas. Realmente, os primeiros musicólogos filológicos, como Erich von Hornbostel (1928) tinham fortes inclinações para a psicologia e a neurologia. Trabalhando com a evidência sensória para a diversidade cultural, eles esperavam descobrir na música percepções dos funcionamentos da mente, do coração e do cérebro. Um eco disso talvez deva ser encontrado no carinho pelas metáforas musicais de Lévi-Strauss.

As músicas são realmente como linguagens faladas em alguns aspectos, especialmente na infinita variabilidade que as suas estruturas altamente disciplinadas – como a sintaxe – são capazes de carregar (o que o linguista chama de "recursividade"). Mas há também diferenças. Entre estas, observaríamos inclusive a ausência da aparência de referencialidade: a música pode aludir (significar), mas ela é raramente, se é que alguma vez, usada para referir (denotar) – mesmo o *Leitmotiv* é mais indicativo e alusivo do que diretamente referencial. Reconhecidamente, a referencialidade da linguagem é também altamente contingente no contexto, mas a música geralmente possui mais daquilo que Jakobson (1960) chamava de "função poética" na linguagem – a capacidade de transmitir significado jogando criativamente com uma forma reconhecível, como realmente a linguagem poética faz (muitas vezes sem significar absolutamente qualquer coisa referencialmente específica).

A música é, diz Coplan, uma prática universal; mas não é uma linguagem universal – um conceito, observa ele, que é inextirpável da consciência popular, apesar de as "linguagens" musicais poderem ser como mutuamente ininteligíveis, como o inglês e o japonês (como qualquer visitante de primeira viagem para uma execução de idiomas musicais não familiares pode atestar). Como a comida, a música pode alienar assim como o encanto, e ela pode encantar por razões que confundiriam totalmente os seus executantes. Quase a mesma coisa pode ser dita a respeito das outras formas artísticas; realmente, a incorporação das formas de arte não ocidentais na estética ocidental é um processo que tem ramificações complexas, econômicas e políticas – o colonialismo, o comércio turístico e o mercado de arte internacional redefiniram todos os princípios de muita coisa da estética local (GRABURN, 1976; STEINER, 1994). No caso da música, as falhas mais óbvias de interpretação são aquelas nas quais a emoção é mal-interpretada.

Dito isso, não podemos ignorar aqueles casos nos quais surge um paralelo mais preciso entre a linguagem e a música. Na música clássica da Índia hindu, por exemplo, os elementos sonoros têm explícitos referentes semânticos, ideacionais e emocionais. Na arte clássica europeia, nas músicas de Schubert e de Schumann, é uma questão de alguma controvérsia quanto a se a música assimila o texto verbal num modo de expressão fundamentalmente musical, ou se o compositor começa com a interpretação de um texto poético que inspira e forma o seu cenário musical (COPLAN, 1994: 9). A constituição mútua dos processos literários e musicais é inclusive mais característica das músicas compostas nas linguagens africanas subsaarianas, com a sua dependência semântica do tom silábico, dos paralelismos aliterativos e assonantais, de idiofones (imagens e ideias em som), e das vocalizações rítmicas e reduplicativas. Estas linguagens influenciam inescapavelmente a forma e a direção da melodia, da polifonia e do ritmo.

A busca de significados universais na música, uma busca da qual o livro de Weber (1921) evidencia o grande significado que ela manteve para os eruditos ocidentais, pode ter sido extraviada; mas ela ajudou a estabelecer a sua base para a sua própria ruína. Embora eles desperdiçassem muitas páginas eruditas debatendo a dicotomia falsa, mal-orientada entre o "empréstimo" e a "invenção independente" dos traços musicais ou outros traços culturais, não obstante, armados com as suas ideias de "círculos culturais" e "áreas de cultura", os industriosos musicólogos weberianos forneceram descrições e comparações empíricas inestimáveis sobre as linguagens musicais de povos não europeus, e mapearam os aspectos notáveis dos estilos musicais locais numa geografia histórica etnicizada do mundo. O conhecimento weberiano pode às vezes produzir o seu próprio estigma de gaiola de ferro.

Contudo, esta era também uma tradição altamente disciplinada, e ela gerou uma enorme variedade de conhecimento técnico e dados comparativos. Entre as muitas figuras marcantes que surgiram deste movimento comparativo, foi Bruno Nettl, originalmente conhecido por sua obra a respeito da cultura musical nativa americana, que continuou não somente a estudar a música do Oriente Próximo, mas também a imaginar em quatro décadas de escrita, ensino e liderança institucional na University of Illinois um equilíbrio transdisciplinar entre a antropologia e a musicologia. Um contemporâneo e amigo de Nettl na vizinha Indiana University, Alan Merriam, derrubou o equilíbrio em favor da antropologia em *The Anthropology of Music* (MERRIAM, 1964). Merriam, um empirista treinado no funcionalismo cultural de Melville Herskovits, era intransigente nos seus esforços de fazer música – como um sistema sônico, como artefato cultural, como processo social e como experiência humana – assim como de encaixar um objeto da descrição antropológica e a teorização como qualquer outra forma de ação social. Este empreendimento encontrou uma resistência implacável da principal corrente de etnomusicólogos e da principal corrente de antropólogos, que, Coplan sugere, achavam que o estudo de qualquer música era um assunto tecnicamente especializado que pertencia às escolas de música e que os antropólogos estavam injustificadamente forçando as suas próprias preocupações extramusicais sobre eles.

Os folcloristas e os departamentos de folclore possivelmente desempenharam um papel mais significativo no avanço e na institucionalização do estudo antropológico da música do que os próprios departamentos de antropologia. A preocupação direta do folclore com os gêneros auriculares da expressão cultural torna a antropologia da música uma preocupação disciplinar necessária e central, embora os preconceitos textuais dos estudos de folclore europeu do século XIX muitas vezes mantenham a música fora das publicações. Na Europa Oriental, além disso, o desejo de erradicar os elementos culturais "orientais" aumentou este preconceito contra a música; era mais fácil editar, digamos, os textos das canções folclóricas gregas para demonstrar a sua alegada afinidade com os antigos protótipos gregos do que era explicar o som "turco" da maioria das músicas. No século XX, os folcloristas certamente trabalharam muito para retificar esta supressão. Talvez o exercício mais vasto, embora aquele que repousa em premissas científicas que não são mais largamente compartilhadas, seja o *Folk Song Style and Culture* (1968) de Alan Lomax. A sua tentativa de identificar estruturas mensuráveis na música e na dança (coreometria) antecipa uma obra posterior na qual a padronização formal veio a ser reconhecida como compartilhada entre os domínios – pela música e pelo bordado, por exemplo, ou pela dança e pela arquitetura.

Nesta visão, alguns tipos de relações sociais e relações de produção produzem psicologias sociais que são então expressas em alguns tipos de padronização de sons musicais e da etnoestética. Ideias semelhantes começaram a aparecer em outros domínios de pesquisa. Não há, por exemplo, nada intrinsecamente surpreendente a respeito da ideia de que uma cultura que acalenta relações sociais altamente agonísticas seja provavelmente para exibir motivos de oposição na sua arte visual. Gerald Pocius (1979), como já observei, apontou que a distribuição do espaço social entre domínios formais e informais nas casas da Terra Nova estava diretamente ilustrada pela escolha de projetos hierárquicos e não hierárquicos, respectivamente, nos tapetes pendurados que as pessoas prendiam nas paredes. Num reconhecimento ainda mais detalhado desse tipo de correspondência, como eu já observei, James W. Fernandez apontou a reprodução da cosmologia na arquitetura dos Fang do Gabão e nos rituais sionistas do sul da África, e desse modo mostrou como os princípios estéticos forneceram um meio de expressar e mesmo criar a forma da cosmologia nas rotinas da vida cotidiana.

Contudo, estas correspondências diferiam daquelas identificadas por Lomax em que os estudiosos em questão não faziam totalizar reivindicações sobre a forma cultural. Eles simplesmente identificaram correspondências que eram claramente observáveis sob condições etnograficamente bem observadas. Na obra de Fernandez, por exemplo, a chave reside na análise meticulosa e exaustiva da prática ritual no seu contexto social (1982). Quase no final dos anos de 1960, de fato, comparações isomórficas entre "estilo e cultura de canção folclórica" começaram a entrar em sério questionamento. Na verdade, a formulação de Alan Merriam, seguindo Kwabena Nketia, da antropologia da música como o estudo da "música na cultura" (MERRIAM, 1964) permaneceu um paradigma poderoso para a pesquisa e etnologia musical. Além disso, a obra de John Blacking (1973 etc.) fez muito para avançar a nossa compreensão do valor e do significado da música na vida social. No cerne da contribuição de Blacking estava a capacidade de esclarecer como os fatores extramusicais regulavam a estrutura da música, e uma recusa de opor ou separar a análise interna ou formal da música daquela da sua relação com a vida. Mas a relação entre a padronização formal e a organização social subjacente surgiu, em parte por causa do trabalho etnográfico detalhado do tipo que eu acabei de mencionar, como muito mais complexo e imprevisível do que pareceria a partir das formulações anteriores. Este afastamento da visão dominada pela regra da vida social – é compatível com o desenvolvimento da antropologia em outros domínios.

O conceito analítico de cultura de Geertz (1973) como um *ethos*, não diferente da formulação de Blacking, sugeriu a incorporação da arte no centro das orientações cosmológicas (religião, filosofia, ciência) de um grupo social. Geertz também antecipou a possibilidade de que membros de um grupo podiam usar as suas formas normativas de maneira socialmente criativa. Assim, por exemplo, em Joannesburg a música e a dança têm sido usadas pelos negros sul-africanos como um meio ativo de urbanizar, de levantar os seus *status* através de aquisição de marcadores-chave da identidade da classe superior, para protestar contra a repressão e a classificação social inferior, e de muitas maneiras para transformar a sua existência social junto com sua consciência social (COPLAN, 1985). Todavia, como outros estudos – como aqueles de Waterman (1990) em Lagos – mostraram, não há relação direta entre a dinâmica da classe social e a participação musical. Ao contrário, como por exemplo, no estudo de Turino (1993) sobre a migração musical rural-urbana entre os locutores Aymara andinos no Peru, as complexidades da categoria e da posição social em relação às seleções nos marcadores musicais do estilo cultural continuam a inspirar a pesquisa e enriquecer a análise.

Por volta da metade dos anos de 1980, uma série de importantes artigos e monografias apareceu estabelecendo uma antropologia do significado musical, especialmente o refinado tratado de Steven Feld sobre a geografia sonora/sensória, a narrativa, a estética e a comunicação entre os Kaluli de Papua Nova Guiné (FELD, 1982). A obra de Feld é especialmente pertinente aqui, porque ele procurou mostrar que os princípios estéticos que ele observou na música foram ativamente usados para organizar relações sociais. Outro estudo exemplar, *Why Suyá Sing* (1987) de Anthony Seeger, mostrou como a música era constitutiva da prática social e cultural, cantando "uma parte essencial da produção e da reprodução social" (SEEGER, 1987: 128). Seeger chamou o seu estudo de uma "antropologia musical", transformando a "música em cultura", de modo a focalizar a música como não simplesmente um domínio, mas um ambiente dentro do qual se pode compreender um sociedade inteira (os Suyá contam somente alguns milhares). Seeger efetivamente dispõe da divisão teórica entre o estudo da música e o estudo da sociedade (STOKES, 1994: 2). Outros, incluindo Steven Feld (1982) e Ellen Basso (1985) (que defende a organização musical dos processos sociais), perseguiram também este projeto intelectual, que também tem afinidades com o estudo da estética da interação social ("poética social": HERZFELD, 1985, 1997a). Pois é claro que a estética da autoapresentação, embora talvez nem sempre dominada por um *ethos* no sentido de configuração sobredeterminante da forma cultural, muitas vezes segue princípios aos quais se dá expressão mais formal no desempenho artístico. Se um ladrão de ovelhas não pode roubar com faro, quem o desejaria como um aliado? Se um político não pode dizer falsidades elegantes que o são obviamente, quem se juntaria a um partido que ficou vulnerável por esta fraqueza? As representações devem se anunciar como tais para serem efetivas – um princípio reconhecido nesta anterior teoria semiótica, como aquela dos formalistas russos e da Escola de Praga, e elaborado no conceito de Jakobson da função poética. A habilidade musical é claramente, em muitas sociedades, um equipamento convincente para a capacidade política e social: o salão europeu do século XVIII oferece apenas um exemplo. Como Steven Caton (1990: 22) diz a respeito da poesia, assim, para diferentes modalidades estéticas em diferentes definições culturais, podemos dizer que produzir uma boa representação "é se engajar na prática social". E se engajar na prática social é se comprometer com uma política de valor pessoal, muitas vezes traduzível em idiomas de poder mais amplos.

Embora nem todas as sociedades deem à música o orgulho do lugar, a obra de Seeger sobre os Suyá é, não obstante, particularmente importante ao nos obrigar a reconhecer que a música não é também necessariamente secundária, tal como ela é frequentemente nas sociedades industriais modernas. Assim também, Marina Rosenman (1991) mostrou como a música era fundamental para as práticas de cura dos Temiar da Malásia. E Coplan mostra como a cultura dos trabalhadores migrantes das minas de Basotho – e, por extensão, a etnografia histórica de Lesotho – surge das próprias autobiografias poéticas cantadas dos mineiros (COPLAN, 1994). A música está, portanto, não simplesmente localizada num contexto; a sua execução é propriamente produtiva de mudança, especialmente se a música é considerada como sendo "boa" (STOKES, 1994: 5). Se um tocador de tambor Yoruba africano ocidental não pode manter o ritmo, o deus (*orisha*) não descerá e não possuirá os dançarinos. Se os Temiar de Rosenman não podem cantar com convicção emocional, ninguém será curado. O desempenho não é uma atividade afastada do não desempenho, mas está em continuidade com outros modos de ação e domínios da realidade social.

Em virtude das associações inelutáveis entre as mídias expressivas, as possibilidades liberadas por este paradigma se estendeu também para a emergência de uma radicalmente nova "antropologia da execução", a partir da antropologia do desempenho. O texto fundador deste movimento, Coplan pensa, pode ser o *Power and Performance* (1990) de Johannes Fabian, embora uma importante corrente de pesquisa do folclore americano (cf. esp. BAUMAN, 1977, e, para a música, esp. STONE, 1982, 1988) tenha já começado a levantar algumas questões técnicas. Fabian observa e participa na prática do teatro musical popular no Zaire para fornecer um modelo para o qual ele designou uma etnografia performativa. Esta etnografia performativa – como oposta a uma etnografia informativa – está baseada no reconhecimento de que a maior parte do conhecimento prático, como oposto ao conhecimento discursivo cultural, pode ser esclarecida somente através da sanção e do desempenho (FABIAN, 1990: 6). A abordagem parece, de fato, ter alguma base intelectual comum, não somente com a teoria prática, mas com o tipo de fenomenologia engajada – "empirismo radical", como Michael Jackson (1989) o denominou – que insiste nesse tipo de engajamento. Além disso, Fabian argumenta, "o 'desempenho' parecia ser uma descrição mais adequada tanto das maneiras como as pessoas imaginam a sua cultura quanto do método pelo qual um etnógrafo produz o conhecimento sobre esta cultura" (JACKSON, M., 1989: 18). A etnografia performativa, então, "é apropriada tanto para a natureza do conhecimento cultural quanto para a natureza do conhecimento do conhecimento cultural", onde o etnógrafo não chama a melodia, mas toca junto (JACKSON, M., 1989: 19)[1].

Certamente, o potencial para o deslocamento do conceito analítico de desempenho para o centro do empreendimento etnográfico foi demonstrado numa variedade de monografias, das quais um exemplo refinado é o *Dance and the Body Politic in Northern Greece* (1990) de Jane K. Cowan. Nessa obra, lemos uma estética da vida cotidiana – uma estética que tanto reproduz o gênero quanto outras discriminações e fornece um idioma para uma eventual contestação. Estes estudos lembram os leitores que a forma musical e outras formas de execução são os meios através dos quais "o comportamento de gênero adequado é ensinado e socializado" (STOKES, 1994: 22). Dentro desses idiomas também, indivíduos diversamente situados podem contestar as ideologias dominantes de gênero através da sua subversão das normas de desempenho, como Cowan mostra para os eventos de dança no norte da Grécia.

Coplan lembra como a irreverente música e dança das mães Basotho para uma nova mãe, *litolobonya*, é executada numa casa fechada da qual os homens são estritamente excluídos nesta ocasião: "Os homens se reúnem fora da casa, bebendo a cerveja das mulheres e conversando dispeticamente enquanto as canções e os aplausos vigorosos das mulheres saíam vindos de trás das janelas firmemente

---

1. Esta é a paráfrase de David Coplan de uma observação feita muitos anos atrás por Barbara Babcock--Abrahams a Richard Bauman. Estes dois estudiosos são famosos antropólogos da representação.

cobertas". Permitia-se ao próprio Coplan testemunhar duas representações de *litolobonya* e mesmo registrar estas ocorrências em filme e *tape*, autorizado pela ideia de que, visto que ele não era um Mosotho, ele não era realmente um homem. Ele acrescenta, ironicamente: "Eu não tinha qualquer evidência de que tendo um não homem como um espectador macho não normativo acrescentava algo à diversão das mulheres. Algo da diversão de *litolobonya*, entretanto, é certamente a celebração pelas mulheres, casadas ou não, de um mundo feminino autossuficiente emergente". Esta independência crescente das mulheres Basotho pode ser vista como parte de uma tendência mundial que pode ser irreversível e profunda nos seus efeitos, porque ela desafia tanto a relação conjugal quanto a estrutura da família patriarcal (COPLAN, 1994: 168).

Poderia a representação ser identificada como uma forma distinta da ação social, como um "conjunto à parte"? As pessoas podem executar passos de dança em meio a uma conversa, cantarolar alguns ritmos, imitar um personagem distinto ou um amigo familiar. A música talvez forneça um contexto direto para fazer esta pergunta: as pessoas a categorizam de diferentes maneiras, mas todos a conhecem quando a escutam. (Podemos, não obstante, lembrar que palavras como "canção" podem ser mais problemáticas como ferramentas de análises transculturais: e as sociedades, por exemplo, onde o termo que anotamos como "canção" é oposto a outros termos significando "hino", "canto" ou "hino fúnebre"?) O desempenho musical é colocado à parte porque ele exagera, mais drasticamente do que muitos outros modos de autoexpressão, o seu próprio enquadramento como uma atividade e um idioma distintos. Mesmo o passo curto da dança no meio de uma conversa é um dispositivo de enquadramento nesse sentido.

Até agora, temos olhado para a produção da música no contexto da etnografia mais ou menos tradicional. Mas a música transcende o local e talvez mais do que qualquer outra forma de arte – não tanto porque ela é capaz de ser imediatamente compreendida além da sua área de produção, mas porque ela pode ser universalizada, ou pelo menos "nacionalizada" – para os propósitos de criar um sentido de unidade nacional. Ela pode também fornecer um meio de resistir aos imperativos de homogeneidade do Estado-nação (cf. ASKEW, 1998). Mas, inversamente, como aconteceu na Grécia nos anos após a Segunda Guerra Mundial, ela pode fornecer um meio de reconciliar a aversão burguesa pelos elementos "turcos" na sua cultura vernácula, com a percepção de que estas são, afinal de contas, os idiomas familiares da vida cotidiana. A música de Mikis Theodorakis, compositor de *Zorba's Dance* e de um enorme número de canções, estava ameaçando os governos da direita, porque ela minava as suas tentativas de criar uma rígida separação entre a estética "oriental" e "europeia", e porque ela popularizava a poesia – as letras eram frequentemente tiradas das obras de escritores bem conhecidos – que estes governos olhavam como subversivos. Em suma, ela desafiava o monopólio oficial da "música grega" (HOLST-WARHAFT, 1979). Em outras situações, aprender uma herança musical pode ser um meio de afirmar a autodeterminação étnica, como aconteceu com a resistência mexicana ao "crisol" (*melting pot*) americano (cf. PAREDES, 1958).

O sentido do lugar, musicalmente criado e executado, sempre envolve noções de diferença e fronteira social (STOKES, 1994: 3-5). Na medida em que o papel do músico se tornou cada vez mais profissionalizado, é fácil aceitar a ideia de que a música de algum modo transcende as particularidades do tempo e do lugar. Isto não é claramente assim; a música supostamente "universal", como as sinfonias de Mozart, embora atraentes para os japoneses educados, para quem ela constitui uma forma de capital cultural, deixa muitos outros ouvintes – incluindo muitos europeus – bastante desinteressados, porque eles não podem ligá-la a este sentido de lugar. A revindicação de que uma música particular é universal, que foi frequentemente usada para justificar ou explicar a sua profissionalização nas condições transnacionais de hoje, nega a especificidade da experiência cultural. Coplan oferece uma intrigante observação: "As pessoas que vivem e trabalham em meio a atividades não musicais e somente tocam nos finais de semana têm menos capacidade técnica para tocar, contudo, mais para brincar do que músicos profissionais populares que tiveram de lutar com os horários do ônibus e do avião, assim como dominar os seus instrumentos. Daí a beleza e o poder ásperos dos trabalhadores das refinarias de açúcar Zulu, que cantam e dançam as suas identidades 'regimentais' e distritais nos seus albergues em Durban nos domingos. Compare-se isto ao sentido de lugar evocado pela estrela do *rock* sueco cantando letras memorizadas em inglês e descrevendo como o amor... não durava para sempre".

Outras estéticas

A habilidade de tocar uma peça de música requer claramente um domínio técnico. Contudo, o grau em que esta mestria pode ser compartilhada num determinado contexto social varia enormemente. Na aldeia montanhesa cretense, onde eu realizei um trabalho de campo, realmente poucos eram os homens que não podiam cantar os dísticos rimados com os quais eles alegremente insultavam uns aos outros. A mestria técnica reside, não na música (que teria sido perceptível somente por sua ausência – "falar", *militondas* (uma atividade inferior!)), mas no coroamento de uma boa expressão verbal. Mas quando os tocadores de lira de três cordas e do alaúde baixo assumem os seus instrumentos, as palavras – que eram muitas vezes convencionais – se tornavam relativamente imateriais; era a virtuosidade do tocar o instrumento que contava.

Assim, ficou claro que mesmo a observação amigável de Coplan sobre os trabalhadores do açúcar Zulu exibe um preconceito de algum modo eurocêntrico. Ele pode realmente apreciar a beleza das músicas – afinal de contas, se era capaz de aprender algo de uma estética, não a sua própria –, mas a sua avaliação dos méritos relativos das execuções teria de ser estimada em termos das reações do público em ambos os casos. Esta é uma questão à qual retornaremos no capítulo sobre as Mídias.

Agora, um dos aspectos que desempenha um grande papel na avaliação ocidental da representação, e está realmente implícito na observação de Coplan, é a ideia do "talento" pessoal – uma versão da noção de "gênio", tal como este era elaborado por Thomas Carlyle e outros como sendo o pináculo do individualismo na era romântica. Na música ocidental, o talento é uma "propriedade" acaloradamente discutida. Eu emprego "propriedade" aqui no sentido de uma qualidade imanente, embora, novamente, ela seja um aspecto do "individualismo possessivo" – algo que alguém "tem" – que marca a ideologia da identidade ocidental (MacPHERSON, C.B., 1962; cf. tb. HANDLER, 1985). Aparentemente, a maioria dos estados-nação modernos adotou até agora esta ideologia, já que ela fornece uma justificação eficiente para a identificação da soberania com a cultura e o território – com propriedade em sentido amplo. Num movimento inverso, um etnomusicólogo (e primeiro administrador escolar de música) voltou seus olhares para a produção da "arte" musical ocidental. Henry Kingsbury achou que a distribuição de "talento" no conservatório que ele estudava seguiu razoavelmente linhas previsíveis de poder e aliança, mais do que critérios estéticos mensuráveis. Num estudo muito engenhoso (KINGSBURY, 1988), ele argumentou que o "talento" era muito parecido com o "espírito divino" dos Nuer de Evans-Pritchard: ele era "refratado" através das divisões sociais da comunidade – uma formulação completamente durkheimiana, mas também uma formulação que parecia bem sustentada pela evidência etnográfica. Em outras palavras, numa comunidade de "pessoas talentosas", os indivíduos têm acesso diferencial a esta propriedade comum, de acordo com as suas relações com aqueles que exercem autoridade dentro da escola. Aqui, necessariamente, devemos ampliar a discussão para além do domínio específico da música.

A habilidade do artista em qualquer domínio é mais uma questão daquilo que Bourdieu (1984) chama de "o julgamento social do gosto" do que de algum conjunto objetivo de critérios. A posição social, pelo menos parcialmente, determina o valor: por exemplo, as pessoas abastadas podem tirar orgulho ao lidar com objetos agora inúteis, mas anteriormente utilitários como esteticamente agradáveis, em parte porque isto demonstra a sua liberdade da necessidade de trabalho (DOUGLAS & ISHERWOOD, 1979; THOMPSON, 1979). Os produtores, por sua vez, têm uma grande "identidade" – uma forma específica de capital social ou cultural – ligada ao seu trabalho e estão dispostos a suportar as consequências do risco e da exploração para manter esta "propriedade" (PLATTNER, 1996). Nisso, eles estão apostando os seus meios de vida nos mesmos processos da incorporação social que observamos na análise de Herrmann das vendas de garagem: o "valor acrescentado" sentimental ou estético pode ser usado para impedi-los de ganhar muito proveito material do seu próprio trabalho.

A avaliação dos outros sobre a sua habilidade está incorporada naqueles processos sociais às vezes impenetráveis, e podem ter tremendas consequências para carreiras inteiras. A discussão de Kingsbury sobre o "talento", por exemplo, ilustra como valores supostamente absolutos do gosto são, na prática social, veículos para uma forma elaborada de discriminação – e de fato não é certamente coincidência que no Ocidente uma pessoa que é ensinada a ter um bom gosto pode ser descrita como sendo "discriminadora". A ideologia europeia do romantismo, com a sua exaltação dos valores absolutos, disfarça os processos sociais através dos quais as expressões de valor são filtradas. Estas ideologias são geralmente expressas em termos fortes. Elas geralmente apenas abrem caminho para uma perspectiva mais crítica, quando o contexto de uso é estudado sob condições de intimidade próxima – mais difíceis, talvez, de fazer num cenário institucional maciço, como o museu de arte ou um conservatório, do que numa aldeia camponesa, mas um contrapeso muito importante para as reivindicações universalizantes destas instituições formais.

Isto significa que "não há algo como o talento" – ou que todos os critérios estéticos são realmente apenas uma diacrítica do poder? Eu não acho. A lição compartilhada pelas análises muito diferentes de Kingsbury e Plattner é mais importante e muito mais sutil do que isto: é que a análise dos critérios estéticos não podem ser descritos isoladamente das relações sociais entre aqueles que estão usando aqueles critérios para julgar uns aos outros. Mas, na medida em que estamos comprometidos com considerar seriamente as pretensões dos nossos informantes – e, afinal de contas, eles frequentemente nos dizem que os julgamentos são politicamente motivados – devemos ver a operação da estética como um cálculo do formal e do social; e devemos lembrar também que o social é também calibrado pelos critérios estéticos (maneiras, elegância, e assim por diante).

Estes critérios podem ser bastante específicos das culturas locais. Há muitos estudos, por exemplo, que mostram que as avaliações de cor, matiz e intensidade afetam tanto a percepção quanto a produção (p. ex., GELL, 1998; MORPHY, 1989). Forge (1970) inclusive argumentou que as qualidades icônicas de uma fotografia não eram imediatamente visíveis para os Abelam da Nova Guiné, que nunca viram previamente – em outras palavras, nunca foram socializados na decodificação – as convenções bidimensionais da imagem fotográfica. Uma vez que percebemos que os princípios estéticos podem também guiar estes aspectos ubíquos da vida social como maneiras comuns, podemos mais facilmente avaliar o quão radicalmente o analista deve resistir às anteriores suposições a respeito da "arte" como um domínio posto à parte – talvez o dispositivo mais comum para manter uma fronteira entre a grande "arte" cerebral e a "habilidade" vernácula manual.

Os antropólogos não somente veem a estética mais como uma dimensão da vida social do que como um domínio absoluto com seu direito próprio; eles devem tratar a reivindicação do valor absoluto como estando ele próprio socialmente incorporado. Há certamente muitas sociedades onde "a arte pela arte" é apreciada. Há também sociedades, como Kitawa na Papua Nova Guiné, onde a aprendizagem na produção especializada pode levar ao desenvolvimento de uma sensibilidade estética que é retirada das noções de função prática e também simbólica: os jovens homens engajados na escultura ritual de objetos de madeira aprendem uma linguagem de uma forma que é bastante opaca para as pessoas comuns e que ainda não tem nenhuma religião óbvia ou significado funcional (SCODITTI, 1982).

Mas não se deve defender um domínio separado da estética para reconhecer a avaliação local da beleza, da forma ou do efeito dramático. As distinções feitas entre a beleza e o valor moral podem ser diferentemente organizadas do que ocorre na sociedade ocidental, mas algum sentido de valor e adequação está frequentemente presente. Questões de função – incluindo a possibilidade de uma função estética separada, e distinções entre "arte" e "habilidade" (ou entre artistas e artesãos) – são empíricas, e as respostas variam culturalmente. Os artesãos numa cidade do sul da Itália podem usar a ideia de serem "artistas" (*artiri*) para manter trabalhadores menos especializados numa distância social (GALT, 1992: 59). A originalidade é uma questão especialmente espinhosa, visto que as ideias de propriedade e personalidade estão profundamente investidas nisso – pelo menos para os observadores ocidentais. Assim, por exemplo, a preocupação ocidental com evitar "falsificações" – agora objeto de alguma reflexão irônica (p. ex., BAUDRILLARD, 1981; ECO, 1995 [1986]) – é a reflexão tanto sobre a significação política da "autenticidade" (HANDLER, 1985, 1986) quanto sobre a escassez econômica de "originais" (THOMPSON, 1979). Quando os atravessadores da África Ocidental enfrentam o mercado de arte de Nova York, eles devem aprender esta linguagem da autenticidade para maximizarem as suas vantagens (STEINER, 1994): eles se tornam etnógrafos práticos da cena de Nova York. Quando as mulheres cretenses deixam de tecer bolsas de caça para os seus filhos e irmãos para apresentar para os parentes patrilineares, elas estão desse modo retirando-as do contexto social local para dedicar o seu tempo em tecer "bolsas gregas" genéricas para o comércio turístico; os padrões se tornam mais simples e mais grosseiros, porque tudo que é exigido delas é que elas sejam "gregas" e símbolos reconhecíveis de um tipo familiar (HERZFELD, 1992: 99). (A "dança de Zorba" foi da mesma maneira "nacionalizada" no processo, perdendo a associação específica com lugares e definições particulares associados com os tipos de dança a partir dos quais as suas partes componentes eram retiradas.) E quando os objetos rituais Chambri da Papua Nova Guiné são realocados para o consumo turístico, eles podem deixar de ser únicos no seu significado, para se tornarem protótipos para a produção de massa (GEWERTZ & ERRINGTON, 1991: 53) – uma réplica irônica à convicção normativa dos turistas ocidentais de que somente eles veem de uma cultura que valora a singularidade dos verdadeiros objetos de arte e a individualidade dos seus produtores.

Observe-se que as mudanças envolvidas em cada um desses exemplos ocorrem no uso para o qual os objetos são colocados. Esta conversão de um princípio durkheimiano numa preocupação com a prática estética leva adiante as preocupações de Fabian e de Bauman com a representação, mas isto também nos permite examinar as formas de arte mais estáticas dentro deste quadro mais amplo da representação e da poética. Uma vez que determinamos para que os objetos e os desenhos particulares são usados, sem preconceito quanto a se eles são "socialmente incorporados" ou não, a relação entre o julgamento estético e a vida social se torna mais clara. Mesmo os hinos nacionais são socialmente incorporados: eles são supostamente calibrados para os ideais de unidade social, que explica o apelo extraordinário além das fronteiras da África do Sul de um hino metodista – ele próprio um empréstimo local de uma safra comparativamente recente – que eventualmente se tornou o hino de várias outras nações africanas, como expressão da solidariedade com aqueles que sofrem sob a opressão do *apartheid*. No outro extremo da escala, as notas de trinados e de graça do concerto de violino fala para a ideologia do gênio individualizado que requer enorme mestria técnica, mas também reparte "talento" de modos que são surpreendentemente previsíveis, uma vez que a ideia de imanência é mostrada como sendo também ideológica. Tal como calcular a "espontaneidade" associada (especialmente para o consumo turístico) com o estereótipo dos "povos mediterrâneos", ou como a originalidade pretendida por um jornalista que, não obstante, assemelha-se com o cantor de *folk* atuando dentro das convenções de um gênero, o artista ocidental deve apresentar mestria num idioma compartilhado. Caso contrário, os membros do público não aplaudirão, porque eles não saberão o que escutaram. E as latas de sopa de Warhol eram efetivas como arte, exatamente porque elas ironizavam a ideia do gênio, tornando a sua base social perturbadoramente óbvia.

Este exemplo mostra que as formas de arte mais estáticas, como aquelas envolvendo representação transitória, expressam uma relação entre a forma e a utilização – entre a convenção e a invenção, como eu enfatizei anteriormente – em termos de ideias a respeito das relações sociais. Esta é a questão da obra de Fernandez sobre a arquitetura Fang – e realmente de grande parte da "antropologia do espaço" (LAWRENCE & LOW, 1990). Se a arquitetura é a roupa do corpo político, aqui é especificamente provável que as noções de imanência serão operativas. Mas é aqui também que a política dirigirá a estética. Quando um burocrata da conservação histórica destitui as decorações de casas improvisadas dos residentes pobres de uma cidade grega como "não particularmente agradáveis esteticamente", ele estava contestando a sua resistência às diretivas governamentais que acarretaram um alto grau de conformidade, embora aludindo a um passado reconstruído que significava pouco para eles (HERZFELD, 1991: 37). Eles, por sua vez, fizeram tudo que puderam para contestar o modelo oficial conformista, baseando-se em que ele conflitava com a sua compreensão de uma estética (como diríamos) de ser grego – isto era demasiadamente uma camisa de força para as pessoas que se orgulhavam do seu individualismo e espontaneidade, valores que eram eles próprios reprimidos por ideias socialmente incorporadas sobre como melhor exibi-los.

Este exemplo também levanta questões sobre a relação entre as ideias culturais a respeito do papel do indivíduo na sociedade e a representação do individual, tanto como artista quanto como retrato. Os ocidentais admitem que o retrato representa uma "pessoa". Mas se a noção de personalidade segue um modelo diferente, pode-se admitir que o retrato será investido também com diferentes significados. De acordo com os princípios estéticos do cristianismo ortodoxo, por exemplo, todo ícone era uma reprodução de um original, que era desse modo refratado através do corpo político: o meu ícone é melhor do que o seu ícone (ou mais operador de milagre, por exemplo), porque eu sou melhor (ou mais poderoso) do que você. Assim, um princípio anunciado nos mais elevados escalões dos seminários ortodoxos parece encontrar um eco sensível nas relações sociais extremamente competitivas de uma moderna aldeia grega ou sérvia (cf. HERZFELD, 1990). Como um historiador da arte apontou, a remoção de ícones para as vitrines de museus altera radicalmente o contexto no qual eles foram interpretados (NELSON, 1989). As exibições etnográficas de "arte" estão certamente abertas à mesma crítica. Somente uma reconsideração etnográfica do próprio museu – em cujo espírito eu tenho chamado mais de "reflexividade cultural" do que de "reflexividade autoindulgente" – pode fornecer bases sólidas para análises posteriores destes significados cambiantes (cf. KARP & LEVINE, 1995).

Um efeito do museu etnográfico foi perpetuar a distinção entre formas de arte "elevadas" e "populares". Os curadores geralmente admitem que o anônimo *folk* produz "habilidade", enquanto o gênio letrado é a fonte da "arte". Dentro da sociedade ocidental, esta distinção – frequentemente redigida como colocando o "folclore" contra "a arte e a literatura" – reproduz a hierarquia colonial da etnografia *versus* "[alta] cultura". Estas discriminações são evidentemente de natureza política, e muitas vezes funcionam no nível do Estado. Liza Bakewell, por exemplo, mostrou como o interesse do governo mexicano em promover uma cultura nacional leva à fusão, em Oxaca, de eventos de *folk* (incluindo o estímulo somático da comida) com "*shows* de arte", embora a base burguesa do suporte para esta agenda leve à separação espacial dos eventos em duas áreas distintas (apud BRIGHT & BAKEWELL, 1995: 47-50). O romancista grego Andreas Nenedakis usa a distinção arte-habilidade para explorar as múltiplas funções do escritor, mas a sua crítica é mais acerba: para ele, o sistema burguês de valores é representado mais pelo porta-retrato do que pelo retrato – pela rígida classificação que procura reprimir os voos da imaginação (cf. HERZFELD, 1997b: 170). Na medida em que ele respeita a compreensão autoconfiante do artesão do trabalho incorporado na necessidade prática, assim como o desejo de liberdade do artista em relação à arregimentação política e estética, ele vê o inimigo real como o Estado burguês e a sua bajulação do valor pelo valor – para ele, uma abstração árida.

A questão é importante porque ela representa ainda outra postura oposta, e longe de incomum, dentro do discurso cada vez mais global a respeito da "cultura". Como um comentário localizado sobre o caráter nacional e a sua incomensurabilidade com modelos de disciplina ocidentais importados, ela sugere que as convenções ocidentais de tratar a arte e a habilidade como necessariamente opostas reciprocamente num sentido algo absoluto e universal, um discurso que ganhou crescente atualidade entre os cosmopolitas burgueses por todo o mundo, podem ser muito restritivas e enganosas. Ela também nos adverte sobre os perigos de tratar o nosso próprio discurso político, por mais oposto à ordem mundial dominante que ele possa ser, como necessariamente o melhor guia para compreender os motivos daqueles que se tornaram muito identificáveis como "artistas", e ainda quem pode não seguir os ditames culturais que os observadores ocidentais trazem para uma compreensão de sua obra. Nesse contexto, como Kenneth M. George (1977) convincentemente observa, não há qualquer substituto para a etnografia – nesse caso, o engajamento direto com o artista nos lugares da produção, da exibição e da crítica, muito como o meu próprio trabalho com Nenedakis a esse respeito.

O próprio George ilustra esse ponto numa análise impressionante de uma pintura pelo artista indonésio A.D. Pirous. Operando num contexto onde a repressão política foi severa, Pirous resistiu à ideia, articulada por um crítico de arte ocidental, de que uma pintura que ele executou depois dos violentos acontecimentos que trouxeram ao poder o regime de Suharto devia ser interpretada como uma obra pessimista ou dissidente. Ele insiste que a pintura é pura paisagem; ele não objeta aos outros que veem nela uma série de figuras humanas sofredoras, mas se distancia de qualquer interpretação política deste tipo. George se baseia na sua resposta para tornar crucial o fato de que uma política de dissidência e esperança pode satisfazer a agenda de um observador de fora, mas faz pouco para esclarecer os próprios desejos e reações do artista, que parecem incluir uma visão relativamente bondosa – compartilhada por muitos indonésios – da supressão do comunismo durante a crise em questão. Pirous, diz George, "tem um interesse investido em se colocar diante do modo como as coisas foram ditadas pela Nova Ordem" (GEORGE, 1997: 629); este interesse pode incorporar a possibilidade de mudança eventual, mas não através da oposição imediata e explícita. A cena política rapidamente cambiante na Indonésia também torna qualquer expectativa generalizada de "resistência" uma interpretação demasiado simplista destas respostas do artista e de outros cidadãos. Contudo, George também admite que a interpretação do crítico de arte agora entra na história social da obra – um exemplo da "vida social das coisas" (APPADURAI, 1986; KOPYTOFF, 1986) – e deve ser confrontada como tal no contexto global da sua disciplina. É ainda mais importante, nesse contexto, assegurar que a nossa percepção do mundo como "globalizado" não nos leva automaticamente a admitir a ausência de interpretações locais que diferem do discurso oficial. Realmente, seria uma suprema ironia se a recente consciência política globalizada da repressão devesse apagar os traços da nuança local.

O julgamento estético, tal como a avaliação moral, está localizado em conjuntos de valores recebidos culturalmente. Assim como em outras áreas da vida social, os valores estéticos não são necessariamente estáticos, e a hipótese de que os objetos da cultura material representam um conjunto fixo de valores é certamente um caso do erro lógico de concretude extraviada. É através da produção e da crítica dos objetos e dos textos nas suas definições sociais que podemos compreender as preocupações estéticas como parte da mesma escala de processo social, como a bisbilhotice – que, longe de ser o regulador do equilíbrio social, que se pensou que fosse pelos primeiros antropólogos, é tanto um espaço para afirmar os valores "tradicionais" quanto um *locus* de desafio e mudança.

É por esta razão também que deveríamos ser cuidadosos com os modelos estáticos da "etnoestética". Já que propriamente a representação e a produção produzem mudança, uma avaliação baseada na estrutura de uma taxonomia nos apresenta somente as ferramentas, mas não os processos, da exploração e da invenção estética em culturas em todo o mundo; e sugere uma zona de prática coletiva, oposta ao gênio individualista reivindicado pelas ideologias românticas do Ocidente, que não corresponde ao que sabemos da experiência com a textura e a forma que parecem caracterizar a produção artística em muitas partes do mundo. Assim, uma visão orientada pela prática da estética se afasta do neoclassicismo estático de Winckelmann e da estética ocidental, e focaliza, ao contrário, os processos sociais através dos quais os valores estéticos são contestados e reformulados. Mais uma vez, um senso comum recebido é confundido – pela evidência dos sentidos.

14
Mídias

Intimidade em grande escala

Eu justapus intencionalmente os capítulos Estética e Mídia para colocar um desafio direto a uma outra convenção da "alta cultura" ocidental – aquela por meio da qual estes dois domínios são considerados como sendo mutuamente distintos. Embora os estudos das mídias de massa tenham proliferado nas últimas décadas, os antropólogos estão de fato somente começando a voltar a sua atenção e seus métodos para este campo. Seguindo a liderança de Sara Dickey, eu considero as razões para a reticência passada sobre as mídias e a sua implicação no nosso sistema de estética e valores sociais; a força que as representações das mídias carregam na construção da imaginação, das identidades e das relações de poder contemporâneas; as percepções que os antropólogos começaram a propor para esses processos; e outras direções que podíamos proveitosamente perseguir. Eu também seguirei as ilustrações etnográficas de Dickey a partir da sua obra com o cinema Tamil no sul da Índia, também pedindo emprestado da obra de Purnima Mankekar em outro lugar na Índia. O foco sobre a Índia não é o resultado de um puro acaso. Embora muitos países tenham produzido indústrias de filmes impressionantes, a confluência na Índia de uma comunidade de antropólogos local e estrangeira e talvez a maior indústria de cinema do mundo foi especialmente fértil para pensar como as mídias estão alterando o nosso sentido daquilo de que a etnografia trata.

Observe-se que este capítulo é mais sobre as mídias de massa do que sobre o uso do cinema e sobre outras mídias visuais mais como instrumentos do que como objetos de estudo da pesquisa antropológica. Contudo, estas categorias não são inteiramente separáveis. Realmente, a relação entre elas permanece uma área para estudos e análises mais amplos. O vídeo é usado na pesquisa etnográfica, não somente como um instrumento de registro, mas também como um dispositivo de dedução – seguindo a liderança de Jane Cowan, eu o empreguei para convencer os observadores locais a fornecer comentários simultâneos sobre as suas interpretações de um gênero específico de interação, envolvendo uma grande quantidade de gestos e de postura corporal (COWAN, 1990: 137-138; FERNANDEZ & HERZFELD, 1998: 99-100). Os métodos que focalizam o movimento humano fornecem um corretivo valioso ao palavrório dos interesses e práticas acadêmicos (cf. FARNELL, 1995).

Devemos também estar ciente de que – tal como a ficção antes disso – o meio cinematográfico, em particular, é uma fonte de informação valiosa sobre como as pessoas coletivamente definem as identidades. Lee Drummond (1996), numa exploração recente a respeito dos sucessos de bilheteria nos Estados Unidos, mostrou como as mais fantasmagóricas imaginações dos filmes de ficção científica ampliam e jogam com o idioma do parentesco, ele próprio uma expressão simbólica e pragmática das ideias a propósito do pertencimento social. Sua crítica da antropologia – que se desenha muito nítida e ideologicamente motivada como uma linha entre a cultura popular do seu próprio mundo e as questões exóticas com as quais se esteve tradicionalmente preocupado – é uma ilustração irônica da preocupação antropológica abrangente com as fronteiras em geral, finalmente levando à distinção mais importante para um mundo supostamente globalizado: aquela entre a inteligência humana e todas as outras formas de existência. Assim, o tema central que ele desvendou, a partir dos sucessos de bilheteria americana, acabou não sendo assim muito diferente daquilo que também encontramos nos contextos do sul da Ásia e da Melanésia (cf. GINSBURG, 1991, 1993). É claro que para a antropologia hoje uma tarefa-chave é recuperar os traços do limite da decisão humana nos contextos internacionais mais amplos – uma tarefa para a qual a disciplina está ainda sensibilizada por sua anterior preocupação baseada etnograficamente com a escala mais íntima do parentesco e da identidade local.

Podemos definir as mídias de massa como meios de comunicação que são, ou podem ser, largamente distribuídos de forma virtualmente idêntica; estas incluem não somente o cinema, o vídeo, a televisão, o rádio e os periódicos impressos – as formas que mais comumente veem à mente quando falamos sobre "a mídia" –, mas também impressos litográficos, letreiros de publicidade e a Rede Mundial. O estratagema está em recusar ser enganado pelo significado da escala. Em alguns aspectos, as mídias de massa se assemelham a algumas das mais bem localizadas produções culturais. Os jornais, por exemplo, são tão capazes quanto as músicas populares de reduzir amplamente acontecimentos semelhantes a uma mesmice estereotipada – mas simbolicamente carregada –, como na representação dos islâmicos durante os períodos de demonização na imprensa ocidental (cf. SAID, 1981). Realmente, o termo "demonização" é ele próprio indicativo do caráter simbólico e homogeneizador desse processo. Ao contrário, as descrições dos acontecimentos internacionais e nacionais podem ser refratadas através de estilos de linguagem localmente identificáveis e outros marcadores de orientação política: um conjunto de reportagens jornalísticas sobre um único incidente exibirá então propriedades segmentárias – diversidade radical de opinião dentro de uma aparente unidade de experiência – que se comparam de perto com os efeitos de recitação oral entre alguns povos iletrados. As histórias tribais escritas por historiadores jordanianos também refratam a "verdade" e a "falsidade" da mesma forma (SHRYROCK, 1997). A formalidade da linguagem jornalística é também um meio de transmitir o sentido de "objetividade" que, como Malkki (1997: 98) com perspicácia observa, é o refrão conformista daqueles que administram o negócio da produção de notícias. Realmente, o jornalismo aqui exibe um dos aspectos mais genéricos do discurso burocrático, no qual, através de um ativo desenvolvimento da falácia da concretude extraviada, a uniformização da retórica cria a ilusão da factualidade fundamental – em outras palavras, de pura referência. Aqui, certamente, na produção e projeção do senso comum sectário das mídias de massa, existe uma rica arena para a pesquisa antropológica.

A criação de uma linguagem pública comum, difundida potencialmente sobre vastas áreas e infinitamente reprodutível, é característica das mídias públicas. Com o advento das mídias eletrônicas, a escala de operação foi estendida além dos confins de toda experiência anterior, reproduzindo, mas também radicalmente amplificando o potencial de mobilização, o que levou Benedict Anderson (1983) a atribuir o surgimento do nacionalismo ao "capitalismo impresso". Mais recentemente ainda, as tecnologias digitais e de disco compacto intensificaram a ilusão de continuidade: as primeiras permitem a cópia repetida sem perda significativa de informação, enquanto as últimas aumentaram enormemente a durabilidade acima de todas as mídias anteriores. É fácil ver como tanto a vasta diferença na escala da representação quanto, agora, o sentido de registro inextirpável deviam criar a impressão de uma mudança radical na significação.

De fato, contudo, isto perpetua uma divisão que vemos em fases muito anteriores da mudança tecnológica. A democratização da alfabetização obrigou as elites a criar, através de estilos obscuros e de outras presunções, uma zona de "arte elevada". A arte baixa, ao contrário, era considerada indigna do nome de cultura (cf. BRIGHT & BAKEWELL, 1995). O resultado disso foi que as formas de arte sustentadas pelas mídias foram frequentemente consideradas esteticamente desinteressantes. Evidentemente, a história não ensinou as suas lições completamente o bastante: uma das formas clássicas "elevadas", a grande ópera nas mãos de compositores como Verdi, tanto se baseou quanto ao mesmo tempo inspirou a música popular, e na Itália ainda goza de atração popular considerável. Estes exemplos mostram como os julgamentos contextuais do gosto devem sempre ser. Com a ópera, foi pelo menos possível considerar a resposta e a composição do público, embora muita coisa permaneça ainda a ser realizada nesta área. No caso das mídias de massa modernas, as dificuldades práticas são proporcionalmente enormes: não foi sempre claro como se faria para estudá-las etnograficamente, – isto é, em condições de intimidade social com informantes reais. Mas a recompensa por fazer este esforço, que é representado aqui por alguns experimentadores ousados, é correspondentemente impressionante.

A questão metodológica é o foco principal deste capítulo. Tratar dele impõe abandonar o foco das próprias mídias e ir na direção dos consumidores e produtores como atores sociais. Nem a enorme escala de operações necessariamente é tão assustadora para tornar a etnografia impossível. Considere-se, por exemplo, a Rede (*Web*) e o e-mail: o sentido relativo de privacidade e a informalidade que estes dispositivos parecem gerar permitem claramente acesso às dimensões ocultas da produção pública. Examinando as trocas de e-mail entre os membros da diáspora Hakka, um grupo chinês que sofreu considerável discriminação no passado, Lozada (1998: 163) mostra que estas expõem um sentido de intimidade que permite aos usuários discutir questões da cultura Hakka que eles hesitariam discutir com forasteiros. Entrando em comunicação com eles, ele era capaz de conduzir o trabalho de campo participante que revelava atitudes normalmente ocultas do olhar de outros chineses e estrangeiros. Estas trocas constituem uma nova espécie de comunidade – uma "comunidade de imaginação" (MALKKI, 1997: 99) – consigo mesma, constantemente desenvolvendo processos de construção de fronteira. O desafio para a etnografia agora é desenvolver meios de responder a estes processos através de um engajamento ativo.

Deve haver assim meios de estudar etnograficamente as mídias populares, e retornaremos a algumas dessas últimas neste capítulo. Mas o outro obstáculo para esta área de estudo merece também algum comentário adicional. Trata-se da atitude social, tal como definida por aqueles cujo poder permite a eles determinar o que contará como capital cultural, de acordo com o qual a cultura popular não é absolutamente cultura. Num mundo em que a escassez define o valor, esta atitude pressupõe que as mídias de massa devem estar favorecendo os desejos menos respeitáveis e mais comuns, de modo a atrair audiências maiores. Isto reproduz a bajulação ocidental e capitalista do valor da escassez e o representa como uma estética universal.

As mídias populares, exatamente por esta razão, se conformam com a preocupação mais geral da antropologia com os produtos culturais que permeiam a vida cotidiana – que são tão comuns, em outras palavras, que geralmente escapam à observação crítica ou à dissecação intelectual, e assim oferecem um índice de cultura mais confiável do que fazem as formas de arte mais cerebrais ou controversas. Imprecisamente destituídas como um produto mais ou menos exclusivamente ocidental e relegado à categoria de "banalidade" (*mereness*) que define as mídias cotidianas e populares – como produtos de comida pronta (*fast-food*) (WATSON, J.L., 1997) – são tão difundidas que elas demandam absolutamente um sério tratamento para a sua ubiquidade e para a sua consequente centralidade para as vidas das pessoas. Como Drummond (1996: 18) aponta, a sua marginalização no discurso erudito é o resultado de um elitismo intelectual que ilogicamente torna a própria popularidade delas a razão para ignorá-las.

Antropologicamente, a sua importância é cada vez mais difícil de contradizer. Para avaliar isto, somente se precisa – por exemplo – observar um grupo de mulheres cretenses da montanha, apaixonadamente se identificando (e mesmo se aconselhando) com os personagens da televisão, numa série sobre um menino americano que faz amizade com um menino indiano da sua própria idade e suas aventuras com um elefante domado (*Maya*). Certamente, a narrativa é "refratada" – para reiterar a clássica metáfora antropológica – através das experiências sociais dos atores locais. Mas esta refração é exatamente o que torna estes encontros antropologicamente interessantes: ela revela a interface da prática e da estrutura. Além disso, estas mídias são grandemente contíguas à experiência cotidiana, que elas também ajudam a formar e através da qual elas são interpretadas. Eu uma vez observei um vídeo caseiro de celebrações de casamento em Creta, quando estava instalado na casa de parentes de amigos australianos de uma aldeia de Creta. Destituir estas expansões eletrônicas da comunidade local é etnograficamente desonesto, assim como desperdício da oportunidade de compreender os processos de transmissão e mudança cultural; a proliferação da tecnologia de gravador videocassete para a divulgação de mensagens políticas e também de formas estéticas na Amazônia (p. ex., CONKLIN, 1997) e da música de ocasião na Índia (MANUEL, 1993), ou dos sermões fundamentalistas islâmicos no Egito (STARRETT, 1998), não esperarão pelos antropólogos para considerá-los.

Uma repentina descentralização – ou mesmo democratização – do controle vem junto com as novas tecnologias, o gravador de som e vídeo, e também a fotografia, a fotocopiadora, o fax e o e-mail (MANUEL, 1993: 2; cf. tb. ANDERSON & EICKELMAN, 1999). Isto pode ser perturbador para os puristas românticos, cuja "nostalgia imperial" (ROSALDO, 1989) acompanha uma perda de controle sobre a inovação tecnológica e muitas vezes assume a forma de ataques contra o hibridismo cultural. Ver a influência da televisão como corrompendo as práticas "tradicionais", por exemplo, reproduz uma hierarquia estética por meio da qual algumas elites bem-educadas em nações industrialmente poderosas permanecem firmemente no controle da economia do valor, e oferece um paralelo impressionante com o desconforto da comunidade internacional de desenvolvimento com a bricolagem tecnológica conduzida pelos camponeses do Terceiro Mundo. Através de uma variedade expandida de práticas etnográficas, os antropólogos são os únicos que estão em condições de fornecer uma avaliação crítica e uma resposta ao impacto destas atitudes sobre a administração mundial da herança cultural.

Realmente, as questões prementes sobre os papéis sociais e culturais destas mídias recentemente acessíveis "são aplicáveis a virtualmente qualquer lugar do campo de pesquisa, a como as mídias de massa numa ou noutra forma tocaram a maioria das sociedades" (SPITULNIK, 1993: 294; cf. tb. GINSBURG, 1991: 93). O longo silêncio antropológico é diferentemente ímpar, visto que, como Michael Fischer observa, "o cinema, por exemplo, foi trazido para a Índia e foi produzido e divulgado não somente nos cinemas urbanos, mas também nos *shows* itinerantes rurais" (1991: 531). Nos anos recentes também, os representantes das mídias da herança cultural contribuíram para a objetivação e para a mercantilização da cultura. Isto nem sempre conduz à manutenção de formas culturais para a comunidade local, porque transforma os significados implícitos e íntimos em representações públicas, transmitidas muito além das fronteiras da sociabilidade compartilhada. Greenwood (1989: 172-180), discutindo a emergência deste processo a partir de demandas comerciais imediatas de turismo numa cidade basca, sugere que isto contribuiria para a reavaliação – que já visitamos na discussão sobre os ambientalismos – do relativismo cultural. Se ele está correto, a antropologia ignora a mercantilização e a mídia no perigo que trazem, já que estas duas forças já começaram a redefinir a própria antropologia, assim como redefinem o estudo das comunidades de antropólogos.

Que estas duas forças estão associadas, e às vezes não podem ser separadas, isto é evidente tanto nas suas formas quanto no seu impacto social. A uniformização dos seus concursos de beleza, por exemplo, deve muito à pressão do patrocínio corporativo pelas mídias; a tarefa etnográfica é detectar as fendas que esta homogeneidade produzida em massa mascara (COHEN; WILK & STOELTJE, 1996: 5-8). Aqui, as mídias servem para canalizar as pressões que formam as performances e as conduzem para alguma aparência de homogeneidade. Embora o desacordo possa espreitar sob as superfícies assim produzidas, contudo, é também verdade que o cultivo do desejo consumista pode também levar à imitação maciça. Mills (1999: 83) mostra como a transformação das formas "tradicionais" em fascinação "moderna" trabalha a sua mágica nos jovens rurais empobrecidos Thai: "Os dramas seriais populares frequentemente focalizam os julgamentos e as aflições românticos de um ou de mais casais de heróis e heroínas jovens. Esta é também uma fórmula comum das histórias e óperas folclóricas tradicionais, mas os enredos das transmissões contemporâneas quase sempre colocam a história e os seus protagonistas em montagens identificavelmente atualizadas, onde a arquitetura, os panoramas e as atividades dos personagens enfatizam associações entre juventude, romance e estilo [atualizado] *thansamay*". Uma consequência desta fascinação é mandar os jovens correrem para Bangkok à busca não somente de dinheiro, mas também de *glamour* e excitação.

Esta breve amostragem mostra que os antropólogos começaram agora a considerar as mídias – tanto como transmissoras de ficção, mas também de informação – muito mais seriamente do que foi até agora. Mas o tom desse trabalho é instrutivamente diferente dos seus predecessores primeiros – e esparsos –, como a abordagem da cultura à distância, inaugurada nos Estados Unidos durante a Segunda Guerra Mundial. Esta abordagem serviu como um meio de estudar culturas que não podiam ser visitadas diretamente (incluindo aquelas que se pensava ser críticas para a defesa nacional). Filmes, novelas e jornais eram todos munições para esta fábrica ideologicamente alimentada, cujo fundo intelectual era uma orientação fortemente psicológica, geralmente associada com a escola de "cultura e personalidade". Particularmente, os filmes eram examinados pelas "variáveis da psicologia dinâmica" revelada em temas recorrentes (WOLFENSTEIN, 1953: 267). Muitos desses antropólogos estavam também envolvidos na antropologia visual, que geralmente enfatizava o filme etnográfico (um esforço que começou logo depois da invenção do filme), mas também tratou de outros tópicos, incluindo produção de filmes indígenas, e recentemente uma variedade de mídias visuais. De atenção especial foram as raras etnografias das indústrias de mídias, incluindo as preciosas análises culturais de Hortense Powdermaker a respeito dos produtores de filmes de Hollywood (POWDERMAKER, 1950). Esta obra é excepcional porque ela trata do aspecto dado como certo de grande parte da produção das mídias numa época anterior, embora, talvez significativamente, ainda velhas formas de mídias, como os jornais, fossem largamente ignoradas – talvez porque a retórica da facticidade dos jornalistas ("objetividade") desencorajasse os estudiosos treinados no modo científico de tratá-los no mesmo quadro, como mais obviamente idiomas estereotipados, como folclore e fofoca.

As análises não antropológicas do conteúdo e dos efeitos das mídias germinaram desde os anos de 1920 e 1930, começando nos Estados Unidos com estudos governamentais e privados que tratavam dos efeitos do rádio e do cinema, e continuando (mais ou menos cronologicamente) nos campos acadêmicos da sociologia, da psicologia e das comunicações (e mais tarde, nos estudos de cinema e da mídia), da teoria crítica, da crítica literária e da teoria psicanalítica. Estas abordagens predominantemente orientadas pelo texto (cf. MORLEY, 1989) deram pouca atenção às complexidades da recepção e da compreensão do público que, como Dickey aponta, formaram o foco do recente trabalho etnográfico. Mas, parcialmente graças ao trabalho de Raymond Williams (p. ex., 1977) e outros (p. ex., HALL, S., 1980), o interesse na cultura popular entre as populações da classe trabalhadora veio a incluir uma séria reavaliação da composição e das reações dos públicos (cf. MORLEY, 1980; RADWAY, 1984; PRIBRAM, 1988).

Os antropólogos, embora relativamente atrasados em criticar o comboio da resposta da audiência, logicamente veio a dar particular atenção a este aspecto das mídias. O artifício foi ter transposto o rosto brando do consenso e da homogeneidade para compreender o facciosismo e a negociação inerentes ao processo social. A etnografia fornece um acesso ideal ao ponto de encontro entre as percepções e as práticas locais, por um lado, e as formas de representação produzidas em massa, por outro. O cinema e a televisão, com seus públicos amplamente variados, foram arenas-chave aqui, embora a ampla circulação de cassetes de áudio e vídeo, que tiveram também um enorme impacto em todo o mundo, possa da mesma maneira fornecer um discurso comum para as pessoas que realmente divergem em suas opiniões e gostos. Mas não são somente os públicos que são internamente diversos, e os antropólogos voltaram a sua atenção também para os produtores, observando divisões entre os diferentes criadores e as distinções na sua relação com corpos ideologicamente e politicamente dominantes de vários tipos (cf. SPITULNIK, 1993).

Sara Dickey, cuja terminologia eu sigo aqui, emprega termos padrão, como "produtor" e "consumidor", ou "criador" e "receptor", mas com uma resistência crítica ao hábito popular de usar estes termos como categorias completamente distintas e não ambíguas. Por "produção" ela entende qualquer parte formadora no processo criativo, incluindo a criação direta assim como, por exemplo, o patrocínio financeiro. O termo "consumo" é usado nos seus múltiplos sentidos de ingerir, usar e adquirir. Nem a produção nem o consumo são uma categoria unitária. Nem são os produtores e os consumidores necessariamente distintos, visto que os produtores são quase sempre consumidores das próprias mídias que eles criam, assim como de outras mídias, embora os consumidores desempenhem um papel na formação do produto final, incluindo (talvez especialmente?) produções comerciais. Os "participantes das mídias" envolvem juntamente os consumidores e os produtores. O "texto" da mesma maneira envolve toda a mídia, visto que o processo de "ler" (ou interpretar) compartilha aspectos significativos através dos gêneros. Devemos estar conscientes, no entanto, de que a metáfora popular de interpretar tem limites importantes: ver um filme, por exemplo, é socialmente e também tecnicamente uma atividade diferente de ler um livro. Ver um filme junto não acontece somente na "caverna do crânio", como Hegel otimamente observou a propósito do ler um jornal, de modo que se abre para a análise detalhada as implicações sociais e culturais mais amplas das reações passageiras, tanto normativas quanto de dissenso. Este é assim um terreno particularmente rico para a pesquisa etnográfica, ligando a imediatidade momentânea do encontro etnográfico à varredura histórica ampla na qual ela está embutida (cf. MANKEKAR, 1999, para uma demonstração especialmente perspicaz).

Ele é também, como Dickey me lembrou, uma área na qual o visual se combina com o verbal, de modo que torna a metáfora visual do texto interessantemente problemática. Podemos discernir a natureza do problema, regressando rapidamente para o uso do vídeo como um dispositivo de dedução. Na minha obra sobre Creta, perguntei aos respondentes para me dizerem o que eles achavam que os gestos e as posturas dos mestres artesãos e dos seus aprendizes podiam nos dizer sobre a qualidade das suas relações sociais. Isto implicava explicações verbais inerentes e mesmo a possibilidade de substituir as palavras ou colocá-las nas bocas dos artesãos. Os respondentes foram rápidos em apontar que de fato ocorria uma troca verbal muito pequena. Na cultura deles, o "significado" não era necessariamente verbal, embora eles apreciassem a destreza verbal. O vocabulário técnico da ciência social em inglês, contudo, está repleto de metáforas textuais: nós "inscrevemos" a ideologia nos corpos e "interpretamos" as ações sociais. Assim, insistir em tratar os filmes como textos corre o risco de uma medida de reducionismo; recusar a fazer isso pode correr o risco de relegá-los a uma categoria secundária para analistas cujo principal modo de comunicação é a palavra escrita. Os filmes são tanto menos quanto mais do que textos no estrito sentido do termo. Quando enfatizamos as suas propriedades textuais, portanto, tiraremos mais proveito destes, se, ao mesmo tempo, também apontarmos as limitações da metáfora. E isto pode ser feito melhor enfatizando as diferenças entre ler e ver, tal como estas coisas são experimentadas por públicos reais; telespectadores iletrados, mas cinematograficamente experientes, podem possuir competência aumentada nas suas respostas criativas a filmes, de um modo que os leitores de livros geralmente não possuem. E estas são questões para as quais a etnografia fornece acesso direto e empírico.

Isto porque os públicos são interpretadores ativos do material que eles leem, veem e ouvem, e porque eles podem muitas vezes ser eloquentes nas suas respostas. (Permanece, não obstante, uma ironia da nossa categoria epistemológica o fato de permanecermos fortemente dependentes dos canais verbais para obter acesso a estas respostas.) As pessoas veem às mídias a partir das perspectivas das suas muitas subjetividades, que foram influenciados por toda uma "multidão de práticas discursivas" (MANKEKAR, 1993b: 486) encontradas durante as suas vidas. Assim, a afirmação de Purnima Mankekar de que a cultura popular é "um espaço contestado no qual as subjetividades são constituídas" (MANKEKAR, 1993b: 471) indica duas questões-chave: primeira, que as mídias podem realmente ajudar a formar as subjetividades, mas, segunda, que a base que cada mídia envolve é algo contestado, envolvendo múltiplos participantes, cujos fins frequentemente se completam, mas ocasionalmente coincidem. (Vimos já a importância desta questão num capítulo anterior, na discussão sobre a história: as pessoas trazem diferentes histórias para a sua compreensão do presente, do qual as mídias são hoje frequentemente um elemento principal.) A mensagem não deve ser encontrada no próprio texto em qualquer sentido simples, nem ele é criado diretamente pelos produtores do texto; os consumidores têm um papel vital na produção do significado. A maior escala das mídias modernas não impede a importância da ação individual; pelo contrário, ela torna o seu reconhecimento muito mais central para a nossa compreensão da mudança social e cultural, já que um argumento sobre o conteúdo de um *show* de televisão ou sobre o significado de um anúncio pode muito bem iniciar e também reforçar debates que eventualmente minam as ideias recebidas.

Quando Dickey primeiro decidiu, na metade dos anos de 1980, investigar o significado que o cinema popular tinha para os que iam ver o filme no sul da Índia, a noção de que podemos realmente falar para públicos sobre como eles respondem ao que eles veem não era ainda o lugar comum em que ele se tornou. Para exemplos desse desenvolvimento, ver o estudo de Mankekar (1993a, 1999) sobre as interações dos espectadores com uma produção seriada do épico hindu *Mahabharata* e a análise de Lila Lughod (1993b) das leituras de púbicos regionais das ideologias políticas retratadas nos seriados da televisão egípcia. Para reconhecer a ação dos membros da audiência e para evitar hipóteses simplistas sobre a dominação, a submissão e a resistência, Mankekar opta por um modelo de negociação entre o público e a mídia que não suscita dúvidas sobre a direção do controle (MANKEKAR, 1993b: 488). Ela argumenta que o gênero tem um impacto significativo nas interpretações dos espectadores, e que os espectadores usam momentos cruciais do seriado "para confrontar e criticar as suas próprias posições na sua família, comunidade e classe" (MANKEKAR, 1993b: 479). Abu-Lughod também examina as reações dos espectadores à televisão, e conclui que os públicos podem interpretar o conteúdo da televisão muito diferentemente do que os seus criadores pretenderam. Os egípcios rurais, por exemplo, podem diferir dos produtores, substituindo a oposição bastante maniqueísta dos produtores entre o secularismo da classe média urbana e o fundamentalismo islâmico por uma perspectiva que trata estas coisas como "aspectos gêmeos de uma identidade urbana nacional" que difere da identidade dos aldeões regionais locais (ABU-LUGHOD, 1993b: 508).

Não há nada particularmente surpreendente nessa consciência de que os públicos nem sempre seguem as interpretações pretendidas, exceto quando este fato levasse os antropólogos – com seu interesse professado na experiência cotidiana – a segui-lo a esse ponto para a sua conclusão metodológica. A relutância dos antropólogos de tratar os estados psicológicos interiores pode ter sido parcialmente responsável pela demora. Deve ser em todo caso enfatizado que esta atenção à resposta do público talvez seja a área mais importante na qual os antropólogos podem complementar o trabalho de outros estudiosos, e ela também fornece a principal arena na qual se pode ligar a análise do processo social às complexidades da produção e do consumo cultural de massa. Nos estudos literários, os teóricos das respostas dos leitores (p. ex., ISER, 1978) geralmente admitem que as respostas emocionais a um texto são sugeridas pelo rótulo de gênero que ele sustenta, especialmente na medida em que os leitores fazem a distinção entre ficção e verdade. Mas esta distinção não é necessariamente universal – lembrem novamente o exemplo de Shryrock das histórias de competição jordanianas – e os argumentos entre consumidores podem revelar os quadros prevalecentes de interpretação, assim como os modos como as pessoas constantemente subvertem e reformulam estes quadros.

Nesse espírito, Abu-Lughod examina a divergência entre as ideologias de produtores (diretores e escritores de seriados) e aquelas do Estado, argumentando que, embora a "televisão possa ser uma força cultural nacional poderosa... ela nunca simplesmente reflete ou produz os interesses do Estado-nação" (ABU-LUGHOD, 1993b: 509-510). Da mesma maneira, Arlene Dávila (1997) – num movimento que se compara com aquele dos contribuidores do estudo de McDonald da Ásia Oriental (WATSON, 1997) – investiga a inserção de atores de valores locais distintos no programa de televisão popular porto-riquenha "El Kiosko Budweiser", que foi criado como um veículo de anúncio para um produto americano (a cerveja Budweiser). Ele acha que o programa semanal não apresenta nenhuma mensagem unitária, mas antes um "amálgama" de significados. Estudos recentes também começaram a examinar as experiências e as ideologias que os produtores trazem para o seu trabalho. Investigações adicionais de diferentes produtores, para não mencionar as suas relações com os consumidores, são necessárias. Outro pessoal que influencia a forma de uma mídia, além dos diretores, escritores, pesquisadores, produtores financeiros, atores e patrocínios corporativos já mencionados, inclui editores, críticos, censores, legisladores regulatórios e líderes de *fan clubs*. Estes são todos reconhecimentos do papel da ação na modelagem da estrutura social e da forma cultural, uma mudança de ênfase que não volta a análise para a visão atomizada representada pelo individualismo metodológico.

Esta nova ênfase sobre a ação carrega consigo uma outra vantagem. Ela desloca a atenção do texto como uma interpretação inerte para os usos que os atores sociais diferentemente situados fazem destas representações. Realmente, é indiscutivelmente na arena do filme e do rádio que a metáfora do "ator social" se torna mais convincente: a poética da produção e da atuação se envolve com a poética social da vida cotidiana, emprestando a ela o seu significado, mas também aproximando a familiaridade que informa as próprias pretensões de significado. Há também muitos níveis de interpretação: um espectador indiano, por exemplo, interpreta a narrativa ficcional em parte aproximando o "texto paralelo" das vidas de atores bem conhecidos – o produto de toda uma indústria dedicada a publicar e elaborar aquelas vidas (MISHRA; JEFFERY & SHOESMITH, 1989).

Porém, mais do que reduzir todas essas formas entrelaçadas de representação como textos, devíamos, ao invés disso, achar mais frutífero ver a "textualização" como uma estratégia social desdobrada, de formas largamente divergentes e de diferentes graus de intencionalidade, como meio de perseguir interesses particulares na inclusão de uma representação popular coletiva. Na medida em que a produção das imagens públicas das estrelas – como aquelas dos políticos – se tornaram parte de um conhecimento cultural público, elas foram textualizadas com sucesso. Há um paralelo impressionante aqui com os modos como, nas gerações anteriores, os provérbios e outras formas de folclore foram "textualizados" pelos eruditos no emprego do regime colonial (cf. RAHEJA, 1996). Em ambos os casos, os modelos de papéis são produzidos para um consumo de larga escala. Enquanto as textualizações mais antigas do folclore eram um meio de promover estereótipos étnicos idealizados a serviço da administração imperial ou nacionalista do "povo" como um sujeito coletivo, os cultos da personalidade moderna alimentam uma indústria voraz e altamente lucrativa[1]. Ambos, contudo, são imediatamente submetidos à contestação e à reinterpretação nos contextos locais; e, nesse *locus* de mudança social e cultural, não há qualquer substituto analítico ou descritivo para a observação etnográfica de perto do tipo oferecido por estes estudiosos, como Dickey e Mankekar.

Imaginação, identidade e poder

A imagem da mídia é menos um substituto pacífico para a realidade, como Guy Debord (1983) lamenta na sua discussão sobre o espetáculo moderno, do que aquilo que Dickey, ao contrário, chama de "um elemento crítico dele". Esta afirmação precisa de algum esclarecimento, porque, embora um antropólogo geralmente admitisse que a realidade é um produto contingente da experiência social ("ela"), isto confronta com o senso comum prevalecente e realista que cria uma distinção forte e absoluta entre realidade e ficção. Logo que observamos as respostas do público para se envolverem com o drama da televisão ou com o realismo do cinema, contudo, faz muito pouco sentido argumentar sobre que representação chega mais perto da realidade – especialmente uma vez que reconhecemos que o realismo do cinema (com os seus precursores no verismo operístico e no "realismo socialista", por exemplo) é ele próprio intensamente convencional e culturalmente específico.

---

1. Algumas das produções dessas mídias são descritas como "indígenas", um termo altamente problemático. Spitulnik acha que ele pode ser empregado mais flexivelmente para "os produtores, proprietários, sujeitos, locais, e/ou públicos dessas várias mídias de massa" (SPITULNIK, 1993: 304), com uma complexidade previsível de relações de poder concomitantes entre os participantes. A crítica de Gupta (1998) deste termo sugere os riscos de formação de guetos que frequentemente o acompanha, com implicações de inferioridade concomitantes. Mas pelo menos o termo tem uma vantagem, no contexto da tecnologia midiática, de lembrar aos leitores que os especialistas do Primeiro Mundo não mais têm um monopólio do seu emprego.

A realidade é, ao contrário, constituída pela mídia e por seus consumidores, ou, como Dickey bem o expressou em resposta a uma versão anterior deste capítulo, "as mídias... se tornaram parte das construções da realidade dos seus consumidores". Realmente, a própria escrita antropológica se beneficiou de uma avaliação crítica das suas próprias reivindicações peculiares ao "realismo" (cf. CLIFFORD, 1986: 24-25). Contudo, a distinção entre o real e o ficcional, tal como aquela entre o material e o simbólico, é ela própria uma parte importante da realidade social e do mito cultural que orienta, em muitas culturas, a apreciação da representação da mídia e também do discurso acadêmico. O artifício, para o antropólogo, é mostrar o que é a singularidade histórica e cultural que agora é a percepção do senso comum prevalecente. Ele deve, nos termos de um cânone mais antigo da teoria literária, "desfamiliarizar" a obviedade. E dado o alcance global e as convenções cada vez mais homogêneas do realismo cinematográfico, que está se tornando uma tarefa cada vez mais difícil – até que observemos estes públicos.

No tipo de antropologia representado por este livro, tentamos sair dos debates circulares que continuam a girar em torno destas dicotomias sedutoras entre realidade e ficção. Perguntamos, ao contrário: Para quem e sob quais circunstâncias uma realidade particular chega à existência? A evidência frequente de que as mídias são experimentadas "como" reais – o engajamento de conversação apaixonado dos espectadores com os sabonetes fornece um exemplo familiar – proporciona uma útil arena empírica para compreender o quão antiempírico é recusar considerar a importância social, mais do que a "realidade" ontológica, destas dicotomias, e sugere que a etnografia das mídias desempenhará um papel cada vez mais importante em tornar um problema analítico interessante a partir do que era até agora largamente tomado como certo. (Mesmo para um antropólogo de uma estirpe mais positivista, Roy Rappaport (1979: 138-141), o modo como as pessoas "reconheciam" o mundo é realidade para elas; argumentar se existe ou não um "real realmente" a ser assim reconhecido é dificilmente produtivo, visto que, se não admitirmos esta realidade, não há realmente muito a discutir!)

Estudar as mídias traz estas questões de percepção e a sua relação com diferentes "realidades" culturais e as variedades do senso comum para um foco particularmente agudo. A sua escala intensifica a nossa consciência desse foco, mas o problema existiu desde que o desempenho enquadrado se tornou uma parte da cultura. Para tomar um caso em questão, o termo "novela" (*soap opera*) sugere uma continuidade interessante com a grande ópera: ambas são formas "populares" de entretenimento que são geralmente dirigidas por indivíduos de *status* e poder muitas vezes consideráveis, e ambas também destorcem e enganam a sua compreensão dos aficionados de onde a realidade e o fingimento lançam uma sombra recíproca.

As mídias fornecem um espaço para o jogo da imaginação e da construção de identidades – uma arena na qual as pretensões de realidade são frequentemente exercícios de retórica concorrentes, como quando um Estado-nação nega a legitimidade do outro. Uma prova disso está no uso extensivo das mídias para propósitos de propaganda: a repetição maciça tem a sua própria força retórica. Mas os estados-nação não têm um monopólio das mídias. Pelo contrário, como Arjun Appadurai argumenta, o deslocamento de um enorme número de pessoas deu à imaginação – ou, como devíamos talvez mais acuradamente dizer, ao exercício e à representação da imaginação – "um novo poder singular na vida social", para o qual as mídias de massa são uma fonte primária, fornecendo uma "reserva rica sempre mutante de possíveis vidas" (APPADURAI, 1991: 197). Além disso, como Dickey observa, "as mídias fornecem para a imaginação não exatamente um conteúdo, mas também possibilidades de forma", isto é, convenções estéticas e narrativas. Este é um efeito que se mostrará imediatamente surpreendente para aqueles cuja "língua materna" do cinema é Hollywood, quando da primeira vez que eles veem um filme popular do sul da Ásia, ou para aqueles que cresceram com o *cricket* britânico quando eles veem a versão Trobriand "objetivada" no filme etnográfico (*Trobriand Cricket*, s.d.). Dickey observou, em resposta a seu exemplo, que o *cricket* não é uma mídia de massa em si mesmo e, portanto, talvez não se presta à comparação direta com o cinema. Mas o fato de que ele é, não obstante, "traçado... pelo paralelo" sugere que um espectador de esporte, embora realmente "uma realização que não é uma mídia de massa", permanece comparável no sentido de que ele fornece um meio de exibir para um grande número de pessoas as possibilidades de jogar criativamente com convenções compartilhadas e emprestadas.

Reportagens, novelas, dramas radiofônicos e filmes, todos nos fornecem contato com experiências, realidades e cânones estéticos que diferem dos nossos próprios. Eles criam tanto a consciência de diferenças reais e potencias quanto as "coisas" com as quais imaginar estas diferenças. Permitindo uma diferença de escala, os esportes para o público – mesmo realizações de pequena escala, como os jogos de cartas vistos por um grupo de membros do clube – oferecem modos semelhantes de testar a capacidade de convenções para enquadrar a criatividade e o significado. Os pastores cretenses fazem isto com os jogos de cartas: eles falam das cartas de uma maneira que não é determinada pelas regras do jogo, mas que permite aos jogadores usar estas regras como um modo de expressar indiretamente, mas claramente, os antagonismos e concorrências masculinos sobre as mulheres e os recursos materiais (HERZFELD, 1985: 149-162). Nesse sentido, certamente, o *bricoleur* de Lévi-Strauss está longe de ter morrido; a sua versão apocalíptica de "monocultura", ao contrário, parece mais distante do que nunca. Pelo contrário, como Lee Drummond (1996) tão exaustivamente mostra na sua exploração do sucesso comercial dos filmes americanos que exploram ficções sobre criaturas alienígenas, o *bricoleur* tem novas oportunidades e opera numa escala maior do que nunca fora antes. A uniformização do *logos*, dos produtos e das convenções de publicidade, da mesma maneira, oferece oportunidades ainda maiores para a irônica manipulação do significado.

Grande parte do trabalho antropológico sobre a "imaginação" mediada de massa focaliza o processo de construção de identidades em interação com as mídias. As identidades, tal como as subjetividades e os modos de interpretação, são formadas em toda a nossa vida através de uma variedade de fontes, e o trabalho mais exitoso sobre a construção da identidade examinará o impacto das mídias em conjunção com outras fontes. Jo Ellen Fisherkeller (1997) sensatamente examinou os diferentes contextos de construção de identidade entre os estudantes do ensino médio na cidade de Nova York. Fisherkeller examina os usos que estes jovens adolescentes fazem dos *shows* de televisão, e especialmente de personagens particulares, criando e justapondo as suas identidades. Focalizando os modos como a "cultura da televisão" é usada em conjunção com as "culturas locais", incluindo a casa, a vizinhança, a escola e as culturas de iguais, ela argumenta que o conteúdo das lições aprendidas a partir de diferentes fontes é geralmente complementar – especialmente nos seus tratamentos do poder social e das identidades de gênero, de raça, de etnia e de classe –, mas o modo como os adolescentes aprendem da televisão é diferente. Em particular, ela afirma, estes jovens ganham "motivações orientadoras" a partir de suas culturas locais, que ajudam a definir as suas aspirações, e eles simultaneamente deduzem "estratégias imaginativas" a partir da televisão para atingir estas aspirações.

Enquanto Fisherkeller investiga um processo no qual as mídias que são essencialmente consumidas se originam na própria cultura do espectador, Brian Larkin e Mark Liechty examinam os produtos das mídias cujo valor e influência reside na sua origem fora da cultura na qual eles são consumidos. Larkin (1997) focaliza as "realidades paralelas" que as pessoas Hausa no norte da Nigéria vieram a imaginar vendo filmes indianos importados, e os ecos que os filmes produziram na literatura popular nigeriana. Apesar de o cinema indiano estar baseado grandemente na cultura hindu e os Hausa serem muçulmanos, os filmes são enormemente atraentes no norte da Nigéria, porque eles exploram tensões e desejos que são também centrais para a sociedade Hausa. Particularmente ressonantes são os conflitos sobre casamentos arranjados *versus* casamentos por amor, e a autoridade dos mais velhos (ou da sociedade) sobre os jovens (ou desejos individuais) que estes conflitos representam. Um altamente exitoso gênero de literatura produzida para a massa, *littatafan soyayya* (histórias de amor), se desenvolveu durante os últimos anos do século XX, e adota os temas do cinema indiano; estas histórias foram elas próprias lidas no rádio e transformadas em vídeos. Os autores *soyayya* eram jovens homens e mulheres Hausa que contestam as restrições sociais, como são os casamentos arranjados. Mas enquanto os filmes indianos são populares, porque eles são ao mesmo tempo crucialmente semelhantes e diferentes da sociedade Hausa, apresentando problemas familiares, ao contrário, numa sociedade que não é nigeriana, as mesmas imagens que são inofensivas quando expressas pelas famílias indianas na tela são veementemente atacadas quando elas aparecem nas vozes Hausa em *soyayya*. As produções cinematográficas indianas forneceram aos nigerianos os modos de prever, articular e enfrentar os protestos sociais – um movimento que não está até agora talvez afastado da evasão da censura dos compositores de ópera europeus do século XIX, realocando a ação para o tempo mítico ou mudando as referências históricas-chave. Mas a obra de Larkin é também importante pelo fato de que ela demonstra a loucura de admitir que as modernidades imaginadas necessariamente vêm do Ocidente. A popularidade fenomenal em todo o mundo do *karaokê* e dos filmes de kung-fu podem realmente nos auxiliar a redefinir os mercados ocidentais como um lugar também de consumo da produção destas modernidades.

Os observadores ocidentais costumam admitir que os consumidores do Terceiro Mundo mais ou menos desejariam automaticamente as suas mercadorias e as suas maravilhas tecnológicas. Realmente, Lamont Lindstrom argumentou que a imagem dos "cultos de cargo" melanésios, como expressões simbólicas da inveja deste consumidor coletivo, representa precisamente estas perspectivas etnocêntricas (1995). Às vezes, naturalmente, a tecnologia aproveita somente a mercantilização dos produtos culturais locais, embora mesmo aqui ele crie oportunidades de dominação empresarial. A literatura está cheia de exemplos dos modos como esta mercantilização aconteceu com os cassetes de áudio e de vídeo, por exemplo, e também ilustra os modos como esta produção de massa se presta ao ativismo político e religioso. Novos hibridismos culturais – por exemplo, o hip-hop muçulmano em Berlim (SOYSAL, 1999: 142-169, 178-220) – refletem novas realidades sociopolíticas.

Às vezes, contudo, a pura escala da tecnologia introduz tensões extraordinárias. Liechty, trabalhando entre os jovens urbanos do Nepal, argumenta que as mídias mercantilizam as identidades, e que "a lógica do consumidor da modernidade promove uma concepção material do eu de tal modo que as pessoas são incentivadas a comprar as suas identidades na forma de produtos de consumo" (LIECHTY, 1995: 169). Os jovens encontram estas identidades e as novas "mercadorias" em torno das quais eles foram estruturados, em filmes importados e nas revistas para adolescentes do Nepal. Liechty acha que as representações nas mídias e os desejos que elas geram criam "contradições entre as ideologias de progresso e as imagens mediadas de abundância, por um lado, e o mundo real de escassez e as pretensões precárias de posição social, por outro" (LIECHTY,

1995: 170), colocando os consumidores numa situação altamente alienante. Os jovens parecem sentir não tanto conectados a um mundo mais amplo, mas como marginalizados dele; Liechty argumenta que "embora as forças, como as mídias de massa, agora garantam que a experiência local quase em todo lugar será permeada por processos culturais transnacionais,... esta mesma 'desterritorialização' cultural tem um efeito 'territorializador' muito real sobre as mentes das pessoas", criando "um agudo sentido de marginalidade" (LIECHTY, 1995: 188).

Eu já observei os comentários de Mary Mills sobre o efeito das mídias sobre os desejos e as trajetórias dos jovens trabalhadores rurais Thai; aqui, a marginalização aparece quando estes jovens, chegados a Bangkok e ansiando por luzes brilhantes, encontram as suas esperanças frustradas e as suas pessoas exploradas – embora a representação estereotipada do seu próprio *status* humilde nas mídias estivesse já ocorrendo (MILLS, 1999: 42-43). E o envolvimento oficial Thai na indústria internacional de concurso de beleza claramente explorou tanto as mulheres Thai quanto a demasiado propensa televisão internacional para promover uma imagem favorável, como era para ser, do país (VAN ESTERIK, 1996: 207) – uma inversão do efeito de intimidade do e-mail observado por Lozada, e que requer um estudo cuidadoso das reações locais assim como das reações exteriores aos *shows*.

O poder e a resposta a isto não podem ser reduzidos a simples formulações de resistência *versus* dominação (cf. tb. ABU-LUGHOD, 1990; REED-DANAHAY, 1993). A própria massificação das mídias de massa cria uma aura de fato bruto, mas seria um erro permitir que as nossas análises absorvam esta qualidade, pois então a sutileza e a precisão da observação etnográfica estaria perdida, e, com ela, a percepção de que, como Dickey observa, "qualquer forma expressiva tem o potencial de ser emancipadora, revitalizante, divisionista e repressiva, talvez tudo ao mesmo tempo" (cf. tb. MANUEL, 1993: 4). Por outro lado, os etnógrafos podem e devem documentar os processos pelos quais esta simplificação acontece – um aspecto que, junto com a redundância, reproduz aspectos-chave do ritual religioso (cf. TAMBIAH, 1981) – porque estes revelam o funcionamento das estruturas de poder dominantes. As mídias comerciais, como Ayşe Öncü argumenta na sua discussão sobre as tentativas de tornar a televisão turca mais orientada para questões (1995), "fornecem meios simplificados de organizar os significados", empacotando informações complicadas em "posições pró ou contra". Tal como muitas outras mídias, a televisão fornece um novo meio de adquirir conhecimento, "transgredindo as fronteiras estabelecidas da cultura letrada" (ÖNCÜ, 1995: 54). Alguns outros estudos focalizaram a exploração de novas tecnologias de grupos indígenas e populares (*grass-roots*) – especialmente aqueles que custam relativamente pouco – para tratar dos seus problemas num fórum mais amplo (p. ex., CONKLIN, 1997; GINSBURG, 1991, 1993).

Nesse gênero, Juanita Mohammed e Alexandra Juhasz (1996) escrevem sobre o seu trabalho de colaboração através de *Woman's Aids Video Enterprise* (Wave), um "grupo de suporte de vídeo" criado em 1990 pelas mulheres da cidade de Nova York (a maioria de mulheres de cor) cujas vidas foram afetadas pela Aids. Juhasz escreve que esta produção de vídeo ativista "decreta não outro campo de dominação que solicita resistência ou negociação, mas, ao contrário, um lugar de identificação e consolidação íntimas e locais" (MOHAMMED & JUHASZ, 1996: 196) – um comentário que captura bem o foco atual do método antropológico sobre a conquista da intimidade e a reavaliação crítica de modelos abrangentes de "resistência". Os vídeos criados por Wave foram distribuídos a milhares de organizações nos Estados Unidos e em outros lugares, permitindo assim compartilhar o trabalho produzido localmente com uma comunidade de pessoas largamente dispersa, diversa e descentralizada, que não se sentem adequadamente ou justamente representadas nas mídias dominantes. Dado o estigma que as pessoas com Aids frequentemente enfrentam, esta criação da intimidade social além dos limites do encontro direto representa, tal como faz para as culturas minoritárias, e também como faz para os grupos que lutam pela sobrevivência e estão desesperados para revitalizar a sua existência cultural num mundo alienante (GINSBURG, 1991: 92; 1993: 559), um espaço de reorganização criativa da identidade social. A importância desta mudança se torna mais completamente visível, quando se retorna ao capítulo sobre os Sofrimentos, no contexto das tentativas de patologizar a diferença cultural, sexual e médica. As mídias compartilhadas podem fornecer algum alívio em relação às desigualdades degradantes que elas documentam, e talvez também alguma esperança de tratar delas, fornecendo uma plataforma para vozes há muito não ouvidas. Este efeito, não necessariamente um efeito pretendido, é compatível com os compromissos da própria antropologia.

Contextos midiáticos

As teorias da ação tratam dos usos que as pessoas fazem dos artefatos culturais – linguagem, símbolos, recursos materiais e, é claro, as mídias e as suas tecnologias associadas. A argumentação de Dickey de que "as variações de significado imputadas às mídias dependem não somente das posições dos produtores e das subjetividades dos consumidores, mas também dos seus contextos de uso" é, assim, inteiramente compatível com esta orientação. Nessa base, ela pede um reconhecimento da pletora de contextos nos quais os públicos respondem: "As mídias não são consumidas em espaços inflexíveis, mas em teatros, salas de estar, barracas de chá e metrôs, cada um dos quais refrata o significado da mídia através da experiência de consumo". E ela acrescenta: "Além disso, assim como o significado de uma mídia não reside somente nos seus textos, assim também ele não reside simplesmente naquilo que as pessoas fazem com e para o texto, mas nas atividades que crescem, contribuem e muitas vezes reproduzem a mídia como um todo. O consumo não é limitado ao momento de ver, ler e ouvir. Exemplos notáveis de juntar atividades incluem a torcida [*fandom*], as atividades políticas e o consumo dos artefatos das mídias [incluindo a compra e a exposição destes artigos como roupas, brinquedos, e viagem baseada nas figuras e lugares das mídias]".

A torcida recebeu pouca atenção dos antropólogos, mas alguns estão agora tratando do seu potencial, como uma esfera de produção cultural particularmente rica e frequentemente conscientemente de oposição. John Fiske argumenta que "a torcida está tipicamente associada com as formas culturais que o sistema de valor dominante denigre... Ela está assim associada a gostos culturais das formações subordinadas das pessoas, particularmente com aquelas desautorizadas por qualquer combinação de gênero, idade, classe e raça" (FISKE, 1992: 30). Dickey acha as ideias de Fiske sobre a torcida como um lugar de produção cultural real, especialmente útil para o próprio trabalho dela no sul da Índia, "onde o filme comercial é depreciado como uma mídia de entretenimento das classes mais baixas, e onde os jovens homens Tamil que se reúnem em *fan clubs* estão agudamente conscientes da sua distância social e cultural das classes superiores". Esses jovens, ela argumenta, "usam a sua adesão a um clube para falar e compensar esta distância, confiando na produção de um 'capital cultural alternativo' que varia desde as revistas de fãs até decalques de estrelas de filme e *T-shirts*, cerimônias de serviços social mantidas na rua e informantes de fofocas sobre as estrelas de cinema e de filmes. No processo de produção de imagens verbais e visuais dos seus heróis como homens generosos, compassivos e viris, e de realização de atividades de serviço social para ordenar aquelas imagens, estes fãs também produzem imagens de classe" nas quais eles "criam um lugar ambíguo para si mesmos, que simultaneamente compartilha com os atributos que eles glorificam nos pobres, e os levanta acima dos pobres através da sua associação com os admiráveis atributos dos seus heróis, a quem os fãs agudamente distinguem do resto da classe superior" (cf. DICKEY, a ser publicado). Aqui, a ênfase é sobre a utilização das imagens da mídia; os fãs os estendem para fins específicos nos seus mundos locais, e podem eventualmente encontrar neles a capacidade de realização para transformar estes mundos em direções até agora apenas imaginadas (ou melhor, figuradas)[2].

---

2. Fiske afirma que o modelo de capital cultural de Bourdieu (1984) está pobremente preparado para lidar com a torcida (*fandom*), porque ele ignora a heterogeneidade da cultura proletária e subestima "a criatividade da cultura popular e o seu papel em distinguir entre diferentes formações sociais no meio dos subordinados". Ao contrário, ele afirma, que os fãs "criam uma cultura de fã com os seus próprios sistemas de produção e distribuição", através do qual eles constroem um capital cultural alternativo que é paralelo àquele produzido pelos sistemas culturais dominantes, e diferencia os fãs de outros membros do grupo subordinado que perdem o seu capital distinto (FISKE, 1992: 32-33).

Como Christian Bromberger (1998: 306) observa, os esportes – ele escreve especificamente sobre o futebol – fornecem aos torcedores um texto aberto, que eles podem preencher com significados de acordo com a necessidade e o desejo: "O jogo de futebol... oferece um espaço privilegiado para a afirmação do pertencimento coletivo, constrói uma ponte entre o singular e o universal, lembra mundos e laços, simboliza dramas da vida, tal como fazem os valores cardeais das nossas sociedades". Mas às vezes uma classe subalterna, como no mesmo exemplo discutido, pode inverter este sentido caloroso de camaradagem; os violentos torcedores de futebol britânicos, por exemplo, são largamente considerados como expressando um sentido de alienação de classe. Implicitamente ou explicitamente, estes hábitos da torcida têm um significado político. No sul da Índia, como também em Chipre e em outros lugares, os *fans clubs* têm sido usados como a base de partidos políticos populares (*grass-roots*). Em Chipre, os jogos de futebol se tornam uma base de preparo para respostas pelo lado grego à contínua ocupação turca do norte, e as filiações políticas dos clubes fornecem uma arena na qual o debate político é ordenado como confrontação (PAPADAKIS, 1998). Mesmo sem o envolvimento dos *fan clubs*, os atores interessados podem usar as mídias para iniciar uma ação política; na Bolívia, por exemplo, o Condepa, um partido político populista e influente, se desenvolveu a partir de um movimento social organizado pelos espectadores do programa de televisão "O Fórum Aberto do Povo". Jeff Himpele (a ser publicado) argumenta que este programa altamente popular de testemunha dos indivíduos que enfrentam uma variedade de problemas dramáticos se apoia nas estratégias "realistas" da "franqueza perceptiva, da ação social imediata e do acesso aberto às mídias de massa" para criar uma impressão de direção e ação poderosas. Isto certamente alcançou visibilidade para si: o anfitrião e criador do programa, e do *show* de rádio que o precedeu, se tornou um candidato presidencial, liderando um significativo partido no contexto da política de consenso nacional. Os laços efetivos que o programa criou entre o anfitrião e os espectadores forneceram a estes espectadores um novo sentido de participação na democracia representativa do país – embora, como Himpele aponta, as estratégias realistas do "Fórum Aberto" possam simultaneamente contribuir para as hierarquias sociais que elas parecem desmantelar. A análise de Dávila (1998) das respostas porto-riquenhas a uma campanha publicitária local da Budweiser levanta preocupações semelhantes: contestado no idioma local, é uma bebida americana continental que inunda o domínio do gosto e os próprios corpos dos seus consumidores.

A cena política: espectadores e votantes

Num sentido genérico, toda comunicação tem implicações políticas. Se as mídias impressas foram vitais para criar a imagem da nacionalidade homogênea

(ANDERSON, B., 1983), contudo, novas "comunidades de imaginação", que podem ser maiores do que as identidades nacionais, são às vezes bastante locais ou atravessam fidelidades existentes e recebem enorme reforço a partir da utilização das mídias para fazer reivindicações de honestidade e veracidade e para denunciar a mentira dos oponentes. Nos Estados Unidos, onde a "sinceridade" é largamente compreendida como sendo uma questão de desempenho (de modo que se pode ser perguntado num questionário sobre a "sinceridade" de um funcionário da empresa, por exemplo), os mais proeminentes políticos hoje vivem com medo de terem cada detalhe das suas vidas privadas posto a nu. Embora especialistas alegres especulem a respeito dos efeitos políticos destas histórias, o resultado sempre dependerá das exposições públicas do que são formalmente – para um antropólogo – as emoções impenetráveis, como o "remorso". O que importa, coerentemente com os modelos prevalecentes do desempenho, não é o que realmente aconteceu, nem se o político acusado é culpado ou não, mas como efetivamente esta acusação é desviada por uma exposição atraente da contrição apropriada. Criminosos experimentados que enfrentam a contagem da sentença com sua capacidade de exibir uma fina exposição de remorso.

Esta observação tem implicações mais gerais para qualquer explicação teórica do papel das mídias na vida política. Uma campanha eleitoral, como Marc Abélès (com base em parte na obra de Yves Pourcher) nos lembra, tem um impacto total somente se o seu principal ator é eficaz na televisão; e este ator pode somente ser eficaz quando fornece exposições de emoção e personalidade culturalmente adequadas e palpavelmente bem-administradas – um exercício na administração social e cultural. Ronald Reagan faturou para si a fama do "grande comunicador", desse modo usando um enunciado performativo para confirmar e validar todas as outras estratégias retóricas que ele e os seus administradores de campanha desenvolveram. Saber como "vender" um "produto" político é totalmente importante. Saber como estender metáforas de parentesco e outras realidades sociais íntimas é uma parte crucial do *slogan*. As reivindicações familiares de nacionalismo são talvez a melhor ilustração disto, mas a atenção detalhada às formas da retórica política pode revelar muitas outras conexões entre níveis nacionais e locais da análise etnográfica (cf. PAINE, 1981).

Um dos mais conspícuos efeitos da inflação midiática é que todos os eventos se tornam comuns – de senso comum, de fato. As eleições, de acordo com Abélès, cada vez mais parecem com séries de televisão, nas quais as personalidades mais do que as ideias estão em jogo. Se isto é verdade, isto pelo menos mostra mais uma vez que o pessoal e o familiar, longe de se tornarem irrelevantes no mercado de ideias das mídias de massa, é central para a produção do senso comum político. Uma questão empírica, no entanto, permanece: São os debates políticos realmente tão ideológicos, tão livres do contexto, nas arenas mais tradicionais do debate político? Ou são as ideias políticas – tal como o "talento" no conservatório de música – refratadas através das divisões existentes na sociedade, sendo as diferenças entre elas um resultado mais de contrastes do que conceituais? Em caso afirmativo, o aumento de escala abre mais, não menos, possíveis respostas? Assim como a comunicação crescente em todo o mundo traz, não uma "globalização" homogeneizadora, mas possibilidades enriquecidas de debater os significados de formas compartilhadas, assim também um repertório crescentemente muito difundido de modelos políticos pode estar sujeito a uma variação cada vez maior na sua aplicação e interpretação. Pois a sua significação é estabelecida tanto pelos públicos quanto pelos produtores; e aqueles públicos são cada vez mais diversos.

Certamente as mídias não são simplesmente uma arena passiva para a condução das diferenças políticas e sociais. Elas têm uma força performativa: elas podem criar e também refratar ou refletir os acontecimentos que ocorrem na sociedade mais ampla. Na visão de Abélès, por exemplo, a jornada do Papa João Paulo II à sua terra natal em 1979 acarretou um dramático confronto entre duas imagens – o assassinato de São Estanislau e a criação do Estado comunista. A visita do papa, um "drama social" no sentido de Victor Turner (1974), abalava as próprias fundações da legitimidade do Estado, incentivando as pessoas a imaginarem outro modelo muito diferente de legitimidade. Este tipo de demonstração pública é parte integrante da ação política. As ações e as palavras do papa na Polônia produziram uma forte mensagem que desestabilizava a autoridade comunista através do que Marc Augé (1994: 94) descreveu como sendo um "arranjo ritual expandido" – um arranjo no qual uma simples escala pode aumentar os efeitos do ritual para produzir mudança real. Isto transformou o binarismo estático do confronto da guerra fria num desempenho dinâmico com consequências materiais essenciais. A narrativa, que sequencialmente organizou a "apresentação do papa como um viajante" (DAYAN, 1990), ilustra o impacto performativo das mídias e mostra que os símbolos, longe de epifenomenais para a ação política, podem alcançar efeito muito intensificado através da sua produção de massa em milhões de casas.

O caráter retórico de grande parte da representação política nas mídias ofusca mais o fosso experiencial entre o fato e a ficção. Não somente vemos a constituição dos eventos diante dos nossos olhos – o papel da CNN na Guerra do Golfo foi muitas vezes retratado nesses termos, embora o ceticismo daqueles que eram contrários (por exemplo, os gregos pró-sérvios confrontando os massacres de Kosovo) possa, da mesma maneira, apelar para aquele fato aparentemente indiscutível: que "todos sabem" o quão facilmente as mídias podem gerar eventos, ou os provocando ou simplesmente os encenando. Assim, a retórica da facticidade dos locutores divide acentuadamente as categorias opostas da "imediatidade" (uma noção realista) e a "propaganda", embora os dramas ficcionais das telas do cinema e da televisão de modo idêntico sejam julgados por sua fidelidade aos critérios locais de autenticidade experiencial. Em ambos os casos, os antropólogos podem nos dizer muito a respeito das convenções culturalmente muito variáveis do realismo e os modos como os atores sociais podem se comprometer ou mesmo mudar estas regras, explicando por que as imagens que convencem um grupo caem por terra para outro. Não somente a realidade é diferentemente experimentada e representada de acordo com convenções culturalmente divergentes, mas, como Dickey corretamente nos lembra, o realismo não pode sempre ser o que um público ainda deseja. Na medida em que as várias espécies de mídia, etnograficamente estudadas no contexto, podem fornecer uma visão de perto da interação do local, do nacional e do internacional, trabalhar com as convenções da mídia e com os seus usos forneceria a base de uma compreensão empiricamente fundada dos fenômenos demasiado alegremente subsumidos sob estes rótulos descritivos inúteis, como são a "globalização" e a "influência cultural". Isto ilustrará como estas conexões são criadas, mantidas, minadas e transformadas. A ideia de globalização é ela própria uma ficção realista, tal como o localismo subversivo da pesquisa de campo antropológica torna cada vez mais claro.

Prazer e seriedade: em louvor da simplicidade
Concluindo, retorno a duas das questões com as quais eu abri este capítulo: os custos do nosso mal-estar em relação ao o prazer e às mídias de massa, e os ganhos que podemos alcançar colocando as mídias de massa como uma categoria socialmente significativa da experiência e das várias espécies de facticidade.

Dickey argumenta que é o prazer que atrai a maioria dos consumidores para participarem mais naquilo que os ocidentais chamariam de "mídias de entretenimento". Contudo, isto parece também ser a base sobre a qual muitos antropólogos evitaram lidar com elas: não somente elas são obviamente "locais" no sentido etnográfico clássico, mas elas representam os prazeres "comuns" nos quais os ocidentais tipicamente se satisfazem. Dentro do debate sobre as apropriações subordinadas das mídias, algumas discussões trataram de questões de prazer e fuga, particularmente em relação ao cinema e à televisão (p. ex., MULVEY, 1989; ANG, 1985), mas os antropólogos, sempre preocupados com evitar fazer julgamento, evitaram grandemente se comprometer absolutamente com esta questão. Este silêncio é uma postura de ajuizamento em si (THOMAS, R., 1985: 120). Ele também impõe acriticamente destituir a ação dos espectadores como desimportante, e assim reproduz um fenômeno político que se deveria, ao contrário, tomar como uma questão crítica (cf. ANG, 1985: 19).

Estamos de volta à questão da "banalidade" (*mereness*) – a questão de por que os antropólogos tão frequentemente parecem dedicar-se a tópicos de estudo que atacam os outros como "meramente" triviais, anedóticos, marginais, estatisticamente atípicos ou insignificantes. Pelo menos aqueles que sofrem em lugares remotos obtêm algum crédito para o seu sentido de aventura, embora isto seja pensado como tendo pouca relevância para as principais decisões políticas. Minha própria decisão de conduzir o trabalho de campo no centro de Roma levantou não poucas sobrancelhas. Tomar o prazeroso como uma questão pode atacar alguns como provocação desnecessária. Mas de fato há uma boa razão para fazer assim. Falando de prazeres, vamos além do senso comum para uma tentativa de analisar os "sensos comuns". Se, como o capítulo Sentidos indica, o nosso palavrório nos torna relutantes (ou incompetentes) em nos comprometermos absolutamente com a experiência encarnada, o hedonismo do entretenimento – incluindo, por exemplo, a comida – podia parecer desencorajar totalmente uma investigação séria, especialmente dada a definição culturalmente específica que às vezes aflige os centros dominantes da produção teórica. Fazer este trabalho, ou nas nossas culturas domésticas ou num cenário mais cosmopolita, parece especialmente difícil, um desafio para a política de significação estabelecida. Contudo, se tomarmos o prazer como um dado – como algo que é "naturalmente" produzido por certas mídias – não somente admitimos a interpretação ocidental padrão das mídias como sendo as principais fontes de entretenimento, mas simplesmente reproduzimos o processo por intermédio do qual atores específicos reforçam o nosso pressuposto de que é disto que se trata em relação às mídias – especialmente quando elas são claramente identificadas como ficcionais.

A ficção, nesse sentido, parece mais com a natureza: é boa quando é "pura", mas se torna perigosa quando não é domada numa categoria segura e privilegiada. As mídias de massa disseminaram a ficção, e também ameaçaram as fronteiras da facticidade – da objetividade, para lembrar os termos epistemológicos da discussão de Malkki a respeito do jornalismo. E exatamente como as elites – pelo menos as elites oriundas do Ocidente – tendem a tratar a natureza como algo que deve ser controlado, de modo que árvores esculpidas são aceitáveis nos subúrbios, mas o mato não, elas também experimentam um profundo mal-estar com a democratização da ficcionalidade que as mídias de massa acarretaram. A sua resposta é destituir a ficção popular como "inculta", porque ela é supostamente prazerosa – e também porque o prazer que ela produz não é cerebral. Mas por que aceitar esta distinção? Ao pensar a respeito do papel sobre o qual grande parte deste capítulo está baseado, Dickey começou a considerar o valor de entretenimento das mídias não ficcionais – os dados sobre a Rede (*Web*), por exemplo – e a decifrar a discriminação que muitos de nós fazemos entre o ficcional e o sério: podia o navegar na Rede não fornecer uma espécie de prazer intermediário? [Ousaria eu dizer "híbrido".) E o que tornaria os nossos limites taxonômicos atentamente tendenciosos? Este é o tipo de reflexão desfamiliarizada que cresce a partir de um compromisso incessante com o trabalho de campo.

Como o exemplo dos concursos de beleza demonstra, tanto a rejeição das mídias como "meros" entretenimentos quanto a postura oposta – condenando-as como exploração irrefletida – recusam aos atores em questão qualquer voz na interpretação das suas ações. Bromberger (1998: 34) aponta, além disso, que as "paixões cotidianas" são precisamente aquelas através das quais os indivíduos se aferram em identidades coletivas de participação, debate e compartilhamento prazeroso do passatempo comum. Uma paixão pelo cinema certamente é adequada a esta descrição; os aficionados pelos esportes são um exemplo marcante; e assim também, e por mais óbvias razões, é a participação numa rede de e-mail, como aquela descrita para os Hakka por Lozada (1998). Sem dúvida, devemos, como Appadurai (1991: 208) adverte, "incorporar as complexidades da representação expressiva [filme, novelas, relatos de viagem] nas nossas etnografias". Mas isto, eu sugiro, não é tanto um convite para estudar as mídias por elas mesmas, o que quer que isto signifique. É, antes, porque elas se tornaram um componente inseparável das vidas da maioria das pessoas, e porque a sua penetração naquelas vidas – a sua própria banalidade – as torna crucialmente significativas.

Além disso, Dickey adverte, não devemos, por causa disso, admitir que tudo que está associado com a tecnologia das mídias modernas seja propriamente novo. Eu mencionei as conexões, através de convenções realistas e o que devíamos agora chamar de uma espécie de torcida, da grande ópera com os sabonetes. Os estudos sobre as mídias não estão em descontinuidade com as análises das artes performativas de pequena escala. Dickey, por exemplo, cita um estudo mais antigo no qual James Peacock (1968) demonstrava "o poder social e político incorporado nas possibilidades imaginativas colocadas pelo drama ludruck em Java" e aponta que este era "um estudo exemplar que, com sua atenção voltada para os atores, os produtores, os públicos, os textos e os seus contextos simbólicos, políticos e econômicos, preenchiam os padrões exigidos pelo trabalho antropológico contemporâneo sobre as mídias". Ele estava assim investigando questões que, longe de se tornarem irrelevantes com o enfraquecimento dos gêneros performativos tradicionais e locais, foram ampliadas pela nova tecnologia. Tanto as percepções quanto os fenômenos ganharam, não recuaram, em importância.

Não se deve argumentar, naturalmente, que não há nada de novo seja no idioma do desempenho, ou no modo como vamos estudá-los antropologicamente. Mas isto significa de fato que os modelos para os nossos métodos estejam embrionariamente presentes, e talvez mais facilmente descritos, no que eram cenários "tradicionais", tanto para os nossos informantes quanto para nós mesmos enquanto antropólogos – "tradicional", isto é, no sentido antigo de não ter ainda sofrido transformação tecnológica maciça, mas também no sentido de que estes eram cenários de pequena escala nos quais os antropólogos "tradicionalmente" trabalhavam.

Isto também significa que seríamos tão específicos quanto possível sobre o que é novo. A escala pode tão facilmente ampliar os padrões e as estruturas existentes quanto pode mudá-los ou substituí-los. O que é certamente bastante novo é a escala de comparação que agora se torna possível. Embora o trabalho de campo em lugares modernos de urbanidade desencantada possa ser tecnicamente mais difícil – a intimidade é mais difícil de atingir quando o etnógrafo não pode simplesmente visitar a casa de chá ou a cafeteria e iniciar uma conversa casual – a compensação reside, certamente, nos modos como podemos comparar fenômenos semelhantes em vastas matrizes de cenários culturalmente diferenciados. Algumas mídias podem estar inclinadas para a homogeneidade superficial. Mas isto não significa que nada se agita sob a superfície.

As técnicas do trabalho de campo etnográfico fornecem uma forte resposta aos riscos de se tornar analiticamente cooptado por esta visão superficial, que admite que há somente uma modernidade e que ela se veste com a face ocidental. Esta visão enfadonha está nitidamente encapsulada no prognóstico sombrio de Lévi-Strauss de "monocultura", certamente refletindo mais o romantismo eurocêntrico do que a acuidade etnográfica. Quando turistas americanos ou alemães em Bangkok ou Lagos virem um filme indiano e o discutirem exatamente nos mesmos termos, ou experimentarem exatamente as mesmas reações, tal como aqueles que estão sentados à sua volta, talvez a monocultura terá chegado. Mas a probabilidade é que aquela monocultura somente afligirá aqueles que estão querendo aceitar uma superfície branda como uma soma total de cultura em geral – os Arcos Dourados mais do que as tensões políticas que ambos provocam e mascaram; o universalismo da política ambiental mais do que os argumentos das vítimas locais do chamado desenvolvimento; os "valores familiares" ao invés da complexidade confusa dos arranjos de vida reais e a sua infinitude de transformações. Espera-se que mesmo aqueles que estão novamente no poder apreciariam e respeitariam estas complexidades. Mas escutariam eles as vozes íntimas, reveladas pelos etnógrafos, que revelam um mundo de esperanças e desejos? E se não, por que não? Podem eles também ser colocados sob as lentes da antropologia crítica? Pois o sucesso do nosso empreendimento e a humanidade da nossa compreensão do mundo não exigem menos.

Referências

ABÉLÈS, M. (1996). *En attente d'Europe*. Paris: Hachette.

_____ (1992). *La vie quotidienne au Parlament européen*. Paris: Hachette.

_____ (1991). *Quiet Days in Burgundy*: A Study of Local Politics. Cambridge/Nova York/Paris: Cambridge University Press/La Maison des Sciences de l'Homme [Cambridge studies in social and cultural anthropology, 79].

_____ (1990). *Anthropologie de l'État*. Paris: Armand Colin.

_____ (1989). *Jours tranquilles en 1989* – Ethnologie politique d'un départament français. Paris: Odile Jacob.

ABRAMS, P. (1982). *Historical Sociology*. Somerset: Open Books.

ABU-LUGHOD, L. (1993a). *Writing Women's Worlds*: Bedouin Stories. Berkeley: University of California Press.

_____ (1993b). "Finding a place for Islam: Egyptian television serials and the national interest". *Public Culture*, 5 (3), p. 493-513.

_____ (1991). "Writing against culture". In: FOX, R.G. (org.). *Recapturing Anthropology*: Working in the Present. Santa Fé, NM: School of American Research Press, p. 137-162.

_____ (1990). "Romance of resistance: tracing transformation of power through Bedouin women". *American Ethnologist*, 17 (1), p. 41-55.

ADLER LOMNITZ, L. (1994). *Redes sociales, cultura y poder*: ensayos de antropologia latinoamericana. Cidade do México: Flacso/Miguel Angel Parrúa.

AGULHON, M. (1989). *Marianne au pouvoir*. Paris: Flammarion.

_____ (1979). *Marianne au combat*: L'imagerie et la symbolique républicaine de 1789-1880. Paris: Flammarion.

AHMAD, A. (1993). "Orientalism and after". In: WILLIAMS, P. & CHRISMAN, L. (orgs.). *Colonial Discourse and Post-Colonial Theory*: A Reader. Hemel Hempstead: Harvester Wheatsleaf.

ALVAREZ JR., R.R. (1995). "The Mexican-US border: the making of an anthropology of borderlands". *Annual Review of Anthropology*, 24, p. 447-470.

AMSELLE, J.-L. (1990). *Logiques métrisses*: anthropologie de l'identité en Afrique et ailleurs. Paris: Payot.

ANDERSON, B.R.O'G. (1991). *Imagined Communities*: Reflections on the Origin and Spread of Nationalism. Ed. rev. Londres: Verso.

_____ (1983). *Imagined Communities*: Reflections on the Origin and Spread of Nationalism. Londres: New Left Books.

ANDERSON, J.W. & EICKELMAN, D.F. (orgs.) (1999). *New Media in the Muslim World*: The Emerging Public Sphere. Bloomington: Indiana University Press.

ANDERSON, P. (1980). *Arguments within English Marxism*. Londres: Verso.

ANG, I. (1985). *Watching Dallas*. Londres: Methuen [trad. de D. Couling].

APFFEL-MARGLIN, F. (1998). "Secularism, unicity and diversity: the case of Haracandi's grove". *Contributions to Indian Sociology*, 32 (2), p. 217-235.

APPADURAI, A. (1995). "Playing with modernity: the decolonization of India cricket". In: BRECKENRIDGE, C.A. (org.). *Consuming Modernity*: Public Culture in South Asian World. Mineapolis: University of Minnesota Press, p. 23-48.

_____ (1991). "Global ethnoscapes: Notes and queries for a transnational anthropology". In: FOX, R.G. (org.). *Recapturing Anthropology*: Working in the Present. Santa Fé, NM: School of American Research Press, p. 191-210.

_____ (1990). "Disjuncture and difference in the global cultural economy". *Public Culture*, 2 (2), p. 1-24.

_____ (1986). "Towards an anthropology of things". In: APPADURAI, A. (org.). *The Social Life of Things*: Commodities in Cultural Perspective. Cambridge: Cambridge University Press.

ARDENER, E. (1989). *The Voice of Prophecy and Other Essays*. Oxford: Basil Blackwell.

ARETXAGA, B. (1997). *Shattering Silence*: Women, Nationalism, and Political Subjectivity in Northern Ireland. Princeton: Princeton University Press.

ARGYROU, V. (1999). "Sameness and the ethnological will to meaning". *Current Anthropology*, 40, S29-S41 [suplemento].

_____ (1997). "'Keep Cyprus clean': littering, pollution, and otherness". *Cultural Anthropology*, 12 (2), p. 159-178.

_____ (1996a). *Tradition and Modernity in the Mediterranean*: The Wedding as Symbolic Struggle. Cambridge: Cambridge University Press [Cambridge Studies in Social and Cultural Anthropology, 101].

_____ (1996b). "Is 'closer and closer' ever close enough: Dereification, diacritical power, and the spector of evolucionism". *Anthropological Quarterly*, 69 (4), p. 206-219.

_____ (1993). "Under a spell: the strategic use of magic in Greek Cypriot society". *American Ethnologist*, 20 (2), p. 256-271.

ARIAS, P. (1996). "La antropología urbana ayer y hoy". *Ciudades*, 31, jul.-set. Cidade do México: Rniu.

ASAD, T. (1993). *Genealogies of Religion*: Discipline and reasons of Power in Christianity and Islam. Baltimore: Johns Hopkins University Press.

_____ (1991). "Afterword: from the history of colonial anthropology to the anthropology of Western hegemony". In: STOCKING, G. (org.). *Colonial Situations*: Essays on the Contextualization of Ethnographic Knowledge. Madison: University of Wisconsin Press, p. 314-324.

_____ (1987). "On ritual and discipline in medieval Christian monasticism". *Economy and Society*, 26 (2), p. 159-203.

_____ (1986). "Concept of cultural translation in British social anthropology". In: CLIFFORD, J. & MARCUS, G. (orgs.). *Writing Culture*. Berkeley: University of California Press, p. 141-164.

ASAD, T. (org.) (1973). *Anthropology and the Colonial Encounter*. Londres: Ithaca.

ASAD, T.; FERNANDEZ, J.W.; HERZFELD, M.; LASS, A.; ROGERS, S.C.; SCHNEIDER, J. & VERDERY, K. (1979). "Provocations of European Ethnology". *American Anthropologist*, 99, p. 713-730.

ASKEW, K.M. (1997). *Performing the Nation*: Swahili Musical performance and the Production of Tanzanian National Culture. [s.l.]: Harvard University [Tese de doutorado].

AUGÉ, M. (1994). *Pour une anthropologie des mondes contemporains*. Paris: Aubier.

AUSTEN, R. (1995). *The Elusive Epic*: Performance, Text and History in the Oral Narrative of Jeki La Njambe (Cameron Coast]. [s.l.]: African American Studies Association Press.

AUSTIN, J.L. (1971). "A Plea for Excuses". In: LYAS, C. (org.). *Philosophy and Linguistics*. Londres: Macmillan, p. 79-101.

BADONE, E. (1991). "Ethnography, fiction, and the meaning of the past in Brittany". *American Ethnologist*, 18 (3), p. 518-545.

BAHLOUL, J. (1996). *The Architecture of Memory*: A Jewish-Muslim Household in 99. Nova York: Cambridge University Press.

BAILEY, F.G. (1971). *Gifts and Poison*: The Politics of Reputation. Nova York: Schocken Books [The Pavilion Series].

_____ (1969). *Stratagems and Spoils*: A Social Anthropology of Politics. Nova York: Schocken Books [The Pavilion Series; Social Anthropology].

BAHKTIN, M. (1984). *Rabelais and his World*. Bloomington: Indiana University Press.

BAKALAKI, A. (1993). "Anthropoyikes prosengisis tis sinkhronis ellinikis kinonias". *Dhiavazo*, 323, p. 52-58.

BALANDIER, G. (1985). *Le detour* – Pouvoir et modernité. Paris: Fayard.

_____ (1980). *Le pouvoir sur scénes*. Paris: Balland.

_____ (1967). *Anthropologie politique*. Paris: PUF.

BALSHEM, M. (1993). *Cancer in the Community*: Class and Medical Authority. Washington: Smithsonian Institution Press.

BANFIELD, E.C. (1958). *The Moral Basis of a Backward Society*. Glencoe: Free Press.

BARBER, K. (1991). *I Could Speak Until Tomorrow*. Edimburgo: Edinburgh University Press for the International African Institute.

_____ (1989). "Interpreting oriki as history and literature". In: BARBER, K. & MORAES FARIAS, P.F. (orgs.). *Discourse and Its Disguises*: The Interpretation of African Oral Texts. [s.l.]: Birmingham University, p. 13-24 [African Studies Series, 1].

BARNETT, M. (1997). "The UN Security Council, indifference, and genocide in Rwanda". *Cultural Anthropology*, 12, p. 551-578.

BARTH, F. (1994). "Enduring and emerging issues in the analysis of ethnicity". In: VERNEULEN, H. & GOVERS, C. (orgs.). *The Anthropology of Ethnicity*. Amsterdā: Het Spinhuis.

_____ (1969). "Introduction". In: BARTH, F. (org.). *Ethnic Groups and Boundaries*. Oslo: Universitets Forlager, p. 9-38.

BASSO, E.B. (1985). *A Musical View of the Universe*. Filadélfia: University of Pennsylvania Press.

BASSO, K.H. (1996). "Wisdom sits in places: notes on a western Apache landscape". In: FELD, S. & BASSO, K. (orgs.). *Senses of Place*. Santa Fé: School of American Research Press, 53-90.

BAUDRILLARD, J. (1981). *Simulacres et simulation*: Débats. Paris: Galilée.

BAUMAN, R. (1986). *Story, Performance, and Event*: Contextual Studies of Oral Narrative. Nova York: Cambridge University Press.

_____ (1977). *Verbal Art as Performance*. Rowley, Mass.: Newbury House.

BAUMAN, R.; SAWIN, P. & CARPENTER, I.G. (1992). *Reflections on the Folklife Festival*: an Ethnography of Participant Experience. Bloomington, IN: Folklore Institute/Indiana University [Publicações especiais do Folklore Institute, n. 2].

BEEMAN, W.O. (1981). "Why do they laugh? – An interactional approach to humor in traditional Iranian improvisatory theater". *Journal of American Folklore*, 94 (374), p. 506-526.

BEHAR, R. & GORDON, D.A. (orgs.) (1995). *Women Writing Culture*. Berkeley: University of California Press.

BEIDELMAN, T.O. (1993). "The moral imagination of the Kaguru: some thoughts on tricksters, translation and comparative analysis". In: HYNES, W.J. & DOTY, W.G. (orgs.). *Mythical Trickster Figures*: Contours, Contexts, and Criticisms. Tuscaloosa: University of Alabama Press, p. 174-192.

BELLIER, I. (1995). "Moralité, langues et pouvoir dans les institutions européennes". *Social Anthropology*, 3 (3), p. 235-250.

_____ (1993). *L'ENA comme si vous y étiez*. Paris: Seuil.

BEN-AMOS, A. & BEN-ARI, E. (1995). "Resonance and reverberation ritual and bureaucracy in the state funerals of the French Third Republic". *Theory and Society*, 24, p. 163-191.

BENEDICT, R. (1946). *The Chrysanthemum and the Sword*: Patterns of Japanese Culture. Boston: Houghton Mifflin.

BENNETT, J. & BOWEN, J.R. (orgs.) (1988). *Production and Autonomy*. Lanham, MA: University Press of America.

BENTHAM, J. (1995). *The Panopticon Writings*. Londres/Nova York: Verso [org. e intr. de M. Bozovic].

BERDHAL, D. (1999a). *Where the World Ended*: Re-unification and Identity in the German Borderland. Berkeley: University of California Press.

_____ (1999b). "'[N]ostalgie' for the present: memory, longing, and East German things". *Ethnos*, 64 (2), p. 192-211.

_____ (1994). "Voices at the wall: Discourses of self, history, and national identity at Vietnam Veterans Memorial". *History and Memory*, 6, p. 88-124.

BERNAL, M. (1987). *Black Athena*: The Afroasiatic Roots of Classical Civilization. New Brunswick: Rutgers University Press.

BIERSACK, A. (1989). "Local Knowledge, local history: Geertz and beyond". In: HUNT, L. (org.). *The New Cultural History*. Berkeley: University of California Press, p. 72-96.

BINNS, C. (1979-1980). "The changing face of power: revolution and development of the Soviet ceremonial system". *Man*, 14, p. 170-187, 585-606.

BIRD-DAVID, N. (1994). "Sociality and immediacy: or, past and present conversations on bands". *Man*, 29 (3), p. 583-603.

_____ (1992). "Beyond 'The Original Affluent Society': a culturalist reformulation". *Current Anthropology*, 33 (1), p. 25-47.

BLACK, M. (1962). "'Metaphor', proceedings of the Aristotelian Society (1954-1955). *N.S.*, 55, p. 263-294 [reimpresso em *Models and Metaphors*. Ithaca, NY: Cornell University Press].

BLACKING, J. (1973). *How Musical is Man?* Seattle: University of Washington Press.

BLASKO, A.M. (1999). "The Power of Perception: The case of Soviet-style aesthetics". In: MAKARIEV, P.; BLASKO, A.M. & DAVIDOV, A. (orgs.).

Creating Democratic Society: Values and Norms [Bulgarian Philosophical Studies, II] [Disponível em http://philosophy.cua.edu/rvp/book/series04/iva-12 htm].

BLOCH, M. (1977). "The past and the present in the present". *Man*, 12, p. 278-292.

BLOCH, M. & PARRY, J. (orgs.) (1989). *Money and the Morality of Exchange*. Cambridge: Cambridge University Press.

BLUM, S. (1975). "Towards a Social History of Musicological Technique". *Ethno-musicology*, 19, p. 207-231.

BODNAR, J. (1994). *Remaking America*: Public Memory, Commemoration and Patriotism in the Twentieth Century. Princeton: Princeton University Press.

BOEHM, C. (1984). *Blood Revenge*: The Anthropology of Feuding in Montenegro and other Tribal Societies. Lawrence: University Press of Kansas.

_____ (1980). "Exposing the moral self in Montenegro: the use of natural definitions to keep ethnography descriptive". *American Ethnologist*, 7 (1), p. 1-26.

BOISSEVAIN, J. (1974). *Friends of Friends*. Londres: Blackwell.

BORNEMAN, J. (1997). *Setting Accounts*: Violence, Justice, and Accountability in Postsocialist Europe. Princeton, NJ: Princeton University Press [Princeton Studies in Culture/Power/History].

_____ (1996). "Until death do us part: marriage/death in anthropological discourse". *American Ethnologist*, 23 (2), p. 215-235.

_____ (1992). *Belonging in the Two Berlins*: Kin, State, Nation. Cambridge: Cambridge University Press.

BOROFSKY, R. (1997). "Cook, Lono, Obeyesekere, and Sahlins". *Current Anthropology*, 38 (2), p. 255-282.

BOURDIEU, P. (1984). *Distinction*. Cambridge, MA: Harvard University Press [trad. de R. Nice].

_____ (1982). *Ce que parler veut dire*. Paris: Fayard.

_____ (1977). *Outline of a Theory of Practice*. Cambridge: Cambridge University Press [trad. de R. Nice].

BOWEN, J.R. (1993). *Muslims through Discourse*: Religion and Ritual in Gayo Society. Princeton: Princeton University Press.

BOZOVIC, M. (1995). "Introduction: an utterly dark spot". In: BENTHAM, J. *The Panopticon Papers*. Londres: Verso, p. 1-27 [org. de M. Bozovic].

BRAIN, J.L. (1981). "Homage to Neptune: Shipboard Initiation Rites". *Proceedings of the American Philosophical Society*, 125, p. 128-133.

BRETTELL, C.B. (org.) (1993). *When They Read What We Write*: The Politics of Ethnography. Westport, CT: Bergin & Garvey.

BRIGHT, B.J. & BAKEWELL, E.L. (orgs.) (1995). *Looking High and Low*: Art and Cultural Identity. Tucson: University of Arizona Press.

BROMBERGER, C. (org.) (1998). *Passions ordinaries*: du match de football au concours de dictée. Paris: Bayard.

BROMLEY, Y. (1983). *Ocherki teorii etnosa*. Moscou: Nauka.

_____ (1973). *Etnosetnografia*. Moscou: Nauka.

BROSIUS, J.P. (1999). "Locations and representations: writing in the ethnographic present in Sarawac, East Malaysia". *Identities*, 6, p. 345-386.

BULMER, R.N.H. (1967). "Why is the cassowary not a bird? – A problem of zoological taxonomy among the Karam of the New Guinea Highlands". *Man*, 2 (1), p. 5-25.

BURDEN, H.T. (1967). *The Nuremberg Party Rallies, 1923-39*. Londres: Pall Mall.

BURKE, P. (1987). *The Historical Anthropology of Early Modern Italy*. Cambridge: Cambridge University Press.

BURTON, J.W. (1980). "Ethnicity on the hoof: on the economics of Nuer identity". *Ethnology*, 20 (2), p. 157-162.

CAMPBELL, J.K. (1964). *Honour, Family, and Patronage*: A Study of Institutions and Moral Values in a Greek Mountain Community. Oxford: Clarendon Press.

CARMELI, Y.S. (1988). "Travelling circus: an interpretation". *European Journal of Sociology*, 29, p. 258-282.

CARO BAROJA, J. (1970). *El mito del caracter nacional*. Madri: Seminarios Ediciones.

CARPENTER, E. (1973). *Eskimo Realities*. Nova York: Holt, Rinehart & Winston.

_____ (1972). *Oh, What a Blow that Phantom Gave Me!* Toronto: Bantam Books.

CARRIER, J.G. (1995). *Gifts and Commodities*: Exchange and Western Capitalism since 1700. Londres: Routledge.

_____ (1992). "Occidentalism: the world turned upside-down". *American Ethnologist*, 19 (2), p. 195-212.

CARRIER, J.G. (org.) (1995). *Occidentalism*: Images of the West. Oxford/Nova York: Clarendon Press/Oxford University Press.

CARSTEN, J. (1989). "Cooking money: gender and the symbolic transformation of means and exchange in a Malay fishing community". In: BLOCH, M. & PARRY, J. (orgs.). *Money and the Morality of Exchange*. Cambridge: Cambridge University Press, p. 117-141.

CARTER, D.M. (1997). *States of Grace*: Senegalese in Italy and the New European Immigration. Mineápolis: University of Minnesota Press.

CASTELLS, M. (1995). *La ciudad informacional*. Madri: Alianza.

_____ (1974). *La cuestion urbana*. Cidade do México: Siglo XXI.

CATON, S. (1990). *"Peaks of Yemen I Summon"*: poetry as Cultural Practice in a North Yemeni Tribe. Berkeley: University of California Press.

CERNEA, M.M. (1995). "Social organization and development anthropology". *Malinowski Award Lecture, Society for Applied Anthropology*. Washington, DC: The World Bank.

CERNEA, M.M. (org.) (1985). *Putting People First*. Nova York: Oxford University Press.

CHARTIER, R. (1988). *Cultural History*: Between Practices and Representations. Oxford: Polity Press.

CHATTERJEE, P. (1993). *The Nation and Its Fragments*: Colonial and Postcolonial Histories. Princeton: Princeton University Press.

_____ (1989). "Colonialism, nationalism, and colonialized women: the content in India". *American Ethnologist*, 16 (4), p. 622-633.

_____ (1986). *Nationalist thought and the colonial world: a derivative discourse?* Londres: Zed Books for the United Nations University/Totowa.

CHIGNON, N.A. (1968). *Yanomamö*: The Fierce People. Nova York: Holt, Rinehart & Winston.

CHORVÁTHOVÁ, L. (1991). "Rozhovors Petrom Skalníkon" [Uma entrevista com Peter Skalnik]. *Slowenský národopis*, 39 (1), p. 77-85.

CLASSEN, C. (1998). *The Color of Angels*: Cosmology, Gender and the Aesthetic Imagination. Londres/Nova York: Routledge.

_____ (1997). "Engendering Perception: Gender and the Ideologies and Sensory Hierarchies in Western History". *Body and Society* 3, P. 1-20.

_____ (1993a). *Worlds of Senses*: Exploring the Senses in History and Across Cultures. Londres/Nova York: Routledge.

_____ (1993b). *Inca Cosmology and the Human Body*. Salt Lake City: University of Utah Press.

CLASSEN, C.; HOWES, D. & SYNNOTT, A. (1994). *Aroma*: The Cultural History of Smell. Londres/Nova York: Routledge.

CLASTRES, P. (1974). *Societé contre l'État*. Paris: De Minuit.

CLIFFORD, J. (1988). *The Predicament of Culture*: Twentieth-century Ethnography, Literature and Art. Cambridge, MA: Harvard University Press.

_____ (1986). "Introduction: Partial truths". In: CLIFFORD, J. & MARCUS, G.E. *Writing Culture*: The Poetics and Politics of Ethnography. Berkeley: University of California Press, P. 1-26.

CLIFFORD, J. & MARCUS, G.E. (orgs.) (1986). *Writing Culture* – The Poetics and Politics of Ethnography. Berkeley: University of California Press.

COCCHIARA, G. (1952). *Storia del folklore in Europa*. Turim: Einaudi.

COHEN, A.P. (1994). *Self Consciousness*: An Alternative Anthropology of Identity. Londres/Nova York: Routledge.

COHEN, C.B.; STOELTJE, B. & WILK, R.R. (orgs.) (1996). *Beauty Queens on the Global Stage*: Gender, Contests, and Power. Nova York: Routledge.

COHN, B.S. (1996). *Colonialism and its Forms of Knowledge*: The British India. Princeton, NJ: Princeton University Press.

_____ (1981). "Anthropology and history in the 1980s". *Journal of Interdisciplinary History*, 12, p. 227-252.

COLE, J. (1998). "The work of memory in Madagascar". *American Ethnologist*, 25 (4), p. 610-633.

COLLIER, J.F. (1997). *From Duty to Desire*: Remaking Families in a Spanish Village. Princeton, NJ: Princeton University Press [Princeton Studies in Culture/Power/History].

COLLIER, J. & YANAGISAKO, S.J. (1996). "Comments on 'Until death do us part'". *American Ethnologist*, 23 (2), p. 235-236.

COLLINGWOOD, R.G. (1939). *An Anthropology*. Londres/Nova York: Oxford University Press.

COMAROFF, Jean & COMAROFF, John. (1997). "Postcolonial politics and discourses of democracy in Southern Africa: an anthropological reflection on African political modernities". *Journal of Anthropology Research*, 53 (2), p. 123-146.

_____ (1991). *Of revelation and Revolution*. Vol. 1. Chicago: University of Chicago Press.

CONKLIN, B.A. (1997). "Body paint, feathers, and VCRs: aesthetics and authenticity in Amazonian activism". In: *American Ethnologist*, 24 (4), p. 711-737.

CONKLIN, B.A. & GRAHAM, L.R. (1995). "The shifting middle ground: Amazonian Indians and eco-politics". *American Anthropologist*, 97 (4), p. 695-710.

CONNERTON, P. (1989). *How Societies Remember*. Cambridge: Cambridge University Press.

COPLAN, D.B. (1994). *In the Time of Cannibals* – The Word Music of South Africa's Basotho Migrants. Chicago: University of Chicago Press.

_____ (1985). *In Township Tonight!* – South Africa's Black City Music and Theatre. Nova York/Londres/Joanesburgo: Longman/Ravan.

CORBIN, A. (1986). *The Foul and the Fragrant*: Odor and the French Social Imagination. Cambridge, MA: Harvard University Press [trad. de M.L. Kochan, R. Porter e C. Prendergast].

COURSEY, D.G. (1978). "Some ideological considerations relating to tropical root crop production". In: FISK, E.K. (org.). *The Adaptation of Traditional Agriculture*: Socioeconomic Problems of Urbanization. Camberra: The Australian National University, p. 131-141 [Development Studies Centre Monograph, 11].

COUTIN, S.B. (1999). *Legalizing Moves*: Salvadoran immigrants' struggle for U.S. residency. Ann Arbor: University of Michigan Press.

_____ (1995). "Smugglers or Samaritans in Tucson, Arizona: producing and contesting legal truth". *American Ethnologist*, 22 (3), p. 549-571.

COWAN, J.K. (1990). *Dance and the Body Politic in Northern Greece*. Princeton: Princeton University Press.

COY, M.W. (org.) (1989). *Apprenticeship From Theory to Method and Back Again*. Albânia, NY: State University of New York Press.

CREED, G.W. & WEDEL, J.R. (1997). "Second Thoughts from the Second World: Interpreting Aid in Post-Communist Eastern Europe". *Human organization*, 56 (3), p. 253-264.

CRICK, M. (1976). *Explorations in Language and Meaning*: Towards a Semantic Anthropology. Londres: J. M. Dent.

CRUSH, J. (1995a). "Introduction: Imagining Development". In: CRUSH, J. (org.). *Power of Development*. Nova York: Routledge.

_____ (1995b). *Power of Development*. Nova York: Routledge.

Culavansa (1953). Colombo: Government Printer.

CUNHA, M.I. (1995). "Sociabilité, 'societé', 'cultures carcérires': la prison féminine de Tires (Portugal)". *Terrain*, 24, p. 119-132.

DAGNINO, E. (org.) (1994). *Os anos 90*: política e sociedade no Brasil. São Paulo: Brasiliense.

DAHL, G. & RABO, A. (orgs.) (1992). *Kam-ap or Take-off Local Notions of Development*. Estocolmo: Stockholm Studies in Social Anthropology.

DAKHLIA, J. (1990). *L'oubli de la cité*: la mémoire collective à l'épreuve du lignage dans le Jérid tunisie. Paris: La Découverte.

DA MATTA, R. (1991). *Carnivals, Rogues, and Heroes*: An Interpretation of the Brazilian Dilemma. Notre Dame, IN: University of Notre Dame Press.

D'ANDRADE, R. & FISCHER, M.M.J. (orgs.) (1996). "Science in anthropology: transformations in science and society". *Anthropology Newsletter*, 37 (5), p. 9-12.

DANFORTH, L.M. (1996). *The Macedonian Conflict: Ethnic Nationalism in a Transnational World*. Princeton, NJ: Princeton University Press.

_____ (1984). "The Ideological Context of the Search for Continuities in Greek Culture". *Journal of Modern Greek Studies*, 2 (1), p. 53-87.

_____ (1983). "Tradition and change in Greek shadow theater". *Journal of American Folklore*, 96 (381), p. 281-309.

DANIEL, E.V. (1990). "Afterword sacred places, violent spaces". In: SPENCER, J. (org.). *History and the Roots of Conflict*. Londres: Routledge.

DARNTON, R. (1984). *The great Cat Massacre and Other Episodes in French History*. Nova York: Basic Books.

DAS, V. (1996). "Language and body in the construction of pain". *Daedalus*, 125 (1), p. 67-93.

_____ (1995). *Critical Events*: An Anthropological Perspective on Modern India. Delhi: Oxford university Press.

DÁVILA, A. (1998). "El Kiosko Budweiser: the making of a 'national' television show in Puerto Rico". *American Ethnologist*, 25 (3), p. 452-470.

DAVIS, J. (1992). *Exchange, Concepts in the Social Sciences*. Buckingham: Open University Press.

_____ (1977). *People of the Mediterranean*: An essay in Comparative Social Anthropology. Londres/Boston: Routledge & Kegan Paul.

DAVIS, N.Z. (1973). *The Return of Martin Guerre*. Cambridge, MA: Harvard University Press.

DAWKINS, R. (1995). *River out of Eden*. Londres: Wiedenfeld & Nicholson.

DAYAN, D. (1990). "Présentation du pape en voyageur: télévision, espérience rituelle, dramaturgie politique". *Terrain* 15, p. 13-28.

DEBORD, G. (1983). *The Society of the Spectacle*. Detroit: Red and Black.

DE CERTEAU, M. (1984). *The Practice of Everyday Life*. Berkeley: University of California Press.

DELANEY, C. (1990). "Hajj: sacred and secular". *American Ethnologist*, 17 (3), p. 513-530.

DELTSOU, E.P. (1995). *Praxes of Tradition and Modernity in a Village in Northern Greece*. [Tese de doutorado não publicada].

DENING, G. (1980). *Islands and Beaches*: Discourses on a Silent Land, Marquesas 1774-1880. Honolulu: University of Hawaii Press.

DERRIDA, J. (1976). *Of Grammatology* 1. ed. americana. Baltimore: Johns Hopkins University Press.

DESCOLA, P. & PÁLSSON, G. (orgs.) (1996). *Nature and Society*: Anthropological Perspectives. Londres: Routledge.

DE SILVA, C.R. (1983). "The historiography of the Portuguese in Sri Lanka: A survey of a Sinhala writings". *Sanskrit* 17, p. 13-22.

_____ (1982). *The Portuguese in Ceylon, 1617-1638*. Colombo: HW Cave & Co.

DE SILVA, K.M. (1990). "The Burghers in Sri Lankan history: a review article". *Ethnic Studies*, 8, p. 44-48.

DESJARLAIS, R.R. (1992). *Body and Emotion* – The Aesthetics of Illness and Healing in the Nepal Himalayas. Filadélfia: University of Pennsylvania Press.

DICKEY, S (no prelo). "Opposing faces: film star, fan clubs, and the construction of class identities in South India". In: PINNEY, C. & DWYER, R. (orgs.). *Pleasure and the Nation*: The History, Politics and Consumption of Popular Culture in India. Nova Deli: Oxford University Press.

_____ (1993). *Cinema and the Urban Poor in South India*. Cambridge: Cambridge University Press.

DILEY, R. (org.) (1992). *Contesting Markets*: Analyses of Ideology, Discourse and Practice. Edimburgo: Edinburgh University Press.

DIRKS, N.B. (org.) (1992). *Colonialism and Culture*. Ann Arbor: University of Michigan Press.

DONNAN, C.B. (1976). *Moche Art and Iconography*. Los Angeles: Ucla Latin American Center/University of California.

DOUGLAS, M. (1992). *Risk and Blame*: Essays in Cultural Theory. Londres/Nova York: Routledge.

_____ (1986). *How Institutions Think* – The Frank W. Abrams lectures. Siracusa, NY: Syracuse University Press.

_____ (1985). *Risk Acceptability According to the Social Sciences*. Nova York: Russell Sage Foundation [Social research perspectives: occasional reports on current topics, 11].

_____ (1982). *Risk and Culture*: An Essay on the Selection of Technical and Environmental Dangers. Berkeley: University of California Press.

_____ (1975). *Implicit Meanings*: Essays in Anthropology. Londres: Routledge & Kegan Paul.

_____ (1973). *Rules and Meanings*: The Anthropology of Everyday Knowledge. Harmondsworth: Penguin Education.

_____ (1966). *Purity and Danger*: An Analysis of the Concepts of Pollution and Taboo. Londres: Routledge & Kegan Paul.

_____ (1958). "Raffia cloth distribution in the Lele economy". *Africa*, 28, p. 109-122.

DOUGLAS, M. & ISHERWOOD, B. (1979). *The World of Goods*. Nova York: Basic Books.

DRAGADZE, T. (1995). "Politics and anthropology in Russia". *Anthropology Today*, 11 (4), p. 1 e 3.

DRAGADZE, T. (org.) (1984). *Kinship and Marriage in the Soviet Union*: Field Studies. Londres/Boston: Routledge & Kegan Paul.

DRESCH, P. (1986). "The significance of the course events take in segmentary systems". *American Ethnologist*, 13 (2), p. 309-324.

DREYFUS, H.L. & RABINOW, P. (1984). *Michael Foucault, Beyond Structuralism and Hermeneutics*. Chicago: University of Chicago Press.

DRUMMOND, L. (1996). *American Dreamtime*: A Cultural Analysis of Popular Movies and their Implications for a Science of Humanity. Lanham, MD: Littlefield Adams Books.

_____ (1981). "The serpent's children: semiotics of ethnogenesis in Ararwak and Trobriand Myth". *American Ethnologist*, 8 (3), p. 633-660.

DUMONT, L. (1977). *From Mandeville to Marx*: The Genesis and Triumph of Economic Ideology. Chicago: University of Chicago Press.

_____ (1970). *Homo hierarchicus*: An Essay on the Caste System. Chicago: University of Chicago Press [trad. de M. Sainsbury].

DUNN, E. & HANN, C. (orgs.) (1996). *Civil Society*: Challenging Western Models. Londres/Nova York: Routledge.

DUPIRE, M. (1987). "Des goûts et des odeurs". *L'Homme*, 27, (4), p. 5-25.

DURKHEIM, É. (1976). *The Elementary Forms of the Religious Life*. Londres: Allen & Unwin [trad. de J.E. Swain].

_____ (1973). *Les règles de la méthode sociologique*. Paris: Presses Universitaires de France.

_____ (1967). *The Division of Labour in Society*. Basingstoke: Macmillan.

_____ (1964). *The Rules of Sociological Method*. Nova York: The Free Press [trad. de S.A. Solovay e J.H. Mueller].

_____ (1925). *Les formes elémentaires de la vie religieuse*: le système totèmique. Paris: F. Alcan [4. ed., Paris: Presses Universitaires de France].

DURKHEIM, É & MAUSS, M. (1963). *Primitive Classification*. Chicago: University of Chicago Press [trad. de R. Needhsam].

DWYER, K. (1982). *Maroccan Dialogues*: Anthropology in Question. Baltimore: Johns Hopkins University Press.

DWYER, P.D. (1996). "The invention of nature". In: ELLEN, R.F. & FUKUI, K. (orgs.). *Redefining Nature*: Ecology, Culture and Domestication. Oxford: Berg, 157-186.

ECK, D.L. (1993). *Encountering God*: A Spiritual Journey from Bozeman to Banaras. Boston: Beacon Press.

ECO, U. (1995 [1986]). *Faith in Fakes*: Travels in Hyperreality. Londres: Minerva [traduzido do italiano por W. Weaver].

_____ (1976). *A Theory of Semiotics* – Advances in semiotics. Bloomington: Indiana University Press.

EDELMAN, M.J. (Murray Jacob). (1971). *Politics as Symbolic Action* – Mass Arousal and Quiescence. Nova York: Academic Press [Institute for Research on Poverty monograph series].

ELIADE, M. (1965). *The Two and the One*. Londres: Harvill Press [trad. de J.M. Cohen].

_____ (1963). *Myth and Realitiy*. Nova York: Harper & Row [trad. de W.R. Task].

_____ (1962). *Mephistofélés et l'Androgyne*. Paris: Gallimard.

_____ (1954). *The Myth of the Eternal Return*. Princeton: Princeton University Press [trad. de W.R. Task].

_____ (1949). *Le mythe de l'éternel retour*. Paris: Gallimard.

ELIAV-FELDON, M. (1982). *Realistic Utopias*: The Ideal Imaginary Societies of the Renaissance, 1516-1630. Oxford: Oxford University Press.

ELLEN, R. (1996). "The cognitive geometry of nature: a contextual approach". In: DESCOLA, P. & PÁLSSON, G. (orgs.). *Nature and Society*: Anthropological Perspectives. Londres/Nova York: Routledge, p. 103-124.

_____ (1982). *Environment, Subsistence and System*: The Ecology of Small-Scale Social Formations. Cambridge: Cambridge University Press.

ERRINGTON, F. & GEWERTZ, D. (1987). *Cultural alternatives and a feminist anthropology*: an analysis of culturally constructed gender interests in Papua New Guinea. Cambridge/Nova York: Cambridge University Press.

ESCOBAR, A. (1996). "Constructing nature: elements for a poststructuralist political ecology". In: PEET, R. & WATTS, M. (orgs.). *Liberation Ecologies*. Londres: Routledge, p. 46-48.

_____ (1995). *Encountering Development*: The Making and Unmaking of the Third World. Princeton: Princeton University Press.

_____ (1991). "Anthropology and development encounter: the making and marketing of development anthropology". *American Ethnologist*, 18 (4), p. 658-682.

EVANS-PRITCHARD, E.E. (1963). *Social Anthropology and Other Essays*. Nova York: The Free Press.

_____ (1940). *The Nuer*: A Description of the Modes of Livelihood and Political Institutions of a Nilotic People. Oxford: The Clarendon Press.

_____ (1937). *Witchcraft, Oracles and Magic among the Azande*. Oxford: The Clarendon Press.

FABIAN, J. (1991). *Time and the Work of Anthropology*. Chur and reading: Harvard Academic Publishers.

_____ (1990). *Power and Performance*. Madison: University of Wisconsin Press.

_____ (1983). *Time and the Other*: How Anthropology Makes its Object. Nova York: Columbia University Press.

FANON, F. (1963). *Wretched of the Earth*. Nova York: Grove Press [trad. de C. Farrington].

FARDON, R. (org.) (1990). *Localizing Strategies*: Regional Traditions of Ethnographic Writing. Washington: Smithsonian Institution Press.

FARNELL, B.M. (1995). *Do you See What I Mean?* – Plains Indian Sign Talk and the Embodiment of Action. Austin: University of Texas Press.

FAUBION, J.D. (1993). *Modern Greek Lessons*: A Primer in Historical Constructivism. Princeton, NJ: Princeton University Press [Princeton Studies in Culture/Power/History].

FELD, S. (1991). "Sound as a symbolic system". In: HOWES, D. (org.). *The Varieties of Sensory Experiences*: A Sourcebook in the Anthropology of the Senses. Toronto: University of Toronto Press, p. 79-99.

_____ (1986). "Orality and consciousness". In: TOKUMARU, Y. & YAMAGUTI, O. (orgs.). *The Oral and the Literate in Music*. Tóquio: Academia Music.

_____ (1982). *Sound and Sentiment*: Birds, Weeping, and Poetics and Song in Kaluli Expression. Filadélfia: Philadelphia University of Pennsylvania Press.

FELDMAN, A. (1994). "On cultural anesthesia: from Desert Storm to Rodney King". *American Ethnologist*, 21 (2), p. 404-418.

_____ (1991). *Formations of Violence*: The Narrative of the Body and political Terror in Northern Ireland. Chicago: University of Chicago Press.

FERGUSON, J. (1990). *The Anti-Politics Machine*: "Development", Despoliticization, and Bureaucratic Power in Lesotho. Cambridge: Cambridge University Press.

FERNANDEZ, J.W. (1986). *Persuasions and Performances*: The Paly of Tropes in Culture. Bloomington, IN: Indiana University Press.

_____ (1982). *Bwiti*: An Ethnography of the religious Imagination in Africa. Princeton, NJ: Princeton University Press.

FERNANDEZ, J.W. & HERZFELD, M. (1998). "In search of meaningful methods". In: BERNARD, H.R. (org.). *Handbook of Methods in Cultural Anthropology*. Walnut Creek: Sage, p. 89-129.

FERREIRA, M.K.L. (1997). "When 1 + 1 ≠ 2: making mathematics in central Brazil". *American Ethnologist*, 24 (1), p. 132-147.

FISCHER, M.M.J. (1991). "Anthropology as cultural critique: inserts for the 1990s cultural studies of science, visual-spiritual realities, and post-trauma polities". *Cultural Anthropology*, 6 (4), p. 525-537.

FISCHER, W. (1995). "Development and Resistance in the Narmada Valley". In: FISHER, W. (org.). *Toward Sustainable Development*, 1995, p. 3-46.

FISCHER, W. (org.) (1995). *Toward Sustainable Development*: Struggling over India's Narmada River. Armonk, NY: M.E. Sharpe [Columbia Seminar Series].

FISHERKELLER, J.E. (1997). "Everyday learning about identities among young adolescents in TV culture". *Anthropology and Education Quarterly*, 28 (4), p. 467-492.

FISKE, J. (1992). "The cultural economy of fandom". In: LEWIS, L.A. (org.). *The Adoring Audience*: Fan Culture and Popular Media. Londres: Routledge.

FLORESCANO, E. (1987). *Memoria Mexicana* – Ensayo sobre la reconstrucción del pasado: epoca prehispanica, 1821; Contrapuntos. México, D.F.: J. Mortiz.

FORDE, D. (1954). *African Worlds* – Studies in the Cosmological Ideas and Socialization: The Approach from Social Anthropology. Londres/Nova York: Tavistock Publications, p. 191-213 [A.S.A. Monographs, 8].

FORTES, M. & EVANS-PRITCHARD, E.E. (orgs.) (1940). *African Political Systems*. Londres/Nova York: International Institute of African languages & Cultures by the Oxford University Press.

FOSTER, G.M. (1987). "On the origin of humoral medicine in Latin America". *Medical Anthropology Quarterly*, 1 (4), p. 355-393.

FOUCAULT, M. (1984). "Questions et réponses". In: DREYFUS, H. & RABINOW, P. *Michel Foucault* – Un parcours philosophique. Paris: Gallimard.

_____ (1979). *Discipline and Punish*. Nova York: Vintage.

_____ (1976). *La volonté de savoir*. Paris: Gallimard.

_____ (1975). *Surveiller et punir*: naissance de la prison. Paris: Gallimard.

_____ (1973a). *The Birth of the Clinic*. Nova York: Random House [trad. de A.M. Sheridan Smith].

_____ (1973b). *The Order of Things*: An Archeology of the Human Sciences. Nova York: Vintage.

FRIEDMAN, J. (1987). "Review Essay". *History and Theory*, 26, p. 72-99.

FUKUYAMA, F. (1992). *The End of History and the Last Man*. Nova York/Toronto: Free Press/Maxwell Macmillan/Maxwell Macmillan International.

GAL, S. (1991). "Bartok's funeral: representations of Europe in Hungarian political rhetoric". *American Ethnologist*, 18 (3), p. 440-458.

GALT, A.H. (1992). *Town and Country in Locorotondo*: Case Studies in Cultural Anthropology. Fort Worth, TX: Harcourt Brace Jovanovich College Publishers.

GARCÍA CANCLINI, N. (1995). "Mexico: cultural globalization in a disintegrating city". *American Ethnologist*, 22 (4), p. 743-755.

_____ (1990). *Culturas Híbridas* – Estrategias para entrar y salir de la Modernidad. México, DF: Grijalbo.

GARDNER, K. & LEWIS, D. (1996). *Anthropology, Development and the Post-modern Challenge*. Londres: Pluto Press.

GEANA, G. (1992). "Cultural anthropology as a paradigm of the socio-human sciences". *Slowenský Náradopis*, 40 (3), p. 311-316.

GEERTZ, C. (1988). *Works and Lives*: The Anthropologist as Author. Cambridge: Polity Press.

_____ (1983). *Local Knowledge*: Further Essays in Interpretative Anthropology. Nova York: Basic Books.

_____ (1980). *Negara*: The Theatre-State in Local Knowledge Nineteenth-Century Bali. Princeton: Princeton University Press.

_____ (1973a). *Interpretation of Cultures*: Selected Essays. Nova York: Basic Books.

_____ (1973b). "Deep play: notes on the Balinese cockfight". *The Interpretation of Cultures*. Nova York: Basic Books.

_____ (1963). *Agricultural Involution*: The Process of Ecological Change in Indonesia. Berkeley/Los Angeles: University of California Press.

GELL, A. (1998). *Art and Agency*: An Anthropological Theory. Oxford: Clarendon Press.

GELLES, P.H. (1995). "Equilibrium and extraction: dual organization in the Andes". *American Ethnologist*, 22 (4), p. 710-742.

GELLNER, E. (1983). *Nations and Nationalism*: New Perspectives on the Past. Oxford: Basil Blackwell.

GEORGE, K.M. (1997). "Some things that have happened to the Sun after September 1965: politics and the interpretation of an Indonesian painting". *Comparative Studies in Society and History*, 39 (4), p. 603-634.

_____ (1996). *Showing Signs of Violence*: The Cultural Politics of a Twentieth-Century Headhunting Ritual. Berkeley: University of California Press.

GERHOLM, T. (1988). "On ritual: a postmodernist view". *Ethnos*, 53, p. 190-203.

GEWERTZ, D.B. & ERRINGTON, F. (1996). "On PepsiCo and piety in a Papua New Guinea 'modernity'". *American Ethnologist*, 23 (3), p. 476-493.

_____ (1995). "Duelling Concurencies in East New Britain". CARRIER, J.G. (org.). *Occidentalism*, p. 161-191.

_____ (1991). *Twisted Histories, altered Contexts*: Representing the Chambri in a World System. Cambridge: Cambridge University Press.

GIDDENS, A. (1984). *The Constitution of Society*: Outline of the Theory of Structuration. Berkeley: University of California Press.

GILES, W.; MOUSSA, H. & VAN ESTERIK, P. (orgs.) (1996). *Development & Diaspora*: Gender and the Refugee Experience. Dundas, Ont.: Artemis Enterprises.

GILL, S.D. (1982). *Native American Religions*: An Introduction. Belmont, CA/Tulano: Graduate School of Tulane University.

GILMORE, D.D. (org.) (1987). *Honor and Shame and the unity of the Mediterranean*. Washington, DC: American Anthropological Association.

GILSENAN, M. (1976). "Lying, honor and contradiction". In: KAPFERER, B. (org.). *Transaction and Meaning*: Directions in the Anthropology of Exchange and Symbolic Behavior. Filadélfia: Institute for the Study of Human Issues.

GINSBURG, C. (1980). *The Cheese and the Worms*: The Cosmos of a Sixteenth-Century Miler. Baltimore: Johns Hopkins University Press.

GINSBURG, F. (1993). "Aboriginal media and the Australian imaginary". *Public Culture*, 5 (3), p. 557-578.

_____ (1991). "Indigenous media: Faustian contract or global village?" *Cultural Anthropology*, 6 (1), p. 92-112.

_____ (1989). *Contested Lives*: The Abortion Debate in an American Community. Berkeley: University of California Press.

GINSBURG, F. & RAPP, R. (orgs.) (1995). *Conceiving the New World Order*: The Global Politics of Reproduction. Berkeley: University of California Press.

GLUCKMAN, M. (1963a). *Order and Rebellion in Tribal Societies*. Londres: Cohen & West.

_____ (1963b). "Gossip and scandal". *Current Anthropology*, 4 (3), p. 307-316.

GNELSH, G. & ZENNER, W.P. (orgs.) (1996 [1966]). *Urban Life*: Readings in Urban Anthropology. 3. ed. Prospect Heights, IL: Waveland Press.

GODELIER, M. (1984). *L'idéal et le matériel*: pensée, écnomies, sociétés. Paris: Fayard.

GOFFMAN, E. (1959). *The Presentation of Self in Everyday Life*. Garden City, NY: Doubleday.

GOODY, J. (1977). *The Domestication of the Savage Mind* – Themes in the social sciences. Cambridge/Nova York: Cambridge University Press.

_____ (1992). *Cooking Cuisine, and Class: A Study in Comparative Sociology* – Themes in the social sciences. Cambridge: Cambridge University Press.

GOSSEN, G.H. (1974). *Chamulas in the World of the Sun*. Cambridge, MA: Harvard University Press.

GOULD, S.J. (1985). *The Flamingo's Smile*: Reflections in Natural History. Nova York: W.W. Norton.

GOW, D.D. (1993). "Doubly dammed: dealing with power and praxis in development anthropology". *Human Organization*, 52 (4), p. 380-397.

GRABURN, N.H.H. (org.) (1976). *Ethnic and Tourist Arts*: Cultural Expressions form the Fourth World. Berkeley: University of California Press.

GRANET, M. (1934). *La pensée chinoise*. Paris: Albin Michel.

GREENWOOD, D.J. (1984). *The Taming of Evolution*: The Persistence of Nonevolutionary Views in the Study of Humans. Ithaca: Cornell University Press.

_____ (1989). "Culture by the pound: an anthropological perspective on tourism as cultural commoditization". In: SMITH, V.L. (org.). *Hosts and Guests*: The Anthropology of Tourism. 2. ed. Filadélfia: University of Pennsylvania Press, p. 171-186.

GREGORY, C.A. (1982). *Gifts and Commodities*. Londres: Academic Press.

GREGORY, C.A. & ALTMAN, J.C. (1989). *Observing the Economy* Londres: Routledge [ASA Research Methods].

GRILLO, R. (1985). "Applied Anthropology in the 1980s: Retrospect and Prospect". In: GRILLO, R. & REW, A. (orgs.). *Social Anthropology and Development Policy*. Londres: Tavistock Publications, p. 1-36.

GUDEMAN, S. (1992). "Remodeling the house of economics: culture and innovation". *American Ethnologist*, 19 (1), p. 141-154.

_____ (1986). *Economics as Cultures*: Models and Metaphors of Livelihood. Londres: Routledge & Kegan Paul.

GUDEMAN, S. & RIVERA, A. (1990). *Conversations in Columbia*. Cambridge: Cambridge University Press.

GUHA, R. (1983). *Elementary Aspects of Peasant Insurgency*. Nova Deli: Oxford University Press.

GUNASEKERA, B. (1954). *The Rajavaliya*. Colombo: Government Printer.

GUPTA, A. (1998). *Postcolonial Developments*: Agriculture in the Making of Modern India. Durham, NC: Duke University Press.

GUPTA, A. & FERGUSON, J. (1977). "'The Field' as site, method, and location in anthropology". In: GUPTA, A. & FERGUSON, J. (orgs.). *Anthropological Locations*, p. 1-46.

GUPTA, A. & FERGUSON, J. (orgs.) (1997). *Anthropological Locations*: Boundaries and Grounds of a Field Science. Berkeley: University of California Press.

GUSTERSON, H. (1996). *Nuclear Rites*: A Weapons Laboratory at the End of the Cold War. Berkeley: University of California Press.

HALBWACHS, M. (1980). *The Collective Memory*. Nova York: Harper & Row [Harper Colophon Books. CN/800].

HALL, E.T. (1990). *Understanding Cultural Differences*. Yarmouth, ME: Intercultural Press.

_____ (1987). *Hidden Differences*: Doing Business with the Japanese. Garden City, NY: Anchor Press/Doubleday.

_____ (1983). *Hidden Differences: How to Communicate with the Germans* – Studies in International Communication. Hamburgo: Stern.

_____ (1959). *The Silent Language*. Garden City, NY: Doubleday.

HALL, R. (1996a). "Stirrings from the Indian Rim". *Financial Times*, I-II, nov., p. 16-17.

_____ (1996b). *Empires of the Monsoon*: a History of the Indian Ocean and its Invaders. Londres: Harper Collins.

HALL, S. (1980). "Encoding/decoding". In: HALL, S.; HOBSON, D.; LOVE, A. & WILLIS, P. (orgs.). *Culture, Media, and Language*. Londres: Hutchinson.

HALLPIKE, C.R. (1979). *The Foundation of Primitive Thought*. Oxford/Nova York: Clarendon Press/Oxford University Press.

HALPERIN, R.H. (1988). *Economies across Cultures*: Towards a Comparative Science of the Economy. Nova York: St. Martin's Press.

HANDELMAN, D. (1998). *Models and Mirrors*: Toward an Anthropology of Public Events. Oxford: Berghahn Books, Preface, p. x-liii [Com um novo prefácio do autor].

_____ (1995). "Cultural Taxonomy and bureaucracy in ancient China: The Book of Lord Shang". *International Journal of Politics* – Culture and Society, 9, p. 263-293.

_____ (1992). "Passages to play: paradox and process". *Play and Culture*, 5, p. 1-19.

_____ (1991). "Symbolic types, the body, and circus". *Semiotica*, 85, p. 205-225.

_____ (1990). *Models and Mirrors*: Toward an Anthropology of Public Events. Cambridge: Cambridge University Press.

HANDLER, R. & LINNEKIN, J. (1986). "Authenticity". *Anthropology Today*, 2 (1), p. 2-4.

_____ (1985). "On dialogue and destructive analysis: problems in narrating nationalism and ethnicity". *Journal of Anthropological Research*, 41 (2), p. 171-182.

_____ (1984). "Tradition, genuine or spurious". *Journal of American Folklore*, 97 (385), p. 273-290.

HANDLER, R. & GABLE, E. (1997). *The New History in an Old Museum*: Creating the Past at Colonial Williamsburg. Durham NC: Duke University Press.

HANDLER, R. & SEGAL, D. (1990). *Jane Austen and the Fiction of Culture*: An Essay on the Narration of Social realities. Tucson, AZ: University of Arizona Press.

HANNERZ, U. (1998). "Transnational research". In: BERNARD, H.R. (org.). *Handbook of Methods in Anthropology*. Walnut Creek, CA: Altamira Press, p. 235-258.

_____ (1996). *Transnational Connections*. Londres/Nova York: Routledge.

_____ (1992). *Cultural Complexity*: Studies in the Social Organization of Meaning. Nova York: Columbia University Press.

_____ (1990). "Cosmopolitans and locals in world culture". In: FEATHERSTONE, M. (org.). *Global Culture*. Londres: Sage, p. 237-252.

_____ (1981). "The management of danger". *Ethnos*, 46 (1-2), p. 19-46.

_____ (1980). *Exploring the City*: Inquires Toward an Urban Anthropology. Nova York: Columbia University Press.

HANSON, F.A. (1989). "The making of the Maori: cultural invention and its logic". *American Anthropologist*, 91, p. 890-308.

_____ (1983). "Syntagmatic structures: How the Maoris make sense of history". *Simiotica*, 46, p. 287-308.

HARRIS, M. (1977). *Cannibals and Kings*: The Origins of Cultures. Nova York: Randon House.

_____ (1974). *Cows, Pigs, Wars, and Witches*: The Riddles of Culture. Nova York: Randon House.

_____ (1968). *The Rise of Anthropological Theory*: A History of Theories of Culture. Londres: Routledge.

HARRIS, O. (1996). "Temporalities of Tradition: reflections on a changing anthropology". In: HUBINGER, V. (org.) (1992). *Grasping the Changing World*: Anthropological Concepts in the Postmodern Era. Londres/Nova York: Routledge, 1-16.

HART, J. (1996). *New Voices in the Nation*: Women and the Greek Resistance, 1941-1964. Ithaca: Cornell University Press.

HASTRUP, K. (org.) (1992). *Other Histories* – European Association of Social Anthropologists. Londres/Nova York: Routledge.

HAWKING, S. (1988). *A Brief History of Time*. Londres/Nova York: Bantam Books.

HAYDEN, R.M. (1996). "Imagined communities and the real victims: self-determination and ethnic cleansing in Yugoslavia". *American Ethnologist*, 23 (4), p. 783-801.

HEATHERINGTON, T.L. (1999). *As If Someone Dear to Me Had Died*: The Orgosolo Commons and the cultural Politics of Environmentalism. [s.l.]: Harvard University/Department of Anthropology [Tese de doutorado].

HEELAS, P. & LOCK, A. (1981). *Indigenous Psychologies*: The Anthropology of the Self. Londres/Nova York: Academic Press.

HELMS, M.W. (1998). *Access to Origins*: Affines, Ancestors, and Aristocrats. Austin, TX: Texas University Press.

HERRMANN, G. (1987). "Gift and Commodity: What changes hands in the US garage sale?" *American Ethnologist*, 24, p. 910-930.

HERTZ, E. (1998). *The Trading Crowd*: An Ethnography of the Shanghai Stock Market. Cambridge: Cambridge University Press.

HERTZ, R. (1960). *Death and The Right Hand*. Glencoe, IL: Free Press.

HERZFELD, M. (1997a). *Cultural Intimacy*: Social Poetics in the Naton-State. Nova York: Routledge.

_____ (1997b). *Portrait of's Greek Imagination*: An Ethnographic Biography of Andreas Nenedakis. Chicago: University of Chicago Press.

_____ (1997c). "Anthropology and the politics of significance". *Social Analysis*, 41 (3), p. 107-138.

_____ (1992). *The Social Production of Indifference*: Exploring the Symbolic Roots of Western Bureaucracy. Oxford: Berg.

_____ (1991). *A Place in History*: Social and Monumental Time in a Cretan town. Princeton, NJ: Princeton University Press [Princeton Studies in Culture/Power/History; Princeton Modern Studies].

_____ (1990). "Icons and identity religious orthodoxy and social practice in rural Crete". *Anthropological Quarterly*, 63 (3), p. 109-121.

_____ (1987). *Anthropology Through the Looking-Glass*: Critical Ethnography in the Margins of Europe. Cambridge: Cambridge University Press.

_____ (1986). "Closure as cure: tropes in the exploration of bodily and social disorder". *Current Anthropology*, 27 (2), p. 107-120.

_____ (1985). *The Poetics of Manhood*: Contest and Identity in a Cretan Mountain Village. Princeton: Princeton University Press.

_____ (1984). "The significance of the insignificant: blasphemy as ideology". *Man*, 19 (4), p. 653-664.

HEYMAN, J.M. (1998). *Finding a Moral Heart for US. Immigration Policy*: An Anthropological Perspective. Arlington, VA: American Anthropological Association [American Ethnological Society monograph series, 7].

_____ (1995). "Putting Power in the anthropology of bureaucracy: the immigration and naturalization service at the Mexico-United States border". *Current Anthropology*, 36 (2), p. 261-287.

HILL, J.D. (org.) (1988). *Rethinking History and Myth:* Indigenous South American Perspective on the Past. Urbana: University of Illinois Press.

HIMPELE, J. (no prelo). "Arrival scenes: complicity and the ethnography of media in the Bolivian public sphere". In: GINSBURG, F.; ABU-LUGHOD, L. & LARKIN, B. (orgs.). *The Social Practice of Media*: Anthropological Interventions in the Age of Electronic Reproduction. Berkeley: University of California Press.

HISCHON, R. (1989). *Heirs of the Greek Catastrophe*: The Social Life of Asia Minor Refugees in Piraeus. Oxford/Nova York: Clarendon Press/Oxford University Press.

HOBART, M. (org.) (1993). *An Anthropological Critique of Development*. Londres: Routledge.

HOBEN, A. (1982). "Anthropologists and development". *Annual Review of Anthropology* 11, p. 349-375.

HOBSBAWM, E. (1959). *Social Bandits and Primitive Rebels:* Studies in Archaic Forms of Social Movement in the 19th and 20th Centuries. Glencoe, IL: Free Press.

HOBSBAWM, E. & RANGER, T. (1983). *The Invention of Tradition*. Cambridge: Cambridge University Press.

HOCQUENGHEM, A.-M. (1987). *Iconografia Mochica*. Lima: Pontificia Universidad Católica del Peru.

HODGEN, M.T. (1964). *Early Anthropology in the Sixteenth and Seventeenth Centuries*. Filadélfia: University of Pennsylvania Press.

_____ (1936). *The Doctrine of Survivals*: A Chapter in the History of Scientific Method in the Study of Man. Londres: Allenson.

HOLMES, D.R. (1989). *Cultural Disenchantments*: Worker Peasantries in Northeast Italy. Princeton, NJ: Princeton University Press.

HOLSTON, J. & APPADURAI, A. (1996). "Cities and citizenship". *Public Culture*, 8 (2), p. 187-204.

HOLST-WARHALFT, G. (1979). *Theodorakis, Myth and Politics in Modern Greek Music*. Amsterdã: Hakkert.

HOLY, L. (1979). "Changing norms in matrilineal societies: The case of Toka inheritance". In: RICHES, D. (org.). *The Conceptualization and Explanation of Processes of Social Change*. Belfast: The Queen's University Papers in Social Anthropology, 3, p. 83-105.

_____ (1977). "Toka ploughing teams: Towards a decision model of social recruitment". In: STUCHLIK, M. (org.). *Goals and Behavior*. Belfast: The Queen's University Papers in Social Anthropology, 2, p. 49-73.

HOLY, L. & STUCHLIK, M. (1981). "The structure of folk models". In: HOLY, L. & STUCHLIK, M. (orgs.). *The Structure of Folk Models*. Londres: Academic Press, 1-35.

HOROWITZ, M. (1994). "Development anthropology in the mid-1990s". *Development Anthropology Network*, 12 (1 e 2), p. 1-14.

HOUNTONDJI, P. (1983). *African Philosophy Myth and Reality*. Bloomington: Indiana University Press [trad. de H. Evans].

HOWELL, S. (1996). "Nature in culture and culture in nature? – Chewong ideas of 'humans' and other species". In: PALSSON, G. & DESCOLA, P. (orgs.). *Nature and Society*: anthropological perspectives. Londres: Routledge, p. 127-144.

HOWES, D. (1992). *The Bounds of Sense*: An Inquiry into the Sensory Orders of Western and Melanesian Society. [s.l.]: Université de Montréal [Tese de doutorado].

_____ (1988). "On the odour of the soul: spatial representation and olfactory classification in eastern Indonesia and western Melanesia". *Bijdragen tot de Taal-Land, en Volkenkunde*, 124, p. 84-113.

HOWES, D. (org.) (1996). *Cross-Cultural Consumption:* Global Markets, Local realities. Londres/Nova York: Routledge.

_____ (1991). *The Varieties of Sensory Experience*: A Sourcebook in the Anthropology of Senses. Toronto: University of Toronto Press.

HUBERT, H. & MAUSS, M. (1964). *Sacrifice*: Its Nature and Function. Chicago: University of Chicago Press.

HUMPHREY, C. & HUGH-JONES, S. (1992). "Introduction: barter, exchange, and value". In: HUMPHREY, C & HUGH-JONES, S. (orgs.). *Barter, Exchange and Value*: An Anthropological Approach. Cambridge: Cambridge University Press, p. 1-20.

HUNN, E. (1985). "The utilitarian factor in folk biological classification". In: DOUGHERTY, J.W.D. (org.). *Directions in Cognitive Anthropology*. Urbana, IL: University of Illinois Press, p. 117-140.

HUNT, L. (1989). "Introduction: history, culture and text". In: HUNT, L. (org.). *The New Cultural History*. Berkeley: University of California Press, 1-22.

HUNTINGTON, E. (1924). *Civilization and Climate*. New Haven: Yale University Press.

HUNTINGTON, S. (1996). *The Clash of Civilizations and the Remaking of World Order*. Nova York: Simon & Schuster.

_____ (1993). "The clash of civilizations?" *Foreign Affairs*, 72 (3), p. 22-49.

HVALKOF, S. (1999). "Outrage in rubber and oil: extrativism, indigenous peoples and justice in the Upper Amazon". IN: ZERNER, C. (org.). *Peoples, Plants and Justice*: Resource Extraction and Conservation in Tropical Developing Countries. Nova York: Columbia University Press.

_____ (1989). "The nature of development: native and settlers view in Gran Pajonal, Peruvian Amazon". *Folk*, 31, p. 125-150.

HVALKOF, S. & AABY, P. (orgs.) (1981). *Is God an American?*– An Anthropological Perspective on the Missionary Work of the Summer Institute of Linguistics (An anthology). Copenhague/Londres: Iwgia/Survival International.

HVALKOF, S. & VERBER, H. (no prelo). *Guía etnográfica de la Alta Amazonia*. Vol. III: Los Ashéninka del Gran Pajonal. Panamá: Smithsonian Tropical Research Institute [Series editors: Fernando Santas & Frederika Barclay].

ILLICH, I. (1995). "Guarding the eye in the age of show". *Res* 28, p. 47-61.

INGOLD, T. (1996). "Hunting and gathering as ways of perceiving the environment". In: ELLEN, R.F. & FUKUI, K. (orgs.). *Redefining Nature*: ecology, Culture and Domestication. Oxford: Berg, p. 117-156.

_____ (1994). "From trust to domination: An alternative history of human-animal relations". In: MANNING, A. & SERPELL, J. (orgs.). *Animals and Human Society*: Changing Perspectives. Londres/Nova York: Routledge, p. 1-12.

_____ (1993). "Globes and spheres: the topology of environmentalism". In: MILTON, K. (org.). *Environmentalism*: The view form Anthropology. Londres/Nova York: Routledge, p. 31-42.

_____ (1992). "Culture and perception of environment". In: CROLL, E. & PARKIN, D. (orgs.). *Bush Base*: Forest Farm. Londres: Routledge, p. 36-56.

ISAAC, R. (1982). *The Transformation of Virginia, 1740-1790*. Chapel Hill: University of North Carolina Press.

ISER, W. (1978). *The Act of Reading*: A Theory of Aesthetic Response. Baltimore: Johns Hopkins University Press.

JACKSON, J.E. (1995). "Culture, genuine and spurious: the politics of Indianness in the Vaupés, Colombia". *American Ethnologist*, 22 (1), p. 3-27.

JACKSON, M. (1989). *Paths towards a Clearing:* Radical Empiricism and Ethnographic Inquiry. Bloomington, IN: Indiana University Press.

JAKOBSON, R. (1960). "Linguistics and poetics". In: SEBEOK, T.A. (org.). *Style in Language*. Cambridge, MA: MIT Press, p. 350-377.

JANELLI, R.L. (1993). *Making Capitalism*: The Social and Cultural Construction of a South Korean Conglomerate. Stanford, CA: Stanford University Press.

JAY, M. (1993). *Downcast Eyes*: The Denigration of Vision in Contemporary French Thought. Berkeley: University of California Press.

JENKINS, T. (1994). "Fieldwork and the perception of everyday life". *Man*, 29 (2), p. 433-455.

KAHN, S.M. (2000). *Reproducing Jews*: A Cultural Account of Assisted Conception in Israel. Durham, NC: Duke University Press.

KAPFERER, B. (1988). *Legends of People, Myths of State*: Violence, Intolerance, and Political Culture in Sri Lanka and Australia. Washington: Smithsonian Institution Press.

_____ (1983). *A Celebration of Demons*: Exorcism and the Aesthetics of Healing in Sri Lanka. Bloomington, IN: Indiana University Press.

KAPFERER, B. (org.) (1976). *Transaction and Meaning: Direction in the Anthropology of Exchange and Symbolic Behavior* – ASA essays in social anthropology. Vol. 1. Filadélfia: Institute for the Study of Human Issues.

KARAKASIDOU, A.N. (1997). *Fields of Wheat, Hills of Blood*: Passages to Nationhood in Greek Macedonia, 1870-1990. Chicago: University of Chicago Press.

KARIM, W.J. (1996). "Anthropology without tears: how a 'local' sees the 'local' and the 'global'". In: MOORE, H. (org.). *The Future of Anthropological Knowledge*. Londres: Routledge, p. 115-138.

KARP, I. (1986). "Agency and social theory: a review of Giddens". *American Ethnologist*, 13, p. 131-137.

_____ (1980). "Beer drinking and social experience in an African society: an essay in formal sociology". In: BIRD, C. & KARP, I. (orgs.). *Explorations in African Systems of Thought*. Bloomington, IN: Indiana University Press, 83-119.

KARP, I. & BIRD, C. (orgs.) (1980). *Explorations in African Systems of Thought*. Bloomington, IN: Indiana University Press.

KARP, I. & LEVINE, S. (orgs.) (1991). *Exhibiting Cultures*: The Poetics and Politics of Museum Display. Washington: Smithsonian Institution Press.

KATZ, E. & DAYAN, D. (1992). *Media Events*: The Live Broadcasting of History. Cambridge, MA: Harvard University Press.

KEARNEY, M. (1991). "Borders and boundaries of state and self at the end of empire". *Journal of Historical Sociology*, 4, p. 52-74.

KEESING, R. (1989). "Creating the past: customs and identity in the contemporary pacific". *The Contemporary Pacific* 1, p. 19-42.

_____ (1985). "Kwaio women speak: the micropolitics of autobiograhy in a Solomon Islands Society". *American Ethnologist*, 87, p. 27-39.

_____ (1981). *Cultural Anthropology*: A Contemporary Perspective. 2. ed. Nova York: Holt, Rinehart & Winston.

KEIL, C. & FELD, S. (1994). *Music Grooves*. Chicago: University of Chicago Press.

KEMPER, S. (1993). "The nation consumed: buying and believing in Sri Lanka". *Public Culture*, 5 (3), p. 377-393.

KENNY, M. & KERTZER, D.I. (orgs.) (1983). *Urban life in Mediterranean Europe*: Anthropological Perspectives. Urbana, IL: University of Illinois Press.

KERMAN, J. (1985). *Musicology*. Londres: Fontana.

KERTZER, D.I. (1988). *Ritual, Politics, and Power*. New Haven: Yale University Press.

_____ (1980). *Comrades and Christians*: Religious and Political Struggle in Communist Italy. Cambridge: Cambridge University Press.

KINGSBURY, H. (1988). *Music, Talent, and Performance*: A Conservatory Cultural System. Filadélfia: Temple University Press.

KIRBY, P.R. (1934). *The Musical Instruments of the Native Races of South Africa*. Joanesburgo: Wiwatesrsand University Press.

KLAITS, F. (1998). "Making a good death: Aids and social belonging in an independent church in Gaborone". *Botswana Notes and Records*, 30, p. 101-119.

KLEINMAN, A. (1995). *Writing at the Margin*: Discourses between Anthropology and Medicine. Berkeley: University of California Press.

KLEINMAN, A.; DAS, V. & LOCK, M. (1996). "Introduction". *Daedalus*, 125 (1), p. xi-xx.

KLEINMAN, A. & KLEINMAN, J. (1994). "How bodies remember: social memory and bodily experience of criticism, resistance, and delegitimation following China's Cultural Revolution". *New Literary History*, 25, p. 707-723.

KLIGMAN, G. (1998). *The Politics of Duplicity*: Controlling Reproduction in Ceausescu's Romania. Berkeley: University of California Press.

_____ (1981). *Căluş*: Symbolic Transformation in Romanian Ritual. Chicago: University of Chicago Press.

KLIGMAN, G. & VERDERY, K. (1999). "Reflections on the 'revolution' of 1989 and after". *East European Politics and Societies*, 13, p. 303-312.

KONDO, D. (1990). *Crafting Selves*: Power, Gender, and Discourse of Identity in a Japanese Workplace. Chicago: University of Chicago Press.

KONSTANTINOV, Y. (1996). "Patterns of reinterpretation trader-tourism in the Balkans (Bulgaria) as apicturesque metaphorical enactment of post-totalitarism". *American Ethnologist*, 23 (4), p. 762-782.

KONSTANTINOV, Y.; KESSEL, G. & THUEN, T. (1998). "Outclassed by former outcasts: petty trading in Varna". *American Ethnologist*, 25 (4), p. 729-745.

KOPTIUCH, K. (1996). "Cultural defense and criminological displacements: gender, race, and (trans)nation in the legal surveillance of US diaspora Asians. In: LAVIE, S. & SWEDENBURG, T. (org.). *Displacement, Diaspora, and Geographies of Identity*. Durham, NC: Duke University Press, p. 215-234.

KOPYTOFF, I. (1986). "The Cultural biography of things: commoditization as process". In: APPADURAI, A. (org.). *The Social Life of Things*: Commodities in Cultural Perspective. Cambridge: Cambridge University Press, p. 64-94.

KOPYTOFF, I. (org.) (1987). *The African Frontier*. Bloomington: Indiana University Press.

KROEBER, A.L. (1939). *Cultural and natural Areas of Native North America*. Berkeley: University of California Press.

KUKLICK, H. (1991). *The Savage Within*: The Social History of British Anthropology 1885-1945. Cambridge: Cambridge University Press.

LABOV, W. (1972). *Language in the Inner City*: Studies in the Black English Vernacular. Filadélfia: University of Pennsylvania Press.

LADERMAN, C. (1991). *Taming the Wind of Desire: Psychology, Medicine, and Aesthetics in Malay Shamanistic Performance*. Berkeley: University of California Press.

LANCASTER, R.N. (1992). *Life is Hard*: Machismo, Danger, and the Intimacy of Power in Nicaragua. Berkeley: University of California Press.

LANGER, L. (1991a). *Holocaust Testimonies*: The Ruins of Memory. New Haven: Yale University Press.

_____ (1991b). "The alarmed vision: social suffering and Holocaust atrocity". *Daedalus*, 125 (1), p. 47-67.

LARKIN, B. (1997). "Indian films and Nigerian lovers: Media and the creation of parallel modernities". *Africa*, 67 (3).

LATOUR, B. & WOOLGAR, S. (1986). *Laboratory Life*: The Construction of Scientific Facts. Princeton, NJ: Princeton University Press.

LAVE, J. (1991). *Situated Learning*: Legitimate Peripheral Participation. Cambridge: Cambridge University Press.

_____ (1977). "Cognitive consequences of traditional apprenticeship training in West Africa – In Council on Anthropology and Education". *Newsletter*, 8 (3), p. 177-180. Pitesburgo.

LAVIE, S. (1990). *The Poetics of Military Occupation*: Mzeina Allegories of Bedouin Identity under Israeli and Egyptian Rule. Berkeley: University of California Press.

LAWRENCE, D.L. & LOW, S.M. (1990). "Built environment and spatial form". *Annual Review of Anthropology*, 19, p. 453-505.

LAWRENCE, P. (1995). *Work on oracles overcoming political silences in Mattakalapu* [Ensaio apresentado na 5th Srilankan Conference, Indiana].

LEACH, E. (1970). *Claude Lévi-Strauss*. Londres: Fontana/Collins.

_____ (1962 [1961]). *Rethinking Anthropology*. Londres: University of London [Athlone Press. Monographs on social anthropology, 22].

_____ (1961). "Lévi-Strauss in the Garden of Eden: an examination of some recent developments in the analysis of myth". *Transactions*, 23, p. 386-396 [Nova York Academy of Sciences, series, II].

_____ (1960). "The frontiers of Burma". *Comparative Studies in Society and History*, 3, p. 49-68.

LEAVITT, J. (1996). "Meaning and feeling in the anthropology of emotions". *American Ethnologist*, 23 (3), p. 514-539.

LE BRETON, D. (1990). *Anthropologie du corps et modernité*. Paris: Presses Universitaire de France.

LÉENHARDT, M. (1947). *Do Kamo*: la personnne et le mythe dans le monde mélanésien. Paris: Gallimard.

LEKLOWITZ, M. (1996). *Not out of Africa*: How Afrocentrism became an Excuse to Teach Myth as History. Nova York: Basic Books.

LENCLUD, G. (1988). "Des idées et des hommes: patronage électoral et culture politique en Corse". *Revue Française de Science Politique*, 38 (5), p. 770-782.

LÉVI-STRAUSS, C. (1978). *Myth and Meaning*: Five Talks for Radio. Londres: Routledge & Kegan Paul.

_____ (1969). *The Raw and the Cooked*: Introduction to a Science of Mythology. Vol. 1. Nova York: Harper & Row [trad. de J. e D. Weightman].

_____ (1964). *Le cru et le cuit*. Paris: Plon.

_____ (1963). *Structural Anthropology*. Nova York: Basic Books.

_____ (1955a). "The structural study of myth". *Journal of American Folklore*, 68, p. 428-444.

_____ (1955b). *Tristes tropiques*. Paris: Plon.

_____ (1949). *Les structures élementaires de la parenté*. Paris: Presses Universitaires de France.

LÉVY-BRUHL, L. (1927). *L'âme primitive* – Travaux de l'Année sociologique. 2. ed. Paris: F. Alcan.

LEWIS, I. (1961). "Force and fission in northern Somali lineage structure". *American Anthropologist*, 63 (1), p. 94-112.

LIECHY, M. (1995). "Media, markets and modernization: youth identities and the experience of modernity in Kathmandu, Nepal". In: AMIT-TALAI, V. & WULFF, H. (orgs.). *Youth Cultures*: A Cross-Cultural Perspective. Londres: Routledge, p. 166-201.

LIENHARDT, R.G. (1964). *Social Anthropology*. Londres: Oxford University Press.

LINCOLN, B. (1981). *Emerging from the Chrysalis*: Studies in Rituals of Women's Initiation. Cambridge, MA: Harvard University Press.

LINDSTROM, L. (1995). "Cargoism and Occidentalism". In: CARRIER, J.G. (org.). *Occidentalism Images of the West*. Oxford: Clarendon Press, 33-60.

LINTON, R. (1936). *The Study of Man*. Nova York: Appleton-Century-Crofts.

LITTLE, P.D. & PAINTER, M. (1995). "Discourse, politics, and the development process: reflections on Escobar's anthropology and the development encounter". *American Ethnologist*, 22 (3), p. 602-609.

LLOBERA et al. (1986). "Fieldwork in Southern Europe: Anthropological [sic] Straitjacket?" *Critique of Anthropology*, 6 (2), p. 25-33.

LOCK, M. (1996). "The quest for human organs and the violence of zeal". Apud DAS, V. "Sufferings, theodicies, disciplinary practices, appropriations". *International Social Science Journal*, 49 (154), 1997, p. 563-572.

LOMAX, A. (1968). *Folk Song Style and Culture*. Washington, DC: American Association for the Advancement of Science, p. 88.

LOW, S.M. (1996). "Spatializing culture: the social production and social construction of public space in Costa Rica". *American Ethnologist* 23, (4), p. 861-879.

LOZADA JR., E.P. (1998). "What it means to be Hakka in cyberspace: diasporic ethnicity and the Internet". In: CHEUNG, S.C.H. (org.). *On the South China Track*: Perspectives on Anthropological Research and Teaching. Hong Kong: Hong Kong Institute of Asia-Pacific Studies, Chinese University of Hong Kong, p. 149-182.

LUKES, S. (1973). *Emile Durkheim, his Life and Works*: A Historical and Critical Study. Londres: Allen Lane.

LUTZ, C. & ABU-LUGHOD, L. (orgs.) (1990). *Language and the Politics of Emotion*. Cambridge: Cambridge University Press.

MacALOOM, J.J. (1984). "Introduction: Cultural performance, Culture, Theory". In: MacALOOM, J.J. (org.). *Rite Drama, Festival, Spectacle*: Rehearsals toward a Theory of Cultural Performance. Filadélfia: Institute for the Study of Human Issues, p. 1-15.

_____ (1981). *This Great Symbol*: Pierre de Coubertin and the Origins of the Modern Olympic Games. Chicago: University of Chicago Press.

MACH, Z. (1994). "National anthems: the case of Chopin as a national composer". In: STOKES, M. (org.). *Ethnicity, Identity and Music*: The Musical Construction of Place. Oxford: Berg.

MacPHERSON, C.B. (1962). *The Political Theory of Possessive Individualism*: Hobbes to Lock. Oxford: Clarendon Press.

MADDOX, R. (1998). "Founding a convent in early modern Spain: cultural history, hegemonic processes, and the plurality of the historical subject". *Remaking History*: The Journal of Theory and Practice, 2, p. 173-198.

_____ (1995). "Revolutionary anticlericalism and hegemonic processes in an Andalusian town", ago./1936. *American Ethnologist*, 22 (1), p. 125-143.

MALABY, T.M. (1999). "Fateful misconceptions: rethinking paradigms of chance among gamblers in Crete". *Social Analysis*, 43 (1), p. 141-164.

MALARNEY, S.K. (1996). "The limits of 'State Functionalism' and the reconstruction of funeral rule in contemporary Vietnan". *American Ethnologist*, 23 (3), p. 540-560.

MALINOWSKI, B. (1967). *A Diary in the Strict Sense of the Term*. Nova York: Harcourt, Brace & World.

_____ (1962). *Sex, Culture, and Myth*. Nova York: Harcourt, Brace & World.

_____ (1948). *Magic, Science, and Religion, and Other Essays*. Boston: Beacon Press.

_____ (1940). *The Scientific Basis of Applied Anthropology*. Roma: Reale Accademmia d'Italia.

MALKKI, L. (1997). "News and culture: Transitory phenomena and the fieldwork tradition". In: GUPTA, A. & FERGUSON, J. (orgs.). *Anthropological Locations*: Boundaries and Grounds of a Field Science. Berkeley: University of California Press, p. 86-101.

_____ (1989). *Purity and Exile*: Violence, Memory and National Cosmology among Hutu refugees in Tanzania. Chicago: University of Chicago Press.

MANKEKAR, P. (1999). *Screening Culture, Viewing Politics*: An Ethnography in North India. Chicago: University of Chicago Press.

_____ (1993a). "National texts and gendered lives: an ethnography of television viewers in a North Indian city". *American Ethnologist*, 20 (3), p. 543-563.

_____ (1993b). "Television tales and woman's rage: a nationalist recasting of Draupadi's 'disrobing'". *Public Culture*, 5 (3), p. 469-492.

MARCUS, G.E. (1995). "Ethnography in/of the world system: the emergence of multi-sited ethnography". *Annual Review of Anthropology*, 24, p. 95-117.

_____ (1992). *Lives in Trust*: The Fortunes of Dynastic Families in Late Twentieth-Century America. Boulder: Westview Press.

MARCUS, G.E. & FISCHER, M.M.J. (1986). *Anthropology as Cultural Critique*. Chicago: University of Chicago Press.

MARX, K. (1961). *Capital*. Vol. 1. Moscou: Foreign Publishing House [reeditado].

MASCIA-LEES, F.E.; SHARPE, P. & COHEN, C.B. (1987-1988). "The post-modernist turn in anthropology: cautions from a feminist perspective". *Journal of the Steward Anthropological Society*, 17 (1-2), p. 251-182.

MASON, O.T. (1896). "Influence of environment upon human industries or arts". *Annual Report of the Smithsonian Institution for 1895*, p. 639-665.

MAUSS, M. (1979). *Seasonal variations of the Eskimo: a study in social morphology*. Londres: Routledge & Kegan Paul [colab. de H. Beuchat; trad. de J.J. Fox].

_____ (1954). *The Gift*. Londres: Cohen & West [trad. de I. Cunnison].

MAYBURY-LEWIS, D. (1989). "The Quest for Harmony". In: MAYBURY-LEWIS, D. & ALMAGOT, U. (orgs.). *The Attraction of the Opposites*: Thought and Society in the Dualistic Mode. Ann Arbor: University of Michigan Press, p. 1-18.

MBEMBE, A. (1992). "Provisional Notes on the Postcolony". *Africa*, 62 (1), p. 3-37.

McCALL, J.C. (1999). *Dancing Histories*: Heuristic Ethnography with the Ohafia Ibo. Ann Arbor: University of Michigan Press.

McDONALD, M. (1996). "'Unity' and 'Diversity': Some tensions in the construction of Europe". *Social Anthropology*, 4 (1), p. 47-60.

McKASTIE, T.C. (1989). "Asantesem: reflections on discourse and text in Africa". In: BARBER, K. & FARIAS, P.F.M. (orgs.). *Discourse and Its Disguises*: The Interpretation of African Oral Texts. [s.l.]: Birmingham University [African Studies Series, n. 1, p. 70-86].

McLUHAN, M. (1964). *Understanding Media*. Nova York: New American Library.

_____ (1962). *The Gutenberg Galaxy*. Toronto: University of Toronto Press.

MEEKER, M.E. (1979). *Literature and Violence in North Arabia*. Cambridge: Cambridge University Press [Cambridge STUDIES in Cultural Systems, 3].

MERRIAM, A.P. (1964). *The Anthropology of Music*. Evanston: Northwestern University Press.

MICELI, S. (1982). *In nome del signo*: introduzione alla semiótica della cultura. Palermo: Sellerio.

MIDDLETON, J. (1967). "Introduction". In: MIDDLETON, J. (org.). *Myth and Cosmos*, p. ix-xi.

MIDDLETON, J. (org.) (1967). *Myth and Cosmos*: Readings in Mythology and Symbolism. Garden City, N.Y.: The Natural History Press.

MIDDLETON, J. & TAIT, D. (orgs.) (1958). *Tribes without Rulers:* Studies in African Segmentary Systems. Londres: Routledge & Kegan Paul.

MILLER, D. (1995). "Consumption and Commodities". *Annual Review of Anthropology* 24, p. 141-161.

_____ (1987). *Material Culture and Mass Consumption*. Oxford: Basil Blackwell.

MILLER, D. (org.) (1995). *Acknowledging Consumption*: A Review of New Studies. Londres: Routledge.

MILLS, M.B. (1999). *Thai Women in the Global Labor Force*: Consuming Desires, Contested Selves. New Brunswick, NJ: Rutgers University Press.

MILTON, K. (1996). *Environmentalism and Cultural Theory*: Exploring the Role of Anthropology in Environmental Discourse. Londres/Nova York: Routledge.

_____ (1993). "Introduction: environmentalism and anthropology". In: MILTON, K. (org.). *Environmentalism:* The View from Anthropology. Londres/Nova York: Routledge.

MILTON, K. (org.) (1993). *Environmentalism*: The View from Anthropology. Londres/Nova York: Routledge.

MINER, H. (1956). "Body ritual among the Nacirema". *American Anthropologist*, 58, p. 503-507.

MINTZ, J.R. (1997). *Carnival Song and Society: Gossip, Sexuality, and Creativity in Andalusia* – Explorations in Anthropology. Oxford: Berg.

_____ (1982). *The Anarchists of Casas Viejas*. Chicago: University of Chicago Press.

MINTZ, S.W. (1985). *Sweetness and Power*: The Place of Sugar in Modern History. Nova York: Viking.

MISHRA, V.; JEFFERY, P. & SHOEMITH, B. (1989). "The actor as parallel text in Bombay cinema" *Quarterly Review of Film & Video*, 11, p. 49-67.

MOERAN, B. (1996). *A Japanese Adverting Agency*: an anthropology of media and markets. Richmond, Surrey: Curzon Press & Honolulu University of Hawai'I Press [Consum Asian book series].

_____ (1989). "A Japanese Rite of Power". *Anthropology Today*, 5 (5), p. 17-18.

MOHAMMED, J. & JUHASZ, A. (1996). "Knowing each other through Aids video: A dialogue between Aids activist videomakers". In: MARCUS, G.E. (org.). *Connected*: Engagements with Media. Chicago: University of Chicago Press.

MOHANTY, C. (1991). "Under western eyes: feminist scholarship and colonial discourses". In: MOHANTY, C.; RUSSO, A. & TORES, L. (orgs.). *Third World Women and the Politics in Feminism*. Bloomington: Indiana University Press, p. 51-80.

MOLE, J. (1995). *Mind Your Manners*: Managing Business Cultures in Europe. Londres: Nicholas Brealey.

MOMIGLIANO, A. (1986). "How Roman emperors became gods". *American Scholar*, 55, p. 181-194.

MOORE, D.C. (1994). "Anthropology is dead, long live anthropology: postcolonialism, literary studies and anthropology's 'nervous present'". *Journal of Anthropological Research* 50, p. 345-366.

MOORE, H.L. (1994). *A Passion for Difference*: Essays in Anthropology and Gender. Bloomington: Indiana University Press.

MOORE, S.F. (1987). "Explaining the present: theoretical dilemmas in processual ethnography". *American Ethnologist*, 14 (4), p. 727-736.

MOORE, S.F. (org.) (1993). *Moralizing States and the Ethnography of the Present*. Arlington, VA: American Anthropological Association [American Ethnological Society monograph series, 5].

MORAN, E.F. (1990). "Ecosystem ecology in biology and anthropology: a critical assessment". In: MORAN, E.F. (org.). *The Ecosystem Approach in Anthropology*. Ann Arbor: University of Michigan Press, p. 3-40.

_____ (1981). *Developing the Amazon*. Bloomington: Indiana University Press.

MORENO NAVARRO, I. (1984). "Doble colonización de la Anthropología andaluza y las perspectivas de futuro". *García de Orta Serie de Anthropología*, 3 (1-2), p. 27-35.

MORGAN, G. (1991). "Advocacy as a form of social science". In: HARRIES-JONES, P. (org.). *Making Knowledge Count*: Advocacy and Social Science. Montreal/Kingston: McGill-Queen's Press, p. 223-231.

MORLEY, D. (1989). "Changing paradigms in audience studies". In: SEITER, E.; BORCHERS, H.; KREUTZNER, G. & WARTH, E.M. *Remote Control*: Television, Audiences, and Cultural Power. Londres: Routledge, p. 16-43.

_____ (1980). *The "Nationwide" Audience*: Structure and Decoding. Londres: British Film Institute.

MORPHY, H. (1989). "From dull to brilliant the aesthetics of spiritual power among the Yolngu". *Man*, 24, p. 21-40.

MOSS, D. (1979). "Bandits and boundaries in Sardinia". *Man*, 14 (3), p. 477-496.

MOSSE, G.L. (1985). *Nationalism and Sexuality*: Respectability and Abnormal Sexuality in Modern Europe. Nova York: Fertig.

MUDIMBE, V.Y. (1988). *The Invention of Africa*. Bloomington: Indiana University Press.

MULVEY, L. (1989). "Visual pleasure and narrative cinema". *Visual and Other Pleasures*. Bloomington: Indiana University Press, p. 14-28.

MURUA, M. (1964). *Historia general del Peru*. Madri: Instituto Gonzalo Fernández de Oviedo.

MYERS, C.S. (1903). "Smell". In: HADDON, A. (org.). *Reports of the Cambridge Anthropological Expedition to the Torres Straits* – Vol. 2: Physiology and Psychology. Cambridge: Cambridge University Press, p. 169-185.

NADEL-KLEIN, J. (1991). "Reweaving the fringe: localism, tradition, and representation in british ethnography". *American Ethnologist*, 18 (3), p. 500-517.

NADER, L (1972). "Up the anthropologist – perspective gained from studying up". In: HYMES, D. (org.). *Reinventing Anthropology*. Nova York: Pantheon Press, p. 284-311.

NASH, J. (1997). "The fiesta of the world: The Zapatista uprising and radical democracy in Mexico". *American Anthropologist*, 99 (2), p. 261-274.

_____ (1993). "The reassertion of indigenous identity: Mayan responses to state intervention in Chiapas". *Latin American Research Review*, 30 (3), p. 7-42.

_____ (1989). *From Tank Towns to High Tech*: The Clash of Community and Industrial Cycles. Albânia: Suny Press.

_____ (1970). *In the Eyes of the Ancestors*. New Heaven: Yale University Press.

NASH, J. (org.) (1995). *The Explosion of Communities in Chiapas*. Copenhague: Iwgia.

_____ (1993). *Crafts in the Market*. Albânia: Suny Press.

NEEDHAM, R. (1973). *Right & Left*: Essays on Dual Symbolic Classification. Chicago: University of Chicago Press.

_____ (1972). *Belief, Language, and Experience*. Oxford: Basil Blackwell.

_____ (1963). "Introduction". In: DURKHEIM, É. & MAUSS, M. (orgs.). *Primitive classification*. Londres: Cohen & West, p. vii-xlviii.

_____ (1962). *Structure and Sentiment*: A Test Case in Social Anthropology. Chicago: University of Chicago Press.

NEEDHAM, R. (org.) (1971). *Rethinking kinship and Marriage*. Londres: Tavistock [A.S.A. Monographs, 11].

NELSON, R.S. (1989). "The discourse of icons, then and now". *Art History*, 12 (2), p. 144-163.

NETTING, R.M. (1986). *Cultural Ecology*. 2. ed. Prospect Heights, IL: Waveland Press.

_____ (1982). "The ecological perspective: holism and scholasticism in anthropology". In: HOEBEL, E.A.; CURRIES, R. & KAISER, S. (orgs.). *Crisis in Anthropology*: The View from Spring Hill, 1980. Nova York: Garland, p. 271-292.

NETTING, R.M.; WILK, R.R. & ARNOULD, E.J. (orgs.) (1984). *Households*: Comparative and Historical Studies of the Domestic Group. Berkeley: University of California Press.

NILSSON, M.P. (1954). *Religion as Man's Protest against the Meaninglessness of Events*. Lund: CWK Gleerup.

NORA, P. (org.) (1984). *Les lieux de mémoire*. Paris: Gallimard.

NUSSDORFER, L. (1993). "Review essay". *History and Theory*, 32, p. 74-83.

OBEYESEKERE, G. (1992). *The Apotheosis of Capitan Cook*. Princeton: Princeton University Press.

_____ (1968). "Theodicy, sin and salvation in a sociology of Buddhism". In: LEACH, E.R. (org.). *Cambridge Papers in Social Anthropology* 5, p. 7-40.

OKELY, J. (1983). *The Traveller-Gypsies*. Cambridge: Cambridge University Press.

ONG, A. (1996). "Anthropology, China and modernities: the geopolitics of cultural knowledge". In: MOORE, H. (org.). *The Future of Anthropological Knowledge*. Londres: Routledge, 60-92.

_____ (1987). *Spirits of Resistance and Capitalist Discipline*. Albânia: Suny Press.

ONG, W.J. (1982a). *Orality and Literacy*. Nova York: Methuen.

_____ (1982b). "Literacy and orality in our times". *Pacific Quarterly Moana*, 7 (2), p. 8-21.

_____ (1981). "Oral remembering and narrative structures". *Georgetown University Round Table on Language and Linguistics*. Washington: Georgetown University, P. 12-24.

_____ (1967). *The Presence of the World*. New Heaven: Yale University Press.

ÖNCÜ, A. (1995). "Packing Islam: cultural politics on the landscape of Turkish commercial television". *Public Culture*, 8 (1), p. 51-71.

ORLOVE, B. & BAUER, A.J. (1997). "Giving importance to imports". In: ORLOVE, B. (org.). *The Allure of the Foreign*: Imported Goods in Postcolonial Latin America. Ann Arbor: University of Michigan Press, p. 1-30.

ORTIZ, R. (1994). *Mundialização e cultura*. 2. ed. São Paulo: Brasiliense.

ORTNER, S.B. & WHITEHEAD, H. (orgs.) (1981). *Sexual Meaning, the Cultural Construction of Gender and Sexuality*. Cambridge: Cambridge University Press.

OSSIO, J.M. (1977). "Myth and history: the seventeenth-century chronicle of Guamana Poma de Ayala". In: JAIN, R.K. (org.). *Text and Context*: The Social Anthropology of Tradition. Filadélfia: Institute for the Study of Human Issues, P. 51-93.

OTT, S. (1979). *Aristotle among the Basque Shepherding Community*. Oxford/Nova York: Clarendon Press/Oxford University Press.

OXFELD, E. (1993). *Blood, Sweat, and Mahjong: Family and Enterprise in an Overseas Chinese Community* – Anthropology of contemporary issues. Ithaca, NY: Cornell University Press.

PAINE, R. (1986). *Advocacy and Anthropology*: First Encounters. St. John's, Newfoundland: Institute of Social and Economic Research/Memorial University.

_____ (1967). "What is gossip about: an alternative hypothesis". *Man*, 2 (2), p. 278-285.

PAINE, R. (org.) (1981). *Politically Speaking*: Cross-cultural Studies of Rhetoric. Filadélfia: Institute for the Study of Human Issues.

PALOMINO FLORES, S. (1984). *El sistema de oposiciones en la comunidad de Sarhua*. Lima: Pueblo Indio.

PANOFSKY, E. (1985). *El significado de las artes visuales*. Madri: Alianza.

PAPADAKIS, Y. (1998). "Greek Cypriot narratives of history and collective identity: nationalism as a contested process". *American Ethnologist*, 25 (2), p. 149-165.

_____ (1993). "Politics of memory and forgetting in Cyprus". *Journal of Mediterranean Studies*, 3 (1), p. 139-154.

PAPPAS, T.S. (1999). *Making Party Democracy in Greece*. Londres: Macmillan Press.

PAREDES, A. (1858). *With His Pistol in His Hand*: A Ballad and Its Hero. Austen: University of Texas Press.

PAREZCO, N.J. (1983). *Navajo Sandpainting*: From Religious Act to Commercial Art. Tucson: University of Arizona Press.

PARK, R.E. (1964). *Race and Culture*. Nova York: Free Press.

PARMENTIER, R.J. (1987). *The Sacred Remains*: myth, history, and polity in Belau. Chicago: University of Chicago Press.

PARRY, J.P. (1986). "The gift, the Indian gift and the 'Indian gift'". *Man*, 21 (3), p. 453-473.

PEACOCK, J.L. (1968). *Rites of Modernization*: Symbolic and Social Aspects of Indonesian Proletarian Drama. Chicago: University of Chicago Press.

PEEK, P.M. (1994). "The sounds of silence: cross-world communication and the auditory arts in African societies". *American Ethnologist*, 21 (3), p. 474-494.

PEEL, J.D.Y. (1993). "Review essay". *History and Theory*, 32, p. 74-83.

PIETERSE, J.N. (1992). *White and Black*: Images of Africa and Blacks in Western Popular China. New Haven, CT: Yale University Press.

PIGG, S.L. (1996). "The credible and the credulous: the question of 'Villagers' Beliefs' in Nepal". *Cultural Anthropology*, 11 (2), p. 160-201.

_____ (1995a). "Acronyms of effacement: Traditional Medical Practitioners (TMP) in international health development". *Social Science and Medicine*, 41 (1), p. 47-68.

_____ (1995b). "The social symbolism of healing in Nepal". *Ethnology*, 34 (1), p. 1-20.

_____ (1992). "Inventing social categories through place: social representations and development in Nepal". *Comparative Studies in Society and History*, 34 (3), p. 491-513.

PINEY, C. (no prelo). "The nation [un]pictured? – Chromolithography and 'popular' politics in India: 1878-1995". *Critical Inquiry*.

PLATTNER, S. (1996). *High Art Down Home: an economic ethnography of a local art market*. Chicago: University of Chicago Press.

PLATTNER, S. (org.) (1989). *Economic Anthropology*. Stanford: Stanford University Press.

POCIUS, G.L. (1979). "Hooked rugs in Newfoundland: the representation of social structure in design". *Journal of American Folklore*, 92 (365), p. 273-284.

POCOCK, D.F. (1961). *Social Anthropology*. Londres/Nova York: Sheed & Ward.

POLANYI, K.; ARENSBERG, C.M. & PEARSON, H.W. (orgs.) (1957). *Trade and Market in the early Empires*. Glencoe, IL: The Free Press.

PONTING, C. (1991). *A Green History of the World*. Londres: Sinclair-Stevenson.

PORTER, R. (1993). "The rise of physical examination". In: BYNUM, W.F. & PORTER, R. (orgs.). *Medicine and the Five Senses*. Cambridge: Cambridge University Press, P. 179-197.

_____ (1986). "Foreword to A. Corbin". *The Foul and the Fragrant*: Odor and the French Social Imagination. Cambridge, MA: Harvard University Press, p. v-vii [trad. de M.L. Kochan, R. Porter e C. Prendergast].

POURCHER, Y. (1991). "Tournée electorale". *Homme*, 119, p. 61-79.

_____ (1987). *Les Maîtres de granit:* Les notables de Lozère du XVIIIe siècle à nos jours. Paris: Olivier Orban.

_____ (1985). "Parente et representation politique en Lozère". *Terrain* 4, p. 27-41.

POVINELLI, E.A. (1993). *Labour's Lot*: The Power, History, and Culture of Aboriginal Action. Chicago: University of Chicago Press.

POWDERMAKER, H. (1950). *Hollywood the Dream Factory*: An Anthropologist Look at the Movie-Makers. Boston: Little Brown.

PRIBRAM, E.D. (org.) (1988). *Female Spectators*: Looking at Film and Television. Londres: Verso.

PRICA, I. (1995). "Between destruction and deconstruction: the preconditions of the Croatian ethnography of war". *Collegium Antrhopologicum*, 19 (1), p. 7-16.

QUEIROZ, M. (1985). "The samba schools of Rio de Janeiro or the domestication of an urban mass". *Diogenes*, 129, p. 1-32.

RABINBACH, A.G. (1976). "The aesthetics of production in the Third Reich". *Journal of Contemporary History*, 11, p. 43-74.

RABINOW, P. (1996). *Essays on the Anthropology of Reason*. Princeton, NJ: Princeton University Press.

_____ (1989). *French Modern*: Norms and Forms of the Social Evironment. Cambridge, MA: MIT Press.

_____ (1977). *Reflections on Fieldwork in Marocco*. Berkeley: University of California Press.

RABINOWITZ, D. (1996). *Overlooking Nazareth*: The Ethnography of Exclusion in Galilee. Cambridge: Cambridge University Press.

RADCLIFFE-BROWN, A.R. (1952). *Structure and Function in Primitive Society*: Essays and Addresses. Glencoe, IL/Londres: The Free Press/Cohen & West.

RADWAY, J.A. (1984). *Reading the Romance*: Women, Patriarchy, and Popular Literature. Chapel Hill: The University of North Carolina Press.

RAHEJA, G.G. (1996). "Caste, nationalism, and the speech of the colonized: contextualization and disciplinary control in India". *American Ethnologist*, 23 (3), p. 496-513.

RAMPHELE, M. (1996a). "Political widowhood in South Africa: the embodiment of ambiguity". *Daedalus*, 125 (1), p. 99-119.

_____ (1996b). "Teach me how to be a man". In: DAS, V. "Sufferings, theodicies, disciplinary practices, appropriations". *International Science Journal*, 49 (154), 1997, p. 563-572.

_____ (1992). *A Bed Called Home*: Life in the Migrant Labour Hostels of Capte Town. Edimburgo: Edinburgh University Press/International African Institute.

RAPPAPORT, J. (1994). *Cumbe Reborn*: An Andean Ethnography of History. Chicago: University of Chicago Press.

RAPPAPORT, N. (1994). *The Prose and the Passion*: Anthropology, Literature, and the Writing of E.M. Forster. Manchester: Manchester University Press.

RAPPAPORT, R. (1979). *Ecology, Meaning, and Religion*. Richmond, CA: North Atlantic Books.

_____ (1971). "Nature, culture and ecological anthropology". In: SHAPIRO, H.L. (org.). *Man, Culture and Society*. Oxford: Oxford University Press, p. 237-267.

_____ (1968). *Pigs for the Ancestors*. New Heaven: Yale University Press.

REDFIELD, R. (1965). *Peasant Society and Culture*: an anthropological approach to civilization. Chicago: University of Chicago Press.

_____ (1953). *The Primitive World and its Transformations*. Ithaca, NY: Cornell University Press.

REED-DANAHAY, D. (1996). *Education and Identity in Rural France*: The Politics of Schooling. Cambridge: Cambridge University Press.

_____ (1995). "The Kabyle and the French: Occidentalism in Bourdieu's *Theory of Practice*". In: CARRIER, J.G. (org.). *Occidentalism*, p. 61-84.

_____ (1993). "Talking about resistance: ethnography and theory in rural France". *Anthropological Quarterly*, 66 (4), p. 221-284.

REED-DANAHAY, D. (org.) (1997). *Auto/ethnography*: Rewriting the Self and the Society. Oxford/Nova York: Berg.

REICHEL-DOLMATOFF, G. (1985). *Basketry as Metaphor*: Arts and Crafts of the Desana Indians of the Northwest Amazon [Occasional Papers of the Museum of Cultural History Los Angeles, University of California].

REYNOLDS, P. (1995). *The grounds of all making*: State Violence, the Family, and political Activists. Pretoria: Cooperative Research Programme on Marriage and Family Life/Human Sciences Research Council.

RIBEIRO, G.L. (1998). "Cybercultural politics and political activism at a distance in a transnational world". In: ALVAREZ, S.; DAGNINO, E. & ESCOBAR, A. (orgs.). *Cultures and Political/Politics of Cultures*: Revisioning Latin American Social Movements. Boulder: Westview Press, p. 325-352.

_____ (1994a). *Transnational Capitalism and Hydropolitics in Argentina*. Gainsville: University of Florida Press.

_____ (1994b). *The Condition of Transnationality*. Brasília: UnB/Departamento de Antropologia [Série Antropologia, 173].

RIBEIRO, G.L. & LITTLE, P.E. (1996). *Neo-Liberal Recipes, Environmental Cooks*: The Transformation of Amazonian Agency. Brasília: UnB/Departamento de Antropologia.

RICHARDS, A. (1982). *Chisungu*: A Girl's Initiation Ceremony Among the Bemba of Zambia. Londres: Tavistock.

RILES, A. (2000). *The Network Inside Out*. Ann Arbor: University of Michigan Press.

RITCHIE, I. (1991). "Fusion of the faculties: a study of the language of the senses in Hausaland". In: DOWES, D. (org.). *The Varieties of Sensory Experience*: A Sourcebook in the Anthropology of Senses. Toronto: University of Toronto Press, p. 192-202.

RIVIÈRE, C. (1988). *Les liturgies politiques*. Paris: PUF.

ROBERTS, M. (1994). *Exploring Confrontation*. Chur: Harwood Academic Publishers.

_____ (1989). "A tale of resistance: the story of the arrival of the Portuguese". *Ethnos* 54, p. 69-82.

_____ (1982). *Caste Conflict and Elite Formation*: The Rise of a Karava Elite in Lanka, 1500-1931. Cambridge: Cambridge University Press.

RODAWAY, P. (1994). *Sensuous Geographies*. Londres: Routledge.

ROGERS, S.C. (1985). "Gender in southwestern France: the myth of male dominance revisited". *Anthropology*, 9 (1-2), p. 65-86.

ROSALDO, R. (1989). *Culture and Truth*: The Remaking of Social Analysis. Boston: Beacon Press.

_____ (1988). "Ideology, place, and people without culture". *Cultural Anthropology*, 3, p. 77-87.

ROSE, D.B. (1993). "Worshipping Captain Cook". *Social Analysis*, 34, p. 43-49.

_____ (1992). *Dingo makes us Human*: Life and Land in a Aboriginal Australian Culture. Cambridge: Cambridge University Press.

ROSEMAN, S. (1996). "How we built the road: the politics of memory in rural Galicia". *American Ethnologist*, 23, p. 836-860.

_____ (1991). *Healing Sounds from the Malaysian Rainforest*. Berkeley: University of California Press.

ROSEN, L. (org.) (1995). *Other Intentions*: Cultural Contexts and the Attribution of Inner States. Santa Fé: School of American Research press.

ROSSI-LANDI, F. (1983). *Language as Work and Trade*: a semiotic homology for linguistics and economics. South Hadley, MA: Bergin & Garvey.

SAHLINS, M. (1996). "The sadness of sweetness: the native anthropology of western cosmology". *Current Anthropology*, 37 (3), p. 395-415.

_____ (1995). *How "natives" Think*: About Captain Cook, for Example. Chicago: University of Chicago Press.

_____ (1993). "Goodbye to tristes tropes: ethnography in the context of modern world history". *Journal of Modern History*, 65, p. 1-25.

_____ (1992). "The economics of Develop-Man in the Pacific". *Res*, 21, p. 13-25.

_____ (1985). *Islands of History*. Chicago: University of Chicago Press.

_____ (1981). *Historical Metaphors and Mythical realities*. Ann Arbor: University of Michigan Press.

_____ (1976a). *The Use and Abuse of Biology*: An Anthropological Critique of Sociobiology. Ann Arbor: University of Michigan Press.

_____ (1976b). *Culture and Practical Reason*. Chicago: University of Chicago Press.

_____ (1972). *Stone Age Economics*. Chicago: Aldine.

SAHLINS, P. (1989). *Boundaries*: The Making of France and Spain in the Pyrenees. Berkeley: University of California Press.

SAID, E. (1983). *The World, the Text, and the Critic*. Cambridge. MA: Harvard University Press.

_____ (1981). *Covering Islam*: How the Media and the Experts Determine How we see the Rest of the World. Nova York: Pantheon Books.

_____ (1979). *Orientalism*. Nova York: Vintage Books.

_____ (1975). *Beginnings*: Intention and Method. Nova York: Basic Books.

SALZMAN, P.C. (1978). "Does complementary opposition exist?" *American Anthropologist*, 80 (1), p. 53-70.

SAMUEL, R. (org.) (1981). *People's History and Socialist Theory*. Londres: Routledge & Kegan Paul.

SAPIR, E. (1938). "Why cultural anthropology needs the psychiatrist"; *Psychiatry*, 1, p. 7-12.

SASSEN, S. (1991). *The Global City*: New York, London, Tokyo. Princeton, NJ: Princeton University Press.

SCHEFFEL, D.Z. (1992). "Anthopologie a etika ve východní Evrop (Antropologia e ética na Europa Oriental)". *Národopisný Vestnikceslovenský*, 9 (51), p. 3-10.

SCHEIN, M.D. (1973). "When is an Ethnic Group? – Ecology and class structure in northern Greece". *Ethnology*, 14, p. 83-97.

SCHEPER-HUGHES, N. (1992). *Death without Weeping*: The Violence of Everyday Life in Brazil. Berkeley: University of California Press.

SCHILLER, F. (1982). *On the Aesthetics and Education of Man*. Oxford: Clarendon Press [org. e trad. de E.M. Wilkinson e L.A. Willoughby; texto alemão com tradução inglesa].

SCHNEIDER, D.M. (1980). *American Kinship*: A Cultural Account. 2. ed. Chicago: University of Chicago Press.

SCHNEIDER, J. & SCHNEIDER, P. (1994). "Mafia, antimafia, and the question of Sicilian culture". *Politics and Society*, 22 (2), p. 237-258.

_____ (1976). *Culture and Political Economy in Western Sicily*. Nova York: Academic Press.

SCHUCK, P. (1987). *Agent Orange on Trial*: Mass Toxic Disasters in the Court. Cambridge, MA: Harvard University Press.

SCODITTI, G.G. (1982). "Aesthetics: the significance of apprenticeship on Kitawa". *Man*, 17 (1), p. 74-91.

SCOTT, D. (1996). "Postcolonial criticism and the claims of political modernity". *Social Text*, 48 (3), p. 1-26.

_____ (1994). *Formations of Ritual*: Colonial and Anthropological Discourses on the Sinhala Yaktovil. Mineápolis: University of Minnesota Press.

_____ (1992). "Theory and post-colonial claims on anthropological disciplinarity". *Critique of Anthropology*, 12, p. 371-394.

SCOTT, J. (1998). *Seeing like a State*: How Certain Schemes to Improve the Human Condition have failed. New Heaven: Yale University Press. [Yale Agrarian Studies, The Yale ISPS series].

_____ (1985). *Weapons of the Weak*: Everyday Forms of Peasant Resistance. New Heaven: Yale University Press.

SEEGER, A. (1987). *Why Suyá Sing*: A Musical Anthropology of an Amazonian People. Cambridge: Cambridge University Press.

_____ (1981). *Nature and Society in Central Brazil*: The Suyá Indians of Mato Grosso. Cambridge, MA: Harvard University Press.

_____ (1975). "The meaning of body ornaments". *Ethnology*, 14 (3), p. 211-224.

SEEGER, C. (1977). *Studies in Musicology, 1935-1975*. Berkeley: University of California Press.

SEREMETAKIS, C.N. (1993). "Memory of the senses: historical perception, commensal exchange and Modernity". *Visual Anthropology Review*, 9 (2), p. 2-18.

_____ (1991). *The Last Word*: Women, Death and Divination in Inner Mani. Chicago: University of Chicago Press.

SEREMETAKIS, C.N. (org.) (1994). *The Senses Still*: Memory and Perception as Material Culture in Modernity. Boulder, CO: Westview Press.

SEVILLA, A. & AGUILAR DIAZ, M. (orgs.) (1996). *Estudios recientes sobre cultura urbana en Mexico*. Mexico City: Plaza y Valdés/Inah.

SFEZ, L. (1978). *L'Enfer et le paradis*: critique de la théologie politique. Paris: PUF.

SHALINSKY, A.C. (1980). "Group prestige in northern Afghanistan: the case of an interethnic wedding". *Social Analysis*, 9, p. 24-47.

SHAW, R. (1997). "Production of witchcraft, witchcraft as production: memory, modernity, and the slave trade in Sierra Leone". *American Ethnologist*, 24 (4), p. 856-876.

SHAW, R. & STEWART, C. (orgs.) (1994). *Syncretism/Anti-Syncretism*: The Politics of Religious Synthesis. Londres/Nova York: Routledge.

SHRYROCK, A. (1997). *Nationalism and the Genealogical Imagination*: Oral History and Textual Authority in tribal Jordan. Berkeley: University of California Press.

SIGNORELLI, A. (1996). *Antropologia urbana*: introduzione alla recerca in Italia. Milão: Guerini.

SILVA, V. (1993). *Monocultures of the Mind*: Perspectives on Biodiversity and Biotechnology. Londres: Zed Books.

SILVA TELLEZ, A. (1994). "Sociedade civil e a construção de espaços públicos". In: DAGNINO (org.) (1994), p. 91-102.

_____ (1992). *Imaginarios urbanos: Bogotá y São Paulo* – Cultura y communicación urbana en América Latina. Bogotá: Tercer Mundo.

SILVER, H.R. (1980). "The culture of carving and the carving for cultural: content and context in artisan status among the Ashanti". *American Ethnologist*, 7 (3), p. 432-446.

_____ (1979). "Ethnoart". *Annual Review of Anthropology*, 8, p. 267-307.

SILVERMAN, S. (1975). *Three Bells of Civilization*: The Life of an Italian Hill Town. Nova York: Columbia University Press.

SILVERSTEIN, M. & URBAN, G. (orgs.) (1996). *Natural Histories of Discourse*. Chicago: University of Chicago Press.

SIMMEL, G. (1964). *Conflict and the Web of Group-Affiliation*. Nova York: Free Press.

SINGER, M. (1972). *When a Great Tradition Modernizes*. Nova York: Praeger.

SMITH, A. (1976). *An Inquiry into the Nature and causes of the Wealth of Nations*. Dublin: Whitestone.

SMITH, D. (1998). "An Athapaskan way of knowing: Chipewyan ontology". *American Ethnologist*, 25 (3), p. 412-432.

SONTAG, S. (1978). *On Photography*. Nova York: Farrat, Straus & Giroux.

SOUTHALL, A.W. (1976). "Nuer and Dinka are people: ecology, ethnicity and logical possibility". *Man*, 11 (4), p. 463-491.

SOUTHALL, A. (org.) (1973). *Urban Anthropology*: Cross-Cultural Studies of Urbanization. Nova York: Oxford University Press.

SOYSAL, L. (1999). *Projects of Culture*: An Ethnographic Episode in the Life of Migrant Youth in Berlin. [s.l.]: Harvard University [Tese de doutorado].

SPENCER, J. (1989). "Anthropology as a kind of writing". *Man*, 24, p. 145-164.

SPITULNIK, D. (1993). "Anthropology and mass media". *Annual Review of Anthropology*, 22, p. 293-315.

STARRETT, G. (1998). *Putting Islam to Work*: Education, Politics, and Religious Transformation in Egypt. Berkeley: University of California Press.

STEEDLY, M.M. (1993). *Hanging without a Rope*: Narrative Experience in Colonial and Postcolonial Karoland. Princeton, NJ: Princeton University Press.

STEINER, C. (1994). *African Art in Transit*. Cambridge: Cambridge University Press.

STENNING, D.J. (1957). "Transhumance, migratory drift, migration". *Journal of the Royal Anthropological Institute*, 87, p. 57-73.

STEPHEN, L. (1997). *Women and Social Movements in Latin America*: Power form Below. Austin, TX: University of Texas Press.

_____ (1995). "Women's rights are human rights: the merging of feminine and feminist interests among El Salvador's mother of disappeared (Co-madres)". *American Ethnologist*, 22 (4), p. 807-827.

STEWARD, J. (1995). *Theory of Culture Change*. Urbana-Champaign, IL: University of Illinois Press.

STEWART, K. (1996). *A Space on the Other Side of the Road*: Cultural Poetics in an "Other" America. Princeton, NJ: Princeton University Press.

STEWART, S. (1984). *On Longing*: Narratives of the Miniature, the Gigantic, The Souvenir, the Collection. Baltimore: Johns Hopkins University Press.

STOCKING, G.W. (1997). *After Taylor*: British Social Anthropology 1888-1951. Madison: University of Wisconsin Press.

STOCKING, G.W. (org.) (1991). *Colonial Situations*: Essays on the Contextualization of Ethnographic Knowledge. Madison: University of Wisconsin Press.

STOKES, M. (1994). "Introduction: Ethnicity, Identity and Music". In: STOKES, M. (org.). *Ethnicity, Identity and Music*: The Musical Construction of Place. Oxford: Berg, p. 1-27.

STOLCKE, V. (1995). "Talking culture: new boundaries, new rhetorics of exclusion in Europe". *Current Anthropology*, 36, p. 1-13.

STOLL, D. (1999). *Rogoberta Menchú and the story of All Poor Guatemalans*. Boulder, CO: Westview Press.

STOLLER, P. (1995). *Embodying Colonial Memories*: Spirit Possession, Power and the Hauka in West Africa. Nova York: Routledge.

_____ (1989). *The Taste of Ethnographic Things*: The Senses in Anthropology. Filadélfia: University of Pennsylvania Press.

STOLLER, P. & OLKES, C. (1987). *In Sorcery's Shadow*: A Memoir of Apprenticeship among the Songhay of Niger. Chicago: University of Chicago Press.

STONE, R.M. (1988). *Dried Millet Braking*: Time, Words, and Song in the Woi Epic of the Kpelle. Bloomington, IN: Indiana University Press.

_____ (1982). *Let the Inside be Sweet*: The Interpretation of Music Event among the Kpelle of Liberia. Bloomington, IN: Indiana University Press.

STRATHERN, M. (1992). *Reproducing the Future*: Essays on Anthropology, Kinship and the New Reproductive Technologies. Nova York: Routledge.

_____ (1991). *Partial Connections*. Savage, MD: Rowman & Littlefield.

_____ (1989). *After Nature*: English Kinship in the Late Twentieth Century. Cambridge: Cambridge University Press.

_____ (1988). *The gender of the Gift*. Berkeley: University of California Press.

SUBRAHMANYAM, S. (1990). *The Political Economy of Commerce*: Southern India, 1500-1650. Cambridge: Cambridge University Pres.

SUPUTTAMONGKOL, S. (2000). *Kukkabkon*: Amnat le Kantotankatkun (Prison and the Incarcerated: Power and Resistance). Bangkok: Thammasat University Press.

SUTTON, D. (1998). *Memories Cast in Stone*: The Relevance of the Past in Everyday Life. Oxford: Berg [Mediterranean Series].

_____ (1997). "Local names, foreign claims: Family inheritance and national heritage on a Greek island". *American Ethnologist*, 24 (2), p. 415-437.

_____ (1994). "'Tradition and Modernity': Kalymnian constructions of Identity and otherness". *Journal of Modern Greek Studies*, p. 12, p. 239-260.

SWANTS, M.-L. (1985). "The contribution of anthropology to development work". In: SKAR, H.O. (org.). *Anthropological Contributions to Planned Change and Development*. Gothenburg: Acta Universitatis Gothoburgensis.

SWARTZ, M.J.; TURNER, V.W. & TUDEN, A. (orgs.) (1996). *Political Anthropology*. Chicago: Aldine.

SYNNOTT, A. (1993). *The Body Social*: Symbolism, Self and Society. Londres/Nova York: Routledge.

_____ (1991). "Puzzling over the Senses form Plato to Marx". In: HOWES, D. (org.). *The Varieties of Sensory Experience*: A Sourcebook in the Anthropology of the Senses. Toronto: University of Toronto Press, p. 61-78.

TAMBIAH, S.J. (1992). *Buddhism Betrayed?* – Religion, Politics, and Violence in Sri Lanka. Chicago: University of Chicago Press.

_____ (1990). *Magic, Science, Religion, and the Scope of Rationality*. Cambridge: Cambridge University Press.

_____ (1989). "Ethnic conflict in the world today". *American Ethnologist*, 16 (2), p. 335-349.

_____ (1979). "A performative approach to ritual". *Proceedings of the rationality*. Cambridge: Cambridge University Press.

_____ (1968). "The magical power of words". *Man*, 3 (2), p. 175-208.

TAUSSIG, M.T. (1993). *Mimesis and Alterity*: A Particular History of the Senses. Londres/Nova York: Routledge.

_____ (1987). *Shamanism, Colonialism and the Wild Man*: A Study of Terror and Healing. Chicago: University of Chicago Press.

_____ (1980). *The Devil and Commodity Fetishism in South America*. Chapel Hill, NC: University of North Carolina Press.

TAYLOR, J.M. (1982). "The politics of aesthetic debate: the case of Brazilian carnival". *Ethnology* 21, P. 301-311.

TEDLOCK, D. (1983). *The Spoken Word and the Work of Interpretation* – University of Pennsylvania publications in conduct and communication. Filadélfia: University of Pennsylvania Press.

TERRIO, S.J. (1996). "Crafting Grand Cru chocolates in contemporary France". *American Anthopologist*, 98 (1), p. 67-80.

THOMAS, N. (1997). In: *Oceania*: Visions, Artefacts, Histories. Durham: Duke University Press.

_____ (1991a). "Against ethnography". *Cultural Anthropology*, 6 (3), p. 306-322.

_____ (1991b). *Entangled Objects*: Exchange, Material Culture, and Colonialism in the Pacific. Cambridge, MA: Harvard University Press.

_____ (1989). *Out of Time*: History and Evolution in Anthropological Discourse. Cambridge: Cambridge University Press.

_____ (1985). "Forms of personification and prestations". *Mankind*, 15 (3), p. 223-230.

THOMAS, R. (1985). "Indian cinema: pleasures and popularity". *Screen*, 26 (3-4), p. 116-131.

THOMPSON, M. (1979). *Rubbish Theory*: The Creation and Destruction of Value. Oxford: Oxford University Press.

TRASK, H.K. (1991). "Natives and Anthropologists: the Colonial Struggle". *The Contemporary Pacific*, 3, p. 159-167.

TRAWECK, S. (1988). *Beamtimes and Lifetimes*: The World of High Energy Physicists. Cambridge, MA: Harvard University Press.

TRAWICK, M. (1988). "Spirits and voices in Tamil songs". *American Ethnologist*, 15 (2), p. 193-215.

Trobriand Cricket: An Indigenous Response to Colonialism [Filme e vídeo dirigido por J.W. Leach; diretor: G. Kildea; produzido por Office of Information, Governo de Papua Nova Guiné; s.d.].

TSING, A.L. (1993). *In the Realm of the Diamond Queen*: Marginality in an Out-of-the-Way Place. Princeton, NJ: Princeton University Press.

TUAN, Y.-F. (1995). *Passing Strange and Wonderful*: Aesthetics, Nature and Culture. Tóquio/Nova York: Kodansha International.

TUCKER, R.C. (1979). "The rise of Stalin's personality cult". *American Historical Review*, 84, p. 347-366.

TURINO, T. (1993). *Moving away from Silence*. Chicago: University of Chicago Press.

TURNER, F.J. (1961 [1893]). "The significance of the frontier in America history". In: BILLINGTON, R.A. (org.). *Frontier and Section*. Eaglewood Cliffs, NJ: Prentice-Hall, p. 37-62.

TURNER, T. (1995). "Social body and embodied subject: bodiliness, subjectivity, and sociality among the kayapo". *Cultural Anthropology*, 10 (2), p. 143-170.

_____ (1993). "Anthropology and multiculturalism: what is anthropology that multiculturalism should be mindful of?" *Cultural Anthropology*, 8, p. 411-429.

TURNER, V. (1986). *The Anthropology of Performance*. Nova York: PAJ.

_____ (1982). *From Ritual to Theatre*. Nova York: Performing Arts Journal.

_____ (1974). *Dramas, Fields, and Metaphors*: Symbolic, Action in Human Society. Ithaca, NY: Cornell University Press [Symbol, myth, and ritual series].

_____ (1969). *The Ritual Process*: Structure and Anti-Structure. Londres: Routledge & Kegan Paul.

TWEEDIE, A. (no prelo). *"Drawing back culture"*: The Makah Tribe's Struggle to Implement the Native American Graves Protection and Repatriation Act (título provisório). Seattle: University of Washington Press.

TYLER, S.A. (1987). *The Unspeakable*: Discourse, Dialogue and Rhetoric in the Postmodern World. Madison: University of Wisconsin Press.

_____ (1986). "Post-modern anthropology from document of the occult to occult document". In: CLIFFORD, J. & MARCUS, G. (orgs.). *Writing Culture*. Berkeley: University of California Press, p. 122-140.

_____ (1969). *Cognitive Anthropology*. Nova York: Holt, Rinehart & Winston.

ULIN, R. (1984). *Understanding Cultures*: Perspectives in Anthropology and Social Theory. Austin: University of Wisconsin Press.

URBAN, G. (1997). "Culture in and about the world". *Anthropology Newsletter*, 38, 2 fev., p. 1 e 7.

_____ (1993). "Culture's public face". *Public Culture*, 5, p. 213-238.

URCIUOLO, B. (1996). *Exposing Prejudices*: Puerto Rican Experiences of Language, Race, and Class. Boulder, CO: Westview Press.

URRY, J. (1993). *Before Social Anthropology*: Essays on the History of British Anthropology. Filadélfia: Harwood Academic Publishers.

VALENZUELA ARCE, J.M. (1988). *A la brava ése!* – Cholos, punks, chavos banda. Tijuana: El Colegio de la Frontera Norte.

VALERI, V. (1990). "Constructive history: genealogy and narrative in the legitimation of Hawaiian kingship". In: OHNUKI-TIERNEY, E. (org.). *Culture, Through Time*. Stanford: Stanford University Press, p. 154-192.

VAN DICK, K. (1997). *Kassandra and the Censors*: Greek Poetry since 1967. Ithaca, NY: Cornell University Press.

VAN ESTERIK, P. (1996). "The Politics of Beauty in Thailand". In: COHEN; WILK & STOELTJE (orgs.). *Beauty Queens on the Global Stage*, p. 203-216.

VAN GENNEP, A. (1965). *The Rites of Passage*. Londres/Nova York: Routledge & Kegan Paul.

VANSINA, J. (1985). *Oral Tradition as History*. Londres: James Currey

_____ (1965). *Oral Tradition*: A Study in Historical Methodology. Londres: Routledge & Kegan Paul.

VEBLEN, T. (1965). *The Theory of the Leisure Class*. Nova York: A.M. Kelley Bookseller [Reimpresso de *Economic Classics*].

VERDERY, K. (1996). *What Was Socialism and What Comes Next?* Princeton, NJ: Princeton University Press.

_____ (1994). "Ethnicity, nationalism, and state-making". In: VERMEULEN, H. & GOVERS, C. (orgs.). *The Anthropology of Ethnicity*. Amsterdã: Het Spinhuis.

VINCENT, J. (1990). *Anthropology and Politics*. Tucson: The University of Arizona Press.

VLACH, J.M. (1984). "Brazilian house in Nigeria: The emergence of a twentieth century vernacular house type". *Journal of American Folklore*, 97 (383), p. 3-23.

VON HORNBOSTEL, E. (1998). "African negro music". *Africa* 1, p. 30-62.

WARREN, K.B. (2000). "Telling truths: taking David Stoll and the Rigoberta Menchú exposé seriously". In: ARIAS, A. (org.). *The Property of Words*: Rigoberta Menchú, David Stoll, and the Identity Politics in Latin America. Mineápolis: University of Minnesota Press, p. 226-248.

_____ (1999). "Death squads and wider complicities: dilemmas for the anthropology of violence". In: SLUKA, J. (org.). *Death Squad*: The Anthropology of State Terror. Filadélfia: University of Pennsylvania Press.

_____ (1998). *Indigenous Movements and their Critics*: Pan-Maya Activism in Guatemala. Princeton, NJ: Princeton University Press.

WATERMAN, C. (1990). *Jùjú*: A Social History and Ethnography of an African Popular Music. Chicago: University of Chicago Press.

WATSON, C.W. (1987). *State and Society in Indonesia*: Three Papers. [s.l.]: Canterbury University of Kent at Canterbury/Centre of South-East Asian Studies.

WATSON, J.L. (1997). *Golden Arches East*: McDonald's in East Asia. Stanford, CA: Stanford University Press.

_____ (1975). *Emigration and the Chinese Lineage*: the Mans in Hongkong and London. Berkeley: University of California Press.

WATSON, R.S. (org.) (1994). *Memory, History, and Opposition under State Socialism*. Santa Fé, NM: School of America Research Press [School of American Research advanced seminar series].

WEBER, M. (1965). *Essais sur la théorie de la science*. Paris: Plon.

_____ (1963). *The Sociology of Religion*. Boston: Beacon Press.

_____ (1958 [1904]). *The Protestant Ethic and the Spirit of Capitalism*. Nova York: Charles Scribner.

_____ (1921). *Die rationale und soziallogischen Grundlagen der Musik*. Munique: Drei Masken [trad. 1958: *The Rational and Social Foundations of Music*].

WEDEL, J.R. (1998). *Collision and Collusion*: The Strange Case of Western Aid to Eastern Europe, 1989-1998. Nova York: St. Martin's Press.

WEINER, J.F. (1994). "Myth and metaphor". In: INGOLD, T. (org.). *Companion Encyclopedia of Anthropology*: Humanity, Culture and Social Life. Londres: Routledge, p. 591-612.

WHITE, H.V. (1973). *Metahistory*: The Historical Imagination in Nineteenth-Century Europe. Baltimore: Johns Hopkins University Press.

WILK, R.R. (1996). *Economies and Cultures*: Foundations of Economic Anthropology. Boulder, CO: Westview.

WILLIAMS, D. (1991). *Ten Lectures on Theories of the Dance*. Methuen, NJ: Scarecrow Press.

WILLIAMS, D. (org.) (1997). *Anthropology and Human Movement*: The Study of Dances. Lanham, MD: Scarecrow Press [Readings in Anthropology of Human Movement, 1].

WILLIAMS, R. (1991). *Marxism and Literature*. Oxford: Oxford University Press.

_____ (1973). *The Country and the City*. Londres: Chatto & Windus.

WINCH, P. (1977 [1958]). *The Idea of a Social Science and its Relation to Philosophy*. Londres/Atlantic Highlands, NJ: Routledge & Kegan Paul/Humanities Press [Studies in philosophical psychology].

WISTRICH, R.S. (1996). *Weekend in Munich*: Art, Propaganda and Terror in the Third Reich. Londres: Pavilion.

WOLF, E. (1982). *Europe and the People Without History*. Berkeley: University of California Press.

_____ (1969). *Peasant Wars of the Twentieth Century*. Nova York: Harper & Row.

WOLFENSTEIN, M. (1953). "Movie analysis in the study of culture". In: MEAD, M. & MÉTRAUX, R. *The Study of Culture at a Distance*. Chicago: University of Chicago Press, p. 267-280.

WULFF, R.M. & FISKE, S.J. (1987). "Introduction". In: WULFF, R.M. & FISKE, S.J. (orgs.). *Anthropological Praxis*: Translating Knowledge into Action. Boulder, CO: Westview Press, p. 1-11.

WUTHNOW, R. (1983). "Cultural crisis". In: BERGESEN, A. (org.). *Crisis in the World System*. Beverly Hills: Sage.

YAN, Y. (1996). *The Flow of Gifts*: Reciprocity and Social Networks in a Chinese village. Stanford, CA: Stanford University Press.

YANAGISAKO, S. & DELANEY, C. (orgs.) (1995). *Naturalizing Power*: Essays in Feminist Cultural Analysis. Nova York: Routledge.

YANG, M.M.-h. (1994). *Gifts, Favors, and Banquets*: The Art of Social relationship in China. Ithaca, NY: Cornell University Press [The Wilder House series in politics, history, and culture].

ZABUSKY, S.E. (1995). *Launching Europe*: An Ethnography of European Co-operation in Space Science. Princeton, NJ: Princeton University Press.

ZEMPLENI, A. (1996). "Les marques de la 'nation' sur quelques propriétés de la 'patrie' et de la 'nation' en Hongrie contemporaine". In: FABRE, D. (org.). *L'Europe entre culture et nations*. Paris: Éditions de la Maison des Sciences de l'homme.

ZNAMENSKI, A.A. (1995). "A household god in a socialist world: Lewis Henry Margan and Russian/Soviet Anthropology". *Ethnologia Europaea*, 25, p. 177-188.

ZONABEND, F. (1993). *The Nuclear Peninsula*. Cambridge/Paris: Cambridge Univerity Press; Paris/La Maison des Sciences de l'homme.

ZUIDEMA, R.T. (1989). "Significado en el arte Nasca". In: ZUIDEMA, R.T. (org.). *Reyes y guerreros:* ensayos de cultura andina. Lima: Fomciencias.

Índice analítico e onomástico

Aaby, Peter 212, 231
Abelam 352
Abélès, Marc 20, 31, 38, 43, 77, 155-157, 159-161, 163-166, 168s., 378s.
Abordagens psicanalíticas 96
Abrams, Philip 106
Abu-Lughod, Lila 72, 74, 367s., 374
Ação 70, 77, 79, 84, 97-99, 108, 129s., 134s., 196, 215s., 221, 223, 230, 242, 334
   diferente do individualismo 271
   e aquiescência 196, 267
   e burocracia 36, 247, 270s., 288, 314s., 327s.
   e cosmologia 247s., 264
   e cultura 71s., 188
   e desenvolvimento 211-213
   e escala etnográfica 366, 369
   e mídia 36, 366s., 374-376, 379s.
   e sentidos 298s.
   e teodiceia 255s.
   e vontade livre 191
   na ação política 165s.
   representação da 39
   significação da 32, 38s., 117, 260s., 317s.
   teleologia: como 76, 202, 248, 334s.
   visão teórica da 153s.
Acumulação 279
Adaptação 218-220, 224, 228
Adoção 282s.
Afins, afinidade 260, 270, 279, 283s.
África 41, 84, 89s., 119s., 131, 141s., 180, 223, 236, 303, 341-343, 354
   migrantes da 353s.
   Oriental 161
   sul da 341s., 345
Afro-americanos 290

Agente Laranja 289
Agricultura, consequências ambientais da 235s.
Agulhon, Maurice 168
Ahmad, A. 67
Aids 272, 375
Ajuda 194
Albânia/Albaneses 134, 281
Aliança/alianças 145, 351
   teorias da 278s.
Altruísmo 128, 136, 151
Alvarez, Robert R. Jr. 182
Amazônia 141, 196, 211, 228, 247, 325, 362
Ambiguidade 53, 143, 179, 204, 236, 316, 376
Ameaça nuclear 241
América do Norte 179s., 223, 299
   cf. tb. Estados Unidos
América Latina 134, 141, 170, 172, 175, 179, 183, 211s., 231, 308
Americanos mexicanos 350
Americanos nativos 137, 182, 219
   cf. tb. Apache, Hopi, Makah, Navajo, Omaha
Amnésia estrutural 99, 108s.
Amselle, Jean-Loup 168
Análise regional 64s., 74s.
Andaluzia 82, 107
Anderson, Benedict 38, 72, 110, 146, 168, 360, 378
Anderson, Jon W. 268, 362
Andes 82, 86, 257, 259, 263, 265, 267, 346
Anedotário 77, 106, 184
Ang, Ien 380
Antissemitismo 62
Antropogeografia 222, 224
Antropologia: social e cultural aplicada 195, 199, 233, 243s., 275
   cognitiva 230
   definida 17
   do desenvolvimento, diferente da antropologia 206
   do espaço 354
   dos sentidos 297, 304, 306-310
   e cristianismo 273
   e visões mutantes da 19s., 40
   implicações políticas da 47s.
Apache (Cibecue) 106
Apartheid 280, 286, 354
Appadurai, Arjun 136, 138s., 142, 146, 184, 186, 232, 357, 371, 382

Aprendizagem 274, 325s., 353, 366
Arado 225
Ardener, Edwin W. 38, 138s., 261, 266
Áreas de cultura, conceito de 41, 64, 74s.
Aretxaga, Begoña 167, 170
Argélia 109, 266
Argyrou, Vassos 22, 29, 52, 114, 181, 236, 250, 261
Arianismo 95
Aristóteles 134, 245, 261, 301
Arnould, Eric J. 137
Arqueologia experimental 223
Arquitetônica 152, 266, 354
Arquitetura doméstica afro-brasileira 266
Arte 78, 141, 185, 356
 alta e baixa 255, 360
 artes performativas 296
 categoria de 340
 leilões 139
 mercantilização da 181
 oposto a artesanato 19, 353, 356
 cf. tb. Estética
Artesão/artesãos/artesanato 37, 140, 274, 279, 298
Asad, Talal 31, 40, 58, 60, 68s., 76, 81, 101-103, 115, 175, 245, 250, 266, 270, 273, 277, 286s.
Ashanti 90
Ashéninka 212
Ásia Central 120
Askew, Kelly Michelle 349
Asteca 258, 263s.
Áudio cassetes 141, 365, 373
Auge, Marc 379
Austen, Ralph 342
Austin, J.L. 145, 250
 cf. tb. Teoria do Ato da Fala
Austrália 24, 38, 55, 83s., 100, 132, 136, 150, 179, 181, 362
Autenticidade 181, 353
Autoetnografia 44s.
Autoevidência 17, 44, 203, 296
 cf. tb. Senso comum
Automóvel como símbolo 236s.
Autoridade 117s., 123, 161, 260, 320
 divina 274-277
 etnográfica 40, 66, 95

   moral 310
   patriarcal 270
   política 310
   ritual 277
Aymara 346
Azande 215, 288

Babcock-Abrahams, Barbara 348n.
Badone, Ellen 274
Bahloul, Joëlle 109
Bailey, F.G. 143, 162
Bakewell, Liza 356, 360
Bakhtin, Mikhail 262
Balandier, Georges 162, 164, 168s.
Bálcãs 152, 169, 282, 299, 301
Balshem, Martha 19, 274
Banco Mundial 194, 199, 201, 207, 212
Banditismo social 107
Banfield, E.C. 145
Bangkok 186, 363, 374
Barber, Karin 88s.
Barnett, Michael 158, 248, 315
Barth, Fredrik 64, 172, 180
Barthes, Roland 78
Bascos 134, 322, 363
Basso, Ellen B. 347
Basso, Keith H. 90
Baudrillard, Jean 153, 353
Bauer, Arnold J. 141
Bauman, Richard 38, 79, 90, 313, 348, 348n., 354
Beduínos 91, 93
Beeman, William O. 321
Behar, Ruth 28
Beidelman, Thomas O. 247
Belau 90
Belier, Irène 169
Beluyen 150
Ben-Amos, A. 329
Ben-Ari, E. 329
Bemba 131, 324, 326
Berberes 266
Berdahl, Daphne 127, 141, 168, 174

Berlim 30, 174, 179, 191, 264, 324, 326
Bernal, Martin 94s.
Bhopal 288, 290
Biersack, Aletta 97
Binns, Christopher 158, 249, 315
Biografia cultural 139
Bird-David, Nurit 121, 125, 127, 130-133, 135-138, 140, 142s., 146-150, 152s., 321, 338
Bisa 131
Blacking, John 345
Blair, Tony 333
Blasko, Andrew M. 330
Bloch, Maurice 136, 166
Boas, Franz 45, 222
Bodnar, John 168
Boehm, Christopher 69, 231
Boissevain, Jeremy 163
Bolívar, Simón 84
Bolívia 131, 210, 377s.
Bolsa de Valores de Shangai 124, 129, 133
Borneman, John 28, 30, 33, 158, 168, 264s., 269-275, 278, 282-285, 288, 294
Borneo 266
Borofsky, Robert 94
Bósnia 281
Botswana 272
Bourdieu, Pierre 42, 77, 144, 152, 161, 241, 266, 274, 316, 325, 328, 351, 376n.
Bowen, John R. 22
Brain, James Lewton 326
Brasil 173, 183, 211, 266, 286, 305, 335s.
Braudel, Fernand 97
Brettell, Caroline B. 25, 47
Bright, Brenda Jo 360
Bromberger, Christian 377, 382
Bromley, Yulian 64
Brosius, P. 214
Bruxaria 65, 123, 128, 215, 250s., 300, 305
Budismo 86, 251
Bulgária 145s., 192
Bulmer, Ralph N.H. 315
Burden, Hamilton T. 332
Burke, Peter 319
Burma 180

Burocracia 29, 34, 70, 112, 118, 152, 166, 215, 269-272, 291
   ação e 35, 248, 287s.
   autoritária 229
   como classificação 30, 178, 326-328
   conservação 355
   discurso da 26, 360
   Estado 159, 162, 167, 174, 178s., 309
   estudo etnográfico da 166s., 168s., 177s., 197
   lógica da 314s., 326, 329-336
   Modernidade e 338s.
   poder da 35, 55, 289
   racionalização e 135, 172
   religião 75
   simbolismo e cosmologia da 174, 219, 243, 248, 250s., 255s.
Burton, John W. 181

Căluş 323
Campbell, J.K. 144, 163, 251
Canadá 297, 307, 345
Capital cultural e simbólico 141, 144, 152, 352, 376, 376n.
Capitalismo 118s., 122, 138-144, 147, 149, 206, 209
   alemão 141
   australiano 132
   antropologia como expressão do 41s.
   chinês 113, 124, 133, 153, 174
   como sistema social e cultural 125-129, 131, 133, 153
   coreano 113
   e comunismo 41, 50, 112, 119, 121
   e corpos humanos 279
   e escassez 361
   imprensa 359
   tardio 105
Carmeli, Yoram S. 320
Carnaval 262, 331, 334-336
Carpenter, Edmund 305
Carrier, James G. 52, 75, 81, 130, 137, 140, 143s., 153
Carsten, Janet 142
Carter, Donald Martin 81, 185
Casa 149-152, 321
Casamento 270, 279, 282-285, 372
Casta 237, 247, 270
Castells, Manuel 120, 185

Categorias do entendimento 245
Catolicismo 86, 165
Caton, Steven C. 347
Cernea, Michael M. 199s., 199n.
Chambri 354
Chartier, Roger 104s.
Chatterjee, Partha 105
Chewong 235n.
Chiapas 209s.
China 65, 113, 120, 124, 129, 133, 136, 152, 174, 246, 263, 266, 281, 299, 301, 361
Chipre 22, 114, 174, 377
Chisungu 319, 323, 325, 327, 329, 338
Chorváthová, L. 49
Cidadania 186
Cidades 173, 175s.
   cf. tb. Vida urbana
Ciência 18s., 39, 57, 67, 71, 172, 226, 233, 238, 240-242, 255, 268, 289, 326
   antropologia como 21, 27, 42, 67, 80, 222, 230
   estética como 330
   linguagem da 289
Cientificismo 18, 28, 49, 69, 74, 216, 223, 230s.
Cinema 58, 176, 321, 364, 369, 380
   indústria 37, 358s.
   cf. tb. Filme
Circo 320
Classe 141, 170, 185, 210, 247, 298, 305, 346, 364, 367, 372, 376s.
Classen, Constance 25, 35, 58, 253, 297s., 300-302, 304, 307-310, 336
Classificação 110s., 174, 176, 211, 217, 228, 230, 246, 265, 313, 327, 336, 357
   como política 221
   e burocracia 270, 272s., 309, 314, 337
   e estereótipos 222
   modos dominantes de 217
   simbólica 30, 192
   visual 329
Clastres, Pierre 276s.
Clifford, James 28, 40, 67-69, 370
Clima e "caráter nacional" 221s.
   e subsistência 223s.
CNN 379
Cogo 131
Cohen, Anthony P. 42

Cohen, Colleen Ballerino 28, 47, 363
Cohn, Bernard S. 42, 104n.
Coiotes (contrabandistas de imigrantes) 182
Cole, Jennifer 84s.
Collier, Jane Fishburne 108, 275
Collingwood, R.G. 43s., 103, 105
Colômbia 119, 125, 131, 133-135, 302, 310
Colombo 85, 100
Colonialismo 34, 76, 87, 104, 111, 167, 178, 220, 267, 310
   antropologia e 13, 17, 30, 35, 40s., 47, 51, 57, 59s., 96, 102s., 159, 195s., 213, 247s., 253
   aspectos acadêmicos do 87, 368s.
   cultural 141
   e pós-colonialismo 43-45, 57, 82, 91, 118
   esquecido 84s.
   etnografia do 21
   francês 39, 83-85
   fronteiras mantidas do 174s.
   história do 59-61, 81-83, 112-115
   historiografia do 99s., 110-112
   respostas ao 81-87
Columbus, Christopher 82, 84s.
Comaroff, Jean 104, 267
Comaroff, John 104, 267
Comemoração 84, 109s.
Comércio 113, 141
   de bens 373
Communitas 261
Comunidade moral 275s., 286
Comunismo 144, 165, 330, 357
   primitivo 152
   cf. tb. Marx, Karl e Marxismo Bloco soviético União Soviética
Concursos de beleza 363, 382
Confucionismo 113
Conhecimento 43, 47s., 57, 61, 72, 89, 96, 104, 106, 119, 125, 171, 232, 241, 248, 292
   adulto 325
   antropológico 42, 47, 69, 73s., 79, 91, 103, 214, 233, 279, 348
   aspectos políticos do 215
   autorreferente 339
   burocratização do 22
   científico 204, 217, 220, 222, 247

    classificação e formas do 221
    como mito 252
    cultural 190
    encaixado como 291s.
    e sentidos 300s.
    especialidade 207, 214
    formas mutantes do 102
    histórico 111
    indígena ou local 45, 194, 204, 214s., 220, 223, 228, 230
    moderno 211
    religioso 247
    social 25
Conklin, Beth A. 142, 214, 362, 374
Connerton, Paul 90, 297
Conservação (ecológica) 214
Conservação histórica 81, 107, 186, 355, 368
Construção de identidade 371s.
Construtivismo 29s., 57, 182, 232
Consumidores (de realizações) 361
    cf. tb. público, Resposta do
Consumo e consumismo 37, 50, 57, 105, 112, 122, 126s., 140, 186, 233, 363, 365s., 373-377
    conspícuo 140
    mercados ocidentais como lugar de 373
Convenções realistas 201s., 368-370, 377, 379, 382
Cook, Capitão James 83-85, 93s., 96, 255, 292
Cooperação, ideal de 169
Coplan, David 341-344, 346-348
Cor 302, 310, 352
Coreia 113, 126
Coreometria 345
Corpo 25, 78, 84, 90, 127, 260, 269, 276s., 279-281, 297-300, 303, 325s., 332, 335
    decoração do 305, 309s.
    e mente 296
    em relação ao espaço arquitetônico 266
    invasão do 377
    política 266s., 269, 290, 354
    postura 359
    cf. tb. Roupa
Corporação 149, 151-154, 321
Cosmologia 19, 34, 39, 84, 86, 93, 111, 122s., 127-131, 133, 137, 169, 240-269, 276, 286, 313, 326, 345

Coursey, D.G. 234s.
Cowan, Jane K. 295, 348, 358s.
Coy, Michael W. 280
Crença/crenças 123, 222, 226, 241, 250
Creta 26, 83, 106-108, 117, 144, 151, 274, 307, 350, 353, 362, 366, 371
Crick, Malcolm 32, 46, 50, 132, 136
Cricket 100, 371
Cristianismo 86, 165, 251, 253, 259, 272s., 277, 286
    preconceito em relação ao 266, 270s.
    Ortodoxo Oriental 263, 355
Crítica cultural 50s.
Croácia 62
Crush, Jonathan 203, 205, 208
Cuidado e cuidar 243, 256, 269, 271, 278s., 281-285, 375
Culto do cargo 50
Cultura (conceitos de) 36s., 40, 48, 54, 66, 70-74, 152s., 158, 172, 177, 180s., 187
    como *ethos* 346
    culturas, sistemas mundiais 50
    e personalidade 364
    estudo a distância 364
    manuais de 72, 188, 191
    oposta à natureza 178s., 216s., 235, 240, 243, 266, 305s.
    oposta à sociedade 216
    popular 366
    reconhecimento de 199
    sentidos conflitantes de 188
    cf. tb. cultura Material
Cultura árabe 91, 93, 144
Cultura e religião judaicas 109s., 217, 226s., 286s., 309s.
Cultura material 36s., 78, 124, 222, 357
Cultura Tâmil 376
Culturas mesoamericanas 258, 263
Cumbe 82-84, 106
Cunha, Manuela Ivone 285
Cusa, Nicolau de 266
Cuzco 259, 263

D'Andrade, Roy 67
Da Gama, Vasco 85
Da Matta, Roberto 261, 335
Dakhlia, Jocelyne 108
Danayarri, Hobbles 83, 106, 111

Dança 32, 72, 84, 90, 106, 111, 249, 267, 308, 335s., 341s., 345, 348s., 354
Danforth, Loring M. 76, 181, 321
Daniel, E. Valentine 111s., 116
Darnton, Robert 104, 104n.
Darwin, Charles 57
    Darwinismo social 23, 221, 226
Das, Veena 33, 256, 269, 271, 272, 274-277, 287-293
Dassanetch 310
Dávila, Arlene 368, 377
Davis, John 65s., 125, 132, 136, 138, 145, 151
Davis, Natalie Zemon 104n.
Dayan, Daniel 320, 379
De Almeida, Lourenço 85s.
De Certeau, Michel 274
De Josselin de Jong, P.E. 246
De Martino, Ernesto 91
De Murua, Martin 258
De Silva, C.R. 86
De Silva, K. 88
Debate sobre o aborto 264
Debord, Guy 369
Delaney, Carol 28, 158, 185, 248
Deltsou, Eleftheria P. 23, 191
Democracia 163, 185, 210, 251, 267, 274, 280, 288, 328, 332, 336, 362, 377
    comparada com o totalitarismo 331-333
        graus de 337s.
Demografia 32
Demonstrações (de rua) 165
Derrida, Jacques 257, 302
Desana 302
Descendência 270
    teorias da 278s.
Desconstrução 9, 29, 57, 59s., 79, 105, 116
Descrição grossa 44s.
Desempenho/realizações 88s., 141, 313, 315, 351, 357, 363, 371, 378, 382
    antropologia do 347-349
    arte e 356
    burocrático 309, 312, 322, 331
    categorias do 342
    conhecimento e 348
    de papéis históricos 83
    enquadrado 370

estilo de 87s.
homogeneidade em 322
interpretações psicológicas do 323
musical 341-343
performatividade e 77, 79, 129, 144, 161, 227, 230, 342, 348, 378s.
poder e 161
sancionado pelo Estado 323
televisão 38
cf. tb. Estética, Poética, Espetáculo
Desenvolvimento 33s., 78s., 119, 134, 167, 194-215, 219, 221, 227, 269
desenvolvimentista 207, 230, 237
diferença entre antropologia e antropologia sustentável 213
urbano 175
Desertificação 234
Desfamiliarização 34, 106, 136, 143, 203, 339, 370, 381
Desflorestamento 234
Desjarlais, Robert R. 277, 297, 308
Détienne, Marcel 246
Dickey, Sara 29, 36, 313, 358, 364s., 367, 369-371, 374-376, 380-382
Difusionismo 177, 181, 222
Dinheiro 142s.
mercantilização do 142
moral do 136
uso nacional do 147
Direitos das mulheres 170
Direitos humanos 52, 163, 167
Dirks, Nicholas B. 42, 104n.
Disciplina 269-294, 314
monástica 277
Dívida 146
Dobu 131, 308
Dogon 247
Dor 273-277, 280, 291, 293, 308, 325
Dote 142
Douglas, Mary 17, 20, 138s., 142, 174, 176, 211, 219, 243, 245, 248, 261, 296, 315, 351
Dow Jones 242
Dragadze, Tamara 63
Drama social 84s., 99-101, 379
Dresch, Paul 92, 267
Drummond, Lee 57, 251, 359, 362, 371
Dualismo cosmológico 260, 264-268

Dumont, Louis 41, 126, 319
Dupire, Marguérite 304
Durkheim, Émile 38s., 70, 100, 116, 128, 136, 156, 217, 241, 244s., 247, 253, 255, 261, 275s., 277, 279, 318, 334, 351, 354
Dwyer, Kevin 21
Dwyer, Peter D. 216, 234, 236s.

Eck, Diana 256
Eco, Umberto 91, 139, 353
Ecologia 223, 334
    cultural 223-228
    política 211s.
Economia 33s., 71, 79, 107, 117, 121-152, 176, 183, 196, 199, 208, 243, 296, 338s.
    cultural 130, 133
    ambiental 238
Economia moral 125, 137, 144, 151, 234
Economia política 77, 125, 154, 208, 280
Edelman, Murray J. 158
Educação 274
Egito 177, 263, 362, 367
Eickelman, Dale F. 268, 362
Eleições 23, 161, 164s., 169s., 378
Eley, Geoff 104n.
Eliade, Mircea 116, 253-255, 257, 266
Eliav-Feldon, Miriam 327
Escala 175, 178, 190, 382
Escola de Chicago 175, 191
Escola de Manchester 175, 334
Escolha 196, 204, 239, 242, 248
Escrita 302
    antropológica 370
    como expressão de poder 87s., 304
    etnografia como 44s., 58, 69
Espetáculo 320s., 330-336
Estado(s)-nação 64, 70s., 116, 156s., 159, 167, 312s., 316, 351, 371
    desenvolvimento e 206
    fronteiras e 180
    homogeneizador 22, 35, 152s., 181, 187, 349
    mitos de origem no 24, 30, 117, 252
    monumentalidade e 296s.
    multiplicação de 167
    papel da antropologia 73

    resistência localizada ao 186s., 216s.
    segmentação no 156
    sociedade civil e 196
    cf. tb. Nacionalismo, Estado
Estados Unidos 120, 123, 168, 182, 191, 218, 234, 236, 242, 264, 281, 284, 289s., 292, 308, 348, 359, 364, 378
    cultura dos 43-45, 90, 106s., 111, 126, 137, 141s., 151s., 157, 179, 181, 372s.
Estética 19, 34, 37, 98, 143, 296, 306, 310, 340-357
    de interação social 347, 325s., 352s.
    de representação econômica 129
    e mídia 358
    e relações sociais 346
    nos Estados totalitários 330
    sensória 308
    universalização 361
Estratégia 72, 143, 152, 160, 172, 216n., 217n., 228, 274
    esquecimento como 84
    matrimonial 163
Estreitos de Torres 303
Estruturalismo 24, 27, 38, 77, 79, 87, 93, 96, 134, 154, 207, 216s., 247, 263-265
Estudo 201
Estudos culturais 105, 313
Estudos de área 47, 64s.
Estudos subalternos 105
Estupro 281
Ethos da imprecisão 151
Eu/indivíduo 37, 68, 75, 111, 145, 276, 280, 286s., 306s., 319, 330

Família 136, 145
    cooperação entre famílias 225
Familismo amoral 145
Fenomenologia 297, 311, 348
Filhos 280, 305
Filosofia (conceito de) 90
Física/físicos 240-242
Fisiocratas 131
Fotografia 58, 309, 352, 362
    e arte sacra 263
Fronteiras 73, 145, 172-193, 296, 350, 359
Função poética 343
Funcionalismo estrutural 27
Fundo Monetário Internacional (FMI) 194

Gosto 126s., 296, 298, 302-306, 322
    como discriminação
Grã-Bretanha 63, 76, 105, 108, 123, 162, 165, 170, 332s., 371, 377
Guerra 341
    crimes de 274
Guerra Fria 48

Hibridismo/hibridação 71, 73, 135, 168, 181, 185, 191, 204, 211, 373, 381
    como fonte de mal-estar 217, 362
Hipócrates 221
Hirschon, Renée 173, 249
História 32, 42-44, 79-120, 252s., 267s., 366
    corporificada 296-298
    e música 341
    medo da história 255
    teodiceias da 286s.
História da arte (disciplina) 58, 355
Hoben, Allan 199n., 200
Hobsbawm, Eric J. 107, 166, 337
Hodgen, Margaret T. 74, 222, 303
Holanda 169
Hollywood 364, 371
Holmes, Douglas R. 106, 112, 144
Holocausto 287
Holston, James 184, 186
Holst-Warhaft, Gail 350
Holy, Ladslav 216n., 217n., 224, 231
Hong-Kong 174, 242, 266
Honra 41, 50, 128
Hopi 302
Horowitz, Michael 199n., 201, 205
Hospitalidade 144
Hountondji, Paulin 90
Howell, Signe 235n.
Howes, David 58, 307-310
Hubert, Henri 248
Hubinger, Václav 41, 49s., 61-63, 114s., 120
Hugh-Jones, Stephen 146s.
Huizinga, Johan 246
Humphrey, Caroline 146
Hungria 168
Hunt, Lynn 105

Huntington, Ellsworth 222
Huntington, Samuel P. 48, 72, 158, 172, 188s.
Hvalkof, Søren 212s., 228, 231

Iban 131
Iconografia 262s., 355
Idealismo (epistemologia) 37, 77, 125, 233
Ideologia 63s., 71, 81, 94, 107, 112s., 115, 121, 136, 140, 164, 174, 177, 194, 221, 268, 298, 337, 351
   de identidade e música 341
   gênero 348
   missionária 231, 272
   pluralista 167
   produtores midiáticos de 368
   transformações da 55
   urbana 185
Ilha de Páscoa 226
Ilhas Duque de York 142
Ilhas Trobriand 139, 145, 190, 371
Imigração 81, 185, 337
Imprensa/impressão 302, 309, 359s.
   capitalismo 360
Inca 82, 259, 263, 308
Incesto 24, 158, 170, 283s.
Inculcação 280, 297, 325, 338
   cf. tb. Aprendizagem, Dor, Pedagogia
Indeterminação 23, 209
Índia 37, 41, 87, 105, 113, 119, 134, 162, 195, 219, 222, 237, 258, 270, 290, 343, 358, 362s., 367s., 372-374, 376
Individualismo 141, 196, 248, 271, 355, 357
   desafiado pelo sociocentrismo dos durkheimianos 248s.
   familiar 152
   metodológico 128, 148, 368
   possessivo 127, 351
Indonésia 22, 165, 357, 383
Ingold, Tim 216, 232, 235
Institute for Development of Anthropology (Binghamton, NY) 199n.
Instrução, democratização da 360
Intencionalidade 70
   cf. tb. Estados internos, Subjetividade psicológica
Intimidade cultural e social 23, 36, 39, 42, 45, 75, 88, 92, 156, 163s., 169, 190s., 274, 352, 360, 375

Inuit 223
Inversão 335
Irã 321
Irlanda do Norte 170, 308
Ironia 26, 111
Iser, Wolfgang 367
Islã 109, 226, 236, 359, 362, 367, 372s.
Isoma 323
Isomorfismo em domínios culturais 344s.
Israel 179, 191s.
Itália 105s., 112, 141, 144, 146, 165, 185, 236, 251s., 278, 300s., 353, 360
Iugoslávia 64n., 167, 282, 292, 308, 320, 379

Jackson, Jean E. 29s., 52
Jackson, Michael 25, 297, 311, 348
Jakobson, Roman 46, 343, 347
Jamaica 119
Janelli, Roger L. 152
Japão 113, 120, 126, 139, 350
Java 165, 382
Jay, Martin 58
Jeffery, P. 368
Jenkins, Timothy 75, 297, 311
Jerusalém 191
Jogo de palavras 106
Jogo 262
Jogos Olímpicos 313
Jordânia (Estado) 84, 91-93, 97, 105, 110, 292, 360, 368
Jornais 359s., 364
Juhasz, Alexandra 375

Kabyle (grupo berbere) 266
Kahn, Susan Martha 31, 72
Kali 256
Kaluli 306, 346
Kapferer, Bruce 38, 55, 144, 156, 227, 323
Karakasidou, Anastasia N. 96
Karaokê 373
Karim, Wazir Jahan 214
Karp, Ivan 77, 247, 355
Katz, Elihu 320
Kearney, Michael 182

Keesing, Roger 55s., 227
Kingsbury, Henry O. 116, 351
Kirby, Percifal 341
Kitawa 353
Klaits, Frederik 272
Kleinman, Arthur M. 18, 281, 286, 291-293, 297
Kleinman, Joan 281, 291, 297
Kligman, Gail 278, 281, 323
Kondo, Dorinne 37, 152, 279s., 297
Konstantinov, Yulian 145, 174, 192
Kopytoff, Igor 139, 180, 357
Kosovo 281, 292, 379
Kroeber, A.L. 223
Kubo 235n.
Kuklick, Henrika 74, 136
Kula (anel) 139, 145
Kung-fu 373
Kuru (doença encefálica) 227
Kwaio 54, 308
Kwakiutl 177

Labov, William 26, 106, 123
Laderman, Carol 306
Lancaster, Roger N. 170
Larkin, Brian 372
Lass, Andrew 162
Latour, Bruno 241
Lave, Jean 280
Lavie, Smadar 167
Lawrence, Denise L. 354
Lawrence, P. 256
Le Breton, David 57
Leach, Edmund R. 24, 116, 134, 180, 247, 253, 339
Leavit, John 71
Léenhardt, Maurice 247
Lefkowitz, Mary 94
Legitimidade/legitimação 27, 29, 99-101, 117, 160s., 163, 276s., 318, 371, 379
Lei 13, 30, 116, 155, 159s., 167, 177, 189s., 276, 278, 282-285, 288s.
   desenvolvimento paralelo da antropologia e 270
     do Capitão Cook 83, 93
     Escola de Leiden 246
     tribunais de justiça 288-290

Lenclud, Géranrd 163
Lesotho 197, 206, 347
Lévinas, Emmanuel 287
Lévi-Strauss, Claude 24, 74, 78, 80, 85, 116, 134, 166, 178, 214, 216, 243, 245, 247, 253-255, 257, 262, 264, 283, 302, 305, 318, 343, 371, 383
Lévy-Bruhl, Lucien 112, 242
Lewis, David 198, 208s.
Lewis, Ioan M. 108
Liberalismo 53
Liechty, Mark 372-374
Lienhardt, R.G. 250
Liminaridade 182, 189, 261
Lincoln, Bruce 325
Lindstrom, Lamont 50s., 373
Lineu 303, 327
Linguagem 26, 32, 77s., 185, 202, 231s., 252, 375
    comum 38, 184
    e mídias de massa 360
    e música 343
    jornalística 360, 381
Linnekin, Jocelyn 181
Linton, Ralph 181
Literalismo 32, 88s., 96
    cf. tb. Objetivismo, Positivismo
Literatura 42, 71s., 321, 364
    produção de massa 372
    sobre a burocracia 338
Litolobonya 349
Little, Paul E. 211
Little, Peter D. 205
Lixo 236
Localismo 76, 108
    globalizado 126
Lock, Andrew 71
Lock, Margaret 290, 293
Lomax, Alan 345
Londres 175
Long. Edward 303s.
Lono 93s., 96
Low, Setha M. 109, 354
Lozada, Eriberto P. Jr. 268, 361, 374, 382
Lugar 90, 192, 332

Lukes, Steven 245, 247
Lutz, Catherine A. 71

MacAloon, John J. 313
Macedônia 95s.
  migrantes da 181
MacPherson, C.B. 127, 351
Madagascar 85
Maddox, Richard 107
Mafia 146, 156
  organizações mafiosas 206
Mágica 117, 240, 250, 261
Mahabharata 366
Maia 63, 258, 263, 292
Makah 218, 234
Malaby, Thomas M. 137, 250
Malarney, Shawn Kingsley 76, 253, 334
Malásia 142, 235n., 347
Malinowski, Bronislaw 20, 24, 42, 45, 68, 100, 116, 190, 207, 220, 222s., 240, 253, 255
Malkki Liisa 66, 156, 176, 248, 360s., 381
Mana 50, 136
Mankekar, Purnima 36, 358, 365-367, 369
Manuel, Peter 362, 374
Maori 56, 91, 98, 136
Marcus, George E. 28, 40, 43, 49, 66, 68, 111, 157, 163, 184, 192
Marginalidade 22, 43, 76, 103, 106, 111, 119, 131, 137, 157, 162, 178, 184, 191, 195, 211, 217, 279, 326, 362, 374, 380
Marrocos 21, 39
Marx, Karl e marxismo 38, 62, 96, 104-107, 115, 121, 138s., 154, 156
Mascia-Lees, Frances E. 28, 47
Mason, O.T. 222
Matemática (como constructo social) 19
Materialismo 37, 77, 125, 137, 229
  cultural 225s.
Mau Mau 337
Mauss, Marcel 55, 135-138, 143-146, 217, 223, 247
Maybury-Lewis, David 267
Mbembe, Achile 91, 287, 338
McCall, John C. 87, 90
McDonald, Maryon 169
McKaskie, T.C. 90

McLuhan, Marshall 302, 304-306
Mead, Margaret 48
Medicina humoral 134, 221
Medicina 12, 269, 273s.
   cf. tb. Saúde, Cura
Mediterrâneo 41, 63, 65
Meeker, Michael E. 144
Megacidade, definida 175
Meio-termo militante (posição epistemológica) 11, 41, 132, 270
Melanésia 50, 65s., 72, 131, 139, 141-143, 145s., 227, 229, 305s., 308, 310s., 352-354, 359, 373
Memória 84, 89, 108s., 168, 174s., 276
Menchú, Rigoberta 292s.
Mentiras e mentir 145
Mercado/mercados 128, 138-140, 148-151, 185s., 202s.
   como lugar de consumo 373
   de arte 228
   informal 183s.
   marketing 310s.
Mercadorias 121, 135-147, 338
Merriam, Alan P. 344s.
Mestizaje/mestizos 63, 83s.
Metades 264s., 267
Metáfora da tradução da antropologia 41s., 58, 75, 245
Metáfora do laboratório da pesquisa de campo 61, 74s.
Metalógicas do ritual e do espetáculo 314, 316, 320-327, 329, 337
Metodologia 35, 44, 46
México 119, 182s., 191, 209s., 304, 355
   Cidade do México 173, 175, 185
Micro-história 106
Middleton, John 155, 244
Mídia 30, 32, 36-38, 124, 156, 164, 176, 211, 269, 272, 275, 287s., 291, 358-383
   eventos 320
   para entretenimento 380
   sensacionalismo na 291
   visual 295
Migração 81, 168, 173, 177s., 191, 347
   musical 346
   sazonal 223
Milão 185
   Cooperativa Feminista 105

Militares (controle pelos) 214
   como objeto do escrutínio antropológico 211s.
Miller, Daniel 140
Miller, Jacques-Alain 329
Mills, Mary Beth 363, 374
Milton, Kay 53, 217s., 220-224, 227s., 230-232, 235s., 238, 243
Mimesis 308
Miner, Horace 18-20, 30, 317
Mintz, Jerome R. 82, 107, 336
Mintz, Sidney W. 126
Mishra, V. 368
Missionários 213, 231, 265
Mito 24, 29s., 70, 80, 83, 85, 88, 93s., 100, 111, 116s., 120, 166, 249
   como alvarás sociais 253, 255s.
   conteúdo intelectual do 253
   diferente da história 252, 255, 257, 265
   mitos de origem nacionais 96, 240, 256
   ôntico mítico 81
   visão evolucionária do 253
Modelo de ecossistema 229-231
Modelos (conscientes e inconscientes) 245
Modelos dialógicos de etnografia 67
Modernidade/modernidades 50, 61-63, 68, 111-115, 170s., 197, 216, 249, 255s., 268, 314, 319, 337s., 363, 373
   antropologia como expressão da 41, 61s., 112
   baseada na especialização 19s., 142s., 158, 247
   burocrática 269
   chinesa 113
   como fragmentada 135s.
   como ideologia 64, 112, 194
   e alteridade 37-39, 49s., 194
   e desenvolvimento 194s., 202-204, 206s., 211s.
   e etnocentrismo ocidental 37, 49s., 63s., 113-115, 194, 202s.
   e poder 34s., 113s.
   e socialismo 41, 63s., 112
   excepcionalismo da 166
   e visualismo 35s.
   multiplicidade da 30-32, 68, 113s., 373, 383
   na antropologia 23, 41, 112-115, 161s., 249, 317
   nostalgia e 135
   pan-asiática 113
   cf. tb. Tecnologia, Tradição
Moeran, Brian 139, 152

Mohammed, Juanita 375
Mohanty, Chandra 203
Mole, John 72
Momigliano, Arnaldo 319
Monarquia 165, 259, 332-334
    cf. tb. Parentesco divino
Monasticismo 277, 280
Montenegro 69
Monumentalização 109, 304s.
    cf. tb. Conservação histórica
Moore, Donald Com 67
Moore, Sally Falk 70, 79, 100, 118, 163
Moral (como objeto de estudo) 93, 107, 125, 127, 143, 145, 162, 169s., 261, 273, 282
    cristã 273
    do dinheiro 136
Moran, Emilio F. 202, 228-230, 238
Moreno Navarro, Isidoro 62
Morgan, G. 237
Morphy, Howard 352
Morte 256, 260-262, 268, 272, 305
Moscou 63s., 332, 337
Moss, David 144
Mosse, George L. 184, 217
Movimento Zapatista 210
Mudimbe, V.Y. 90
Mulheres 324
Mulheres: no desenvolvimento 203, 208s.
    com Aids 375
    como mães 286, 293, 348
    exploração das 374
    na luta política 170s., 208s.
    na prisão 285
Multiculturalismo 187-189
Mulvey, Laura 380
Museus 58, 97, 139, 355
Música 34, 90, 253, 296, 306, 336, 340-351
Myers, Charles 303s.

Nacionalismo 12, 49s., 52s., 110, 146, 156, 234, 337
    burocrático 26, 320, 326
    comparado com a antropologia 51, 76
    e clima 221

    e cultura 54, 71-73, 147, 152s., 158-160, 168, 188s.
    e etnia 29, 54, 64, 96, 168, 369
    e folclore 29, 318
    e história 30, 80, 91, 95s., 99, 116, 165-167, 188s., 252, 318
    e minorias 75, 279
    e ordem 243, 255s.
    e parentesco 158, 168, 221, 248, 378
    e religião 38, 136, 242s., 253, 338
    e tecnologia das comunicações 360
    linguístico 101
    pós-colonial 54-56, 61
    teleologia e 118
    vinculação antropológica no 34, 53-56, 71, 160
"Nacirema" 18, 30, 317
Nações Unidas 199, 270, 315
Nadel-Klein, Jane 76, 108, 119, 166
Nader, Laura 201
Narmada Dam 195, 197, 202, 208
Narrativa 87s., 90, 97, 107, 249, 252, 368
Nash, June 209s.
Natureza 212, 309
    como atributo de dedução 230s.
    diferente de cultura 178s., 216-218, 235, 235n., 240s., 243, 265s., 304-306
    e cosmologia 242, 318s.
    e música 341
    e pureza 381
Navajo 58
Nayaka 131, 150s.
Nazismo 37, 95, 181, 217, 319s., 332, 337
Ndembu 323
Needham, Rodney 36, 38, 71, 241, 266, 279
Negociação 128
Nelson, Robert S. 58, 355
Nepal 211, 373
Nepotismo 158, 170
Netting, Robert McC. 137, 302
Nettl, Bruno 344
Nicarágua 170
Nicosia 174
Nietzsche, Friedrich 68
Níger 306
Nigéria 66, 90, 298, 372

Nketia, Kwabena 345
Nobre selvagem 216s., 231
Nódulos 172-193
Nomes e denominação 110, 261
    poder auricular dos 308
Nora, Pierre 84
Nostalgia 108s., 127, 135, 155, 268, 338
Nova York 175, 190, 353, 372, 375
Nova Zelândia 56
Nuer 27, 69, 116, 130, 159, 177, 190, 223, 263, 341, 351

Obeyesekere, Gananath 93-97, 251, 255, 292
Objetivismo 25, 84, 157s., 183, 241, 292
    cf. tb. Liberalismo, Positivismo
Objetos (como modelos de indivíduo) 279
Observação participante 23, 35, 56, 210
Ocidentalismo 52, 81s., 143
    em arquitetura 266s.
Ohafia 90, 106
Okely, Judith 66, 162, 174
Oken, Lorenz 303
Olangch 90
Omaha (povo nativo americano) 77
Öncü, Ayşe 374
Ong, Aihwa 68, 113, 118
Ong, Walter J. 257, 302, 304s.
Ongs (organizações não governamentais) 196, 211s.
Ópera 320, 360, 363, 370, 373, 382
Oportunidade 242, 250
Ordem 39, 79, 173-175, 242, 250, 255, 264, 274s., 312-339
    e desordem 86, 251, 263, 331
Orientalismo 81, 143
    em arquitetura 266s.
Oriente Médio 144, 234
Origens 99, 256, 318
Originalidade 353s.
Oriki 89s., 106
Orlove, Benjamin 141
Ortner, Sherry B. 31, 77, 104n., 216, 266
Ossio M., Juan 86, 242, 244, 246, 249, 254, 257s., 263s., 267
Ott, Sandra 134
Oxfeld, Ellen 137

Pachacuti 258s.
Paine, Robert 162, 236, 378
Painter, Michael 205
Paisagens 90, 106, 364
Palomino Flores, Salvador 265
Panamá 125, 131
Panopticon 35, 329
Papa João Paulo II 379
Papadakis, Yiannis 174, 377
Pappas, Takis S. 157, 162
Papua Nova Guiné 131, 142, 146, 227, 229, 306, 308, 310, 346, 353s.
Paredes, Américo 350
Parentesco divino 160s., 246, 259s., 268
Parentesco 11s., 19, 28, 33, 55, 66, 97, 110, 140s., 155, 163, 171, 243, 248, 280s., 294
   administração estatal do 30, 248, 269-271, 278-285
   aspectos legais do 248, 270, 278-285
   categoria do e economia 147s.
   e herança 225s.
   elite 156-158
   e nacionalismo 249, 269, 378
   e sexualidade 279, 281-285
   fictício 285
   idioma do 169, 359, 378
   lealdade 169s.
   matrilinear 225
   patrilinea 93, 152, 169s., 281s.
   representação internacional do 270
   reprodução e 72, 248s.
   sistemas de 25, 30, 222s., 269, 278, 302s.
   teorias do 27, 72, 278
   usos políticos do 378s.
   cf. tb. Afins, Família, Incesto
Paris 185
Park, Robert 191
Parmentier, Richard J. 90
Parry, Jonathan 136, 143
Participação 382
   conceito de 116
Partidos políticos 164s.
Passerini, Luisa 105
Pastores 235

Patronagem 144, 163, 206s.
Peacock, James L. 382
Pedagogia 275s.
   e antropologia 9, 13, 18-20, 22, 28, 115s., 120s., 275, 293s., 317
Peek, Philip M. 306
Peel, J.D.Y. 98, 104n.
Pensamento cartesiano 25, 37, 79, 116, 125, 201, 238, 295-298, 303, 310s., 331
   cf. tb. Racionalismo
Peru 212, 265
Pesca da baleia 218, 234, 238
Pessoa
   cf. Eu, Indivíduo
Pigg, Stacy Leigh 211s.
Pintura 356
Pinturas de areia 59
Pirous, A.D. 357
Plattner, Stuart 139, 351s.
Pluralismo 167
Pobreza 32, 209, 286s., 293
Pocius, Gerald L. 267, 345
Pocock, David F. 246
Poder 26, 34s., 39, 42, 48, 53, 56, 60s., 83, 87s., 100-102, 106, 118, 154, 157, 159-163, 191, 237, 248, 279s., 287, 320, 331, 351, 374
   códigos de 156
   como controle de oportunidade 250
   como objeto de compreensão 103
   contextos de 221
   do Estado 28, 31, 117
   e cheiro 300
   e conhecimento especialista 207
   e origens 260
   estruturas externas e locais de 197
   e tempo 260
   legitimidade do 160s.
   obscurecido pela análise do discurso 205s.
   social 372
   visão e escrita como expressão de 304s.
Poética 67, 354
   de produção 368
   social 46, 78, 347, 368
Polanyi, Karl 128s.
Polícia/policiamento 173s., 280, 286, 291, 304

Política 19s., 26, 30s., 34, 38, 68, 75s., 84, 97, 115, 153-171, 176, 207s., 232, 249
    de contingência 250
    de desenvolvimento e do ambiente 218, 221s.
    de significação 101, 103, 110, 139, 169s., 239, 362, 381
    do valor 139
    e arte 356s.
    e os sentidos 309s.
    música e 340-342
Políticos 155s., 221
Polônia 379
Ponting, Clive 226s.
Populações subalternas 30, 83, 88, 207, 213, 215
    cf. tb. Marginalidade
Porosidade 178, 189, 192
Porter, Roy 306, 309n.
Porto Rico 368, 377
Portugal/portugueses 85-87, 89, 113
Pós-colonialismo 57, 61, 75, 91, 102s., 118s., 208, 211, 282, 308, 338
Pós-estruturalismo 33, 67, 79, 195
Positivismo 9s., 28, 32, 40, 42, 57, 73, 75, 79, 92s., 116, 201
Pós-modernismo 9, 25, 28s., 44, 57, 63, 66-69, 75, 77, 79, 118, 180, 202
    moderado 66-68
Possibilismo 219, 223s.
Pós-socialismo 118-120
Postura 298, 366
Pourcher, Yves 163, 378
Povinelli, Elizabeth A. 131, 150
Povos aborígenes (Austrália) 83, 132, 136s., 150
Powdermaker, Hortense 364
Prática/práticas 9, 31s., 36, 39, 77-79, 91, 139s., 153, 156, 160, 195, 223, 227, 274, 362
    antropológica 66, 102, 197s., 212, 214s.
    avaliação de 289
    da crítica 44
    desempenho como 347s.
    desenvolvimento como 194
    e cosmologia 247s.
    música como constitutiva de 345-347
    teodiceia e 272
    teorias antecipadas e paralelas 210s., 348s.
Prazer 380s.
Prestação 142s.

Previsões meteorológicas 242
Prica, I. 62
Prisão 285, 332
Processo: visão processual da sociedade e da cultura 117, 139-141, 152s., 181s., 187, 199s.
    rejeição inicial de centralidade de 246
Produção (econômica) 122, 126
    de massa 354
    modo doméstico de 147
Produção artesanal 210, 356
Produtores (mídias) 36, 313, 351, 361, 365, 368, 375
Profano
    cf. Sagrado e profano
Progresso, ideia de 115, 168, 228, 238, 253, 319, 373s.
Pronatalismo 278s., 281s.
Propaganda 371s., 379
Propp, Vladimir 254
Proselitismo 86
Protestantismo 273
Psicologia 343
    das multidões 249
Psicológicos, estados internos 36, 70s., 108, 123s., 228, 295, 297, 367
    necessidades 117, 220, 317
Publicação 368
Publicidade 368, 377
Público: composição do 364s.
    resposta do 351, 360, 366s., 370, 375, 382
Punição 269, 273-275, 277-279, 285
Pureza e poluição 156, 174s., 178, 181, 184, 187, 189s., 219, 236s., 243s., 248, 296, 324
Purum 266

Quadros atuariais 242
Quéchua 258
Quênia 337
Queiroz 336

Rabinbach, A.G. 330
Rabinow, Paul 21, 39, 241s.
Rabinowitz, Dan 21, 167
Racionalismo/racionalidade 18, 42, 122-124, 157, 161, 219s., 271, 274, 336
    antropológico 155
    associado com o Ocidente 119

    burocrático 135, 198
    como cosmologia 240-242, 248s.
    confuciano 113
    diferente de "superstição" 18, 112, 155s., 241, 247, 253
    desenvolvimento e 33, 197
    econômico 127, 129s., 137s., 140s., 168
    nacionalismo e 168, 249
    prático 24, 225-227
    pretensões universalistas de 20, 22, 129, 227, 244, 255s.
    rejeitado 67s.
    sentidos e 301
    técnico 330
Racismo e relações raciais 28, 81s., 94s., 123, 171, 174s., 191, 269, 302s., 309s., 340-342, 375
Radcliffe-Brown, A.R. 80, 224, 303
Rádio 176, 359, 364, 368, 377
Raheja, Gloria Goodwin 87, 369
Rallies de Nuremberg 332, 337
Ramphele, Mamphela 280, 291
Ranger, Terence 107, 166, 337
Rapp, Rayna 31, 72
Rappaport, Joanne 82, 260, 320
Rappaport, Roy 216, 220, 229-231, 316, 334, 370
Rapport, Nigel 42
Reagan, Ronald 378
Reciprocidade 56, 132, 137, 145
    diferente de troca 137-139
    negativa 138, 144-147
    no cuidar 283
    subvertida pelo dinheiro 142
Recursividade na linguagem e na música 342s.
Rede Mundial 359, 361, 381
Redfield, Robert 173-175, 178
Reed-Danahay, Deborah E. 15, 25, 77, 277, 316, 374
Referencialidade 77, 85, 88, 299, 360
    relativa ausência na música 342s.
Reflexividade 39, 41, 49, 53, 57, 59, 66, 68-76, 80s., 91s., 110s., 213-215, 221, 294
    diferente de sociocultural e pessoal 70, 73, 91, 110, 120, 273s., 355s.
    historicamente fundada 271
Refugiados 66, 109, 176, 337
Reichel-Dolmatoff, Gerardo 310

Reificação 52, 70s., 146-148, 152s., 176, 188, 238
Reino Unido
   cf. Grã-Bretanha
Relativismo
   dilemas do 50-53, 75, 212, 231-234, 238s., 270, 272, 282, 294, 363
   metodológico 46, 50, 91, 104
Religião 11, 28, 32, 38, 59, 86, 105, 109, 115s., 133, 136, 157s., 165, 185, 222, 240, 245, 251, 253, 259, 273, 280
   definição durkheimiana de 248
   desafio ao conceito de 245, 266, 270, 277
   e burocracia 75
   marxismo como 62
   nacionalismo como 338
   relação putativa com a música 341
   renascimento da 234
   cf. tb. Mito, ritual
Repatriação (cultural) 218, 234
Replicabilidade 42
Representação 36s., 50, 57s., 78, 108, 117, 159s., 197, 295, 340, 369s., 374
Representações coletivas 241, 244s., 312s.
   conceitos como 245
   confundidas com pensamento 228
   crise das 20, 31
   da cosmologia 264
   da imaginação 371
   do parentesco 269
   econômicas 130
   fatos como 232
   idiomas das 35
   inertes 368
   nas novas mídias 359-361
   políticas 161
   tecnologias das 312, 360
   usos das 368
Representatividade 42
   política 159s., 164s.
Reprodução 31, 149, 248, 278s., 283
   cultural 210
   das imagens 322
   de estruturas estéticas culturalmente relevantes 345
   do poder local 162
   ideologias e práticas da 282
   cf. tb. Pronatalismo

República Tcheca 41, 115
    Tchecoslováquia 64n.
Resistência 33, 60, 76, 83, 87, 102-107, 204, 214, 274s., 320, 336, 357, 367, 374s.
    ao desenvolvimento 208-210
Responsabilidade 90, 136, 215, 249, 253, 286, 288s.
    atribuições conflitantes da 204
    consequências materiais da atribuição 207
    dos antropólogos 30, 53, 59, 94, 293s.
    e antropólogos ambientais 221
    economia moral da 234
Retórica 215, 232, 342
    análise da 67, 218
    antropológica 110
    desenvolvimento e 196s., 201-206, 234, 238
    Estado 75, 92, 332
    ético-política 163s., 169-171, 234, 239, 290
    legal 290
    impacto econômico e político da 38, 125, 156-158
    mídia e 359s., 370-372
    Modernidade e 114
    nacionalista 73, 75, 110, 107s., 234, 238, 332, 370-372
    política 378
    reflexividade e 67
Reuniões (políticas etc.) 165s.
Revolução Cultural (China) 281
Reynolds, Pamela 291
Ribeiro, Gustavo Lins 204, 210s.
Ricardo, David 127, 131
Richards, Audrey 319, 324s.
Riles, Annelise 124
Rio de Janeiro
    carnaval no 335
    Cúpula Mundial 204, 211, 233, 237, 239
Risco 172, 191s., 248, 351
Ritchie, Ian 298, 307
Ritual/rituais 29s., 70, 145, 156, 222, 227, 232, 256, 314, 339, 374
    aspectos ecológicos dos 229
    burocráticos 243
    coroação, japoneses 139
    cosmologia e 260-263
    cristão 277
    definido 315-322

    de passagem 261, 276
    diferentes do espetáculo 34, 38, 314n., 316-339
    dor e 277
    especialistas 277
    explicação dos 333-335
    iniciação 276
    locais 312
    lógica dos 321-327
    objetos, reutilizados 141
    políticos 37-39, 158, 164-166, 249
    reais, britânicos 333
    rituais da televisão 38
    sancionados pelo Estado 253s.
    semiótica dos 229
    sentidos e 25, 252
    sionistas (sul da África) 345
Ritual 25, 29s., 34, 38, 70, 72, 84, 139, 141, 145, 156, 158, 164-166, 222, 227, 229, 232, 242s., 248s., 252s., 256s., 260s., 261s., 276s., 312s., 314n., 315-327, 334, 336-339, 344s., 373s.
Rivera, Alberto 131, 133s., 148-150
Rivière, C. 165
Roberts, Michael 51, 81-83, 85-87, 89s., 94, 97, 100, 104n., 105, 111s., 117
Robotham, Don 28, 30, 57, 66-68, 74, 76, 113, 118
Rogers, Susan Carol 266
Roma 141, 251s., 381
   antiga 319
Roma
   cf. Ciganos
Romênia 278, 281, 323
Rorty, Richard 90
Rosaldo, Renato 68, 108, 179-182, 189, 256, 362
Rose, Debbie Bird 58
Roseman, Marina 306, 347
Roseman, Sharon 82, 107
Rosen, Lawrence 36, 71
Rossi-Landi, Feruccio 77
Roubo, recíproco 138, 144, 146, 155, 169
Roupa 303
Ruanda 176
Rússia 61s., 167
   Formalistas russos 347

Sachs, Wolfgang 203
Sacrifício 229s., 248
   humano 258
Sagrado e profano 253, 261, 280
Sahlins, Marshall 49, 93-98, 115, 121-123, 125s., 128-133, 138, 144s., 147s., 153, 244, 255, 292
Sahlins, Peter 105
Said, Edward 68, 81, 88, 359
Salzman, Philip Carl 302
Sandinistas 170
Santidade, odor da 299
Sapir, Edward 77
Sapir-Whorf, hipótese 232
Sarawak 131
Sardenha 144, 236
Sawin, Patricia 313
Schein, Muriel Dimen 181
Scheper-Hughes, Nancy 286
Schiller, Friedrich 303
Schneider, David Murray 140, 279
Schneider, Jane 163
Schneider, Peter 146, 163
Scoditti, Giarcarlo D. 353
Scott, David 43s., 53, 59s., 67s., 81s., 96s., 101-103, 111, 115, 118, 175, 287
Scott, James C. 75, 77, 105, 144, 274, 320
Seeger, Anthony 305, 310, 346s.
Segal, Daniel 42
Segmentação 84, 92s., 156s., 159, 267, 360
Semelhança 35, 147, 331
Semiose/semiótica 26, 38, 77-79, 90s., 98, 105s., 229, 297, 347
Senegal 304
Senso comum 12, 15, 17, 19, 22, 25, 30, 32-35, 48, 51, 57, 66, 76, 78, 101, 110, 121s., 131, 167, 184, 201, 214, 217, 236, 238s., 255, 257, 292, 296, 309, 357, 360, 369s., 378, 381
   cf. tb. Sentidos
Sentido 296
   papel de invocar a memória 89s., 108s.
   sentidos, sensório 24s., 30, 32, 34-39, 79, 252, 295, 310, 381
   cf. tb. Corpo, Senso comum
Sereer Ndut 304
Seremetakis, C. Nadia 297, 306
Sérvia
   cf. Iugoslávia

Sexualidade e identidade sexual 170, 270, 279-286, 375
Sfez, Lucien 158
Shalinsky, Audrey C. 181
Shamanismo 211
Shamgar-Handelman, Lea 328-330
Sharpe, Patricia 28, 47
Shaw, Rosalind 84, 265
Shoesmith, B. 368
Shryrock, Andrew 84s., 91-93, 97, 105, 110, 116s., 267, 292, 360, 368
Siane 235n.
Sicília/Sicilianismo 146
Significado 26, 32, 37, 40s., 46, 58, 78s., 97s., 148, 241, 246, 261, 263, 268, 298, 343, 366, 375
   manipulado na mídia moderna 371s.
   nos esportes 377
   no sofrimento 256
   teorias indígenas do 306
Signorelli, Amalia 185
Silêncio 111
Simbolismo 35, 38s., 50, 79, 86s., 110, 125s., 142, 156-159, 161, 164-167, 182s., 211, 218, 299, 326, 375
   cosmopolita 214
   de diferença 181
   materialidade do 202, 206, 230, 232s.
   sensório 309, 309n.
Sincretismo 265
Sionismo 179
   dominação religiosa cristã do 266, 345
Sistema *ceque* 259
Sociedade civil 196, 204
Sociedades industriais 235s.
Sofrimento 255, 258, 269-295
   mercantilização da comunidade em torno 291s.
   consolidação da comunidade em torno 375
Stoller, Paul 297, 306s.
Stone, Ruth M. 348
Strathern, Marilyn 31, 51, 72s., 146
Stuchlik, Milan 231
Subjetividade 61, 274, 375
Suborno 144
Subsistência
   caçadores 235s.
   modos de 122, 147-149, 181

Substantivismo (na antropologia econômica) 121-123, 128-131, 153s.
Sucessão dinástica 163s.
   misteriosa 111
Sudão 288
Sujeira, definição cultural de 296
Summer Institute of Linguistics 212
Suputamongkol, Saipin 285
Sutton, David E. 110, 114
Suyá 305, 310, 346s.
Swantz, M.-L. 201
Swartz, Marc J. 159
Synnott, Anthony 301, 307s., 309n.

Tabu 50, 55, 136, 219, 226, 283s.
Tagore, Rabindranath 256
Tailândia 186, 363, 374
Tait, David 155
Taiti 93
Talento 351s., 354, 379
Tambiah, Stanley J. 19, 112, 116, 156, 166, 240, 260, 294, 316, 374
Tarikh 91
Tática 275
Tato 295
Taussig, Michael T. 117, 308
Taxonomia
   cf. classificação
Teatro 320
   de fantoches 321
Tecnologia
   apropriação da 374
   biomédica 290
   da instrução 300
   de controle 189, 312, 321
   de guerra 320
   de informação 35, 176, 302
   de poder 35
   de representação 312
   escala de 373
   na análise antropológica 303s.
   necessidades criadas pela 329
   registro 304, 362
   relativo ao clima 223

reprodutiva 31, 248
　　sensória 308s.
　　social 346
　　disseminação da 115
　　visual 58s., 309
Teleologia 24, 35, 37, 76, 115, 117s., 125s., 156, 165, 218-220, 227, 248, 261, 273, 286, 293, 318, 323-327, 334, 338
Telespectadores (mídia) 36
Televisão 38, 176, 292, 320, 359, 362, 365, 367-369, 372, 374, 377s., 380
Temiar 347
Tempo 30, 75, 80, 85, 87, 115, 184s., 242, 249, 253, 325, 332
　　burocrático 331
　　cíclico 254, 257-259, 263
　　divisão do 257-260
　　estrutural 99
　　sagrado 279
Temporalidade
　　cf. tempo
Teodiceia 249-251, 255, 272, 275, 284-287, 294
　　fracasso da 274, 286
　　pós-religiosa 282
　　secular 169, 250, 274, 276, 289s., 328
Teoria
　　dos informantes (ou indígenas) 26s., 40, 45, 90, 118, 126-135, 145, 218s., 299, 306, 316s., 321s., 325s.
　　como prática 39, 42, 91, 118
　　em estética 340
Teoria da Modernização 202
Teoria de Leitor-resposta 367
Teoria do Lixo 140s.
Teoria dos Sistemas 230
Teoria dos Sistemas Mundiais 50, 57, 154, 202
Teoria Neoclássica (economia) 127-133, 199s.
Teravili 86
Terrio, Susan J. 140
Território 159s., 167-169, 186, 374
Testimónios 293
Textualismo 32, 59, 78, 89s., 366
Thansamay 363
Theodorakis, Mikis 349
Thomas, Keith 104n.
Thomas, Nicholas 9, 18, 20, 23, 25, 30, 44-49, 51, 53-56, 60, 64s., 69, 72, 74, 78, 96s., 102, 143

Thomas, Rosie 380
Thompson, E.P. 105
Thompson, Michel 140s., 152, 353
Tibet 308
Tikopia 177
Tilly, Charles 105
Toka 224s., 216n.
Tukano 310
Tolai 142
Tönnies, Ferdinand 135, 315
Tortura 276, 291, 293
Totemismo 276
Trabalho
    categoria de 342
    divisão do 148
    formas mutantes de 102
    jornada de trabalho 280
    liberdade da necessidade de 350s.
    modelos de disciplina do 277
    música e 341
    salário 150
Tradição/tradicionalismo 18, 33, 35, 41, 59, 76, 107s., 111s., 114s., 166-168, 171, 175, 179, 256s., 325s., 337-339, 362s.
Tradição indo-europeia 257s.
Transação/transacionismo 128, 144, 146s., 149, 226s.
Transformação 320-327
Transnacional/transnacionalidade 45, 210s., 374
Trask, Haunani Kay 56
Traweek, Sharon 241
Trawick, Margaret 293
Troca 146, 149s.
Tropos 81, 88s., 111, 129
Tsembaga Maring 229
Tsing, Anna Lowenhaupt 22
Tuan, Yi-fu 309n.
Tuden, Arthur 159
Tuskegee (Instituto) 290
Tukuna 325
Turino, Thomas 346
Turismo 186, 336, 354, 363
    turismo comercial 192
Turner, Frederick Jackson 179

Turner, Terence 187, 305
Turner, Victor W. 84, 100, 104n., 159, 182, 261, 313, 316, 323, 339, 379
Turquia/turcos 39, 83, 114, 145s., 156, 192, 301, 345, 349
   migrantes da 173
Tweedie, Ann 217s., 234
Tyler, Stephen A. 68, 230, 306
Tylor, Edward Burnett 257
Tzotzil 304

Ulin, Robert 77, 154
Union Carbide: desastre 288, 290
Universalismo 22, 48, 126, 132, 138, 220, 227, 230, 238, 243
Urciouli, Bonnie 185
Urry, James 74
Usaid 199
Uso (base de significado) 44, 231
   contexto de 352
   de representação 368s.

Valeri, Valerio 98s., 110, 117
Van der Leeuw, Gerardus 246
Van Dyck, Karen 321
Van Esterik, Penny 374
Van Gennep, Arnold 248, 254, 261
Van Wouden, F.A.E. 146
Vansina, Jan 88s.
Veblen, Thornstein 140
Verdade
   aspectos culturais da 91-93, 95, 110, 113, 120, 238s., 253-255, 284, 292, 360
   regimes de 267
Verdery, Katherine 189
Verdi, Giuseppe 320, 360
Vernant, Jean-Pierre 246
Viagem 73
   escrita 41, 382
Vico, Giambattista 79, 81, 88, 91, 105, 111, 232, 252-254, 257, 339
Victoria River Downs 83
Vida urbana 21, 173, 175, 178, 182-184, 187
Vídeo 359, 375
   cassettes 141, 362, 365, 373, 375
   usado para dedução 366
Vietnã 253, 289, 323, 334

Vincent, Joan 155
Vingança 155, 274
Violência 55, 109, 146, 167, 207, 256, 281, 287s., 293, 308
    do zelo 290
Visão 295, 298, 300, 302, 304s.
    cf. tb. Visualismo
Visualismo 34-36, 56-59, 79, 111, 300-302, 305, 322, 340
Vlach, John Michael 266
Volkskunde 62
Von Hornbostel, Erich 342

Warhol, Andy 354
Warren, Kay B. 63, 167, 210, 292
Waterman, Christopher 346
Watson, James L. 126, 141, 152, 214, 317, 361, 368
Watson, Rubie S. 84, 109
Weber, Max 66, 112-114, 135, 159, 268, 272, 274, 276, 287, 319, 321, 328, 338, 344
Wedel, Janine R. 205
White, Hayden V. 81, 88, 111
Whitehead, Harriet 216, 266
Wilk, Richard R. 125, 134, 137, 140, 154, 363
Williams, Drid 295, 342
Williams, Raymond 105, 173, 184, 364
Winch, Peter 123
Wistrich, Robert S. 330
Wittgenstein, Ludwig 245
Wolf, Eric 95, 104n., 122
Wolfenstein, Martha 364
Woolgar, Steve 241

Yan, Yun-xiang 144
Yanagisako, Sylvia 28, 158, 248, 275
Yang, Mayfair Mei-hu 144
Yolmo Sherpa 308
Yoruba 89, 106, 347

Zabusky, Stacia E. 19, 152, 169, 248
Zadruga 152
Zaire 348
Zâmbia 224, 319s., 323
Zande
    cf. Azande

Zempleni, Andras 168
Znamenski, Andrei A. 63
Zonabend, Françoise 241
Zuidema, Tom 259
Zulu 350

CULTURAL
Administração
Antropologia
Biografias
Comunicação
Dinâmicas e Jogos
Ecologia e Meio Ambiente
Educação e Pedagogia
Filosofia
História
Letras e Literatura
Obras de referência
Política
Psicologia
Saúde e Nutrição
Serviço Social e Trabalho
Sociologia

CATEQUÉTICO-PASTORAL
Catequese
Geral
Crisma
Primeira Eucaristia

Pastoral
Geral
Sacramental
Familiar
Social
Ensino Religioso Escolar

TEOLÓGICO ESPIRITUAL
Biografias
Devocionários
Espiritualidade e Mística
Espiritualidade Mariana
Franciscanismo
Autoconhecimento
Liturgia
Obras de referência
Sagrada Escritura e Livros Apócrifos

Teologia
Bíblica
Histórica
Prática
Sistemática

REVISTAS
Concilium
Estudos Bíblicos
Grande Sinal
REB (Revista Eclesiástica Brasileira)
SEDOC (Serviço de Documentação)

VOZES NOBILIS
Uma linha editorial especial, com importantes autores, alto valor agregado e qualidade superior.

VOZES DE BOLSO
Obras clássicas de Ciências Humanas em formato de bolso.

PRODUTOS SAZONAIS
Folhinha do Sagrado Coração de Jesus
Calendário de Mesa do Sagrado Coração de Jesus
Agenda do Sagrado Coração de Jesus
Almanaque Santo Antônio
Agendinha
Diário Vozes
Meditações para o dia a dia
Guia Litúrgico

CADASTRE-SE
www.vozes.com.br

EDITORA VOZES LTDA.
Rua Frei Luís, 100 – Centro – Cep 25689-900 – Petrópolis, RJ
Tel.: (24) 2233-9000 – Fax: (24) 2231-4676 – E-mail: vendas@vozes.com.br

UNIDADES NO BRASIL: Belo Horizonte, MG – Brasília, DF – Campinas, SP – Cuiabá, MT
Curitiba, PR – Florianópolis, SC – Fortaleza, CE – Goiânia, GO – Juiz de Fora, MG
Manaus, AM – Petrópolis, RJ – Porto Alegre, RS – Recife, PE – Rio de Janeiro, RJ
Salvador, BA – São Paulo, SP